第二十五卷

舞钢市年鉴

2011

舞钢市人民政府主办
舞钢市地方史志办公室编

中州古籍出版社
2012年1月

舞钢市地方史志(年鉴)编纂委员会

主 任 委 员 白立凡(市委副书记、市长)

副主任委员 甘栓柱(市委常委、常务副市长)

孙书申(市委常委、市委办公室主任)

郭志勇(市委常委、市人武部政委)

王培朝(市人大常委会副主任)

刘海欣(市政协副主席)

王海彦(市政府党组成员)

顾　　　问 胡福顺(原市政协主席)

委　　　员 李国民(市政府办公室主任)

马跃宇(市委办公室副主任)

钱德民(市纪委副书记、市监察局局长)

梁　葆(市委组织部副部长)

段书晓(市委宣传部副部长)

柯新民(市人大教科文卫工委主任)

肖　晨(市政协学习文史委主任)

王振明(市史志办主任)

张松林(市发改委主任)

李明亮(市财政局局长)

喜进功(市教育局局长)

时　焱(市统计局局长)

张凤琴(市史志办副主任)

《舞钢市年鉴》(2011)编辑人员

主　　编　王振明

副 主 编　张凤琴

李　敏(执　行)

编　　辑　王振明　张凤琴　李　敏

何应凡　卢　芳

彩页设计　陈　莉

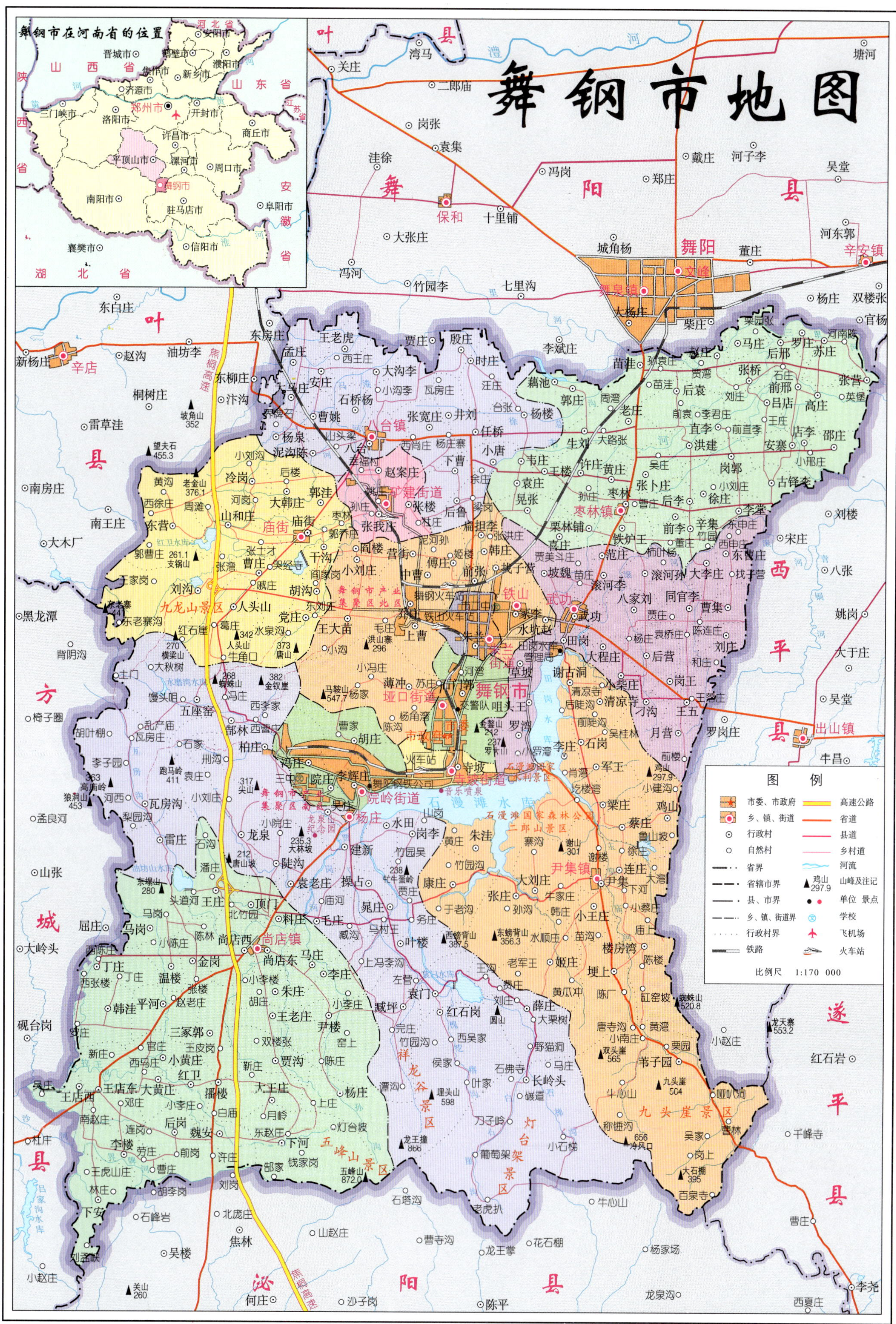

舞钢市地方史志办公室　河南省地图院　编制

2010年10月　工本费：20.00元

2010 年 9 月 8 日，舞钢市委书记高永华、副书记陈建中带队走访舞钢公司，与公司董事长兼党委书记杨成文、总经理贾国生等亲切握手。 摄影　梁东明

2010 年 4 月 28 日，舞钢市委副书记、市长白立凡在枣林镇向平顶山市创建小麦高产田观摩团介绍经验。 摄影　武起帆

河南省副省长张大卫在仪式上讲话

2010 年 12 月 26 日上午,叶舞高速公路建成通车暨河南省高速公路通车里程突破 5000 公里庆典仪式在舞钢市举行。

高速公路项目建设劳动模范为叶舞高速公路通车剪彩

本版摄影　刘磊

2010年5月7日下午，国务院南水北调办公室主任张基尧、副主任张野等到舞钢市视察南水北调丹江口库区移民安置工作。河南省副省长刘满仓，省长助理何东成，平顶山市委书记赵顷霖，秘书长张遂兴，副市长王富兴，市政府党组成员、副市厅级干部王天顺，舞钢市委书记高永华，市长白立凡等陪同视察。 摄影　岳喜贵

2010年8月18日下午，舞钢市委、市政府在尚店镇瑞祥移民新村举行仪式，欢迎淅川县姚营村移民。 摄影　段东洋

移民史生老汉在新房大门张贴对联　　摄影　王晓磊

舞钢市检察院

检察长　马国兴

省院常务副检察长张国臣莅临考察

检察院班子成员

建党89年前夕赴焦裕禄纪念馆参观

院中层岗位竞职演讲

群众送锦旗

举报宣传周活动

三八节缅怀革命先烈

拓展训练

舞钢市公安局

市公安局党委书记、局长　王中孚

市公安局党委副书记、政委　高庆祥

市委书记高永华率四大班子领导到市公安局调研指导工作

市委常委、政法委书记李国顺、人大副主任腾毅亲切慰问1996年“12·8”特大杀人案抓捕组凯旋归来

适时开展的大规模统一防范行动，对各类犯罪活动起到了极大的震慑作用。

夜间巡逻

市公安局圆满完成南水北调工程移民搬迁任务

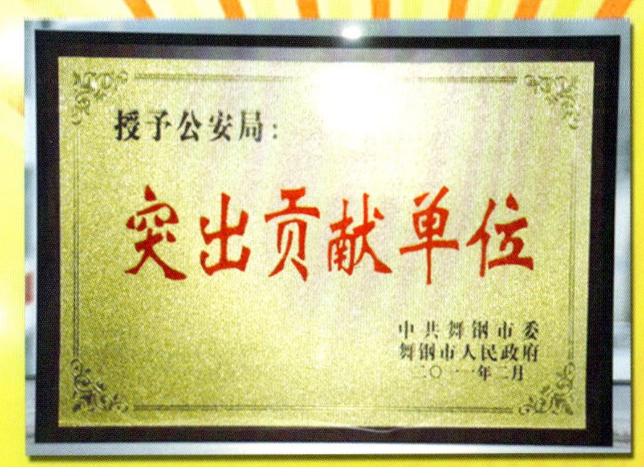

舞钢市信访局

群工部部长 陈云洲

群工部副部长、信访局局长 高平珍

平顶山市委副秘书长、群工部长袁银亮来舞钢市指导信访工作

市委书记高永华接待来访群众

省委副秘书长、省信访局局长李新华到舞钢市调研信访工作

高平珍局长在杨庄乡处理信访案件

高平珍局长接待信访群众

市委、市政府召开2011年全市政法暨平安建设信访稳定工作会

舞钢市民政局

王冬梅局长查看杨庄乡五座窑村突发山体滑坡灾情

民政局领导班子研究工作

八一期间慰问驻军

王冬梅局长慰问优抚对象

王冬梅局长带队检查机关卫生

杨庄乡敬老院开工

王冬梅局长到敬老院查看五保老人生活情况

市级

文明单位

(2010—2014)

中共平顶山市委

平顶山市人民政府

2010年1月

舞钢市人口计生委

全市2010年度人口和计划生育工作表彰大会会场

流动人口已婚育龄妇女慰问座谈会

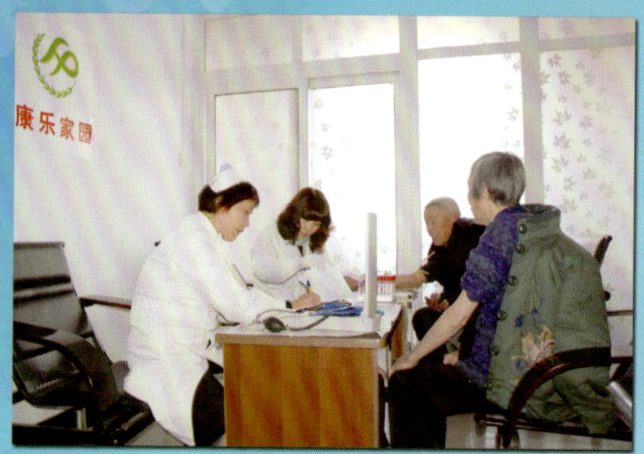

市人口计生委组织医疗技术人员免费为计生康乐家园老人检查身体

市委宣传部、市人口计生委等8个部门在"六一"儿童节为亲情家园留守儿童赠送书包、作业本、课外读物等学习用品

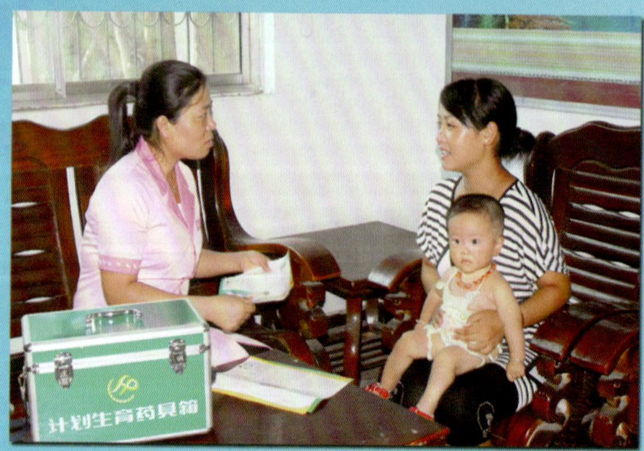

计划生育技术服务人员免费上门开展随访服务

为积极参加康检并主动落实避孕节育措施的诚信康检明星表彰奖励现场

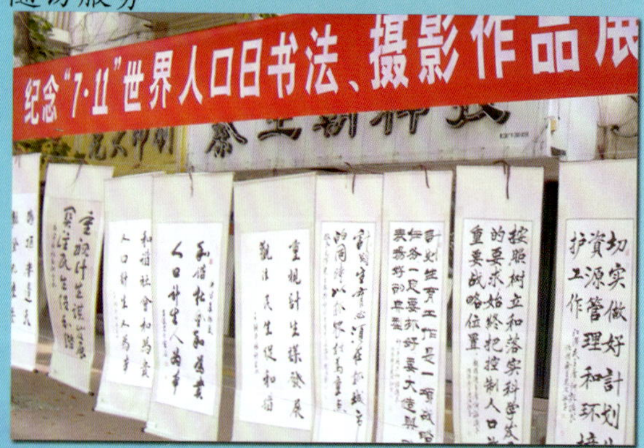

纪念"7·11"世界人口日书法摄影展活动现场

双节期间计划生育宣传活动现场

舞钢市工业和信息化局

党委书记、局长 鲁耀伦

团结奋进的局领导班子

鲁耀伦局长陪同离退休老干部参观产业集聚区

举办安全生产月宣传活动

举办“欢乐中原·舞钢”广场文化活动工信局专场演出

举办健身月活动登山比赛

冒雨完成“双创”工作任务

在郑州国际会展中心召开的产业转移洽谈会上，市长白立凡陪同平顶山市市长陈建生参观舞钢市展厅。

编 辑 说 明

一、《舞钢市年鉴》是一部综合性资料工具书，旨在全面系统地记载舞钢市上一年度的新成就、新事物、新经验、新问题、新趋势和全市基本情况，为社会主义物质文明和精神文明建设服务。

二、《舞钢市年鉴》于1987年创刊，原称《舞钢区年鉴》，从第五卷改称此名。本卷为第二十五卷，收录内容时间起止于2010年1月1日至12月31日。

三、本年鉴采用分类编辑法，由类目（部分类目下设子类目）、分目、条目（部分条目下设细目）组成，条目是主要形式。

四、本卷年鉴分为特载、概况、大事记、组织机构、人物、政党、政权·政协、群团、法制·武装、城建·环保、交通·水利、邮电·电力、工业、农业、商业贸易、经济管理、财税·金融、科技·教育、文化·旅游、卫生·体育、街道·乡镇、附录22个部分。“组织机构”部分，市直机关根据机构改革方案分类，驻市企事业单位、垂直部门及地方工业企业按现状编排；部门领导排序以行政职务为主，兼顾班子成员分工。

五、本卷年鉴所用稿件，均由市直各部门、各乡镇街道、驻市单位和特邀撰稿人提供。主要数据由市统计局提供，其他数据由有关部门提供。

六、供稿单位、撰稿人姓名一般标署在条目之后，不再单列名单。

钢城便览

综述

单位	总人口（万）	农业人口（万）	辖行政村	辖自然村（社区）	总面积（平方千米）	耕地面积（公顷）
朱兰街道	3.6		1	7	6	11.47
垭口街道	2.1		2	5	8.75	34.7
寺坡街道	2.5398		1	9	7	
院岭街道	2.1		4	4	15	
矿建街道	1.082	0.47	3	1	5.7	305.7
枣林镇	5.3	4.8	39	89	76.8	4666.7
八台镇	3.05	2.9	20	64	56	2380
尚店镇	4.35	3.9	32	149	107	4031
尹集镇	2.637	2.487	19	186	102	1615.27
庙街乡	1.47	1.439	12	76	51	1266.7
武功乡	2.7173	2.5412	22	68	51.2	2200
铁山乡	2.3	1.9	15	64	34	1007.8
杨庄乡	2.7	1.8	21	98	134	1568

经济指标

全市2010年完成地区生产总值1097165万元，按可比价格计算（下同），比上年增长4.1%。其中，第一产业完成增加值83770万元，增长4.1%；第二产业完成增加值742904万元，增长2.8%；第三产业完成增加值270491万元，增长8.5%。第一、第二、第三产业比重为7.6：67.7：24.7。

市场物价

全年居民消费价格总水平比上年上涨2.5%。其中,食品类价格上涨6.8%,居住类价格上涨0.6%,娱乐、教育文化用品及服务价格上涨1.6%,烟酒及用品类价格上涨2.8%,家庭设备用品及维修服务价格上涨0.2%,医疗保健和个人用品类价格上涨0.7%,衣着类价格下降1.1%,交通和通信类价格下降0.1%。商品零售价格总水平上涨2.0%。农业生产资料价格总水平上涨7.9%。

人民生活

2010年,全市城镇居民人均可支配收入14129.6元,增长10.7%,人均消费性支出10295.7元,实际增长12.2%。农民人均纯收入5963.9元,实际增长17.4%。农民人均生活消费支出2761.63元,增长13.1%。全年居民消费价格指数102.5%。年末城镇居民每百户拥有彩电115台,冰箱93.33台,空调108.33台,洗衣机98.33台,家用电脑65台;每百户农民拥有彩电114台,冰箱63台,空调51台,洗衣机90台,摩托车82辆。

科　学

2010年末,全市拥有各类专业技术人员487名。全年授权专利25项,获市级以上科技进步奖8项。

教　育

全市各级各类学校总数202所,教职工3980人,在校人数50250人。其中,高中3所,在校生4983人,教职工382人;初中13所,在校生9571人,教职工974人;小学127所,在校生23507人,教职工1554人;幼儿园45所,在园幼儿8856人,教职工780人。另有教师进修学校1所,在校生1545人,教职工113人;职业中专1所,在校生1788人,教职工177人;成人技术培训学校8所;民办教育机构4所。

环境状况

2010年,城区空气污染指数小于100天的天数是352天,占全年总天数的96.4%;区域环境噪声平均值为50.5分贝,市区交通噪声平均值为68.4分贝;全年没有出现酸雨。全市饮用水源地主要是枣林地下水源地和田岗水库地表水源地,枣林地下水源地水质符合国家《地下水质量标准》规定的Ⅲ类水标准;田岗水库地表水源地水质符合国家《地表水环境质量标准》规定的Ⅲ类水标准。全市监控的是石漫滩水库,其水质符合国家《地面水环境质量标准》规定的Ⅲ类水标准。

气象记录

全市年平均气温15.2℃,与常年平均值14.9℃相比偏高0.3℃,正常。年极端最低气温-8.6℃,出现在1月6日;年极端最高气温38.0℃,出现在6月30日,均未突破市历史极值。全市年降水量817.2毫米,较常年平均值939.3毫米偏少122.1毫米,正常。全市年总日照时数1639.3小时,较常年平均值2096.6小时偏少457.3小时,偏少。

龙泉湖南岸荷花

目　录

特　载

概　况

大 事 记

组织机构

人　　物

政　　党

政权·政协

群　团

法制·武装

城建·环保

交通·水利

邮电·电力

工　　业

农　　业

商业贸易

经济管理

财税·金融

科技·教育

文化·旅游

卫生·体育

街道·乡镇

附　录

特　　载

市委书记高永华在市委经济工作会上的讲话

（2011 年 2 月 10 日）

同志们：

春节假期刚过，我们就召开这次市委经济工作会，足见市委对这次会议的重视。这次市委经济工作会议的主要任务是，学习贯彻中央、省委、平顶山市委经济工作会议精神，回顾2010 年的经济工作，分析当前经济形势，安排部署2011 年经济社会发展各项任务。

下面，根据常委会研究的意见，我强调三个方面的问题。

一、认清形势，统一思想，坚定科学发展的信心和决心

2010 年全市上下以科学发展观为指导，认真落实市委六届八次全会精神，坚持发展第一要务，采取“两集中四推进”重要举措，积极妥善应对各种复杂局面和国际金融危机的冲击，调结构、保增长、惠民生，一系列重长远、打基础、谋发展的规划工作全面展开，12 项重点工作扎实推进、成效显著，城镇化步伐加快，城市品位和城市形象进一步提升，对外开放取得新成果，经济发展环境明显改善，平安建设工作荣获了全省最高荣誉——“中原卫士杯”，人民生活水平持续提高，党的建设、精神文明建设、民主法制建设、社会事业发展都取得新的重大进展，全市经济社会呈现出了好的趋势、好的态势、好的气势，进入了蓄势崛起的新阶段。预计 2010 年全市完成生产总值 108 亿元，比上年增长 6%；城镇居民人均可支配收入达 14068 元、农民人均纯收入达 5646 元，分别比上年增长 10.2% 和 11.2%；完成地方财政一般预算收入 7 亿元，比上年下降 5.5 个百分点；全社会固定资产投资达 71.8 亿元，比上年增长 28.9%。在经济结构单一、金融危机冲击严重的情况下，实现了主要经济指标止滑回升的目标。这些成绩的取得，是市委、市政府科学部署、积极应对的结果，是各单位各部门通力协作、顽强拼搏的结果，是全市人民迎难而上、共同奋斗的结果。面对经济形势严峻、财政收入大幅下滑的状况,全市上下不畏艰难、负重前行,采取超常规举措,在困境中拼搏,在艰难中奋进,取得了突出成绩。特别是在财政一般预算收入比经济形势好的2008年下降23%的情况下,用于工程项目投资却达6.18亿元,是2008年的近3倍;去年一年向上级争取建设用地指标近5000亩,是前15年批准用地总量的2倍,保证了我市经济社会发展的用地需求。所有这些成绩令人振奋,这种干事创业的精神让人感动。在此,我代表市四大班子向为全市经济社会发展作出贡献的单位和同志们表示衷心的感谢!面对这么多压力,成绩来之不易,可歌可泣,我们必须倍加珍惜,在巩固现有成果的基础上,开拓创新,克难攻坚,不断谋划新发展,取得新突破。

当前我市经济社会发展面临的形势十分严峻:一是重点支柱产业仍未摆脱困境,保持经济平稳较快发展的任务十分艰巨;二是产业结构需要进一步优化,产品链条短、附加值低,转变经济发展方式任重道远,要延伸产业链条;三是财政收支矛盾突出,还要延续两到三年,支出结构需要进一步调整;四是"两集中四推进"等重点工作都到了攻坚阶段,各种困难和压力都将不断显现。同时,我市主要经济指标基数较大,在这样一个高位的基础上,要保持较高的增长速度,需要全市上下付出更加艰辛的努力。今年和明年是攻坚阶段,我们一定要有充分的思想准备,必须顶住压力,负重前行。

当然,在看到困难和挑战的同时,我们更应该看到面临的机遇和有利因素。主要体现在四个方面:一是我们面临着一个好的发展环境。从目前看,国际金融市场渐趋稳定,全国经济回升向好的基础逐步巩固,扩大内需和改善民生的政策效应将继续显现;国家宏观经济政策保持基本稳定,尤其是继续加大对中部地区的扶持力度等,这有利于我们争取更多的政策、项目和资金支持。二是国家实施积极的财政政策,进一步加大对基础设施的投资。今年中央一号文件提出加大对水利设施的投资,要求在今后10年每年对水利设施的平均投资达到2010年的2倍,增速非常大,这对我市非常有利,这个机遇要抓住。我市有各种水库、河道、饮水工程等水利工程,包括饮用水源地,要及早做好准备工作。三是在应对国际金融危机、实现"三保"过程中,市委、市政府注重对未来发展的策划规划,注重夯实发展基础,注重加强基础设施建设,注重传统产业优化升级和新兴产业培育壮大,注重产业集聚区建设,注重产业链条完善,推动了经济上规模上层次、上质量上效益。特别是市委六届八次全会以来打基础、谋发展的一系列工作成效正逐步显现出来,呈现出强劲的发展后劲,这是我们的优势。四是我市干部队伍总体上非常好,过得硬,能打硬仗,干事创业的氛围基本形成,今天会上表彰的6个科级岗位工作标兵,具有很强的代表性,是大家学习的榜样,6个突出贡献单位也是全市单位的表率,如果各个单位都能像这6个单位、如果全市广大干部职工都能像这6个同志一样,扑下身子干工作,一心一意谋发展,我们发展压力再大也能顶住,再大的难关也能渡过。目前,全市上下谋发展的决心和干事创业的热情高涨。这些都为做好今年经济工作提供了有力保障。

基于以上形势分析和判断,我们必须保持清醒的头脑,既要充分认识到经济社会发展中面临的困难和挑战,增强忧患意识和风险意识,又要看到发展的有利条件,坚定发展信心和决心,趋利避害,乘势而上,以时不我待的紧迫感、责任感,开拓创新,奋发有为,扎实推进我市经济社会又好又快发展。

二、突出重点，统筹运作，努力实现经济社会又好又快发展

今年是中国共产党成立90周年，也是“十二五”规划的开局之年，更是市委六届八次全会精神决定的发展战略实施阶段的重要之年，做好今年的经济工作意义十分重大。根据中央、省委、平顶山市委经济工作会议部署，结合我市实际，今年我市经济工作总体要求是：全面贯彻落实中央、省委和平顶山市委经济工作会议精神，以科学发展为主题，以加快转变经济发展方式为主线，以结构调整为重点，坚持市委六届八次、九次全会确定的发展思路和战略，进一步强化“两集中四推进”工作举措，协调推进工业化、城镇化和农业现代化，着力提高经济效益和综合经济实力，着力保障和改善民生，保持经济平稳较快发展，促进社会和谐稳定。

按照这一工作要求，今年要奋力推进以下几个方面工作。

(一)依托优势，奋力发展工业经济

工业是舞钢的立市之本、强市之基。我们要牢固坚持“产业立市”的理念，不断壮大工业经济，以工业化支撑、推动城镇化和农业现代化。

1. 继续开展大招商活动。投入是发展的基础和源泉。抓经济、抓工业，必须狠抓投入不放松。各有关单位和部门要牢固树立“大招商、大投入、大发展”观念，切实把招商引资作为膨胀总量、扩大增量的主渠道和强有力手段，作为加快转变经济发展方式、解决当前发展难题的必然选择，毫不动摇地将其放在重要位置。要创新招商引资方式，完善落实招商引资激励机制，开展多种形式的招商活动，定人定责任目标，确保圆满完成招商引资任务。要瞄准重点区域、盯紧品牌企业、突出产业对接，着力引进一批科技含量高、带动能力强、税收贡献大的大项目、好项目，形成开工一批、建设一批、投产一批、谋划一批、储备一批的项目建设格局。

2. 加快步伐，全力打造品牌产业集聚区。产业集聚区建设是加快工业化、城乡一体化的最有效途径。要按照“一主两辅”产业发展规划和“三超前、三加大”的工作要求强力推进我市产业集聚区建设。一要超前报批土地，确保招商引资项目用地；二要超前安排基础设施建设，加快路网、标准化厂房、水电管网、污水处理厂等项目建设步伐，不断提高产业集聚区的承载力、吸纳力和竞争力；三要超前安置占地农民，严格执行国家政策、法规，采取补偿、安置、补助、扶持等一系列措施，保证搬迁群众的利益；四要加大招商引资力度，加强与知名企业的战略合作，大力引导符合产业规划的大项目、高科技项目向园区聚集，使产业集聚区不断发展壮大；五要加大对群众的宣传教育力度，做好集聚区内及周边群众的思想工作，引导群众积极支持投身集聚区建设；六要加大环境治理力度，落实责任，简化手续，提高办事效率，提升服务水平，营造优质高效的经济发展环境。通过不懈努力，把我市产业集聚区打造成为全省的品牌园区。这也是今年市委、市政府重中之重的工作，省里每季度都要对产业集聚区进行考核，我们决不能落后。

3. 继续发展壮大两大工业支柱产业。要全力以赴培育壮大钢铁、纺织两大工业支柱产业，使其成为特色鲜明的板块经济。要加紧规划、建设冶金工业园区，壮大钢铁产业规模；加快舞钢冶金公司、中铝集团装备制造、金马钢铁加工物流配送中心、诚祥机械设备制造公司等项目建设进度，尽快使其达产达效；争取上马100万吨捣固焦项目，进一步完善钢铁上游链条，降低钢铁产业生产成本，提高市场竞争力；切实抓好尚店再生资源综合利用专业园区，打造全省最大的再生资源综

合利用基地;要加快推进中铝集团装备制造项目建设,发展高端制造业,延伸钢铁产业链条,增强钢铁企业核心竞争力,把我市建成全国一流的宽厚板研发生产基地,打造钢铁产业航空母舰。要加快鑫海纺织、龙山四期、易源科纺等纺织项目建设,加快纺织业产品结构调整,在巩固棉纱生产的基础上,以发展染整项目为突破口,使印染项目落地在产业集聚区,带动纺织、服装加工业联动发展,完善和延伸纺织产业链,发展壮大纺织业规模,打造纺织产业航空母舰。

4. 大力发展非公有制经济。要进一步解放思想,加大扶持力度,营造宽松的环境,切实激活民营资本,鼓励本地企业扩大投资规模,引导在外成功人士回乡创业,支持社会各阶层自主创业,掀起全民创业新高潮,让全市人民的创造力、民营企业的扩张力、民间资本的爆发力最大限度地发挥出来。要建立健全社会服务体系,特别要改善金融服务,搭建融资平台,着力解决“融资难”这个制约非公有制经济发展的突出问题。各级领导和有关部门要设身处地、换位思考,真正做到急企业之所急、帮企业之所需、解企业之所忧,使民营企业家专心致志、心情舒畅地搞事业、谋发展。要引导企业依靠科技进步,加快开发具有自主知识产权的技术和产品,培植经济发展新优势,实现由传统企业向科技含量高、附加值高、市场前景好的科技型企业转化。要学习温州等先进地区的经验,树立强烈的品牌意识,积极鼓励私营企业争创“驰名商标”、“著名商标”和名牌产品,提高产品质量和市场竞争力。特别是要力促中海投资40兆瓦太阳能高效农业一体化示范基地、滚塑示范园和王店石材工业园区等项目落地上马。要加快发展非公有制企业,我市目前还没有一家上市企业,要把中加集团和银龙集团两家企业上市工作摆上日程,做好上市前的准备工作,力争中加集团和银龙集团上市。

(二)多措并举,奋力发展现代农业

现代农业是经济社会发展的必然趋势,是工业化、城镇化的基础。实践证明,“两集中”工作,既是发展现代农业的必由之路,更是加快城乡一体化进程的最有效途径,要科学规划、示范带动、多措并举、强力推进。

1. 提高质量,增加数量,不断扩大土地流转规模。去年我市土地流转总量在11万亩左右,总量不小,但质量不高,有些是为了骗取市财政奖补资金,土地流转项目没有很震撼的亮点。要坚持“依法、自愿、有偿”的原则,进一步加大土地流转的规范管理,扶持经营大户,壮大合作组织,培育特色农产品生产基地和农业生态旅游观光园,不断扩大土地流转规模和质量,全年新增土地流转面积不低于1万亩。同时,要突出重点,注重提高土地流转项目的质量和效益,着力引进科技含量高、经济效益好、产品竞争力强、有广阔市场前景的好项目、大项目,发挥典型辐射带动作用。

2. 培育农业龙头企业。发展现代农业关键是大力培植农业龙头企业。要坚持用现代工业的理念抓农业,树立“抓农业就必须抓龙头企业”、“扶持龙头企业就是扶持农民”的理念,积极培育龙头企业,强力推进农业产业化经营,促进现代农业建设。要以金汇瑞祥科技有限公司为依托,建立台湾万亩现代农业示范园区;以金田农业科技公司为依托,建立现代农业观光园区;以鸿康药业有限公司为依托,发展中药材种植加工园区;以绿地林果种植专业合作社为依托,发展以晚秋黄梨为主的林果种植园区;以农天薯业为依托,建立万亩红薯生产加工园区。要通过培育特色龙头企业,发展现代农业示范园区,打造农业产业化亮点,提高土地集约化经营水平,推进专业化生产、规模化经营,促进农业转型升级,提高土地产出效益。

3. 高标准、高质量、高速度地建设中心镇、中心社区。要坚持"科学规划、示范引导、逐步扩面、梯次推进"的原则,因地制宜,切实做好中心镇、中心社区的"两个规划","五一"前要全部完成建设规划和经济发展规划。有关部门要对"两个规划"严格把关。建设规划要高起点、高标准,特色鲜明、定位准确,在建设模式上要尊重群众意愿,对已开工建设的中心镇、中心社区要进一步完善配套,建成高标准示范点,并逐步扩大规模,增强辐射带动能力。经济发展规划要突出区域产业特色,宜农则农、宜工则工、宜商则商,一、二、三产业有机结合,形成强有力的产业支撑。要加大劳动技能培训,使聚集居民就近转岗就业,化农民为工人。在这方面,今年也要有大的突破。我们推进"两集中",最终目的是为了增加农民收入,改善群众居住环境,决不能违背群众意愿。没有启动的社区,今年要尽快启动。要引导扶持进入中心镇、中心社区居民每户至少发展一项稳定的增收项目,确保聚集后有稳定的收入保障,实现搬得出、稳得住、能发展、会致富。要充分利用城乡建设用地增减挂钩政策,解决好建设用地问题。要进一步加大资金整合力度,涉农项目、资金集中打捆使用,优先向中心镇、中心社区倾斜。金融部门要研究出台支持政策,筹措专项贷款,用于支持中心镇、中心社区建设。同时,要积极探索中心镇、中心社区建设新模式,不能仅仅依靠财政投资,要采取市场化运作方式筹措建设资金,解决建设资金短缺难题。有几个乡镇有思路,只要不是国家法律法规明令禁止的,都要大胆探索,敢为人先,为全市树立榜样,开启先河。要开拓进取,克服困难,努力完成今年的目标任务,到年底,中心镇和中心社区人口聚集规模要达到2100户以上,使"两集中"相互促进,不断加快城镇化步伐,确保"两集中"工作在平顶山市保持先进位次。

(三)规划先行,奋力打造精品城市

按照打造现代化精品城市的目标,对城市进行精雕细刻,高标准规划,高质量建设,高效能管理,全面提升城市品位。

1. 强力推进创业发展服务区建设。创业发展服务区是舞钢市未来的政治、文化中心,全市人民翘首以盼。2010 年完成了区域修建性详细规划、部分土地报批和群众拆迁安置前的准备工作,为创业发展服务区的开发建设打下了坚实基础。2011 年必须拉开大建设的序幕,中心区单体建筑、区域内群众安置房建设和区内 3 条主干道 3 月底全部动工,到年底主体工程要完工,包括安置房建设,6 月底区内 3 条主干道要建成通车,2012 年形成开发建设高潮,2013 年基本完成创业发展服务区中心区域的开发建设任务。这是 3 年的建设目标和任务。

2. 加大旧城区改造力度,全面规范房地产市场。按照"四个二"工作法,加快推进旧城区改造。一要做到"两坚持",即:坚持"政府主导、统一规划、连片开发、公开透明"的原则,坚持"高起点规划、高质量建设"的原则。这"两个坚持"决不能动摇,如果做不到这"两个坚持",我们宁愿不作为,慢一点。二要做到"两个突",即:突出重点,把钢城大道、铁山大道两侧、龙泉湖北岸等作为重点建设和改造区域,明确开发单元,细化规划指标,有序推进旧城区改造工作,对影响城市形象的,要加快推进;突破难点,拆迁安置问题始终是旧城区改造的难点,去年市政府出台了旧城区改造的相关政策,我们一定要不折不扣的执行到位,决不能阳奉阴违,搞阴阳合同,影响城市建设的整体推进。旧城改造工作指挥部要履行职责,严格把关,在重要部位开发改造项目,要集体作出决策,报市政府常务会和市委常委会研究。对开发商的选择，一定要高品位，要选择有实力的开发商。恒大项目的运作很成功，这是一个典范。我们应该按照这个路子走。要坚持政府主导，对于开发项目，各个街道要抽调人员做好群众工作，禁止开发商直接与群众接触。对拆迁补偿安置过程中产生的费用，应纳入拆迁成本，做到净地出让。三要做到"两优先"，即：优先品牌房地产公司进驻我市参与旧城改造，同时也要大力支持本地比较规范的房地产企业参与城市开发建设；优先安置房建设，切实维护被拆迁人利益，改善居民住房条件。四要做到"两从严"，即：从严把好规划审批关、从严查处违法建设。坚决抵制一切不正之风，排除一切干扰，坚定不移地规范我市房地产市场，这是打造精品城市的必然选择。

3. 以"双创"为抓手，实施城市精细化管理。要持续开展"双创"活动，做到"一保一争一重点"，即保证2011年国家卫生城市创建成功，争取获得创建全国文明城市先进市称号，重点抓好城乡环境卫生整洁大行动，确保走在平顶山市前列。要巩固创卫成果，进一步改善城市环境，完善城市公共服务设施，提高城市管理水平，健全长效管理机制，加大对影响市容和公共秩序行为的执法力度，切实做到管理到位、处罚到位。要将加强城市管理与提高城市文明、居民素质结合起来，加大教育力度，大力倡导文明理念、文明行为，培养居民的文明意识、公德意识，提升市民整体素质和文明程度，真正把舞钢市建设成宜业、宜游、宜居的现代化精品城市。

(四)特色鲜明，奋力培育壮大旅游产业

旅游产业是国内外竞相发展的"朝阳产业"、"无烟工业"。在我市产业结构性矛盾突出的情况下，抓好以文化旅游为重点的产业开发，不仅是培育新的经济增长点的需要，更是提升现代服务业发展水平、调整产业结构的迫切需要。要以龙凤湖旅游度假区建设为重点，加大旅游资源整合力度，对全市旅游资源进行整体规划，形成我省首家旅游产业聚集区，招大商进行规模开发建设，全面提升我市旅游档次和形象。要按照"政府主导，市场运作；生态优先，开发适度；定位准确，目标高远；整体规划，分步实施"的指导思想和"三年成势、五年成形、十年成就"的发展步骤，大力推进龙凤湖旅游度假区的开发建设。上半年开工建设区内路网、污水管网等基础设施建设，主题公园、度假酒店等标志性项目力争年内破土动工，使龙凤湖旅游度假区取得突破性进展。要持续做好龙泉湖污染治理力度，像保护我们的眼睛一样保护好龙泉湖不受污染。要以精品景区景点建设为核心，加快二郎山、祥龙谷等景区的升级改造，提高服务水平，加大宣传力度，促使旅游产业快速发展。要坚持"文化强市"理念，全面发展文化事业，完善文化设施，开展丰富多彩的文化活动，不断满足人民群众精神文化需求。大力繁荣文化产业，深度挖掘冶铁文化，叫响"冶铁文化之都"；高标准策划筹办好河南省第十一届"舞钢水灯节"，努力把水灯节打造成为全省乃至全国知名的文化节庆活动；精心组织摄制、发行好《小樱桃之舞钢传奇》动漫片，积极争取动漫艺术院校落地舞钢，增添城市文化内涵，提升文化软实力，彰显我市冶铁之都、水灯之城的独特魅力。以文化旅游产业为龙头，大力发展社区服务、餐饮、商贸物流等第三产业，不断提升第三产业比重，增强经济社会发展的协调性和可持续性。

(五)更新观念，着力优化经济发展环境

市场经济条件下，环境就是品牌，就是资源，就是财富，就是生产力和竞争力，我们要坚持把优化经济发展环境作为招商引资、提升区域竞争力的核心，切实增强政府公信力，坚决落实优惠政策，创新服务机制，真正解放思想，增强服务意识，硬起手腕彻底解决部门效能不高、执行不力、推诿扯皮、阳奉阴违等问题。要深化效能革命，纪检部门要把落实岗位目标责任制度、政务公开和社会服务承诺制度、挂牌上岗、首问负责制度、一次性告知和限时办结制度、否定报备制度、效能过错责任追究制度、绩效考核制度等8项制度，作为今年工作的一项重点，以铁的决心、铁的手腕、铁的纪律解决机关效能不高、干部作风不实的问题，切实提升服务效能和工作水平，以硬措施改善软环境，以软环境的改善促进项目建设顺利推进。要始终保持高压态势，坚决严厉打击各种干扰经济社会发展的违法行为，特别是对强装强卸、封门堵路等地痞地霸行为露头就打、伸手就抓，努力营造良好的经济发展环境，吸引更多的客商来我市投资兴业，促进我市科学发展新跨越。

（六）关注民生，奋力构建和谐社会

民生连着民心，民心关乎和谐。要牢固树立"解决民生问题是最大的政治，改善民生、促进和谐是最大的政绩"的理念，在狠抓经济发展的同时，切实做好惠民生、促和谐、保稳定工作。

要强化为民意识，心中时刻想着群众，把为民负责看得高于一切。要明确为民标准，坚持把群众高兴不高兴、满意不满意作为评判各项工作的最高标准、最终目的，让人民群众更多地享受到改革发展的成果。要坚定不移落实各项惠民政策，集中精力、财力办好为民实事。要坚持教育优先发展战略，推进义务教育资源均衡配置，重视发展学前教育，完善高中和职业教育，整合教育资源，加强教学管理，全面提升教学质量，办好人民满意的教育。要加大科技投入，加快科技成果向现实生产力转变。高度重视人才工作，大力引进、培养我市经济社会发展急需的各类人才。要完善城乡公共就业服务体系，千方百计增加就业岗位，最大限度地促进充分就业。加快建设覆盖城乡居民的社会保障体系，提高基本养老、基本医疗和最低生活保障水平，扩大农村养老保险试点，进一步完善城乡低保制度，做到应保尽保。要加强医疗制度改革，不断完善公共医疗卫生服务体系，加强城乡基层医疗卫生服务机构建设，完善全民医保制度，进一步解决群众看病难、看病贵问题。大力发展体育事业，积极推进全民健身计划。高度重视妇女儿童、外事侨务、民族宗教、老干部、老龄和残联等工作。加大扶贫开发力度，加快经济适用房等保障性住房建设，有效解决低收入群体的实际困难。认真抓好计划生育，统筹解决好人口问题，推动社会事业全面发展。

切实维护好社会和谐稳定，加强和改进新形势下群众工作，深入推进社会矛盾化解、社会管理创新、公正廉洁执法，健全信访工作责任制，认真落实领导干部定期接访制、重点信访问题首问负责制、领导干部包案制，及时梳理维稳信息，理顺群众思想情绪，正确处理人民内部矛盾，坚决避免重大群体性事件和重大恶性信访案件的发生。要加强社会治安综合治理，完善社会治安防控体系，加大案件侦破力度，严厉打击各种违法犯罪行为，认真落实好安全生产责任制，切实抓好安全生产，保障人民群众生命财产安全，进一步提高群众安全感指数，努力打造平安和谐舞钢。

三、加强党对经济工作的领导，创造全市干事创业的良好环境

做好今年经济工作，关键在于加强和改善党对经济工作的领导，全面提升各级干部驾驭经济工作能力。

一要提高干部素质。学习是干部增长才干、提高素质的重要途径，是做好各项工作的重要前提。要紧密结合创先争优活动，加强各级领导干部的学习培训，深入推进学习型党组织建设。各级领导干部要不断增强学习的自觉性,把学习当成一种政治责任、一种精神追求和一种思想境界,以谦虚的态度、顽强的毅力,持之以恒地搞好学习。通过学习使自己的思想水平、知识水平适应形势发展需要,增强科学判断形势、驾驭市场经济、应对复杂局面的能力,使自己成为领导经济工作的行家里手,担负起打造中原明珠、带领全市人民建设全面小康社会的历史重任。

二要转变干部作风。作风决定成效,作风关乎成败。各级领导干部要开拓创新,敢于突破传统思维,打破常规方式,真正做到解放思想,用创新的思路打开工作局面,用创新的方法推动工作落实。要敢于跳起来摘桃子,各项工作争第一、创一流,努力实现率先发展,敢为人先。要迎难而上,对发展和工作中遇到的困难和问题,要锲而不舍、迎难而上,不回避矛盾、不推卸责任、不敷衍应付,特别是对重点工作、重大项目,要盯死盯牢,一抓到底,抓出成效,用发展的实效凝聚人心,用跨越发展的举措激励群众。要雷厉风行,确保政令畅通,今后凡是市委、市政府协调解决问题的会议,原则上要出会议纪要,对市委、市政府下发的会议纪要,重点工作指挥部、领导小组和主管领导受市委、市政府委托协调决定的事项,各有关单位必须不讲条件、不谈困难,坚决执行,决不允许软抵硬抗,拒不执行或者执行中大打折扣的现象发生。哪个部门、哪个单位拒不执行的,要硬起手腕,坚决拿下主要领导。要强化责任,所有目标任务、措施要求,最终都要靠责任实现,靠责任来落实。强化责任,就是要敢作敢为,在工作上大胆负责、勇担重任、敢于碰硬,在发展上不甘落后、不畏艰难、不怕挫折;就是要立说立行,说了算、定了干,特别是涉及重大决策部署的,任何人不能改变,要顶着压力上,迎着困难上,坚定不移,持之以恒,天大的困难也不变,真正把定下来的事情做到干一件成一件,树立党和政府的良好形象,只有这样才能实现我市经济社会发展的新跨越。

三要严格绩效考核,激发干事热情。推动经济社会快速发展所需要的是敢想敢干、干事创业的干部,勇于负责、善于运作的干部,勤奋工作、富有激情的干部。干事一定要有激情,要进一步完善促进科学发展的干部考核评价体系,严格绩效考核,增强考核实效,以实绩论英雄,凭绩效用干部,不让综合素质高的人吃亏,不让务实干事的人吃亏,使干部考核评价结果成为用干部、配班子、建队伍的重要依据,坚决克服平庸之风、庸俗之风和钻营之风,形成能者上、庸者下、平者让的用人导向,按照“讲条件、按程序、重实绩、看民意”的要求,真正把政治上靠得住、工作上有本事、作风上过得硬、人民群众信得过的干部用在关键岗位,发挥关键作用。市委、市政府督查室和纪检委、组织部,要切实加大督察问效和绩效考核力度,严格执行责任追究制,坚决兑现奖惩,对工作力度大、成绩突出的干部,要给予奖励重用,对落实不力、完不成任务甚至影响全市大局的,要进行诫勉谈话或责令辞职。要在全市不同层面选树干事创业先进典型,大张旗鼓地宣传表彰,用榜样的力量激发全市上下干事创业激情,以先进典型引领带动广大党员干部在打造中原明珠进程中建功立业。这次市委选树的6个科级岗位工作标兵和6个为全市经济社会发展作出突出贡献单位,就是在去年底绩效考核基础上,经过充分酝酿讨论、广泛征求意见,经过市委认真研究决定推出来的先进典型,希望全市各级各部门和广大党员干部要以这些先进典型为榜样,学先进、赶先进、争先进,真正在全市形成一心一意谋发展、聚精会神搞建设的工作氛围,促进各项工作任务圆满完成。

四要加强廉政建设,树立全新形象。党

风正，则干群和；干群和，则社会稳、事业兴。实现科学发展新跨越、构建和谐社会对反腐倡廉的要求更高，形形色色的诱惑对领导干部的考验更多，人民群众对领导干部廉洁自律的要求更严，必须把党风廉政建设放在更加突出的位置，切实营造干净干事的良好氛围，更好发挥反腐倡廉的保驾护航作用。要全面贯彻“标本兼治、综合治理、惩防并举、注重预防”的方针，扎实推进惩治和预防腐败体系建设。全面落实党风廉政建设责任制，深入开展反腐倡廉教育，筑牢拒腐防变的思想道德防线。要加强反腐倡廉制度建设，建立有效的监督机制，从源头上预防和解决腐败问题。各级领导干部要严格执行党风廉政建设责任制和领导干部廉洁从政准则，带头廉洁自律，自觉做到为民、务实、清廉，维护党和政府在人民群众中的良好形象。要以规范和制约权力运行为核心，落实对全市党员干部的各项监督制度，坚决制止有令不行、有禁不止，部门利益、个人利益至上等问题，确保在经济社会全面、协调、可持续发展中发挥好各自的服务和保障作用。廉政建设时刻不能松懈，要做到警钟长鸣。要加大案件查处力度，依纪依法严惩腐败分子，推进党风廉政建设和反腐败斗争扎实开展，努力营造风清气正的发展环境，树立党员干部勤政廉政的全新形象。

同志们，“一年之计在于春”，2011 年春天已经来到，“十二五”的号角已经吹响，做好今年的经济工作任务繁重，责任重大。让我们团结一心，奋力拼搏，以更加昂扬的斗志、更加扎实的作风、更加有效的举措，努力开创我市科学发展新局面，为早日把舞钢打造成为中原明珠而努力奋斗！

政府工作报告

——2011年2月12日在舞钢市八届人大五次会议上

市长　白立凡

各位代表:

现在,我代表市人民政府,向大会报告政府工作,请予审议,并请各位政协委员和其他列席人员提出意见。

一、2010年及“十一五”工作回顾

2010年,我市受金融危机持续冲击,经济发展仍然最为困难。一年来,在市委的坚强领导下,在市人大、市政协的监督支持下,坚持以科学发展观为指导,深入实施“生态建市、产业立市、文化强市、和谐兴市”战略,紧紧围绕“两集中四推进”,主动作为,迎难奋进,经受住了舞钢发展史上少见的严峻挑战和重大考验,基本完成了市八届人大四次会议确定的各项目标任务。预计,全市完成生产总值108亿元,增长6%;全社会固定资产投资71.8亿元,增长28.9%;社会消费品零售总额22.6亿元,增长19.1%;地方财政一般预算收入7亿元,下降5.5%;城镇居民人均可支配收入14068元,增长10.2%;农民人均纯收入5646元,增长11.2%。

一年来,主要做到了“五个致力”:

致力于保增长,扭转经济增速下滑趋势。加大投入拉动增长。全力推进重点建设项目,全年完成投资26亿元。宝润再生资源加工一期、煤矿液压支架项目一期、群望工业纸板一期、龙山纺织二期10万锭高精纺、工程机械及农作物配件生产线、西气东输平舞漯地方支线等项目建成投产;舞钢冶金公司铁前配套一期、鑫海纺织一期10万锭棉纺、龙山纺织三期10万锭高精纺、6栋6万平方米三层标准化厂房、易源科纺10万锭、金马钢加物流配送中心、6万吨生活用纸技改一期、精钢钢铁、诚祥机械等项目顺利推进。全市实现规模以上工业增加值63亿元、利税11.6亿元,分别增长2.4%和15%。强化招商促进增长。建立了“企业为主、政府推动、市场运作、全民参与”的大招商格局。实行外来投资项目全程代办制,营造了亲商、安商、富商良好氛围。围绕钢板加工、纺织、旅游等产业,积极参加“中博会”、“华合论坛”等活动,承接产业和技术转移。与清华大学、恒大集团、建业集团战略合作全面展开,为我市开发建设注入新活力。2010年,引进市外资金41.56亿元,利用境外资金805万美元,分别占目标的128%和100.6%。激活要素保障增长。引导金融机构扩大信贷投放,年末存贷款余额分别为77亿元、50亿元,比年初分别增加8亿元和11.5亿元。开展银企对接活动,帮助企业签约资金24.8亿元;利用融资平台,为中小企业贷款担保1200万元。深化城乡建设投融资机制改革,确立了多元化筹集建设资金融资机制,运用BT等

多种模式筹措资金。积极推进城乡建设用地增减挂钩,促进城乡土地资源合理配置和高效利用,实现了耕地占补平衡;盘活存量土地3141亩,争取建设用地4512亩,有力保障了重点项目建设用地。强化服务推动增长。深入实施企业服务行动计划,定期召开经济运行分析会,坚持重点项目推进周例会,及时解决企业反映的问题。出台了废钢经营企业和兔毛交易市场扶持政策,培育新的税收增长点。牢牢抓住国家保增长、扩内需政策机遇,争取上级项目建设资金3亿多元。

致力于调结构,积蓄经济发展后劲。积极主动调结构,经济发展质量在逆境中得到提升。初步形成了以钢铁、纺织两大产业为主导,文化旅游、房地产开发以及现代农业等共同发展的产业体系。主导产业逐步加强。以钢铁和纺织为主导产业的产业集聚区建设全面启动。报批了产业集聚区总体发展规划、空间发展和控制性详细规划等专项规划,编制了钢铁和纺织产业规划。产业集聚区全年基础设施投资4.96亿元,夯实了产业承载平台。“三纵一横”道路主体工程、柳源输变电站等相继建成;“四纵三横”道路全面铺开,供电工程、综合服务中心大楼等项目正加速推进。出台了一系列促进产业集聚区发展政策,从土地、资金等方面为客商提供服务。2010年,产业集聚区完成工业项目投资17.8亿元,入驻企业19家,从业人员2.12万人,营业收入203亿元,实现税金8.16亿元。被评为“全省又好又快发展产业集聚区”、“循环经济试点单位”和“国土资源集约节约模范产业集聚区”,喜获省政府奖励600万元。全力推进工业结构优化升级,完成高技术产业增加值2376万元。现代农业健康发展。通过种养大户承包、农民专业合作社带动、高效农业示范园区建设等形式,实现了土地规模化和集约化经营,促进土地、资金、技术等生产要素优化配置。全市土地流转10.6万亩,占耕地总面积的33%,建成500亩以上土地流转示范方88个,被农业部确定为全国100个土地流转与社会化服务先进监测县(市)。粮食总产达到14.4万吨。农业总产值完成13.2亿元,增长4.1%。畜牧业总量持续扩大,发展标准化养殖园区15个、规模养殖户120家,累计分别达到67个和670家。积极培育发展涉农龙头企业,地市级以上龙头企业达15家。建成各类农民专业合作组织40家,带动农户1.8万户。农村基础设施逐步完善。完成任洞沟、水磨湾水库除险加固,治理水土流失12平方千米,改造中低产田5000亩,建成枣林现代示范灌区3000亩。现代服务业逆势上扬。编制了旅游产业发展总体规划。围绕开发旅游精品,强力推进景区景点基础设施建设,二郎山成功创建为4A级景区,祥龙谷正式运营;二郎山、灯台架、祥龙谷被中国旅游摄影家协会和中国旅游信息报社授予“旅游摄影创作基地”。坚持文化旅游互动发展。举办了第十届端午节龙舟赛和河南省第十届“舞钢水灯节”。全年接待游客184万人次,旅游收入3.35亿元,分别增长17%和23%。文化旅游业带动房地产、餐饮等产业快速发展。房地产开发完成投资9.2亿元,销售商品房37.9万平方米,交易额8.35亿元。全面推进“家电下乡”,销售家电2.3万多台(件),销售额5798万元。第三产业增加值占生产总值比重24.1%。节能减排全面落实。全年化学需氧量、二氧化硫排放量分别减排1456吨和936吨,城市污水处理率达到65%,单位生产总值能耗降低5.52%。城区空气质量优良天数达到330天。

致力于增功能,优化城镇发展空间。城镇化水平进一步提高。以中心镇、中心社区建设为载体,加大支持力度,城镇化发展成效明显,受到省、平顶山市领导充分肯定和主流媒体高度关注。采取园区带动、城镇辐射、迁村并点三种模式,突出抓好4个中心镇、3个示范中心社区建设。4个中心镇框架初步形成,634户新民居基本建成,配套设施逐步完善。张庄、瑞祥、上曹中心社区建成民居739户,瑞祥中心社区入住移民330户、1419人,张庄和上曹社区居民正在搬迁入住,3个示范中心社区成为全省新农村建设的亮点。加大农村劳动力就业培训,提高居民转岗就业能力,增加农民工资性收入。落实农民增收规划,引导二、三产业向中心镇、中心社区集中。全市城镇化率达到50.9%。城市形象更加靓丽。完成叶舞高速舞钢段、马鞍山大道一期升级改造、胡寨转盘至垭口桥中修、任桥至李辉庄大中修、石漫滩大桥至虎跳峡绿化等工程。干休一街升级改造工程正在推进。治理污水沟8条、硬化道路28条。启动了饮用水源地生态保护工程,开展了水库综合整治,投放鱼苗277万尾,取缔了手划船,制止了乱捕滥捞,检测取样水库和周边排污单位40多次;建成污水泵站调节池和寺坡、李辉庄片区污水管网,改善了水库水质和生态环境。创成省级生态文明村4个、市级5个,省级生态乡镇1个。营造水土保持林4100亩,建成生态廊道6240亩,森林覆盖率达到34.7%。创建国家卫生城市顺利通过国家技术评估和复验。城市管理逐步规范。强力推进旧城改造,出台城中村改造实施意见,规划城中村5年改造工程。全年完成拆迁5.6万平方米,开工90万平方米,主体完工36万平方米。规范房地产市场开发行为,拆除违法违章建筑43处4万多平方米。完成创业发展服务区修建性规划,与建业集团签订了战略合作协议,单体建筑设计正在实施。致力于促和谐,推动社会全面进步。用于改善民生的财政支出达6亿多元,是财政收入最多年景2008年的3倍多。十大惠民实事扎实推进。全面启动城区有线电视数字化,发展用户5400多户;新增农村有线电视用户1390户。建成县乡公路、通村公路48千米,高速引线实现通车。解决农村安全饮水1万人。尚店、杨庄、尹集3个乡镇敬老院改扩建工程基本完工。经济适用房一期工程竣工投用,受益群众470户。农村合作医疗补助和补偿标准,分别由80元、5万元,提高到120元和10万元。青少年校外活动中心地质灾害治理工程基本完工,学校防雷设施整改全面到位,更新课桌凳、餐桌8415套。按照分区推进计划,天然气新入户2326户。全面落实强农惠农政策,兑现惠农补贴2670万元。圆满完成丹江口库区移民搬迁安置工作。社会保障工作扎实推进。以创业带动就业,努力稳定和扩大就业。发放小额担保贷款2150万元,城镇新增就业5700人。城镇登记失业率控制在4%以内。全年培训农村劳动力3670人、转移3600人。廉租住房补贴524户1244人受益。提高离退休人员养老金待遇,人均月增资120元。城乡社会救助体系逐步健全。城市低保标准每人每月由180元提高到195元,五保集中供养标准每人每年提高到2200元,集中供养率达45%;探索建立了临时救助制度,救助对象348人。"人人享有社会保障"目标基本实现。教育事业扎实推进。落实"两免一补"资金1565万元,惠及学生7万人次。资助高中贫困生800人次。筹资1990万元,建成瑞祥移民学校、枣林中学学生宿舍楼、二高临时餐厅等11项教育工程。筹资1100万元,开展职教攻坚,职业教育服务经济社会发展水平不断提高。公共卫生服务扎实推进。加大城乡卫生网络和卫生设施建设,完善了全民医保制度,新农合参合率达到99%,发放医疗补助2500万元,受益群众31万人次。加强食品安全监管,食品安全监测预警体系建设初见成效。投入资金600万元,表彰奖励和帮扶救助计生家庭对象1.97万人,人口自然增长率控制在4.12‰,低生育水平进一步稳定。城乡文明创建扎实推进。举办了建市20周年暨开发建设40周年系列庆祝活动,建成农家书屋25家,送戏曲、电影下乡2480场,文化强市建设步伐加快。开展了首届"文明市民"评选,深化了行业文明创评活动,人民群众文明意识明显增强。全民健身运动广泛开展,竞技体育进一步发展,舞钢籍运动员在体育大赛中出类拔萃。第六次全国人口普查和第二轮市志编撰工作顺利完成。平安舞钢建设扎实推进。开展"大排查、大化解"攻坚战,积极探索信访维稳工作机制,解决了一批信访积案和群众关注的热点难点问题。全面落实安全生产责任制,没有发生重特大安全事故。加强社会治安综合治理,严厉打击各类刑事犯罪活动,公众安全感指数位居省、平顶山市前列,平安舞钢、信访稳定工作经验在平顶山市和全省推广。

致力于提效能,加强政府自身建设。不断提高服务效率。对44个职能部门行政许可、服务事项集中清理,取消56项,向社会公开服务承诺368项。不断规范行政行为。认真向市人大报告工作、向市政协通报情况,主动接受人大及其常委会的监督,支持政协参政议政。办理人大代表建议114件、政协委员提案135件,办复率100%,满意率97%。健全科学民主决策机制,认真落实《政府工作规则》,增强政府工作公开化和透明化。清理废止规范性文件88个,办理行政复议案件10起、应诉案件8起。推进"效能革命",加强对重点岗位的监督,开展评议百名科室长活动,政风行风明显改进。不断强化自律意识。集中开展《廉政准则》学教活动,严格执行"三重一大"集体决策制度。加大行政监察力度,开展工程建设、土地管理、项目招投标、房地产开发等领域专项执法监察。注重发挥审计监督作用,实施审计项目85个,切实规范财政收支行为。

民族宗教、外事侨务、双拥、人防、消防、保密、气象、地震工作积极推进,档案、青年团、妇女、老年人和关心下一代工作取得新进步。

各位代表!

2010年主要工作任务的完成,标志着"十一五"规划目标胜利实现。

过去的五年,综合实力跨上新台阶。生产总值比"十五"末翻了一番多,年均增长16.9%;人均生产总值达到33750元,是"十五"末的2.2倍;地方财政一般预算收入是"十五"末的1.8倍,年均增长13.6%;固定资产投资是"十五"末的3.49倍,年均增长28.4%。

过去的五年,结构调整迈出新步伐。第一产业增加值占生产总值比重,由"十五"末的9.5%下降到6.7%,正在由传统农业向标准化、专业化、规模化和企业化的现代农业转变,二、三产业增加值比重由"十五"末的90.5%提升到93.3%。非公有制经济占生产总值比重提升28.6个百分点,节能减排目标圆满完成。

过去的五年,城乡面貌发生新变化。强力推进"两集中",加快城镇化发展,城区控制性详细规划覆盖率达到100%,城镇化率比"十五"末提高7.1个百分点。农村公路总里程达到893千米,190个行政村实现了村村通油路。

过去的五年,改革开放实现新突破。初步建成联网审批和行政审批电子监察系统,行政审批效能全面提高,社会事业领域改革取得新进展。"十一五"期间实际利用境外资金2968万美元、市外资金174.2亿元;进出口业务企业由 1 家发展到 5 家,完成进出口总值9.1 亿美元,其中出口创汇 7.5 亿美元。

过去的五年,文化建设呈现新气象。建成了文化活动中心,升级改造了垭口影剧院,新建6 个乡镇示范文化站,30 个村级文化大院。成功举办了“中国·舞钢冶铁文化节”和5 届水灯节,《魂归长梦》、《中原英魂》等一批优秀作品获奖,文化氛围日益浓厚。

过去的五年,人民生活有了新改善。城乡居民收入分别是“十五”末的 2 倍。率先在全国县一级实行了全覆盖、无缝隙的全民医保,率先在全省建立了农村土地使用权流转和养老保险、高中阶段贫困生救助等制度。

盘点“十一五”的发展,我市新增“7 个全省先进县市”称号:城乡一体化试点市、对外开放工作先进市、职业教育强市、义务教育均衡发展先进市、信访工作先进市、平安建设先进市、林业生态市;打造“7 张国家级名片”:国家园林城市、新型农村合作医疗先进试点市、冶铁文化之都、白内障无障碍市、残疾人社区康复示范市、计划生育优质服务先进市、科技进步先进市,即将成为国家卫生城市。我们从矿产原材料为主的单一工业结构,初步建起以产业集聚区为载体的“一主两辅”产业体系,正在积极打造钢铁之都、棉纺之城;我们在不断完善城区功能的同时,启动了创业发展服务区和中心镇、中心社区建设,正在积极打造田园之都、和谐之城;我们依据自然神秀的生态环境,启动了龙凤湖旅游度假区建设,正在积极打造生态之都、宜居之城。可以说,五年来取得的辉煌成绩,书写了我市经济社会发展的崭新一页,为全面建设小康社会奠定了坚实基础,值得全市 32 万人民骄傲和自豪,也激励着我们去谱写科学发展的新篇章!

各位代表!

携手奋进的历程令人难忘,攻坚克难的成果来之不易。面对当前困难多、挑战多、财力不足的严峻形势,全市广大干部职工和人民群众经受了比以往更大的考验,承受了比以往更大的压力,付出了比以往更多的心血和汗水,在应对危机中积蓄了后劲、提升了质量、彰显了亮点。这是市委正确领导的结果,是市人大、市政协积极支持的结果,是全市人民团结奋进的结果。在此,我代表市人民政府,向各位人大代表和政协委员,向全市各条战线上的广大工人、农民、知识分子、干部、武警官兵、公安干警及社会各界人士致以崇高的敬意!向关心、支持舞钢发展的朋友们表示衷心的感谢!

回顾2010 年的工作,我们也清醒地看到发展中存在的问题。部分行业和企业效益下降,一些经济指标增速下滑,甚至出现负增长,财政收支平衡压力增大。这些困难的出现,是长期积累的深层次矛盾与外部环境影响叠加的结果,尤其是我市经济总量不够大、产业产品结构不够优、创新能力不够强等问题,在当前形势下充分暴露出来。经济结构单一的局面仍没得到彻底改变,主导产业链条短,产品附加值低;第三产业发展不快,优势没得到充分挖掘,旅游品牌知名度还不高;社会事业和城市基础设施建设仍然欠账很多,城市功能亟须进一步提高;城乡发展不平衡,民生还有待改善;社会公共服务还不能满足群众日益增长的需求。少数干部在解放思想、攻坚克难、改革创新、执行落实、服务效能等方面,与发展的要求还有一定差距,等等。对这些问题,我们将高度重视,在今后工作中认真解决。

二、“十二五”发展的总体要求和奋斗目标

“十二五”时期是我市率先实现崛起、提前全面小康的决胜时期,也是深化改革开放、加快转变经济发展方式的攻坚时期。根据市委六届九次全会通过的“十二五”规划建议，市政府编制了《舞钢市国民经济和社会发展第十二个五年规划纲要(草案)》，提出了今后五年经济社会发展的总体要求和奋斗目标。

总体要求是：坚持邓小平理论和“三个代表”重要思想，深入贯彻落实科学发展观，以科学发展为主题，以加快转变经济发展方式为主线，以推进结构调整为重点，继续实施“生态建市、产业立市、文化强市、和谐兴市”战略，以“实现城乡一体、打造中原明珠”为目标，以提升自主创新能力为动力，以“两集中四推进”为举措，着力提高经济效益和综合经济实力，着力提升民生幸福水平，着力改善生态环境，着力构建“三大保障体系”，协调推进工业化、城镇化和农业现代化，尽快把我市建设成为经济发达、文化繁荣、生态文明、人民富裕、社会和谐、最宜人居的现代化精品城市。

奋斗目标是：到2015年，全市生产总值达到174亿元、年均增长10%以上；财政一般预算收入11.3亿元、年均增长10%以上。全社会固定资产投资达到164亿元、年均增长18%以上；社会消费品零售总额达到46亿元、年均增长15%以上。城镇居民人均可支配收入达到22656元、年均增长10%以上。农民人均纯收入达到9093元、年均增长10%以上。第三产业比重达到40%左右。单位生产总值能耗下降15个百分点以上。城镇化率提高到60%左右。人口自然增长率稳定在6.5‰以内。城镇登记失业率控制在4%以内。经过“十二五”及更长一个时期的努力，将舞钢建设成为国内一流的宽厚钢板研发生产基地，中部地区最大的特种钢材加工基地；成为全省最大的纺织品加工基地，全国最大的紧密纺生产基地；成为全省一流的山水养生休闲度假城市。

为实现上述目标，《纲要(草案)》还提出了构建现代产业体系、构建现代城镇体系、构建社会和谐体系三大任务。总体要求、奋斗目标和主要任务是在正确把握国内外形势，认真研究国家宏观经济政策，全面分析我市各种有利条件，深入查找存在问题与差距的基础上提出的。这些目标任务对于加快我市经济社会发展不仅是必需的，而且是通过努力完全可以实现的。我们坚信，只要全市上下万众一心，众志成城，就一定能够把舞钢建设得更美好，让人民生活得更幸福，就一定能够铸就“十二五”发展的新辉煌！《纲要(草案)》及说明已提交各位代表，请予审议。

三、2011年政府工作的主要任务

2011年，是“十二五”规划开局之年，也是舞钢负重爬坡、奋力赶超、重塑形象的重要一年，更是巩固经济回升基础、保持经济平稳发展的关键一年。抓好全年的工作，对于实现科学发展、转型跨越，完成“十二五”目标极为关键。客观审视，在加快舞钢发展的征途中，破解钱从哪里来、人往哪里去、结构怎么调、民生怎么办“四大难题”还非常艰巨。特别是近年来各地竞相发展，区域竞争更加激烈，我们争先进位压力明显加大，可谓是形势严峻，情况复杂，任务艰巨，不允许我们有任何的畏难情绪和懈怠思想。困难和希望同在，挑战与机遇并存。当前，全省正处于工业化、城镇化、农业现代化加速推进阶段，建设中原经济区战略的提出和实施，为我们加快发展提供了诸多政策机遇、资金机遇和外部环境机遇。特别是经过“十一五”的发展，全市经济社会发展态势良好，发展质量和效益不断提高，综合经济实力进一步增强，我们完全有条件推动经济建设和社会事业实现新的跨越。在严峻困难和复杂形势面前，我们必须抢抓机遇、乘势而上，解放思想、破解难题，把科学发展观落实到每项具体工作当中去，确保“十二五”开好局、起好步。

根据上述形势分析，2011年经济社会发展的主要预期目标是：生产总值增长10%；地方财政一般预算收入增长10%；全社会固定资产投资增长22%；社会消费品零售总额增长16%；城镇居民人均可支配收入增长9%；农民人均纯收入增长9%；人口自然增长率控制在6‰以内；万元生产总值能耗完成省定目标。

围绕上述目标，重点抓好七个方面的工作：

(一)在更大的力度上增强经济发展活力

实施载体带动。按照“企业集中布局、产业集聚发展、资源集约利用、功能集合构建，促进人口向城镇转移”的要求，集中各类生产和建设要素向产业集聚区倾斜，打造省级品牌产业集聚区。总投资10亿元，强力推进11项基础设施项目。建成综合服务中心大楼、二期标准化厂房、生活和工业用水主管网、18千米供电线路、“四纵三横”二期路网、“三纵两横”一期路网配套工程、龙山大道配套设施及西进工程，完成3000亩土地征用及拆迁，开工职工公寓楼，启动污水处理厂建设项目。围绕“一主两辅”产业，进一步提升产业集聚发展水平。入驻项目总数达到28个，从业人员2.7万人以上；营业收入240亿元以上，上缴税金9.2亿元以上，分别增长18%和13%以上。强力推进尚店再生资源综合利用专业园区建设，扩大园区经济总量，努力打造全省最大再生资源综合利用基地。加大安寨兔毛市场开发与管理，培育长毛兔养殖基地，构建豫南最大兔毛交易集散地。

坚持招商拉动。依托产业、成本、资源等优势，紧盯有产业转移意向的国内500强和央企，加强与重点行业协会、行业龙头企业的沟通联系，建立合作伙伴关系，积极承接劳动密集型、产业配套型、精深加工型产业转移，开创招大引强新局面。狠抓以商招商、园区招商、协会招商，提高承接产业转移的实效。立足国家产业政策，策划、包装一批科学性、前瞻性和可操作性强的重大项目，提高项目吸引力。严格信守招商承诺，进一步优化政务环境，健全和完善重点项目领导挂钩帮扶、责任部门全程帮办、相关部门定期会办机制，推进重大项目顺利实施。重点追踪太阳能高效农业一体化示范基地、宇通重工机械制造、煤矿洗选制造、风力发电、印染、腾荣钢加、善源济世康中药材加工和万圣源等已签约项目。全年引进资金57亿元以上，利用外资984万美元以上。继续鼓励和支持企业调整产品结构，扩大出口，进出口总额达到1.3亿美元以上。

增强保障促动。改进金融服务，深化银企合作，扩大信贷投放。探索建立产销对接、银企对接联动机制和激励机制。进一步放开建设、招投标等各类市场，积极采用BT、BOT模式，吸纳更多资本保障重点项目和工程建设。充分利用国家积极的财政政策，编报一批基础建设、产业升级、民生工程等项目，最大限度争取专项资金，全年争取上级专项资金3亿元以上。坚持保护耕地与保障发展有机统一，优化和拓展用地空间，争取更多的土地指标，保障科学发展用地需求。完成产业集聚区、创业发展服务区、旅游度假区、经济适用房、罗寺沟尾矿库、矿山西排土场等建设项目用地和中心镇、中心社区挂钩规划项目报批。加快电力设施配套建设，升级改造垭口、中曹变电站。整合各类培训资源，广泛开展职业技术培训，为企业发展提供优质、充足用工资源。完善乡镇财政体制，建立街道一级财政，调动各方理财积极性。大力培植财源，强化动态监管，加大零散税收征收力度，确保应收尽收。

（二）在更实的基础上转变发展方式

推进工业新型化。依托产业集聚区，壮大钢铁、纺织两大支柱产业。全力推进总投资超过67亿元的13项重点工业项目。建成：投资4.1亿元的诚祥机械设备制造项目一期工程、投资10亿元的金马钢加物流配送中心一期工程、投资3.5亿元的龙山纺织三期10万锭紧密纺项目、投资14亿元的舞钢冶金公司铁前配套项目一期工程、投资8.3亿元的鑫海纺织30万锭高精纺一期和二期主体工程、投资1.5亿元的易源科纺10万锭精纺项目、投资5亿元的宏太鞋业项目一期工程、投资6800万元的精钢钢加项目。开工：投资6.9亿元的金基业煤矿液压支架项目、投资6亿元的中铝六冶装备制造基地项目、投资4.2亿元的益企明钢加项目、投资2亿元的腾舞钢加项目和投资1.5亿元的神州重工金属复合材料项目。探索促进总部经济发展的路子，搭建总部经济发展平台，积极引进国内大企业设立管理、研发、制造、采购、财务、投资和营销中心等，增加地方税收。规模以上工业增加值达到69亿元，增长10%。大力推行以高新技术产业为支撑的低碳发展模式，鼓励企业积极运用高新技术、先进实用技术改造提升传统产业。突出企业自主创新主体地位，支持企业建设科技研发平台，引导企业增加研发投入。强化企业主体责任，抓好重点工业污染企业治理，确保达标排放。大力实施质量兴市战略，引导激励企业积极争创省长质量奖、市长质量奖和名牌优质产品，努力实现核心技术和知识产权专利化、标准化。

推进农业现代化。通过政策引导、资金倾斜、技术支持，壮大特色种植、绿色养殖两大优势，推进全市农业产业化、标准化。促进特色农业规模发展。成立土地流转业主协会和农民专业合作社协会，探索土地流转与农民专业合作社相结合的发展机制。加大高效经济作物土地流转项目奖补力度，重点抓好金田、瑞祥等农业观光园区建设，全年新增土地流转面积1万亩，总面积超过11万亩。粮食总产稳定在14万吨以上，农业总产值达到13.3亿元。推进“龙头企业带基地，基地连接养殖户”的畜牧产业化经营模式。新建养殖园区5个，发展养殖合作社5个。积极发展农民专业合作组织，力争达到45家。改善农业基础条件。做好全国第一次水利普查，完成农田水利重点县建设任务，开工三里河治理工程，除险加固庙街和朱兰水库。治理水土流失10平方千米，硬化渠道35条58千米，新增有效灌溉2.1万亩，改善灌溉5000亩，新增除涝2000亩，改造中低产田5000亩，增强农业防御自然灾害和可持续发展能力。各类农业机械保有量7.45万台（部），农机总动力达到33.3万千瓦。加强人工影响天气管理，增强气象防灾减灾能力。

推进三产多元化。坚持以旅游业为龙头、房地产业和商贸业为两翼的第三产业，拓展消费需求空间。高标准编制龙凤湖旅游度假区总体规划和控制性详细规划，尽快确定合作伙伴，并开工建设。建成度假区配套水厂，启动度假区主干道工程，规划度假区与高速公路引线连接工程和社区建设。升级改造二郎山、祥龙谷景区，建成虎头山二期工程。祥龙谷创建3A级景区。高标准举办端午节龙舟赛和河南省第十一届舞钢水灯节，开展舞钢水灯节商标注册和水灯之城申报工作。成立旅游协会，保障旅游产业健康发展。建立专业化旅游购物中心，开发旅游纪念品10种以上。积极拓展旅游线路，大力发展休闲游、生态游和农家乐，更高层次上提升旅游业发展水平。全年接待游客和旅游总收入均增长15%以上。大力发展商贸流通业。完善商业网点规划，推动超市、商场、连锁店、便民店向中心镇、中心社区延伸，扩大商贸流通网络。建成8个标准化万村千乡市场工程“农家店”、棉麻公司银河购物广场和尚店小银鼎商贸城，筹建农村商品配送中心。继续落实家电下乡和以旧换新政策，家电下乡产品农户购买率达到40%。健康发展房地产业，新开工房地产118万平方米以上，竣工75万平方米以上，完成投资21亿元以上。全年第三产业增加值达到28.9亿元。

(三)在更高的起点上加快发展城镇化

加快城市建设，提升城市品位。严格城市总体规划，完成干休一街和朱兰市场街东进、马鞍山大道东段排污管道工程，升级改造龙泉路，开工龙湖广场和西环路东延工程。加快推进创业发展服务区，完成区内搬迁、群众安置和土地征用等前期工作；开工温州路北段和新二街东段工程，力争创业大厦主体完工。完善区域交通网络。搬迁长途汽车客运站，升级改造肉联厂至石漫滩大桥、胡寨转盘至上曹道路，完成15千米农村公路、高速公路绿色廊道及引线绿化配套工程。启动市区东、西环路建设，开工高兰线21千米改线工程。坚持高品位规划，按照城市开发单元设计，启动5至10个开发单元建设，完成拆迁5.8万平方米。进一步优化城市管理体制，实施精细管理，让城市更加清新靓丽。

加快中心镇、中心社区建设，构建和谐城镇。完成4个中心镇和安寨、庙街、龙泉古镇3个中心社区建设规划。加大中心镇、中心社区房屋建设政策性补贴，缓解困难农户住房需求，提高入住率。建立健全社区基层组织，加强社区管理。全力推进4个中心镇和安寨、曹集、张庄、上曹、庙街、龙泉古镇6个中心社区建设，集聚居民累计达到2100户以上。枣林中心镇建成农贸市场、北环路、民兵路。尹集中心镇建成柏都社区商业区。八台中心镇建成饮用水厂和文化中心。尚店中心镇建成未来大道和民族广场。上曹中心社区建成一期工程主干道和中心广场。安寨中心社区建成兔毛市场。逐步启动符合总体规划的其他中心社区，依托重点村整合老村建设用地，引导农户按规划建设新民居。积极探索市场化运作模式，开展社区建设集中连片搬迁试点。

(四)在更优的标准上构建生态环境

深入推进节能减排。大力发展低碳经济、循环经济和绿色产业，努力实现经济增长与环境保护“共生双赢”。严格落实节能降耗倒逼工作机制，提高环保标准，淘汰一批落后产能和黑色GDP。完成节能减排任务。加快恢复生态湿地。推进饮用水源地生态保护工程，构筑龙凤湖周边生态保护屏障，确保水源地水质达标。加快寺坡区域自来水供水置换，保护地下水资源。创新发展现代林业，全年规划造林1.35万亩，植树68万株，完成中幼林抚育7900亩、退耕还林后续产业工程5615亩、淮防林工程2000亩，森林覆盖率达到35%以上。

全面开展环境整治。严格落实污染防控要求，加大石漫滩水库综合整治，强化水库周边企业和居民区排污监管，巩固渔业秩序治理成果，逐步建立管理长效机制。加强对上游小水库及河道管理，减少面源污染。推广农村清洁能源，建成九牧公司大型沼气工程，确定沼气服务网点；加强秸秆还田和综合利用，秸秆还田10万亩以上。争创省级卫生村镇4个、生态镇1个和3个省级、4个市级生态文明村。农村改厕1000户以上。巩固中国优秀旅游城市和国家园林城市创建成果，绿化覆盖率、人均公共绿地分别达到41%和12.12平方米。

(五)在更宽的视野上增强文化软实力

注重群众文化生活。进一步繁荣群众文

化，举办高水平文化活动20场以上。继续开展送电影、送戏曲下乡活动，演出分别不低于2280场和200场。建成标准化群众文化馆、50家农家书屋和八台、尚店、武功3个示范文化站，逐步构建覆盖城乡的公共文化设施网络。加快推进农村有线电视通村工程，入户率达到35%。全面完成市区数字电视整体转换。组织好各类群众性体育活动，抓好竞技体育后备人才培养和输送。

注重特色文化挖掘。深度挖掘历史文化资源，加强非物质文化遗产保护。陈列布展中国冶铁文化博物馆。整理非物质文化遗产项目，出版《舞钢风情》。发挥历史名人和资源禀赋的文化价值，提高冶铁文化、长城文化、宝剑文化、水灯文化享誉度。

注重文化产业培育。完善文化产业发展规划，着力培育一批展现舞钢独特魅力的文化产业。制作发行《小樱桃之舞钢传奇》动画片。深化文化体制改革，推动文化领域扩大开放，不断增强文化产业发展活力。完善文化市场长效管理机制，加大网吧、娱乐场所监管执法力度，促进文化市场健康发展。

注重文明城市创建。深化"做一个有道德的人"、"我们的节日"系列主题教育活动，倡导爱国、守法、明礼、诚信等道德规范。加强未成年人思想道德建设。开展群众性精神文明创建活动和志愿者服务工作，持续推进示范服务窗口和优质服务标兵创评，不断提高公民文化素质和城乡文明程度。抓好网络文化建设和管理，营造文明网络环境。深入持久地开展科学技术普及工作，创建全国科普示范市。

（六）在更广的平台上增进民生幸福

时刻把民生问题放在心上，倾心为民办好10件实事：

1. 投资1200万元，建成4个中心镇人口集聚示范区和6个中心社区700户民居，配套完善建成区基础设施和公共服务设施。

2. 投资200万元，完善农村养老设施，集中供养率达到46%。

3. 投资1500万元，新建经济适用住房160套1.5万平方米。

4. 投资480万元，完善市一高配套设施。

5. 投资4300万元，改扩建人民医院传染病房和市中医院。

6. 投资280万元，完成饮用水源地生态保护工程。

7. 投资500万元，解决1万人安全饮水。

8. 投资2300万元，开工建设舞钢市车辆考务检测基地。

9. 筹资430万元，完成1.5万户城区有线电视数字化转换和2.4万户农村有线电视入户。

10. 完成天然气入户工程3000户。

坚持以促进群众就业作为民生之本。完善促进创业政策和服务体系，突出抓好高校毕业生、农村转移劳动力、城镇就业困难人员、退役军人就业问题。全面落实再就业优惠政策，新增城镇就业岗位5100个，安置下岗失业人员1200人，保持零就业家庭"消零"目标。增发小额贷款1800万元。整合劳动力培训资源，开展新型农民职业技能培训，完成培训3300人以上，转移农村劳动力3000人以上。加强劳动争议调解、仲裁和监察执法，切实维护劳动者合法权益。

坚持以办好人民满意教育作为民生之基。优化教育资源配置，促进教育均衡发展。筹措资金2320万元，建成市三中简易宿舍和三小教学楼后续工程，开工建设特殊教育学校，启动市委党校和市二中搬迁。抓好中小学校舍安全工程。筹备职业教育园区，有序推进学校布局调整。探索创新学前教育管理模式，鼓励社会力量出资办学，出台学前三年教育行动计划。完善助学体系，实现困难学生助学金全覆盖,适龄青少年入学率100%。提高学生创新和实践能力,促进全面发展。加强教师队伍建设,着力培养名师名校和农村骨干教师。大力实施普通高中质量提升工程,力争全市高考本科进线率迈上新台阶。

坚持以均等的社会保障作为民生之依。加快社会保险和农村养老保险扩面,对迁住中心镇、中心社区农户,有序纳入农村养老保险;积极探索失地农民养老保险办法,构建城乡一体的养老保险体系,争取列为全省新型农村养老保险试点县(市)。培养和引进知名专科型人才,打造名医名院。加快社区卫生服务建设,实现中心带站一体化管理模式;开展省、市级住院直补,完善新农合住院和门诊统筹信息管理平台;建立电子健康档案,逐步实现公共卫生服务均等化。完善人口和计划生育利益导向机制,深化"康乐家园"、"温馨家园"和"亲情家园"建设,办好第五届计生家庭光荣节;加大违法生育综合治理,遏制性别比升高势头,提高出生人口素质。加强保障性住房建设,继续扩大廉租住房补贴覆盖面。做好城市居民家庭收入核对机制全国试点工作。进一步完善社会救助体系,扩大城乡低保覆盖面,加大对困难群众的政策扶助、节日慰问、法律援助力度。加强残疾人社会保障体系和服务体系建设,提高残疾人生活保障水平。加快养老事业发展,鼓励社会资本进入养老服务市场。

坚持以平安建设作为民生之盾。发挥技防网络监控系统,提升实时监控能力,实现技防与人防有机结合。强力持久开展打黑除恶专项斗争,增强人民群众和投资企业安全感。严格落实"一岗双责"和"一票否决"制,狠抓非煤矿山、尾矿库、交通运输、危险化学品、人群密集场所、建筑工地等重点领域、重点场所整治。完成全市山洪灾害非工程措施信息化建设。强化以食品安全为重点的产品质量监管,坚决杜绝重特大安全事故发生。探索建立委托乡镇、街道办事处安全生产监督执法机制。加强信访工作,发挥大调解机制作用,提高对潜在矛盾预警能力,把矛盾纠纷化解在基层。抓好民族宗教工作,进一步促进民族团结。启动"六五"普法和"四五"依法治市,提高全民法制意识。完善应急联动预案,提高预防和处置突发公共事件能力。重视防震减灾工作,增强灾害防御能力。抓好人防和国防动员体系建设,深入开展双拥共建和优抚安置,巩固军政军民团结。

(七)在更深的层次上转变政府职能

坚持执政为民。时刻牢记为人民服务宗旨,集中财力办大事、谋民利。充分发挥政府门户网站、市长热线联系群众的桥梁作用,认真受理和解决群众反映的问题。加强基层民主政权建设,完成第七届村民委员会选举,推进村务公开,提高村民委员会、社区居委会自治功能和服务功能。

严格依法行政。自觉接受人大及其常委会的监督,积极支持政协履行职能,广泛吸纳人大代表、政协委员及社会各界人士的建议。认真听取民主党派、工商联、无党派人士的意见和建议,重视新闻监督和网络监督。严格按照法定权限和程序行使权力、履行职责,认真办理行政复议、应诉案件。强化对权力运行的监督和制约。规范财政投资评审程序,加大对工程建设、土地出让、矿产资源开发、产权转让、政府采购等重点领域监管。扩大政府信息公开范围,让行政权力在阳光下运行。

注重实干实效。按照"五个一"的要求,深入推进效能革命,提升工作推动力和执行力。实行更加严格的目标管理、督察督办和责任追究,确保政令畅通。完善网上行政审批和电子监察系统,打造更加便捷的办事服务平台。

做到廉洁从政。认真落实党风廉政建设责任制和“三重一大”事项集体决策制度，做到“七个坚决”：坚决实行科学民主决策，坚决遵循基本建设程序，坚决符合国家产业政策，坚决监理、监察到位，坚决不出质量问题，坚决不出安全事故，坚决预决算审计到位。进一步强化预算刚性，压缩一般性支出，增强“过紧日子”的意识，厉行勤俭节约，反对铺张浪费，以实际行动营造风清气正、干事创业的浓厚氛围，塑造为民、务实、清廉、高效的政府形象。

各位代表，舞钢发展正处在一个重要的历史关口。面对困难和挑战，我们当以百折不挠的坚忍、披荆斩棘的果敢，在困难中趋利避害，在挑战中扬长避短，努力创造更加优良的发展业绩，实现人民政府的庄严承诺，向着“十二五”描绘的美好蓝图奋勇前进！

市长白立凡应邀做客人民网、新华网
谈舞钢如何打造中国冶铁文化之都

创建中国冶铁文化之都是舞钢市弘扬冶铁文化、打造城市品牌的战略举措。此事引起了全国新闻媒体的广泛关注。

4月19日17时至18时,20日15时至16时,舞钢市委副书记、市长白立凡先后应邀做客人民网、新华网,就全市创建中国冶铁文化之都的有关问题,接受了两大网站记者的专访,并回答了网友的提问。以下是其访谈内容摘要:

主持人:了解舞钢的网友都知道,舞钢市是一个新兴现代化工业生态旅游城市,经济和社会事业发展很快。那么,首先请白市长向广大网友介绍一下舞钢市的基本情况。

白市长:首先,感谢广大网友对舞钢的热爱!舞钢市位于河南省中部,总人口32万,辖区面积646平方千米。舞钢市历史悠久,资源丰富。境内有多处仰韶文化和龙山文化遗址,河南省重点文物保护单位8处。全市矿产资源50多种,特别是铁矿石储量6.6亿吨,占河南省铁矿石储量的76%以上,是我国著名的十大铁矿区之一。

舞钢市依铁而建,因钢而兴。春秋战国时期,这里就是重要的冶铁铸剑重地,在中国冶铁文明史上占有举足轻重的地位。1970年10月,10万建设大军汇集马鞍山下,隆隆的炮声掀开了舞钢崭新的一页。短短40年的时间,舞钢已成为国家重要的特宽特厚钢板科研生产基地。舞钢有得天独厚的自然生态资源,山、水、林、城融为一体,年降雨量在1000毫米以上,森林植被覆盖率接近40%,走进舞钢,仿佛置身于水墨画境,这在北方的城市中是非常少见的。

这些年来,舞钢先后创建成为中国优秀旅游城市、国家园林城市、中国最佳休闲养生城市、中国最具竞争力绿色生态城市、中国最具投资竞争力城市,也是中华文明史上第一个以钢铁企业命名的现代化工业生态旅游城市。舞钢市不但有全国特宽特厚钢板研发基地——舞钢公司,而且也有河南省最大的民营钢铁企业和河南省最大的民营纺织企业——中加钢铁公司、银龙集团。2009年,全市完成生产总值100多亿元,综合经济实力在全省108个县市中排第13位,连续4年进入河南省综合经济实力前20强。

主持人:好,白市长把舞钢的情况介绍得非常具体。相信网友们通过白市长的介绍,对河南舞钢有了更深的了解。

刚才,白市长您说舞钢在春秋战国时期就是重要的冶铁铸剑基地,又是中华文明史上第一个以钢铁企业命名的现代化工业城市。那么,接下来请白市长给广大网友具体介绍一下关于冶铁文化方面的历史。

白市长:舞钢的冶铁文化既有悠久的历史渊源,又有众多的典籍记载和历史遗存,还有经久不衰的传说与民俗,更有现代冶金企业持续发展的巨大支撑。舞钢市境内春秋时期为柏子国,最早记载见于《左传》。战国时期属韩国,称合柏。《辞海》记载:"合柏,古地名,一作合膊。战国属韩,在今河南舞阳南。产利剑,相传韩卒所用剑戟,都出于此地。"柏子国古都城遗址就在舞钢境内的尹集镇谢古洞村,2008年6月,被河南省人民

政府公布为第五批文物保护单位。

《史记》记载:韩宣王(公元前332年~前312年)时,苏秦游说韩国,向宣王说:"韩卒之剑戟皆出于冥山、棠溪、墨阳、合膊、邓师、宛冯、龙渊、太阿,皆陆断牛马,水截鹄雁,当敌则斩。"这段话的意思就是说,当时韩国那些士卒铸的剑都是出自现在的舞钢境内。《辞源》、《中国历史地图集》、《汉书》、《晋太康地记》、《新唐书·地理志》、《河南通志》等典籍均对舞钢冶铁文化有记载。

另外,在明嘉靖年间,陕西总兵杨凸奉旨率领工匠在铁山开矿采石,壮烈殉职,葬在铁山东麓,当地人称"将军墓"。其夫人携幼子千里寻亲,惊闻噩耗,痛哭三天三夜,于农历三月十八日午时气绝而亡。百姓为了纪念杨凸将军,把夫妻二人合葬,并建了"将军庙"和"奶奶庙"。农历三月十八,百姓举行庙会寄托哀思,这种习俗延续至今,已有400多年的历史。每年庙会期间,来自河南、山东、安徽等省和周边县市3000多户商贩云集这里。庙会期间的文化活动丰富多彩,有杂技、戏曲、马戏、歌舞等。庙会引来吃穿杂用、农具牲畜等等三百六十行,行行俱到,已成为当地人民物资交流的一大盛会。随着时代发展,舞钢辖区隶属关系虽多有变化,但冶铁文化绵延不断,一直是中原冶铁文化板块的核心。

主持人:通过白市长引经据典的介绍,我们对舞钢的冶铁文化有了新的认识。据了解,舞钢市将于4月29日至5月1日举办"中国·舞钢冶铁文化节",请问白市长,舞钢是在什么样的背景下举办冶铁文化节的?

白市长:舞钢市将于今年4月29日至5月1日举办"中国·舞钢冶铁文化节",这期间正好是农历三月十八的传统铁山庙会。

中国的冶铁历史悠久,对中华民族的发展壮大有着深远的意义。冶铁技术的发展和传承,形成了冶铁文化。中华文明千年不衰,我们要让文化继续发扬光大,为文化的大发展大繁荣做些实实在在的工作。

舞钢市委六届八次全会提出"生态建市、产业立市、文化强市、和谐兴市"的发展理念,把建设文化强市、创建全国文化建设先进市摆上了更加突出的位置。冶铁文化是中华文明的重要组成部分,也是舞钢文化体系的核心。有关专家对舞钢的冶铁文化考察后说,舞钢冶铁文化,自古至今传承完整、链条不断、内容丰富、特色鲜明,这是我们没有想到的。

饮水思源、慎终怀远是中华民族的优良传统,传承和保护优秀的历史文化是我们的天职。举办冶铁文化节、弘扬冶铁文化是舞钢文化强市战略体系的重要举措。目的是突出地方文化特色,打造文化名片,传承文化记忆,展示舞钢32万人民开拓创新、昂扬向上的精神风貌,为建设和谐舞钢、诗意舞钢、宜居舞钢、魅力舞钢凝聚力量,激励斗志。

舞钢市举办"中国·舞钢冶铁文化节"的优势有以下几个方面:首先,冶铁文化内涵丰富,历史典籍记载完整,文化积淀深厚。《史记》所载九大名剑有六大宝剑产于舞钢,即棠溪、合伯、龙泉、干将、太阿、莫邪。可见,舞钢自古就是冶铁古都,铸剑重地。

其次,地名文化寓意深刻。舞钢以铁命名的地名随处可见,如铁山、铁山乡、铁炉王村、铁山庙,还有铁古坑、铁山大道等。这些以铁命名的地名,足见冶铁文化已融入老百姓的生产生活中。千百年来代代相传的地名,保存着人们对特定自然环境和人文环境的特有认识,这是人类宝贵的文化财富。

三是古代遗址多处有存。1989年5月,全国第三次金属史学术研讨会在舞钢召开,柯俊、韩汝玢等著名专家参加会议,现场考察石门郭等六大冶铁遗址,明确指出:这些遗址是我国历史上最早、最先进的冶铁基地之一,在世界冶铁史上也占重要地位。2000年12月,省政府正式命名舞钢市许沟、沟头赵、尖山、石门郭、圪土当赵、翟庄等6处汉代冶铁遗址为省级重点文物保护单位。

四是舞钢市冶铁文化因现代钢铁企业发扬光大。舞钢市冶铁文化起源于先秦冶铁,兴起于龙泉宝剑,传承于铁山庙会,名盛于"舞钢"品牌。1960年7月,前苏联专家曾专程前来考察铁矿资源。1970年,国家根据这里丰富的铁矿资源和军工建设需要,在舞钢市建设我国特宽特厚钢板生产基地——舞钢公司。如今,舞钢公司已成为世界著名的特厚特宽钢板科研生产基地,舞阳矿业公司、中加钢铁、中天钢铁等钢铁企业发展势头强劲。舞钢初步形成了从采矿、选矿、冶炼、炼钢、轧钢、钢板加工及辅料生产等完整的钢铁产业链,可以说,舞钢的冶铁历史就是我国冶铁发展史的一个缩影。1991年,舞钢市文化部门编辑了《春满钢城》一书,收集了各地作者歌颂舞钢冶铁文化的作品。2007年,河南省文联诗词学会在舞钢举办"舞动的舞钢"大型诗会活动,著名诗人雷抒雁、王怀让、李小雨等云集钢城,留下众多歌颂钢城冶铁文化的诗篇。《河南日报》、《大河报》、《诗刊》等报纸杂志及多家网络媒体都予以报道,舞钢的冶铁文化再度走向全省全国。

主持人:听完白市长的介绍,我们对舞钢冶铁文化节的开幕充满期待,也预祝舞钢冶铁文化节圆满成功。但有关"中国·舞钢冶铁文化节"主要内容还请白市长作介绍。

白市长:"中国·舞钢冶铁文化节"主要是以铁山庙古刹大会为背景。开幕式上,中国民间文艺家协会将命名舞钢为"中国冶铁文化之都"。其间,我们邀请总政歌舞团的著名演员,举办一场高水平的文艺晚会。邀请国家、河南省的有关冶铁史、民俗文化等方面的领导、专家出席开幕式。举办"中国·舞钢冶铁文化"高峰论坛,组织冶铁文化展和民间特色文艺表演,举办全国冶铁文化诗词歌赋大赛,举办冶铁文化书画、剪纸作品展。

主持人:"中国·舞钢冶铁文化节"已经临近,舞钢市在创建"中国冶铁文化之都"的过程中都做了哪些工作?

白市长:我们首先是收集整理关于舞钢市冶铁文化的史籍记载、文学作品、民间传说、故事、图片,冶铁文化的规划管理保护方面的资料等,编纂成册。编写、拍摄了"舞钢——冶铁文化之都"专题片。整理修缮6处省级重点冶铁遗址。目前,正在申报国家级保护单位;筹办好铁山庙古刹大会,使其在传承冶铁历史文化和繁荣城乡贸易上有机地结合起来;筹建冶铁博物馆,构筑艺术研究与社会教育的平台;筹建冶铁文化山寨,再现2000年前"炉火照天地,红星乱紫烟"的恢弘场面,增强舞钢文化的厚重感和旅游景区的特色;筹建冶铁文化苑,设立舞钢冶铁文化墙,展示舞钢冶铁文化史;建立龙泉古剑生产科研中心,打造中华古剑园,传承和保护冶铁铸剑文化记忆。

主持人:舞钢是怎样利用"中国冶铁文化之都"这张名片并且发挥它的作用的?

白市长:舞钢市被命名为"中国冶铁文化之都",是上级党委、政府、专家对舞钢市冶铁文化的关心支持,是舞钢市人民的荣耀,同时也是一种责任和鞭策。荣获"中国冶铁文化之都"只是我们弘扬和发展冶铁文化的开始。如何进一步弘扬和发展冶铁文化,任重而道远。下一步,我们将进一步对"铁山庙会"进行包装、推介,让这项以"铁山庙会"为主角的"中国·舞钢冶铁文化节",在全省乃至全国崭露头角、大放光彩。让它成为展示舞钢最有特色文化、最高发展水平、最新发展成就的窗口。其次,我们正在筹建冶铁博物馆，主体工程已经完工。大型冶铁公园——冶铁文化苑前期规划设计工作也进行完毕。中华名剑园和龙泉古镇也正在筹备当中。三是在城市建设中突出冶铁特色，增加以冶铁为主题的城市雕塑，城市建筑彰显钢铁元素，把冶铁文化融入城建、规划、旅游等大文化的方方面面，形成舞钢独特的文化特色。同时，通过举办冶铁文化节，抢救和保护各类民间文化遗产，创建文化品牌，努力把全市丰厚文化资源转化为现实生产力，把“文化强市”向纵深推进。

主持人：我们相信，舞钢通过举办“中国·舞钢冶铁文化节”，创建文化品牌、传承文化记忆，一定能实现舞钢文化强市的目标。舞钢市因钢而建，因钢而兴，并且舞钢市的命名就来自于舞阳钢铁公司，您能否谈谈舞钢公司的情况？

白市长：舞钢公司是依托舞钢市丰富的铁矿资源而建设起来的大型特钢企业。舞钢公司始建于上世纪70年代，筹建时为国防军工项目，1978年，号称我国“轧机之王”的舞钢4.2米宽厚钢板轧机建成投产，一举结束了我国不能生产特宽特厚钢板的历史。在长达数十年的时间里，舞钢公司都是国家唯一的宽厚钢板生产企业。

舞钢公司拥有我国宽厚钢板行业最为齐全配套的钢板热处理设施、国际一流水平的科研检测检验中心，是我国重要的国产化替代进口基地。舞钢公司生产的12大系列、400多个牌号的产品中，有200多个替代了进口或采用外国标准生产，30多个品种出口美国、德国、日本、法国、西班牙等发达国家和地区。

舞钢公司是具有世界影响的特厚钢板厂，生产的宽厚板最厚可达到720毫米，看到之后，让人感到非常振奋。多年来，50毫米以上特厚板在国内的市场占有率一直在30%以上。2008年，“舞钢”牌建筑结构用钢板被评为“中国名牌产品”，2010年，“舞钢”商标被认定为中国驰名商标。舞钢公司还是我国建筑结构用钢板、石油天然气输送管线用宽厚钢板、厚度方向性能钢板等5个国家标准的起草单位。

舞钢公司的钢产品大量应用于国家重大工程、重大技术装备和国防军工项目。北京2008奥运主会场——国家体育场关键部位的钢就是Q460钢板，使“鸟巢”实现了用钢全部国产化，世界瞩目。舞钢公司还荣获了北京奥运会唯一的特别贡献奖。

另外，舞钢公司研制开发的西气东输主干线用宽厚钢板打破了日、韩钢厂在该领域的垄断供应局面，为国家节约了大量外汇。国内冶金企业建设大型高炉几乎全部采用舞钢的高炉炉壳钢板。在国家大飞机工程、北京首都机场扩建、国家大剧院、中央电视台新台址、上海卢浦大桥、江苏润扬长江大桥、广州电视塔以及国家战略石油储备基地建设、国防军工项目、载人航天事业等领域，舞钢宽厚板均发挥了关键性的作用。

主持人：我们知道，舞钢不仅是冶铁文化之都，还是中国优秀旅游城市和国家园林城市，特别是一年一届的“水灯文化艺术节”更是吸引了省内外众多游客的到来，请白市长把舞钢最美的一面介绍给大家。

白市长：舞钢市水灯文化艺术节是淮河上游民众在中秋节放水灯祈祷风调雨顺、万民平安传统习俗的传承。2001年，舞钢市首届“水灯文化艺术节”在龙泉湖举行，已成功举办9届。盛大的焰火晚会、明星荟萃的大型歌舞晚会、舞狮、舞龙、旱船、秧歌、锣鼓等内容的民间艺术大赛，将水灯节推向一个个高潮，另外还有摄影、书画、奇石、根雕展览等活动同期举行。每年水灯文化节的节目都不尽相同，而每年却又同样精彩纷呈。内容丰富的各项活动,风景如画的舞钢山水,是国庆旅游的理想去处!

主持人:我们希望有机会能够身临其境感受一下舞钢水灯艺术节。接下来请白市长和网友进行互动,回答网友的提问。

第一位网友叫"城市月光",他想知道您对舞钢的城市规划和建设有什么样的新想法?

白市长:舞钢市过去由于历史和管理体制等原因,旧城区和"城中村"规划管理滞后,结构布局不合理,基础设施较差。近年来,我们通过创建中国优秀旅游城市、国家园林城市,城市功能逐步完善,城市形象大为改观。目前,我们正在破解"建在哪、怎样建、钱从哪里来"这三大难题。一是以解决好建设用地问题为突破口,破解"建在哪"的难题。目前完成了城乡土地利用总体规划的修编工作,进一步优化土地配置,统筹安排用地规模;加大对存量土地和低效利用土地的盘活力度,提高土地的利用效率。当然这是在科学规划基础上的利用,不能盲目建。二是以增强规划意识、提高规划设计水平、严惩违规建设行为作为突破口,破解"怎样建"的难题。我们曾经以"五十年不落后、一百年不后悔"为标准,增强规划的前瞻性。三是以经营城市、盘活土地、市场化运作为突破口,破解"钱从哪里来"的难题。学会经营城市,对城市资产进行集聚、重组和运营,实现城市资源配置容量和效益最大化、最优化,走出一条以城建城、以城兴城的市场化之路。

主持人:谢谢白市长。一位名叫"爱睡觉的猫"网友问,舞钢市政府工作报告提出,今年政府工作的总体要求是深入贯彻科学发展观,全面唱响"生态建市、产业立市、文化强市、和谐兴市"的主旋律,请白市长解答一下四大主题的内涵。

白市长:要实现科学发展,生态是必要条件,产业是重要支撑,文化是内在动力,和谐是重要保障,这四大理念是落实科学发展观的具体体现。生态建市就是以可持续发展为目标创新发展方式,保护资源环境,建设生态文明,实现人与自然和谐发展。把建设资源节约型、环境友好型社会落实到每个行业、每个单位、每个家庭,形成全市人民既要"金山银山"、更要"碧水蓝天"的共识。

产业是立市之本、强市之基、发展之要、民生之源。我们要依托资源优势和产业优势,培育壮大一"钢"一"棉"两大产业集群。一方面围绕"钢"字做文章,为舞钢公司提供最优质、最便捷的服务,进一步做大做强钢铁企业,千方百计延伸钢铁产业链条,提高深加工度,提升附加值,打造钢铁产业的"航空母舰"。同时,加大政策引导力度,改造提升传统产业,培育壮大接续产业,大力发展非钢产业,扩大产业规模,优化产品结构,不断增强企业的自主创新能力和核心竞争力。

主持人:网友"鹰击长空"问,2010年舞钢在新农村建设方面将有什么新思路?

白市长:中央一号文件为我们做好农业、农村、农民工作指明了方向,统筹城乡发展是全面建设小康社会的根本要求。结合舞钢实际,我们提出了"土地向经营大户集中、农民向城镇集中"的举措。土地向经营大户集中,就是通过土地规模流转(农民自愿的基础之上),把农民从土地上解放出来,促进土地从分散的、低水平经营,向规模化、组织化、高效化经营转变,提高土地效益,增加农民收入。目前,舞钢市土地流转面积达到10万亩以上。

农民向城镇社区集中就是按照"一城四镇十八个中心社区"的总体发展布局,在加强中心城区建设的同时,加快4个中心镇和18个中心社区建设,引导农民向城镇或中心社区集中居住。目前,已有30多户搬进滨湖社区，到年底，将有 1200 多户农民搬进上曹、滨湖、和谐等 3 个社区。

同时，我们还加快中心镇、中心社区的公共服务和基础设施配套建设。加快户籍制度改革，使城乡二元户籍管理体制转化为一元管理体制。充分发挥城镇和中心社区优势，加大招商引资力度，重点扶持发展吸纳劳动力多、经济效益好的企业，促进镇区居民非农化就业，也就是提高农民的工资性收入。同时，出台农民由土地保障向社会保障过渡的配套政策和具体措施，从根本上解除农民离开土地的后顾之忧，真正让农民在城镇居住稳得住、能致富。

舞钢驶入高速时代

——写在叶舞高速通车之际

董颜丽　陈新伟

引子

历史定格于2010年12月26日。这一天,叶舞高速公路正式通车,彻底终结了舞钢市无高速公路的历史。这一天,沿线群众欢欣鼓舞,欢庆多年的夙愿今朝实现!

花团锦簇,鼓乐铿锵,人群欢腾。叶舞高速,是我市交通史上的一座里程碑,更是承载着我市人民期待与梦想的致富路、幸福路、希望之路。它,为我市经济发展插上了腾飞的翅膀。

一条路,寄托一座城市的希望

咱们舞钢市地处4地6县交会地带,既不临国家动脉铁路,又不临国道干线,甚至长期以来省干线公路也只有一条,"出行难"成为制约我市经济发展的大"瓶颈"。

"要想富,先修路"的大背景、大机遇、大发展,让省、平顶山市、舞钢市的决策者们不约而同想到了一块。省政府的高速公路网络规划给了我们一个难得的机遇:焦桐高速是全省"十一五"高速公路网规划重点建设项目,是晋、豫、鄂、湘、桂五省物资流通大动脉。对于推动中西部开发具有十分重要的战略意义。叶舞高速舞钢段属焦(作)桐(柏)高速公路的一部分,是省重点公路工程建设项目,全长25.5千米,总投资概算12亿元;由北向南途经我市庙街、杨庄、尚店3个乡镇的18个行政村;在庙街乡刘沟村和尚店镇王庄村设有两个出入口;在尚店镇贾沟村设一个停车服务区。

非凡的战略意义,千载难逢的历史机遇!大而言之,叶舞高速的建设通车具有里程碑意义,这是"十一五"期间我省高速公路通车里程达到5000千米、保持全国第一的最后一个工程,也是"十一五"期间平顶山市实现县县通高速目标的标志性工程。对我市而言,叶舞高速建成之后不但能及早结束我市不通高速历史,更重要的是能使我市迅速汇入全国高速流通网中,与全国各重要地区和重要城市实现人流物流互通,进一步拉近了与沿海地区及大中城市的距离。便利的交通区位优势,将为我市县域经济发展注入新的生机与活力,成为经济快速跨越发展的强大引擎。

叶舞高速必须尽快启动,这也是全市人民的共识。对老百姓来说,吃穿住行,人生四大事。当"吃穿住"成为赏心乐事,"行"的快感也必将蓬勃而出。

12月21日,我们乘车纵览了叶舞高速。只见新铺的沥青路面闪着油光,所有路面障碍已经清理完毕。为了验证叶舞高速通车后,能节约多长时间,我们从垭口出发进行了试验:

一位经常去天津出差的市民说,这个周末他需要到天津出差,以前总是从漯河下火车,听说12月26号叶舞高速就通车了,特意把返程票改成了许昌下车,尽情享受一下家门口就通高速的快感。

事实上,叶舞高速的修建,带给市民的,不仅是一种无法抑制的出行快感,更是一种内审自己和观望外界的物质依托。

舞动的脚步快了,城市的内心更灵动。

观望的世界大了,人们的内心更辽阔。

一条高速公路,穿越历史和未来;一条高速公路,寄托梦想与期待。一条路承载一座城市的希望。

一条路，树起一座丰碑

2007 年 5 月，叶舞高速项目确定，7 月成立了叶舞高速舞钢段工程建设指挥部；2008 年 11 月 29 日，平顶山市委、市政府在叶县举行了开工仪式；2009 年 2 月 11 日，叶舞高速舞钢段开工奠基；2010 年 12 月 8 日，九龙山隧道浇灌完毕，叶舞高速全线贯通；2010 年 12 月 26 日，叶舞高速通车典礼隆重举行。

这样的气魄、这样的速度，真是令人振奋！在人们庆祝高速路建成通车的喜悦背后，演绎在我市干群之间的那一幕幕动人故事，变得越来越清晰，越来越厚重。

公路建设最困难的莫过于征地拆迁，叶舞高速全长 25.5 千米，需新征土地 2508.7 亩，拆迁房屋 50 处 300 间，其中商业用房 12 处 40 间，拆迁面广、拆迁难度大。如何做好征地拆迁工作成为考验政府执政能力、干部工作能力、干群关系的一次“大考”。

市委副书记、市长白立凡在征地拆迁动员大会上指出，叶舞高速公路舞钢段建设是一项牵动性项目，征迁工作时间紧、任务重、涉及面广、敏感性强，是一项重大而又严肃的政治任务。各级各部门一定要统一思想认识，解决实际问题，创造良好建设环境，确保工程建设顺利推进。

思路就是速度，好思路就是高速度！

厉兵秣马，建章立制。市委常委、政法委书记李国顺任指挥长，并从相关部门调精干力量组成叶舞高速舞钢段工程建设指挥部。随即建立了主要领导周调度、主管领导日督导、乡镇领导盯一线的工作机制，全力协调、解决施工环境问题。

很快，一套从实际出发、合理明确的征地拆迁工作思路出台：边拆迁，边补偿，边施工。从上到下，包干负责，人人肩上有担子、个个头上有责任。

在指挥部的统一指挥下，沿线各乡镇村征拆工作迅速展开：层层签订目标责任书，报纸、广播电视、标语、横幅大力宣传征拆政策，交通、国土、城建、农经、林业、信访、公安等部门联合办公……

宣传政策、化解矛盾、拆迁房屋、安置居民……每一项工作都需深入民心，每一项工作都繁琐而艰难。尽管困难重重，然而，征迁工作步伐却坚实而有力。

征地拆迁先要“征心”。走村串户的工作人员与村组干部一起，深入农户家中、田间地头，耐心细致地给群众讲政策、讲法律、讲好处，帮他们分析算账……

叶舞高速途经的每个村子都有公示栏，一切数据均处于“阳光”之下，对各项补偿费用标准和征地面积、地上附着物进行公告，确保被征地农民有知情权、参与权和监督权，每个拆迁户心里都有本“明白账”。

“政策透明，阳光征拆，工作态度好，大小事有人管，能及时兑现补偿，我们没啥说的！”这是拆迁户说得最多的一句话。

在征地拆迁攻坚克难时，高速公路项目现场随时可见领导们忙碌的身影。市委书记高永华、市长白立凡等主要市领导运筹帷幄，多次召开会议，专题研究高速公路征迁工作；多次身先士卒，亲临一线调研，鼓劲加油，排忧解难；多次穿梭于拆迁现场，协调关系，解决矛盾。

为了确保高速公路如期开工建设，指挥部工作人员可谓是呕心沥血只为路。没有参与的人无法体会其中的琐碎、繁杂，更无法体会他们所具有的足够的耐心和坚韧不拔的毅力。

“天天早出晚归，出门时头顶一大星斗，回到住地已是华灯灿烂。”这是指挥部工作人员的生活写照。

尚店镇是叶舞高速舞钢段建设的“大战场”。途经该镇王庄、尚西、朱庄、贾沟等 10

个行政村,线路全长12.2千米,占我市途经里程的一半,红线内征用土地949.35亩,红线外“三改”征地100.3145亩,各类树木5000余棵,水井22眼,坟墓270多座。拆迁房屋26户,建筑面积9500多平方米;引线全长1.78千米,占地88.199亩,拆迁各类树木714棵,坟墓35座,水井1眼,水渠49米,是高速路建设中最大规模的拆迁。

为了实现“和谐拆迁”,以镇党委书记刘国朝、镇长刘富绍为首的领导班子率先垂范,带领各个小组深入征地、拆迁户家中,以春风化雨、润物无声的方式与他们交心、谈心,宣传有关政策,用真情感动每一个征地、拆迁户,竭尽所能为群众排忧解难。

采访中,镇长助理陈小三这个中年汉子的眼睛湿润了。他说,从来没有干过这么艰难的活,书记、镇长一天到晚黑着脸,几天几夜不回家是常事。从2009年元旦到现在,节假日从来没过过,双休日也没休息过,协调征地、拆迁时奔波在路上,工程施工时依然奔波在路上。那天镇里开完协调会已是晚上12点多,人群慢慢散去,他躲在一个黑暗的角落里放声大哭了一场。

庙街乡在协调山和庄村征地过程中,了解到山和庄有40多亩地,因为背靠大山,每到夏天,山水汹涌而下,十年九淹,当地群众苦不堪言。尽管这40亩地不在此次征地范围,但考虑到群众征地后,耕地减少,该乡通过实地调查,让村组干部拿出方案,找高速公司协调,最终,协调了15万元,把山水直接引入河道,当地群众再不担心地被淹了。就是这样,把群众利益放在第一位,高速路征地工作在该乡顺利推进。

杨庄乡也是如此,领导率先垂范,相关部门鼎力相助,激励着一线征迁干部不畏艰难,冲锋在前。从镇到村的征地、拆迁现场,工作人员坚持24小时有人值班,手机全天开机,随时待命,双休日和节假日都不休息。无论寒风凛冽还是骄阳似火,他们从无怨言。

在采访中,我们听到了许多工作人员舍小家、顾大家,坚守在工作一线的感人事迹。他们心中只有工期,没有假期,心中充满责任与担当,留下了永远的丰碑。主管拆迁协调工作的尚店镇副镇长院岭军患腰椎间盘突出,起初没在意,后来疼得连楼都不能上,硬挺着,直到高速路即将通车前几天才请假去西安看病;庙街乡交通站长刘军协,家住八台杨楼村,在征地期间,连续半月一次家也没回,常常在村里做思想工作到深夜;杨庄乡水利站长刘国森家住农村,家里有几亩责任田,秋收时节,正值拆迁最繁忙的阶段,他把秋收的重担压在了父母妻子身上,没有帮家里掰过一瓣玉米、种过一分麦田……

正是这种勇扛责任、奋力拼搏的精神,正是这种实实在在的工作作风,融化了一块块“坚冰”,最终赢得了群众的理解和支持。尚店镇尚西村拆迁牵涉16户群众的门面房,是当地群众1992年通过拍卖直接买下地皮后,一砖一瓦盖起来的。多年之后,在此处形成了独特的“生意圈”。其中一户生意人叫吴天晓,家有5间门面房,开着一个伊光食品厂,主要做蛋白奶、牛羊肉加工,每年都能为他带来30多万元的收入。当听到建高速立交桥需要拆掉这些门面房,吴天晓尽管很不情愿,但经过激烈的思想斗争,还是带头拆迁。又动员自己的弟弟、邻居开始拆迁。在他的带动下,这些门面房很快拆迁完毕。

俗话说,土地是农民的命根子。这些被征地的、纯朴的农民虽然有许多人以前没见过高速公路的模样,但他们信一个理:有高速、有未来。高速路建成之后,也许,他们的子子孙孙将不再“脸朝黄土背朝天”,传唱那古老而苦涩的歌谣。

精诚所至,金石为开;干群同心,其利断

金。经过三乡镇广大干群和有关部门的共同高速征迁任务按时完成,建设大幕徐徐拉开。

一条路,记载无数"忘我"

"大道如虹通燕京,呕心沥血玉汝成。"这25.5千米的平坦大道凝聚着上万筑路大军600多个日日夜夜的心血和汗水,记载了一个个舍小家为大家"忘我"的故事。来自天南地北的建设者们,居住在山间荒野的简易工棚里,夏日酷热难耐、挥汗如雨,严冬寒风刺骨、滴水成冰。但他们无怨无悔,用自己的坚持和奉献铸就了这条通衢大道。

祖籍四川攀枝花的申如军有幸参与了高速公路建设。在即将通车的前一天,他激动地对记者说:"我感到无比荣幸和自豪!在工程施工中,我们没有放过任何一个细小的漏洞。明天,我可以带着欣慰和自豪回家去见老婆和孩子了!"

叶舞高速需要在我市境内修建涵洞40个,通道、天桥23座,大中型桥梁28座,停车区1处。恶劣的自然条件和施工环境,无疑是一场硬仗,加上短短的22个月工期,对项目部的建设、设计、施工及监理单位全体参战人的勇气、信心、智慧、能力都是一个严峻的挑战。

九龙山双连拱隧道长460米,单个拱洞宽28.2米,净高6.75米,双向4车道。因地质条件复杂,隧道对施工工艺的要求非常高,是叶舞高速工程中施工难度最大、任务最重的项目。8月9日夜,叶舞高速土建六标段平岭段,因强降雨发生了大面积滑坡。滑坡导致该段路基及边坡被冲毁。山体滑坡自然灾害发生后,各级领导高度重视,先后多次到现场察看。8月15日,省交通厅组织来自全国的13位专家,召开论证会,确定了抗滑明洞设计方案。明洞需要混凝土约4.5万吨,钢筋约4147吨,初步估算工程造价约为8883万元。

承担460米长明隧道建设的中铁四局800多名职工夜以继日,奋战在施工一线。自9月16日开始施工以来,克服周边山体滑坡、塌方等诸多困难,昼夜施工,累计开挖土方达30万立方米、浇筑混凝土4.6万立方米。

在工地,中铁四局一公司副总经理、项目部经理任波告诉记者:自9月12日工程开工以来,由于任务紧、工程量大,该公司面临了诸多难以想象的难题。特别是"工期不能改变"这一命令给项目部带来了巨大的压力。为此,他们周密部署,把任务分解压缩到每分每秒,24小时轮流施工。

工程自开工以来,所有管理人员每天睡眠时间都不足5个小时。即使休息时也拿着对讲机,以便随时掌握现场情况。南段施工队李队长在刚浇筑洞身混凝土时,工期短、压力大,加上各项工序同时开展,没有睡过一个囫囵觉。短短10多天,他瘦了15斤。

12月8日下午5时28分,叶舞高速公路的关键项目——九龙山隧道施工现场,工人们将水泥灌入九龙山隧道最后两个工程段之间,将两段隧道连成一体,隧道胜利合龙。现场放起了烟火,响起了一阵阵热烈的掌声。这标志着叶舞高速全线贯通。

12月15日,今年冬天最冷的一天,室外气温是零下7摄氏度。当我们来到九龙山隧道施工现场,大风吹得人几乎站不住脚,而抬眼望去,工人们顶着寒风、冒着严寒,仍站立在高高的脚手架上施工,他们用责任心和使命感书写了一个大写的"人"字……

其实,不仅仅是九龙山隧道建设者,这25.5千米的高速路是许许多多人用"忘我"铺就的。如果说叶舞高速是一条巨龙,那么这些勤劳勇敢的建设者们就是舞龙的勇士。大家不畏艰难,勇挑重担,齐心协力,勇往直前,舞得巨龙贯九州。

叶舞高速,将改变舞钢人民的生活,更改变一个区域的未来。交通一体、产业对接、区域融合……“叶舞高速经济”在发酵、在升华。

一条路,激活一座城市

一条路带火一个个经济圈,一个个经济圈勃发出了强劲的活力,展现出美好的前景,牵引着“舞钢市经济列车”快速驶入中原经济区。

“现在我们不愁招不来商,只是土地不好协调。因为地少,已经得罪了一些客商,高速路为尚店的发展插上了翅膀……”12 月 14 日,记者去尚店镇采访时,镇长刘富绍感慨地说。

今年,尚店镇凭借高速公路、引线工程重点项目交叉密集优势产生的政治经济社会效应,招商引资进展迅猛。截至 11 月底,已完成招商引资总额 9 亿元。续建项目 3 个,投资 9.5 亿元的宝润实业、投资 8000 万元的华双公司、投资 2000 万元的启凯建材,均已投入生产。新上项目 6 个,分别为:投资 6000 万元的润达公司、投资 3000 万元的清华建材、投资 2000 万元的钰涵农贸、投资 1000 万元的同真食品、投资 1000 万元的农田薯业、投资 500 万元的裕达门业;协议、意向项目 4 个,分别是投资 1.6 亿元的北京华辰重力煤矿液压支架项目、投资 1 亿元的丰叶高压开关配件项目、投资 6000 万元的宇彤废铁项目、投资 3000 万元的恒淯 100 万平方米石材加工项目。

“过去,因为交通不便,外地客商不敢来我们的山窝窝,更不愿来办工厂。现在,一听说高速路要从这里经过,外地客商来这儿投资创业的兴趣很高……”说起交通状况的改善,高速路沿线杨庄乡、庙街乡、尚店镇等沿线乡镇负责人都颇有感触。

高速路即将通车,做生意很方便。这已成为许多经商者的共同心声。李奎川是杨庄乡人,搞土地整理。在叶县、鲁山县都有项目,也常往南阳、信阳等地跑。李奎川说,时间就是效益,走高速公路节省时间。如果高速公路联网,就能一路高速直达目的地。2009 年初,一位河北商人从南方返回,路过平顶山,要和他谈笔生意。他当时在平顶山市区,急忙驾车赶回舞钢,但却没时间详谈了。

叶舞高速通车了,李奎川说,他将放开拳脚,大干一场。

感到方便的不仅是生意人,更多的还是沿线的农民。当庙街乡刘沟村村民郭铁蛋听说我们来采访时,忙拉住我们走进他的平菇大棚,丰收的喜悦写在这位花甲老人的脸上。

郭铁蛋介绍说,以前他家主要种桃树、柿子等林果产品,果实成熟后,为卖个好价钱,就要去朱兰赶集。骑个破自行车,要走庙街、矿建、上曹,路况不好,再好的水果到朱兰市场也得扔一半。他记忆犹新的是,一次去卖柿子,等颠簸到朱兰,两筐在家红彤彤的柿子已成了两筐烂泥。于是,他忍痛砍掉了果树,改种香菇、平菇,但每年也只能种 1000 多棒(袋)。现在,高速引线直接通到他们村。今年,他一下子投资 2 万多元,种植菇类 7000 多棒(袋),仅此一项,纯收入可突破 2 万元。

刘沟村党支部书记党春香介绍,该村有 1950 口人,将近 500 户,高速引线修到他们村口,进出都方便,村里许多群众准备扩大种植和养殖规模。党春香自己承包了小石漫滩水库南坡的支锅山,在 600 亩荒山上种上了核桃。党春香说,用不了多长时间,刘沟村这个革命老区村就会以高速路为依托,率先走进小康。

如果说一条路能够改变一个城市的话,那么改变舞钢的路,就非叶舞高速莫属。作为舞钢交通史上的一个里程碑,叶舞高速的建成，已经给这座城市带来了一系列的连锁效应。一条路带动一个群体、一个群体带动一个乡镇、一个乡镇激活一个城市，舞钢的城市发展从一个“点”加速扩展到一条“线”，再扩展到一个“面”，依托叶舞高速的舞钢市，正蓬勃发力，向着现代都市迈进。

九头崖风光

概　况

自然环境

【区域位置】 舞钢市位于河南省中部,北距省会郑州市165千米。介于北纬33°08′00″~33°25′25″,东经113°21′27″~113°40′51″。南北长32.19千米,东西宽30.1千米,总面积645.67平方千米。东靠驻马店市西平、遂平2县,南邻泌阳,西与南阳市方城县、平顶山市叶县接壤,北与漯河市舞阳县毗连。市人民政府驻在垭口。

【地貌】 境区地表形态复杂,基本可分为平原、丘陵岗地、山区3种。地势基本呈西北、东南高,东北、西南低态势。东南部和西北部为海拔300米~500米的低山区。位于与泌阳县交界处的五峰山,海拔872米,是全市的最高峰。山脉走向大体以近东西向为主。境内有两列大体呈东西走向的山脉,有一列大体呈西北至东南走向的山脉,斜插在两列东西走向山脉之间。境内河流均发源于东南和中西部山区。除甘江河支流西流经方城县、叶县至舞阳县境注入澧河外,其余均向东北出境汇入洪河。境内平原面积201.44平方千米,占总面积的31.2%;丘陵岗地面积370.61平方千米,占57.4%;山区面积73.61平方千米,占11.4%。

【山脉】 舞钢市山脉系低山区。山坡坡度大体在25°~60°之间。一般南缓北陡。南部山区山坡陡,山顶基岩裸露,土层浅薄,生长疏林灌丛,山坳和缓坡多为人工栽种的常绿针叶及阔叶落叶林。中部和西北部山势较缓,山丘相间,山体多为疏林草地,部分山体垦殖为刺槐和栎树混交林地。

马鞍山　因主峰两峰相连似马鞍而得名。又称蚂蚁山、马牙山。位于舞钢市中部。海拔547.7米。

铁山　因产铁矿石得名。位于朱兰街道东南部,海拔168.4米。山上的露天铁矿与支鼓山北麓的铁古坑铁矿,合称“二铁矿”。

五峰山　位于舞钢市南部边缘与泌阳县交界处。因有一字排开的五座山峰而得名。海拔872米,为全市最高峰。

龙王撞山　位于五峰山北,因山顶云雾缭绕似云龙撞击,故名。海拔866米,为舞钢市第二高峰。

灯台架山　位于舞钢市南部,南邻泌阳县,因有3个山头组成,形似旧式灯台架,故名。海拔802米。山顶北部有一天然水池,面积近百平方米,深约1米,名曰“天池”,故此山又名天池山。

大虎山　位于舞钢市东南部。因形状像卧虎,故名。海拔810米。

螃背山　位于尹集镇西部。因形状像螃蟹背而得名。海拔353米。

【丘陵岗地】　丘陵主要分布在南部和中西部山区附近，可分为南部丘陵区、西南丘陵区、中部丘陵区。一般丘陵浑圆，丘坡平缓，中部风化残积层较厚，下部基岩裸露。丘陵之上多为疏林草地，部分垦殖为刺槐和栎树混生林，或坡耕地。岗地多为垄岗，部分为平岗，多南北走向，平行排列。岗体一般宽1千米左右，岗坡平缓。大部分被垦殖，局部为经济林地。分为西南片岗地、东南片岗地和西北片岗地三部分。

【平原】　主要分布在枣林、武功、八台等乡镇和铁山乡北部。按其地貌可分为堆积平原、洪河冲积平原、河间浅平洼地三类。

【河流】　舞钢市河流属于淮河流域，可分为洪汝河水系和沙颍河水系。属于洪汝河水系的有滚河、滟河、韦河；属于沙颍河水系的有甘江河。

滚河　又称滚龙河。呈西南至东北方向纵贯舞钢中部。发源于杨庄乡南部的龙王撞山，向西北流至水田村折向东，进入石漫滩库区，至苏庄向北进入平原地区，向东北至小寺山出境，入西平县，至合水村改称洪河。境内主河道长45千米，流域面积320平方千米，多年平均流量3.13立方米/秒，平均坡降1/200。主要支流有玉皇庙河、贾岗河、水磨湾河等。

滟河　发源于庙街乡西南部的四头垴山，曲折向东北经八台村，至彦张村入舞阳县境，向东称为三里河，至张营村入西平县，称小洪河。主河道长51千米。年径流总量8502万立方米。坡降度1/200。主要支流有东泥河、马河、总泥河等。

韦河　原名石堰河，因距舞阳县城8华里，俗称八里河。发源于马鞍山和馒头山，东北流至栗园村注入三里河。长约30千米，流域面积95平方千米，多年平均流量0.8立方米/秒，年径流总量2517万立方米。坡降度1/250。

甘江河　甘江河古称舞水。主源在方城县境内，其支流之一发源于尚店镇东南的五峰山，向西流入方城县，向北流至舞阳县上澧河店村入澧河。境内主要支流有界牌河、扶拉王河、盐店河，流域面积72平方千米，年径流总量2052万立方米。（杨林杰）

自然资源

【矿产】　全市具有工业价值或具有工业意义的矿产24种（包括伴生、共生矿产）。主要有铁、钒、钛、金、铀、钴、稀土；熔剂灰岩、白云岩；水泥灰岩、大理岩、花岗岩、彩石、水泥黏土、玻璃用石英岩、建筑石料、砖瓦黏土、水泥配料；磷、蛇纹石化橄榄岩、石墨、含钾岩石等。尤其是铁矿累计探明储量6.1亿吨，占全省探明总储量的70%以上。开发的矿种有8种，占已发现24种的33%，包括：铁、金、熔剂灰岩、水泥灰岩、水泥黏土、大理岩、建筑石料、地下水。安钢集团舞阳矿业公司是开采铁矿的驻市国有企业，中加矿业公司等一批非公有制企业逐渐形成开采规模。地方矿业开发矿种主要为铁矿、水泥灰岩、砖瓦黏土与建筑石料。

（武海潮）

【土地】　舞钢市土地总面积62931.88公顷。2010年，根据国家土地分类面积标准：耕地23487.26公顷，园地147.08公顷，林地18115.67公顷，草地5282.47公顷，城镇及工矿用地7777.3公顷，交通运输用地1487.48公顷，水域及水利设施用地5235.41公顷，其他土地1399.21公顷。土壤主要分为黄棕壤土、砂姜黑土、潮土3类型。黄棕壤土类占全市土地面积的90.9%,砂姜黑土类及潮土类分别占7.23%和1.86%。从武功乡曹集村起,经武功、朱兰、营街,到八台、大马庄连接一弧形曲线,线以北为砂姜黑土类,线以南为黄棕壤土类。潮土仅分布在河流及其支流的河滩上。(国土局)

【水】 舞钢市水资源(包括地表水与地下水)较为丰富,人均占有水量居河南省前列。全年地表径流量18370万立方米,地下水资源总量为5874万立方米,其中北部平原区2597万立方米,可采量2498万立方米。全市有供水井1290眼,地下水取水量1829万立方米/年。其中,枣林水源地(舞钢公司水源地)取水量620万立方米/年,八台水源地(安钢集团舞阳矿业公司水源地)、朱兰水源地2处于2003年弃用,河湾水源地因水源枯竭于2004年弃用。地下水物性一般清亮透明,无异味、异臭,水温16.5℃~18℃,pH值6.5~7.5,总硬度5.05~13.2德国度,铁、锰、铜、铝、锌含量均未超标,细菌总数及大肠菌类均符合饮用水标准,放射性元素含量未超标,符合生活、工农业用水要求。石漫滩水库兴利库容6240万立方米,每年可提供工业和城市生活用水3300万立方米。田岗水库兴利库容890万立方米,每年可提供灌溉用水230万立方米,工业用水200万立方米,城市生活用水720万立方米。

(赵群富 焦孟玲)

【动植物】 舞钢市植被区系属暖温带阔叶落叶林区域,植被类型主要为阔叶落叶林和常绿针叶阔叶林的混交林。自然植被主要分布在东南山区。除了在偏远山区尚有面积不大的天然林外,多数为人工改造的林地。丘陵区天然林极少,大部分是人工栽培的用材林、薪炭林和经济林。全市森林覆盖率31.92%,其中国营林区占总森林面积的71.93%。全市野生植物可分为3门、8纲、174科、711属、1360种。全国西南、华中、华东、华北、西北、东北等大区系的植物在境内均有生长。据舞钢市林业局1997年~1999年组织的调查,发现野生动物兽类、鸟类、爬行类、两栖类4类共24目、55科、199种。

(王梅花)

【旅游资源】 舞钢市地处伏牛山东部余脉,山清水秀,林木茂盛,历史文化源远流长,有着丰富的人文景观和自然景观资源。春秋时期,市辖区为柏国,古城遗址在尹集镇谢古洞村一带。战国时属韩,称合伯,时为冶铁重地。全市发现古遗址250多处。自然景观以石漫滩风景区、天池山风景区、九头崖风景区、九龙山风景区为最。石漫滩风景区以石漫滩水库为中心。水库水域面积8.6平方千米,湖光山色,美不胜收。水库三面环山,大坝巍然屹立、气势恢弘。水库周围为石漫滩国家森林公园。水库北岸为二郎山旅游度假村,西部为石漫滩国际龙舟竞赛和训练基地。九头崖风景区位于尹集镇南部,有九头崖、南天门、关公石、十七瀑、母猪峡、溶洞等景点72处。原国防部长张爱萍上将为其山门题写山门匾额。天池山风景区位于杨庄乡东南部,有天池、灯台架、望天河、摩天石、龙王撞瀑布等景观。杨成武上将题写"天池山"风景区山门匾额。九龙山风景区位于庙街乡南部,景点以蛋石山最为有名。此外,市区近郊还有铁山庙、将军墓、旗杆眼山等景点。(许红云)

气 象

【气候资源】 全市年平均日照时数为2230小时,最多年份为2473.4小时,最少为

1962.8 小时。年中,日照数以6月及8月最多,分别为236.6小时和227.5小时;2月最少,为143.3小时。年太阳辐射总量118.4千卡/平方厘米;年中,6月最多,为13.98千卡/平方厘米;1月最少,为6.42千卡/平方厘米。年光合有效辐射总量58.27千卡/平方厘米。年中,6月最多,为6.85千卡/平方厘米。全市自然降水偏丰。夏季雨水充沛,占全年降水量的47%~53%;冬季占6%~9%;春秋两季各占20%左右。冬春少雨季节,中部地区降水量平均为296.8毫米,对越冬作物十分有利。历年平均风速2.2米/秒,相当2级,6级以上大风全年平均有15天,风能资源未有效开发利用。

【气候特征】　舞钢市地处北亚热带向暖温带过渡地区,属大陆性季风气候,兼有南北气候之长,具有明显的过渡性气候特征。气候温和,四季分明,光照充足,雨量丰沛。春季干旱多风,夏季炎热多雨,秋季晴和气爽,冬季寒冷少雪。年平均气温14.6℃。其中,最热年份15.7℃,最冷年份14.0℃,最热年份与最冷年份相差1.7℃。平均气温春季14.5℃,夏季26.8℃,秋季15.2℃,冬季2.3℃。7月平均气温最高,为27.5℃;1月最低,为0.8℃。气温年较差为26.7℃。全年无霜期大致在210天~230天之间,最长为246天,最短为190天,可满足农作物一年两熟。舞钢市地形复杂,南北降水有一定差异,东南山区和西南丘陵区年平均降水1100毫米;中部浅山区年平均990毫米;北部平原年平均850毫米。夏季雨水充沛,占全市年降水量的47%~53%;冬季雨雪稀少,占6%~9%;春季和秋季降水相差不大,各占20%左右。年中,7月、8月降水量最多,中部地区平均分别为176.6毫米和195.6毫米;12月最少,中部地区平均为20.7毫米。风向明显随季节变化,冬季盛行偏北风,夏季盛行偏南风,常年风向以西南风为最多。春、秋、冬季常有西伯利亚来的冷空气,风力大,降温强烈。舞钢市的主要自然灾害是涝灾、旱灾、干热风、冰雹和大风等,尤以涝灾、旱灾为甚。

【气候状况评价】2010年气候特点:气温正常,降水正常,日照偏少。其中,冬季气温正常,降水偏少,日照偏少,季内出现雨凇和大雾灾害性天气;春季气温偏低,降水正常,日照正常;夏季气温正常,降水正常,日照偏少;秋季气温偏高,降水正常,日照正常,间有轻旱天气。12月气温严重偏高,降水严重偏少,日照正常,旱情持续发展。

【气温】　全市年平均气温15.2℃,与常年平均值14.9℃相比偏高0.3℃,正常。年极端最高气温38.0℃,出现在6月30日;年极端最低气温-8.6℃,出现在1月6日。均未突破历史极值。冬季(2009年12月~2010年2月)平均气温3.1℃,比标准值2.9℃偏高0.2℃,正常。冬季极端最高气温20.0℃,出现在2月21日和2月23日,极端最低气温为-8.6℃,出现在1月6日。春季(3月~5月)平均气温14.4℃,较标准值15.1℃偏低0.7℃,偏低。春季极端最高气温33.4℃,出现在5月3日;极端最低气温-2.8℃,出现在3月7日和3月10日,均未突破历史极值。夏季(6月~8月)平均气温26.4℃,较标准值26.2℃偏高0.2℃,正常。夏季出现一次高温天气,夏季极端最高气温为38.0℃,出现在6月30日,未突破历史极值。秋季(9月~11月)平均气温16.2℃,较标准值15.6偏高0.6℃,偏高。秋季极端最高气温35.9℃,出现在9月17日;极端最低气温为-0.4℃,出现在11月18日。极端最高和最低气温均没有突破历史极值。12月平均气温5.9℃,较标准值3.7℃偏高2.2℃,严重偏高。

【降水】 全市年降水量817.2毫米,较常年平均值939.3毫米偏少122.1毫米,正常。冬季降水量50.3毫米,较标准值56.0毫米偏少5.7毫米,正常。春季总降水量226.6毫米,较标准值195.9毫米偏多30.7毫米,正常。夏季总降水量402.2毫米,较标准值490.2毫米偏少88.0毫米,正常。秋季总降水量155.8毫米,较标准值197.2毫米偏少41.4毫米,正常。12月降水量0.4毫米,较标准值14.5毫米偏少14.1毫米,严重偏少。

【日照】 年总日照时数1639.3小时,较常年平均值2096.6小时偏少457.3小时,偏少。冬季日照时数280.6小时,较标准值441.9小时偏少161.3小时,偏少。春季日照时数487.2小时,较标准值572.7小时偏少85.5小时,正常。夏季日照时数408.6小时,较标准值596.1小时偏少187.5小时,偏少。秋季日照时数420.9小时,较标准值486.0小时偏少65.1小时,正常。12月日照时数147.9小时,较标准值154.7小时偏少6.8小时,正常。

【主要天气气候事件】

大雾 冬季有6个雾日,分别出现在2009年12月24日、2010年1月18日、2月5日、2月7日、2月8日、2月9日,最小能见度仅40米。春季有1个雾日,出现在5月13日,最小能见度600米。夏季有2个雾日,出现在7月27日和8月16日,最小能见度100米。秋季有7个大雾日,分别出现在9月3日、9月16日、9月26日、10月8日、10月22日、11月18日、11月19日,最小能见度100米,给人们出行及交通运输带来不便。2010年有16个雾日,雾日日数与常年同期相比基本正常,大雾阻碍交通运输,影响人们正常出行。

大风 年内出现3次大风天气。其中,冬季1月1日出现大风天气,但未对舞钢市工农业生产造成明显影响。春季有2个大风日,分别为3月11日和3月12日。3月11日夜间和白天不断出现大风天气现象,3月12日夜间也出现大风天气过程,极大风速21.0米/秒,阵风风力8级以上,对农业生产、高层建筑施工带来影响。

冻雨 2月9日~10日出现中等强度的雨雪天气过程,并伴有雨凇现象,过程降水量19.6毫米,最大积冰厚度9毫米。此次降水过程有利于小麦越冬,但道路积冰对车辆出行带来不便。

雷暴 年雷暴日数21天,正常。其中,春季有3个、夏季有18个。雷暴击坏部分电器设备,给市民用电及通信带来影响。

连阴雨 年内出现2次连阴雨天气过程。分别出现在8月18日~26日、9月5日~10日,造成部分低洼农田出现积水,并导致部分秋作物倒伏,对秋作物后期成熟略有不利。

干旱 9月29日~12月31日,总降水量6.8毫米,加之气温持续偏高,全市大部分麦田出现旱情。12月份总降水量只有0.4毫米,气温严重偏高,麦田旱情持续发展,旱情加重,对小麦冬前生长和安全越冬带来不利影响。

【气候影响评价】

气候与小麦生产 2010年1月7日小麦开始越冬。1月基本没有降水,但由于前期土壤墒情较好,农作物并未出现明显旱情,小麦安全越冬。2月9日~10日和14日的雨雪天气过程补足小麦越冬所需的水分，为小麦返青提供良好的土壤墒情。随着温度回升，2月21日小麦进入返青期。返青期间小麦长势良好，分蘖正常，为后期生长奠定基础。3月11日，全市小麦进入起身期，3月温度适宜，降水正常，日照充足，小麦进入旺盛生长时期，耗水量急剧上升，适宜的降水为小麦生长提供良好的墒情，有利于小麦正常的拔节孕穗。4月小麦进入孕穗—抽穗—开花期，充足的日照和适宜的降水保证小麦正常开花授粉，促进灌浆成熟。4月中旬出现持续低温现象，处在孕穗抽穗期的小麦需要适宜的光温资源，低温对小麦生长不利，推迟小麦生育期。此外小麦因遭受低温影响，抗病能力降低，诱发病虫害。随着季内后期气温回升，小麦进入开花灌浆期，此时也是小麦病虫害多发期，适宜的温度使小麦病虫害大面积发生和蔓延。5月4日，舞钢市出现一次大到暴雨天气过程，降水量48.9毫米，此次降水为小麦后期生长提供充足的墒情条件。6月上旬天气晴好少雨，利于小麦收割及晾晒。10月，晴好天气利于冬小麦趁墒播种。10月中旬，舞钢市小麦普遍进入出苗期，适宜的温光条件有利于小麦幼苗生长，大部分麦田苗齐、苗壮。10月下旬，底墒充足地段的小麦生长发育良好，顺利进入三叶期。但由于本月降水特少，少部分麦田有出苗不齐现象，但农田旱情并不明显。11月中旬，舞钢市小麦陆续分蘖，由于10月、11月连续两个月没有有效降水，温度偏高，风力较大，土壤散墒快，不利于小麦分蘖期生长和麦苗扎根。播后未浇水的地块，小麦分蘖节已处在干土层中，影响小麦冬前生长和次生根发育。12月持续高温干旱，对冬小麦安全越冬造成不利影响。

气候与玉米生产　6月中旬，全市夏玉米普遍进入播种期，前期墒情良好，播种期间温度适宜，日照充足，玉米根系发育较快，有利于玉米正常出苗。6月17日~7月3日，全市玉米顺利进入出苗—三叶—七叶期，充足的日照为玉米茎叶的生长提供良好的光温条件，为玉米后期生长奠定基础。期间基本没有降水，但由于底墒充足，保证玉米生长发育所需的水分，并没有出现明显旱情。7月17日~31日，玉米进入拔节—抽雄期，期间降水分布均匀，充足的降水和适度的日照促使玉米吸收土壤矿物质，保证玉米正常拔节抽雄。8月，玉米相继进入开花—吐丝—乳熟期，吐丝期间降水适宜，玉米正常授粉，保证穗粒数。其中8月18日~26日出现连阴雨天气，造成部分低洼农田出现积水，对玉米籽粒灌浆成熟略有不利。27日后气温回升，加快土壤散墒，充足的光照对玉米后期生长十分有利。9月上旬，全市夏玉米普遍处在乳熟—成熟期，期间温度适宜，利于玉米乳熟后期生长。9月5日~10日出现连阴雨天气过程，总降水量119.6毫米，连续降水虽然有效地补充土壤水分，但造成部分农田积水以及夏玉米倒伏，降水期间低温寡照天气不利于玉米进行光合作用，对玉米后期灌浆饱子略有影响。9月24日~26日的中雨天气过程不利于夏玉米正常收割及晾晒，进入10月，晴好的天气利于玉米收获腾茬、及时晾晒。

气候与旅游　春季晴好天气较多，适于人们外出旅游探亲。“五一”期间天气晴好，部分景点免收门票，很多市民和外来游客到境内观光旅游，增加本地的经济收入。夏季没有出现持续强降水天气，高温日数较少，人们选择在晴好天气外出游玩，到舞钢市旅游度假人数与去年同期相比增多。秋季晴朗日数居多，“十一”期间天气晴朗，人们纷纷外出游玩，旅游景区人气旺、效益丰。

气候与交通、工矿、电力及其他　2010

年冬季2月9日~10日的雨雪天气伴有雨凇现象,由于道路结冰,部分高速公路被封,一些客车停运,给春节期间人们探亲返家带来不便。大雾天气能见度极低,不利于行人和车辆出行。2010年冬季2月9日~10日的雨雪天气一定程度上给市场物价带来波动。受大雪封路、高速封道等影响,蔬菜供应量减少,蔬菜批发价格和零售价格大幅上涨。由于雨雪天气导致道路结冰,给交通带来不便,又恰逢节前人们回家探亲客流高峰,致使客运票价大幅度上涨。夏季雷暴日数较往年较多,因雷击损坏家电、通信设施,保险部门雷击赔偿案件较往年增多。秋季总体温度偏高,相对湿度偏低,天气干燥,易引起森林火灾,森林火险等级指数高,对防火工作较为不利。 (付世权 孙静)

环境状况

【环境质量】

水环境质量 地面水环境质量:2010年,舞钢市所辖主要河流,19项污染因子全部符合国家《地面水环境质量标准》Ⅲ类标准。水库:舞钢市监控的是石漫滩水库,其水质符合国家《地面水环境质量标准》规定的Ⅲ类水标准。城市饮用水源地:舞钢市的饮用水源地主要是枣林地下水源地和田岗水库地表水源地,枣林地下水源地水质符合国家《地下水质量标准》规定的Ⅲ类水标准;田岗水库地表水源地水质符合国家《地表水环境质量标准》规定的Ⅲ类水标准。

城市噪声状况 2010年,全市功能区噪声监测结果显示,区域环境噪声平均值为50.5分贝(A),符合功能区要求。道路交通噪声监测结果显示,全市的交通干线噪声平均值为68.4分贝(A),符合交通噪声标准。

大气环境质量状况 全市大气二氧化硫年日平均值0.017毫克/立方米;二氧化氮年日平均值0.024毫克/立方米;可吸入颗粒物年日平均值0.084毫克/立方米。二氧化硫的污染指数17,二氧化氮的污染指数15,可吸入颗粒物的污染指数67,可吸入颗粒物为舞钢市空气中的首要污染物,舞钢市的空气污染指数67,空气级别Ⅱ级,空气质量良。

【工业“三废”排放与治理】

废水 2010年,舞钢市重点企业有9家,工业废水排放量1391万吨,比上年同期减少0.44%,排放达标量1391万吨。外排工业废水中化学需氧量排放量为1618吨;氨氮排放量为62.91吨;氰化物排放量为0吨;挥发酚排放量为0吨;石油类排放量为4.75吨。

废气 2010年,舞钢市工业废气中二氧化硫排放量6968吨,比上年同期减少5.06%;烟尘排放量2127吨,比上年同期增加4.06%;粉尘排放量4741吨,比上年同期增加39.38%。

固体废物 2010年,全市工业固体废物产生量162.03万吨,比上年同期减少20.2%;工业固体废物处置利用率100%,与上年持平。

污染源治理 2010年,全市用于工业污染源防治的资金9982.3万元。其中,工业污染防治资金60万元,工业企业污染治理设施运行费用9414.3万元,污染防治、生态保护、环保能力建设资金508万元。

环境管理 2010年,较好地巩固“一控双达标”成果。全市9家重点企业全部达标,全市工业污染物(水、气)全部达标排放。主要出境河流滚河的水质已优于地面水Ⅲ类标准,完成上级下达的污染物总量控制指标实现境内主要河流水质变清的目标。

（环保局）

历　史

舞钢市有记载的历史可追溯到2600年前。春秋时，这里为传说中的古帝柏皇氏后裔的封地柏子国，后为楚所并。战国时属韩，称合伯，是著名的冶铁铸剑重地。苏秦曾说："韩卒之剑戟皆出于棠溪、合伯、龙渊。"现已发现的许沟、沟头赵、翟庄、尖山、圪垱赵、石门郭等冶铁遗址，均为战国至汉代的遗迹残留。著名的龙泉宝剑，就是用杨庄乡龙泉水淬火制成的。西汉时分属西平、舞阳，北魏时改属西舞阳县，唐代属舞阳县，以后历代相沿。庙街乡大韩庄是东汉大司空韩棱的家乡。唐代大诗人李白、宋代诗人黄庭坚都曾在这里写下了歌颂舞钢山水的优美诗篇。历代劳动人民的辛勤开发，增添了自然山水的美好风光，创造了人类的文明史。

但是，封建地主阶级的残酷统治，自然灾害的疯狂肆虐，使广大劳动人民挣扎在死亡线上。不甘受辱的先民聚众据险，奋起反抗，境内南部山区成为他们天然的根据地。自明代初年王忠、王添儿起义开始，明朝一代即有刘保、马守应、杨枝等多次农民起义。太平天国革命时期，太平军和捻军曾多次在这里活动。民国初年崛起于豫西山区的白朗起义军，以东南山区母猪峡一带为根据地，聚集和发展革命力量，构成对袁世凯独裁政权的极大威胁。

在中国共产党的领导下，从1927年起，这里就有了革命活动，掀起了如火如荼的农民运动。抗日战争时期，这里两度沦陷。中国共产党领导的抗日武装新四军河南挺进兵团（后改称豫中游击兵团）和叶舞支队多次在尹集、八台一带歼灭敌人。1945年7月在鸡山北坡刘川沟村建立了舞阳县抗日民主政府。解放战争初期，这里又成为国民党统治区。1947年12月17日，中国人民解放军陈谢兵团解放舞阳。

新中国成立后，党和政府领导人民进行了土地改革、剿匪反霸、抗美援朝、"三反五反"、镇压反革命和农业互助合作运动。1951年，毛泽东主席发出"一定要把淮河修好"的伟大号召，国家决定在这里修建淮河上游第一座水库——石漫滩水库。广大农民经过互助组、农业生产合作社等几个阶段，到1956年基本完成对农业的社会主义改造。农业生产稳定上升。从1957年到1966年开始全面建设社会主义的10年间，境内发展生产，兴修水利，兴建钢铁厂、水泥厂等地方工业，修建田岗水库和20余座小型水库，对甘江河支流、滚河、三里河等河道进行治理，修建一些治山治水工程，增强抗御自然灾害的能力。在1966年开始的10年"文化大革命"中，这里同全国一样，陷入了混乱，但由于广大群众和干部的努力，工农业生产仍然取得进展，粮食生产保持比较稳定的增长。

1970年，国家决定在这里兴建舞阳特厚钢板厂，按冶金工业部原直属的下放项目归口建设。由河南省成立平舞工程会战指挥部，负责全面领导，北京钢铁设计研究院等20多个单位负责设计，以四川德阳第二重型机器厂为主的全国23个省市的220多个单位协作承担设备制造，以冶金工业部第六冶金建设公司为主，二十井巷公司、河南省电建一处、武汉冶金地质勘探公司、交通部第一汽车运输总公司第五分公司、河南省民兵工程团等10多个专业施工单位负责建设。省革委和省军区从许昌地区抽调民兵7万多人参加会战。平舞工程兴建时，正处在"文化大革命”时期,林彪、江青反革命集团的破坏,一度干扰和影响了工程建设。1975年8月,舞阳工区遭遇了历史上罕见的特大洪水灾害,石漫滩水库、田岗水库垮坝,人民的生命财产遭受严重损失,工程建设也受到很大影响。1976年10月粉碎“四人帮”以后,建设速度加快。1977年12月,4.2米轧机无负荷联动试车。1978年9月,普板系统热轧一次成功。1979年9月,4.2米轧机投入试产,1981年开始正式生产,从此结束了国内不能生产特宽特厚钢板的历史。1982年国家批准舞钢续建,第一期一步建设安装国内当时最大的75吨电弧炉一座以及轧钢热处理配套工程。1986年6月进行无负荷联动试车。1991年12月,从奥地利引进的90吨超高功率电弧炉系统建成投产。1992年10月,国产90吨LF精炼炉建成。同年11月,国内第一套自行设计、制造、安装的300毫米×1900毫米大型板坯连铸机系统建成投产,同时对轧钢系统进行了完善、配套性技术改造。舞钢至此形成了电炉—精炼—连铸(或模铸)—轧制—热处理—精整这一世界先进水平的生产线,具有年产电炉钢50万吨、钢板40万吨的生产能力。1994年至1997年,由于多种原因,舞钢公司连年亏损,经营困难。在国务院领导同志的关怀和支持下,1997年9月8日,河北省邯郸钢铁公司兼并了舞钢公司。成为由邯钢控股的有限责任公司后,舞钢公司全面引入“模拟市场核算,实行成本否决”机制,当年实现扭亏为盈。

安阳钢铁集团舞阳矿业公司,原名安阳钢铁公司舞阳铁矿,初为舞阳钢铁公司原料基地,1985年1月移交安钢管理并恢复建设。1986年河南省将舞阳铁矿列入复建项目,1987年底建成一期一步工程。1991年下半年开始建设一期二步工程,1993年建成投产,形成年产矿石80万吨、铁精矿24.8万吨的生产能力。八台赵案庄矿1996年4月复建。

舞钢市城市建设发展迅速。1972年3月,成立河南省平舞工区市政建设处,负责市政筹建工作。1973年11月,成立河南省革命委员会舞阳工区办事处,划出舞阳县南部6个人民公社为其辖区。1977年9月30日,中共河南省委决定,撤销舞阳工区办事处。当年11月,建立平顶山市舞钢区。1979年10月划属许昌地区。1982年9月,复归平顶山市。1990年9月,经国务院批准,撤销舞钢区,设立舞钢市。1990年11月22日,舞钢市召开撤区建市庆典大会。

行政区划

【行政建制】 2010年,舞钢市辖朱兰、垭口、寺坡、院岭、矿建5个街道,八台、尚店、尹集、枣林4个镇,庙街、武功、铁山、杨庄4个乡,共39个居民委员会、190个行政村。

【区划变动】 1993年6月,平顶山市人民政府批准成立垭口街道办事处,1995年,垭口街道办事处正式挂牌运行;1994年12月,八台撤乡建镇;1996年5月,尹集撤乡建镇;2006年7月,恢复矿建街道建制。将八台镇的张我庄村、赵案庄村、张楼村等3个行政村和朱兰街道的矿源社区划入矿建街道。2007年4月8日,中国共产党舞钢市矿建街道工作委员会、舞钢市矿建街道办事处举行成立揭牌仪式;2009年6月,经舞钢市人民政府批复,成立朱兰和谐社区;2010年1月,经舞钢市人民政府批复,成立寺坡大石门社区;2010年3月,枣林撤乡建镇。

1992年2月,王店乡原火神庙行政村划分为潘楼、大王庄2个行政村;7月,庙街乡庙街、干沟、胡沟3个行政村调整为庙街、郭洼、胡沟、党庄、干沟5个行政村。1994年7月,尹集乡石岗行政村分为石岗、军王2个行政村。1995年,杨庄乡吴庄行政村院庄自然村划出,划属院岭街道办事处,设立院庄行政村。八台镇新村行政村并入赵案庄行政村;寺坡街道办事处寺坡行政村划出焦沟、庙上2个自然村,划属垭口街道办事处,设立垭口行政村;是年9月,枣林乡藕池行政村分设为藕池、郭庄2个行政村。1998年9月,铁山乡韩庄行政村划分为韩庄、扁担李2个行政村。1998年12月,枣林乡韦庄行政村划分为韦庄、袁庄2个行政村。

2002年4月,撤销王店乡,原乡辖行政村并入尚店镇;撤销安寨乡,原乡辖行政村并入枣林乡。

2004年11月,舞钢市民政局根据市人民政府文件精神,对各街道社区规划设置及命名作出批复:

朱兰街道设园林、矿业、光源、夕阳红、滨河、银龙、矿源7个社区。其中,园林社区以苗圃为中心,辖铁山路以东,公交公司以南,新村以北(含新村);矿业社区以矿山职工生活区为中心,辖朱兰大道以南,钢城路以东,铁山路以西,共青水库以北。光源社区辖朱兰大道以北,健康路以东,建设路以南,铁山路以西;夕阳红社区以干休所为中心,辖朱兰大道以北,健康路以西,滨河以东,建设路以南;滨河社区辖滨河以西,朱兰大道以北,建设路以南,上曹以东;银龙社区以银龙集团公司为中心,辖滨河以东,建设路以北,漯舞铁路以南,肉联厂以西;矿源社区主要为矿山职工家属院。

垭口街道设朝阳、育才、振兴、鑫源、平安5个社区。朝阳社区由原朝阳居委会和文化路居委会桥口路以南部分组成,辖广播局平房院以东,垭口村庙上组以西,焦沟以北,中心路、桥口路以南;育才社区即原育才居委会,辖鹁鸽楼山以东,温州路以西,朝阳路西段以北,常州路西段以南;振兴社区由原振兴街居委会及文化路居委会桥口路以北部分组成。辖金鳌山(东山)以西,温州路以东,中心路、桥口路以北,常州路东段,交通局家属楼以南;鑫源社区由原鑫源居委会除去温州路北段路东部分组成,包括市一高新址,温州路以西、常州路西段以北,薄冲沟以南,郭岭以东;平安社区由原新区居委会和原鑫源居委会温州路北段东部分组成,辖温州路以东,铁山路以西、常州路以北,薄冲沟铁路桥以南。

寺坡街道设龙泉、奋飞、中兴、九九山、祥和、玄翠苑、湖滨、羊角山8个社区。龙泉社区即林场居委会,辖钢城路以东至大坝,水库以北;奋飞社区由原一街东和一街西居委会组成,辖一马路以东,钢城路南段以西,石漫滩大道以北,铁路以南;中兴社区由原二街中居委会和市场居委会的一部分组成,辖四马路以东,一马路以西,石漫滩大道以北,舞钢路以南;九九山社区由原二街北居委会和三街坊居委会组成,辖四马路以东,一马路以西,舞钢路以北,刘山以南;祥和社区由原二南居委会和市场居委会的一部分组成,辖四马路以东,钢城路南段以西,湖滨路以北,石漫滩大道以南;玄翠苑社区由四街坊居委会和玄翠苑居委会组成,辖小石门河沟以东,四马路以西,湖滨河路以北,铁路以南;湖滨社区即羊角山代管的湖滨小区,位于四马路南段以西,石漫滩大道与湖滨路交叉口以东,湖滨大道以北,石漫滩大道以南;羊角山社区即羊角山居委会(原机修居委会),位于小石门路以西,轧钢路以东,石漫滩大道以北,铁路以南。

院岭街道设白云、兴钢、龙山、工业园4个社区。白云社区即原二招居委会;兴钢社区由原炼钢居委会和轧钢居委会合并而成；龙山社区即原三招居委会，其位置在钢铁公司东北角，与李辉庄相邻；工业园社区由原院岭山的7个居委会组成，辖院窑以东，珠光学校以西，冯庄光沟以南，吴庄以北。

舞钢市2010年行政区划

乡镇(街道)名称	行政村(社区)	村民委员会名称
八台镇	20	杨泉、曹姚、大马庄、安庄、孟庄、王老虎、殷庄、时庄、杨楼、任桥、张宽庄、彦张、大沟李、石桥杨、八台、小唐、下曹、后鲁、泥沟陈、井刘
尚店镇	31	尚店东、尚店西、王庄、顶门、料庄、马庄、李庄、尹楼、杨庄、贾沟、王老庄、朱庄、马岗、三冢郭、温楼、平河、丁庄、金岗、王店东、王店西、李楼、下安、韩洼、大黄庄、小黄庄、红卫、后岗、魏安、下河、大王庄、潘楼
尹集镇	19	清凉寺、谢古洞、李庄、石岗、梁庄、蔡庄、鸡山、连庄、尹集、小王庄、苇子园、楼房湾、姬庄、大刘庄、张庄、康庄、朱洼、埂上、军王
枣林镇	39	辛集、前李、后李、徐庄、洪建、后袁、苗洼、枣林、铁炉王、张卜庄、黄庄、许庄、栗林铺、喜庄、晁张、王楼、韦庄、袁庄、生刘、藕池、老庄、郭庄、安寨、店李、岗郭、邵庄、古铎李、前邢、高庄、张营、直李、苏庄、李堂、吕店、罗庄、张桥、赵庄、马庄、后邢
庙街乡	12	东营、山和庄、刘沟、人头山、曹庄、胡沟、干沟、庙街、大韩庄、冷岗、党庄、郭洼
铁山乡	15	薄冲、水坑赵、冢李、找子营、前张、乔庄、上曹、王大苗、小刘庄、阎楼、营街、中曹、傅庄、韩庄、扁担李
武功乡	22	罗湾、咀头王、草坡、田岗、武功、坡魏、范庄、滚河李、滚河孙、八家刘、后营、大程庄、小柴庄、刁沟、月营、王五、岗王、刘庄、曹集、东曹庄、大李庄、同官李
杨庄乡	21	长岭头、薛庄、红石岗、五座窑、臧坪、叶楼、晁庄、操占、毛庄、建新、岗李、瓦房沟、吴庄、袁老庄、陡沟、龙泉、柏庄、雷庄、水田、袁门、部林
朱兰街道	8	朱兰、园林(社区)、矿业(社区)、光源(社区)、夕阳红(社区)、滨河(社区)、银龙(社区)、和谐(社区)
垭口街道	7	垭口、石门郭、朝阳(社区)、育才(社区)、振兴(社区)、鑫源(社区)、平安(社区)

续表

乡镇名称	行政村（社区）	村民委员会名称
寺坡街道	10	寺坡、龙泉（社区）、大石门（社区）、奋飞（社区）、中兴（社区）、九九山（社区）、祥和（社区）、玄翠苑（社区）、湖滨（社区）、羊角山（社区）
院岭街道	8	冯庄、胡庄、院庄、李辉庄、白云（社区）、兴钢（社区）、龙山（社区）、工业园（社区）
矿建街道	4	张楼、赵案庄、张我庄、矿源（社区）

（冯自军）

人　口

全年人口自然增长率4.12‰，年末户籍人口32.86万人。其中，城镇人口16万人，农村人口16.86万人，城镇化率48.7%。

民族宗教

【民族】　2010年，全市27个民族成分。其中，汉族人口最多，占全市人口总数的99%以上，少数民族2500多人。少数民族中，回族人口最多，有1800多人。还有满族、拉祜族、白族、朝鲜族、苗族、壮族、彝族、蒙古族、哈尼族、土家族、侗族、锡伯族、藏族、佤族、傈僳族、傣族、布朗族、布依族、维吾尔族、高山族、塔塔尔族、独龙族、赫哲族、纳西族等民族成分。全市3个少数民族聚居村（尚店镇尚西村、武功乡妥庄村、找子营村）。民族小学1所（尚店镇回族小学）。2002年9月，河南省人民政府办公厅批准尚店镇尚西村为回族行政村。

【宗教】　全市有伊斯兰教、天主教、基督教、佛教、道教5种宗教。全市共有信教群众5.8万多人。其中，伊斯兰教2000多人，天主教196人，基督教3.3万多人，佛教1.3万多人，道教8000多人。有宗教职业人员123人，其中伊斯兰教阿訇1人，天主教神甫1人，基督教长老4人，传道员78人，僧人、道士18人。全市开放宗教活动场所46处。其中，伊斯兰教清真寺1坊，天主教堂1座，基督教堂38座，佛教3处，道教3处。爱国宗教团体建立有舞钢市基督教“三自”（自治、自传、自养）爱国委员会、舞钢市基督教协会（简称基督教两会）和舞钢市伊斯兰教协会。

（妥献周）

大 事 记

1月

△ 上海虹桥机场2号航站楼主体钢结构封顶,3900吨舞钢高层建筑结构用钢在其关键部位发挥重要作用。这是舞钢钢板撑起“国门”工程——首都机场3号航站楼、昆明新机场航站楼之后,再次应用在国家重点工程。

12日 舞钢公司研制的首批750吨“以轧代锻”特厚钢板下线,经检验,钢板表面质量良好,探伤合格率在99%以上,力学性能指标富余量大,完全能够满足用户使用要求。这标志着舞钢公司又一个填补国内空白的新型产品开发成功。“以轧代锻”是指以代替锻件加工使用为目的开发的一种钢板轧制新工艺。该工艺可缩短终端产品生产周期,且成本远低于锻件,易于实现批量生产。首批“以轧代锻”生产的钢板主要用于交直流电机的轴锻件,要求必须具备优异的表面质量、极高的致密度。

14日 中共舞钢市委经济工作会议召开。会议下发《关于严禁党员领导干部和国家工作人员工作日午间饮酒的暂行规定》、《舞钢市影响机关工作效能行为责任追究办法(试行)》、《舞钢市实施效能革命转变干部作风的意见》。

△ 舞钢公司被中国质量协会授予“全国推行全面质量管理30周年优秀企业”荣誉称号。

△ 舞钢市连续12年被科技部授予“全国科技进步先进市”称号。

15日~17日 舞钢市1689人参加河南省2008级普通高中学业水平考试。这是河南省在基础教育课程改革后,首次举办高中学业水平考试,高中毕业会考将正式退出历史舞台。考试成绩实行等级制,分为A(优秀)、B(良好)、C(及格)、D(不及格)四个等级。考查科目分合格、不合格两个等级。学生学业水平考试成绩不及格者,可参加相应的学科补考。

20日 舞钢市民政部门收到捐款计387917元,衣被483件(图为市爱心超市职工正在整理收到的衣物)。

21日 宋庆龄基金会公益医保舞钢办事处兑现枣林乡洪建村村民高连枝意外伤亡理赔金3万元。这是舞钢公益医保办事处成

立以来发生的第二个意外伤亡案件。首个案件是薛现群办理的4号公益医保,理赔1万元。据了解,宋庆龄基金会公益医保是对社会统筹医保、商业医保和农村合作医疗三大医疗体系的有益补充。

△ 舞钢市2010年新农村合作医疗筹资基本结束。共有20.77万人参合,参合率99.2%,比2009年增加2个百分点。2010年新农合的筹资工作于2009年10月16日开始,其标准由2009年的100元提高到150元。从2010年开始,农民个人缴费标准增加到每人每年30元,财政补助标准提高到120元。其中,中央财政60元,地方财政60元。农村地区五保户、低保对象等困难农民由医疗救助资金资助其参合。外出务工农民的个人参合费用收缴时间可延长到春节前后。另外,新农村大病救助最高封顶线也由2009年的3万元提高到8万元。2009年,全市有20.54万名农民自愿参加新农合,筹资2115.48万元。全年有16.12万人次享受新农合补偿。其中,住院受益1.35万人,门诊受益14.77万人。农村合作医疗共支出基金1845.46万元,住院基金支出占总住院基金的95.7%,基金运行平稳。

22日~24日 中国人民政治协商会议舞钢市八届四次会议召开。会议通过关于市政协八届四次会议提案初审情况的报告,通过市政协八届四次会议关于常委会工作报告的决议,通过市政协八届四次会议关于常委会提案工作报告的决议,通过市政协八届四次会议政治决议。

23日~25日 舞钢市第八届人民代表大会第四次会议召开。会议通过市八届人大四次会议关于《政府工作报告》的决议、关于舞钢市2009年国民经济和社会发展计划执行情况与2010年国民经济和社会发展计划的决议、关于舞钢市2009年财政预算执行情况和2010年财政预算的决议、关于《舞钢市人民代表大会常务委员会工作报告》的决议、关于《舞钢市人民法院工作报告》的决议、关于《舞钢市人民检察院工作报告》的决议。

30日 尚店镇南水北调移民新村学校开工。该校总投资200万元,占地0.8公顷,盖小学和幼儿园教学楼2栋,可容纳200名小学生和100名幼儿。

2月

4日 舞钢市关爱女孩"暖冬行"帮扶金发放仪式举行,向50名女童发放帮扶金1.5万元。

6日 舞钢市渔政部门为进一步净化水库,把从湖南醴陵市鲴鱼原种场购进的细鳞斜颌鲴和黄尾密鲴各50万尾投放石漫滩水库。细鳞斜领鲴又名"沙姑子",属鲤科,以水底腐殖质、碎屑和藻类为主要食物;黄尾密鲴又名"黄姑子",属鲤科,喜爱藻类、人畜粪便和各种饲料残渣,二者均属于淡水鱼塘(水库)的"清道夫",是清除水库蓝藻的"生力军"。此前已投放350余万尾白鲢、花鲢等(如图)。

△ 2010年种粮财政补贴开始发放,舞钢市补贴资金2095.35万元,面积1.75万公

顷。其中。农资综合补贴的标准为1000.8元/公顷,共补贴1751.49万元;粮食直补196.5元/公顷,共343.9万元。

8日 平顶山市文物局文物工作队在舞阳矿业公司朱兰河东小区建设工地发掘出汉墓1座,汉代灰沟、灰坑和汉窑遗址各1处。出土汉代及宋代的瓷碗、盏、盘、碟等10余件,另有1个梳头用的骨篦。

△ 中国第一高楼——“上海中心”大厦与舞钢销售分公司签订首批钢板供货合同300吨,用于大厦钢结构制作。“上海中心”大厦总高度632米、127层,主体建筑结构高度580米,总建筑面积57.6万平方米,总投资148亿元人民币。“上海中心”呈螺旋造型,象征着中国和谐的文化精神,体现中国和世界的连接;内部则由9个圆柱形建筑彼此叠加构成;大厦内、外立面间形成的“空中中庭”将为人们提供聚会场所。

△ 春节前,舞钢市强制拆除16处违规建设的楼房和民房。其中有寺坡村刘某违法建筑的批三层建九层楼房。

3月

5日 全市迎接国家卫生城市考核验收动员大会召开。

7日 河南省副省长刘满仓,省南水北调办主任、政府移民办主任王树山,省南水北调办副主任王小平在平顶山市副市厅级干部王天顺的陪同下到舞钢市察看移民新村建设情况。

11日 舞钢市政府与建业住宅集团(中国)有限公司战略合作协议签约仪式在北京河南大厦举行。河南省旅游局局长苏福功,平顶山市委书记赵顷霖,建业集团董事长胡葆森,平顶山市委常委、市委秘书长张遂兴,副市长郑茂杰,建业集团总裁陈建业和舞钢市领导高永华、陈建中、甘栓柱、耿西岭、尚德山等出席签约仪式。

△ 舞钢市境内的楚长城遗址被河南省文物局确定为2009年河南省五大考古新发现之一。

△ “通平路”更名为“铁山大道”(图为工作人员在更改标志牌)。

△ 河南省政府公布了“2010年度省重点服务企业”名单,舞钢公司榜上有名。

19日 枣林撤乡建镇获河南省批复。

23日 环保部环评司司长祝兴祥一行4人视察舞钢公司新建项目环保“三同时”执行情况。“三同时”是指新建、改建、扩建项目和技术改造项目以及区域性开展建设项目的污染治理设施必须与主体工程同时设计、同时施工、同时投产。是国家严格控制新污染源的一项管理制度。

△ 上海世博会标志性建筑“东方之冠”关键部位使用“舞钢”牌钢板2500余吨。截至3月,舞钢公司累计向上海世博中心及世博会配套工程虹桥机场、虹桥火车站等供应钢板2万余吨。

△ 舞钢市获“全国白内障无障碍市”称号。舞钢市自2003年开始对贫困白内障患者每例补助300元~500元,做白内障复明手术2293例,其中,手术费用实行差额补贴的800例。2007年开展争创“全国白内障

无障碍市”活动，对白内障患者实行手术费全免，复明手术费全免1493例，累计支付白内障手术费用10万元。

27日　一艘大型全自动水面收割船在石漫滩水库首次下水，当天打捞水面漂浮物200余吨。该船长16米，宽5米，每小时可打捞水面漂浮物20吨～30吨（如图）。

30日　舞钢市政府机构改革动员会召开。此次改革全市撤并部门7个，新组建部门4个，更名1个，调整后的市政府工作部门24个，另设挂牌机构3个，部门管理机构1个，议事协调机构1个。

4月

△　舞钢市民政局婚姻登记处获“全国婚姻登记规范化单位”称号。

8日　中国摄影界“问鼎中原——春之旅”活动在舞钢市拉开帷幕。全国政协委员、中国运载火箭技术研究院党委书记、中国亚太移动通信卫星有限公司董事长梁小虹，上海市摄影家协会常务副主席兼秘书长王榕屏，新华社《摄影世界》杂志社总编辑李根兴，省摄影家协会副主席、第八届中国金像奖获得者李刚等10多位在国内享有盛誉的摄影名家参与，并向舞钢市摄影爱好者传经送宝。

△　团市委和舞钢市农行实施农村青年创业小额贷款项目。年龄在45周岁以下，具有完全民事行为能力，遵纪守法，诚实守信，无不良信用记录，有创业愿望和一定基础的广大农村青年及大学生村干部，可自愿向所在乡镇、街道团委申报贷款。团市委和乡镇、街道团委对申请项目和拟贷款青年进行初步调查了解，择优向农行推荐。符合条件的，农行可办理贷款手续。此项贷款额度起点为3000元，一般不超过5万元。获得省级（含）以上荣誉者，额度可扩大到30万元。贷款期限一般为3年以内，最长不超过5年，利率按人民银行规定的现行基准利率上浮40%执行。

△　舞钢公司生产的厚度为275毫米、288毫米两种规格的大厚度抗层状撕裂性能钢板，应用于国内外超大球磨机关键部位——法兰。舞钢公司与该设备的制造厂签订200余吨供货合同。

△　为迎接创卫国验，钢城路胡寨转盘至朱兰桥段升级改造为中间绿化带，两侧行车道（图为铺设柏油）。

19日　由最高人民检察院影视中心制作的电影专题片《远山的呼唤》在舞钢市检察院正式开拍。该剧是反映舞钢市检察机关工作形象的宣传专题片，此类专题片在全国检察机关尚属首个。

22日 舞钢市社会各界为青海省玉树地震灾区献爱心(图为市实验幼儿园的小朋友将积攒的零用钱投入捐款箱)。

29日 由中国民间文艺家协会、河南省文联、平顶山市人民政府共同主办,河南省民间文艺家协会、舞钢市人民政府共同承办的"中国·舞钢冶铁文化节"在寺坡体育场开幕。全国政协副主席陈宗兴、提案委常务副主任王国卿,全国政协常委、农工党河南省委会主委高体健,农工党中央参政议政部部长隋路,中国民间文艺家协会分党组书记罗杨、中国民协副秘书长赵铁信等出席开幕式 。省政协副主席邓永俭,省人大和省政协、农工党河南省委、省委宣传部、省文联、省民协等有关部门领导李满圈、王汉英、杨利霞、赵鹏、李庚香、汪新华、何白鸥、夏挽群、程健君,及平顶山市领导李恩东、冯昕、薛新生、裴建中、段玉良、邢文杰、张遂兴、段君海、唐飞、于培洪、肖来福、崔建平、李建华、祝义方、尹世祥,平顶山市委原书记段松会,驻马店市委常委、市委秘书长武国定也出席了开幕式。出席开幕式的还有上三级新闻媒体的有关领导和记者、长期以来关心支持舞钢建设的各级领导和社会各界朋友,舞钢市四大班子领导、各单位负责人和干部群众代表7000多人。

省政协主席王全书为开幕式题词:"楚汉冶铁重地,现代钢城明珠。"开幕式由市委副书记陈建中主持。市委副书记、市长白立凡致欢迎词。平顶山市市长李恩东致辞。罗杨代表中国民协发表讲话。省政协副主席邓永俭受省委书记卢展工、省长郭庚茂、省政协主席王全书委托,向前来参加冶铁文化节的全国政协副主席陈宗兴、全国政协提案委员会和中国民间文艺家协会的领导表示热烈的欢迎和衷心的感谢!赵铁信宣读中国民协《关于命名河南省舞钢市为"中国冶铁文化之都"并建立"中国冶铁铸剑文化研究中心"的决定》。市委常委、副市长甘栓柱代表舞钢市上台接受中国民协分党组书记罗杨颁发的"中国冶铁文化之都"匾牌;市委常委、宣传部部长武宝玲代表舞钢市上台接受省文联副主席何白鸥为舞钢市颁发的"中国冶铁铸剑文化研究中心"匾牌。20时10分,在热烈的气氛中,全国政协副主席陈宗兴宣布:"中国·舞钢冶铁文化节开幕!"

开幕式后,与会领导和嘉宾兴致勃勃地观看精彩的文艺演出。晚会在极具东方文化色彩的舞蹈——《舞钢欢歌》中拉开大幕。CCTV青歌赛优秀歌手艾文君用一曲互动的《康定情歌》将晚会推向第一个高潮。国家一级演员孙丽英首唱舞钢市董爱梅作词、高楼梁作曲的《舞钢吉祥》,引发观众阵阵欢呼。从平顶山走出去的著名相声演员范军演唱的《月亮代表我的心》时而深情款款,时而改成豫剧、越调混合,将晚会推向第二个高潮。国家一级演员杨九红一口气演唱《我的祖国》、《眷恋》、《江山》3首歌曲,现场不时响起热烈掌声。著名歌手蔡国庆不输女魁,也深情奉献《爱的世界》、《不能没有你》、《三百六十五个祝福》3首歌曲。王迪等表演的《千手观音》以精妙绝伦的观感,让看者赞叹不已。著名笑星郭达表演的《某男某女》、《卖大米》将晚会推向又一个高潮。宝刀不老的著名男中音歌唱家杨洪基演唱的《滚滚长江东逝水》、《我和我的祖国》令观众叫好连连。最后压轴的是著名歌唱家董文华。她演唱《今天是你的生日，中国》等2首经典歌曲之后，又与银龙集团董事长鲁耀宏合唱她的代表作《十五的月亮》，将现场气氛推向更大的高潮。晚会在董文华的另一代表作品《春天的故事》中落幕。晚会采取现场直播的方式，使很多场外观众能在广场大屏幕前或家中电视上即时收看。

△ 平顶山市政府对辖区内的7个A级景区和取得工商营业执照、旅游基础设施、安保设施和管理到位的12个景区，采用"错峰"模式，自4月1日～30日实行循环免门票开放。舞钢市参与"错峰"的有二郎山、灯台架和祥龙谷3个景区，每个景区有4天免费时间。其中，二郎山、灯台架2个景区的免费时间为4月4日、7日、14日、15日，祥龙谷景区的免费时间为4月10日、19日、20日、21日。"五一"期间，地市级以上劳模、优秀教师、人大代表、政协委员凭有效证件免门票；60至69岁老人凭身份证享受门票半价优惠，70岁以上老人凭身份证免门票；境外游客凭护照免门票。

△ 舞钢市交通管理部门在尹集镇、杨庄乡收缴销毁手划船298条（如图）。

△ 舞钢公司在哈电集团组织的核电用钢竞标会上击败日本的新日铁、德国的迪林根等5家知名企业，赢得订单1600吨。

△ 八台村委和八台镇妇联组织"夕阳红演唱队"为镇敬老院的老人演出（如图）。

5月

△ 舞钢市政府拿出100多万元，为全市10所乡镇卫生院分别配发一辆救护车（如图）。

6日 农业机械购置补贴开始发放。2010年中央安排给舞钢市农机购置补贴首批资金210万元，其中用于玉米收获机械补贴90万元，确保全市2010年玉米机收率达60%。烟草机械的补贴资金单列，截止期限均为6月底。补贴标准是：使用中央和省级资金补贴率不超过机具价格的30%，单机补贴额最高不超过5万元。100马力以上的大型拖拉机、高性能青饲料收获机、大型免耕播种机补贴限额提高到12万元,200马力以上拖拉机单机补贴额提高到20万元。舞钢市买农机补贴资金:多功能灭茬插秧机1200元,补贴400元;自走式玉米收获机14.19万元,补贴4.3万元;TD900拖拉机8.23万元,补贴3万元。至目前,已完成购机补贴资金111万元,获得补贴的各类农机具120台套。

7日 国务院南水北调办公室主任张基尧、副主任张野等到舞钢市视察南水北调丹江口库区移民安置工作。河南省副省长刘满仓,省长助理何东成,省政府副秘书长何平,省南水北调、移民办主任王树山和平顶山市委书记赵顷霖,市委常委、秘书长张遂兴,副市长王富兴,市委常委、市政府党组成员王天顺和舞钢市委书记高永华、市长白立凡陪同(如图)。

△ 灯台架景区升级改造完工。开发自然、人文景观138处,古迹36处,有天池大瀑布、原生态悬崖栈道、滑道、绝壁回廊、天桥、天井、观景台、青檀大峡谷、原始海底等,开发面积96平方千米;建成仿石大山门、游客服务中心、医疗室、治安室等配套工程;开发特色游步道5千米,硬化景区道路4.5千米;建停车场2处,面积1万多平方米;设置仿生态石桌、石凳2800个,仿生态垃圾筒260个,各种高档次木质标志牌86块;建成四星级公厕1所,三星级公厕3所;发展农家宾馆近20家,能一次性容纳800人住宿,3000人同时就餐。

24日 舞钢市个体医协为100多名个体医生发放出诊箱(如图)。

△ 舞钢公司连铸生产的装甲钢通过国家鉴定。这标志着舞钢公司10余年来的模铸生产装甲钢的生产模式,成功实现以连铸模式为主的转变。

△ 舞钢市城乡低保补差标准上调。城市低保对象人均月补差由131.8元提高到148元;农村低保对象人均月补差由53元提高到62.26元。

△ 舞钢市政府报省教育厅批准,2010年招聘省农村特岗教师50名。其中,初中20名,小学30名。5月31日~6月9日报名。

6月

△ 舞钢市林业局高级工程师万少侠发明的“阻杀林木害虫草履蚧的装置”技术获国家专利。

9日 在祥龙谷景区,舞钢市——遂平县区域旅游资源整合座谈会召开。就联合打造区域旅游品牌、实现宣传促销一体化进行研究。

△ 2010年舞钢市麦播面积1.54万公顷,品种有周麦22、矮抗58、豫麦49198、郑麦366、漯丹8号、丰5981等。由于生长中后期光照不足,长时间低温,致使全市今年麦收比往年推迟了一周左右(图为部分山区率先收割)。

△ 舞钢公司为一船舶公司生产的5400吨高强度船板交货。这批钢板将用于制造世界最大吨位的散货船,新巨轮将达40万吨级。

△ 2010年,舞钢市仍执行小麦最低收购价,三级白麦由去年的1市斤0.87元提高到0.9元,混、红小麦由去年的1市斤0.83元提高到0.86元。收购等级标准分硬质白小麦、软质白小麦、硬质红小麦、软质红小麦、混合麦五大类。

14日~15日 舞钢市举办第十届端午节龙舟赛。建设局、城管局、林业局分获男子组500米前三名,舞钢公司、交通局、中加矿业分获女子组500米前三名,政府办、中加矿业、舞钢公司分获混合组500米前三名,建设局、城管局、林业局分获男子1000米前三名,舞钢公司、交通局、中加矿业分获女子1000米前三名,舞钢公司混合一队、建设局、舞钢公司混合二队分获混合组1000米前三名。

24日 舞钢市政府与河南省农信社平顶山市办公室举行改革与发展合作签约仪式。主要内容为平顶山市农信办在3年内向舞钢市发放不少于60亿元的信贷资金,为舞钢"三农"及县域农业产业化龙头企业和重点项目、重点企业解决发展资金紧缺问题,提供一揽子金融服务,为全市农村信用社运行机制与现代金融企业制度接轨进行探索。

△ 二郎山景区被评为河南省"服务标准化示范单位",成为继云台山之后,全省第二家获此殊荣的景区。

7月

1日 舞钢市最低工资标准从原来的550元调整为800元,小时最低工资标准从原来的7.5元调整为9元。月最低工资不包括职工个人缴纳的各种社会保险金和住房公积金,即用人单位扣代缴职工个人各项社会保险金和住房公积金后,支付给劳动者的工资不低于当地月工资标准。

同日 舞钢市按期纳税的个体经营者营业税起征点由原来的3000元调高到5000元。此次个体营业税起征点调整是经省政府批准、由省地税局确定的标准,旨在激发全民创业热情,鼓励个体经济发展,推动城乡就业。它的调整虽然会对当前税收有一定影响,但从长远看将对经营规模较小特别是对下岗再就业、自谋职业、返乡农民工创业、待业大学生及处于起步阶段的小规模个体工商户有很大帮助。

△ 舞钢市农电总站将原来的26台100千伏安的变压器换成200千伏安的变压器。

△ 舞钢市枣林镇前李村女青年朱丽平创作的《哺》和枣林镇洪建村农民王富民创作的《泉》两幅画入选"农民画时代"全国首届农民绘画展。这次画展有400幅农民画入

选。

5日~6日　舞钢市首次采用飞机洒药方式杀灭森林害虫(图为直升机在石漫滩国有林场起降)。

21日　省委巡视组进驻舞钢市,开展为期20天的巡视监督工作。

26日　舞钢市蔬菜办发放“绿色通行证”。凡装载蔬菜、水果、生猪(牛、羊)肉、鸡蛋、豆制品、水产品等“菜篮子”鲜活农产品的车辆,只要持“绿色通行证”,在平顶山辖区内行驶不受禁行时间限制;在驾驶员留守车辆、并不造成交通堵塞的情况下,可在邻近市场、商场(超市)的路边(非主要交通干道)临时停车卸货。在平顶山辖区正常行驶中,交警部门不得随意拦停检查,确需检查的,快速查验后立即放行;若运输车辆出现违章情况,公安部门不扣证、不扣车、不卸货,开具行政处罚单后即可放行,待货物运输完毕再进行处罚。对装载“菜篮子”鲜活商品车辆,实施优先通行。

28日　舞钢市2009年度人口和计划生育工作奖惩大会召开。各乡镇、街道及市直部分单位负责人向市长白立凡递交《人口和计划生育工作目标管理责任书》。会议对12个计划生育工作先进乡镇、街道,49个计划生育工作先进单位,29个先进委局,28个计划生育协会工作先进单位给予通报表彰;对14个落后单位给予通报批评;对5个落后单位黄牌警告;对2个单位给予一票否决。

△　损毁严重的李辉庄转盘西马鞍山大道拓宽、修复工程正在进行。该工程投资300多万元,全长560米,路面拓宽至16米,为双向4车道(如图)。

8月

9日　舞钢市第四届计划生育家庭光荣节庆祝大会举行。市委、市政府拿出520.46万元表彰奖励和帮扶全市11类计生家庭。分别是:优先入住计生康乐家园的现无子女及独女计生奖扶家庭老人、今年考取大学的计生家庭子女、今年考入普通高中的计生家庭子女、主动退回二胎指标的计生家庭、自愿及时落实绝育措施的计生家庭、奖励扶助家庭对象、计划生育困难家庭、奖励扶助对象、特别扶助对象、独生子女父母奖励费发放对象、计生家庭农合补助对象。2007年起,舞钢市把每年的8月10日定为计划生育光荣节。每年都举行庆祝大会,目前已举行4届,累计投入资金1500多万元,4万多个计生家庭得到实实在在的好处。

同日　夜间23时50分左右,叶舞高速第六标段杨庄乡五座窑村平岭段后山发生大面积山体滑坡，平岭村民组10户中6户房屋严重倒塌，4户房屋成为危房；叶舞高速平岭路段路基全部被淹没。事故无人员伤亡。

15日 北京市文物局博物馆处调研员哈俊一行到舞钢公司调研。详细了解舞钢“中国第一、世界唯一”的奥运“鸟巢”用钢Q460E－Z35研发、诞生过程，并将此作为拟展陈项目，永存于即将建造的北京奥运博物馆。

18日 南水北调工程丹江口库区移民入住。8月17日～18日，舞钢市组织46辆客车、231辆货车、50辆工勤车、700名工作人员赴淅川县盛湾镇姚营村，帮助该村移民330户1419人搬迁至舞钢市尚店镇瑞祥社区移民新村。

18日～25日 舞钢市上空持续受负高外围云系影响，出现阴天、阵雨天气，最高气温也由炎热的30多摄氏度降至17摄氏度至20摄氏度。至25日，各乡镇累计降水量均在100毫米左右。其中八台镇降水量最大，达到199.4毫米。受灾秋作物约6733.3公顷。其中，倒伏2666.7公顷，内涝4000公顷。

9月

△ 舞钢公司寺坡居民生活用水和厂区用水由深井水置换为地表水工程施工。

△ 叶舞高速公路平岭塌方滑坡段改建抗滑明洞。该方案抗滑明洞全长460米，按连拱明洞设计，洞门采用端墙式洞门，设计限界净宽11.5米，限界净高5米，双向4车道，设计车速每小时100千米。明洞需要混凝土约4.5万吨，钢筋约4147吨，初步估算工程造价约8883万元。明洞计划于12月10日完成。

5日～10日 舞钢市降水量119.6毫米。7日，八台、庙街两乡镇降暴雨，降水量110.8毫米。八台镇6天总降水量252.5毫米。据市民政部门统计，这次降雨过程全市受灾人口4.5万人，秋作物受灾面积5000公顷，成灾面积4000公顷，绝收60公顷。农村塌房户63户143间，其中需政府救助的58户130间。2009年国家对政府应救助的农户，对房屋倒塌需重建的，平均每个农户补助1万元，省补5000元，地方和县市各补1000元，每个建房农户共补助1.7万元。

8日 中国体育彩票超级大乐透第10105期开奖，全国共开出3注一等奖，奖金各616万元，其中舞钢市朱兰街道体彩07905网点中得一注。舞钢市中奖彩票是一张“9＋2”复式票，投注金额252元。除中得一等奖616万元，这位幸运彩民还中20注四等奖，共计6万元。

19日 舞钢市第一座两型一化（资源节约型、环境友好型、工业化）变电站——110千伏柳源变电站（原名龙山变电站）竣工投运。

30日晚 河南省第十届“舞钢水灯节”开幕。省长助理卢大伟、平顶山市委书记赵顷霖，平顶山市人大常委会主任薛新生，平顶山市政协主席裴建中，省旅游局副局长倪豫州，平顶山市委常委、常务副市长邢文杰，平顶山市委常委、秘书长张遂兴，平顶山市委常委、副市长王丽，平顶山市委常委、宣传部长唐飞，平顶山市人大副主任肖来福、王金山等参加开幕式。舞钢市水灯节自本届始升格，由河南省旅游局、平顶山市委、平顶山人民政府主办，平顶山市旅游局、舞钢市委、舞钢市人民政府承办。

10月

5日 舞钢市举行原人大常委会主任杜

乔祥遗体告别仪式。杜乔祥同志,1940年1月出生于河南省新野县沙郾镇响水滩村。1961年新野一中毕业。1964年8月南阳农业专科学校毕业,到河南省农业厅畜牧兽医站工作。1968年11月至1969年12月,在河南省黄河"五七"干校劳动。1970年1月至1972年8月,在西华县城关公社北门大队劳动。1972年7月加入中国共产党。1972年8月至1974年7月,在周口地区农林水牧局畜牧科工作。1974年7月至1978年7月,任舞阳工区郊区农牧农机局畜牧股副股长兼畜牧兽医工作站副站长、党组书记。1978年8月至1982年4月,历任舞钢区农业局畜牧科副科长、科长、副局长、局长和党组书记。1982年授予畜牧兽医师。1984年5月至1988年3月,任舞钢区人民政府副区长。1988年4月至1989年2月,任中共舞钢区委副书记、代理区长。1989年3月至1990年10月任区长。1990年11月至1993年1月,任中共舞钢市委副书记、市人民政府市长。是平顶山市第三、第五、第六届和舞钢市第一、第二、第三、第四、第五、第六届人民代表大会代表。1993年2月至1998年3月,任舞钢市第五届人民代表大会常务委员会主任。同年3月,在平顶山市五届人大五次会议上,当选为河南省第八届人民代表大会代表。

△　《舞动钢城——舞钢市推进城乡一体打造中原明珠的探索与思考》一书出版。该书由市委书记高永华任编委主任,市长白立凡、市委副书记陈建中任编委副主任,市委常委、市委办公室主任耿西岭任主编。全书分为战略与决策、实践与探索、展望与思考、活动与成果4个部分,录入稿件125篇,44.4万字。

10日中午12时　舞钢市职工医院门口污水管网改造工程工地发生塌方事故,3名正在地下作业的民工被埋。舞钢市消防大队官兵接警后第一时间赶赴现场,成功救出3名被困民工。

12日　2010胡润百富榜在北京发布,舞钢市中加集团的李刚家族以26亿元名列第543位,再登富榜。

13日　舞钢市经济适用住房启用入住仪式在朱兰"安居苑"小区举行,434户住房困难户喜圆住房梦。

16日　移民新村丹江湖开工。为给丹江口人留下纪念,舞钢市决定建设该湖,并按照淅川丹江的形状设计,面积1.8公顷,投资96万元。湖的四周有奇石和3个亭子及古式廊道。工程预计11月底完工。

24日　民政部、卫生部、中国残联在江西省九江市星子县举行全国残疾人社区康复示范县(市)授牌仪式。舞钢市获"全国残疾人社区康复示范市"称号。

26日　舞钢市产业集聚区综合服务中心、产业集聚区二期路网建设、诚祥机械设备有限公司、金马钢铁加工物流配送交易中心4个项目同时开工(如图)。

11月

1日　第六次全国人口普查正式登记工作全面展开。全市2000多名普查员佩戴证件深入千家万户,开展人口登记工作。正式登记到本月10日结束,整个普查工作预计持续到2011年上半年。

△ 叶舞高速土建六标滑坡明隧工程加紧施工。自9月16日开建以来,人员和设备24小时不停作业(如图)。

3日~4日 受国家爱卫会委托,省爱卫办考核组对舞钢市创建国家卫生城市技术评估反馈意见整改情况进行考核。

11日 舞钢市供电局首批1028台专用和公用配电变压器远程抄表系统安装和改造工程全部竣工,87%上线运行。

同日 平桐线八台超限超载检测站投入运行。

15日 在广州亚运会上舞钢籍运动员李雪英获女子举重58公斤级冠军。舞钢市奖励其1万元。

26日 舞钢市首批经济适用房二期工程开工,共2栋楼,均为11层电梯式小高层,160户。

12月

3日 美国轮椅基金会和中国基督教协会向50名舞钢市残疾人捐赠轮椅。

△ 枣林镇、尹集镇张庄村、武功乡草坡村和朱兰街道滨河社区分别获首批"全国妇联基层组织建设示范镇"、"全国妇联基层组织建设示范村(社区)"称号。

△ 2010年,舞钢市发放中央农机购置补贴资金355万元,上半年补贴210万元,下半年补贴145万元。补贴各类农机具385台。其中,拖拉机127台,玉米收获机20台,播种机117台,秸秆还田机49台,旋耕机54台,深耕犁5台,其他机械13台。

△ 舞钢市作家吴庆安的故事集《牛舍琐话》出版发行。该书由中国文联出版社出版,大32开本,463页、35万字,160篇作品,体裁为小小说和新故事。作品选材大多为乡村题材。

△ 舞钢市城管执法局使用摄像装备对执法过程进行全程录像,这一做法有助于城管执法人员在执法过程中保留证据。

△ 河南省工商联发布"中原最具投资价值县市区"名单,舞钢市名列其中,全省共41个。

△ 舞钢市新农合信息化建设平台与郑州市中医院、人民医院、武警医院、胸科医院签订新农合跨区直补协议,舞钢市参合农民到以上4家医院看病可直接报销。

△ 舞钢市油坊山、袁门、任洞沟、红卫、水磨湾等5座水库除险加固工程通过省水利厅验收。这5座水库除险加固工程都是大坝迎水坡护砌、大坝坝体灌浆、大坝外坡排水沟整修和管理设施建设,总投资近3000万元。其中油坊山水库投资最多,达1178万元。

△ 舞钢市政法转移支付资金全部拨付到位,共1029万元。其中,办案经费467万元,业务装备经费562万元。

△ 2010年舞钢市粮食总产量14.72万吨,同比增长2.9%。其中,夏粮产量7.8万吨,同比增长1.3%;秋粮产量6.92万吨,同比增长4.8%。

△ 舞钢市旅游局认定柏子龙泉宝剑、龙渊宝剑、龙泉古剑、钢泉酒、天成鸽蛋、天成乳鸽、“石漫滩”牌山野菜、“石漫滩”牌食用菌、“五峰山”牌老粗布、妖妖之陶手工艺品等10种商品为首批旅游推荐商品。

△ 舞钢市目前有16位百岁老人,与5年前相比增加8人。年龄最大的是武功乡岗王村的王新安和范庄村的王三妮,皆106岁。市民政部门为每位百岁老人建立档案,每月补助100元。

26日 河南省交通厅、平顶山市政府隆重举行焦桐高速叶县至舞钢段、永登高速任庄至小新庄段、大广高速冀豫界至南乐段项目建成通车暨全省高速公路通车里程突破5000千米庆典。张大卫、赵顷霖、李和平、陈建生、李恩东、鲁玉、宋丽英、王晓共、刘长青、郭玮、赵茂轩、郭风春、范跃武、马健、吕彩霞、曾昭宝、张遂兴、刘金志、董志厚、王金山、黄祥利等省、平顶山市领导出席仪式。

石漫滩喷泉广场

组织机构

（截至2010年12月31日）

中共舞钢市第六届委员会

书　记　高永华
副书记　白立凡
　　　　陈建中
常　委　甘栓柱
　　　　仝红伟
　　　　耿西岭（2010.12离）
　　　　康玉春
　　　　武宝玲（女）
　　　　王　勇（2010.6离）
　　　　高　杰（2010.12离）
　　　　李国顺
　　　　孙希德
　　　　温道军
　　　　郭志勇（2010.6任）
　　　　孙书申（2010.12任）
正县级干部
　　　　李辰有　王全水

（一）工作部门

市委办公室
主　任　耿西岭（2010.12离）
　　　　孙书申（2010.12任）
副主任　马跃宇
　　　　院少华（兼）
　　　　刘保全　梁建华
综合科科长　（空）
秘书科科长　（空）
文电科科长　刘永健
信息科科长　陈文超（2010.1任）
保卫科科长　王水亮
机关服务中心主任　张　炜（2010.1任）

市委督察室
主　　　任　卜蕴杰
正科级督察员　张　异（女）
　　　　　　　王海松

市委政研室
主　任　陈会杰
副主任　刘　涛（2010.1任）

机要保密局
局　长　杨彩莲（女）
副局长　马晓宏
副主任科员　刘迎涛

目标办
主　任　王双岭
副主任　潘德甫

市委组织部
部　长　康玉春
副部长　李炳志
　　　　于国峰
　　　　刘培红（女）
正科级组织员、干部调配监督科科长
　　　　董晓辉（2010.9离）

正科级组织员、办公室主任 郭志刚
市直干部科科长 潘 涛(2010.1任,女)
组织科科长 张辉程(2010.1任)
副主任科员 韩松怀(2010.1任)
副科级组织员 张天翼(2010.9任)

知识分子工作办公室

主 任 刘宏迎
副主任 侯颜红(女)

电教中心

主 任 廉兰凤(女)
副主任 刘振江(2010.1离)
刘志军(2010.1任)

非公有制经济党建办公室

主 任 常文河

大学生村干部管理办公室

主 任 李俊丽(女)
副主任 刘 军

市委宣传部

部 长 武宝玲(女)
副部长 段书晓
张松海(兼)
李国典(2010.3任)
陈春龙
任彦国
正科级宣传员 王平英(女)
办公室主任 (空)
外宣办主任 任彦国(兼)
新闻科科长 刘海军(2010.1任)
理论教育科科长 杨 明(2010.1任)
党员教育科科长 王平英(2010.1离,女)
刘素慧(2010.1任,女)

文明建设指导委员会办公室

主 任 张松海
副主任 王宇杰

新华书店

经 理 侯宏兵
党支部书记 张月霞(女)

市委统战部

部 长 孙希德
副部长 赵金宝(兼)
赵举安(2010.6离)
李国选
办公室主任 庞子轶(2010.1任)
理论宣传科科长 张根生(2010.1离)

侨台胞联谊会

会 长 付建喜

市委台湾工作办公室、市政府台湾事务办公室

主 任 张东方

市委政法委

书 记 李国顺
副书记 陈国伟
魏世豪
张晓东
政治部主任 赵红文(2010.1任)
办公室主任 马国辉(2010.1离)
稳定工作办公室主任 张晓东(兼)
副主任 时云鹤(2010.1任,女)
协调督察科科长 邢士鲜
纪检室主任 李 健(女)

综合治理办公室

主 任 苗献学
副主任 谭秀珍(2010.1任,女)
马国辉(2010.1任)

处理邪教问题办公室

主 任 张书亭
副主任 徐秋平(2010.11离,女)

段永杰

市委群众工作部

部　长　陈云洲

副部长　高平珍（女）

崔盘营

雷　娟（女）

信访局

局　长　高平珍（女）

书　记　陈云洲

副局长　胡　瑜（2010.1离）

王　涛（2010.1任）

纪检组长　张　举（2010.1离）

刘彦新（2010.1任）

副主任科员　陈华锋（2010.1任）

编办

主　任　刘丽娟（女）

副主任　王同洋

事业单位登记管理局

局　长　王同洋

（二）派出机构

市直机关工作委员会

书　记　杨富安

副书记　余亚磊（2010.1任）

纪工委书记　冯喜春（女）

（三）部门管理机构

老干部局

局　长　李景林

副局长　王继红（女）

老干部大学副校长　曹渭东

老干部活动中心主任

张继红（2010.1任，女）

干休所所长　张继红（2010.1离，女）

务　变（2010.1任，女）

老促会办公室主任　王新建（2010.1任）

关工委办公室主任　张　杰（2010.1任，女）

（四）直属事业单位

市委党校

校长　陈建中（兼）

常务副校长　陈宏伟

副校长　李德红（2010.1任）

主任科员　张慧敏（女）

教务处主任　李德红（2010.1离）

梅世闻（2010.1任，女）

（五）部门领导的事业单位

党史研究室

主　任　闫国臣

副主任　沈　平（女）

副科级干部　张志桂（2010.1任，女）

市委信息中心

主　任　王献功

总　编　高冠军

副主任　郭自强

中共舞钢市纪律检查委员会

书　记　仝红伟

副书记　郭贵兴（2010.9离）

陈建国（2010.9离）

钱德民（2010.9任）

郭继东（2010.9任）

常　委　仝红伟　钱德民

郭继东　王世彬

办公室主任　朱　毅
纪检监察室主任　徐德甫
案件审理室主任　(空)
宣传教育室主任
肖艳丽(2010.1任,女)
信访室主任　(空)
案件管理室主任　刘　芳(女)
农村基层党风廉政建设室主任
郭小红(2010.1任,女)

优化经济发展环境办公室

主　任　任书杰

舞钢市八届人大常务委员会

主　任　杨　森
副主任　尚德山　王培朝　张瑞民
唐巍巍　腾　毅
党组成员　吕耀亭(2010. 11退休)
马留妮
于奇峰(2010. 9任)

办公室

主　任　高合峰
副主任　王枫林(2010.1任)
主任科员　李明杰
副科级干部　刘俊伟(2010.1任)
信访科副科长　蔡东慧(女)
机关服务中心主任　殷清文
老干部科科长　王慧芳(女)

财政经济工作委员会

主　任　郭新宏(女)

法制工作委员会

主　任　贾文韬

人事任免代表联络工作委员会

主　任　曹治中

农村工作委员会

主　任　王增新
主任科员　李明杰

教育科学文化卫生工作委员会

主　任　柯新民

舞钢市人民政府

市　长　白立凡
副市长　甘栓柱　高　杰(2010.12离)
温道军　张哈生(2010.12离)
冀聚良(2010. 7离)　李丰源
李素清(2010.12离,女)
世利平(2010. 12任)
闫广甫(2010.12任)
王冬梅(2010.12任)
市长助理　世利平(2010. 12离)
全占军
党组成员　杨书山　刘吉功　陈金甫
王海彦　刘林山
张宏伟(2010.9任)
谢炎涛(2010.9任)
陈建政(2010.9任)

(一)组成部门

政府办公室

主　任　李国民
副主任　王志惠(兼,2010.10离)
任宏伟(2010.10任,兼)
何凯成(兼)
高丽鹏(兼,2010.3离)
黄春芳(兼)
高国政(兼,2010.10离)
秘书科科长　熊志云(2010.1任,女)
综合科科长　(空)
信息科长科　(空)
文电科科长　辛战军(女)

老干部科长　孙志超(2010.1任)
主任科员　辛战军(2010.9任,女)
　　　　　王明霞(2010.9任,女)
副主任科员　王晓楠(2010.6任)
副科级干部　王新军(2010.1任)
　　　　　王惠林(2010.1任)
服务中心主任　王　蕾(2010.1任,女)
无委办主任　孙淑平(2010.1任,女)

法制办公室

主　任　任宏伟(2010.1任)
副主任　田振红(2010.1任)
副主任科员　徐　伟(2010.1任)

工农关系协调办公室

主　任　王志惠(2010.9离)
副主任　刘先进(2010.1任)

人防办公室

主　任　李　飞

督察办公室

主　任　何凯成
副主任　苏春燕(2010.9离,女)

外事侨务办公室

主　任　高丽鹏(2010.3离)
　　　　刘文广(2010.9任)
副主任　姬艳丽(2010.1任,女)

国有资产管理办公室

主　任　张海宇
副主任　张丰军
　　　　郭天益(2010.1任)
纪检组长　吴耀辉(2010.1任)

行政审批中心

主　任　谷亚峰
副主任　钟红梅(女)
纪检组长　吴永红

移民安置办公室

主　任　周国召
副主任　雷俊平(女)
　　　　吴　刚(2010.1离)
纪检组长　付国安(2010.1任)
副科级干部　谢文娟(2010.1任,女)

机关服务中心

主　任　高国政(2010.9离)
　　　　王文栓(2010.9任)

驻上海办事处

主　任　王　东

信访事项复查复核委员会办公室

主　任　徐建伟
副主任　王　涛(2010.1离)
　　　　王钦占(2010.1任)
副主任科员　陈华锋(2010.1任)

产业集聚区管委会

主　任　段天佑(2010.9离)
　　　　李建国(2010.9任)
副主任　李清民
　　　　梁春杰
　　　　刘洪涛
总工程师　彭继华(2010.9任)
纪工委书记　杨森林

龙凤湖旅游度假区管委会

主　任　郭金科(2010.3离)
　　　　高丽鹏(2010.3任)
副主任　黄晓辉
　　　　刘广平
　　　　张国强(2010.3任)
纪工委书记　左明洲

发展和改革委员会

主　任　喜进功
副主任　务西建　卢金秀
纪检组长　张仁杰(2010.1任)
主任科员　刘幼红(女)

物价局

局　长　王桂英(女)
副局长　李有法(2010.1离)
　　　　高　军(2010.1任)

吕爱红(女)
纪检组长 李军伟(2010.1任)

教育局
局 长 时 焱
副局长 胡春阳(2010.4离)
吕国秀 苏天宇(2010.1离)
杨晓霞(女)
纪检书记 胡军超(2010.1任)
党委委员 付国玉(2010.11离)
孙春峰
张广清(2010.1任,女)
副主任科员 刘冬慧(2010.6任)

教育督导室
主 任 李庆林
副主任 虞从慨(2010.4任)

招生办公室
主 任 杨明川(2010.1任)

教师进修学校
校 长 谢国安
党总支书记 杨晓霞(女)
副校长 李彦力 吕汝凯
刘玉奇(2010.4任)

职业中专
校 长 孙春峰
书 记 袁万昌
副校长 李宏亮
张广清(2010.4离,女)
韩艳超(2010.4任)

第一高中
校 长 马泽南
副校长 李 华(女)
郭瑞宾(2010.4任)
陈登峰(2010.4任)
工会主席 刘俊志(2010.4任)

第二高中
校 长 朱德山
党支部书记 付国玉(2010.11离)
副校长 张保亮
工会主席 李慧华(2010.1任,女)

实验高中
校 长 胡辛辰
副校长 王新伦
虞从慨(2010.4离)
马运幸
院宗怀(2010.4任)

公安局
局 长 王中孚(2010.1任)
政 委 王中孚(2010.8离)
高庆祥(2010.8任)
副局长 李为民(2010.12任)
裴亚洲(2010.1离)
蔡红甫 闫 振
高 尚(2010.9离)
王利军(2010.12任)
张建寅(2010.12任)
纪检书记 李玉彬(2010.9离)
王广耀(2010.12任)
副政委 隗广聪 袁俊亭
党委委员 王水亮
苏晓帆(2010.12任)
政治部主任 王广耀(2010.12离)
苏晓帆(2010.12任)
交警大队大队长 连保国
教导员 王 力
法制室主任 谭绍欣(2010.12任)
教导员 吴茂宏(2010.12任)
刑事侦查大队大队长 赵 焱
教导员 李 枭(2010.12任)
经济侦查大队大队长
李为民(2010.12离)
刘应鹏(2010.12任)

教导员 王建耀(2010.1 离)
赵国强(2010.12 任)
禁毒大队大队长
王志远(2010.12 任)
教导员 禹向飞(2010.12 任)
公共信息网络安全监察大队大队长
李保柱(2010.12 任)
教导员 杨士民(2010.12 任)
督察大队大队长
王新建(2010.12 任)
教导员 武顺安(2010.12 任)
户政管理大队大队长
张爱华(2010.12 任)
教导员 于金峰(2010.12 任)
指挥中心主任 苏晓帆(2010.12 离)
赵 飞(2010.12 任)
教导员 田新源
治安管理大队大队长 王国涛
教导员 华 伟(2010.12 任)
巡逻警察大队大队长 王水亮
教导员 吴东升
副科级侦查员 肖 辉(2010.12 任)
陈晓国(2010.12 任)
陈启明(2010.12 任)
李春阳(2010.12 任)
李占奎(2010.12 任)
周水利(2010.12 任)
曹英峰(2010.12 任)
杨耀武(2010.12 任)
侯峻峰(2010.12 任)
副主任科员 刘晓辉(2010.6 任)

监察局

局 长 郭贵兴(2010.9 离)
钱德民(2010.9 任)
副局长 郭继东(2010.10 离)
李长坡 杨春峰

民政局

局 长 王冬梅(女)
副局长 郑建宇
马香菊(2010.1 任,女)
张根生(2010.1 任)
纪检组长 付朝民(2010.1 任)
副科级干部 庞会霞(2010.1 任,女)
副主任科员 赵巨博(2010.6 任)

司法局

局 长 李富庄
副局长 李树来(2010.1 离)
温晓航 李国防
尹桂芬(2010.1 任,女)
纪检组长 尹桂芬(2010.1 离,女)
范宗贤(2010.1 任)
副科级干部 王留英(2010.1 任)

财政局

局 长 李明亮
副局长 李国宇 贾建设
何春喜(2010.1 任)
纪检组长 张庄喜(2010.1 任)
非税收入管理局局长
何春喜(2010.1 离)
王云山(2010.1 任)
技改资金办公室主任
张海奇(2010.1 离)
李剑英(2010.1 任,女)

政府采购中心

主 任 李 献
副主任 李洪涛(2010.1 离)
杨晓辉(2010.1 任)
杨彦平(2010.1 任,女)

财政国库支付中心

主　任　杨贵甫

副主任　王云山(2010.1离)

冀保敏(2010.1任,女)

张军桥(2010.1任)

财政投资评审中心

主　任　蔡淑珍(2010.1离,女)

左新奇(2010.1任)

副主任　贾春晖(2010.1离)

路俊英(2010.1任,女)

蔡松涛(2010.1任)

人力资源和社会保障局

局　长　李　勇

副局长　张学方

胡　瑜(2010.1任)

李国勇(2010.1任)

纪检书记　李国勇(2010.1离)

袁国芳(2010.1任)

党委委员、主任科员　王平安

副主任科员　毛德旺

劳动就业局局长　张庄喜(2010.1离)

李洪涛(2010.1任)

劳务输出局局长　常建军

医保中心主任　宗红涛

人才交流中心主任　袁国芳(2010.1离)

王慧霞(2010.1任)

人事劳动争议仲裁委员会办公室主任

张剑英(女)

机关事业单位养老保险中心主任

王慧霞(2010.1离,女)

赵春黎(2010.1任,女)

劳动监察大队大队长　(空)

住房和城乡建设局

局　长　吕净一

副局长　张书献　邢秋浩　李永民

李长春(2010.10离)

纪检书记　骆全然

总工程师　韦万云

党委委员、副主任科员　穆春喜(2010.1任)

副主任科员　李稳山(2010.6任)

房管局局长　雷宏伟

园林管理局

局　长　张书献

副局长　付宗德

苏红涛

交通运输局

局　长　胡国刚

总工程师　陈玉民

副局长　郭书明

曹红霞(女)

韩文选

纪检书记　刘兴坯

主任科员　王彦甫

公路局

局　长　胡国刚(兼)

副局长　赵新伟

石建星(2010.1任)

水利局

局　长　冶耀辉

总工程师　赵群富

副局长　余建云　赵庆贺

介国军(2010.1任)

纪检组长　李月玲(女)

党组成员、副主任科员　张文生(2010.1任)

水政大队队长　介国军(2010.11离)

张保留(2010.11任)

防汛办主任　朱长海(2010.1任)

副主任科员　李伟华(2010.6任)

田岗水库管理局

局　长　夏国如
书　记　李绍辉
副局长　叶廷芳
　　　　张国强(2010.3 离)
纪检组长　冻　军

农业局
局　长　李建国(2010.9 离)
　　　　李贵生(2010.9 任)
副局长　杨社英
　　　　韩少龙(2010.1 任)
　　　　刘文广(2010.10 离)
总农艺师　吴广召
纪检书记　刘耀峰(2010.11 任)
主任科员　刘　超
副主任科员　张　莹(2010.6 任)
蔬菜办公室主任
　　　　王全水(2010.1 离)
　　　　陈　丽(2010.1 任,女)
棉花生产办公室主任
　　　　刘耀峰(2010.11 离)
　　　　臧学斌(2010.11 任)

烟叶生产办公室
主　任　苗志刚
副主任　李耀东(2010.1 任)
纪检组长　芦志军(2010.1 任)

文化广电局
局　长　李洪涛(2010.6 任)
副局长　张永远(2010.12 任)
　　　　卢慧颖(女)
　　　　周新民(2010.12 任)
纪检组长　胡广耀(2010.6 任)
主任科员　李建新
执法大队大队长　董运强(2010.11 任)

卫生局
局　长　朱广培
副局长　王玉金　张　芸(女)
　　　　朱朝伦(2010.1 任,女)
纪检书记　王兴旺(2010.1 任)
党委委员　卢　强

人民医院
院　长　杨宗豫
党总支书记　张华民
副院长　盛建亭(2010.1 离)
　　　　陈其雨(2010.1 任)
　　　　陈书杰(2010.1 任)
　　　　杨星奎　喜进岭
纪检员　姬建强
工会主席　陈其雨(2010.1 离)
　　　　高金松(2010.1 任)
红十字会会长　张　智
副会长　朱培俊(2010.1 任)
中医院院长　卢　强
书　记　陈书杰(2010.1 离)
　　　　盛建亭(2010.1 任)
疾病预控中心主任　殷清宏(2010.1 任)
卫生学校校长　宋俊峰(2010.6 离)

爱国卫生运动委员会办公室
主　任　李贵生(2010.9 离)
　　　　殷德成(2010.9 任)
党组书记　谭绍辉(2010.9 任)
副主任　王明霞(2010.10 离,女)
　　　　马聚喜(2010.1 任)
纪检组长　马付照(2010.1 任)
主任科员　苏春燕(2010.9 任)

人口和计划生育委员会
主　任　李东升
副主任　任宏伟(2010.1 离)
　　　　李树来(2010.1 任)

周庆贺(2010.1任)
任玉玲(2010.1任,女)
纪检组长 贾淑征(2010.1任)
正科级干部 周庆贺(2010.11任)
副科级干部 李爱红(2010.1任,女)

计划生育协会

常务副会长 赵全喜
副会长 彭淑敏(2010.1任,女)

审计局

局　长 陈凌云(女)
副局长 管爱梅(女) 武瑞山
张慧勤(2010.1任,女)
纪检组长 罗培琦(2010.1任,女)
经济责任审计局局长 孙顺民(2010.1任)

环境保护局

局　长 张福忠
书　记 张福忠(2010.10离)
段天佑(2010.10任)
副局长 王　东
张武成
蔡玉彬(2010.1任)
纪检组长 蔡玉彬(2010.1离)
刘德才(2010.1任)
总工程师 张中校
副主任科员 刘凌燕(2010.6任)
环境监察大队大队长 李延辉(2010.1任)
环境监察站站长 姬遂东(2010.1任)

林业局

局　长 赵庆祥
副书记 王长喜
副局长 张文胜(2010.1任)
胡　刚(2010.1任)
王建明(2010.1任)
纪检组长 姚玉香(2010.1任,女)
党组成员 袁殿阁 陈　威 杨耀宇
张迎新(2010.11任)
总工程师 王长喜(2010.11离)
张彦召(2010.11任)
主任科员 袁殿阁
防火办公室主任 张文胜(2010.1离)
尹文山(2010.1任)
退耕还林办公室主任 王建明(2010.1离)
贾春晖(2010.1任)

绿化办公室

主　任 张彦召(2010.11离)
张迎新(2010.11任)
副主任 胡　刚(2010.1离)
张继新

森林公安分局

局　长 陈　威
政　委 李海龙

工业和信息化局

局　长 鲁耀伦(2010.6任)
副局长 赵新甲(2010.6任)
孙继民(2010.6任)
张红丽(2010.6任,女)
纪检组长 张英歌(2010.6任,女)
副主任科员 万珊伶(2010.6任,女)

商务局

局　长 郭德泉
副局长 张学清
赵艳丽(2010.1任,女)
孟天才(2010.1任)
纪检组长 王宏伟(2010.1任)
副科级干部 刘春霞(女)
陈　奇(2010.1离)
杨景元

副主任科员　张春鲜(2010.6 任)
对外贸易公司经理　孟天才(2010.1 离)

粮食局
局　长　邢国勤
副书记　余杰民
副局长　李有法(2010.1 任)
　　　　刘建军(2010.1 任)
　　　　张付华
纪检书记　杨俊勺(2010.1 任,女)
副主任科员　张爱云(2010.1 任,女)
　　　　赵彦伟(2010.6 任)
副科级干部　杨耀武(2010.1 任)
粮油购销总公司
总经理　余杰民(兼)
副总经理　王虹云(2010.1 任)

统计局
局　长　张松林
总统计师　陈彦宏
副局长　王建生
　　　　李群耀(2010.1 任)
纪检组长　杨俊勺(2010.1 离,女)
　　　　张卫贤(2010.1 任)
农村社会经济调查队队长
　　　　李群耀(2010.1 离)

国土资源局
局　长　郑建华(女)
副局长　范运朝　袁超美
　　　　武海朝　海中武
纪检组长　刘家岭
副主任科员　王红叶
测绘局局长　李贺喜
土地收购储备开发中心
主　任　刘家岭(兼)

食品药品监督管理局
局　长　王秋生
副局长　孙淑贞(女)
　　　　张虎林　宗万龙
纪检组长　吴军红(女)
稽查队长　高遂路
主任科员　王志豪
副主任科员　王宏伟

(二)政府直属机构

民族宗教局
局　长　妥现周
副局长　张　芳(2010.1 任,女)
纪检组长　杨小宜(2010.1 任,女)

科学技术局
局　长　付俭耀
副局长　海　燕(女)
　　　　薛　斐(2010.1 任)
纪检组长　薛　斐(2010.1 离)
　　　　张小会(2010.1 任,女)
地震办公室主任　葛岩岭

(三)直属事业单位

旅游局
局　长　郭金科(2010.3 离)
　　　　高丽鹏(2010.3 任)
书　记　王文栓(2010.9 离)
副局长　郑英姿(女)
　　　　杨海滨(2010.1 任)
纪检组长　杨海滨(2010.1 离)
　　　　高耀显(2010.1 任)

档案局
局　长　郭爱明(2010.12 离,女)

蒋山松(2010.12任)
副局长　王慧君(女)
罗遂英(女)
纪检组长　殷永平(2010.1任,女)

广播电视总台

台　长　郭金科(2010.7任)
书　记　李国典(2010.7任)
总　编　况维力(2010.11任)
副台长　苗献新(2010.12任)
梅　伶(2010.12任,女)
张伟鹏(2010.12任)
范桂林(2010.12任)
纪检组长　王国举(2010.11任)
总编室主任　刘　阳(2010.11任)
工会主席　吴文华(2010.11任)

安全生产监督管理局

局　长　彭　涛
书　记　张培民
副局长　郭新军
刘喜东(2010.1任)
纪检组长　杨进坡(2010.1任)

体育局

局　长　张向阳
书　记　张　宏(女)
副局长　王东林
李松江(2010.1任)
纪检组长　张国明(2010.1任)
老年体协办公室主任
张　冰(2010.1任)

农机管理局

局　长　周同州
副局长　党永钊
闫红旭(2010.1任,女)
高中耀(2010.1任)
纪检组长　闫红旭(2010.1离,女)
刘明霞(2010.1任,女)
主任科员　王喜玲(女)
工会主席　雷聚成(2010.6任)

石漫滩林场

场　长　杨耀宇
书　记　张根玉(2010.1任)
副场长　张迎新(2010.11离)
何凡增
纪检组长　刘淑玲(女)
副科级干部　罗春杰(2010.1任)
工会主席　刘政新(2010.6任)

城管执法局

局　长　殷德成(2010.9离)
李长春(2010.9任)
书　记　杨　敏
副局长　宋红杰(2010.1任)
纪检组长　关向辉(2010.1任)
主任科员　张自明
工会主席　王高峰(2010.6任)

市场发展中心

主　任　罗国章
副主任　张黎明
白鸿彬(2010.1任)
工会主席　王红军(2010.6任)

招商局

局　长　宋江涛
副局长　郭天益(2010.1离)
刘玉超(2010.1离)
吴　刚(2010.1任)
鲁耀宗(2010.1任)
纪检组长　刘　宝(2010.1任,女)

扶贫开发办公室

主　任　黄春芳

副主任　孟月英(女)

　　　　郭富根(2010.1任)

纪检组长　张党生(2010.1任)

(四)部门领导的事业单位

地方史志办公室

主　任　王振明

副主任　张凤琴(2010.1任,女)

网络中心

主　任　院少华

总　编　肖　晨

副主任　原付明(2010.1任)

副科级干部　李　冬(2010.1任)

供销社

主　任　张广辉

副主任　周新民(2010.1离)

　　　　姚卫东(2010.1任)

　　　　孙　燕(2010.1任,女)

纪检组长　姚卫东(2010.1离)

　　　　　李春耀(2010.1任)

工会主席　刘文俊(2010.1任)

畜牧局

局　长　王东安

副局长　刘春雨

　　　　谭绍辉(2010.9离)

纪检组长　庞子轶(2010.1离)

　　　　　张兰勤(2010.1任,女)

副总畜牧师　吴洪涛(2010.11任)

副主任科员　赵小炜(2010.1任)

政协舞钢市第八届委员会

主　席　高宝山

副主席　刘海欣　田兴文　李　凯

办公室

主　任　王鸿志

副主任　张青焕(2010.1任,女)

老干部科副科长　任书敏(女)

机关服务中心主任

　　　　　　　　张笑虹(2010.1任,女)

副主任科员　王　奎(2010.1任)

经济委员会

主　任　王志忠

提案委员会

主　任　翟少文

学习文史委员会

主　任　张顺山

民主法制委员会

主　任　王宝兰(女)

教科文卫体委员会

主　任　常英丽(女)

舞钢市人民法院

院　长　李平贵

副院长　张晓辉

　　　　王　跃(2010.6离)

　　　　胡江涛(2010.4离)

　　　　关　平(女)

　　　　杨新光

副主任科员　胡正生(2010.6任)

　　　　　　王　奎(2010.6任)

　　　　　　杨春广　米耀华

任敬远　尚光辉
执行局局长　刘峡平
政治部主任　范培东
党组成员　华广平
法警大队教导员　杨春广
副科级审判员　李新红　赵彩云
李素丽　安家东
刘朝晖　曹俊美
李邓超　宋良波
水清耀　马玉岭
阎红伟　杨洪波
柴耀杰　刘　强

舞钢市人民检察院

检察长　马国兴
副检察长　赵国栋
李成安
田红艳(2010.4任,女)
李光远(2010.12离)
徐其文(2010.12离)
纪检组长　田红艳(兼,女)
党组成员、机关总支书记　任文强
政治部主任　王宪文
副主任　贾炬辉(2010.9任,女)
办公室主任　陈琳梅(2010.4离,女)
蒋君妍(2010.4任,女)
专职检察委员会委员、正科级检察员
陈琳梅(2010.4任,女)
郭智民(2010.4任)
专职检察委员会委员　操玉江(2010.4任)
控告申诉检察科科长
李丰华(2010.6任,女)
监所检察科科长　王永强(2010.6任)
民事行政检察科科长
王秋红(2010.6任,女)
检察技术科科长　张志钢(2010.6任)
纪检检察室主任　黄耀亭(2010.6任)
计划财务装备科科长
张　飞(2010.6任)
副科级检察员　柯新颖　刘应选
副科级干部　胡亚平(女)
王　童(女)
法警大队大队长　李新峰(2010.4离)
操双耀(2010.6任)
教导员　姜君妍(2010.6离,女)
杨红亮(2010.6任)

反贪污贿赂局

局　长　苏晓峰(2010.4任)
教导员　苏晓峰(2010.4离)
张光辉(2010.4任)
副教导员　张光辉(2010.4离)
操双耀(2010.6任,兼)
张海燕(2010.6任)
副局长　范明阳(2010.4离)
郭智民(2010.4离)
刘永生(2010.6任)

反渎职侵权局

局　长　操玉江(2010.4离)
范明阳(2010.4任)
教导员　李新峰(2010.4任)
副局长　张廷俊(2010.6任)
副教导员　吴海涛(2010.6任)

职务犯罪预防局

局　长　潘建同(2010.4任)
教导员　臧跃民(2010.4任)
副局长　刘建军(2010.6任)
胡小伟(2010.6任)

舞钢市人民武装部

第一政委　高永华

政　　委　王　勇(2010.4 离)
　　　　　郭志勇(2010.4 任)
部　　长　胡进锋
副 部 长　关　涛
政工科长　廉武臣
后勤科长　吴洪涛

民兵武器装备仓库

主　任　郭晓峰
副主任　殷敬民(2010.1 任)

民兵训练基地

主　任　蒋山松(2010.11 离)
副科级干部　齐祖军(2010.1 任)

群团组织

总工会

主　席　高淑新(女)
副主席　世晓慧(女)
　　　　李　敏(女)
纪检组长　杨军红
副主任科员　黄秋英(2010.1 任,女)
女工委员会主任　朱庆霞(2010.4 任,女)

共青团舞钢市委员会

书　记　杨　涵
副书记　余亚磊(2010.1 离)
　　　　李鑫琪(女)
　　　　刘景戟

妇女联合会

主　席　李爱枝(女)
副主席　宋爱枝(女)

科学技术协会

主　席　王灵芝(女)
副主席　韩少龙(2010.1 离)
　　　　赵国龙(2010.1 任)
纪检组长　郭新生(2010.1 任)

残疾人联合会

理 事 长　蔡森强
书　　记　李建国
副理事长　张　璋
纪检组长　田彦霞(2010.1 任,女)

工商业联合会

书　记　赵金宝
副会长　王向明
秘书长　张小会(2010.1 离,女)
　　　　李　琳(2010.1 任,女)

文学艺术界联合会

主　席　温慧敏(女)

驻市垂直管理单位

石漫滩水库管理局

局　　长　田建设
党组书记　林四庆
副 局 长　袁自立　余勇泰

工商管理局

局　　长　张　涛
副 局 长　曹耀军
纪检组长　赵　辉

质量技术监督局

局　　长　赵红旗
副 局 长　秦　磊
　　　　　张耀平
　　　　　姜耀军

田常宏
纪检组长　张耀平(兼)
稽查队队长　姜耀军(兼)
检测中心主任　孙芙蓉(代)

国家税务局

局　　长　李现军
副 局 长　张　涛　高义贺
田悦霞(女)
张宏民
纪检组长　刘广山

地方税务局

局　　长　韩付全
副 局 长　牛学民
关　华(2010.6 任)
谷付根(2010.6 任)
主任科员　吴殿军(2010.10 任)
纪检组长　谷付根(2010.6 离)
郭世梁(2010.6 任)

电业局

局　　长　张怀林
书　　记　程　刚
副 局 长　李青繁　张向阳
王　明
工会主席　秦　晔
总工程师　孟庆贺

医药管理局

局　　长　张贵卿
副 局 长　王德福　王应贵
高新禄(2010.1 离)

社会保险事业局

局　　长　张新广
副 局 长　杨德昌　吴　斌
付延民

联通公司

经　　理　罗　蓓(女)
副 经 理　王凤岐　李耀民　夏爱娟

移动通信公司

经　　理　刘建超
副 经 理　刘军安
曹　刚
经理助理　王　芳

邮政局

局　　长　鲁亚锋
副 局 长　王振国(2010.7 离)
刘志国(2010.7 离)
张国耀　赵庆伟

烟草专卖局(烟草公司)

局长(经理)　苗丰勋(2010.12 离)
许　涛(2010.12 任)
副 局 长　耿建国(2010.12 离)
马文辉(2010.12 任)
副 经 理　李向阳　杨钦召
纪检组长　张国富

气象局

局　　长　付世权
副 局 长　张宏昌
纪 检 员　杨来松

中石化公司河南平顶山舞钢石油分公司

经　　理　罗宗辉
总支书记　闫　芯

盐业局

局　　长　宋泰岳

副局长 王彦志 孙东伟
纪检组长 徐慧娟(女)
工会主席 宫俊杰

人民银行舞钢支行

行长 刘春生
副行长 吴凤菊(女) 吴春耀
纪检组长 张军

中国银行舞钢支行

行长 耿强
副行长 高晓峰 沈法银

建设银行舞钢支行

行长 秦得志
副行长 范坤甫 陶文选

工商银行舞钢支行

行长 惠维
副行长 轩东胜
李喜林

农业银行舞钢支行

行长 李翠平(女)
副行长 付彦华(2010.7离)
房彦东(2010.7任)
宋忠甫 李建中

农业发展银行舞钢支行

行长 王军团
副行长 李俊丽(女)

中国邮政储蓄银行舞钢市支行

行长 郭广风
副行长 张晓辉

农村信用联社

理事长 白建波
主任 党胜利
监事长 路朝民
副主任 杨智 马中和
乔建芳
工会主席 谢中坡

中国人民财产保险公司舞钢支公司

经理 张德安
副经理 蔡东辉 王香亚
祁国民 寇中华
纪检书记 苏海峰

中国人寿保险公司舞钢支公司

经理 张卫国
副经理 孙涛 吴应奎 曹为民

银监办

主任 付国耀

街道·乡镇

朱兰街道

书记 陈建政(2010.9离)
姬冠华(2010.9任)
主任 姬冠华(2010.9离)
董晓辉(2010.9任)
副书记 刘文杰
纪工委书记 姜玉萍(女)
党工委委员 谢晖(2010.1任)
武装部长 牛书昂
副主任 张芳(2010.1离,女)
李琳(2010.1离,女)
谭秀珍(2010.1离,女)

李小红(2010.1任,女)
罗继昌(2010.1任)
陈春霞(2010.1任,女)
刘凌燕(2010.6任,挂职锻炼)
工会主席 苏爱琴(2010.1任,女)
综治中心专职副主任
王 帅(2010.1任)

垭口街道

书 记 郭爱珍(女)
主 任 曹绍刚
副书记 李洪涛
纪工委书记 马富琦
党工委委员 蔡红伟(2010.6任,女)
吕水旺(2010.1任)
武装部长 魏丰德
副主任 孙志超(2010.1离)
林忠义(2010.1离)
时云鹤(2010.1离,女)
张国明(2010.1离)
蔡红伟(2010.1任,女)
杨澎涛(2010.1任)
翟文轲(2010.1任)
王晓南(2010.6任,挂职锻炼)
工会主席 蔡红伟(2010.1离,女)
张大栋(2010.1任)
综治中心专职副主任
卢雪琴(2010.1任,女)
正科级干部 蔡红伟(2010.11任)
副科级干部 范二强(2010.11任)

寺坡街道

书 记 何红升(2010.1任)
主 任 何红升(2010.1离)
陈松杰(2010.1任)
副书记 陈松杰(2010.1离)
张 举(2010.1任)
纪工委书记 张 军
党工委委员 赵艳丽(2010.1离)
丁国豪(2010.1任)
薛 洁(2010.6任)
武装部长 张 军(2010.1离)
李云海(2010.1任)
副主任 张筱莉(2010.1离,女)
魏连英(女)
范宗贤(2010.1离)
薛 洁(2010.1任,女)
侯红磊(2010.1任)
张 莹(2010.6任,挂职锻炼)
工 会 主 席 陈会钦(2010.1离)
洪 惠(2010.1任,女)
综治中心专职副主任
冷晓华(2010.1任,女)

院岭街道

书 记 杨洪涛
主 任 张耀波
副书记 卢凤仙(女)
纪工委书记 崔森煜
党工委委员 王国栋(2010.1任)
朱 虹(2010.6任)
武装部长 冯向阳(2010.1离)
杨德新(2010.1任)
副主任 高 军(2010.1离)
卿大好
石建星(2010.1离)
朱 虹(2010.1任,女)
罗春丽(2010.1任,女)
张文英(2010.6任,挂职锻炼)
工会主席 宋红杰(2010.1离)
孟庆粉(2010.1任,女)
综治中心专职副主任

肖彦东(2010.1 任)

矿建街道

书 记 胡东涛
主 任 孙颂斌
副书记 刘 涛
纪工委书记 李红梅(女)
党工委委员 郭双英(2010.1 任,女)
李聚迎(2010.6 任)
武装部长 常纪伟(2010.1 任)
副主任 常纪伟(2010.1 离)
李聚迎(2010.1 任)
刘素丽(2010.1 任,女)
赵彦伟(2010.6 任,挂职锻炼)
工会主席 叶晓娜(2010.1 任,女)
综治中心专职副主任
周明卓(2010.11 任)

尚店镇

书 记 刘国朝
镇 长 刘富绍
副书记 李宏勋
纪委书记 张耀辉
副镇长 杨耀伟
王兴旺(2010.1 离)
邵耀坡(2010.1 任)
院岭军(2010.1 任)
李伟华(2010.6 任,挂职锻炼)
党委委员 曹洪涛(2010.1 任)
武装部长 范国胜(2010.1 任)
工会主席 李清江(2010.1 离)
杨晓丽(2010.1 任,女)
综治中心专职副主任
付小军(2010.1 任)
副主任科员 王运甫(2010.1 任)

八台镇

书 记 谢炎涛(2010.9 离)
安保亮(2010.9 任)
镇 长 杨志文
副书记 谢宗凡(2010.9 离)
纪委书记 陈军良
副镇长 刘军荣
丰国顺(2010.1 离)
任玉玲(2010.1 离,女)
殷卫江(2010.1 任)
卢文晔(2010.1 任,女)
万珊伶(2010.6 任,挂职锻炼)
党委委员 苗献新(2010.1 离)
韩国强(2010.1 任)
武装部长 刘建军(2010.1 离)
丰国顺(2010.1 任)
工会主席 高中耀(2010.1 离)
郭 杰(2010.1 任)
综治中心专职副主任
张军伟(2010.1 任)

尹集镇

书 记 安保亮(2010.9 离)
马培翼(2010.9 任)
镇 长 马培翼(2010.9 离)
高 尚(2010.9 任)
副书记 李顺峰
纪委书记 张卫东
副镇长 魏洪涛
杨晓鸽(2010.1 离)
姚玉香(2010.1 离,女)
董俊宇(2010.1 任)
王秀丽(2010.1 任,女)
张春鲜(2010.6 任,挂职锻炼)
党委委员 刘德才(2010.1 离)
卢晓辉(2010.1 任)
武装部长 尹文棵(2010.1 任)

工会主席 董俊宇(2010.1离)
付国召(2010.1任)
综治中心专职副主任
李天荣(2010.11任)
副科级干部 袁建法(2010.11任)

枣林镇
书 记 张伟民
镇 长 张耀忠
副书记 张朝辉
纪委书记 井香云(女)
副镇长 杨耿超
王宏昌(2010.11任)
井香云(2010.1离,女)
李海涛(2010.1任)
赵巨博(2010.6任,挂职锻炼)
党委委员 马香菊(2010.1离,女)
陈新红(2010.1任,女)
武装部长 杨德新(2010.1离)
周国亮(2010.1任)
工会主席 付国安(2010.1离)
李彦军(2010.1任)
综治中心专职副主任
王宏昌(2010.11离)
尹胜军(2010.11任)
正科级干部 杨耿超(2010.11任)

庙街乡
书 记 梁 葆
乡 长 胡彦丽
副书记 陈瑞奇
纪委书记 刘俊绍
副乡长 李绍星
周庆贺(2010.1离)
李清江(2010.1任)
刘海涛(2010.1任)
刘晓辉(2010.6任,挂职锻炼)
党委委员 刘全州(2010.1任)
武装部长 许保奎(2010.1任)
工会主席 殷卫江(2010.1离)
李红伟(2010.1任)
综治中心专职副主任
马 勇(2010.11任)

武功乡
书 记 于奇峰(2010.9离)
邢世绍(2010.9任)
乡 长 邢世绍(2010.9离)
谢宗凡(2010.9任)
副书记 刘 玉(女)
纪委书记 刘东辉
副乡长 杨振晓
李国良(2010.1离)
张庆珂(2010.1任)
李稳山(2010.6任,挂职锻炼)
党委委员 李国良(2010.1任)
武装部长 李云海(2010.1离)
付书乾(2010.1任)
工会主席 罗培琦(2010.1离,女)
李改英(2010.1任,女)
综治中心专职副主任
连 娟(2010.1任,女)

铁山乡
书 记 张宏伟(2010.9离)
周英杰(2010.9任)
乡 长 周英杰(2010.9离)
刘宏涛(2010.9任)
纪委书记 常振强
副乡长 刘凯星
殷永平(2010.1离,女)
贾卫民(2010.1任)

苗翠红(2010.1任,女)
刘冬慧(2010.6任,挂职锻炼)
党委委员 刘长河(2010.11离)
周泉水(2010.1任)
武装部长 刘长河(2010.12离)
工会主席 贾卫民(2010.1离)
吴广军(2010.1任)
综治中心副主任 胡延洋(2010.11任)

杨庄乡

书 记 孟凡浩
乡 长 刘永会
副书记 唐应学
纪委书记 王永涛
副乡长 潘国正
张玉申(2010.1任)
卢杏枝(2010.1任,女)
胡正生(2010.6任,挂职锻炼)
党委委员 李松山(2010.1任)
武装部长 马聚喜(2010.1离)
冯向阳(2010.1任)
工会主席 张春霞(2010.1离,女)
杜晓辉(2010.1任,女)
综治中心专职副主任
张军坡(2010.11任)

驻市大型企业

河北钢铁集团舞阳钢铁有限责任公司

董事长、党委书记 杨成文
总 经 理 苏广奇(2010.7离)
工会主席 张志民
总会计师 王耀彬
副总经理 贾国生 刘建国
刘文晓 钱泽旺
纪委书记 贾明刚
总经理助理 杨玉奇

安钢集团舞阳矿业有限责任公司

经 理 刘保平
党委书记 韩绿林
纪委书记兼工会主席 马茂君
副 经 理 李公堂 李朝宾
财务总监 宋学增

重点企业

海明集团公司

总 经 理 孙海明
党委书记 张玉彬

银龙纺织有限责任公司

党委书记、董事长 鲁耀宏

舞钢实业公司

董事长、总经理、党委书记 土光亭
副书记、副总经理 李 波
副总经理 张志平 董宏伟 王新昌
白顺昌 戈同春

舞钢三和盛机建公司

董事长、总经理 高 展
党委书记 李天敏
副总经理 刘金民 卞广民 李会敏
李 涛 刘党生 关文顺
张洪涛

中加钢铁有限公司

董 事 长 李 刚
总 经 理 王宏强
副总经理 梁俊杰 李建青

中加矿业发展有限公司

董 事 长　李　刚
总 经 理　王付民
副总经理　单九成
　　　　　王友山
总工程师　张松岭
经理助理　鲁建生
　　　　　李书珍

中天钢铁厂

经　理　齐冠军

三恩药业公司

董事长　周运杰

三农饲料有限公司

经　理　郭　哲

平顶山瑞祥牧业有限公司

董事长　钮延军
总经理　兰德强

人　物

（截至2010年12月31日）

党政领导

中共舞钢市委

高永华　男，汉族，1962年7月出生，河南省永城市人，1982年8月参加工作，1985年10月入党，研究生学历，经济学硕士。中共舞钢市委书记。

1979年9月至1982年8月，在百泉农专学习。1982年8月至1995年2月，任平顶山市郊区北渡乡干部、乡经联社副主任、郊区经委副主任、煤炭局局长、党委副书记；1995年2月至1997年12月，任平顶山市政府控制社会集团购买力办公室主任。1997年12月至2000年2月，任平顶山市湛河区区委常委、副区长。2000年2月至2000年12月，任平顶市卫东区区委常委、副区长。2000年12月至2003年7月，任平顶山市盐业管理局（盐业总公司）局长（总经理）、党组书记。2003年7月至2004年7月，任平顶市建设委员会主任、党委书记。2004年7月至2006年2月，任平顶山市建设委员会主任、党委书记兼平顶山市新城区党工委副书记、管理委员会副主任。2006年2月至2006年12月，任平顶山市建设委员会主任、党委书记。2006年12月至2007年2月，任中共叶县县委书记，平顶山市建设委员会主任、党委书记。2007年2月至2009年4月，任中共叶县县委书记。2009年4月，任中共舞钢市委书记。

白立凡　男，汉族，1962年12月出生，河南省襄城县汾陈乡人，1984年8月参加工作，1985年7月加入中国共产党，研究生学历，高级讲师。中共舞钢市委副书记、市人民政府市长。

1969年1月，入襄城县砖墙李小学学习。1974年9月，入襄城县老庄初中学习。1977年9月至1980年7月，在襄城县汾陈高中、王洛高中学习。1980年9月，入河南大学政教系学习。1984年8月，毕业分配到襄城县委党校工作。1987年7月，调平顶山市总工会工作。1990年3月，任平顶山市委党校哲学教研室副主任。1997年9月，任平顶山市技工学校副校长。2000年2月，任中共郏县县委副书记。2004年7月，任中共舞钢市委副书记。2008年12月，任舞钢市人民政府代市长。2009年3月，当选为舞钢市人民政府市长。

陈建中 男,汉族,1967年2月出生,河南省中牟县人,1988年7月毕业于河南大学,研究生学历,1988年7月参加工作,1996年6月加入中国共产党。中共舞钢市委副书记。

1986年9月至1988年7月,就读于河南大学中文系。1988年7月至1990年12月,任朝川矿务局办公室秘书。1990年12月至1992年3月,任平顶山市香山煤矿办公室秘书。1992年3月至1994年12月,任平顶山市耐火材料厂办公室副主任。1994年12月至1997年5月,任平顶山市委宣传部干事。1997年5月至2000年3月,任平顶山市委宣传部宣传科副科长、办公室副主任。2000年3月至2001年3月,任平顶山市委宣传部调研室主任。2001年3月至2002年4月,任汝州市政府副市长、党组成员。2002年4月至2004年7月,任中共汝州市委常委、办公室主任(秘书长)。2004年7月至2006年5月,任中共汝州市委副书记、纪委书记。2006年5月至2009年7月,任中共汝州市委常委、市政府党组副书记、常务副市长。2009年7月,任中共舞钢市委副书记。

甘栓柱 男,汉族,1966年5月出生,河南省叶县人,1986年7月参加工作,1989年8月加入中国共产党,大学学历。中共舞钢市委常委、市政府常务副市长。

1984年9月,入中牟农校学习。1986年7月,毕业到叶县遵化乡工作。1989年11月,调入共青团叶县县委,历任干事、副书记。1990年7月,高自考汉语言文学专业毕业。1995年3月后,历任叶县仙台镇、龚店乡党委副书记。1998年1月,任叶县老干部局局长,同年12月,中央党校经济管理专业本科班毕业。2000年1月,任叶县邓李乡党委副书记、乡长。2001年4月,任舞钢市人民政府副市长。2003年3月,任中共舞钢市委常委、统战部部长。2004年12月,兼任中共政协舞钢市委员会党组副书记。2009年8月,任舞钢市人民政府常务副市长。

仝红伟 男,满族,1969年10月出生,河南省唐河县人,1984年10月参加工作,1993年12月加入中国共产党,研究生学历。中共舞钢市委常委、纪委书记。

1975年9月,入临汝县东大小学读书。1979年9月,入临汝西街初中。1981年9月,入临汝县城关高中。1984年7月,到临汝化肥厂工作。1985年10月,调临汝县烟草局,历任烟草专卖办公室副主任、主任。1986年至1988年,在平顶山师专脱产进修2年。1993年10月,任汝州市温泉镇副镇长、政协工作委员会主任。1991年至1995年,参加福州大学法律系函授学习。1995年12月,任平顶山市人民检察院监察室副主任。1997年12月,任中共舞钢市人民检察院党组书记、代检察长。1998年3月,在舞钢市六届人大一次会议上当选为市人民检察院检察长。1999年11月,被河南省人民检察院授予“四级高级检察官”。2003年3月,任中共舞钢市委常委、政法委书记。2009年8月,任中共舞钢市委常委、纪委书记。

耿西岭 男,汉族,1963年11月出生,河南省襄城县人,1984年7月参加工作,

1992年加入中国共产党，大学学历。

1984年7月至1987年7月，在中共平顶山市委办公室工作。1987年7月至2000年2月，在中共平顶山市委保密办(市保密局)，历任副科长、科长。2000年2月至2002年10月，任中共平顶山市委办公室助理调研员。2002年10月至2004年8月，任中共平顶山市委常委办主任。2004年8月至2009年7月，任中共郏县县委常委、办公室主任。2009年7月，任中共舞钢市委常委、市委办公室主任。2010年12月离任。

康玉春　男，汉族，1959年7月出生，河南省周口市人，1977年9月参加工作，1985年11月加入中国共产党，大学学历，中共舞钢市委常委、市委组织部部长。

1977年9月至1978年3月，平顶山矿务局二矿掘进队下矿知青。1978年3月，入平顶山师范学习。1980年4月，分配到平顶山市郊区教体局工作，后到东高皇乡大营中学任教。1982年8月，调郊区广播站，历任记者、编辑、副站长、文化广播局副科级协理员兼广播站站长。1984年至1986年，参加郑州大学函授大专班学习。1990年5月后，任中共平顶山市郊区组织部组织员、办公室主任。1993年2月后，历任湛河区委组织部正科级组织员、干部科科长、区直机关工委书记、组织部副部长。1995年至1997年，参加中央党校经济管理专业本科班函授学习。2001年9月，任湛河区人民政府副区长。2003年3月，任中共平顶山市新华区委常委、组织部部长。2004年8月，任中共舞钢市委常委、组织部部长。

武宝玲　女，汉族，1963年2月出生，河南省鄢陵县人，1981年9月参加工作，1985年12月加入中国共产党，本科学历。中共舞钢市委常委、市委宣传部部长。

1979年10月至1981年7月，就读于平顶山卫校。1981年9月，任平顶山卫生学校教师、助理讲师，校办公室秘书。1990年2月，调中共平顶山市委宣传部，先后任党员教育科科员、新闻科科员、副科级宣传员。1995年1月，到平顶山市湛河区南环路街道挂职锻炼，先后任街道副主任、副书记。1997年1月，任平顶山市委宣传部新闻科科长。2001年2月，任平顶山市委外宣办主任。2006年5月，任中共舞钢市委常委、宣传部部长。

王　勇　男，汉族，1965年4月出生，安徽省颍上县人，1982年10月入伍，1986年3月加入中国共产党，本科学历。

自幼在家乡上学。1982年10月入伍，到中国人民解放军某师炮指连当战士。1984年9月，进入济南陆军学校通信大队学习。1986年7月后，任某集团军通信团无线一连排长、技术员、政治指导员。1993年12月后，任通信团组织股干事、宣传股股长。1997年12月，任河南省叶县人民武装部政工科干事。1998年6月，任汝州市人民武装部政工科科长。2001年6月，任河南省平顶山市卫东区人民武装部副部长。2003年3月，任平顶山军分区组织干部科科长。2006年1月至2010年4月,任舞钢市人民武装部政委。2006年5月,在中共舞钢市第六次代表大会上,当选为市委常委。1994年、2001年、2007年因工作成绩突出,分别荣立三等功。2010年6月离任。

高　杰　男,汉族,1973年11月出生,河南省滑县人,1987年10月参加工作,1990年7月加入中国共产党,研究生学历。

1987年10月,到北京军区63军187师通信营当战士。1990年9月,成为解放军测绘学院学员,后任助理员。1999年9月后,历任河南省信访局协调联络处科员、副主任科员。2002年12月至2006年2月,先后任河南省信访局办公室副主任科员、主任科员。2003年4月至2004年5月期间,在河南省原阳县驻村。2006年2月,任河南省信访局协调联络处主任科员。2007年12月,任河南省信访局办信处副处长。2008年12月,任中共舞钢市委常委、市人民政府副市长。2010年12月离任。

李国顺　男,汉族,1962年9月出生,河南省鲁山县人,1982年7月参加工作,1989年7月加入中国共产党,大专学历。中共舞钢市委常委、政法委书记。

1980年7月,入漯河师范学习。1982年7月至1992年2月,先后在鲁山县张官营中学、县商业局工作,历任团委书记、业务股副股长。1987年7月至1989年7月,在河南财经学院贸易系学习。1992年3月至1994年3月,在鲁山县马楼乡工作,历任科技副乡长、党委副书记。1994年3月,任鲁山县磙子营乡党委副书记、副乡长(正科级,主持政府工作)。1995年3月,任鲁山县董周乡党委副书记、乡长。1997年1月,任鲁山县背孜乡党委书记兼人大主席团主席。1998年8月,任鲁山县辛集乡党委书记兼人大主席团主席。2002年6月,任鲁山县鲁阳镇党委书记。2003年3月,任舞钢市人民政府副市长。2009年8月,任中共舞钢市委政法委书记。

孙希德　男,汉族,1966年9月出生,山东省昌乐县人,1986年7月参加工作,1992年11月加入中国共产党,在职研究生学历。中共舞钢市委常委、市委统战部部长。

1982年8月,入吉林省通化煤炭师范学校学习。1986年8月,毕业后在共青团舞钢区委任干事。1988年8月,在舞钢区第一造纸厂挂职锻炼,任纸厂筹备组成员。1989年9月至1991年11月,在河南财经学院贸易系进修学习。1991年8月,在共青团舞钢市委任干事。1993年7月,任共青团舞钢市委副书记。1995年5月,任共青团舞钢市委书记。1998年1月,任舞钢市杨庄乡党委副书记、乡长。2001年5月,任舞钢市杨庄乡党委书记兼乡人大主席团主席。2003年3月,任舞钢市总工会主席、党组书记。2004年8月,任舞钢市人民政府副市长。2009年8月,任中共舞钢市委常委、市委统战部部长。

温道军　男,汉族,1964年4月出生,河南省南召县人,中共党员,1988年毕业于河南大学,2006年省委党校硕士研究生班毕

业。中共舞钢市委常委、市人民政府副市长。

2000年11月至2007年10月，任河南省国防科工委办公室副主任(2005年、2006年主持办公室工作)。2007年，任河南省国防科工委调研员。2008年4月，任省国防科工委机关党委专职副书记。2009年8月，任中共舞钢市委常委、市人民政府副市长。

郭志勇　男，汉族，1968年11月出生，河南省郏县人，1989年7月参加工作，1993年5月加入中国共产党，1996年4月入伍，本科学历。中共舞钢市委常委、舞钢市人民武装部政委。

1987年9月，入平顶山学院(原平顶山师专)学习。1989年7月，任河南省郏县王集乡人民政府干事。1991年12月，任郏县人民武装部军事科参谋。2000年1月，任宝丰县人民武装部政工科长。1996年9月至1999年7月，在解放军南京政治学院学习。2005年1月，任平顶山市石龙区人民武装部副部长兼军事科长。2010年4月，任舞钢市人民武装部政治委员。2010年6月，任中共舞钢市委委员、常委。

孙书申　男，汉族，1965年1月出生，河南省叶县人，1984年7月参加工作，1990年12月加入中国共产党，本科学历。中共舞钢市委常委、市委办公室主任。

1982年9月，入河南省计划统计学校学习。1984年7月分配到叶县统计局(国家农调队)工作(其中1987年7月至1989年12月参加河南财经学院统计专业高自考专科段学习，取得大专学历)。1990年7月，调中共平顶山市委办公室工作。1992年12月任中共平顶山市委办公室副科级秘书(其中1995年6月至1997年7月参加郑州大学新闻专业高自考本科段学习，取得本科学历)。1998年3月，任中共平顶山市委办公室主任科员(其中1998年8月至2000年8月到叶县龚店乡任党委副书记，挂职锻炼)。2000年11月，任中共平顶山市委办公室第二秘书科副科长(正科)。2002年2月，任中共平顶山市委常委办副主任。2007年8月，任中共平顶山市委办公室副调研员。2009年10月，任中共平顶山市委常委办主任。2010年12月，任中共舞钢市委常委、市委办公室主任。

李辰有　男，汉族，1951年8月出生，河南省舞钢市人，1968年1月入伍，1969年5月加入中国共产党，大学学历。正县级干部。

1968年1月，参加中国人民解放军，先后在陆军70师208团当战士、班长。1970年9月，在空军16航空学院当学员、副区队长。1974年10月后，历任航空兵25师75团通信长、通信副主任、政治处副主任。1987年1月转业，在平顶山市新华区新华街街道先后任总支委员、副书记、总支书记、党委书记等职。1992年12月，任舞钢市人民政府副市长。1998年3月，在市六届人大一次会议上，当选为舞钢市人大常委会副主任。2003年4月，当选为舞钢市第七届人大常委会副主任。2007年3月离任，被明确为正县级干部。

王全水 男,汉族,1952年10月出生,河南省舞钢市人,1988年参加工作。正县级干部。

1958年9月起,入舞钢市黄庄村小学、舞阳县牛市口小学学习。1964年9月,入舞阳县一中学习。1972年7月,毕业回乡务农。曾任农业技术员、生产队队长。1988年后,历任舞钢市枣林乡农技站站长、乡农委主任。1995年3月,任舞钢市蔬菜办公室主任。同年,在市政协第五届委员会第一次会议上,当选为副主席。1998年3月,当选为市政协六届委员会副主席。2003年4月,在政协舞钢市第七届委员会第一次会议上,当选为副主席。2007年3月离任,被明确为正县级干部。

市人大常委会

杨　森 男,汉族,1954年12月出生,河南省舞钢市人,1972年12月入伍,1975年12月加入中国共产党,大专学历。中共舞钢市人民代表大会常务委员会党组书记,舞钢市第八届人民代表大会常务委员会主任。

1972年12月至1976年6月,在中国人民解放军工程兵52师180团任战士、班长。1976年7月,在工程兵第三工程维护大队警通连任技师。1978年9月,任第三工程维护大队司令部参谋。1982年6月至1984年9月,在总参武汉通讯学院学习。1984年7月,任工程兵第三工程维护大队司令部副营职参谋。1986年2月后,任舞钢区人民武装部军事科副科长、办公室副主任。1988年9月,任舞钢市人民武装部副部长。1992年3月,任舞钢市人民武装部部长、党委副书记。2000年12月,任舞钢市人民政府副市长。2003年4月,在舞钢市第七届人民代表大会第一次会议上,当选为市人民政府副市长。2004年8月,任中共舞钢市委常委、宣传部部长。2006年4月,任中共舞钢市人民代表大会常务委员会党组书记。2007年4月,在舞钢市第八届人民代表大会第一次会议上,当选为舞钢市人大常委会主任。

尚德山 男,汉族,1962年10月出生,河南省郏县人,1982年6月参加工作,1991年7月加入中国共产党,在职研究生学历。舞钢市第八届人民代表大会常务委员会副主任。

1971年至1979年,在郏县冢头乡车寨学校学习。1979年,入新乡医学院学习。1982年6月,到舞钢区人民医院工作,历任外科副主任、外科主任、院长助理、副院长。1999年1月,任舞钢市卫生局党委委员、人民医院院长。2001年4月,任舞钢市卫生局党委副书记。2002年10月,兼任舞钢市人民医院党总支书记。2003年4月,在舞钢市七届人大第一次会议上,当选为人大常委会副主任,兼任市卫生局党委副书记、人民医院党总支书记、院长。2006年9月,不再兼任市卫生局党委副书记、人民医院党总支书记、院长职务。2007年4月,在舞钢市第八届人民代表大会第一次会议上,当选为舞钢市人大常委会副主任。

王培朝 男,汉族,1956年4月出生,河

南省舞钢市人,1976年8月参加工作,1985年9月加入中国共产党,在职研究生学历。舞钢市第八届人民代表大会常务委员会副主任。

1976年8月至1979年2月,在八台公社赵案庄学校任民师。1979年3月至1981年2月,在舞钢区师范学校学习。1981年3月至1983年9月,在舞钢区尚店高中任教。1983年10月至1989年3月,任舞钢区铁山乡教育专干、党委办公室干事。1989年4月至1989年10月,任舞钢区王店乡人武部部长。1989年11月至1990年8月,任舞钢区尹集乡人武部部长。1990年9月至1993年1月,任舞钢市枣林乡人武部部长。1993年2月至1996年4月,任舞钢市尹集乡党委副书记、乡长。1996年5月至1997年12月,任舞钢市八台镇党委书记、镇长。1998年1月至2001年8月,任舞钢市铁山乡党委书记。2001年10月,在政协舞钢市六届五次会议上,当选为政协副主席。2003年4月,任舞钢市人民政府副市长。2007年4月,在舞钢市第八届人民代表大会第一次会议上,当选为舞钢市人大常委会副主任。

张瑞民　男,汉族,1957年12月出生,河南省舞钢市人,1976年9月参加工作,大专学历。舞钢市第八届人民代表大会常务委员会副主任。

1976年9月,任舞钢区砂厂业务员,搬运公司会计。1984年7月,任舞钢区铁山乡运输公司经理。1987年4月,任舞钢区铁山乡企业委副主任兼运输公司经理。1990年11月,任舞钢市铁山乡企业委主任。1991年7月,任舞钢市铁山乡党委副书记。1993年2月,任舞钢市铁山乡党委副书记兼企业委主任。1995年3月,任舞钢市尚店镇党委副书记、常务副镇长。1998年1月,任舞钢市尹集镇党委副书记、镇长。1999年1月,任舞钢市尹集镇党委书记兼人大主席团主席。2002年6月,任舞钢市人事劳动和社会保障局党委书记、局长。2007年4月,在舞钢市第八届人民代表大会第一次会议上当选为舞钢市人大常委会副主任,兼任市人事劳动和社会保障局党委书记。2008年10月,兼任寺坡街道党工委书记。2009年8月,不再兼任市人事劳动和社会保障局党委书记。2009年11月,不再兼任寺坡街道党工委书记。

唐巍巍　男,汉族,1971年11月出生,河南省舞钢市人,本科学历。舞钢市第八届人民代表大会常务委员会副主任。

1987年9月,入平顶山师范学习。1990年7月,毕业分配到舞钢市八台镇杨楼学校任教。1992年11月,调舞钢市人大工作。1996年1月至2002年5月,任舞钢市王店乡政府副乡长。2002年6月至2004年10月,任舞钢市第七届人大常委会委员、人大财工委副主任。2004年11月至2007年2月,任舞钢市第七届人大常委会委员,人大财工委主任。2007年4月,在舞钢市第八届人民代表大会第一次会议上当选为舞钢市人大常委会副主任。

滕　毅　男,汉族,1960年7月出生,山东省蓬莱市人。舞钢市人大常委会副主任。

自幼在家乡上学。1979年10月,应征入伍到中国人民解放军山东省军区独立师2团

3营8连。1981年9月,在济南陆军学院后勤训练大队三中队任学员。1982年7月后,历任山东省桓台县人民武装部管理员、参谋、副科长、科长、副部长。1985年5月,加入中国共产党。2002年10月,任山东省淄博军分区后勤部供应科科长。2003年1月,任舞钢市人民武装部部长。2008年1月离任。2009年3月,在舞钢市第八届人民代表大会第三次会议上,当选为舞钢市人大常委会副主任。

吕耀亭 男,汉族,1950年9月出生,河南省舞钢市人,1970年9月加入中国共产党。大专学历。

1968年2月入伍,在中国人民解放军66军任通讯员。1969年1月至1971年3月,在解放军机要学校大专班学习。1971年4月至1978年2月,在总参谋部机要局任译电员、机要参谋。1978年3月,转业到舞钢区委组织部任干事。1980年6月,任副科级干事、干部组组长。1986年6月,任干部科科长(正科级)。1989年11月,任组织部常务副部长。2001年3月,当选为政协舞钢市委员会副主席。2003年4月,当选为舞钢市第七届人民代表大会常务委员会副主任。2007年4月,任舞钢市八届人大常委会党组成员,不再担任舞钢市第八届人民代表大会常务委员会副主任职务。2010年12月退休。

马留妮 男,汉族,1955年10月出生,河南省平舆县人,1977年5月加入中国共产党,1972年12月参加工作,大专学历。舞钢市八届人大常委会党组成员。

1972年12月至1983年5月,在453部队服役,历任战士、排长。1983年5月至1985年12月,在河南煤炭基建公司六处保卫科工作。1985年12月至1994年9月,在平顶山市公安局卫东区分局工作,历任办公室干部、科员、副主任、主任。1994年9月至1999年3月,任平顶市公安局办公室副主任。1999年3月至2003年5月,任舞钢市公安局政委、党委副书记。2003年5月至2009年12月,任舞钢市公安局党委书记、局长、副处级侦查员。2009年12月,任舞钢市八届人大常委会党组成员。

于奇峰 男,汉族,1959年9月出生,河南省舞阳县人,1978年3月参加工作,1981年4月加入中国共产党,本科学历。舞钢市第八届人民代表大会常务委员会党组成员。

1978年至1981年,在中国人民解放军592团服役。1982年至1992年5月,在舞钢市五交化公司工作,任副经理、经理。1992年6月至1993年3月,在舞钢市地名办工作,任副主任。1993年3月至1997年12月,在舞钢市武功乡工作,任企业办主任、乡党委副书记。1998年1月至2000年4月,在舞钢市王店乡工作,任常务副书记、乡长。2000年4月至2004年7月,在舞钢市尚店镇工作,任镇长。2000年至2002年,在河南省委党校经济管理专业学习。2004年7月至2010年10月,在舞钢市武功乡工作,任乡党委书记。2010年10月,任舞钢市人大常委会党组成员。

市人民政府

白立凡　简介见81页。
甘栓柱　简介见82页。
高　杰　简介见84页。
温道军　简介见84页。

张哈生　男，汉族，1960年6月出生，吉林省通化市人，1977年8月参加工作，2002年2月加入中国农工民主党，大学学历。

1977年8月，高中毕业后在平顶山市郊区薛庄青年队锻炼。1979年8月，入山东建材工业学院无机材料与工程专业学习。1983年8月，在平顶山水泥厂任工程师。1985年10月，任平顶山市经委生产调度室科员。1994年7月，任平顶山市政府煤炭焦炭管理办公室副主任。1997年11月，任平顶山市经济贸易委员会安全科科长。2002年12月，任平顶山经济贸易委员会信访工作办公室主任。2003年3月，任舞钢市人民政府副市长。2010年12月离任。

冀聚良　男，汉族，1970年4月出生，河南省襄城县人，1992年6月加入中国共产党，1992年7月参加工作，本科学历。

1988年9月至1992年7月，在四川大学学习。1992年7月，在平顶山市干部学校工作。1994年8月，到平顶山市委组织部工作，先后任副科级组织员、研究室副主任、正科级组织员、县(市)区干部科副科长。其间，协助省委组织部完成调研课题《干部能上能下机制问题研究》，获中央组织部课题一等奖。2004年4月，调平顶山市人民政府办公室工作，先后任主任科员、助理调研员。2006年7月，任舞钢市人民政府副市长。2010年7月离任。

李丰源　男，汉族，1968年9月出生，江西省兴国县人，1989年9月参加工作，1996年1月加入中国共产党，在职研究生学历，高级经济师。舞钢市人民政府副市长。

1985年9月至1989年6月，在郑州大学学习。1989年7月至1992年1月，在河南瑞莱星公司工作。1992年2月至2000年7月，在河南省外事办工作，先后任企业处科员、行政管理处副主任科员、主任科员。2000年8月至2007年8月，在河南省旅游局工作，先后任行业管理处主任科员、副调研员(2004年，在职攻读华中科技大学文学硕士学位研究生)。2007年9月，任舞钢市人民政府副市长。

李素清　女，汉族，1968年2月出生，河南省汝南县人，中共党员，本科学历，国家田径一级教练。

1987年7月，毕业于武汉体院。1987年7月至1997年11月，任平顶山市体育运动学校教练。1997年11月至2005年12月，历任平顶山市体育局人事科副科长、纪检组副组长、人事科科长。2005年12月至2009年8月，任平顶山市水上运动学校党支部书记。2009年8月,任舞钢市人民政府党组成员、副市长。2010年12月离任。

世利平 男,汉族,1963年9月出生,河南省襄城县人,1980年12月参加工作,1985年1月加入中国共产党,本科学历,经济师。舞钢市人民政府副市长。

1980年12月至1982年2月,在舞钢区一高任教。1982年2月至1986年11月,在舞钢区政府办公室工作。1986年11月至1987年3月,任舞钢区委政研室副主任。1987年4月至1993年3月,任舞钢区(市)政府办公室副主任。1993年4月至1997年12月,任舞钢市委办公室副主任。1998年1月至2007年3月,任中共舞钢市委委员、枣林乡党委书记。2006年5月,被明确为舞钢市副县级干部。2007年3月,任舞钢市人民政府市长助理。2010年12月,任舞钢市人民政府副市长。

闫广甫 男,汉族,1962年8月出生,河南省郾城县人,1984年5月加入中国共产党,本科学历。舞钢市人民政府副市长。

1979年9月至1981年7月,在洛阳林校学习。1981年7月,在宝丰县李庄乡政府任林业专干、乡团委书记。1983年12月,在宝丰县李庄乡任副乡长。1988年10月,在宝丰县土地局任副局长、党组成员。1995年11月,在宝丰县杨庄镇任镇长、副书记。2000年9月,在宝丰县杨庄镇任书记、人大主席。2002年,在北大研究生课程进修班结业。2006年5月,被平顶山市组织部任命为副县级干部。2007年3月,在宝丰县政府工作,任县长助理、县政府党组成员。2008年6月,兼任宝丰县产业集聚区管委会常务副主任。2010年12月,任舞钢市人民政府党组成员、副市长。

王冬梅 女,汉族,1968年11月出生,河南省舞钢市人,1986年7月参加工作,1998年7月加入中国共产党,本科学历。舞钢市人民政府副市长。

1986年7月至1990年7月,在舞钢市第二小学任教。1990年8月至1995年2月,任舞钢市妇联儿童部长。1995年3月至2000年2月,任舞钢市铁山乡副乡长、杨庄乡副书记。2000年3月至2004年10月,任舞钢市直机关工委书记。2004年11月至2009年7月,任舞钢市人口计生委党组书记、主任。2009年8月至2010年11月,任舞钢市民政局党组书记、局长。2010年12月,任舞钢市人民政府副市长。

杨书山 男,汉族,1968年10月出生,河南省郾城县人,1989年7月参加工作,1992年1月加入中国共产党,在职研究生学历。舞钢市人民政府党组成员。

1987年9月至1989年7月,许昌师专学习。1989年8月至1991年3月,舞钢市司法局工作。1991年4月至1994年8月,任王店乡副乡长。1994年9月至1995年12月,任舞钢市王店乡党委副书记。1996年1月至1997年12月,任舞钢市王店乡常务副书记、人大主席团副主席。1998年1月至1998年12月,任舞钢市团委书记。

1999年1月至2002年4月，任舞钢市武功乡党委书记兼人大主席团主席。2002年5月至2005年12月，任舞钢市尚店镇党委书记。2005年12月至2007年8月，任舞钢市尚店镇党委书记兼人大主席团主席。2007年8月，被明确为副县级干部。2009年9月，任舞钢市人民政府党组成员。

刘吉功　男，汉族，1962年2月出生，河南省舞钢市人，1981年9月参加工作，1986年9月加入中国共产党。舞钢市人民政府党组成员。

1979年9月至1981年7月，在河南省许昌地区师范学校上学。1981年6月至1988年8月，在舞钢市第二高级中学任教。1988年9月至1990年12月，在舞钢市乡镇企业委员会工作。1991年1月至1993年1月，在舞钢市第三造纸厂工作，历任副厂长、支部副书记、厂长、支部书记。1993年2月至1995年12月，任舞钢市尚店镇党委副书记。1996年1月至1999年2月，任舞钢市体改委副主任。1999年3月至2002年4月，任舞钢市体改委主任、党组书记。2002年5月至2007年8月，任舞钢市垭口街道党工委书记。2007年8月，被明确为副县级干部。2009年9月，任舞钢市人民政府党组成员。

陈金甫　男，汉族，1962年5月出生，河南省舞钢市人，1980年参加工作，1992年12月加入中国共产党。舞钢市人民政府党组成员。

1976年9月至1979年7月，入舞钢市第二初级中学学习。1980年11月至1983年10月，在部队服役。1983年10月至1986年3月，在家待业。1986年3月至1990年5月，在六冶联营大理石厂任车间主任。1990年5月至1995年5月，任舞钢市商业局机械电子公司经理。1995年5月至1998年9月，任舞钢市商业局党委委员、副局长。1998年9月至2001年1月，任舞钢市商业局副局长兼石油公司经理（正科）。2001年1月至2002年5月，在市政府创建办工作。2002年5月，任舞钢市院岭街道党工委书记。2007年12月，被明确为副县级干部。2008年10月，任舞钢市人民政府党组成员。

王海彦　男，汉族，1965年12月出生，河南省舞钢市人，1987年7月参加工作，1990年12月加入中国共产党。研究生学历。舞钢市人民政府党组成员。

1985年9月至1987年7月，入河南水电工程学校学习。1987年7月至1990年7月，任舞钢市尚店乡团委书记。1990年9月至1993年6月，在中国青年政治学院学习行政管理专业（大专）。1990年8月至1995年12月，任舞钢市尚店镇乡企业委主任。1996年1月至1998年12月，任舞钢市政府蔬菜办公室副主任。1995年9月至1997年12月，在中共中央党校函授学院学习经济管理（本科）专业。1999年1月至2000年3月，任舞钢市铁山乡政府乡党委委员、纪委书记。2000年4月至2001年4月，任舞钢市铁山乡党委副书记、乡长。1998年9月至2000年6月，在北京师范大学研究生院企业管理专业在职学习。2001年5月至2003年5月，任舞钢市杨庄乡党委副书记、乡长。2003年5月至2004年5月，任舞钢市杨庄乡党委书记、乡长。2004 年 5 月至 2005 年 12 月,任舞钢市杨庄乡党委书记。2005 年 12 月至 2009 年 6 月,任舞钢市杨庄乡党委书记兼人大主席团主席。2009 年 8 月,被明确为副县级干部。2009 年 6 月至 2009 年 8 月,任副县级干部兼杨庄乡党委书记、人大主席团主席。2009 年 12 月,任舞钢市人民政府党组成员。

刘林山 男,汉族,1966 年 12 月出生,河南省舞钢市人,1990 年 7 月参加工作,1993 年 12 月加入中国共产党,大专学历。舞钢市人民政府党组成员。

1987 年 9 月至 1990 年 7 月,入郑州牧专学习。1990 年 7 月至 1996 年 1 月,任舞钢市王店乡农业技术推广站站长。1996 年 2 月至 2000 年 4 月,任舞钢市王店乡组宣委员。2000 年 4 月至 2008 年 10 月,任舞钢市院岭街道办事处主任。2008 年 10 月至 2009 年 6 月,任舞钢市院岭街道党工委书记。2009 年 6 月至 2009 年 9 月,任舞钢市院岭街道党工委书记、副县级干部。2009 年 9 月,任舞钢市人民政府党组成员、副县级干部。

全占军 男,汉族,1979 年 12 月 21 日出生,河北省张家口市人,2001 年 11 月加入中国共产党,2005 年 9 月参加工作,研究生学历,自然地理学在读博士。舞钢市人民政府市长助理。

1998 年 9 月至 2002 年 7 月,就读于北京林业大学。2002 年 9 月至 2005 年 7 月,就读于北京师范大学,获理学硕士。2009 年 9 月开始,在北京师范大学读在职博士。2005 年至今,任中国环境科学研究院生态所助理研究员,院研究生党支部副书记。主要从事 GIS 在生态风险评价中的应用研究,发表论文 22 篇,其中 SCI 两篇。2009 年 11 月,任舞钢市人民政府党组成员、市长助理。

张宏伟 男,汉族,1967 年 3 月出生,河南省舞钢市人,1985 年 4 月加入中国共产党,1985 年 7 月参加工作,在职研究生学历。舞钢市人民政府党组成员、副县级干部。

1982 年 9 月至 1985 年 7 月,入漯河师范学习。1985 年 7 月至 1990 年 9 月,在舞钢市纪律检查委员会工作。1990 年 9 月至 1992 年 7 月,在北京大学国际政治系脱产学习。1993 年 1 月至 1999 年 1 月,任舞钢市八台镇副镇长、党委副书记、常务副镇长(正科)。1999 年 1 月至 2004 年 5 月,任舞钢市庙街乡党委副书记、乡长。其间,在北京大学行政管理学院举办的在职研究生班学习。2004 年 5 月至 2010 年 9 月,任舞钢市铁山乡党委书记。2010 年 8 月,被确定为副县级干部。2010 年 9 月,任舞钢市人民政府党组成员。

谢炎涛 男,汉族,1964 年 8 月出生,1983 年 7 月参加工作,1986 年 6 月加入中国共产党,本科学历,经济师。舞钢市人民政府党组成员、副县级干部。

1983 年 7 月至 1992 年 12 月,历任舞钢市尚店镇武装部干事、副部长、镇党委委员、人武部部长。1993 年 1 月至 1998 年 12 月，历任舞钢市杨庄乡党委委员、人武部部长、副乡长兼人武部部长。1999 年 1 月至 2001 年 8 月，任舞钢市尹集镇党委副书记。2001 年 9 月至 2004 年 4 月，任舞钢市八台镇党委副书记、镇长。2004 年 5 月至 2010 年 9 月，任舞钢市八台镇党委书记、人大主席。2010 年 8 月，被确定为副县级干部。2010 年 9 月，任舞钢市人民政府党组成员。

陈建政　男，汉族，1965 年 3 月出生，河南省舞钢市人，1994 年 11 月加入中国共产党，本科学历，经济师。舞钢市人民政府党组成员、副县级干部、中共平顶山市委第七届党代表。

1985 年 8 月至 1989 年 4 月，历任舞阳钢铁公司炼钢厂班组长、炉前电气组长。1989 年 4 月至 1996 年 1 月，历任舞钢市经济体制改革委员会副科长、科长。1996 年 1 月至 1999 年 1 月，任舞钢市尹集镇副镇长。1999 年 1 月至 2002 年 5 月，任舞钢市枣林乡副乡长，2002 年 5 月至 2004 年 5 月，任舞钢市朱兰街道党工委副书记、办事处主任。2004 年 5 月至 2010 年 9 月，任舞钢市朱兰街道党工委书记。2010 年 8 月，被确定为副县级干部。2010 年 9 月，任舞钢市人民政府党组成员。

政协舞钢市委员会

高宝山　男，汉族，1951 年 9 月出生，河南省舞钢市人，1971 年参加工作，1974 年 5 月加入中国共产党，大学学历。中共政协舞钢市委员会党组书记、政协舞钢市第八届委员会主席。

1968 年 9 月至 1970 年 9 月，在舞钢区尚店高中学习。1971 年，任舞钢区尚店公社电影放映员。1972 年 8 月后，历任舞钢区杨庄公社团委干事、党办干事、团委书记。1980 年 8 月，任舞钢区团委书记。1983 年 12 月，任舞钢区杨庄乡党委书记。1987 年 9 月，任舞钢区体改委主任。1989 年 7 月，任舞钢区商业局局长、党委书记。1990 年 7 月，任舞钢区政府办公室主任。1992 年 12 月，任舞钢市人民检察院检察长。1995 年 2 月，任汝州市人民法院院长。1997 年 12 月，任中共叶县县委常委、政法委书记。2002 年 3 月，任叶县县委副书记、纪委书记。2003 年 3 月，任中共政协舞钢市委员会党组书记。2003 年 4 月，任政协舞钢市第七届委员会主席。2007 年 4 月，任政协舞钢市第八届委员会主席。

刘海欣　男，汉族，1954 年 2 月出生，河南省舞钢市人，1976 年 6 月加入中国共产党，大专学历。政协舞钢市第八届委员会副主席。

1972 年 12 月入伍，在中国人民解放军河南 2 师当战士。1977 年 4 月，复员回乡，后考入舞钢区师范学习。1980 年 12 月后，在舞钢区八台乡任教师、乡干部。1986 年 10 月，任舞钢区武功乡党委副书记。1992 年 3 月后，历任舞钢市安寨乡乡长、党委书记。1997 年 6 月，任舞钢市水利局局长、党组书记。2003 年 3 月，任中共政协舞钢市委员会党组副书记。2003 年 4 月，任中共政协舞钢市第七届委员会副主席。2007年4月,任政协舞钢市第八届委员会副主席。

田兴文 男,汉族,1957年8月出生,河南省舞钢市人,中共党员,本科学历。政协舞钢市第八届委员会副主席。

1978年8月至1981年8月,在舞钢师范学习。1981年9月至1985年9月,在舞钢区武功乡田岗学校任教。1985年9月至1987年9月,在河南师范学院学习。1987年10月至1989年4月,任舞钢区武功乡教办文教助理。1989年5月至1990年12月,任舞钢市王店乡党委副书记、组织委员。1991年1月至1995年3月,任舞钢市安寨乡党委副书记。1995年3月至1997年12月,任舞钢市尚店镇常务副书记兼人大主席团常务主席。1998年1月至1999年1月,任舞钢市尚店镇党委书记。1991年1月至2002年5月,任舞钢市尚店镇党委书记兼人大主席团主席。2002年5月至2007年3月,任舞钢市民政局党组书记、局长。2007年4月,任政协舞钢市第八届委员会副主席兼民政局党组书记。2009年8月,不再担任市民政局党组书记。

李　凯 男,汉族,1973年5月出生,黑龙江省齐齐哈尔市人,大专学历。政协舞钢市第八届委员会副主席。

自幼在舞钢公司子弟学校学习。1991年1月至1992年12月,在部队服役。1993年6月至1994年8月,在舞钢公司工作,同时参加郑州大学经济管理大专班学习。1995年9月至1999年6月,任舞钢市金属回收公司经销处经理。1999年6月至2001年9月,被聘任为舞钢市物资局副局长。2001年8月,当选为平顶山市政协委员、工商业联合会(总商会)副会长,舞钢市人大代表、政协常委、工商业联合会(总商会)会长。2002年10月,任舞钢中加钢铁有限公司总经理。2006年1月,任中加集团常务副总经理。2007年4月,在政协舞钢市第八届委员会第一次会议上,当选为副主席。

市人民武装部

王　勇 简介见83页。

郭志勇 简介见85页。

胡进锋 男,汉族,1966年10月出生,河南省舞阳县人,1985年11月入伍,1988年7月加入中国共产党,硕士学位。舞钢市人民武装部部长。

1985年11月,从河南省舞阳县入伍。1987年9月,入徐州工程兵指挥学院学习。1992年3月,在装甲某师装步团任连长。1995年2月,任该团作训股股长。1998年8月,任某师作训科副科长。2001年3月,任某师侦察科科长。2002年2月,任某师装甲42团参谋长。2003年2月,任某师作训科科长。2004年10月,任陆军某集团军装甲兵处处长。2008年2月,任舞钢市人民武装部部长。先后参加过"98—长江"抗洪抢险、"铁拳—2004"涉外军事演习、"和平使命—2005"中俄联合军事演习、"联合—209"战区联合战役集训等重大军事活动。2000年10月,军区表彰为"优秀六会"参谋。两次立三等功。

市人民法院

李平贵　男，汉族，1963年11月出生，河南省新县人，大学学历。舞钢市人民法院院长。

1982年7月，毕业于河南冶金学校工业会计专业。1982年8月至1989年1月，在平顶山市汽车配件厂工作，历任会计、财务科长。其间，1984年9月至1986年2月，在河南广播电视大学工业企业管理专业学习。1989年1月至1989年11月，任平顶山市仪器仪表公司财务主管。1989年12月至1993年3月，在平顶山市监察局工作。1993年4月至1994年9月，在平顶山市纪律检查委员会工作。1994年10月至2000年8月，任平顶山市中级人民法院办公室副主任。其间，于1995年9月至1997年2月，在全国法院法律业大法律专业函授大专学习。2000年8月至2002年8月，任平顶山市中级人民法院办公室副主任（正科级）。2000年12月，郑州大学法律专业自考本科毕业。2002年8月至2005年10月，任平顶山市中级人民法院法警支队政委。2005年10月至2006年11月，任平顶山市中级人民法院法警支队政委、副处级审判员。2006年11月，任平顶山市中级人民法院办公室主任。2008年12月，任舞钢市人民法院党组书记、代院长。2009年3月，任舞钢市人民法院党组书记、院长。

市人民检察院

马国兴　男，汉族，1966年10月出生，河南省封丘县人，1986年7月参加工作，1994年7月加入中国共产党，大学学历。舞钢市人民检察院检察长。

1983年9月至1986年7月，入汲县师范学校学习。1986年7月至1994年7月，平顶山检察院书记员、助检员。1994年7月至2000年6月，平顶山检察院副科级检察员。2000年6月至2000年8月，任平顶山市检察院法警支队副队长，兼计划财务装备处副处长。其间，参加第二炮兵指挥学院法律专业函授学习，于2001年6月毕业。2002年9月至2004年12月，任平顶山市检察院反贪污贿赂局侦查二处处长。2005年1月至2007年4月，任平顶山市人民检察院反渎职侵权局副局长。2007年4月，任舞钢市人民检察院检察长、党组书记。

市公安局

王中孚　男，汉族，1969年7月出生，河南省鲁山县人，1991年7月参加工作，1998年8月加入中国共产党，本科学历。舞钢市公安局局长。

1976年9月至1989年7月，在鲁山县学习。1989年9月至1991年7月，在郑州人民警察学校学习。1991年7月至1995年3月，在平顶山新华公安分局工作。1995年3月至1997年5月，任平顶山市光明路派出所科员。1997年5月至1997年12月，任平顶山新华分局刑侦大队科员。1998年1月至2000年1月，任平顶山市公安局督察处科员。2000年1月至2002年12月，任平顶山市公安局督察处副处长。2002

年12月至2006年3月,任平顶山市公安局督察处处长。2006年3月,任舞钢市公安局政委。2007年8月,任平顶山市公安局副县级侦查员。2009年12月,任舞钢市公安局党委书记。2010年1月,任舞钢市公安局局长。

市总工会

高淑新　女,汉族,1971年9月出生,河南省舞钢市人,1991年9月参加工作,1993年12月加入中国共产党,研究生学历。舞钢市总工会主席。

1988年7月至1991年9月,就读于河南省财经学校(原省供销学校)。1991年10月至1995年12月,历任舞钢市杨庄乡政府宣传干事、团委书记、妇联主席。1996年1月至1998年12月,任舞钢市枣林乡党委宣传委员。1999年1月至1999年5月,任舞钢市枣林乡纪检书记。1999年6月至2002年5月,任共青团舞钢市委书记。2000年7月至2002年6月,进修北京大学研究生行管专业。2002年6月至2005年12月,任舞钢市尹集镇党委书记。2005年12月至2007年2月,任舞钢市尹集镇党委书记兼人大主席团主席。2007年3月,任舞钢市总工会主席。

市委群众工作部

陈云洲　男,汉族,1963年10月出生,河南省舞钢市人,1982年7月参加工作,1986年9月加入中国共产党,本科学历。中共舞钢市委群工部部长。

1980年9月至1982年7月,在漯河师范学习。1982年7月至1988年9月,任舞钢市武功乡团委书记。1988年9月至1990年8月,任舞钢市林业局办公室主任。1990年8月至1993年2月,任舞钢市纪律检查委员会检查员。1993年2月至1996年3月,任舞钢市安寨乡纪检书记。1996年3月至1999年3月,任舞钢市安寨乡党委副书记。1999年3月至2004年3月,任舞钢市信访局局长。2004年3月至2007年7月,任舞钢市委办公室副主任兼信访局局长。2007年7月,任中共舞钢市委群工部部长。

驻市大型企业领导

河北钢铁集团
舞阳钢铁有限责任公司

杨成文　男,汉族,1954年10月出生,河北省邱县人,1970年12月参加工作,1979年7月加入中国共产党,北京交大EMBA专业毕业,研究生学历,教授级高级工程师。河北钢铁集团舞阳钢铁有限责任公司董事长、党委书记。

1970年12月至1992年2月,在邯郸钢铁总厂二炼钢分厂、一炼钢分厂工作(其间,1976年6月至1979年9月河北矿业学院炼钢专业本科毕业)。1992年2月至1994年5

月，历任邯郸钢铁总厂一炼钢分厂代党委副书记、党委副书记。1994年5月至1997年6月，任邯郸钢铁总厂、邯郸钢铁集团有限责任公司总调度室副主任。1997年6月至2000年3月，历任邯郸钢铁集团有限责任公司总调度室代主任、主任。2000年3月至2001年11月，任邯郸钢铁集团有限责任公司销售处长（其间，1998年7月至2001年7月在河北师范大学世界政治经济与国际关系研究生进修班学习）。2001年11月至2006年5月，任邯郸钢铁集团有限责任公司副总经理。2006年5月至2007年12月，任邯郸钢铁集团有限责任公司董事、副总经理。2007年12月至2008年10月，任邯郸钢铁集团有限责任公司董事、副总经理，舞阳钢铁有限责任公司副董事长、党委书记。2008年10月，历任河北钢铁集团舞钢公司董事长、党委书记。

苏广奇　男，汉族，1955年11月出生，河南省舞钢市人，1972年12月参加工作，中共党员，高级会计师。

1973年3月，在洛阳市财贸学校工业会计班学习。1973年10月任矿山公司会计。1979年2月，到舞阳钢铁公司财务处任会计。1982年9月，入镇江冶金经济专科学校工业会计专业进修。1983年9月，在河南省电大工业会计专业学习。1984年10月后，历任舞阳钢铁公司财务处副科长、主任会计师、副处长、舞阳钢铁公司财务部部长等职务。1995年6月，任舞阳钢铁公司总经理助理兼财务部长、总会计师。2003年1月，任舞阳钢铁公司常务副总经理兼总会计师。2004年4月，任舞钢公司总经理。2010年7月离任。

安钢舞阳矿业公司

刘保平　男，汉族，1958年1月出生，河南省武陟县人，1997年6月加入中国共产党，大学本科学历。安钢舞阳矿业公司经理。

1980年7月，毕业于长沙冶金工业学校，分配到安钢杨家庄铁矿工作，任技术员。1981年5月后，在安钢矿山处、科技处任技术员、助理工程师。1987年7月，于西安建筑学院学习毕业，取得机械工程专业本科学历。1992年1月后，在安钢原料处任工程师、高级地质工程师。1998年1月任科长，同年被评为安钢集团公司劳动模范。2000年，被评为安钢集团公司专业技术学科带头人。2002年3月，任安钢集团公司舞阳矿业公司经理。

韩绿林　男，汉族，1964年1月出生，河南省安阳县人，1988年12月加入中国共产党，在职研究生学历，高级工程师。安钢舞阳矿业公司党委书记。

1984年7月，毕业于太原冶金工业学校。1996年6月，毕业于南开大学企业管理专业大专函授班。1984年8月至1997年6月，在安钢集团公司烧结厂工作，先后任技术员、工程师、车间主任、厂调度室主任。1995年，获"安钢十大杰出青年"称号。1996年，被评为安钢集团公司劳动模范。1997年6月，任安钢杨家庄铁矿副经理。2002年3月，任安钢集团舞阳矿业公司党委书记。

感动钢城电视人物

温西山 男,汉族,1928年生,中共党员,市委统战部离休干部。离休后,他始终保持健康向上的精神风貌,热心为群众服务,奉献社会。担任楼长,成立楼管会,负责辖区卫生、安全、宣传教育,甘愿为市民服务。扶危济困,资助贫困生上学。1999年,倡导成立老年婚介所,担任所长,义务为老年朋友牵线搭桥,已促成52对有情人组成新家庭。关爱老年朋友精神生活,从2002年开始,坚持每天晚上组织老年朋友在鑫源广场跳舞,陶冶老年人情操,并免费为老年朋友订70多份《舞钢信息》。身体力行为城市建设贡献力量,开辟"讲文明、树新风"专题板报,自编小曲《舞钢是个好地方》。

毛春峰 男,汉族,1927年生,中共党员,舞钢市商务局离休干部。离休后,坚持不辍,自学写作知识,撰写理论文章,编写健康知识小册子,收集革命史料,向广大青少年宣传党的优良传统,先后撰写了《对中小学生的教育促其健康成长》、《发扬党的光荣传统 做好新形势下的思想政治工作》等思想政治教育方面的文章40多篇60多万字,其中的大部分文章分别被《河南工人日报》、《老人春秋》、《平顶人日报》等多家媒体发表。省委常委、组织部长叶冬松,省委老干部局李树铭分别作出批示,号召全省"五老"向他学习。2009年6月,国家关工委主任顾秀莲同志亲笔题词,赞扬他关心青少年健康成长的精神。2009年9月,毛春峰光荣出席全省老干部工作表彰会,受到省委书记徐光春等领导的接见。

李松森 男,汉族,1993年生,舞钢市枣林镇人,辍学在家。自幼身患小儿麻痹,导致右半侧身子微斜,右手、右脚严重变形,行动不便,小学四年级又患上癫痫病。母亲瘫痪在床,生活无法自理;父亲因脑血管堵塞导致神志不清,生活无法自理。李松森初中二年级退学,以孱弱的病体照顾着生病的父母和年幼的弟弟生活起居。由于家庭经济状况不好,无力支付父母治病的钱,于是,如果能有个好心人给父母看病,就成了这个瘦弱、坚强的少年心中的愿望。

马黑吞 男,汉族,1931年生,舞钢市庙街乡人。马黑吞原本是八台卫生院的一名医生,妻子尹田婉在家务农。1997年,因妻子患脑血栓,马黑吞辞掉工作,花光所有积蓄,借遍亲朋好友,开始为妻子治病的漫漫长路。十几年来,马黑吞对妻子不离不弃,照顾细致入微,不论刮风下雨,马黑吞都坚持推着老伴求医问药。为了让妻子感到生命的意义和价值,马黑吞做任何一件事,即使是一件很小的事都和妻子商量,争取妻子的意见。马黑吞十几年如一日,精心照顾着老伴,如今妻子竟能下地走路了。

下安小学5人教师集体 尚店镇下安小学5位男老师,他们是王洪涛、柴长青、张春涛、陆向奇、张新永。下安小学位于舞钢市最西南端,5名老师年龄平均35岁,最远的老师来校要花费一个多小时跨县区走50余里,最近的也有15里路。午饭除了方便面就是汤面条要么捞面条。在这地跨3县的山乡小学,面对着苦闷又单调的生活,他们就苦中作乐摆摆棋谱,相对于生活在城市中的同龄人来说,他们失去了太多,但是他们谁也没有想过放弃那些可爱的孩子们。他们常年坚守在山区教育教学第一线,以工作为乐趣,热爱教育事业,把青春无悔地奉献给了山区的孩子们。

王佩佩　女,汉族,1999 年生,家住八台镇。2009 年,母亲不慎从房顶摔落在地,导致腰部以下瘫痪。父亲外出打工挣钱,妹妹年龄还小,王佩佩一个人挑起家庭的重担就落在了的身上。对于一个 10 岁的少年儿童来说,正是无忧无虑的享受美好时光的年龄,而王佩佩却过早地承担起了照顾家人的重担。她懂事、坚强,用稚嫩的肩膀承担起了家庭的重担,用行动诠释了“美德少年”的意义。

李德州　男,汉族,1957 年生,家住朱兰广源社区,下岗职工。李德州原本是高频制管厂的一名职工。1995 年,因企业效益不好,夫妻俩双双下岗,李德州靠打零工维持生计。2003 年,李德州岳父去世,留下一个偏瘫的岳母无人照顾,李德州夫妇便将老人接回自己家居住至今。在这 9 年的时间里,李德州无怨无悔地像对待自己的亲生母亲一样的精心伺候老人,为老人煎汤熬药、按摩身体,并关心老人的精神生活,使老人精神愉快,也有利于身体的康复。李德州敬老孝老,数年如一日地照顾老人,履行着自己对家庭、对长辈的责任。

2010年度舞钢市晋升高级专业技术职务人员

序号	姓　名	性别	出生年月	申报专业	证书编号	取得资格时间	单位名称
中学高级教师(共46人)							
1	卢焕民	男	1970.12	思想品德	B04100300139	2010.11.28	舞钢市实验小学
2	段学军	男	1971.8	生物	B04100300156	2010.11.28	舞钢市庙街中心校
3	邢丰香	女	1974.11	数学	B04100300152	2010.11.28	舞钢市武功乡第二初级中学
4	黄连峰	男	1962.4	英语	B04100300150	2010.11.28	舞钢市八台中心校
5	付新枝	女	1966.11	政治	B04100300137	2010.11.28	舞钢市第二初级中学
6	曹绍伟	女	1972.5	政治	B04100300136	2010.11.28	舞钢市第二初级中学
7	郭瑞宾	男	1976.9	英语	B04100300124	2010.11.28	舞钢市第一高级中学
8	李淑贞	女	1968.7	政治	B04100300132	2010.11.28	舞钢市第一初级中学
9	李海亭	男	1964.12	数学	B04100300126	2010.11.28	舞钢市第二高级中学
10	范军红	男	1971.3	语文	B04100300125	2010.11.28	舞钢市第二高级中学
11	刘明华	女	1973.12	语文	B04100300130	2010.11.28	舞钢市第一初级中学
12	王增民	男	1970.12	历史	B04100300131	2010.11.28	舞钢市第一初级中学
13	王献刚	男	1972.8	物理	B04100300122	2010.11.28	舞钢市第一高级中学
14	杨军杰	男	1974.7	英语	B04100300164	2010.11.28	舞钢市实验初中
15	贾　尊	女	1969.3	语文	B04100300133	2010.11.28	舞钢市第二初级中学
16	汪秀玲	女	1966.9	体育	B04100300165	2010.11.28	舞钢市艺术中学
17	王玉奎	男	1973.10	英语	B04100300138	2010.11.28	舞钢市第二初级中学
18	张亚明	男	1969.7	语文	B04100300135	2010.11.28	舞钢市第二初级中学
19	杨建国	男	1970.2	语文	B04100300134	2010.11.28	舞钢市第二初级中学
20	何增强	男	1970.1	职业技术	B04100300129	2010.11.28	舞钢市第一职业技术高中
21	杨勇安	男	1968.7	化学	B04100300123	2010.11.28	舞钢市第一高级中学
22	陈新杰	男	1970.12	英语	B04100300153	2010.11.28	舞钢市武功中心校
23	魏淑雅	女	1968.5	语文	B04100300151	2010.11.28	舞钢市武功中心校
24	臧书正	男	1974.1	数学	B04100300161	2010.11.28	舞钢市实验高中

续表1

序号	姓　名	性别	出生年月	申报专业	证书编号	取得资格时间	单位名称
25	阮宗怀	男	1973.11	物理	B04100300162	2010.11.28	舞钢市实验高中
26	周　霞	女	1972.2	语文	B04100300121	2010.11.28	舞钢市第一高级中学
27	夏旭泽	男	1972.12	语文	B04100300120	2010.11.28	舞钢市第一高级中学
28	杨小丽	女	1969.7	语文	B04100300140	2010.11.28	舞钢市体育运动学校
29	刘海召	男	1968.10	英语	B04100300160	2010.11.28	舞钢市枣林乡中心校
30	黄遂国	男	1971.11	英语	B04100300159	2010.11.28	舞钢市枣林乡中心校
31	李俊召	男	1969.2	物理	B04100300158	2010.11.28	舞钢市枣林乡中心校
32	张德顺	男	1957.8	语文	B04100300157	2010.11.28	舞钢市枣林乡中心校
33	殷兰欣	男	1972.2	语文	B04100300148	2010.11.28	舞钢市八台镇中心校
34	杨国臣	男	1956.10	数学	B04100300149	2010.11.28	舞钢市八台镇中心校
35	李松山	男	1968.1	化学	B04100300142	2010.11.28	舞钢市尚店镇中心校
36	于宏杰	男	1968.4	物理	B04100300141	2010.11.28	舞钢市尚店镇中心校
37	郭玉华	女	1966.10	政治	B04100300144	2010.11.28	舞钢市尚店镇中心校
38	柯培红	女	1968.8	地理	B04100300143	2010.11.28	舞钢市尚店镇中心校
39	鲁建林	男	1966.11	语文	B04100300154	2010.11.28	舞钢市尹集镇中心校
40	尹宏涛	男	1972.7	语文	B04100300155	2010.11.28	舞钢市尹集镇中心校
41	李松宇	男	1965.6	地理	B04100300147	2010.11.28	舞钢市杨庄乡中心校
42	刘爱香	女	1971.8	语文	B04100300145	2010.11.28	舞钢市杨庄乡中心校
43	夏权耀	男	1975.12	语文	B04100300146	2010.11.28	舞钢市杨庄乡中心校
44	张耀民	女	1965.9	政治	B04100300128	2010.11.28	舞钢市第二高级中学
45	杨志刚	男	1968.10	政治	B04100300127	2010.11.28	舞钢市第二高级中学
46	李玉层	女	1975.12	政治	B04100300163	2010.11.28	舞钢市实验初中
高级讲师(共1人)							
1	董晓丽	女	1968.8	中文	B04100200021	2010.12.12	舞钢市教师进修学校
副主任医师(共5人)							
1	凡艳丽	女	1966.11	西医 妇产科	B04101400035	2010.12.5	舞钢市 舞阳矿业公司职工医院
2	梁素红	女	1966.11	流行病	B04101400032	2010.12.5	舞钢市疾病预防控制中心

续表2

序号	姓　名	性别	出生年月	申报专业	证书编号	取得资格时间	单位名称
3	乔新玲	女	1971.8	西医眼科	B04101400033	2010.12.5	舞钢市人民医院
4	秦凤莲	女	1968.5	中药	B04101400052	2010.12.5	舞钢市中医院
5	张　策	男	1967.2	西医普内	B04101400034	2010.12.5	舞钢市 舞阳矿业公司职工医院
主任医师(共1人)							
1	高金松	男	1966.12	西医普外	A04101400014	2010.12.5	舞钢市人民医院
高级兽医师(共1人)							
1	刘春宇	男	1963.1	兽医	B04101000008	2010.11.14	舞钢市畜牧局

政 党

中国共产党舞钢市委员会

综 述

【坚定发展思路】 2010年,舞钢市按照市委六届八次全会所确定的"紧盯一个目标(实现城乡一体、打造中原明珠),坚持四个理念(生态建市、产业立市、文化强市、和谐兴市),采取两集中四推进举措(土地向经营大户集中、农民向城镇集中,强力推进产业集聚区建设、强力推进龙凤湖旅游度假区建设、强力推进创业发展服务区建设、强力推进旧城区改造),构建三大体系(覆盖城乡的社会保障体系、稳定和谐的发展保障体系、促进科学发展的干部考核评价体系),努力把舞钢打造成为全省著名、全国知名的精品城市"的发展思路,引导全市上下紧盯目标,细化任务,创新举措,抓好落实,进行了一系列谋发展、重长远、打基础的工作,使全市综合经济实力进一步增强,城镇化进程不断加快,基础设施建设日益完善,经济发展环境明显改善,人民生活水平持续提高,舞钢市进入了蓄势崛起的新阶段。全年完成生产总值108亿元,比上年增长6%;城镇居民人均可支配收入13918元,农民人均纯收入5500元,分别比上年增长9%和8.3%;完成地方财政一般预算收入7亿元,下降5.4%(扣除舞钢公司,全市地方财政一般预算收入5.42亿元,比上年增长15%);完成规模以上工业增加值65亿元,比上年增长3.1%,规模以上工业利税总额11.6亿元,比上年增长15%;全社会固定资产投资69.6亿元,比上年增长25%。人民群众幸福指数实现了新提升,社会事业健康发展,在经济结构单一、金融危机冲击严重的情况下,实现了主要经济指标止滑回升,保持了经济社会持续稳定发展。

【经济社会发展】 一是强化品牌产业集聚区建设,优化经济结构。根据舞钢市的产业优势,围绕产业集聚区"一主两辅"产业,努力打造品牌产业集聚区。抽调精兵强将充实壮大产业集聚区管委会力量,聘请天津大学设计院编制的"三规一评"已全部通过省级评审。钢铁产业发展规划和纺织产业发展规划等园区专项规划也完成。产业集聚区基础设施建设不断加大,2010年基础设施建设投资完成4.96亿元,"三纵一横"道路主体工程已完工,柳源输变电站、生活供水主管道铺设等重要工程建设已完成,建设路以北"四纵三横"7条主干道建设正全面铺开,路网框架已初步形成,供气工程、综合服务中心大楼等正在加速推进,一期6万平方米的标准化厂房建设也即将完工。出台一系列促进产业集聚区发展的优惠政策,以优质的服务、良好的环境、高效的工作推进产业集聚区快速发展。目前,产业集聚区已完成项目投资16.4亿元,已入驻企业19家,其中鑫海纺织、易源科纺、金马钢加、诚祥机械、精钢钢铁等12个项目正在加紧建设。2010年,产业集聚区企业完成营业收入180.6亿元,实现税金8.16亿元。在2010年平顶山市产业集聚区工作观摩中,舞钢市产业集聚区获得总分第一名。同时,又被省政府评为"全省又好又快发展产业集聚区",被省发改委确定为"循环经济试点单位",被省科技厅确定为"科技创新型产业集聚区",被省国土资源厅确定为"集约节约型产业集聚区"。二是强化大招商活动,加大外资引进力度。修订完善招商引资优惠政策,加大投资环境优化力度,建立"企业为主、政府推动、市场运作、全民参与"的大招商格局。开展大招商活动,围绕钢铁、纺织、旅游、农副产品深加工等优势产业开展具有针对性的招商活动。中铝国际、中海投资等国内外客商纷纷到舞钢市投资兴业,一大批重点项目、重点工程相继开工建设,与清华大学、恒大集团、建业集团等的战略合作也全面展开,为舞钢市的开发建设注入了新的活力。2010年,全市引进外商投资项目65个,合同投资额80亿元,已建成项目57个(含续建项目35个)、在建项目60个(含续建项目22个),实际累计到位资金41.06亿元。三是强化龙凤湖旅游度假区规划建设,培育新的经济增长点。坚持把以旅游业为龙头的现代服务业作为舞钢市经济发展的战略性支柱产业来重点培育。组建龙凤湖旅游度假区管委会,占地13平方千米的度假区规划基本完成,开发建设工作即将启动。完善龙泉湖环湖游乐设施,升级改造二郎山、灯台架景区,建成祥龙谷、凤凰谷景区。大力发展文化产业,依托厚重的冶铁文化,成功举办"中国·舞钢冶铁文化节"、端午节龙舟赛和河南省第十届"舞钢水灯节",舞钢市正式被国家民协命名为"中国冶铁文化之都",并建立中国冶铁铸剑文化研究中心,进一步提升舞钢市的文化内涵和知名度。2010年,全市接待游客184万人次,比上年增长17%;实现旅游总收入3.35亿元,比上年增长23%。文化旅游业的发展壮大,带动了餐饮、房地产等第三产业的快速发展,第三产业占生产总值的比重达25%。四是强化企业服务,加快项目成果转化。深化企业服务年活动,把企业服务作为保增长、保民生、保稳定的关键环节,定期召开经济运行分析会,实行四大班子领导联系企业制度,定期走访,为企业排忧解难。坚持每周召开一次重点项目调度推进会,听取企业生产经营情况汇报,现场解决企业反映的问题。积极探索土地挂钩试点,有效缓解项目建设用地难题。加快企业技术中心建设,加大产品研发、技术改造力度,全力推进工业结构优化升级,已建成省级技术中心5家,2010年以来全市高技术产业增加值完成2500万元,增长62.4%,高出目标44.4个百分点。

【打造发展亮点】 一是加快农民向中心镇、中心社区集中。委托清华大学、重庆大学等规划设计院高起点、高标准编制中心镇和中心社区的"两个规划",并通过评审,全面拉开了建设序幕。采取园区带动、城镇辐射、迁村并点三种模式,突出抓好4个中心镇、3个试点中心社区和6个重点推进社区建设。目前,4个中心镇的框架已初步形成,配套设施正逐步完善;张庄、瑞祥、上曹3个示范中心社区的714户居民房屋主体工程已建成,成为全省新农村建设的典范。二是加快土地向经营大户集中。完善市、乡、村三级土地流转有形市场,建立健全经营环境服务机制、专业技术人员联系土地流转项目技术服务机制、土地流转大厅规范运行机制、矛盾纠纷调处机制、政策保障机制、农业自然灾害保险机制等六项工作机制，通过种养大户承包、农民专业合作社带动、高效农业示范园区建设等形式，打造林果、棉花、烟叶、水稻和中药材等特色产业，实现土地规模化和集约化经营。目前，全市土地流转面积约7333.3公顷，占耕地总面积的34%，建成500亩(1公顷=15亩)以上土地流转示范方88个，参与流转土地亩均收益比流转前翻一番，土地流转工作走在了平顶山市前列，被国家农业部确定为全国100个土地流转与社会化服务先进监测县市。三是围绕"两集中"抓好经济发展规划的实施。在"两集中"工作中，突出产业支撑，以产业发展加快"两集中"步伐。落实农民增收规划，引导二、三产业向中心镇、中心社区集聚。培育发展涉农龙头企业，全市发展台湾金汇瑞祥农业观光示范园、武功晚秋黄梨基地、沃土天成薯业等地市级以上龙头企业15家。引导发展农民专业合作化组织，建成各类农民专业合作组织39家，带动农户近1.4万户，提高农民进入市场的组织化程度。加大农村劳动力就业培训，提高居民转岗就业能力，增加农民工资性收入，激发了群众入住中心镇、中心社区的积极性、主动性，加快了城镇化步伐，全市城镇化率达50.9%。

【破解发展难点】　按照"有利于舞钢市经济社会发展、有利于人民群众安居乐业、有利于城市形象改观"的原则，高标准规划城市，高质量建设城市，高效能管理城市。聘请天津大学城市规划设计院、山东大学规划设计院完成《舞钢市城市总体规划》、《舞钢市城市控制性详细规划》等，严格按照规划建设城市、经营城市。坚持"政府主导、统一规划、连片开发、公开透明"的原则，加大城中村改造力度，出台《舞钢市城中村改造实施意见》，启动城中村5年改造工程，推行旧城改造"四个二"工作法，规划连片开发单元，有效破解城中村改造这一难点。规范房地产市场开发行为，严厉打击违法违章建设，整顿建筑市场秩序，全年强制拆除影响城市形象的违章建筑43处4万多平方米。同时，占地4平方千米的创业发展服务区建设工作稳步推进，已由同济大学完成了修建性规划，单体建筑设计已委托清华大学实施，与建业集团签订了战略合作协议，创业服务大厦工程即将开工。加大城市基础设施建设，完成西环路、健康路等道路亮化工程和湖滨大道、钢城大道等升级改造工程，加大市区背街小巷的道路硬化和污水管网建设力度，垃圾处理场、污水处理厂已建成并投入使用。成立龙泉湖污染综合整治领导小组，制定下发龙泉湖污染综合治理实施方案和饮用水源地生态保护工程建设实施方案，严格控制龙泉湖周边污染源，彻底取缔手划船，杜绝网箱养鱼和滥捕乱捞，进行湿地公园建设和水源地生态保护，改善水库水质和生态环境，实现了水库不发生大面积蓝藻污染的目标。投资12亿元的叶舞高速公路舞钢段已竣工通车，结束了舞钢不通高速的历史。"双创"(创国家卫生城市、创全国文明城市)活动成效显著，国家卫生城市已通过验收，城市管理水平和市民整体素质进一步提高，舞钢市城市形象、城市品位进一步提升。

【和谐舞钢建设】　一是大力改善民生。用于改善民生的财政支出达3.6亿元，占同期一般预算支出的35%，比去年同期增加3000万元。推进"十大民生工程"，全市新增城镇就业5700人、下岗失业人员再就业1300人、就业困难对象再就业410人，动态消除了城镇"零就业"家庭。落实义务教育"两免一补"资金1565.7万元，惠及学生7万人次；筹措资金1992万元,立项建设教育工程11项,并对全市中小学校舍进行维修和加固,使全市教育教学环境得到进一步改善。加大城乡卫生网络和卫生设施建设,完善全民医保制度,新农合参合率99%,发放医疗补助2500万元,受益群众38万人次。关注弱势群体,创建并巩固全国白内障无障碍市。逐步扩大农村社会养老保险试点工作,已有5965名农村人口参加养老保险。加大城乡低保和五保集中供养力度,实现应保尽保。加大经济适用房建设力度,一期工程已建成并开始入住,受益群众470户。全民健身运动广泛开展,游园广场健身设施遍布街头社区,竞技体育进一步发展,舞钢籍运动员在各类体育大赛中出类拔萃、取得优异成绩。人口和计生工作扎实推进,全国计划生育优质服务先进市的称号得到进一步巩固。二是强化精神文明建设。围绕贯彻落实科学发展观、加快经济发展方式转变、大招商、"两集中四推进"、舞钢撤区建市20周年暨开发建设40周年活动等,加大宣传力度,推出一批有深度、有影响的报道,为经济社会发展提供舆论引导和精神动力。推进以社会主义核心价值体系为根本的思想道德建设,开展"争当文明市民"活动,组织评选"文明市民",开展"送文化下乡"等系列文化活动,以先进的文化和正确的理论引导人,人民群众精神文化生活不断丰富。三是推进民主政治建设。坚持和完善人民代表大会制度,支持市人大及其常委会围绕全市中心工作,加强对"一府两院"的法律监督和工作监督,适时对重大事项作出决议决定;开展执法检查,保障宪法和法律在舞钢市的贯彻实施;坚持党委推荐与人大任免相结合,依法行使人大人事任免权;充分发挥人大代表作用,支持人大代表围绕重点工作开展视察、检查、调查。支持人民政协围绕民主、团结主题加强多党合作和政治协商,引导各民主党派、工商联和无党派人士积极投身经济统战、文化统战、和谐统战,为制定"十二五"规划、推进重点工作建言献策、贡献力量。做好法制宣传教育和依法治市工作,开展法制宣传活动,不断提高全民法律意识;全面贯彻民族宗教政策,开展民族团结进步教育活动,促进民族团结、宗教和谐;支持工会、共青团、妇联等人民团体依照法律和各自章程开展工作,充分发挥桥梁纽带作用。四是维护社会和谐稳定。推进社会管理创新、矛盾纠纷化解和公正廉洁执法,强化平安建设和信访稳定基层基础工作,不断完善应急预案,妥善处理群体性事件,开展"大排查、大化解"攻坚战,解决一批信访积案和群众关注的热点难点问题,全国"两会"、国庆节、上海世博会等重大节会期间没有发生来自舞钢市的干扰。探索"四色督办"等信访维稳工作机制,平安舞钢、信访稳定等工作经验在平顶山市和全省推广。全面落实安全生产责任制,毫不放松抓好安全生产工作,没有发生重特大安全事故,确保人民群众生命财产安全。加强社会治安综合治理,严厉打击各类刑事犯罪活动,维护社会稳定,全市公众安全感指数位居省、平顶山市前列。

【队伍建设】 (1)强化科学理论武装。加大推进干部培训力度,举办各级各类培训班15期,培训干部8000人次。市委理论学习中心组带头坚持学习不中断,学习中央、省委的重要文件精神、重大决策部署,听取专家学者的专题讲座,并加强对各单位、各部门理论学习中心组学习的指导和监督。指导组织部门、宣传部门、党校和基层单位创新宣传教育形式,推动科学理论进机关、进学校、进农村、进社区、进企业。深化现代远程教育,增强农村党员干部群众理论政策、实用技术教育培训实效。开展"两创一评"活动,引导各单位

舞钢市农村信用合作联社

党委书记、理事长　白建波

省银监局局长李伏安（前排左一）到舞钢调研

省联社副理事长高保宏（前排右一）深入该社指导工作

省联社副主任李志刚（前排左三）到舞钢调研信贷支持农业产业化进展情况

舞钢市经济发展情况暨对金融服务状况评价座谈会在舞钢联社召开

合规文化知识考试现场

召开 2011 年年中工作会

举办法律法规培训班

舞钢市农村信用合作联社

主任　党胜利

大力支持农业产业化发展

大力支持农民发展养殖业

积极开展反假币宣传活动

员工拓展训练掠影

开展惠民免费赠送春联活动

市第六届“农信杯”民间艺术表演赛

办公大楼

平顶山市盐业管理局舞钢分局

党组书记、局长 宋泰岳

班子成员研究工作

班子成员合影

加强盐业管理定点专柜销售

在食盐销售商场进行执法检查

盐业法规宣传栏

1990年2月9日国务院第五十四次常务会议通过《盐业管理条例》，自1990年3月2日发布实施。

1994年8月23日国务院发布《食盐加碘缺乏危害管理条例》，自1994年10月1日起实行。

1996年5月27日国务院颁布并实施《食盐专营办法》。

1999年5月30日《河南省盐业管理条例》经河南省第九届人民代表大会常务委员会第九次会议通过，并予以实行。

《关于办理非法经营食盐犯罪案件的暂行规定》

一、下列情形之一的，属于刑法第225条规定的"情节严重"，可以处五年以下有期徒刑或者拘役，并处或者单独违法所得一倍以上五倍以下罚金：

1、非法经营食盐数量在30吨以上不满80吨的；

2、非法经营食盐数量在10吨以上不满30吨的，但非法经营食盐受过二次以上行政处罚，或者将不符合食盐标准的盐产品作为食盐销售的。

二、下列情形之一的，属于刑法第225条规定的"情节特别严重"，可以处五年以上有期徒刑，并处违法所得一倍以上五倍以下罚金或者没收财产：

1、非法经营食盐数量在80吨以上的；

2、非法经营食盐数量在60吨以上不满80吨的，但非法经营食盐受过二次以上行政处罚，或者将不符合食盐标准的盐产品作为食盐销售的。

三、以暴力、威胁方法阻碍盐业管理机关工作人员依法执行公务的，依照刑法第227条的规定定罪处罚：

可以处三年以下有期徒刑、拘役、管制或者罚金。

坚持食盐专营 规范盐业市场

贩私盐，没收盐产品并处3至5倍罚款。

吃盐要加碘盐，买盐要进"专营"店。

运盐要持准行证，无证运盐要罚款。

食盐供应小袋化，发现私盐稳住他，举报电话马上打，盐政人员把他抓。

食盐专营管的严，检查先要亮证件。群众监督是关键，此项工作定完善。

举报私盐有奖励，查获属实定兑现。

卖私盐，如同卖假药。

碘盐是日常吃的食盐再掺入一定比例碘酸钾制成，外观和味道与普通食盐一样。

购买碘盐要去盐业公司或持有"食盐零售许可证"的经营点。

销售碘盐的部门使用统一的塑料小袋包装。

碘盐要放在带盖的容器内，以防碘离子挥发。

碘盐不能用水淘洗，不能爆锅，要等汤、菜做熟后再放入碘盐。人工喂养的婴儿食物，如牛奶可加入适量的碘盐。

舞钢市烟草专卖局
平顶山市烟草公司舞钢市分公司

党组书记、局长、经理 许涛

副局长马文辉（中）在专卖市场调研

副经理李向阳深入烟田传授技术

副经理杨钦召在卷烟市场调研

纪检组长张国富在市场调研

助理协理员刘军超调研卷烟经营情况

卷烟销售网络化

卷烟打假成果

舞钢中加矿业发展有限公司

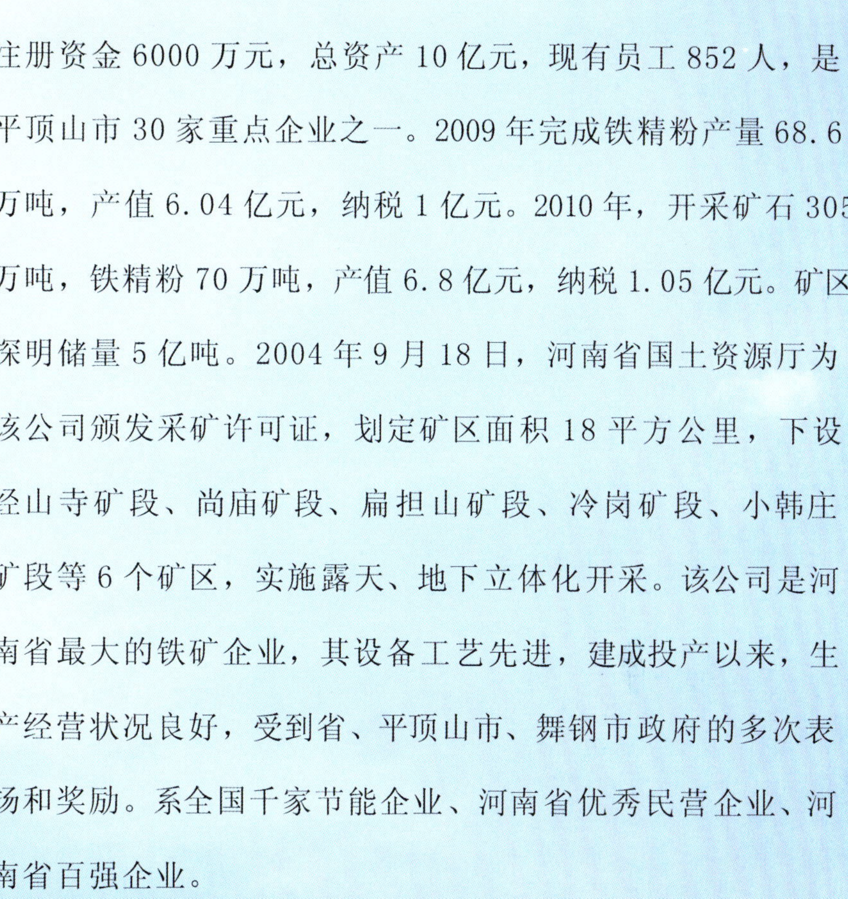

舞钢中加矿业发展有限公司成立于2004年3月5日，注册资金6000万元，总资产10亿元，现有员工852人，是平顶山市30家重点企业之一。2009年完成铁精粉产量68.6万吨，产值6.04亿元，纳税1亿元。2010年，开采矿石305万吨，铁精粉70万吨，产值6.8亿元，纳税1.05亿元。矿区探明储量5亿吨。2004年9月18日，河南省国土资源厅为该公司颁发采矿许可证，划定矿区面积18平方公里，下设经山寺矿段、尚庙矿段、扁担山矿段、冷岗矿段、小韩庄矿段等6个矿区，实施露天、地下立体化开采。该公司是河南省最大的铁矿企业，其设备工艺先进，建成投产以来，生产经营状况良好，受到省、平顶山市、舞钢市政府的多次表扬和奖励。系全国千家节能企业、河南省优秀民营企业、河南省百强企业。

原生矿堆场

小韩庄采区中李北井口

中碎车间

国际一流的山特维特设备圆锥破碎机

主厂房内景

国内先进设备球磨机

送矿皮带

中碎车间

舞钢中加矿业发展有限公司

工程总监　李甲证

办公楼

办公楼院景一角

厂区院景

厂区全景

主厂房外景

职工宿舍

职工浴池

舞钢中加矿业发展有限公司

工程总监李甲征与该公司技术顾问张源有合影

一选厂车间

一选厂精矿过滤车间

浓缩池

洒水车在工作

运矿车队

中碎车间

经山寺露天采场面积 1.5 平方公里，深 130 米。

舞钢市银龙集团公司

董事长 鲁云龙

河南省最大的民营纺织企业——舞钢市银龙集团公司，是集纺织、服装、塑编、皮革加工和进出口经营于一体的股份制大型民营企业。下属银河纺织有限公司、金汇纺织有限责任公司、龙翔纺织有限公司、龙山纺织科技有限公司，银丰纸管有限公司等7个分公司。现有棉纺纱锭50万枚、企业员工4000多人、总资产13亿元。

中国棉纺织行业协会朱北娜会长到公司参观指导工作

粗纱车间一角

细纱车间一角

络筒车间一角

舞钢三和盛机建公司

舞钢三和盛机械制造建筑安装有限责任公司是由原舞钢钢板加工公司、舞钢机制公司、舞钢建安公司联合组建的综合性企业。下设销售、钢板加工、机械加工、金属结、锻造、建筑、仓储、物流8个分公司，公司占地面积15万平方米，资产总值2.5亿元，固定资产9306万元，在岗职工796人。

钢板加工配送中心现有12台先进数控火焰切割机，可切8毫米～600毫米不同厚度的钢板，具有切割面好、加工余量小、品质优良等特点，其中特厚钢板和中碳钢板切割技术居国内领先，在特宽特厚钢板领域大量代替铸锻件，并能够对工件进行调质、淬火、回火、退火等处理。该公司加工的钢板切割件远销美国、英国、挪威、日本和巴基斯坦等国家和地区，具有良好的声誉。近年来该中心积极拓展新业务，新增加了两条具有国内先进水平的预处理生产线，可对钢板表面进行抛丸、喷涂处理，提高钢板的产品档次，年生产能力达35万吨。同时，该公司还自行研制了两台数控钢板表面磨光机，对钢板的表面缺陷可进行扒皮处理，减少废次品，提升经济效益，设计年产量为15万吨。机械制造公司前身是舞钢机修厂，始建于20世纪70年代，有30多年的历史，现有TK9620落地数控镗铣床、Y31200滚齿机、CR61125A重型车床、TK6516数控铣镗床等大中型机械加工设备200余台，具有成套设备的制造能力，能够生产加工各种大型工矿用机械设备，先后设计制造了舞钢4200毫米轧机ACC快速冷却系统、炼钢90吨电炉全封闭除尘系统等成套设备。目前该公司正在努力打造箱体生产线，箱体的生产能力和制作水平在不断提高，目前与纺机、化机、石油等行业的多家知名企业建立了稳定的战略合作伙伴关系，箱体制作已经步入了快速发展时期，实现规模化、产品化指日可待。

建筑安装公司具有房屋建筑、设备安装施工总承包二级和装饰装修三级资质。具有较先进的设备优势，拥有十台20吨奔驰翻斗车，10多台挖掘机、装载机等大型土建施工设备，多年来为舞钢的基础设施建设和各项工程设施的配套安装、设备检修作出了较大的贡献。2007年承建的舞钢轧钢厂厂房东扩工程，建筑面积达1.6万多平方米，深得舞钢公司领导的好评。多年的发展使建安公司锻造出了一支敢打硬仗、善打硬仗的队伍，面对近年了不断减少的内部活，建安公司积极应对。一方面通过完善资质体系，提高施工水平；另一方面主动出击，勇敢挑战外部市场。职防所工程、移民点工程、看守所工程等先后中标，凭借一流的技术和良好的服务态度，在业内树立了良好的口碑。

舞钢三和盛机建公司依托舞钢得天独厚的资源优势，凭借简洁务实、富有实效的管理，坚持“内保主体求生存，外拓市场谋发展”的经营理念，弘扬“以人为本，求实创新”的企业文化，按照“壮大钢加、做强机制、巩固建安”的发展思路，严管理、降成本、重文化、谋发展，抓住加快发展的战略机遇期，以不断学习、持续改进、埋头苦干为手段，朝着扩大市场、永续经营迈进，努力实现“做大做强做精”的梦想！

钢板切割加工配送中心
正在切割600毫米的特厚钢板

钢板表面磨光生产线

钢板预处理生产线

机械加工公司生产的大型箱体

200TK6921数控
镗铣床作业现场

建安分公司承建的
动力厂2万立方米制氧
机工程

建安分公司承建的在建工程

河南中泰公司

河南中泰公司总经理 牛保中

河南中泰公司是一家以经营建筑建材为主，以矿产开发、房地产开发、钢板贸易、酒店业、旅游业等行业为辅的综合性集团公司，是豫南最大的建筑建材生产销售企业。

中泰商务酒店

中泰矿业出产的萤石

清华新型墙体材料有限公司

祥龙谷景区

碎石生产线

混凝土加气块生产线

中泰混凝土公司

沈宏钢铁加工有限责任公司

舞钢市沈宏钢铁加工有限责任公司党支部书记、董事长任玉梅

河南省人民政府省长郭庚茂与任玉梅亲切合影

河南省副省长兼郑州市市长赵建才与任玉梅亲切合影

沈宏钢加公司拥有500吨四柱压力机

舞钢市沈宏钢铁加工有限责任公司成立于1999年9月12日，位于具有北国小江南之美誉的河南省舞钢市武功工业园区，距焦桐高速5公里，北接平顶山铁路东站、东有京广铁路，交通十分便利。公司注册资金壹仟陆佰伍拾万元，是一家集宽厚钢板销售、现货销售、钢加机加、设备制造、期货贸易为一体的加工贸易型综合企业。公司总资产17252万元，其中固定资产2754万元。2008年12月通过了中国质量认证中心对公司钢材加工、销售和服务的体系认证。公司主营舞阳钢铁公司、安钢、宝钢、武钢等厂家的板材，占据得天独厚的舞钢宽厚钢板资源优势。从建厂初期就开始了钢板深加工业务，集加工、贸易一体化。公司的产品被广泛应用于煤矿机械制造、船舶制造、航空航天工程、汽车制造业、锅炉压力容器制造、高架桥、大型建筑工程及水电、风电、模具制造等多个领域。公司以高品质的产品和优良的服务深受用户的青睐，市场份额逐年扩大。2010年销售板材及钢板深加工产品8万余吨，实现销售收入39132万元。

车间一角

2009年，公司成功转型煤矿机械液压支架部件的生产，一方面有厚板资源优势和强大的加工能力，另一方面就近选择平煤机成熟的煤矿液压支架技术和市场，同时引进汇成香港集团有限公司外资，共同注入资金陆仟万元，在舞钢市产业聚集区创立河南金基业钢铁有限公司，形成了优势互补，强强联合，为市场前景开拓出了一条新路。“立足舞钢，面向全国，放眼世界”，在进入“十二五”的征程上，公司将借国家中原经济区建设的有利时机，不辱使命，开拓创新，引领舞钢钢板加工行业，为振兴地方经济作出更大的贡献！

专用组合镗床

地址： 河南省舞钢市武功工业园区

网址： www.wgshgj.cn

邮箱： wgshgj@126.com

电话： 0375—8319889　8319999

传真： 0375—8319906　8319898

焊工在紧张有序地作业

总经理刘耀斌陪同市长白立凡、常务副市长甘栓柱视察工作

平煤机董事长钟东虎到公司指导工作

沈宏钢加公司高层领导召开会议

舞钢东方圆通法兰研发有限公司

加工车间一角

锻造车间

加工车间

生产车间

舞钢东方圆通法兰研发有限公司成立于2009年，是一家集法兰研发、生产、销售为一体的专业锻造企业。

公司生产国标、美标、英标、德标、日标各种法兰盘、法兰盖、对焊高压法兰、不锈钢法兰、丝扣法兰、齿轮毛坯、轴、高合金模块及各种规格的不锈钢、合金钢、碳钢弯头、三通、异径管、焊接堵头、接管座等各种碳钢、合金钢锻件，也可以按照客户的图纸加工各类非标法兰。

公司原材料储存充足，有各种牌号、规格的碳钢、不锈钢、合金钢万吨以上。产品广泛应用石油、化工、天然气、化肥、电厂、冶金、造船、食品、造纸、制药、城建等行业工程建设及检修。公司拥有锻造、热处理、机加工、理化检验、表面处理到包装发运实行一体化生产的实力。雄厚的资金实力，坚实的技术力量，先进的生产工艺和精良的设备、齐全的资料为用户提供快速有效的服务。

2010年公司根据去年一年的生产及销售情况又立项要建年产10万吨的法兰生产线，计划分三期建设。一期建设锻压能力年产五千吨，二期建成，达到2.5万吨，计划到2015年，三期全面建成，总投资2.2亿元。届时将形成年产各种法兰及相关产品10万吨的生产和销售能力，销售收入能达到5亿元，其中出口2万吨，创汇2000万美元。完成该项目后我们将形成形成国内“最大的、最全的、最先进的”法兰专业生产基地。

公司将秉承“创新联接、标准自我、圆通世界”的全新理念，将优质的产品融入全球大市场，与您携手共创美好未来！

法兰成品

投入百万元建设的重型加工机械设备外景

厂房外景

舞钢市群望纸板有限公司

董事长　黄全成

高质量的纸板发往全国各地

舞钢市群望纸板有限公司是河南省唯一一家封面纸板生产企业，生产方式采用国内废纸生产“低密度”单、双挂面灰板原纸、复合纸板，根据市场需求及发展的需要，公司于2009年启动年产10万吨封面纸板扩建项目，该项目是舞钢市的招商引资项目，是2008年“华合论坛”签约项目、平顶山市重点工程。2009年被河南省政府列为工业经济结构调整“1074”重点工程。

该项目位于舞钢市八台镇人民路西，项目总投资为2.4亿元，可形成年产封面纸板10万吨的生产规模，是全国大型封面纸板生产企业之一。该项目占地135亩，现有员工350人。项目全部建成投产后，可实现年销售收27600万元，年利税总额 4686.06万元。

投千万元建成的水循环处理系统

生产线一角

等待运输的单灰卷纸筒

舞钢市天方商贸有限责任公司

总经理 李良超

舞钢市天方商贸有限责任公司成立于2002年2月，公司在北京、上海、武汉、郑州、平顶山、漯河等共设立批发零售经营部16个。2009年1月，公司10个系列、近百种产品通过国家QS食品质量安全认证，成为绿色食品行业的一个亮点。

公司陆续开发传统粗布、石漫滩清真小磨油和五香牛肉等具有舞钢特色的土特产及清真食品，经过精细的加工和完美的包装，是作为旅游纪念、馈赠亲友的上等佳品。

将大山的味道和气息带给你

——健康从绿色开始

舞钢市硕丰养殖专业合作社

总经理 魏伟伟

舞钢市硕丰养殖专业合作社位于舞钢市杨庄乡叶楼村冯连沟村，东临舞钢市西平公路，南临平驻公路，西临焦桐高速公路，北临尚尹公路。合作社的总负责人：魏伟伟。舞钢市硕丰养殖专业合作社以盛元养殖基地为龙头，于2010年初开始建设，在舞钢市杨庄乡及周边村镇建设獭兔养殖基地，占地面积480亩，现已成为全省规模最大的獭兔养殖基地。合作社现规模以上养殖场有：杨庄乡冯连沟所建舞钢市盛元獭兔养殖基地60栋养殖房，杨庄乡藏坪村6栋养殖房，杨庄乡叶楼村5栋养殖房，杨庄乡苏装村4栋养殖房，尹集乡石盖村10栋养殖房，铁山乡中曹村20栋养殖房，武功乡柴庄4栋养殖房，尚店乡王皮岗村9栋养殖房，共计118栋养殖房，预计还会有更多的养殖户将加入此行业，目前规模以上养殖场人员总数达700余人，带动全市乡村农户养殖獭兔2000余户。

合作社由政府倡导，以舞钢市盛元獭兔养殖基地为龙头，采用公司加农户的发展战略，带动地方农民发家致富。以盛元养殖基地为龙头的舞钢市硕丰养殖专业合作社于2010年9月被河南省科学院、河南省社会科学院、河南省农业科学院、河南省科学技术协会授予河南省科技推广先进单位。

硕丰养殖专业合作社被河南电视台授予诚信优秀养殖示范单位，亦系CCTV央视网食品频道战略合作伙伴。

养殖场幼兔养殖区一角

种兔养殖区

优质特种兔养殖区

舞钢建市 20 周年
开发建设 40 周年

模范人物张源有

2010 年庆祝建国六十周年张源有荣获河南省地质学会首届“地质工作突出贡献奖”

张源有（中加矿业技术顾问）与工程总监李甲征合影

张源有在中加经山寺露天采矿场

舞钢市建市二十周年、开发建设四十周年模范人物奖状

张源有：男，1937 年 2 月生，河南省有色金属地质矿产局高级工程师，河南有色地质四队总工程师、首席技术顾问，舞钢市人民政府经济技术顾问。退休后受聘于安钢舞阳矿业公司、中加矿业发展有限公司等多家矿山企业。

主持过的找矿勘探项目有煤、铝、铁等金属与非金属矿产近 20 种，主持编写过的大、中型矿区地质勘探报告近 30 份之多，发表地质科技论文 25 篇。

荣获奖项有：《八台铁矿综合勘探》获 1978 年“全国科学大会科技成果奖”；《舞钢市古冶铁遗址与矿产地联系》和《豫西铝土矿物质来源与化学沉积分异作用》等 4 篇获河南省优秀科技论文奖；《荒山僻壤变钢城》和《到舞钢市勘察铁矿的第一位外国专家》两文获平顶山市第二届文学奖；2009 年庆祝建国 60 周年获河南省地质学会首届“河南省地质工作突出贡献奖”；2010 年获舞钢市建市 20 周年、开发建设 40 周年“模范人物”称号。

在中加矿业公司深部勘探现场，张源有向工程总监李甲征介绍钻探岩心鉴定情况

1984 年 10 月张源有在本市金枝崖玻璃石英岩矿勘探现场向日本专家介绍地质情况

河南省“地质工作突出贡献奖”奖牌

张源有在灯台架景区向景区管理人员介绍古海洋遗迹等各种地质景观

舞钢建市20周年 开发建设40周年 模范人物张源有

2010年10月荣获舞钢市建市二十周年、开发建设40周年模范人物称号

前苏联专家阿拉金斯基来本地考察指导舞阳铁矿地质勘探工作。第二排中间为苏联专家，第三排左三为张源有。

1961年春主持本地区铁矿找矿勘探工作的全体地质技术人员合影。后排中为张源有。

2005年10月张源有在中非肯尼亚考察铁矿

2005年10月在肯尼亚伊库萨铁矿区张源有同当地居民合影

2004年张源有在本市黄楝山大理石矿区进行考察

张源有高级工程师在尹集山区检查群众报矿点

2009年4月赴印尼西爪哇考察钛铁矿滨海砂矿区

舞钢建市 20 周年 开发建设 40 周年 模范人物张源有

2009 年 4 月赴印尼中加里曼丹考察锆英石滨海砂矿区

2007 年 4 月张源有在西藏考察墨竹工卡铅锌矿时期在拉萨留影

2008 年在舞阳矿业公司铁古坑矿段露转地补充地质勘探现场，张源有向该公司领导介绍地质情况。

2006 年 2 月 16 日，中央气象台《中国地理探奇》栏目摄制组，在九头崖北坡上采访张源有工程师，张源有正在介绍舞钢响石的生成。

2011 年夏在舞钢公司与中加公司联营 1580 立方米高楼基建工地会同六冶施工技术人员在研究工程基础情况

2011 年夏在本市母猪峡向北大博士生和中国地大学生介绍距今 6 亿年前地球上第一次出现古冰川活动遗迹——冰积岩

2011 年夏在九头崖风景区地质考察时在虎头山烈士陵园合影

近年来主持各类地质勘探及其报告的部分成果

各部门创建学习型机关、学习型企事业单位和中心组学习示范单位。(2)匡正选人用人导向。按照"班子团结一磐石、个人形象一面旗、对外言论一个调、工作热情一团火、谋事布局一盘棋"的"五个一"要求,加强各单位各部门党组织和领导班子建设,干部作风进一步转变。以绩效考核为核心,建立和完善促进科学发展的干部考核评价体系。坚持讲条件、按程序、重实绩,选拔既勇于面对矛盾又善于解决矛盾的干部,根据工作需要及时对干部队伍进行调整充实,对涉及干部工作的各类举报及时进行查处,形成良好的用人导向,不断端正选人用人风气,激发广大干部干事创业的积极性。(3)开展创先争优活动。把开展创先争优活动作为重要政治任务,力求活动取得扎实成效,大胆创新基层党组织设置新模式,建立农村中心社区党总支8个,流动党组织5个,青年创业、老年夕阳红等功能型党组织40多个。在乡镇、农村党组织开展"推进两集中、党员当先锋"活动,在机关党组织开展"效能科室"和"党员标兵"争创活动,在非公企业党组织开展"树百名党员、带千名职工"活动,培育出了一批不同领域的先进典型。开展党建"三级联创",全市乡镇党委全部达到"五个好"标准,"五个好"村党支部比例达80%。坚持抓好非公企业党建工作,成立中加矿业公司党委、中加钢铁公司党委等一批非公企业党组织。培育30个"基层党建示范点",完全消除软、弱、瘫、散的后进村党支部。推行"四议两公开"工作法,促进农村经济发展和民主政治建设。多渠道筹资改善村级组织办公条件,新建村级活动场所46座。坚持定期换届与动态选配并重,选好配强村党组织书记。落实村干部"一定三有"政策,在财力紧张的情况下,筹措资金360万元,按新标准给现任和离任村干部足额兑现工作报酬和生活补贴。加强大学生村干部的培养使用,提高经济待遇,并组织创业培训,增强大学生村干部扎根基层致富带富本领。(4)加强市委常委会自身建设。市委常委会坚持贯彻上级党委、政府的决策部署,自觉与上级党委保持高度一致,为全市党员干部作出表率。严格执行民主集中制原则,落实《市委常委会议事规则》等有关制度和《中共舞钢市委关于贯彻〈中共平顶山市委关于"三重一大"事项集体决策的规定〉的实施意见》,对涉及经济社会发展全局的重大决策,充分发扬民主,广泛征求意见,提高了决策的民主化、科学化水平。坚持常委会民主生活会制度,开展批评与自我批评,增进班子成员之间的团结和谐。市委常委及县级党员干部带头落实"五个一"要求,带头践行"三具两基一抓手"和"学先进、比创新、看实效"要求,带头弘扬平凡、平静、平常"三平"精神,带头落实联系重点项目、城市建设、信访稳定责任制,带头深入基层调查研究,致力求真务实,保持良好形象,带动全市干部作风转变。

【党风廉政建设】　(1)明确责任抓落实,在推进反腐倡廉建设上取得新成果。坚持把落实党风廉政建设责任制摆在突出位置,与经济工作同研究、同部署、同落实、同检查、同考核,促进各级党政领导班子及其成员认真履行"一岗双责",担负起反腐倡廉的政治责任。市委主要领导与全市各单位各部门"一把手"、各单位各部门与各重点科室站所负责人层层签订《党风廉政建设目标责任书》,形成"横向到边、纵向到底"的全覆盖责任网络。坚持把推进惩防体系建设纳入市委、市政府目标管理考核工作的重要内容,围绕"教育、制度、监督、改革、纠风、惩处"等6个方面工作,把涉及的108项任务分解到27个牵头部门和29个配合单位,明确工作重点,严格任务落实,促进惩防体系建设不断深入。制定反腐倡廉建设考核办法、方案和综合评价标准,由市委常委带队,对全市各单位的领导班子及其科级领导干部贯彻落实党风廉政建设责任制和反腐倡廉建设工作情况进行检查考核,并将考核结果作为评价各级领导班子和党员干部提拔任用的重要依据。严格执行责任追究制度,对6人实施了责任追究,增强了领导干部履行"一岗双责"的意识。(2)强化效能抓作风,在优化经济发展环境上取得新成效。为贯彻落实市委六届八次全会精神,实施效能革命转变干部作风,开展"工作纪律大检查、午间饮酒大曝光"活动,对违规单位在电视台和《舞钢信息》上进行公开曝光,对违反规定人员进行严肃处理。为转变作风、提高工作效率,有效治理"中梗阻"问题,开展百名科室长评议活动,从全市44个拥有行政执法权、行政审批权的单位中确定100个科室为评议对象,组织社会各界1000名评议代表对100个科室进行评议排名,并对前10名的科室长进行表彰,对后5名科室长予以免职处理,对后6至10名科室长实施轮岗,进一步转变了机关工作作风,提高了行政效能。为创造良好的经济发展环境,更好地服务企业发展,制定出台《关于进一步做好服务企业发展工作的意见》和《舞钢市实行企业生产经营环境监测点制度实施意见》,确定30家规模以上企业作为委局领导班子成员重点联系企业,积极了解、认真解决企业发展中的问题。按照全面推进依法行政的要求,继续清理规范行政审批事项,不断完善"一站式办公"、"一条龙服务"和首问负责制、服务承诺制、限时办结制等制度,方便群众办事。(3)注重实效抓教育,在廉政勤政教育上取得新起色。开展党性、党风、党纪和《廉政准则》学习教育活动,开展剖析检查、整改提高活动,全市各级领导班子及科级干部制定剖析整改材料930份、撰写心得体会860篇。坚持把《廉政准则》的学习列入年度领导干部教育培训计划,对新提拔科级领导干部进行专题授课。组织80个单位4000名党员干部轮流观看廉政警示教育片,形成观后感800余篇;组织全市800名科级干部进行廉政知识测试,实现"以考促学、以学促廉"的效果。开展党政领导干部讲党课活动,全市共有78名党政"一把手"讲党课90多个课时。成功举办舞钢市第一届"廉政杯"演讲比赛,进一步丰富舞钢市廉政教育的方式方法和内容。为加强对领导干部家属的廉政教育,更加有效地预防腐败,会同市妇联开展家庭助廉活动,发放廉政倡议书4000份,签订家庭助廉承诺书3500份。推进廉政文化建设,召开廉政文化"六进"工作现场会,实施"六进"工作"一进一方案",建立全市股级以上干部廉政教育信息平台,组织编演廉政主题艺术作品20个,设置廉政公益广告100余幅,在全社会营造良好的崇廉尚廉氛围,教育和引导党员干部筑牢拒腐防变思想防线。(4)着力规范抓治理,在纠正为政不廉问题上取得新进展。开展领导干部遵守廉洁自律规定监督检查和治理工作,各项监督制度进一步建立和完善,责任追究力度不断加大,增强全市党员干部廉洁自律和廉洁从政意识。加强对节日期间公车使用、公款吃喝、有价证券管理使用、借婚丧嫁娶之机敛财等问题的监督检查,开展各类检查15次,并对发现的违规、违纪问题进行严肃处理。落实党和国家工作人员收受礼品、现金、有价证券和支付凭证登记上交制度,组织全市105个单位、830多名科级以上领导干部进行自查自纠。坚持民主集中制,对各单位"三重一大"集体决策事项规定执行情况进行监督检查,有效提高各级领导班子决策的民主化、科学化水平。为开展厉行节约专项治理,研究制定《舞钢市厉行节约专项治理工作方案》,组织全市各单位及753名科级以上干部进行自查自纠。在省纪委组织的厉行节约专项治理检查中,受到省检查组的充分肯定。落实“招待费、会议费、车辆燃修费”公示制度和单独结报核算制度,规范“三费”监督管理制度。开展“离任检查”,对45名离任的单位“一把手”进行离任检查,对存在问题进行督促整改。查处违反廉洁自律规定案件,初核案件2起,立案1起,查处科级干部1人。重视常委班子自身廉政建设,遵守党风廉政建设若干规定,坚持每年召开一次廉政教育会,对身边工作人员及家属严格要求;按原则、按程序办事,在重大建设项目上坚持公开、公平、公正的原则,实施招投标;严格按照《市委常委会议事规则》、《中共舞钢市委关于贯彻〈中共平顶山市委关于“三重一大”事项集体决策的规定〉的实施意见》等制度办事,对重大决策、组织人事、大额度资金安排等均通过民主决策程序决定,不断提高市委重大事项决策的科学化、民主化水平。(5)多措并举抓纠风,在维护群众利益上取得新实效。制定实施《舞钢市2010年民主评议基层站所活动实施意见》和《基层站所日常考核计分标准》,对17个政府部门和23个公共服务行业的123个基层站所进行评议,并公布排名,提高政府部门和公共服务行业的服务质量和水平。对市直19所学校和16家医院开展民主评议专项活动并排名通报,通过开展评议,改善了就医环境、规范了办学行为。同时,加快推进农村基层党风廉政建设,全面推行村务监督委员会制度,在平顶山市率先实现全市各村和社区全部建立村务监督委员会。加强农村党员干部监督管理,严肃查办农村党员干部违纪违法问题;开展强农惠农政策落实情况监督检查、纠正违法违规征占农村土地专项治理和村级财务集中清理整顿等活动,共纠正违规问题40个,涉及土地7.7公顷,金额55.3万元,纠正涉农“三乱”问题2个;建成市农村集体“三资”监管中心,健全各项规章制度,加强农村集体三资管理。(6)突出重点抓创新,在源头预防腐败上取得新成效。督促有关部门围绕权力制约、资金监管和行为规范坚持体制机制制度创新,拓展源头上预防腐败领域。不断深化干部人事制度、行政审批制度、财政管理体制、投资体制改革。推进党务公开,落实党内情况通报、情况反映、重大决策征求意见和重大问题社会公示、听证制度,保障广大党员群众的知情权、参与权、表达权和监督权。不断完善党务公开、政务公开、村务公开和公用事业办事公开等制度,从源头上减少腐败现象的发生。强化廉政监督,拓宽舆论监督和社会监督渠道,通过政府网和市反腐倡廉网通报情况,设立书记、市长信箱,健全并严格落实公示、听证等制度,开展多种形式的监督。支持人大、政府、政协、纪检、武装、法检两院开展工作,加强对工青妇等组织的领导,营造浓厚的民主监督氛围。

【市委经济工作会议】　2010年1月14日下午,舞钢市委召开经济工作会议。市领导高永华、白立凡、陈建中、杨森、高宝山、甘栓柱、仝红伟、耿西岭、康玉春、武宝玲、王勇、李国顺、孙希德等出席会议并在主席台就座。市四大班子领导及全市科级以上干部,驻市企业经理,规模以上企业负责人,各村支部书记、村主任参加会议。会议的主要任务是学习贯彻上级经济工作会议精神,总结2009年度的经济工作,部署2010年经济社会发展任务。会议由市委副书记陈建中主持。市委书记高永华在会上作重要讲话。他说,2009年是舞钢市经济发展史上极不平凡的一年,面对严峻复杂的经济形势,市委、市政府适时召开市委六届八次全会,研究分析经济社会发展中具有的优势和存在的矛盾,科学确定了今后一个时期的整体工作思路。经过全市广大党员和人民群众的共同努力,市委六届八次全会部署的13项重点工作开局良好,干部作风明显转变,经济发展环境明显优化,党的建设、精神文明建设、民主法治建设、社会事业发展都取得了新的重大进展。按照中央、省委、平顶山市委经济工作会议的部署,结合舞钢实际,2010年舞钢市经济工作的总体思路是:认真贯彻党的十七大、十七届三中、四中全会精神,以科学发展观为统领,按照"学先进、比创新、看实效",全面落实市委六届八次全会确定的发展战略目标任务,围绕"两集中四推进"抓项目、调结构、重民生、转作风、争一流、创特色,加快推进城乡一体化,确保经济社会平稳较快发展。高永华指出,2010年舞钢市的经济发展应着重抓好四个方面的工作:一是加大招商引资力度,调整经济结构,努力提升经济发展水平,以舞钢公司和中加公司为依托,打造钢铁产业"航空母舰";以银龙集团为依托,打造纺织产业"航空母舰";以产业集聚区为载体,大力开展招商引资活动;以龙凤湖旅游度假村为载体,大力发展旅游产业;以舞阳矿业公司为桥梁和纽带,打造豫中南地区规模最大、规格最全的钢材物流中心。二是加强城市建设和管理,奋力打造中原明珠。三是强力推进"两集中"工作,加速实现城乡一体化。四是保障和改善民生,全力创造和谐稳定的发展环境。市委副书记、市长白立凡在会上总结了2009年度的经济工作,并对2010年的经济工作作了安排部署。2010年舞钢市经济社会发展的主要目标是:生产总值增长12%以上;地方财政一般预算收入增长12%以上;全社会固定资产投资增长25%以上;社会消费品零售总额增长15%以上;城镇居民人均可支配收入增长9%以上;农民人均纯收入增长9%以上;人口自然增长率控制在6‰以下;城镇登记失业率控制在4%以内;单位生产总值能耗降低5.53%。经济工作的重点是:强力推进产业集聚区建设,改善经济结构,做大做强工业经济;强力推进土地向大户集中,农民向中心社区集中,加快城乡一体进程;强力推进旅游度假区建设,提升三产发展活力,发展现代服务业;强力推进旧城区改造,突出山水城市特色,打造秀美舞钢;强力推进创业发展服务区建设,优化经济发展环境,助推经济快速发展;强力推进民生工程建设,统筹城乡发展,推动社会和谐进步;强力推进作风建设,狠抓工作落实,塑造廉洁、高效、务实政府新形象,谋求新跨越,开创舞钢市经济快速发展的新局面。

【市委农村工作会议】 2010年3月5日上午,舞钢市委召开农村工作会议。市领导高永华、白立凡、杨森、高宝山、耿西岭、温道军、王全水、张瑞民、世利平、刘海欣等出席,市直各单位负责人,农口单位中层以上干部,各乡镇、街道办党政班子成员,各村支部书记、村主任以及驻市企业负责人参加会议。会议由市委副书记、市长白立凡主持。会上,市长助理世利平总结了2009年度的农业、农村工作,对2010年的工作进行了安排部署。市委常委、副市长温道军宣读了中共舞钢市委、市政府《关于表彰2009年度"两集中"工作先进单位的决定》。会议对中心镇、中心社区建设工作先进乡镇,土地流转工作先进乡镇,"两集中"工作先进单位进行表彰。市委书记高永华在会上指出,土地使用权流转是发展现代农业的重要手段,是增加农民收入和提高农村土地利用效益的需要。各相关部门一定要培训好农民,继续出台相应的优惠政策,鼓励种粮大户、重点企业参与土地流转,应逐步建立完善农村养老保障体系。高永华强调,各乡镇、街道办要结合当地的特点,高标准、高起点、高水平搞好规划,尽快启动示范带动工程。要把项目资金集中打捆使用,向中心镇、中心社区建设倾斜,同时还要引导社会资金参与投入中心镇、中心社区建设。通过全市上下的共同努力,开创舞钢市"三农"工作新局面。

【春季计生优质服务活动动员会】 2010年3月5日上午,舞钢市委、市政府召开2010春季计划生育优质服务活动动员会。市领导高永华、白立凡、耿西岭、王培朝、李素清、田兴文等出席,各乡镇、街道办事处和市直各单位相关负责人等参加会议。市长白立凡主持会议。副市长李素清在会上作动员报告。市人大副主任王培朝宣读了中共舞钢市委、市政府关于印发《舞钢市综合治理违法生育工作实施方案》的通知。市委书记高永华在会上作重要讲话,对搞好今年春季计生优质服务活动提出三项要求:一、提高对抓好春季计生服务重要性的认识。各部门、各单位要千方百计抓好工作任务落实。二、抓好康检这个基础工作,不能有丝毫麻痹思想。三、各部门、各单位要形成合力,齐抓共管,实行追究责任制,搞好春季计生服务活动。市委书记高永华强调,各部门、各单位要按照会议要求,立即开展工作,确保人力、物力、财力投入到位。市直委局包村工作队要在3日内入村开展工作。凡措施不力、工作滞后的,要实行责任追究制。

【全市经济观摩汇报会】 2010年6月30日上午,舞钢市委、市政府组织各乡镇、街道办、市直委局等部门负责人,实地观摩中心镇、中心社区建设,重点项目建设和招商引资情况。7月2日上午,市委、市政府召开经济观摩汇报会。市领导高永华、白立凡、杨森、甘栓柱、仝红伟、耿西岭、康玉春、高杰、李国顺、孙希德、郭志勇等出席会议,各乡镇、街道办和市直有关部门负责人参加会议。会议由市委常委、市政府常务副市长甘栓柱主持。会上,八台、枣林、庙街、武功、铁山、杨庄、尚店、尹集8个乡镇和朱兰、垭口、寺坡、院岭、矿建5个街道办事处及市产业集聚区管委会、龙凤湖旅游度假区管委会负责人,各自汇报了上半年的工作情况和下步工作打算。市长白立凡在会上提出三点要求:一是肯定成绩,正视问题,进一步增强加快发展的紧迫感。二是着眼当前,冲刺全年,在重点突破中抓好关键环节 。三是开拓创新,求真务实,以更加扎实过硬的作风推动市域经济大发展,确保全年各项任务的完成。市委书记高永华在会上指出,通过现场观摩,大家对谁的工作干得好、谁的干得不好,心里都有杆秤。要认清当前所面临的形势,站在大局的高度、站在全局的利益上考虑问题、解决问题。高永华强调,各部门、各单位要按照既定的发展思路,进一步解放思想,全力支持工业项目建设,加快经济结构调整的力度,严格按照考核办法进行考核,严格按照考核办法兑现奖惩。好的要奖励,完不成任务的要惩处。希望同志们坚定发展的信心,在认清形势的基础上,找准差距,奋力拼搏,鼓足干劲,全力以赴推动舞钢市经济平稳快速发展。

【市委常委(扩大)会议】 2010年7月20日下午,舞钢市委召开常委(扩大)会议。市领导高永华、白立凡、陈建中、高宝山、甘栓柱、仝红伟、康玉春、武宝玲、高杰、温道军、郭志勇等参加会议。市委书记高永华主持会议。会上,与会人员观看了统筹城乡发展的专题片。高永华传达了胡锦涛总书记在河南视察时的讲话精神及平顶山市经济观摩会会议精神,领学了中纪委《关于领导干部报告个人有关事项的规定》、《关于对配偶子女均已移居国(境)外的国家工作人员加强管理的暂行规定》。市委副书记、市长白立凡传达了平顶山市七届十次市委全会会议精神。会议总结了今年上半年舞钢市的经济社会发展情况,分析了存在的问题和不足,对下半年的重点工作进行了具体地安排和部署。高永华就如何做好今年下半年的工作提出七项要求:一、关于"两集中"工作。坚持高标准规划、高起点建设,加快推进建设进度。未启动的社区建设要全部启动,要把亮点打造出来,建成精品。二、关于产业集聚区建设。加快推进基础设施建设的速度,重点项目要明确领导,抓死抓牢,应建成品牌园区。要把好项目入驻关和规划关。三、关于龙凤湖旅游度假区建设。规划要尽快完善,招商引资工作应有实质性进展。加强与有实力大公司、大集团的沟通联系,尽快确定合作伙伴,力争在年内使度假区的开发建设获得实质性进展。四、关于创业发展服务区建设。时间节点一定要向前提,加快规划区内的村庄拆迁、安置房建设、土地征用和基础设施建设进度,与建业集团的合作要尽快取得实质性进展,单体设计应尽快实施。五、关于旧城改造工作。要做到突出重点、突出难点。在房地产开发建设中,坚持政府主导、补偿标准统一、群众自愿、连片开发、品牌公司优先的原则。六、关于安全生产与信访稳定工作。安全生产和信访稳定是硬任务,要不折不扣地抓好此项工作。七、关于转变干部作风工作。已经出台的政策一定要坚持,并要执行到位。用好的制度约束人、管理人,不能走过场。市领导都要大胆负起责任,带领大家完成工作任务。

【市委招商引资工作会】 2010年9月13日下午,舞钢市委召开招商引资工作会议。市领导高永华、耿西岭、孙希德、唐巍巍、张哈生等出席会议,各乡镇、街道和市直相关部门负责人参加会议。会上,参会单位负责人汇报了2010年1月~8月招商引资情况。1月~8月,全市共引进招商引资项目36个,合同投资额59.59亿元,现已到位资金19.39亿元,共接待到舞钢市考察的团队26批次。市委常委、统战部部长孙希德在会上指出,虽然舞钢招商引资工作取得了一定成绩,但离要求还相差很远,尤其是大项目很少。大家要千方百计地利用各种渠道开展招商引资活动。在办法上、思路上要有所改进,确保投资额大的招商项目在舞钢市落户。市委书记高永华强调,全市的招商引资工作总体看成绩不小,但还存在个别单位重视程度不够,发展不平衡,有些项目科技含量低、发展潜力小、发展前景不好、大项目太少等问题。在今后的工作中,要把招商引资工作摆在重要工作日程上,加大招商引资工作力度,加强调度,加强督促,创新举措。强力推进产业集聚区工作,基础设施建设一定要超前,创建良好的投资环境,抓紧推进厂房建设。要严格考核奖惩办法,到年终大力表彰招商引资工作突出的单位和有功人员。

【市委六届九次全体会议】 2010年12月9日上午,中国共产党舞钢市第六届委员会第九次全体会议在舞钢公司多功能报告厅召开。市委领导高永华、白立凡、陈建中、甘栓柱、仝红伟、耿西岭、武宝玲、李国顺、孙希德、郭志勇出席会议并在主席台前排就座。市委六届九次全会应到市委委员32名,实到26名,应到市委候补委员7名,实到6名,符合法定开会人数。列席会议的有:不是市委委员和市委候补委员的市党员领导,市委办公室副主任,市政府办公室主任、副主任,市人大、市政协办公室主任,市委各部委常务副职，市纪委副书记，各乡镇、街道党政党员班子成员，市人大、市政协各工作委员会委员主要负责人，市直各单位党政党员主要负责人，驻舞各单位党组（党委）书记，市规模以上企业党委书记等。市委书记高永华主持会议。市委副书记、市长白立凡在会上就中共舞钢市委《关于制定全市国民经济和社会发展第十二个五年规划的建议（讨论稿）》作了说明。白立凡指出，《建议》简要回顾了舞钢市“十一五”期间经济社会发展情况。“十一五”期间，在平顶山市委、市政府的正确领导下，舞钢市委团结带领全市人民，深入贯彻落实科学发展观，抓住发展第一要务，贯彻中央、省委、平顶山市委一系列重大决策部署，妥善应对各种复杂局面，有效化解金融危机的不利影响，全市经济总量、经济增长质量和各项社会事业都有了新的提升。根据党的十七届五中全会、省委八届十一次全会和平顶山市委七届十一次全会精神，基于对舞钢市实际情况和面临形势的把握，《建议》提出了制定舞钢市“十二五”规划的指导思想。在综合考虑未来发展趋势和条件的基础上，《建议》提出了今后五年发展的主要目标，包括经济发展、经济结构、居民收入、社会建设、改革开放等方面。白立凡在报告中说，构建现代产业体系、构建现代城镇体系、促进社会和谐是“十二五”规划的主要任务，也是《建议》的核心内容。构建现代产业体系，是构建现代城镇体系的基础；构建现代产业体系和现代城镇体系，是促进城乡居民就业，提高民生福利水平和幸福指数，促进社会和谐的前提；人民幸福、社会和谐又对现代产业体系、现代城镇体系构建起到促进作用。三者是一个相辅相成、协调推进的有机整体。会上，《市委常委会工作报告》以书面形式提交会议讨论。下午，市委六届九次全会第二次全体会议在舞钢公司多功能报告厅召开。市委领导高永华、陈建中、甘栓柱、仝红伟、耿西岭、康玉春、武宝玲、李国顺、孙希德、郭志勇在主席台前排就座。列席会议的有：不是市委委员和市委候补委员的党员领导，市委办公室副主任，市政府办公室正、副主任，市人大、市政协办公室主任，市委各部委常务副职，市纪委副书记，各乡镇、街道党政党员班子成员，市人大、市政协各工作委员会委员主要负责人，市直各单位党政党员主要负责人，驻舞各单位党组（党委）书记，市规模以上企业党委书记等。第一次全体会议结束后，参会人员分组讨论审议了《市委常委会工作报告》、中共舞钢市委《关于制定全市国民经济和社会发展第十二个五年规划的建议（讨论稿）》。市委常委会听取了各组召集人关于讨论审议情况的汇报。市委六届九次全会第二次全体会议由市委书记高永华主持。会议表决通过了中共舞钢市委《关于制定全市国民经济和社会发展第十二个五年规划的建议》、《中国共产党舞钢市第六届委员会第九次全体会议决议》。高永华在会上作重要讲话。要求各部门、各单位深入学习领会，抓好平顶山市委全会精神的贯彻落实。从政治的、全局的、战略的高度，学习宣传好、领会把握好、贯彻落实好党的十七届五中全会、省委八届十一次全会和平顶山市委七届十一次全会精神，迅速把思想认识统一到省委和平顶山市委全会精神上来，并转化为做好各项工作、推动科学发展、促进社会和谐的强大动力。要立足舞钢市经济社会发展实际，找准推动舞钢市经济社会发展的突破口，引导全市干部群众进一步解放思想、敢想敢试，积极实施重点领域和关键环节的改革，全力优化经济结构，着力在提升自主创新能力、城乡一体化发展、“三化”协调发展保障体制机制等方面进行大胆探索。在“十二五”期间，舞钢市必须以先试先行的实干精神，抓住机遇，发挥优势,积极行动,勇于担当,努力为构建中原经济区做出更大的贡献。要加强党的建设,为“十二五”发展提供坚强政治保障。各级领导干部要自觉加强学习,提高工作能力和水平。加强科学考核,增强干部队伍生机活力。加强督察落实,激励干部在一线干事创业。加强党风廉政建设,营造干净的干事环境,各级党组织要以加强党的执政能力建设和先进性建设为主线,紧扣经济社会发展全局,不断提高党的建设科学化水平,为“十二五”发展提供坚强的政治保障。高永华强调,在“十二五”期间,实现舞钢科学发展新跨越任重而道远,需要全市上下付出更加艰辛的努力。广大干部群众一定要振奋精神,坚定信心,以更加饱满的激情、更加务实的作风、更加科学的举措,真抓实干,积极作为,为把舞钢市建设成为现代化精品城市而努力奋斗!

【刘满仓调研】　2010年3月7日下午,副省长刘满仓、省南水北调办主任王树山、副主任王小平,在平顶山市政府党组成员、副市厅级干部王天顺陪同下,到舞钢市视察南水北调移民新村建设工作。刘满仓首先到尚店镇移民新村建设工地察看房屋建设公示牌、安置点鸟瞰图、外观效果图等,并到工程指挥部看望工作人员。随后,刘满仓又听取了舞钢市委书记高永华、市长白立凡的工作汇报。舞钢市是南水北调丹江口库区第一批移民安置市,规划安置淅川县盛湾镇姚营村移民330户1330人。2009年12月5日移民工程开工,经过两个多月的紧张施工,截至春节前夕,安置点房屋基本开挖已全部完成,房屋主体一层全部封顶,房屋主体二层已完成40%,新村内教学楼和幼儿园基础开挖已全部完成。目前,新村内路基已平整1900立方米,移民村小学和幼儿园正在实施基础工程建设,综合服务楼也将于近日正式开工。刘满仓在听取工作汇报后指出,舞钢市委、市政府高度重视移民安置工作,安排精兵强将来抓此项工作,移民新村工作进展顺利,标准要求高,通过询问移民代表,你们把移民当做了亲人,带着深厚的感情去工作,我很高兴,很满意。希望你们能够在生活上,多方面、多层次地关心照顾他们,解决他们的思想疑虑,把所有工作细节做到位、做到家,确保移民群众心情好、生活好、过得好。舞钢市委书记高永华在听取副省长刘满仓指示后表示,舞钢市委、市政府将从支持国家建设和保障民生的高度,积极支持、服务搬迁移民新村建设,在保证质量的前提下,进一步加快工程建设进度,高质量、高标准地建好工程,把这件惠民实事办实、办好,让移民群众早日入住宽敞舒适的新家园。

【国家调研组调研】　2010年5月22日,国家土地督察济南局副局长王延杰等到舞钢市调研,在省国土资源厅总规划师王西同、平顶山市国土资源局局长周其芳、舞钢市委书记高永华、副书记陈建中、副市长高杰等陪同下,调研城乡建设用地增减挂钩工作。是日下午,在舞钢大酒店会议室召开城乡建设用地增减挂钩调研会议。高永华向国家调研组汇报舞钢市城乡建设用地增减挂钩工作。近年来,舞钢市按照市城镇体系规划和土地利用总体规划,将全市190个行政村规划布局为“一城四镇十七个中心社区”,采取土地向经营大户集中、农民向城镇和中心社区集中的“两集中”措施,引导农民向中心镇、中心社区聚居,逐步整合消化自然村。按照布局规划,全市农村居民点占地将由原来的4733.3公顷降低到近2666.7公顷,新增耕地约2066.7公顷。项目全部实施后,舞钢市可自行解决建设用地指标近2666.7公顷,节余指标约2066.7公顷,为城镇、社区和新农村建设节约用地成本11亿元。2009年,省国土资源厅批准舞钢市城乡建设用地增减挂钩项目区3个,挂钩指标约41.4公顷,其中耕地约31.31公顷。通过挂钩项目的实施,3个挂钩项目新区建设已全部开工,拆旧面积56公顷,新增耕地35.6公顷。在推进城乡建设用地增减挂钩工作中,舞钢市探索推行了3种模式,实施了3个比较成功的试点:一是重点项目拆迁安置挂钩模式,二是产业集聚区拓展模式,三是滚动发展模式。通过采取一系列有效措施,极大地调动了村组干部、群众支持和配合搬迁工作的积极性,有效地促进了挂钩规划工作。优化了用地结构和布局,提高了土地节约集约效率,改善了农村居住条件,缓解了建设用地供需矛盾,解决了指标不足的问题。在听取工作汇报后,国家调研组成员又先后到尹集镇张庄社区和铁山乡上曹中心社区现场调研城乡建设用地增减挂钩工作。

【陈建生调研】 2010年10月14日,平顶山市委副书记、代市长陈建生,市政府副市长王富兴,市政府秘书长郭巧敏,市农业局局长李庆豪等到舞钢市调研,在舞钢市领导高永华、白立凡、耿西岭等陪同下,调研经济社会发展工作。是日上午,陈建生等先后到枣林镇小麦高产创建示范点,武功乡晚秋黄梨种植基地,舞钢公司,尚店镇瑞祥社区、瑞祥牧业养殖场,尹集镇张庄社区,市土地流转服务中心和产业集聚区等地察看。在枣林镇小麦高产创建示范点,陈建生与正在给麦种拌药的农民交谈,询问他们在拌药时是否有什么保护措施,与拖拉机手交流耕地、播种经验;在武功晚秋黄梨种植基地,向种植户焦俊山询问黄梨种植、管理、销售情况;在舞钢公司参观产品展馆;在瑞祥社区,到一位衡姓老党员家中,询问她们是否在这里生活得习惯、生活上有什么困难等。当得知移民们在舞钢市委、市政府的关心下生活得很好时,陈建生说,通过和移民村支部书记和村民们的交谈可以看出,移民群众在这里生活得很舒心,舞钢市的移民安置为全省作出了贡献,在平顶山市树立了典范。是日下午,在舞钢大酒店会议室召开汇报会。舞钢市委书记高永华向陈建生等汇报了舞钢经济社会发展情况。他说,近年来,舞钢市以科学发展观为统领,按照"学、比、看"的要求,确定了"紧盯一个目标,坚持四个理念,采取两集中四推进举措,构建三大体系,努力把舞钢打造成为全省著名、全国知名的精品城市"的发展思路,推动舞钢经济社会持续健康发展,综合经济实力连续6年居河南省前20强,连续3届进入全国县域经济竞争力提升速度最快的百县(市)行列,先后被确定为全省首批扩权县(市)、对外开放重点县(市)、城乡一体化试点市和新农村建设试点市,荣获"中国冶铁文化之都"、"中国优秀旅游城市"等一系列荣誉称号。陈建生在会上说,通过对舞钢市的调研,觉得舞钢市的发展思路很清晰,定位很准确。舞钢市委、市政府在土地流转、农业示范区建设、社区建设、城乡一体化工作中进行了卓有成效地尝试并取得了宝贵的经验,这些都是令人振奋的。在支持企业发展,优化投资环境上,舞钢市高度重视,为企业的发展提供全方位的支持和最优质的服务。陈建生同时也指出,舞钢市产业结构还比较单一,舞钢公司在发展上也遇到了一些困难,致使舞钢市的经济发展也遇到一些问题。但是,舞钢市的固定资产投资走在了全省的前列,这让我们看到舞钢市的后劲发展很足,前进中遇到的困难是暂时的,通过努力,困难和问题是会克服的。舞钢市不仅山清水秀,而且又有资源和产业优势,相信在舞钢市委、市政府的领导下,大家心往一处想、劲往一处使,坚定信心,共克时艰,舞钢市的明天一定会更加美好。

【省爱卫办创卫考核复验】 2010年11月3日,省爱卫办副主任、省卫生厅疾控处处长赵素琴率省创卫考核复验组到舞钢市,在平顶山市爱卫办主任高国闯、副主任付自学的陪同下,对舞钢市创建国家卫生城市技术评估反馈意见(存在问题)整改情况进行考核。4日上午,省创卫考核复验组分综合,爱国卫生组织管理、疾病预防与控制,健康教育、城中村卫生,市容环境卫生,环境保护,卫生监督,病媒生物防制、社区和单位卫生等7个小组,先后到冶铁文化广场、文化大厦南侧公厕、垃圾中转站、鑫源广场、市财政局办公区和家属院、佛爷岭游园、市爱卫办、人民医院、市疾控中心、寺坡办、河湾村、陈庄村、健康教育所、实验小学、湖滨社区、垭口中心路东侧建筑工地、朱兰桥公厕及垃圾中转站、钢城路路东城中村改造地段,姜湾垃圾中转站、市环保局、音乐喷泉广场、舞钢公司幼儿园食堂、寺坡步行街、垭口市场、职工医院、竹林小区、百年老妈火锅店等处,对国家技术评估中提出的问题整改情况进行认真检查考核,并提出具体的指导性建议。在检查考核中,赵素琴指出,舞钢市的日常保洁工作非常到位,湖光山色融为一体,群众精神氛围非常好,整个城市看起来赏心悦目,让人心旷神怡,我们将把现场考核的意见结果,尽快向全国爱卫办报告。希望舞钢市创建国家卫生城市成功后,进一步完善制度,加大城市建设投入,完善长效管理机制;进一步提高城市环卫质量,提高城市品位,力争实现创卫工作与经济社会发展的互促双赢。

【赵顷霖调研】 2010年11月9日,平顶山市委书记赵顷霖,市人大副主任王金山,副市长黄祥利到舞钢市调研。赵顷霖等在舞钢市领导高永华、白立凡等陪同下,先后到叶舞高速公路舞钢段施工现场、舞钢公司、银河纺织公司、武功乡晚秋黄梨种植基地察看。在叶舞高速公路建设工地,赵顷霖详细询问了每天的工程量和工程进度,希望施工单位充分考虑天气、安全等因素,有计划地制定工程预案,千方百计克服困难,按时、保质、保量完成工程任务。要求叶舞高速公路指挥部要加强领导,抢时间,抓进度,争取在11月15日前完成路面摊铺任务,确保年底叶舞高速和谐通车。在武功乡晚秋黄梨种植基地,赵顷霖详细了解其种植模式、产品销售、有关土地流转政策等问题。赵顷霖指出,现代化农业就是要实现机械化耕作、规模化经营、专业化服务。相关单位和部门要把在规模化经营中涌现出的先进典型认真总结,大力宣传。同时,要培育龙头企业,建立一套切实可行的保障措施,让广大农户在土地流转中得到更多实惠。

【重要决定与通知】 2010年,中共舞钢市委发出如下重要决定和通知:3月4日,市委、市政府发出《关于开展单位帮建中心镇中心社区工作的决定》。主要内容是:帮建方法,市级领导联系中心镇、中心社区,市直单位、重点企业帮建中心镇、中心社区;乡镇具体负责中心镇、中心社区建设工作;市级联系领导职责,帮建单位职责,工作队职责;帮建单位和帮建工作队的工作要求;加强领导,落实责任,实行目标管理,奖优罚劣。3月4日,市委、市政府发出《关于印发〈舞钢市关于加快推进中心镇中心社区建设促进农民向城镇集中的优惠扶持办法(试行)〉的通知》。主要内容是:优惠扶持政策,资金扶持政策,用地政策,投资融资政策,深化户籍制度改革优惠政策,民生保障优惠政策,行政事业性收费优惠政策，产业扶持政策，其他优惠政策；优惠政策享受时限；补充说明。3月30日，市委、市政府发出《关于印发〈舞钢市人民政府机构改革实施意见〉的通知》。主要内容是：指导思想和基本原则；主要任务，转变政府职能，理顺职责关系，明确和强化责任，调整优化组织结构，整合行使行政职能的事业单位，进行大科室试点，严控机构编制、健全监督机制，其他需要把握的事项；组织实施和方法步骤。7月28日，市委、市政府发出《关于进一步加强人口和计划生育工作的决定》。主要内容是：进一步完善统筹解决人口问题的领导与决策机制；明确新时期人口和计划生育工作的主要任务；建立部门联动、综合治理的长效机制；加强计划生育干部队伍建设；完善人口和计划生育事业经费投入保障机制；完善计划生育目标管理责任机制，严格落实奖惩。9月27日，市委发出《关于建立健全村级干部激励保障机制的实施意见》。主要内容是：指导思想；明确村级干部范围；建立健全村级干部激励保障机制，完善村级干部工作报酬保障制度，健全完善村级干部教育培训制度，建立村级主职干部社会保障制度，建立村级干部关爱帮扶制度；加强领导。12月27日，市委、市政府发出《关于加快发展残疾人事业的实施意见》。主要内容是：明确目标要求，增强加快发展残疾人事业的责任感和使命感；加强社会保障措施，改善残疾人生活状况；优化社会环境，实现残疾人“平等、参与、共享”；健全服务体系，提高为残疾人服务水平；加强组织建设，完善残疾人事业保障机制；加强组织领导，确保残疾人事业又好又快发展。（市委办）

目标管理

【概况】 舞钢市目标管理办公室行政编制3人，实有4人。2010年签订目标责任书的单位103个。其中，市委管理的单位19个，市委、市政府共同管理的单位84个，全市一级机构全部纳入目标管理范围。2010年，舞钢市把创先争优作为重要内容，全面推进绩效考核，提升目标管理水平。目标内容包括省县域经济考核指标、平顶山市政府下达的目标、市委全会、市委经济工作会及市政府工作报告确定的目标、单位职责任务和职能部门经审核后分解的任务。各项目标任务按权重确定出分值，突出招商引资、重点项目、单位重点工作。实行安全生产、综合治理、计划生育一票否决。年初由市目标办组织制定，由市委办批转各单位《工作要点》作为第一季度考评依据。4月，以《工作要点》为基础签订各单位目标责任书，作为全年考评依据。工作措施。各单位一把手是推进绩效考核的第一责任人，由市委组织部按照市委、市政府两办下发的《舞钢市科级领导班子和领导干部综合考评办法》，加强干部管理，落实奖惩措施。各单位目标任务明确责任科室、责任人，分出完成任务的时间节点。市目标办每季度组织职能部门对各单位进行一次考评，考评结果定期通报。年终目标成绩占80%，单位民主评议、人大代表和政协委员评议结果占20%。

【目标完成情况】 2010年，舞钢市完成生产总值108亿元，增速6%，比目标低7个百分点。非公有制经济占地区生产总值（不含舞钢公司）的63%，比目标高1个百分点。二、三产业占生产总值比重的93.3%，比目标高

0.8个百分点。第三产业增加值完成26亿元,第三产业增加值占GDP比重的24.1%,比目标低3.9个百分点。限额以上工业企业增加值完成63亿元,增速2.1%,比目标低14.4个百分点。限额以上工业企业实现利润5.4亿元,增长33.9%,比目标高21.9个百分点。完成平顶山市政府确定的财政总收入9.8327亿元,占目标的96.8%。一般预算收入完成7.0021亿元,占目标的91%,同比下降5.5%。国税部门组织的地方税收完成1.8423亿元,占目标的59%。地税部门组织的地方税收完成3.6216亿元,占目标的97%。全社会固定资产投资完成69.6亿元,增速25%,比目标高3个百分点。城镇以上固定资产投资完成58.6亿元,增速26%,比目标高3个百分点。社会消费品零售总额22.96亿元,增速19.3%,比目标高2.3个百分点。对外贸易出口总额13650万美元,占目标的128%。实际利用外资805万美元,占目标的101%。引进省外资金49.97亿元,占目标的105%。完成省、市重点建设项目。接待海内外游客人数184万人次,同比增长17%,旅游投资和旅游招商引资完成3.35亿元,增速23%。无旅游投诉,无重大旅游安全事故发生。城镇化率51%。完成市政府确定的人防工程和人防信息化建设目标任务。完成新增贷款和新增资本市场融资合计12亿元,占目标的285%。农民人均纯收入5500元,增速8.3%,比目标高0.3个百分点。城镇居民人均可支配收入13918元,增速9%,完成任务。城镇新增就业人数0.57万人,占目标的114%。城镇下岗失业人员再就业人数0.13万人,占目标的118%,其中就业困难对象再就业人数0.041万人,占目标的110%。城镇登记失业率控制在3.1%,比目标低0.9个百分点。完善城市居民最低生活保障工作,做到动态管理下的应保尽保,确保低保资金按月足额发放,提高农村居民最低保障标准,落实农村五保供养政策。企业离退休人员养老金做到按时足额发放。完成平顶山市政府确定的住房保障目标。完成市政府下达的农村贫困人口脱贫目标0.51万人。完成平顶山市政府下达的工资和津补贴政策落实目标。完成平顶山市政府确定的"质量兴平"目标。人口出生率控制在7.71‰,比目标低3.99个千分点。完成市政府确定的产业集聚区发展目标。高技术产业增加值完成2500万元,增长62.4%,比目标高44.4个百分点。完成平顶山市政府确定的公共机构节能减排目标任务。完成平顶山市下达的环境保护目标。完成年度造林绿化约1029.47公顷,占目标的134%。加强国土资源管理,完成市政府确定的土地管理和保护耕地目标任务。加强廉政建设,政府系统无重大违法违纪案件发生。落实各项补贴和减轻农民负担政策,没有违反规定出台加重农民负担的文件和项目,没有发生一起因加重农民负担引发的群体性事件或恶性案件。落实社会治安综合治理各项措施,确保了本地区社会大局稳定。采取县级领导包案制度,完成平顶山信访稳定目标。狠抓安全生产责任制,完成平顶山市政府确定的安全生产责任目标。落实消防安全责任制和责任追究制,无重特大火灾事故发生。落实行政执法责任制,完成平顶山市政府确定的行政执法责任目标。完成统计基础建设年工作任务和第六次全国人口普查年度任务。完成年度气象防灾减灾责任目标,其中中小学校防雷安全隐患整改率100%。完成年度农村公路养、管、建责任目标。

(周文涛)

组织建设

【创先争优】　2010年,中共舞钢市委组织部按照上级要求,结合舞钢市实际情况,明确围绕"做科学发展先锋队、当舞钢跨越排头兵"的创先争优主题,确立"推动科学发展、促进社会和谐、服务人民群众、加强基层组织"这一目标,借鉴第三批学习实践活动的成功经验,强化指导,注重创新,立足乡镇、街道、机关事业单位、非公有制企业党组织"四大领域",丰富创先争优的活动载体,做到建章立制、指导检查、宣传引导、统筹兼顾"四个到位",完善创先争优的推进措施,引领基层党组织和广大党员创先进、争优秀,着力打造各具特色的创先争优典型品牌,培育出一批影响广泛的先进典型群体。

【干部教育培训】　2010年,中共舞钢市委组织部贯彻落实"十一五"干部教育工作的年度目标任务,组织广大党员干部深入学习贯彻中共十七大精神。推行新的培训方式,继续在全市开展"干部大讲堂"活动,通过举办知名专家教授的高层次、高水平的专题讲座、报告会,搭建领导干部与专家教授交流的平台,重点对全市在职科级以上干部进行多学科、多领域、多思维方式的知识教育。先后请进省委党校、上海交通大学、平顶山市委党校等专家分别以科学发展观、领导干部如何搞好领导和管理工作、党性修养、经济形势与宏观调控等为内容开展5期大讲堂,每期有近700名科级以上干部参加。

【干部队伍建设】　2010年,中共舞钢市委组织部结合全市科级领导班子和干部队伍现状,以深入开展创先争优活动为契机,不断完善领导班子民主集中制、搞好自身建设的各项制度,加强思想作风建设。抓住机构改革的契机,本着"年轻、精干、高效、稳定"的方针,对市直和乡镇街道主要科级干部和部分科级副职进行调整交流和补充配备,使一批政治素质好、思想解放、文化程度高、懂经营会管理、政绩比较突出的年轻干部进入领导班子。调整任用的干部,整体素质较好,基本达到了量才而用、选准配强、优化领导班子的目的,营造了风清气正的用人环境和良好的用人导向。

【干部监督】　2010年,中共舞钢市委组织部坚持加强对领导干部特别是"一把手"的管理和监督,着力强化日常谈话、任职谈话、信访谈话和诫勉谈话制度的"预警"作用,完善与执纪执法部门工作联系制度,形成市委统一领导,组织部门协调,纪检、监察、审计、计生、信访、综治等部门共同参与、齐抓共管的干部监督工作机制。强化经济责任审计制度。对关键岗位的领导干部实行年度审计,对负有经济责任的领导干部实行任期和任中审计,对群众反映有问题的领导干部实行专项审计。把审计结果作为考核、评价和奖惩干部的重要依据,作为对干部监督、促进健康成长的重要环节。全年先后对27名科级领导干部进行了经济责任审计,对职位调整及新提拔科级干部全部进行了任前谈话。

【干部人事制度改革】　2010年,中共舞钢市委组织部围绕提高选人用人公信度,不断深化干部人事制度改革。(1)建立促进科学发展的干部考核评价体系。年初制订实施《舞钢市科级领导班子和领导干部综合考评奖惩办法》,综合运用民主测评、民意调查、个别谈话、实绩分析和综合评价等具体方法,力求客观公正、实事求是、全面准确地评价领导班子和领导干部。新的考核评价体系使组织考察有了充分依据,干部努力有了正确方向,群众监督有了明确标准,树立起崇尚实干、鼓励创新、公平公正、靠政绩用干部的选人用人导向,在全市干部队伍中形成不怕事、会干事、干成事、不惹事的良好风尚。(2)推进干部选拔任用制度改革。舞钢市以公选为突破口,列出一批重要部门、重要职位面向一定范围公开选拔,增强公选的吸引力,并创造条件,为公选干部施展才华、建功立业搭建平台,使公选干部引得进、留得住、发展好。6月,面向全国公选出13名优秀的高学历年轻副科级干部。9月,完善公推公选办法,采取"两推两考两票决"办法选拔3名乡(镇、街道)行政正职。

【非公有制企业党建】 2010年,中共舞钢市委组织部以"双五好"活动为载体,使非公有制企业党建工作再上新台阶。新成立一批非公企业党组织,调整中加集团公司党委设置,建立中加矿业公司党委、中加钢铁公司党委。在非公企业中开展"组织创五好,引领发展,党员作表率,岗位立功"活动,确保非公企业对舞钢市地方财税的贡献份额稳步增长,继续成为省委组织部非公企业党建联系点。

【大学生村干部管理】 2010年,中共舞钢市委组织部创新载体,着力推进大学生村干部工作。(1)加强关爱,确保待得住。及时发放大学生村干部生活补贴,落实养老保险、医疗保险和大病救助保险,为舞钢市取得后续教育学历的21名大学生村干部按新学历标准执行生活补贴,人均月增资100元。(2)加强培训,确保干得好。举办大学生村干部SYB创业培训班,对大学生村干部进行系统的创业指导,选派30多名优秀大学生村干部到重庆市委党校进行培训学习。举办全市大学生村干部金融知识培训班,协调有关部门为工作热情高、项目发展潜力好的大学生村干部提供财政贴息贷款,帮助近20名大学生村干部协调创业贷款100多万元,为大学生村干部扎根基层、干事创业创造良好的条件。(3)疏通渠道,确保流得动。组织、引导大学生村干部参加选调生、公务员和事业单位工作人员等招录考试,全年共有1人考上副科级,2人考上省选调生,7人考上公务员及事业单位工作人员,4人进入企事业单位工作,11人考上乡镇公务员。

【远程教育】 2010年,中共舞钢市委组织部以推进"三位一体"为立足点,不断提升现代远程教育工作水平。(1)创新模式,加强教学资源开发。建立由成员单位提供素材、组织部门审核把关、广电部门拍摄制作的"任务共担、资源共享"新模式。全年完成拍摄具有本地特色的电教片5部。8月,参加平顶山市第八届党员教育电视片评比的3部电教片分别获一、二、三等奖。(2)创新手段,强化教学组织管理。精选学习内容,合理安排时间,科学制订计划,有针对性地开展教学活动。(3)用活载体,提升学用工作实效。利用教学实践示范基地,将所学知识付诸实践,大力发展特色产业和强势产业。目前尚店镇的千亩(1公顷=15亩)烟田,武功乡的花卉苗木、晚秋黄梨,杨庄乡的林果草莓种植,枣林镇、尹集镇的中草药种植和旅游餐饮等都已粗具规模。

【人才工作】 2010年,中共舞钢市委组织部围绕人才强市战略,加强人才队伍建设。(1)建立人才成长激励关爱机制。除对市拔尖、优秀人才落实健康检查制度、评先评优制度、津贴补贴制度外,对为全市经济社会发展作出突出贡献人员实行"五优先"举措,即:优先推荐为各级拔尖优秀人才、学科带头人;优先提供教育培训机会;优先推荐为劳模、人大代表、政协委员候选人;优先经费支持;符合条件的,优先予以提拔。(2)加强人才库建设。将人才库作为拔尖优秀人才选拔的准入门槛,凡拔尖优秀人才一律在人才库成员中选拔。同时,实行动态管理,定期考核,优者进劣者汰。(3)在全市开展以"科技服务周"为载体的农业专家、医疗专家、教育专家下基层活动,举办培训班、田间地头实地讲解9次,参加专业人员累积200人次,发放宣传资料900份,为广大群众排忧解难、科学指导。

【获得荣誉】 2010年,中共舞钢市委组织部获《党的生活》杂志社学习实践科学发展观知识竞赛活动组织特等奖;获平顶山市创先争优活动办公室组织"创先争优我先行"征文比赛活动优秀组织奖。 (韩松怀)

老干部工作

【概况】 2010年,舞钢市全面落实党的老干部政策,巩固和完善离休干部"两费"保障机制和财政支持机制,狠抓"两个待遇"落实,充分发挥老干部在全市"三个文明"建设中的作用。老干部局在职职工24人。其中,干部16人,工人8人;中共党员23人;大中专以上学历19人。老干部局机关内设4个科(室),分别是办公室、老干部教育科、老干部安置科、老干部保健科;下属二级机构2个,分别是老干部活动中心、离职干部休养所。市委成立4个老干部发挥作用组织,分别是:老干部大学、老年体协、关工委和老促会。

【组织建设】 2010年,舞钢市委老干部局建立健全全市老干部工作机构,根据人事变动情况,及时调整老干部工作人员,保证老干部工作的连续性和稳定性。关工委、老促会、老年大学和老年体协向基层发展,队伍不断壮大,老同志的作用得到充分的发挥。凡有离退休干部的单位都设有老干部科,并配备老干部专(兼)职干部。老干部局党总支1个,党支部3个(局机关党支部、干休所党支部、干休楼党支部)。老干部局成立的群团组织有老干部局工会和老干部局妇工委。

【教育】 2010年,舞钢市委老干部局积极组织老干部开展理论教育活动。以老干部大学为阵地,定期组织老同志参加重要会议、听重要报告、阅读重要文件,并定期组织老同志学习政治理论,使老同志及时了解党的方针、政策及全市的重大决策。按规定为老干部订阅报纸、杂志。组织离退休干部对舞钢市部分城市建设项目、工农业生产进行参观考察,使离退休干部视野开阔,观念更新,为舞钢市建设建言献策。

【待遇】 2010年,舞钢市委老干部局贯彻落实《离休干部离休费、医药费保障机制和财政支持机制的实施意见》,使离休干部的离休费、医药费、交通费和护理费等各项待遇得到全面落实。离休干部的医药费按规定实报实销,及时报销。组织离休干部进行两年一次的健康体检,做到有病早发现、早治疗。继续开展为每位离休干部"贺生日、送温暖"活动。在春节等重大节日和离休干部生病住院期间进行走访慰问。协调有关部门对离休干部在市内乘坐公交车、旅游和就医等方面实行优待服务。

【老干部大学】 2010年,舞钢市不断加大老干部大学建设,提高教学质量。老干部大学共开设政治、绘画、书法、烹饪、保健、戏曲、太极拳(剑、扇)和音乐等8个专业班,在校学员470名。各乡镇成立老干部大学分校,老干部大学分校在校学员180名。全市共有学员650人,占全市2877名离退休干部总人数的20%以上。老干部大学从原来的单一学科,发展到多学科,教学质量不断提高。全年上课284节。政治课8次,均聘请知名学者进行讲解;烹饪、保健课程实行远程教育;九九重阳节期间进行各学科展演,并评出一、二、三等奖。

【老人节】 2010年,第二十三个"老人节"期间,舞钢市委、市政府在垭口影剧院召开庆祝第二十三个"老人节"暨全市老干部工作表彰大会。市委组织部部长康玉春主持会议,市委副书记陈建中作重要讲话,副市长李素清宣读表彰决定。会上,对在2009年度老干部工作中涌现出的48个老干部工作先进集体、51名老干部工作先进个人、41名重视老干部工作的领导、26个老干部发挥作用先进集体和75名老干部发挥作用先进个人进行表彰,同时对32户离退休干部家庭授予舞钢市第一届"学习型、健康型、和睦型"家庭荣誉称号。温西山、毛春峰、杨天定等3名离休干部的家庭还分别被平顶山市委组织部、市委老干部局授予"学习型、健康型、和睦型"家庭荣誉称号。

【省老年人地掷球赛】 2010年3月23日至26日,舞钢市承办河南省老年人地掷球比赛,有28支代表队参加,运动员、裁判员、技术工作人员约200人参加此次比赛活动,此次活动只设男女团体项目的比赛。赛前举办了河南省塑质地质球裁判员、教练员培训班,并为合格学员颁发结业证书。3月25日至26日舞钢市组织男女各两支运动队参加2010年河南省老年人塑质地掷球比赛,通过3天激烈角逐,舞钢市男一队和二队分别获得男子团体冠军和亚军、女二队和一队分获女子团体冠军和季军。

【"钢城杯"全国地掷球锦标赛】 由国家体育总局小球运动管理中心、中国掷球协会、河南省体育局主办,河南省社体中心、平顶山市体育局、舞钢市政府承办,舞钢市体育局、舞钢市委老干部局、老年人体育协会协办的2010年"钢城杯"全国地掷球锦标赛于7月19日至27日在舞钢市举行,经过9天激烈的比赛,26枚金牌各归其主。此次比赛主要分男、女组,分别进行塑质球、大金属球、小金属球比赛。比赛中,舞钢市女子代表队分别获得女子团体、女子三人和女子双人第三名的好成绩。闭幕式上,国家体育总局小球管理中心项目负责人、中国地掷球协会副秘书长钟国伟分别为舞钢市政府、舞钢市体育局、老干部局、老年人体育协会颁发了"支持体育事业突出贡献奖"。

【第十一届老年人运动会】 2010年9月28日至12月8日,由舞钢市体育局、老干部局、老龄委办公室和老年体协联合主办的舞钢市第十一届老年人运动会在舞钢市举行。本届运动会设12个比赛项目,分别是地掷球、门球、乒乓球、柔力球、象棋、跳棋、太极拳、太极剑、扑克双升、交谊舞、钓鱼和空竹。全市有56支代表团参加比赛,裁判员、运动员及工作人员1176人。在闭幕式上,分别对获得运动会各单项比赛前八名的单位及个人、获得团体总分前八名的舞钢公司、教育局等代表团、获得组织奖的八台镇、院岭办等25个单位,以及对获得体育道德风尚奖的温西山、徐凤彩等4名运动员分别颁发了证书和奖品。

【关心下一代】 2010年,舞钢市关工委加强对广大青少年进行社会主义核心价值观教育、爱国主义和革命传统教育。全市各级关工委组织489个,“五老”人员6200多名,“五老”报告团76个,全年作报告371场,受教育青少年13万多人次。在青少年中开展“中华魂”(中国精神颂)主题教育活动、“关爱明天,普法先行”普法教育活动和“十个一”活动;在农村开展“四无两有”先进村创建活动、在城区开展“五好”社区创建活动。办好家长学校,搞好家庭教育。筹资近8万元,对考上大学的学生开展“奖优助困”活动,奖励4名优秀大学生,资助58名特困生。开展农村留守儿童关爱工程——“春暖行动”。协调有关部门对全市网吧进行专项治理整顿,减少网吧对青少年的危害。同时,舞钢市关工委募集“奖优助困”基金,在市政府的关心支持下,从2000年开始,每年中高招之后,对考上大学的优秀生和特困生进行“奖优助困”活动。近年来已奖助学生200多名,投入资金30多万元,2010年全市有6个单位和20多名爱心人士投入资助活动,资助贫困大中专学生近300名,发放资助金近70万元。

【先进村建设】 2010年,舞钢市老干部局在农村围绕建设社会主义新农村,开展以“讲政治、育新人,学科技、奔小康”为主题的“四无两有”先进村创建活动。全市3000多名农村“五老”参与活动,在被确定创建的村中,把60岁以上的“五老”组织起来,成立民事调解组、红白事理事会、科技教育组和助学帮教组等组织,做好事,特别是近年来,市关工委把此项活动与新农村建设结合起来,为创建和谐稳定的新农村作出了贡献。现舞钢市已有12个村被平顶山市验收挂牌。

【获得荣誉】 2010年,舞钢市获中国老区建设促进会2010年老区宣传工作三等奖;老干部局荣获国家体育总局小球运动管理中心2010年“钢城杯”全国地掷球锦标赛支持体育贡献单位,国家关工委、教育部关工委、全国“中华魂”组委会全国中华魂(祖国在我心中)主题教育活动先进集体。荣获省关工委、教育厅关工委河南省首届“小樱桃杯”文明小公民漫画大赛先进集体,省关工委、组织部、老干部局、文明办联合授予“河南省关心下一代先进集体”;省级卫生先进单位。荣获平顶山市老年人体育协会第三届老年人地掷球比赛突出贡献奖,平顶山市老年人体育协会第三届老年人地掷球比赛男子团体和女子团体第一名,平顶山市关工委、教育局全市中华魂(祖国在我心中)主题教育活动优秀组织奖,平顶山市委组织部、老干部局全市老干部工作政策业务知识竞赛三等奖;盘鼓和舞蹈队荣获舞钢市委宣传部和文化局联合举办的“舞钢市第六届‘网通杯’民间艺术表演赛”金奖。

(张爱琴)

宣传工作

【理论教育】 2010年,中共舞钢市委宣传部组织市委中心组集中学习12次。4月,举办中心组学习秘书培训班和中心组学习经验交流会,明确学习秘书的工作职责,探讨好的经验与做法。在主流媒体开辟专栏进行理论文章选登、学习动态报道。以科学理论进基层为载体,开展十七届五中全会精神专题宣讲活动,举办理论骨干培训班2次,组建3个宣讲团,深入基层宣讲十七届五中全会精神20余场。定期更新维护舞钢市网上党校,及时发布各单位中心组理论学习动态,刊登领导重要讲话、理论学习专题等内容。下发《市委宣传部关于开展"创学习型党政机关创学习型企事业单位评中心组学习示范单位"活动方案》(舞办〔2010〕158号),在全市范围内开展创学习型党政机关、创学习型企事业单位,评中心组学习示范单位活动。活动收到理论文章60余篇,上报信息6篇,被采用2篇,其中舞钢市委书记高永华撰写的《积极作为 勇于担当 加快转变经济发展方式》发表于《平顶山日报》的推进学习型党组织建设专栏。围绕市委"实现城乡一体,打造中原明珠"战略目标,组织全市县级领导及理论工作者开展调研活动,在《舞钢信息》上发表调研报告25篇,为实现舞钢科学发展新跨越提供理论支持。围绕"重在持续、重在提升、重在统筹、重在为民"的主题,开展主题党课活动。全市各单位共讲党课120余场,收到党课教案105篇,评选出优秀党课教案20篇,其中市委宣传部部长武宝玲撰写的《用"四个重在"的工作方法,开创宣传工作新局面》党课教案,入选河南省建设"学习型党组织"读书学习征文活动优秀论文。加强基层党校基础建设,提升办学水平,利用教学资源开展理论、科普、生产技能等多项教育培训工作。全年共培训党课教员2次,举办各类学习班150多期,近5000名党员受到教育。其中杨庄乡党校获得省级先进基层党校荣誉称号。征订《党建》杂志50份。

【新闻宣传】 2010年,在《人民日报》、《经济日报》、《光明日报》、《河南日报》、《河南日报》(农村版)和河南卫视等省级以上新闻媒体刊发、播发头题头条5个,新闻稿件1570多篇。在《平顶山日报》、平顶山电视台和平顶山电台等地级新闻主流媒体刊发、播发头题头条34个(《平顶山日报》刊发头条21个),新闻稿件560篇。全年出专版8个。其中,《经济日报》1个、《河南日报》2个、《中国冶金报》1个、《河南日报·农村版》2个、《中国文艺报》2个。在"中国·舞钢首届冶铁文化节"、舞钢建市20周年暨开发建设40周年、首届"舞钢杯"海峡两岸美食大赛、河南省第十届"舞钢水灯节"期间,《人民日报》、人民网、新华网、《中国文艺报》、《河南日报》、河南电视台、河南广播电台、《大河报》、《平顶山日报》和平顶山电视台、电台等主流媒体集中进行宣传报道。《河南日报》等省市媒体采访团对舞钢移民工作进行了2次集中采访。完成舞钢市人大、政协两会、舞钢建市20周年暨开发建设40周年等活动的宣传报道工作。在市属新闻媒体辟专栏刊发"两集中四推进"系列述评,新华社、《河南日报》等媒体先后3次对舞钢市城乡一体化进行集中采访。2010年3月,举办全市骨干通讯员培训班,邀请《河南日报》编辑李宗宽、《平顶山日报》编辑李端阳到舞钢市授课。2010年10月,举办全市领导干部媒体应对能力专题讲座,邀请清华大学教授李希光、平顶山市外宣办主任董玉玺授课,全市四大班子领导、市直各单位一把手听课。加大新闻宣传奖励力度,全年拿出15万元对2009年度新闻外宣先进个人进行奖励,个人最高奖励达1.7万元。出版《辉煌舞钢——舞钢建市20年暨开发建设40年》画册和光盘,编印制作石漫滩水库综合治理宣传折页2000册,向平顶山市外宣图片库上报图片150多幅。网上舆情监控,落实《舞钢市整治互联网低俗之风专项行动方案》,完善网上应急机制。建立加强网上评论员队伍,对重大突发事件、社会热点问题及时进行舆论引导,删除网上不良信息,净化网络环境。与新华网、人民网开展深度的合作关系,制作舞钢旅游、招商、冶铁文化节、建市20周年、经济结构调整等专题网页10多个。在新华网、人民网和大河网等省级以上主流网站发表新闻稿件724

篇。4月,市长白立凡应邀做客新华网、人民网,畅谈"舞钢倾力打造'中国冶铁文化之都'"。做好上级媒体记者接待及负面报道的化解工作,协调上级记者采写刊发稿件300多篇,处理化解各类负面不良报道100多件。继续组织"采访线工程"建设,对相关人员进行培训。全年接待上三级媒体近千人次。

【活动】 2010年,舞钢市完成首届"文明市民"评选工作,开展"文明服务示范窗口"、"文明优质服务标兵"创评和"文明村镇"、"文明农户"、"文明公交"评选工作。开展学雷锋志愿服务月活动、第五届"十大杰出(优秀)青年"评选活动、"科技春雨润万家"、"四下乡"活动、"科技周"活动。开展全国科普日宣传活动、"创文明城市、做文明市民"演讲比赛、"科普大篷车"校园行活动、"12·4"全国法制宣传日宣传活动等。开展"我推荐、我评议身边好人"活动,向上级推荐7人,其中李德州夫妇被推荐为中央文明网好人榜候选人。矿建办赵案庄村获省级文明村荣誉称号。进行第二届精神文明建设"优秀成果奖"评选,收到各类作品178个,评出优秀作品71个。

【建市20周年、开发建设40周年系列宣传】 2010年,舞钢市组织建市20周年庆祝大会、大型文艺演出。开展建市20年模范人物评选,评出模范人物30名。组织"我与舞钢20年"征文活动、"农信杯"辉煌舞钢20年书法摄影展。制作《辉煌舞钢》画册和电视专题片《中原明珠舞钢市》。举办"舞钢杯"2010年海峡两岸美食艺术大赛、河南省第十届"舞钢水灯节"等活动,宣传推介舞钢市。

【创建"中国冶铁文化之都"】 2010年,为打造舞钢文化品牌,舞钢市成立"冶铁文化之都"创建领导小组,对舞钢市冶铁历史文化进行整理挖掘,半年时间完成申报、考察、验收工作,中国民协于3月19日正式命名舞钢市为"中国冶铁文化之都"。以此为契机,舞钢市以农历三月十八铁山庙古刹大会为背景,于4月29日至5月1日,举办首届"中国·舞钢冶铁文化节"。文化节期间,举办舞钢市第三届根艺奇石展,展出作品200多件,其中70%为舞钢市奇石;举办"冶铁文化诗词曲赋大赛",征集到包括美籍华人在内的434人的新诗、古体诗词曲赋,楹联计1964首(组、副);举办"中国书法兰亭奖获奖作者走进舞钢"活动和民间艺术表演,不同风格的11支民间艺术表演队伍,分别表演了《唢呐》、《剑舞》、《大铜器》和《蝴蝶云彩灯》等民间艺术;举办冶铁文化节民俗画、剪纸、书法作品展览;举办大型晚会,邀请总政歌舞团到舞钢市演出,晚会气氛热烈;制作完成反映舞钢市冶铁文化的专题片《炉火照天地 红星乱紫烟——创建中国冶铁文化之都纪实》。

【群众文化】 2010年,舞钢市举办新春文艺晚会、民间艺术表演赛、庆新春职工乒乓球、象棋比赛和职工文化活动月节目展演等活动;举办以"走进阅读社会,共享阅读快乐"为主题的一条街活动;举办舞钢市首届讲解员电视大赛和舞钢市首届小主持人电视大赛等系列活动;端午节期间,开展"农信杯"第十届龙舟赛和端午节主题教育活动;"五一"、"六一"期间举办登山比赛和绘画比赛。举办"问鼎中原·春之旅"摄影名家莅临舞钢采风活动,宣传舞钢。青年画家苗轲嘉成功举办庆祝建市20周年个人画展并应邀赴扬州八怪纪念馆举办个人画展。举办文艺采风交流活动,帮助文学爱好者出精品,全年新出版《牛舍琐话》、《主持人的美好生活》等优秀文学书籍。"欢乐中原·舞钢"广场文化活动演出15场,包括戏曲、小品、舞蹈和歌舞等100多个丰富多彩的文艺节目。全年送戏下乡演出200场,送电影下乡放映2280场。开展舞钢市文艺人才的摸底调查工作,并将专业技术职务级别较高和有一定艺术成就的112名文艺人才录入文艺人才库,为文艺人才的培训指导提供依据。组织参加平顶山市的中国·平顶山"美在鹰城"摄影大展和首届中国·平顶山"三苏杯"诗歌大赛,报送诗歌作品30多幅,其中5篇作品获得优秀奖。参加平顶山市委宣传部组织的"金融杯"诚信伴我行征文比赛。全年在地级以上获奖、参展200多项,其中在全国第八届艺术刻字展览中,舞钢市有5幅作品入展,枣林镇农民朱丽平、王富民等的作品入展全国首届农民画画展。全年开展"扫黄打非"专项治理检查100多次,联合开展执法活动6次,检查经营单位81家,查缴非法图书200余册,整治35家娱乐场所,取缔1家黑网吧,净化文化市场。"扫黄打非"和文化市场管理工作荣获平顶山市先进单位荣誉称号。

【文艺工作】 2010年,按照舞钢市委、市政府部署,将广播电视局和文化局承担的行政管理职责整合为文化广电局,广播电视局原新闻职能改制为广播电视总台。在文化广电局成立文化综合执法大队,为副科级单位,30个编制,人员已全部到位。在文化广电局成立文化产业科,对舞钢市的传统文化进行挖掘,挖掘整理了武功乡小柴庄村的云彩蝴蝶灯舞,成功申报为平顶山市非物质文化遗产保护项目;鱼灯舞成功申报河南省非物质文化遗产,力争形成产业,加快舞钢市文化强市的步伐。与郑州小樱桃卡通艺术有限公司签订协议,投资565万元,拍摄动漫《小樱桃舞钢传奇》。完成文化中心大楼的续建工作,年底交付使用。枣林、尹集、庙街3个乡(镇)的文化站建成投入使用,全市新建农家书屋25个,全市标准化农家书屋达53个,农家书屋建设荣获省、市先进。推进"广播电视村村通"工程,多方筹措资金300多万元,新架设光缆170千米,电缆180千米,完成八台中心镇、马庄中心社区、枣林中心镇、安寨中心社区有线电视光缆网络架设任务,新装入户3000户,使全市农村有线电视入户率达30%。

【获得荣誉】 2010年,舞钢市荣获河南省文化建设先进县(市)称号。 (郜 畅)

精神文明建设

【概况】 2010年,舞钢市文明办以创建全国文明城市先进市为目标,推进公民道德建设和未成年人思想道德建设,开展各种群众性精神文明创建活动,使市民素质和城乡文明程度都有了显著提高。市文明办内设3个科室,分别是综合科、创建科和未成年人工作办公室。2010年,在职职工12人。其中,党员7人;大专以上学历10人。

【公民道德建设】 2010年,舞钢市公民道德建设做了以下工作:一、加强市民"三德"(社会公德、职业道德、家庭美德)教育,继续利用灯光报栏、电子屏等有效手段,宣传《公民道德建设实施纲要》,在灯光报栏张贴宣传画和相关篇章。同时,做好灯光报栏投放工作。二、开展舞钢市首届"文明市民"评选活动,树立道德模范。自2010年3月开始,在全市范围内开展评选文明市民活动。经过评审,授予温西山、于国辉、王健、白江欣、田爱琴、刘旭芳、闫永辉、肖彦东、易春娥和崔强等

10 人为“文明市民”；王晓静、王丽、毛春峰、吴庆安、杨志丰、邢艳丽、郑茜、徐贵丽、郭凤丽和谢淑娜等 10 人为“思想道德建设先进个人”。三、开展“我推荐、我评议身边好人活动”。2010 年共推荐身边好人 7 名，其中李德州夫妇、卢焕民、温西山，被上级文明办推荐为中央文明网好人榜候选人。四、开展“讲文明、树新风”文明知识竞赛活动。7 月，在全市范围开展“讲文明、树新风”文明知识竞赛活动，共有 77 家单位 3365 人参加。

【文明城市创建】　一、加强创建宣传力度。利用宣传媒体，播放或刊登宣传标语，每周更新，做到天天有创建的声音，营造浓厚的创建氛围。二、督促各涉创单位完成创建任务。分解、下达 70 个涉创单位的创建工作任务。并对建设局、工商局、文化局和教育局等重点涉创单位进行督查、指导。各涉创单位资料收集整理于 12 月完成。三、承办全省文明县（市）文明办主任座谈会。共有 11 个在届的省级文明县（市）参加，会议历时两天，研讨省文明城市测评体系，提出建设性意见，为制定科学、规范、操作性更强的测评体系奠定坚实基础。四、做好各项群众性创建活动。一是抓好文明单位建设。开展省、市、县级文明单位评选申报和安排省级文明单位年度复查工作；加强日常动态指导和管理。2010 年创建成功 3 个省级文明单位、8 个市级文明单位、27 个县级文明单位。二是开展“文明社区”创评活动。命名表彰垭口街道办事处平安社区、鑫源社区、育才社区、振兴社区；朱兰街道办事处滨河社区、和谐社区、夕阳红社区；院岭街道办事处兴钢社区等 8 个社区为 2010 年度县级文明社区。三是开展文明示范服务窗口（含文明公交）和文明优质服务标兵创评活动。命名表彰 10 个县级文明示范服务窗口、12 名文明优质服务标兵和 6 台“文明公交车”。国税局办税服务厅、民政局婚姻登记处 2 个单位获得平顶山市文明服务示范窗口，农合办魏洪涛、公安局周彩英等 2 人获得平顶山市文明优质服务标兵称号。四是开展“做文明市民、创文明城市”演讲比赛。全市共有 52 家单位，61 名选手参加，经过预赛、决赛，市纪委的彭冲等 12 名选手分获一、二、三等奖，纪委等 11 家单位分获一、二、三等组织奖。

【未成年人思想道德建设】　一、开展舞钢市“美德少年”评选活动。协调教育局联合开展首届舞钢市“美德少年”评选活动。韩冰、吴婷婷、蔡文泉、李夏、孙少杰、唐喻佳、王佩佩、薛洋洋、臧嘉慧和孙晓明等 10 名少年被评为首届舞钢市“美德少年”，并颁发证书及奖品。推荐实验小学时茜作为“河南省美德少年”候选人。二、协调开展“我们的节日”主题教育活动。在“清明节”、“端午节”、“中秋节”等传统节日期间，协调团市委、教育局分别开展祭奠先烈、留守儿童一起过端午、志愿者进敬老院关注空巢老人、美文吟诵等系列教育活动。组织开展“传唱优秀童谣，网上签名寄语”活动。全市 3.4 万余名在校学生参与了活动，8400 余名学生在网上签名留言。三、开展黑网吧集中整治工作。先后于 9 月、11 月两次组织工商、文化、公安等部门，对培训学校变相经营网吧、黑网吧等现象进行集中整治。在枣林镇造纸厂对面，取缔黑网吧 2 家，没收电脑 40 台，净化全市社会文化市场。

【城乡共建】　一是在全市开展“文明村镇”、“文明农户”创评活动，共命名表彰舞钢市“文明乡镇”2 个、“文明村”20 个、“文明农户”92 户。创建成功平顶山市“文明乡镇”2 个、“文明村”5 个、“文明农户”7 个。二是组织开展科技、文化、法律、卫生“四下乡”活动。全年科技、文化、法律、卫生等部门在文明办统一协调下,结合行业特点及时令变化,组织法律、科技、卫生下乡活动12场次,受益群众5万余人。 (刘志升)

统战工作

【概况】 2010年,舞钢市委统战部发挥民主党派、无党派人士民主监督、参政议政作用,促进社会主义民主政治建设。依法依规,做好民族宗教工作。围绕大局,服务发展,推动非公经济工作再上新台阶。加强联系,增进友情,做好侨台联和对台工作。

【民主党派、无党派人士工作】 2010年,舞钢市委统战部组织民主党派、无党派人士参与提案落实、督察、行风评议等工作,履行民主监督、参政议政职能。组织、支持民主党派和无党派人士对中小企业融资难问题、农村合作社开展情况、旅游产业发展情况等社会热点问题开展调研,开展民主党派为民服务活动2次。全年协助各民主党派举办各类培训班、学习班、报告会7期(次)。建立健全民主党派、无党派代表人士信息库。

【党外干部工作】 2010年,舞钢市委统战部建立健全培养、选拔、管理、使用党外干部的一系列制度。舞钢市现有党外干部36人。其中,处级干部3人,科级干部33人。在市人大、市政府、市政协配齐党外副职;全市5个街道办事处领导班子中均配有党外副职;重点政府工作部门,人大、政协机关中均配备党外科级干部;法院、检察院各安排党外科级干部2名。加强培养和教育,建立近40名的党外后备干部队伍。举办党外干部培训班,组织在职的党外领导干部和党外后备干部集中学习、培训,提高党外干部的政治素质和理论水平。及时选送学员参加上级统战部举办的党外干部培训班。

【海外联谊】 2010年,舞钢市委统战部开展海外社团联谊活动,为舞钢市经济社会发展引进项目、资金和人才。先后邀请“台湾”爱隆集团董事长赖宗隆、加拿大河南省同乡联谊会会长牛华、“台湾”光明船务有限公司董事长王天一、河南金汇农业科技有限公司总经理王正柱、“台湾”银满投资有限公司董事长冯凯瑜等人到舞钢市进行投资考察。建立舞钢籍在外创业人士信息库,并及时做好更新工作,舞钢市侨台联、工商联建立异地商会,搭建异地交流合作平台。争取海内外捐助项目和基金,加大“侨心助学”和“光彩助学”力度。西班牙河南省同乡会会长朱顺利捐资20万元建造曹庄村小学教学楼,已投入使用。举办“万人签名、万人捐款,为北川中学再献爱心”活动,归侨侨眷纷纷慷慨解囊,奉献爱心。在侨联成立归侨侨眷维权中心,依法维护港澳同胞、海外华侨华人和归侨侨眷的合法权益,妥善协调解决涉侨经济纠纷,落实各项优侨政策。以纪念《保护法》实施20周年为契机,开展一系列普法活动,广泛宣传《保护法》,提高全社会依法护侨的意识,维护广大归侨侨眷的合法权益。

【理论宣传和调研】 2010年,舞钢市委统战部加大统战宣传工作力度,建立并不断完善“根在中原”网站的舞钢市网页。利用宣传媒体,及时报道统战领域发生的新情况、新问题及重大事件,多渠道、多层次、多形式、全方位地进行统战理论宣传,向平顶山市委统战部和舞钢市委上报信息156条,在地市级以上刊物发表稿件32篇。在加强基层统战部门的调研力度、改进调研方法、提高调研质量、转化调研成果上下工夫，向平顶山市委统战部上报4篇调研文章。

【获得荣誉】 2010年，舞钢市被平顶山市民族宗教局评为民族宗教工作先进单位、民族宗教信息工作先进单位、被平顶山市侨联授予侨联群众工作 维护侨益先进单位。

（张朝磊）

对台工作

【概况】 中共舞钢市委台湾工作办公室、舞钢市人民政府台湾事务办公室，简称“舞钢市台办”，是市委、市政府主管全市各项对台工作的职能部门。主要职能是贯彻执行党和政府的对台工作方针、政策，拟定全市对台工作计划和实施意见；组织、领导、管理、协调全市对台工作；会同有关部门协调、指导全市对台经贸工作和与台湾在各个领域的交流与合作；组织实施对台宣传；负责落实台胞台属政策、重点人士的联络；处理全市涉台重大事务和重大涉台事件；指导民主党派、市工商联及其他社会团体重大活动中的涉台工作。

【涉台事务管理与学习】 2010年，舞钢市台办共为广大台胞、台属协调解决遗产继承、土地征用和房屋拆迁等问题20余件，在广大台胞、台属中树立良好形象。为适应新情况、新环境，不断提高工作能力，2010年舞钢市台办派出赴国台办学习1人次，赴平顶山市台办业务学习2人次，提高了舞钢市台办工作人员的政策理论水平和业务能力。

【两岸经贸】 2010年，舞钢市台办响应市委、市政府“搞好招商引资，为全市经济持续发展服务”的号召，邀请台湾爱隆集团董事长赖宗隆、台湾中华晶科技公司总经理陆云阳等一行10人于3月12日到舞钢市进行商务考察。6月11日，台湾光明船务有限公司董事长王天一、河南金汇农业科技有限公司总经理王正柱等一行8人到舞钢市进行投资考察。8月12日，台湾银满投资有限公司董事长冯凯瑜等一行6人到舞钢市进行旅游商务考察。他们的到来，受到了舞钢市领导的热情接待，市委书记高永华表示，如果客人有在舞钢市投资发展的意向，舞钢市委、市政府将高效率地办好一切相关手续，并竭尽全力创造优良的发展环境。台商在了解到舞钢市有着便捷的交通条件、丰富的自然资源、良好的政策环境和全方位的服务时，对到舞钢市投资创业产生了浓厚兴趣，表示要加强交流合作，实现共同发展，共创美好未来。9月，组织举办“舞钢杯”2010年海峡两岸美食艺术大赛暨经贸商务论坛。国台办干部培训中心主任王金凤、平顶山市台办主任李福林、中华经贸交流协会理事长尚洁梅、中华烹饪协会理事长汪文秀等应邀参加。另外，来自海峡两岸160多名厨艺高手和海内外30多名客商及《中国产经报》、《环球周刊》、河南电视台等新闻媒体记者参加了开幕式。此次美食大赛，不但有力地宣传了舞钢，并且通过海峡两岸美食文化的交流，加强了舞钢市与台商的经贸协作。

【宣传教育】 舞钢市台办联合市侨办和市台侨联谊会，在舞钢市政府网站上建立“侨台之窗”网页，开设“重要讲话、政策法规、两岸交流、台胞台属之声、涉台服务、台资企业”等栏目，定时更新内容，及时、快捷地宣传党和国家的对台方针政策和法律法规。结合实际，开展涉台教育进社区活动。按照市台办工作要求，结合实际制定切实可行的实施方案,试点推广,以点带面。在2个社区开展试点工作,制作宣传展板10块,印制宣传页5000多份。组织开展涉台教育进课堂活动2次。举办涉台知识竞赛1次,发放试卷3000份。通过活动的开展,使全市干部群众和学生了解掌握党的对台方针政策、相关法律和涉台知识。2010年,舞钢市台办在党校理论课上进行涉台知识专题课4场,送出《舞钢市投资指南》、《秀甲中原——舞钢市》画册和宣传品60余本(份),向重点台胞台属发去贺年卡、慰问信100余份。

【接待与联络】　2010年,舞钢市台办共接待到舞钢市探亲、投资、考察和旅游等台胞30多人次。市台办还在"两节"到来时,组织台胞、台属、台商座谈,并对部分台胞代表上门进行走访慰问,营造和平统一的舆论氛围。在联络方面,市台办一方面巩固原有的联络对象,另一方面发展新的联络对象,特别注重向二、三代年轻台胞和有公德心、社会影响力的台胞倾斜。为更好的服务台商,舞钢市专门在产业集聚区内设置台商工业园区,规划面积500公顷,主要以服装和高新技术产业为主,分三期完成。一期工程占地23.3公顷,以服装鞋业生产为主,建设35栋共计30万平方米的三层标准化厂房。厂房于2010年5月26日开工建设,已被台资企业广州宏福集团预订。参与"平顶山交流合作之旅"、"鹰城文化周"等活动。2010年10月4日,舞钢市组织招商考察团到台湾开展招商引资活动,参观访问台湾东部宜兰县的台湾博士鸭畜产品有限公司、金车生物科技股份有限公司、云林县的台湾汉光果菜生产合作社、屏东市的台湾农畜产工业股份有限公司,并与3家企业签订合作框架协议,与(台湾)金汇农业科技有限公司达成合作议项。10月20日下午,在舞钢市四大班子领导的见证下,瑞祥牧业有限公司董事长钮延军和河南(台湾)金汇农业科技有限公司董事长王天一进行了签约。　(王丰堂)

党校教育

【概况】　2010年,舞钢市委党校按照《中国共产党党校工作条例》和省、平顶山市《关于积极推进办学体制改革全面促进县级党校建设和发展的实施方案》要求,全面整合教育资源,发挥党校在干部教育培训和推进科学发展上的主渠道、主阵地、大熔炉、思想库作用,为开创舞钢市经济社会又好又快发展提供坚强的思想政治保证、人才保证和智力支持。中共舞钢市委党校是市委直属机构,党校校长由市委书记或副书记兼任,常务副校长主持工作。内设6个科室,教务科、教研室、办公室、函授站、行政科和组宣科。现有教职工26人。其中,高级讲师5人,讲师4人,助理讲师3人。主要开展党员干部政策理论教育培训,兼办在职学历教育。

【干部培训】　2010年,舞钢市委党校协同市委组织部举办一期优秀中青年干部培训班,130名优秀中青年干部参加培训学习;3月中旬,举办一期春季科级干部培训班,124名新提拔的科级干部参加培训学习;9月上旬,协同市委组织部、市直工委举办入党积极分子培训班两期,培训学员300多人。通过培训,提高学员思想素质和理论水平,增强执政能力和党性意识。协同市委组织部、宣传部做好十七大、十七届四中和五中全会的理论宣讲工作,派出4名教师到乡镇、街道、市直各单位和大型企业宣讲20多场,受教育人数达3000多人次。

【学历教育】 舞钢市委党校现有函授学历班3个。其中,本科班2个,大专班1个,开设法律和经济管理2个专业,共有学员196人。为加强对在校函授班次的教学管理,党校按照《党校函授教育文件汇编》的要求,配备管理经验丰富的同志担任班主任,安排具有教学经验、知识面宽、专业和课程设置对口的教师进行授课。认真组织在校学历班2009年秋季、2010年春季期末考试工作,完成2007级专科班和2008级本科班的毕业工作。其中,2007级专科班41名学员和2008级本科班98名学员毕业。加强教师业务培训工作,按照平顶山市委党校教学"六统筹"的要求,于9月27日选派4名骨干教师到平顶山市参加15天的培训学习,组织开展教学质量评议、教案展评活动。2010年,4人分别被省委党校函授部评为优秀教师、优秀班主任和先进工作者。

【体制改革】 按照省委组织部、省委党校、省编办、教育厅、财政厅、人力资源和社会保障厅等6部门联合下发的《关于积极推进办学体制改革全面促进县级党校建设和发展的实施意见》,平顶山市委组织部、市委党校、市编办、财政局、人事局、教育局联合下发的《关于积极推进办学体制改革全面促进县级党校建设和发展的实施方案》文件精神,舞钢市委组织部、市委党校、舞钢市机构编制委员会办公室于2010年6月25日下发《关于积极推进办学体制改革全面促进我市党校建设和发展的意见》文件。市委常委会多次召开会议,专题研究党校工作,市委六届九次全会通过的《中共舞钢市委关于制定全市国民经济和社会发展暨第十二个五年规划的建设》明确提出"完成党校新校建设,充分发挥主阵地作用,加大对党员干部的教育培训,提高党员干部的执政能力和整体素质"。市委党校严格按照《实施方案》的要求开展工作,查漏补缺,力争在软件建设和硬件设施建设上早日达到省级评估标准。

【爱国卫生】 2010年,舞钢市委党校按照《迎接国家卫生城市技术评估工作实施方案》文件的要求,成立"创卫"工作领导小组,建立健全各项规章制度,明确责任。全年硬化地面100多平方米,绿化地面200多平方米,疏通下水道80多米,清运垃圾6吨,整修围墙40余米,维修亮化彩灯60余米,设置健康教育宣传栏2个,学习宣传栏1个,开展健康教育和除"四害"活动。

【获得荣誉】 2010年,舞钢市委党校荣获平顶山市卫生先进单位;舞钢市委、市政府县级文明单位。 （黄卫东）

市直机关党建

【概况】 2010年,舞钢市市直机关工委围绕市委的工作部署,抓好党的思想、组织和作风建设,为舞钢市改革、发展、稳定大局及其他各项工作任务的完成提供坚强的政治和组织保证。

【组织建设】 2010年,舞钢市市直机关工委突出工作重点,提高机关基层党建工作水平,狠抓机关党组织的班子建设。一是对届满的10个党总支、79个党支部,制定换届选举方案,下发换届选举文件,精心部署,周密安排,集中全力进行支部换届改选和整顿,保证届满总支、支部换届选举工作的顺利进行。在选举中针对基层支部存在的问题,采取相应措施。截至12月底,届满的党总支和党支部换届选举工作全部完成。二是抓后进整顿,夯实工作基础。为抓好支部划类升级的工作,市直工委按2009年总评情况对三类支部进行整顿。三是抓教育管理,强化支部班子作用。四是严把入口关,抓好积极分子队伍建设。对申请入党的人员进行严格的推荐和选拔,实行建档管理。2010年有123名入党积极分子参加市直工委举办的积极分子培训班,考试及格率100%。严格执行"坚持标准,保证质量,改善结构,慎重发展"的方针,实行发展党员考核公示制。全年发展党员64名,63名预备党员按期转正,并建立回访制度,回访率100%。六是对党员实行量化管理,做好新形势下总支、支部中流动人员、离退休人员和下岗、失业人员中党员的管理工作。

【活动】2010年,按照《市委办公室转发〈市委组织部市委宣传部关于在全市基层党组织和共产党员中深入开展创先争优活动的实施意见〉的通知》(舞办〔2010〕139号)的要求,市直工委开展创先争优活动。在活动中,突出主题,创新形式,强化效果,增强理论武装,更新思想观念,改革体制机制,转变发展方式,促进和谐稳定,创新党的建设,提高干部素质。3月31日上午,舞钢市市直机关工委所属的各机关党委、党总、党支部共计1600余名党员、预备党员和积极分子参加以"铭记革命传统,永远跟党走"为主题的虎头山革命烈士陵园清明祭扫活动。6月25日下午,为庆祝建党89周年,市直工委于在寺坡钢司文化宫多功能报告厅举办庆"七一"、"践行科学发展观 永葆党的先进性"党的知识大奖赛活动。

【党内生活】 2010年,舞钢市市直机关工委每半年召开一次民主生活会,指导各党总支和党支部开好组织生活会,搞好督促检查工作,要求所属各党总支和党支部要有党建活动阵地,做到规章制度上墙、学习资料齐全、写出心得体会。7月,组织党总支和党支部1500人举行党刊知识竞赛活动,以竞赛的方式使广大党员更加深刻的理解和掌握党的知识、宗旨以及各项方针、政策。

【党风廉政建设】 2010年,舞钢市市直各机关党组织结合目标、责任情况,狠抓党员领导干部的教育、监督和执法落实,查处违纪案件。领导班子和领导干部严格执行省委关于领导干部廉洁从政的十二条规定,按时召开廉洁自律民主生活会,坚持礼品礼金登记上缴制度,杜绝违反规定的行为。开展党纪政纪法规的学习。利用电教片、典型案例、举办学习班等形式,进行两个条例和党纪政纪法规学习,按照十五届六中全会"八个坚持,八个反对"的标准,通过学、查、帮、改,集中解决领导班子和领导干部在党性、党风、党纪方面存在的突出问题,转变党员干部的作风。强化党内监督。2010年,市直工委与各党总支、党支部签订"党风廉政建设目标责任书",把党风廉政建设列入支部的重要工作,要求机关党支部对所属的党员领导干部实行党内监督,要求领导班子成员过好双重组织生活,按时参加党员民主生活会,接受党员监督。搞好来信来访和违纪案件的查处,完成案件查办任务,把好党员出口关。全年查处违法违纪案件9起,处理违法违纪党员9人。其中,留党察看2人,党内警告3人,党内严重警告4人。

【党费收缴】 2010年,舞钢市直机关工委建立严格的党费收缴管理制度,对调整后的党费标准进行具体要求,实行半年一公布,对缴纳党费意识强、党悟高的单位和个人进行通报表扬,对借故不交或拖交的单位和个人进行通报批评。

【获得荣誉】 2010年,舞钢市直机关工委在中共河南省委《党的生活》杂志社举办的"学习实践科学发展观知识竞赛"活动中荣获组织一等奖。 (市直工委)

机要保密

【概况】 2010年,舞钢市委机要保密局贯彻落实《中共中央关于加强新形势下保密工作的决定》,以加强全市党政机关、保密要害部门部位管理为重点,加强保密宣传教育、保密监督管理和保密技术防范工作,完成全年的各项目标任务。舞钢市委机要保密局,由市委机要局和市国家保密局合并而成,归属市委办管理,正科级,现有人员5名。

【宣传教育】 2010年,舞钢市委机要保密局把学习宣传新修订《保密法》作为保密宣传教育的重要内容,开展形式多样的活动。组织开展《保密法》知识竞赛,全市科级以上领导干部和签订保密承诺书的人员共1200余人参与试卷答题。通过活动,使领导干部和涉密人员进一步了解《保密法》,掌握了保密知识,增强做好保密工作的主动性和自觉性。在《舞钢信息》上开辟学习宣传《保密法》专栏,刊登市委常委、市委办公室主任、市委保密委员会主任耿西岭的署名文章《深入贯彻落实〈保密法〉切实做好新形势下的保密工作》。在中心路举办保密宣传一条街活动。全市有50多个单位参加,展出宣传教育展板40多块,悬挂宣传横幅10余条。展出内容包括新修订《保密法》全文及解读、失泄密案例展示、计算机网络以及涉密载体的保密管理、涉密人员8小时以外保密须知等,内容丰富,图文并茂,贴近实际。

【监督管理】 2010年,舞钢市委机要保密局参与人大、政协"两会"期间的保密监督和服务保障工作,指派专人进行现场监督和指导。做好高、中招考试期间的保密管理。在考试前,组织人员对试卷保密室防火、防盗、防潮、防鼠以及监控报警设备进行检查,对存在的问题提出整改意见,验收合格后及时发放《试卷保密室使用合格证》。在考试期间,对全市各考点的试卷保密室、柜、视频监控室进行巡视检查,确保高、中招考试期间的保密安全。做好机关单位搬迁过程中的保密工作。在搬迁前,市委办、市政府办专门下发《关于切实做好机关单位搬迁中保密工作的通知》,对搬迁单位新办公场所的安全改造、涉密计算机及其网络的迁移、载体的清退、回收、销毁都提出明确要求,市委机要保密局在搬迁过程中加强监督指导,对搬迁单位产生的涉密文件、资料进行统一回收销毁,确保搬迁中保密工作万无一失。

【技术防范】 2010年9月,经舞钢市机构编制委员会批复,设立市保密技术检查中心,隶属市委机要保密局管理,履行指导全市保密技术工作,组织开展保密技术检查;指导涉密通信、办公自动化和计算机信息系统中保密技术防范设施、设备的建设、使用、管理;负责保密技术成果的推广和应用;培训保密技术人员等工作职责。加强涉密计算机违规外联监控平台的使用管理。2010年5月,市委机要保密局对全市登记备案的涉密计算机进行排查,将确定为涉密(包括工作秘密级)的计算机全部纳入监控平台进行管理,并把各单位涉密计算机违规外联情况纳入保密工作目标考核内容,使全市涉密计算机管理做到日常化、规范化。加强对党政机关、保密要害部门部位的保密技术检查。2010 年 12 月,市委机要保密局对全市党政机关、保密要害部门部位的计算机及其网络、移动存储介质的保密管理进行检查。为了做好检查工作,市委机要保密局配备了保密技术检查工具,对检查人员进行培训。共检查涉密信息系统 3 个,计算机 78 台,其中涉密计算机 22 台。

【获得荣誉】 2010 年,舞钢市委机要保密局被平顶山委办公室评为"全市密码工作先进单位"。杨彩莲被省委办公厅荣记三等功;马晓宏、刘迎涛被平顶山市委办公室评为"全市密码工作先进个人"。(李彦彬)

纪检监察

【概况】 2010 年,中共舞钢市纪检监察机关贯彻落实科学发展观,按照市委六届八次、九次全会确定的目标任务,推进惩治和预防腐败体系建设,强化对党员干部的教育和监督,加大查办案件力度,提高反腐倡廉制度执行力,着力解决反腐倡廉建设中人民群众反映强烈的突出问题,党风廉政建设和反腐败工作取得新成效。

【党风廉政建设】 2010 年,中共舞钢市纪检监察机关贯彻落实《建立健全惩治和预防腐败体系 2008 年~2012 年工作规划》及舞钢市的任务分工方案,以党风廉政建设责任制为抓手,坚持"五个突出"推进惩防体系建设。市委主要领导与各部门"一把手"、各部门与各重点科室站所负责人层层签订党风廉政建设目标责任书,形成"横向到边、纵向到底"的全覆盖责任网络。坚持把惩防体系建设纳入市委、市政府目标管理考核内容,围绕"教育、制度、监督、改革、纠风、惩处"等 6 个方面,把涉及的 108 项任务分解到 27 个牵头部门和 29 个配合单位,明确工作重点,严格任务落实。由市委常委带队,对全市 103 个单位的领导班子及其科级干部推进反腐倡廉建设情况进行检查考核,将考核结果作为评价各级领导班子和党员干部提拔任用的重要依据。严格执行责任追究制度,对 6 名党员干部进行责任追究(科级干部 4 人),通过加大责任追究力度,增强领导干部履行"一岗双责"的意识。

【效能监察和优化经济发展环境】 2010 年,中共舞钢市纪委为严肃工作纪律、转变干部作风,制定出台了 12 个规范性文件。开展"工作纪律大检查、午间饮酒大曝光、重点科室大评议、电子监察大建设"活动,从四大班子、公检法等重要部门开始,共检查工作纪律 45 次、会议纪律 20 次,检查单位 169 个(次),查处违规违纪人员 48 人(免职 1 人,辞退 2 人,实施禁闭 2 人,诫勉谈话 14 人,行政告诫 2 人,责令作出检查 27 人),查处违规单位 73 个,在舞钢市电视台和《舞钢信息》上进行公开曝光,并督促有关部门对违规问题进行认真整改。共检查饮酒禁令执行情况 29 次,检查单位 58 个、酒店 15 家(次),查处违反规定饮酒人员 10 人(党内严重警告 1 人,停职 1 人,诫勉谈话 3 人,责令作出检查 5 人)。为转变作风、提高工作效率,有效治理"中梗阻"问题,开展百名科室长评议活动。从全市 44 个拥有行政执法权、行政审批权的单位中确定 100 个科室为评议对象,坚持"公平、公开、公正、透明"原则,邀请市人大、市政协和市委、市政府督查室有关领导全程参加,组织人大代表、政协委员、党政机关干部、企业代表、个体商户、城市居民、农民代表等社会各界 1000 名评议代表对百个科室进行评议排名,对前 10 名的科室长进行了表彰，对后5名予以免职处理，对后6至10名实施轮岗。牵头组织法制办、物价局、行政服务中心组成联合清查工作组，对审批服务项目进行清理，清理取消审批项目56项，保留368项并向社会公布。为进一步促进行政审批规范化、高效化、廉洁化，积极推进电子监察大建设工作，投资近50万元为市行政服务中心和乡镇、街道便民服务中心配备电子监察设备，在平顶山市率先实现省、市、县、乡四级审批服务电子监察系统联网对接。为给企业创造良好的生产经营环境，制定出台《关于进一步做好服务企业发展工作的意见》和《舞钢市实行企业生产经营环境监测点制度实施意见》，委局领导班子成员重点联系30家规模以上企业，定期或不定期进行调研走访，及时发现并解决企业发展中的问题16起。为让企业摆脱后顾之忧，围绕重点企业生产环境和重点工程施工环境加大综合治理力度，解决舞钢公司、海明集团、叶舞高速公路舞钢段建设中的安全隐患、厂群纠纷等19起，在全市营造"重商兴企"的浓厚氛围。

【廉洁从政教育和领导干部廉洁自律】 2010年，舞钢市以学习贯彻《廉政准则》为契机，加强对党员干部特别是领导干部的理想信念教育和廉洁从政教育，全市各级领导班子及科级干部撰写剖析材料930份、心得体会860篇。开展党政负责人讲党课活动，全市各部门"一把手"讲党课78次。开展廉政文化建设，实现"六进"工作"一进一方案"，建成和申报地市级示范点6处，建成舞钢市首批示范点7处。举办舞钢市"第一届廉政杯"演讲比赛，丰富廉政宣传教育的方式方法。开展家庭助廉活动，发放廉政倡议书4000份，签订家庭助廉承诺书3500份。加大反腐倡廉宣传和网络建设力度，发表反腐倡廉新闻稿件302篇（中央级61篇，省级60篇，地市级181篇），更新廉政网页15期134篇。为加强领导干部廉洁自律，组织人员对节假日期间公车私用、公款吃喝、有价证券管理使用、借婚丧嫁娶之机敛财等问题进行监督检查，开展检查15次，检查车辆800多辆（次）、休闲娱乐场所60余处，对发现的5起问题进行严肃处理。为严格落实民主集中制，对全市各单位"三重一大"集体决策事项规定执行情况进行监督检查，有效提高各单位领导班子决策的民主化、科学化水平。研究制定《舞钢市厉行节约专项治理工作方案》，落实"招待费、会议费、车辆燃修费"公示制度和单独结报核算制度，进一步规范"三费"监督管理制度，全市各单位公务接待、用电用水及房屋租赁、文件会议通信费用同期减少948万元，在省纪委组织的厉行节约专项治理检查中，受到省检查组的肯定。开展"离任检查"，对45名离任的"党政一把手"进行离任检查，对存在问题进行整改。组织人员对"小金库"进行重点清理检查，检查单位78个，收缴违规资金21.8万元。

【案件查办】 2010年，中共舞钢市纪委严格执行《关于进一步加强市管干部案件线索管理办法》、《关于实行案件调查组组长责任制的暂行规定》和《办案人才库管理办法》，从严要求办案人员，严格办案程序、办案措施、办案时限、办案安全和办案纪律，确保依纪依法、廉洁文明办案。在查办案件过程中，始终保持对惩治腐败的高压态势，调动一切积极因素，严肃查处一批影响较大的违纪违法案件。全年初核案件52起，同比上升40.5%；立案57件，同比上升3.6%。党政纪处分63人。其中，处分科级干部11人。在案件审理工作中，坚持实事求是原则，牢固树立质量第一理念，做到"事实清楚、证据确凿、定性准确、处理恰当、程序合法、手续完备"，全年无一起申诉案件。加强信访举报工作,实施信访监督办法,对12名群众反映有轻微违纪情节的党员干部实施信访监督谈话。坚持实行分管领导接访和包案制度,认真受理群众来信来访,积极协调解决群众反映的问题,全年无一起业务内赴中央纪委、省纪委集体上访。

【执法监察】　2010年,中共舞钢市纪委围绕科学发展观的贯彻落实,加强对中央、省、市和市委、市政府重大决策部署落实情况的监督检查,确保扩大内需、结构调整、自主创新、“三农工作”、保障和改善民生、规范和节约用地、资源节约和环境保护等政策措施落到实处,确保“两集中四推进”重点项目、重点工作顺利推进。牵头组织相关部门开展工程建设领域突出问题专项治理,对313个政府投资和使用国有资金项目进行重点检查,对发现的5类问题进行督促整改。开展集中清查违法建设暨追缴费税工作,清查发现违法建设项目54宗,追缴税费3757万元,依法拆除违法建设项目43处。开展违规调整容积率问题专项治理,检查项目152个,发现违规项目29个,并督促有关部门进行有效解决。认真核查2007年~2009年期间出让的83宗土地,涉及土地面积59.5万平方米,土地出让金2.23亿元,纠正问题25个。

【纠风治乱和农村基层党风廉政建设】2010年,中共舞钢市纪委制定实施《舞钢市2010年民主评议基层站所活动实施意见》和《基层站所日常考核计分标准》,对17个政府部门和23个公共服务行业的123个基层站所进行评议,组织测评15场,发放调查问卷800份,并向社会公布评议结果,提高政府部门和公共服务行业的服务质量和水平。对市直19所学校和16家医院开展民主评议专项活动并排名通报,改善就医环境、规范办学行为。在全市8个乡镇、5个街道建立纠风工作网络,接受群众反映线索12条,全部予以妥善解决。继续完善查处公路“三乱”快速机制,定期或不定期上路明察暗访52次,现场纠正不规范行为11次,巩固舞钢市公路“无三乱”成果。开展教育乱收费专项治理检查,调查处理案件2起,立案查处科级干部1名,退还学生违规收费7.9万元。组织开展“对外欠款清还”活动,督促有关单位清还对外欠款317万元,维护群众的根本利益。组织人员对120个党政机关、企事业单位举行的庆典、研讨会、论坛活动进行排查清理,杜绝以举办庆典等活动为名的奢侈浪费、滥用财政资金的现象。全面推行村务监督委员会制度,制定实施《舞钢市村务监督委员会选举办法》、《舞钢市村务监督委员会章程》,全市190个行政村、26个社区率先在平顶山市建立村务监督委员会,受到平顶山市纪委的充分肯定。开展强农惠农政策落实情况监督检查,对31个涉农资金项目进行自查自纠。开展纠正违规违法征占农村土地专项治理和村级财务集中清理整顿活动,纠正违规问题42个。投资5万元为9个农村集体三资委托代理服务中心配置设备,实现网络化管理,农村集体三资管理得到加强。开展“三级示范四级联创”活动,枣林镇被推荐为省纪委确定的乡级示范点。严肃查处农村党员干部违纪违法问题,立案调查案件32起,党政纪处分34人。

【反腐败】　2010年,中共舞钢市纪委拓展源头上预防腐败领域,干部人事制度、行政审批制度、财政管理体制、投资体制改革不断深化。对组织部门组织的人事考察工作,实行全程监督。继续清理规范行政审批事项,不断完善“一站式办公”、“一条龙服务”和首问负责制、服务承诺制、限时办结制等制度,方便群众办事。经营性土地使用权出让、建设工程招投标、政府采购及产权交易等4项制度建设进一步完善，全年挂牌出让土地18宗，涉及面积36.6公顷、出让金2亿元。公开招标确定办公机具、车辆保险等服务定点采购供应商18家，实现了"阳光采购"。政务、厂务、村务三公开进一步规范。加大经济责任审计力度，开展经济责任审计22个。开展"小金库"专项治理，查实"小金库"2个，收缴违纪资金21.8万元。查处商业贿赂案件，推进诚信体系建设，查处案件3起，追究刑事责任3人。

【队伍建设】 2010年，中共舞钢市纪委监察局研究出台《市纪委监察局机关各室工作绩效考核办法(试行)》，坚持实行"周汇报、月总结、季考评"，量化目标任务，严格考核奖惩，充分激发纪检监察干部干事创业的主动性、积极性和争先创优意识。以提高业务素质和工作能力为目标，组织全市纪检监察干部深入学习业务知识和政治理论，开展业务能力测试，提高纪检监察干部正确履行职责的能力和水平。以严肃纪律为抓手，对纪检监察干部严格要求、严格教育、严格监督、严格管理，坚持实行办案情况日报告制度及办案回访制度，不断完善执纪办案各个环节的监督制约，加强对纪检监察干部，特别是执纪办案一线干部的教育、管理和监督。

【获得荣誉】 2010年，舞钢市荣获平顶山市反腐倡廉先进县(市)。中共舞钢市纪委荣获平顶山市优化经济发展环境先进单位、平顶山市纪检监察信访举报工作先进单位、平顶山市纪检监察网评先进单位、平顶山市纪检监察新闻报道先进单位、平顶山市农民负担监督管理工作先进集体、平顶山市反腐倡廉演讲比赛组织奖、平顶山市第一届"廉政杯"乒乓球比赛男子团体第五名、地级文明单位和地级先进单位等荣誉称号。

(许　杰)

群众工作和信访工作

【概况】 2010年，中共舞钢市委群众工作部和信访局以"日排查、周碰头、月考评、季分析、半年总结"为主线，以"红黄蓝绿"四色挂牌督办、领导挂号约访为抓手，以集中化解信访积案百日攻坚战活动和信访突出问题大排查大化解活动为载体，推进各项工作，维护全市社会政治大局的稳定。全年舞钢市接待受理群众来信来访608案835批次4082人次。其中，接待个人访323批440次824人，同比批次、人次分别下降27.2%、31.7%；集体访99批149次3258人，同比批次、人次分别下降28.8%、3.4%；来信59案92件，同比案数、件数分别下降15.7%、23.3%；网上信访52案62件，同比案数下降5.4%，件数持平；上级交办转送群众来信来电62案，到期应办结57件，按期办结57件，按期办结率100%，群众满意率83%；上级交办舞钢市信访事项51件，到期应办结44件，按期办结44件，按期办结率100%，群众满意率80.5%；立案交办信访事项164件，到期应办结139件，实际办结139件，按期办结率100%，满意率86%。群众信访反映的问题主要集中在以下几个方面：一是农村农业类问题占信访总量的21%；二是涉法涉诉类问题占信访总量的19%；三是劳动社保类问题占信访总量的17%；四是国土资源类问题占信访总量的13%；五是城乡建设类问题占信访总量的10%；六是纪检监察类问题占信访总量的5%；七是民政类问题占信访总量的3%；八是组织人事类问题占信访总量的

2%;九是环保类问题占信访总量的1%;十是其他类问题占信访总量的7%。

【平安建设暨信访稳定工作现场会】 2010年5月7日,平顶山市在舞钢市召开平安建设暨信访稳定工作现场会,平顶山市委书记赵顷霖、政法委书记李永胜等参加会议。平顶山市委书记赵顷霖对舞钢市的信访工作给予充分肯定,他指出,舞钢市信访工作基础设施扎实,队伍建设强健,档案资料规范,要把舞钢经验在全平顶山市推广。

【全省办信工作经验交流会】 2010年7月13日,全省办信工作经验交流会议在舞钢市召开,国家信访局副局长张彭发,河南省委副秘书长、省信访局局长李新华,平顶山市委书记赵顷霖和平顶山市政法委书记李永胜等出席会议。舞钢市委书记高永华在会上作经验介绍。舞钢市的信访工作得到了国家信访局副局长张彭发,河南省委副秘书长、省信访局局长李新华的高度评价。

【领导接访】 2010年,中共舞钢市委群众工作部和信访局贯彻落实中办发〔2009〕3号文件精神,坚持大接访工作的长效机制,市乡两级每天安排一名党政领导在人民群众来访接待中心接访,市委书记、市长等四大班子主要领导坚持每周三参加接访,倾听群众诉求,为群众释疑解惑,解决问题。2010年,市党政领导共接待群众来访547起702次4756人,现场答复协调424起,当场督办101起,转送72起,立案交办76起,到期应办结76起,实际办结75起,按期办结率98.7%,群众息访息诉率82%。

【源头防范】 2010年,中共舞钢市委群众工作部和信访局继续实行"日排查"工作制度,由大学生村官担任的信访信息联络员,每天到村民组排查矛盾纠纷,对较小的矛盾纠纷随时排查、随时调解,对较复杂的矛盾纠纷及时整理汇总,当天报送乡(镇、街道)综治工作中心,由乡镇、街道综治工作中心进行分类整理,研究确定分包领导、责任人,运用"3+1"调节机制(三调联动和社会法庭),妥善化解矛盾纠纷。对超出乡镇、街道职权范围内的矛盾纠纷,经当事人同意指定信访代理员,由信访代理员代为到有关职能部门协调化解矛盾纠纷,对情况复杂、重点疑难的矛盾纠纷,由乡镇、街道综治工作中心每周五提交到"周碰头"会议上,由市委信访工作领导小组研究包案,实行公开挂牌督办,限期解决落实。2010年,全市排查出矛盾纠纷352起,化解矛盾纠纷319起。其中,通过四级分析研判化解矛盾纠纷61.2%,召开"周碰头"会议38次,128起重点矛盾纠纷通过"周碰头"会议研究解决。

【考评】 2010年1月,舞钢市对各乡镇(街道)办和市直有关单位实行信访工作党委政府责任制主要指标月考评制度,制定并下发《舞钢市信访工作党委政府责任制主要指标月考评办法》的通知。全年月考评排序12个月12次,通报12期,季度分析报告4期,上报重大不稳定因素文件12期127起,汇总分类统计综合信访数据表30张,分类统计上报问题分类报表12个月252张,编发、收集、发送情况反映8期。

【依法信访】 一是开展《信访条例》宣传月活动。5月,以国务院《信访条例》实施5周年为契机,组织开展《信访条例》宣传月活动,利用报纸、标语、宣传车和张贴公告等形式,广泛宣传依法信访。共张贴标语1000余条,发放宣传彩页3万多份,悬挂横幅200

个，出动宣传车100余辆次，营造依法信访的氛围。二是开展信访干部培训，提高信访干部队伍素质。11月，组织举办信访干部培训班，采取走出去、请进来的办法，以参观学习和集中讲学相结合，开阔信访干部视野，学习先进经验和业务知识，从而提高全市重点单位48名信访干部的业务水平和创新能力。三是落实责任，对违反信访工作纪律造成严重后果的，经市委信访工作领导小组研究后提出追究责任的建议。全年对3名工作人员进行了责任追究。

【信访评估】 2010年，舞钢市委群众工作部和信访局完善信访评估机制，全面落实信访评估制度，加强对重大决策、建设项目实行信访评估工作的督促指导，充分征求群众意见，最大限度地维护群众利益，及早介入调处矛盾，预防信访问题的发生。督促指导有关单位对7项重大建设项目进行信访评估，没有发生因未信访评估或评估意见未落实引发群众信访的情况。

【专项治理】 一是开展集中化解信访积案百日攻坚战活动，制订活动方案，把全市排查出的45起信访积案全部实行县级领导包案，同时成立由12名科级干部和6名优秀干部组成的下访督察组对积案进行跟踪督察督办。至活动结束，排查梳理出的45起信访积案办结44起，群众满意率达52.3%。二是开展重点村治理活动。2010年2月，市委、市政府在全市开展信访问题突出村重点治理活动，成立活动领导小组，下发《关于对信访问题突出的行政村进行重点治理的通知》，对全市12个信访问题突出村进行为期4个月的重点治理活动。从全市抽调12名科级干部、12名优秀干部组成重点村专项治理工作小组，进驻村里，入户排查化解矛盾纠纷，协助村两委做好稳定工作。三是开展社会矛盾及信访突出问题大排查、大化解活动，制订活动方案，召开活动动员会，对排查出的95起社会矛盾及信访突出问题实行领导包案，并以市委办公室、市政府办公室文件下发。同时，成立4个由县级领导任组长的督察组进行督察问效，对活动情况定期通报。督察结果发现，对排查出的矛盾妥善化解74起，群众满意率68.9%。

【创新机制】 2010年，中共舞钢市委群众工作部和信访局继续坚持《中共舞钢市委、舞钢市人民政府关于建立健全信访工作长效机制的意见》，以创先争优活动为契机，创新完善工作机制，建立"四三二一"工作法，即对排查出的不安定因素及重点信访事项实行"四级研判"；对信访问题及重点工作实行"三级督查"；"两挂"即对领导分包的案件实行四色挂牌督办、对重点信访事项实行领导挂号预约接访；"一"即对信访工作、社会矛盾纠纷实行一日一排查、一周一碰头、一月一考评、一季度一分析、一年一总结的"五个一"制度，从而推动信访工作逐步走上规范化、制度化、程序化的道路。

【非正常上访】 2010年，中共舞钢市委群众工作部和信访局树立"非正常上访不但无助于问题的解决，而且还要受到依法追究"的正确导向，贯彻落实中央和省委关于规范信访秩序、依法处置赴京非正常上访的工作要求，形成预防和处理非正常上访的长效机制。在市拘留所设立专门的训诫教育中心，完善警告、训诫和劝导教育"三位一体"的工作方法，提高依法处置率、处置到位率和息诉罢访率。同时，加大对非正常上访的依法处置力度，对经教育仍坚持非正常上访的，依法处置。全年对赴京非正常上访的人员，共拘留3人,警告、训诫、劝导教育65人。

【移民搬迁】 2010年,中共舞钢市委群众工作部和信访局成立由部长任组长的丹江口水库移民安置信访工作领导小组,制定《舞钢市丹江口水库移民安置信访工作方案》,树立"移民搬迁无小事"的工作理念,把"一切为了移民安置工作、一切服务移民安置工作、一切服从移民安置工作"作为工作的落脚点和出发点,坚持每周召开一次例会,深入分析研究移民安置信访工作。派出一名副部长驻点指导信访工作,配合协调市移民办、尚店镇等单位制定详细的工作预案,排查协调化解矛盾纠纷。坚持严格责任追究,对因工作不细、措施不实引发群众或移民信访问题的,严格追究责任领导及责任人的责任。完成库区移民安置任务,没有发生一起因移民安置引发的上访问题。

【获得荣誉】 2010年,舞钢市荣获省信访工作先进市、省南水北调信访稳定工作先进市;中共舞钢市委群众工作部和信访局被评为省特殊疑难信访问题专项资金使用先进单位;平顶山市平安建设先进单位。(张庆国)

民主党派

农工民主党舞钢市支部委员会

【概况】 2010年,农工民主党舞钢支部有党员37名。其中,政协委员8名、人大代表4名、平顶山社会监督员3名、县级领导2名。包括2名平顶山政协委员、1名平顶山人大代表、3名舞钢市政协常委。

【参政议政】 2010年,农工民主党舞钢支部围绕市委、市政府的中心工作,在平顶山市和舞钢市两会上,分别提出20余件提案、议案和建议。其中,平顶山市人大会2件、政协会3件、舞钢市两会15件,彭涛、司天胜、介国斌、杨黎明参与政协提案的督查落实等工作,到公安、城建、药监、教育等部门实地督察,组织提案人与办理单位直接对话,提高提案办理效率。主委彭涛利用参加平顶山市检察院交流座谈会及教育系统"十二五"规划研讨会等机会,围绕市委、市政府中心工作,对各单位的工作提出很多建设性的意见和建议。

【社会服务】 舞钢支部农工民主党员大部分是舞钢市医疗卫生界的专家,利用这一优势,做好社会服务工作是农工党的一项优良传统。农工民主党舞钢支部在2010年8月和9月组织知名专家开展3场义诊服务和宣传活动,部分党员还参与团委、妇联组办的义诊服务和宣传活动10余场。在"百千农村健康行动计划"活动中,农工民主党舞钢支部对帮扶对象杨庄乡卫生院及其他乡镇卫生院、农村卫生技术人员进行培训指导工作,提高他们的技术水平,进而为农村居民提供安全、有效、方便、廉价的基本医疗服务。党员介国斌被聘为农工党省委"百千农村健康行动计划"活动专家,提高了舞钢支部的声誉。

【组织建设】 2010年,农工民主党舞钢支部带领全市党员,采取多种形式,分单位定期开展学习科学发展观及党史教育等学习讨论活动。全年举办4次党史展板展览活动;8月,成功举办纪念农工民主党建党80周年文艺专场晚会;10月,配合农工民主党的学习教育活动,组织骨干党员到重庆渣滓洞、白公馆参观学习1次。同时,适时支部委员会研究工作,交流思想,组织支部委员撰写心得体会、学习总结,并根据大家的意见和建议,对支部工作进行完善。

(农工民主党舞钢市支部委员会)

中国民主同盟舞钢市支部委员会

【开展活动】 2010年,民盟舞钢支部及时传播信息,把盟内刊物《平顶山盟讯》及《中央盟讯》、《河南盟讯》、《群言》发放到盟员手中,帮助盟员及时了解上级精神传达及有关政治理论信息。5月,民盟舞钢支部组织盟员开展贯彻科学发展观和全体盟员采风活动。9月,开展游舞钢庆祝教师节活动。春节前夕,民盟舞钢支部慰问杨稼生、孙国旺和苏惠枝等6位老盟员,并和老盟员交流参政议政心得。12月,举办春节联谊活动,新老盟员欢聚一堂,畅谈舞钢市发展大计。

【组织建设】 2010年,民盟舞钢支部继续推进组织建设,加强领导班子建设。提高领导班子成员的政治把握能力、参政议政能力、组织领导能力和合作共事能力,坚持民主集中、集体领导和分工负责制度。4月,召开民盟舞钢支部全会,民盟平顶山市支部副主委杨唯春参加会议并对舞钢市的民盟工作给予高度评价。贯彻"人才兴盟"战略,注重发展政治素质好、业务能力强、学位和职称比较高的同志加入民盟,充实参政议政队伍。全年培养积极分子3人,发展1人。支部主委宗立立参加民盟省委组织的赴上海—苏杭学习考察。

【参政议政】 在政协平顶山市七届二次会议上,主委宗立立提出《加大对寄宿制初中学校的投入 满足社会对寄宿制初中的需求》、《加强宣传对社会发展城市建设做出贡献的当代文化名人》等提案。在舞钢市政协八届四次会议上提出《加强宣传对社会发展和城市建设作出贡献的文化名人》、《加强交通设施 清除安全隐患 保卫百姓生命 建设和谐交通》、《新农村建设要注意保护、保存中国特色民居与传统文化》和《策立市标、市徽、市花 为舞钢市建立20周年献礼》等11个提案。民盟舞钢支部在2010年八届四次政协会议上的提案《关于加快我市政策性保障住房建设的几点建议》,荣获优秀提案。

【社会服务】 2010年9月25日,民盟舞钢支部主委宗立立策划导演的"同一片蓝天"大型环保公益文艺晚会在舞钢文化宫举办。9月,参加市委统战部组织的在尚店镇举行的舞钢市撤区建市20周年民主党派社会服务大型公益活动,为广大群众提供多方位的服务。

(宗立立)

中国民主建国会舞钢市支部委员会

【重要会议】 2010年,中国民主建国会舞钢市支部委员会召开2次全体会员会议,认真学习邓小平理论和"三个代表"重要思想,认真学习《中共中央关于进一步加强中国共产党领导的多党合作和政治协商制度建设意见》的精神,加强对多党合作制度的认识,坚定接受中国共产党的领导信念,更好地坚持和贯彻这一基本政治制度。召开5次支部委员会议,学习贯彻民建平顶山市2010年会员大会精神,以邓小平理论和"三个代表"重要思想为指导,树立以人为本、与时俱进、科学发展的观念,全面推动社会主义小康社会建设。

【组织建设】 2010年,民建舞钢市支部新发展会员2名,考察1名,现有会员33名。王会卿、胡建民、张宏昌、唐援朝和张广营等人荣获民建平顶山市2009年度优秀会员。

【参政议政】 2010年,民建舞钢市支部把握参政议政职能,在舞钢市政协八届四次会议期间,共提出提案12件。其中,《关于美化水库周边环境建设》、《关于完善社区功能,建立和谐社区》、《关于中心村建设的几点建议》、《关于完善我市农村中小学校防雷设施》等提案引起舞钢市委、市政府的高度重视,为舞钢市的经济建设和构建和谐社会作出贡献。张宏昌会员作《关于治理石漫滩水库污染建议》的大会典型发言,引起较大反响。胡建民、王会卿和张宏昌等会员参与舞钢市的社会主义新农村建设视察活动。胡建民、张宏昌、王会卿、张广营、张红丽等会员参加了舞钢市政协组织的2010年政协提案答复和重点提案督办活动。胡建民、王会卿、张广营、唐援朝、张红丽等会员针对舞钢市中小企业融资难问题和企业外部环境影响问题进行调研,并提出建议。同时,舞钢支部及会员参与电业、城建、土地等行业的行风评议活动3次,张宏昌被人大代表委员会推荐为人民陪审员,参加民事案件审理2次,发挥了民主党派参政议政的作用。

【社会服务】 2010年,民建舞钢市支部会员开展科技下乡、法律咨询、医疗卫生、农业气象和农业技术服务等活动,累计受益人员6000人次。支部副主委胡建民立足本职工作,为企业出主意、想办法,主抓企业生产,为中泰混凝土有限公司的发展作出贡献。同时,深入调查、参政议政,做好为民服务工作。支部副主委王会聊,参与舞钢市2010年度农业综合开发武功乡333.3公顷中低产田改造项目和申报2011年项目,为舞钢市的农业综合开发工作作出贡献。发挥专业技术优秀人才优势,积极开展技术培训和指导服务工作,累计受益人员500人次。支部委员张宏昌,指导全市防雷减灾工作和人工增雨工作,在防雷隐患治理排查工作,重大隐患整改率达100%,并从事社会公益活动,分别获得"优秀政协委员"、"河南省气象科技服务工作先进个人"、"人民陪审员"等5项光荣称号。支部委员张广营,在2010年全球金融危机的严峻考验下,为舞钢公司的钢材销售大胆探索,联系客户,为实现生产和销售的协调发展作出了积极贡献。会员霍家辉,主抓舞钢公司产品理化检验技术设备的设计规划和管理工作,对技术进行改革创新,全面提升设备技术装配水平。会员唐援朝,积极工作,敢于创新,保质保量地完成舞钢公司的能源介质供应任务,并参加民建平顶山市委和舞钢市支部的各项活动。会员张红丽,引导中小企业调整结构项目,为昱鑫重工有限公司、三恩药业公司和振宇纺织公司等争取上级资金300多万元,确保舞钢市中小企业的平稳发展。会员李双全,沉着应对钢材市场,实现经济效益和社会效益的双丰收,全年上缴利税10多万元,为舞钢市财政收入作出贡献。

【走访慰问】 2010年,民建舞钢市支部关心会员的工作、学习和生活,为会员排忧解难,提供服务。全年走访会员22人次,支持会员的健康发展。

(中国民主建国会舞钢市支部委员会)

舞钢市工商联

【概况】　2010年,舞钢市工商联抓好非公有制经济发展工作,不断壮大市域经济,发挥工商联统战性、经济性和民间性的优势,履行各项职能,促进非公有制经济和县域经济的发展。工商联干部职工6人。其中,干部5人,工人1人;中共党员2人;大中专以上学历6人;高级职称1人。

【服务民营经济】　定期走访企业,摸清企业存在的困难和问题,协调解决海明集团的厂群关系、海通公司的司法纠纷等实际问题,确保企业利益不受损失,维护企业的正当权利。以贯彻科学发展观为核心,调研非公有制经济发展的热点、难点问题,把握全市民营经济发展的动态和非公有制经济人士思想动态,并在科学分析的基础上,提出可行性的建议,为市委、市政府正确决策提供参考依据。注重发挥广大会员、非公有制经济代表人士,特别是调动非公有制经济领域的政协会员、人大代表参政议政的积极性,适时组织他们就市委、市政府的工作重点和百姓关心的热点、经济发展的难点,参与座谈、讨论、听政等民主监督活动,反映社情民意和非公有制经济人士的意见诉求,发挥工商联作为非公有制经济人士参与政治和社会事务的主渠道作用。2010年政协会议期间,撰写集体提案4份,全部被市政协立案,其中2份提案被列为政协主席督办的重点提案。

【五届四次执委会议】　2010年4月29日,舞钢市工商联召开五届四次执委会议。市工商联主席李凯总结2009年工作情况,安排部署2010年工作任务,并通过对工商联的人事进行增补的相关事项。3人不再担任工商联各项职务,5人增补为工商联执委、常委等职务,更新、壮大工商联的队伍。会议最后由市委常委、市委统战部部长孙希德作讲话,并根据当前工作的实际任务,对工商联的各项工作提出期望和要求。

【评选活动】　2010年4月,河南省工商联和河南省报业集团联合开展"中原最具投资价值县(市、区)"的评选活动。市工商联组织参加评选,并进行网上投票和报纸投票,通过一个多月的社会宣传发动、采用有效的协调办法,舞钢市在投票阶段名次靠前。7月1日,《河南日报》以"魅力舞钢欢迎你"为标题,介绍舞钢市的发展概况、区位优势、招商引资优惠政策和招商项目的情况。11月下旬,河南省工商联和河南省报业集团联合召开该项活动表彰会议,舞钢市被评为"河南省最具投资价值县市区"城市。

【中心社区帮建】　2010年,舞钢市工商联贯彻平顶山市统战部关于"百企帮百村"座谈会精神,按照要求和工作重点,将"百企帮百村"活动与舞钢市当前开展的中心镇、中心社区建设工作相结合,利用多种方式开展工作,为提高企业帮建中心社区建设的力度、推进社区的建设提供支持。采用与中心镇、中心社区建设工作的主管局及各建设乡镇领导交换意见的方法,工商联班子到社区实地查看,了解中心镇、中心社区建设工作的现状。组织召开企业负责人会议、座谈会等,掌握企业发展的情况和帮扶意向,落实企业与10个中心社区结成帮建对子具体工作。并要求企业根据自身性质和下一步发展的方向,主动投入到企业帮建中心社区建设活动中来。采用产业帮扶、技术帮扶、吸纳就业、置换土地补偿帮扶等多种形式的帮扶、帮建措施,开展好企业帮建中心社区建设活动。其中,以矿山土地置换拆迁补偿、瑞祥牧业(亿园食品)产业支持、高效农业帮扶措施比较突出。全年完成企业与10个中心社区结成帮建对子的工作,落实企业与中心社区的帮建的具体项目,帮建活动有序开展。

【"百千万"工程】　(1)开展招商引资工作。舞钢市工商联加大对外联谊招商的力度,组织外出考察、招商工作2次,发放招商宣传资料1500多份。对内发动非公经济人士和工商界人士,利用他们的经商网络,发动他们作为招商宣传的平台,采用电话沟通邀请、邮寄宣传资料的方法开展招商引资工作。全年邀请外地客商到舞钢市参观考察2次,共16家客商25人次。通过各个职能部门共同协作,确保落地项目5个,总投资2.88亿元,到位资金0.596亿元。(2)开展帮扶创业和企业安置就业工作。通过举办创业报告会、帮扶青年和下岗工人创业,市工商联在2010年7月和12月初,分别举办两场创业报告会,360多名有创业想法的年轻人和下岗工人参加会议。培训班邀请郑州专家讲授创业知识,并有舞钢市钢板加工业、百货零售业、婚庆业青年创业明星作创业报告,两场报告会从不同角度讲授创业知识、创业发展经历。市工商联收集会员企业的需求信息,银龙集团、腾飞物资、康塑科技等公司在创业报告会上发布企业相关生产、建设等方面的需求信息,激起创业者极大兴趣,在会场上就与有关企业的人员进行咨询和洽谈。全年帮助130人建立适合自己的创业模式。(3)科技扶贫和农民工就业安置。扩大帮扶门路,促进农民增收是落实好"百千万"工程中的富农措施。工商联与企业结合,了解企业的经营情况和用工需求,将掌握的剩余劳动力的情况及时与企业互通,不断扩大就业面积。如中加矿业集团公司帮助庙街中心社区成立运输车队,优先安排企业所在地的群众230人到企业务工,使更多的农村剩余劳动力转移就业。同时,企业在杨庄乡柏庄村,招聘人员进厂务工,就业帮扶260人;永航皮具在安寨中心社区培训并安置160多名村民就业;瑞祥牧业招聘大学生5人,养殖专业技术人员60人;沈宏钢加除招聘企业专业人员8人外,以定点招工的形式,在企业所在的新农村招聘工人50人;食用菌开发公司,通过技术帮村的方式,为滨湖中心社区、龙泉古镇中心社区的群众提供食用菌菌种、免费技术指导,回收食用菌成品,发展食用菌栽培户32家,带动120多人就业;安阳铁矿、千丰矿业就业帮扶270人;万客来超市通过帮建便民超市的形式,就业帮扶20人。全年非公有制企业就业帮扶1183人。

【组织学习】　2010年,舞钢市工商联组织全市非公有制经济企业家参加平顶山市工商联组织的非公有制经济人士系统教育培训班,加强对非公有制经济人士的教育培训,提高他们的综合素质,增强他们在市场经济条件下的业务水平和竞争能力,促进非公有制经济又好又快发展,为舞钢市"走在全省前列,率先实现崛起"奠定坚实的基础。

【融资服务】　2010年,为16户中小企业办理担保业务21笔,担保资金899万元,无发生担保业务代偿。通过资金的良性循环,促进中小企业的发展,受担保企业职工人数增加270人,增长6.4%;受担保企业销售总额增加1171万元,增长32%;受担保企业利税总额增加86万元,增长13.8%。

(市工商联)

九三学社舞钢支社

【概况】 2010年,九三学社舞钢市支社成员36人。其中,本科学历29人、大专学历4人、中专学历3人;高级职称18人,中级职称18人。成员分布在地质、采矿、选矿、医疗、机电、冶金、农学、工民建、财经、化学和档案管理等11个专业,分别工作在全市13个单位的技术及管理岗位。

【参政议政】 2010年,九三学社舞钢市支社社员通过担任人大代表、政协委员和出任政府实职,履行职责,为舞钢市和平顶山市的经济发展、社会稳定及社会主义民主进程的推进做出了努力。支社社员1人当选为舞钢市人大代表;6名社员任舞钢市政协委员,其中1人任常委;2名社员任平顶山市政协委员。支社社员在两级人大及政协会议上提出的17件议案、提案,涉及社会生活、工农业生产、市政建设、环保、文教卫生等多个方面。提案针对市民关注的热点、政府关注的焦点、关乎社会民生的重点等问题,提出见解和意见,促进各项问题的解决。

【获得荣誉】 2010年,九三学社舞钢市支社荣获九三学社平顶山市2010年度先进支社;杨松民荣获九三学社平顶山市2010年度先进社员、孙海明荣获舞钢市成立20周年建市功臣、张源有荣获舞钢市成立20周年建市功臣和2010年河南有色地质局"老有所为"先进个人、王海伟荣获舞阳矿业公司优秀技术骨干、刘志涛荣获舞阳矿业公司优秀技术骨干、韩彦林荣获舞阳矿业公司优秀技术骨干、王梅香荣获2项舞钢市优秀科技成果奖。

(九三学社舞钢市支社)

石漫滩水库风光

政权·政协

舞钢市人民代表大会

【八届人大四次会议】　会议于2010年1月22日至1月25日在舞钢公司文化宫举行。非市八届人大代表的市四大班子领导及副县级单位正职,市委各部门、市直各单位正科级实职,驻市大中企业主要负责人,市政协委员,原担任过副县级以上职务的离退休老领导列席会议。会议期间,代表们听取市长白立凡作《政府工作报告》、市人大常委会主任杨森作《舞钢市人民代表大会常务委员会工作报告》、市人民法院院长李平贵作《舞钢市人民法院工作报告》、市人民检察院检察长马国兴作《舞钢市人民检察院工作报告》。代表们讨论和审议上述工作报告及书面印发会议的《关于舞钢市2009年国民经济和社会发展计划执行情况及2010年计划(草案)的报告》、《关于舞钢市2009年财政预算执行情况和2010年财政预算(草案)的报告》,分别通过关于各项报告的决议。会上,组织全体人大代表对全市49个行政执法部门及14个公共服务行业进行民主测评。会议对2009年度优秀人大代表及提出优质议案建议的先进代表进行表彰。

【常委会议】　2010年,舞钢市八届人大常委会举行9次会议。

1月11日,市八届人大常委会举行第十九次会议。通过有关人事任免事项:决定免去马留妮舞钢市公安局局长职务,决定任命王中孚为舞钢市公安局局长。审议通过关于召开市八届人大四次会议的决定;审议确定关于市八届人大四次会议列席人员范围;审议确定关于市八届人大四次会议有关名单草案;听取关于增选、补选市八届人大代表代表资格的审查报告;听取关于市八届人大四次会议议案审理的规定(草案);审议通过表彰2009年市优秀人大代表及市八届人大三次会议上提出优质议案建议的先进人大代表的有关事宜;审议并原则通过市人大常委会工作报告(征求意见稿)。

3月4日,市八届人大常委会举行第二十次会议。审议确定关于市人大代表民主测评、强化监督职能活动的相关事宜。根据市人大常委会关于开展民主测评、强化监督职能活动暂行办法和人代会上市人大代表民主测评结果,对满意率排名居行政执法部门前五名且满意率不低于90%的市审计局授予“人民满意的好单位”称号,对其行政一把手陈凌云授予“人民满意的好公仆”称号;市烟草局、市国土资源局、市药监局和联通公司舞钢分公司被审议确定为常委会年度重点监督单位。审议通过市人大常委会2010年工作要点;审议通过市人大常委会工作委员会委员调整事宜;审议通过市人大常委会关于代表联络组人员调整事宜。

6月28日，市八届人大常委会举行第二十一次会议。通过有关人事任免事项：决定任命李洪涛为舞钢市文化广电局局长，李勇为舞钢市人力资源和社会保障局局长，胡国刚为舞钢市交通运输局局长，吕净一为舞钢市住房和城乡建设局局长，鲁耀伦为舞钢市工业和信息化局局长；任命王宝兰、陈甦、谷亚峰、张宏昌为舞钢市人民法院人民陪审员；决定任命田红艳为舞钢市人民检察院副检察长，任命王宪文、任文强、陈琳梅、苏小峰、李丰华为舞钢市人民检察院检察委员会委员；决定免去盛军、高廷凡、杨慧、李晨阳、郑惠民等5人舞钢市人民检察院检察委员会委员职务。听取审议市政府关于产业集聚区建设、龙凤湖旅游度假区建设、创业发展服务区建设、高速公路及引线建设和“两集中”工作、旧城改造工作、石漫滩水库污染综合治理工作情况的报告，分别作出审议意见。

8月4日，市八届人大常委会举行第二十二次会议。表决通过同意市人民检察院对市人大代表刘文晓采取刑事强制措施。

8月27日，市八届人大常委会举行第二十三次会议。通过有关人事任免事项：决定免去冀聚良舞钢市人民政府副市长职务；免去王跃、胡江涛舞钢市人民法院副院长职务，免去曹英丽、李玉荣舞钢市人民法院审判委员会委员职务，免去范春宇舞钢市人民法院民事审判第二巡回法庭庭长职务，免去王克光舞钢市人民法院刑事审判庭庭长职务。听取审议市政府关于2010年上半年国民经济和社会发展计划执行、关于舞钢市2009年财政决算和2010年上半年财政预算执行、关于舞钢市2009年度本级财政预算执行及其他财政收支情况的审计等工作情况的报告，分别作出相关审议意见；听取审议市政府关于提请审议融资用于市重点项目建设的议案，并表决通过该议案的决议。

10月29日，市八届人大常委会举行第二十四次会议。通过人事任免事项：决定任命钱德民为舞钢市监察局局长，李贵生为舞钢市农业局局长，决定免去郭贵兴舞钢市监察局局长、李建国舞钢市农业局局长职务。审议通过关于调整舞钢市第八届人民代表大会部分代表联络组组长、副组长人选的报告；听取审议市政府关于市八届人大四次会议代表建议办理工作情况的报告，听取审议市人大常委会年度重点监督单位整改工作情况的报告。

12月16日，市八届人大常委会举行第二十五次会议。听取审议市人民政府关于全市2010年重点项目进展情况的报告，并作出审议意见。听取审议市人民政府关于舞钢市2010年生产总值调整方案和财政预算调整方案的议案，并批准上述两个方案。

12月30日，市八届人大常委会举行第二十六次会议。通过有关人事任免事项：决定任命世利平、闫广甫为舞钢市人民政府副市长，决定免去李素清舞钢市人民政府副市长职务。

12月31日，市八届人大常委会举行第二十七次会议。通过有关人事任免事项：决定任命王冬梅为舞钢市人民政府副市长，决定免去高杰舞钢市人民政府副市长职务。

【法律监督】 2010年，舞钢市人大常委会采取多种形式对有关法律法规在全市的贯彻执行情况开展监督。根据上级人大的统一安排，常委会组织有关人员到相关执法部门，通过听汇报、座谈、查阅卷宗、实地察看等方式，分别对《工会法》、《中小企业促进法》、《城乡规划法》、《烟草专卖法》、《烟草专卖实施条例》、《消费者权益保护法》及《河南省消费者权益保护条例》、《归侨侨眷权益保护法》、《流动人口计划生育工作条例》、《清洁能源生产促进法》、《大气污染防治法》等法律法规的贯彻执行情况进行检查。对执法检查中发现的问题,要求执法部门限期整改,常委会相关工作机构加强跟踪监督,保障执法检查质量。

【工作监督】　2010年,舞钢市人大常委会围绕全市经济和社会事业发展这一中心,运用多种监督形式,依法对全市重大事项和重点工作进行监督。(1)强化对计划和预算执行情况的监督。在常委会上先后听取审议市政府关于2010年上半年国民经济和社会发展计划执行情况的报告、2009年市本级财政决算和2010年上半年预算执行情况的报告、2009年市本级财政预算执行情况和其他财政收支情况的审计工作报告,审查批准市政府提出的2010年预算调整方案和全市生产总值调整方案。对国民经济运行中存在的困难和问题,要求市政府积极营造良好发展环境,调整优化产业结构,加大招商引资力度,培育和做大、做强高新产业,进一步提升公共服务能力和水平。对审计出来的财政预算执行中的问题,督促市政府及其有关部门认真逐项整改,维护预算的严肃性。(2)强化对市重点工作进展情况的监督。为推进社会比较关注的几项重点工作,常委会分别听取审议了市政府关于产业集聚区建设、龙凤湖旅游度假区建设、创业发展服务区建设、高速公路及引线建设和"两集中"工作、旧城改造工作、石漫滩水库污染综合治理工作情况的报告,并作出审议意见转交市政府研究处理。对作出的审议意见,常委会要求市政府及有关部门在规定的时限内向市人大常委会报告其研究处理结果。(3)强化对代表集中视察报告中相关议题建议落实情况的监督。为督促代表视察工作后所提建议的落实,常委会听取审议市政府关于代表集中视察报告中相关议题的建议落实情况的报告。如关于城市经济适用房建设,市政府责成相关职能部门,按照公平、公正、公开的原则,严格对经济适用房申请资格进行审查,并采用平顶山市房管局电脑摇号系统进行分配,一期434套住房全部分配到户,并且供水、供电、排水设施全部接通,保证入住居民的正常使用。代表们所提建议意见大都得到较好落实。(4)强化对常委会审议意见落实情况的监督。为督促市政府相关部门落实审议意见,常委会要求相关工作委员会对常委会第二十一次会议所提的7项审议意见落实情况进行调查,并形成调查报告印发给常委会组成人员。市政府及相关部门都对各项审议意见逐条研究,改进不足,并向常委会报送审议意见落实情况的报告。(5)强化对重点工程项目进展情况的监督。为督促市政府加快推进全市2010年重点建设项目,常委会听取审议市政府关于全市2010年重点建设项目进展情况的报告。会议要求市政府及相关部门,对有望2010年完工的重点建设项目,倒排工期,全力冲刺,争取早日完工。同时,建议市政府要强化科学决策意识,统筹兼顾,科学谋划,量力而行,以实际行动树立政府诚信守诺的良好形象。(6)强化对重点监督单位工作整改的监督。为促进常委会确定的年度重点监督单位存在问题的整改,在常委会相关机构将会前、会中征集到的意见汇总归纳并及时反馈的基础上,常委会各工作委员会多次到各重点监督单位帮助分析其存在问题的原因,并提出整改意见。成立调查组,于9月上旬,对各重点监督单位存在问题整改情况进行专题调查,并将调查结果反馈给这些单位。

【信访】　2010年,舞钢市人大常委会始终把信访作为联系群众、了解民情和维护人民群众合法权益的重要渠道,探索做好人大信访工作的新办法。全年接待人民群众来信来访192件(次),收到上级批转件20起。加大督办力度,做到件件有回音、事事有落实,上级批转的信访件都按期办结,并书面上报结果,办结率100%,有效化解一批矛盾纠纷,促进社会的和谐稳定。

【人事任免】 2010年,舞钢市人大常委会认真行使职权,依法做好人事任免工作。按照党管干部、依法办事、发扬民主、任人唯贤的原则,依法任免"一府两院"工作人员40人(次)。其中,免职19人(次),任职21人(次)。在任免工作中,常委会坚持任前考察、民主考核、法律知识考试、颁发任命书等制度,增强被任命地方国家机关工作人员学法守法意识和执政为民意识。

【代表】 2010年,舞钢市人大常委会认真落实代表法,做好代表工作。(1)着眼取信于民,加大代表建议、批评和意见的督办力度。市八届人大四次会议收到代表议案、建议和批评意见136件。通过整理,合并为114件代表建议,转交市政府落实办理。为督办代表建议,常委会相关委室还组织部分领衔代表,实地督察办理工作。通过代表建议的办理,一些群众反映的热点问题得到较好解决。如关于在市区开通数字电视的议案,在市政府的大力支持下,市广播电视总台融资200多万元,完成数字电视的前端建设及信号调试,并决定免费发放1.5万部机顶盒,至年底,发展数字电视用户数千户。(2)着眼搭建履职平台,组织人大代表集中视察。为了让人大代表知情参政,常委会按照年度工作安排,于11月26日,组织32名平顶山市及舞钢市人大代表,对枣林镇枣园社区、铁山乡上曹社区、尹集镇张庄社区及产业集聚区建设进行集中视察。在现场察看的基础上组织讨论和座谈,对代表所提出的意见和建议,反馈给市政府及有关委局,并要求常委会相关工作委员会对意见落实情况进行跟踪监督。针对代表们视察中所提的意见,市政府十分重视,召开专门会议,对落实工作提出具体措施,予以安排部署。(3)着眼激励先进,组织开展优秀人大代表及提出优质议案建议的先进人大代表评选活动。在各代表联络组民主推荐的基础上,依据每位人大代表的履职表现以及在市八届人大三次会议上所提议案建议的质量和件数,经人大常委会主任会议研究,市八届人大常委会第十九次会议审议通过,评选出17位优秀人大代表、11位提出优质议案建议的先进人大代表,并进行通报表彰。(4)着眼完善基础建设,加强乡镇级人大工作。按照平顶山市人大常委会的要求,重点督促加强乡镇人大主席团的硬件和软件建设。指导8个乡镇,投资20多万元,安置新办公用房、购置电脑、电话、办公室桌、椅、柜等设施,高标准配备乡镇人大办公室、人大代表活动室、"代表之家"等,强化乡镇人大的阵地建设。整理归类各种乡镇人大资料,加强人大档案建设。建立健全各种基层人大工作制度,围绕乡镇人大自身建设,修订完善《乡镇人大主席、副主席、联络员工作职责》、《乡镇人大代表工作职责》;围绕代表作用的发挥,修订完善《人大代表联络选民制度》、《人大代表向选民述职办法》;围绕人大代表小组作用的发挥,修订完善《代表小组学习制度》、《代表小组与常委会、人大主席团联系制度》和《代表小组视察调查制度》等。常委会还组织人员到部分乡镇、街道代表联络组开展调研,指导各乡镇、街道组织代表开展视察、检查、调查等活动,为人大代表执行代表职务拓宽渠道。组织召开乡镇、街道人大负责人座谈会,交流工作经验,推广先进典型,促进乡镇、街道人大工作的规范化、制度

化。 (王增新 杨玉洁)

舞钢市人民政府

综 述

【主要经济指标】 2010年,舞钢市实施“生态建市、产业立市、文化强市、和谐兴市”战略,全年完成生产总值108亿元,比上年增长6%;全社会固定资产投资71.8亿元,比上年增长28.9%;社会消费品零售总额22.6亿元,比上年增长19.1%;地方财政一般预算收入7亿元,比上年下降5.5%;城镇居民人均可支配收入14068元,比上年增长10.2%;农民人均纯收入5646元,比上年增长11.2%。 (邢学林)

【工业经济】 2010年,舞钢市全力推进重点建设项目,全年完成投资26亿元。宝润再生资源加工一期、煤矿液压支架项目一期、群望工业纸板一期、龙山纺织二期10万锭高精纺、工程机械及农作物收获机械配件生产线、西气东输平舞漯地方支线等项目建成投产;舞钢冶金公司铁前配套一期、鑫海纺织一期10万锭棉纺、龙山纺织三期10万锭高精纺、6栋6万平方米3层标准化厂房、易源科纺10万锭、金马钢加物流配送中心、6万吨生活用纸技改一期、精钢钢铁、诚祥机械等项目顺利推进。全市实现规模以上工业增加值63亿元、利税11.6亿元,分别增长2.4%和15%。推进工业结构优化升级,完成高技术产业增加值2376万元。 (邢学林)

【农业经济】 2010年,舞钢市通过种养大户承包、农民专业合作社带动和高效农业示范园区建设等形式,实现土地规模化和集约化经营,促进土地、资金、技术等生产要素优化配置。全市土地流转7066.7公顷,占耕地总面积的33%,建成500亩(1公顷=15亩)以上土地流转示范方88个,被农业部确定为全国100个土地流转与社会化服务先进监测县(市)。粮食总产量14.4万吨。农业总产值完成13.2亿元,增长4.1%。畜牧业总量持续扩大,发展标准化养殖园区15个、规模养殖户120家,累计分别达到67个和670家。培育发展涉农龙头企业,地市级以上龙头企业15家。建成各类农民专业合作组织40家,带动农户1.8万户。农村基础设施逐步完善。完成任涧沟、水磨湾水库除险加固,治理水土流失面积12平方千米,改造中低产田333.3公顷,建成枣林现代示范灌区200公顷。 (邢学林)

【产业集聚区】 2010年,舞钢市以钢铁和纺织为主导产业的产业集聚区建设全面启动。报批产业集聚区总体发展规划、空间发展和控制性详细规划等专项规划,编制钢铁和纺织产业规划。产业集聚区全年基础设施投资4.96亿元,夯实产业承载平台。“三纵一横”道路主体工程、柳源输变电站等相继建成;“四纵三横”道路全面铺开,供电工程、综合服务中心大楼等项目加速推进。出台一系列促进产业集聚区发展政策,从土地、资金等方面为客商提供服务。产业集聚区全年完成工业项目投资17.8亿元,入驻企业19家,从业人员2.12万人,营业收入203亿元,实现税金8.16亿元。被评为全省又好又快发展产业集聚区、循环经济试点单位和国土资源集约节约模范产业集聚区,获省政府奖励600万元。 (邢学林)

【招商引资】 2010年,舞钢市建立“企业为主、政府推动、市场运作、全民参与”的大招商格局。实行外来投资项目全程代办制,营造亲商、安商、富商的良好氛围。围绕钢板加工、纺织、旅游等产业,参加“中博会”、“华合论坛”等活动,承接产业和技术转移。与清华大学、恒大集团、建业集团战略合作全面展开,为舞钢市开发建设注入新活力。全年引进市外资金41.56亿元,利用境外资金805万美元,分别占目标的128%和100.6%。

(邢学林)

【第三产业】 2010年,舞钢市政府编制旅游产业发展总体规划。围绕开发旅游精品,推进景区景点基础设施建设,二郎山成功创建为4A级景区,祥龙谷正式运营;二郎山、灯台架、祥龙谷被中国旅游摄影家协会和中国旅游信息报社授予“旅游摄影创作基地”。坚持文化、旅游互动发展。举办第十届端午节龙舟赛和河南省“舞钢水灯节”。全年接待游客184万人次,旅游收入3.35亿元,分别增长17%和23%。文化旅游业带动房地产、餐饮等产业快速发展。房地产开发完成投资9.2亿元,销售商品房37.9万平方米,交易额8.35亿元。全面推进“家电下乡”,销售家电2.3万多台(件),销售额5798万元。第三产业增加值占生产总值比重24.1%。

(邢学林)

【城市建设】 2010年,舞钢市完成叶舞高速舞钢段、马鞍山大道一期升级改造、胡寨转盘至垭口桥中修、任桥至李辉庄大中修、石漫滩大桥至虎跳峡绿化等工程。治理污水沟8条、硬化道路28条。启动饮用水源地生态保护工程,开展水库综合整治,投放鱼苗277万尾,取缔手划船,制止乱捕滥捞,检测取样水库和周边排污单位40多次;建成污水泵站调节池和寺坡、李辉庄片区污水管网,改善水库水质和生态环境。成功创建省级生态文明村4个、市级5个,省级生态乡镇1个。营造水土保持林273.3公顷,建成生态廊道416公顷,森林覆盖率34.7%。国家卫生城市创建顺利通过国家技术评估和复验。推进旧城改造,出台城中村改造实施意见,规划城中村5年改造工程。全年完成拆迁5.6万平方米,开工90万平方米,主体完工36万平方米。规范房地产市场开发行为,拆除违法违章建筑43处4万多平方米。完成创业发展服务区修建性规划,与建业集团签订战略合作协议。

(邢学林)

【中心镇、中心社区】 2010年,舞钢市以中心镇、中心社区建设为载体,加大支持力度,受到省、平顶山市领导的肯定和主流媒体的关注。采取园区带动、城镇辐射和迁村并点3种模式,突出抓好4个中心镇、3个示范中心社区建设。4个中心镇框架初步形成,634户新民居基本建成,配套设施逐步完善。张庄、瑞祥、上曹中心社区建成民居739户,瑞祥中心社区入住移民330户1419人,张庄和上曹社区居民开始搬迁入住,3个示范中心社区成为全省新农村建设的亮点。加大农村劳动力就业培训,提高居民转岗就业能力,增加农民工资性收入。落实农民增收规划,引导二、三产业向中心镇、中心社区集中。全市城镇化率50.9%。

(赵巨博)

【民生民利】 2010年,舞钢市用于改善民生的财政支出6亿多元,是财政收入最多年景2008年的3倍多。(1)十大惠民实事扎实推进。全面启动城区有线电视数字化,发展用户5400多户;新增农村有线电视用户1390户。建成县乡公路、通村公路48千米,高速引线实现通车。解决农村安全饮水1万人。

尚店、杨庄、尹集等3个乡镇敬老院改扩建工程完工。经济适用房一期工程竣工投用,受益群众470户。农村合作医疗补助和补偿标准,分别由80元、5万元,提高到120元和10万元。青少年校外活动中心地质灾害治理工程完工,学校防雷设施整改全面到位,更新课桌凳、餐桌8415套。按照分区推进计划,天然气新入户2326户。全面落实强农惠农政策,兑现惠农补贴2670万元。完成丹江口库区移民搬迁安置工作。(2)社会保障工作扎实推进。以创业带动就业,努力稳定和扩大就业,发放小额担保贷款2150万元,城镇新增就业5700人。城镇登记失业率控制在4%以内。全年培训农村劳动力3670人、转移劳动力3600人。廉租住房补贴524户1244人受益。提高离退休人员养老金待遇,人均月增资120元。(3)城乡社会救助体系逐步健全。城市低保标准每人每月由180元提高到195元,五保集中供养标准每人每年提高到2200元,集中供养率45%;探索建立临时救助制度,救助对象348人,"人人享有社会保障"的目标实现。(4)教育事业扎实推进。落实"两免一补"资金1565万元,惠及学生7万人次。资助高中贫困生800人次。筹资1990万元,建成瑞祥移民学校、枣林中学学生宿舍楼、二高临时餐厅等11项教育工程。筹资1100万元,开展职教攻坚,职业教育服务经济社会发展水平不断提高。(5)公共卫生服务扎实推进。加大城乡卫生网络和卫生设施建设,完善全民医保制度,新农合参合率99%,发放医疗补助2500万元,受益群众31万人次。加强食品安全监管,食品安全监测预警体系建设初见成效。投入资金600万元,表彰奖励和帮扶救助计生家庭对象1.97万人,人口自然增长率控制在4.12‰,低生育水平进一步稳定。(6)城乡文明创建扎实推进。举办建市20周年暨开发建设40周年系列庆祝活动,建成"农家书屋"25家,送戏曲、电影下乡2480场,文化强市建设步伐加快。开展首届"文明市民"评选,深化行业文明创评活动,人民群众文明意识明显增强。全民健身运动广泛开展,竞技体育进一步发展,舞钢籍运动员在体育大赛中出类拔萃。第六次全国人口普查和第二轮市志编撰工作顺利完成。(7)平安舞钢建设扎实推进。开展"大排查、大化解"攻坚战,探索信访维稳工作机制,解决一批信访积案和群众关注的热点、难点问题。落实安全生产责任制,没有发生重特大安全事故。加强社会治安综合治理,严厉打击各类刑事犯罪活动,公众安全感指数位居省、平顶山市前列,平安舞钢、信访稳定工作经验在平顶山市和全省推广。 (邢学林)

【政府自身建设】 2010年,舞钢市政府不断提高服务效率。对44个职能部门行政许可、服务事项集中清理,取消56项,向社会公开服务承诺368项。不断规范行政行为。认真向市人大报告工作、向市政协通报情况,主动接受人大及其常委会的监督,支持政协参政议政。办理人大代表建议114件、政协委员提案135件,办复率100%,满意率97%。健全科学民主决策机制,落实《政府工作规则》,增强政府工作公开化和透明化。清理废止规范性文件88个,办理行政复议案件10起、应诉案件8起。推进"效能革命",加强对重点岗位的监督,开展评议百名科室长活动,政风行风明显改进。不断强化自律意识。集中开展《廉政准则》学教活动,严格执行"三重一大"集体决策制度。加大行政监察力度,开展工程建设、土地管理、项目招投标、房地产开发等领域专项执法监察。注重发挥审计监督作用,实施审计项目85个,规范财政收支行为。 (邢学林)

【“市长热线”】 “市长热线”工作树立“群众利益无小事”的观念,解决人民群众在生产、生活中遇到的困难和问题,化解社会矛盾。全年“市长热线”受理热线电话2358件。其中,咨询电话1226件,反映问题1132件,涉及群众基本生产、生活及城市建设等多个方面。群众所反映问题解决1106件,办结率97%。接平顶山市批转热线交办件62件,办结率100%。“市长信箱”收到电子邮件186件,可办理且已办理156件,办结率100%。编写“市长热线”通报12期。

（李学军）

【督察】 根据市政府工作部署,对《政府工作报告》安排的134项重点建设项目分解细化,明确责任领导、责任单位、责任人,确定工作推进时间节点,逐月督察进度,按月进行通报。全年督察督办平顶山市政府常务会议督办事项7项,办结率100%;督察督办平顶山市政府市长批件9项,办结率100%;督察督办平顶山市政府转来落实上级政府工作报告8次;完成舞钢市政府领导交办各类督办事项28项,办结率100%。围绕全市重点工作、中心工作主动开展督察。全年开展对“两集中”、城乡道路建设、长途客运站搬迁、创卫、土地卫片执法、食品安全、人大代表建议和政协委员提案办理情况等市政府重点工程、重点工作督察30多次,累计100余个工作日,整理印发《督察通报》22期、《督察通知》25期。办理人大代表建议114件、政协委员提案135件,答复率100%。其中,人大代表满意率96%,政协委员满意率98%。

（张义磊）

【法制】 推进依法行政示范单位创建活动,推荐的市国土资源局、庙街乡人民政府被平顶山市人民政府授牌确定为第二批依法行政示范单位。联合市人大法工委、市纪委开展行政执法检查及案卷评查活动,对全市8个乡镇、34家行政执法单位开展检查,评查案卷140份,责令整改问题5大类60余处。开展市政府常务会议集体学法活动6次。办理行政复议案件10起、行政应诉案件8起。全年向上级报送工作信息59篇,直接被国务院法制网采用3篇。

（田振红）

【人民防空】 2010年,舞钢市人防办开展人防宣传教育活动,城区初级中学人防知识教育覆盖面100%,新增实验中学为人防教育学校,市二中被平顶山市人防办命名为人防教育示范学校。对350名入党积极分子进行人防知识培训。完成舞钢市人防工程总体规划编制工作。新购CWYK 2000瓦统控警报器2套,城市音响覆盖率95%以上。审批人防工程3处,共计1.15万平方米。4900平方米的人防工程通过平顶山市人防办验收,征收人防易地建设费307万元。被评为全省县级人民防空建设先进单位。

（杨建勇）

【工农关系协调】 2010年,市政府工农关系协调办围绕创建和谐工农关系目标任务,按照“抓住大项目、兼顾小项目,进一步优化经济发展环境”的工作思路,着力化解工农矛盾,妥善调处工农纠纷。全年,协调处理重点项目8项,开展工农共建活动35个,调处工农纠纷37起。重点服务协调产业集聚区、创业发展服务区和舞钢冶金公司铁前配套等重点建设项目,长途客运站新址、市政工程处新址、河东小区建设前期拆迁、院岭纺织园区110千伏输变电站、西气东输二线工程项目和湿地公园的建设拆迁。同时,做好南北高速公路引线、平驻路北段扩宽改造和部分县乡道路的升级改造等道路建设前期协调工作,确保工程按期顺利施工。

（刘先进）

【外事侨务】 参加第三届“华合论坛”,与建业住宅集团签订创业发展服务区项目,与广东中山广骏纺织公司签订龙山科技园三期项目,与腾荣钢铁贸易公司签订腾舞钢铁模具制造项目,与江苏省常州钢翔钢铁公司签订诚翔钢铁项目,合同总投资52.2亿元。目前,4个项目已全部启动。利用侨务渠道,发挥桥梁纽带作用,广泛与侨资企业、华侨海外商会沟通联系,加强交往,增进感情,最大程度寻求合作关系。 (王跃全)

2010年舞钢市人民政府文件

类别	文件号	标题	时间
舞政	1号	关于印发舞钢市“十二五”规划编制工作方案的通知	2010.1.14
舞政	2号	关于认真做好第六次全国人口普查工作的通知	2010.1.27
舞政	3号	关于同意设立寺坡街道办事处大石门社区的批复	2010.1.22
舞政	4号	同意对连续三年荣获平顶山市平安建设先进乡镇街道有关人员记功奖励的批复	2010.1.27
舞政	5号	关于嘉奖市地税局市国税局的令	2010.1.28
舞政	6号	关于对舞钢供电分局记集体三等功的决定	2010.1.29
舞政	7号	关于建立重大建设项目联审联批机制的意见	2010.2.3
舞政	8号	印发2010年市政府建设项目月进度计划的通知	2010.3.1
舞政	9号	关于同意成立舞钢市城乡开发建设投资有限公司的批复	2010.3.12
舞政	10号	关于加强农村(社区)环境保护工作的意见	2010.3.18
舞政	11号	关于开展畜产品市场准入工作的实施意见	2010.3.18
舞政	12号	转发平顶山市人民政府平政〔2010〕16号文的通知	2010.3.19
舞政	13号	关于印发舞钢市2010年全国劳动模范(先进工作者)评选推荐工作方案的通知	2010.3.19
舞政	14号	关于印发舞钢市委托招商管理办法(试行)的通知	2010.3.23
舞政	15号	关于解决历史遗留问题做好房屋权属登记发证工作的通知	2010.3.24
舞政	16号	关于进一步加强依法行政工作的意见	2010.4.1
舞政	17号	关于舞钢市土地卫片执法检查暨违法违规用地专项整治工作的紧急通知	2010.4.9
舞政	18号	关于舞钢市2010年消防工作意见的通知	2010.4.15
舞政	19号	关于印发舞钢市人民政府行政首长问责暂行办法的通知	2010.4.15
舞政	20号	关于印发舞钢市市区“门前四包”管理办法的通知	2010.4.15
舞政	21号	关于印发舞钢市城市养犬管理办法的通知	2010.4.15
舞政	22号	关于批转舞钢市商务综合行政执法试点工作方案的通知	2010.4.19

续表1

类别	文件号	标题	时间
舞政	23号	关于印发舞钢市调整和完善市乡财政管理体制方案的通知	2010.4.21
舞政	24号	关于印发舞钢市解决平舞铁路舞钢段存在安全隐患工作方案的通知	2010.4.27
舞政	25号	关于做好2008年冬季退役士兵接收安置工作的通知	2010.5.7
舞政	26号	关于同意舞钢市尹集环境规划的批复	2010.5.18
舞政	27号	关于同意庙街乡环境规划(2009年~2020年)的批复	2010.5.18
舞政	28号	关于印发清理规范2010年行政服务项目的通知	2010.5.25
舞政	29号	关于加快发展农机专业合作社的意见	2010.5.25
舞政	30号	关于印发2010年舞钢市环境综合整治实施方案的通知	2010.5.27
舞政	31号	关于认真做好2010年"三夏"工作的意见	2010.6.4
舞政	32号	关于印发舞钢市创建全省职业教育强市实施方案的通知	2010.6.15
舞政	33号	关于废止或保留规范性文件的决定	2010.6.21
舞政	34号	关于解决遗留问题做好房屋权属申请变更登记的通知	2010.6.25
舞政	35号	关于印发舞钢市市长质量奖管理办法的通知	2010.6.29
舞政	36号	关于印发舞钢市2010年医药卫生体制改革实施方案的通知	2010.7.16
舞政	37号	关于印发舞钢市城镇职工大病救助保险管理暂行办法(修订)的通知	2010.7.20
舞政	38号	关于协调舞钢实业发展有限责任公司石灰厂搬迁用地的批复	2010.8.3
舞政	39号	关于印发舞钢市田岗水库饮用水源地环境综合整治方案的通知	2010.9.6
舞政	40号	关于进一步规范人民防空工程建设管理的意见	2010.9.1
舞政	41号	关于市粮食局增加地方储备粮请示的批复	2010.9.7
舞政	42号	同意市林业局关于申请发放林权证请示的批复	2010.9.9
舞政	43号	关于印发舞钢市森林火灾应急预案的通知	2010.9.9
舞政	44号	转发平顶山市人民政府关于进一步扶持发展农机专业合作社意见的通知	2010.9.9
舞政	45号	关于为移民办等9个单位和李建国等26名同志记三等功的决定	2010.9.10
舞政	46号	关于明确2010年度搬迁扶贫开发项目各相关乡镇和部门目标责任的通知	2010.9.15
舞政	47号	关于印发舞钢市国家卫生城市管理监督办法(试行)的通知	2010.9.17
舞政	48号	关于建立临时救助制度的通知	2010.9.19
舞政	49号	关于对舞钢实业发展有限责任公司"3·18"事故调查处理意见的请示的批复	2010.10.13
舞政	50号	关于对河南中原路桥建设有限责任公司叶舞高速土建工程第五标段"12·17"事故调查处理意见的请示的批复	2010.10.13

续表2

类别	文件号	标题	时间
舞政	51号	关于对浙江温州建峰矿山工程有限责任公司驻舞钢市长远矿业公司项目部“5·12”事故调查处理意见的请示的批复	2010.10.13
舞政	52号	关于印发舞钢市城市社区卫生服务体系建设实施方案(修订)的通知	2010.10.19
舞政	53号	关于印发舞钢市地震应急预案的通知	2010.11.5
舞政	54号	关于印发舞钢市自主创新体系建设和发展规划(2010年~2020年)的通知	2010.11.5
舞政	55号	关于印发舞钢市科学技术奖励办法(试行)的通知	2010.11.5
舞政	56号	关于印发舞钢市开展超限超载违法行为专项整治行动实施方案的通知	2010.11.5
舞政	57号	关于印发舞钢市城市居民家庭收入核对暂行办法的通知	2010.11.5
舞政	58号	关于印发舞钢市饮用水源地生态保护工程建设实施方案的通知	2010.11.15
舞政	59号	关于舞钢市2011年夏粮生产的意见	2010.11.16
舞政	60号	关于印发舞钢市2010年~2020年农田水利建设规划的通知	2010.11.21
舞政	61号	关于给郭爱珍等9位同志记个人三等功的决定	2010.11.22
舞政	62号	关于印发舞钢市农田水利工程设施管护实施办法的通知	2010.11.25
舞政	63号	关于印发舞钢市农田水利建设资金整合使用管理办法的通知	2010.11.25
舞政	64号	关于印发舞钢市2010年度农田水利基本建设实施方案的通知	2010.11.25
舞政	65号	同意市林业局关于申请发放林权证请示的批复	2010.11.28
舞政	66号	关于市国有石漫滩林场危旧房改造的实施意见	2010.12.6
舞政	67号	关于加强城市园林绿化建设管理的通知	2010.12.7
舞政	68号	关于市林业局申请发放林权证请示的批复	2010.12.20
舞政	69号	关于市林业局申请发放林权证请示的批复	2010.12.20
舞政	70号	关于市林业局申请发放林权证请示的批复	2010.12.20

2010年舞钢市人民政府办公室文件

类别	文件号	标题	时间
舞政办	1号	关于做好2009年度突发事件应对工作总结评估的通知	2010.1.7
舞政办	2号	关于印发舞钢市“十二五”专项规划目录的通知	2010.1.14
舞政办	3号	关于印发舞钢市清理规范行政审批服务项目实施方案的通知	2010.1.28
舞政办	4号	关于印发舞钢市开展“舞钢牌”钢板打假专项行动实施方案的通知	2010.2.2
舞政办	5号	转发平顶山市人民政府办公室关于做好近期雨雪天气防范应对工作的通知	2010.2.10

续表1

类 别	文件号	标 题	时 间
舞政办	6号	关于调整市政府领导班子成员工作分工的通知	2010.2.21
舞政办	7号	关于对部分单位未按要求参加全省推进大招商活动电视电话会议的通报	2010.2.24
舞政办	8号	关于印发白立凡市长在市政府八届六次全会上讲话的通知	2010.3.3
舞政办	9号	关于批转国土局土地征收前期工作程序意见的通知	2010.3.18
舞政办	10号	关于印发舞钢市2010年企业服务行动计划的通知	2010.3.19
舞政办	11号	批转市工商局储蓄银行舞钢市支行关于开展战略合作持续落实百亿送贷行动破解中小企业和农村融资难题实施方案的通知	2010.3.23
舞政办	12号	关于下达2010年度政务信息责任目标的通知	2010.3.29
舞政办	13号	关于认真做好市人大代表建议和政协提案办理工作的通知	2010.3.30
舞政办	14号	关于印发舞钢市土地卫片执法检查暨违法违规用地专项整治工作实施方案的通知	2010.3.30
舞政办	15号	关于对部分单位未按要求参加人口普查工作会议的通报	2010.3.30
舞政办	16号	关于印发2010年度依法行政工作责任目标考核方案的通知	2010.4.1
舞政办	17号	关于部分市直部门机构改革中设立行政审批科的通知	2010.4.8
舞政办	18号	关于开展法制培训及执法证件年审工作的通知	2010.4.9
舞政办	19号	关于做好“5·12”防灾减灾日应急管理宣传活动的通知	2010.4.22
舞政办	20号	关于印发舞钢市耕地地力评价实施方案的通知	2010.4.27
舞政办	21号	关于作废部分河南省行政执法证的通知	2010.5.11
舞政办	22号	关于印发舞钢市2010年汛期地质灾害预防方案的通知	2010.5.20
舞政办	23号	对舞钢市八届人大四次会议第1号建议的答复	2010.5.27
舞政办	24号	关于明确界定乡镇财力支出范围的通知	2010.5.27
舞政办	25号	关于印发舞钢市2010年创建国土资源节约集约模范市实施方案的通知	2010.7.6
舞政办	26号	关于未能参加平顶山市政务信息暨政府门户网站建设工作会议的报告	2010.6.3
舞政办	27号	对舞钢市政协八届四次会议第1号提案的答复	2010.6.4
舞政办	28号	关于开展违法违规用地第三批专项整治工作的通知	2010.6.4
舞政办	29号	关于印发舞钢市2010年土地例行督察自查工作方案的通知	2010.6.4
舞政办	30号	关于印发舞钢市打击非法行医和医疗市场整治专项行动工作方案的通知	2010.6.7
舞政办	31号	关于印发舞钢市人民政府办公室主要职责内设机构和人员编制规定的通知	2010.11.16
舞政办	32号	关于印发舞钢市发展和改革委员会主要职责内设机构和人员编制规定的通知	2010.11.16
舞政办	33号	关于印发舞钢市教育局主要职责内设机构和人员编制规定的通知	2010.6.11
舞政办	34号	关于印发舞钢市工业和信息化局主要职责内设机构和人员编制规定的通知	2010.11.16
舞政办	35号	关于印发舞钢市公安局主要职责内设机构和人员编制规定的通知	2010.11.16

续表2

类 别	文件号	标 题	时 间
舞政办	36号	关于印发舞钢市民政局主要职责内设机构和人员编制规定的通知	2010.6.11
舞政办	37号	关于印发舞钢市司法局主要职责内设机构和人员编制规定的通知	2010.6.11
舞政办	38号	关于印发舞钢市财政局主要职责内设机构和人员编制规定的通知	2010.6.11
舞政办	39号	关于印发舞钢市人力资源和社会保障局主要职责内设机构和人员编制规定的通知	2010.6.11
舞政办	40号	关于印发舞钢市国土资源局主要职责内设机构和人员编制规定的通知	2010.6.11
舞政办	41号	关于印发舞钢市环境保护局主要职责内设机构和人员编制规定的通知	2010.6.11
舞政办	42号	关于印发舞钢市住房和城乡建设局主要职责内设机构和人员编制规定的通知	2010.6.11
舞政办	43号	关于印发舞钢市交通运输局主要职责内设机构和人员编制规定的通知	2010.6.11
舞政办	44号	关于印发舞钢市水利局主要职责内设机构和人员编制规定的通知	2010.6.11
舞政办	45号	关于印发舞钢市农业局主要职责内设机构和人员编制规定的通知	2010.6.11
舞政办	46号	关于印发舞钢市林业局主要职责内设机构和人员编制规定的通知	2010.6.11
舞政办	47号	关于印发舞钢市商务局主要职责内设机构和人员编制规定的通知	2010.6.11
舞政办	48号	关于印发舞钢市文化广电局主要职责内设机构和人员编制规定的通知	2010.6.11
舞政办	49号	关于印发舞钢市卫生局主要职责内设机构和人员编制规定的通知	2010.6.11
舞政办	50号	关于印发舞钢市人口和计划生育委员会主要职责内设机构和人员编制规定的通知	2010.6.11
舞政办	51号	关于印发舞钢市审计局主要职责内设机构和人员编制规定的通知	2010.6.11
舞政办	52号	关于印发舞钢市统计局主要职责内设机构和人员编制规定的通知	2010.6.11
舞政办	53号	关于印发舞钢市粮食局主要职责内设机构和人员编制规定的通知	2010.6.11
舞政办	54号	关于转发市财政局舞钢市街道办事处财政管理体制方案的通知	2010.6.11
舞政办	55号	关于印发舞钢市畜牧局主要职责内设机构和人员编制规定的通知	2010.6.11
舞政办	56号	关于印发舞钢市安全生产监督管理局主要职责内设机构和人员编制规定的通知	2010.6.11
舞政办	57号	关于印发舞钢市体育局主要职责内设机构和人员编制规定的通知	2010.6.11
舞政办	58号	关于印发舞钢市科学技术局主要职责内设机构和人员编制规定的通知	2010.6.11
舞政办	59号	关于申报省级卫生先进单位的报告	2010.6.11
舞政办	60号	对舞钢市政协八届四次会议第66号提案的答复	2010.6.11
舞政办	61号	对舞钢市政协八届四次会议第5号提案的答复	2010.6.11
舞政办	62号	对舞钢市政协八届四次会议第50号提案的答复	2010.6.11
舞政办	63号	关于开展行政执法检查暨案卷评查活动的通知	2010.6.12
舞政办	64号	关于上报2010年1月~6月份工作总结和下半年工作打算的通知	2010.6.17
舞政办	65号	关于印发舞钢市建立城乡居民健康档案实施方案的通知	2010.6.22

续表3

类 别	文件号	标 题	时 间
舞政办	66号	关于转发市建设局舞钢市商品预售监管办法的通知	2010.6.22
舞政办	67号	关于印发舞钢市构筑社会消防安全“防火墙”工程三年规划(2010年~2012年)实施方案的通知	2010.6.25
舞政办	68号	关于印发舞钢市2010年食品安全整顿工作实施方案的通知	2010.6.29
舞政办	69号	关于印发舞钢市农村公路路肩培护专项整治活动实施方案的通知	2010.7.8
舞政办	70号	关于印发舞钢市农村公路养护管理“畅通杯”劳动竞赛活动实施方案的通知	2010.7.8
舞政办	71号	关于印发舞钢市农村公路养护管理“文明示范乡镇”创建活动实施方案的通知	2010.7.8
舞政办	72号	关于2010年上半年责任目标完成情况的报告	2010.7.8
舞政办	73号	转发平顶山市人民政府办公室关于开展2010年城镇住户基本情况抽样调查工作通知的通知	2010.7.9
舞政办	74号	关于印发舞钢市出生缺陷干预2010年~2015年工作规划的通知	2010.7.13
舞政办	75号	关于印发舞钢市有线数字电视整体转换实施方案的通知	2010.7.19
舞政办	76号	关于印发舞钢市2010年玉米水稻棉花良种补贴实施方案的通知	2010.7.28
舞政办	77号	关于印发白立凡市长在市政府八届七次全体会议上的讲话的通知	2010.7.28
舞政办	78号	关于印发舞钢市依法严厉打击违法违规开采矿产资源专项整治活动实施方案的通知	2010.7.14
舞政办	79号	关于认真做好规范性文件清理工作的通知	2010.8.5
舞政办	80号	关于做好行政执法人员培训考试和换证工作的通知	2010.8.5
舞政办	81号	关于印发舞钢市城中村改造实施意见的通知	2010.9.2
舞政办	82号	关于转发市民政局2010年舞钢市灾区倒房重建工作方案的通知	2010.9.7
舞政办	83号	关于下达2010年全市玉米机械化收获任务的通知	2010.9.9
舞政办	84号	关于印发全市“守护中原”消防安全秋季攻坚行动方案的通知	2010.9.19
舞政办	85号	转发舞钢市公共卫生与基层医疗卫生事业单位绩效意见的通知	2010.9.19
舞政办	86号	转发关于实施舞钢市2010年高校毕业生就业难进行动大力促进高校毕业生就业实施方案的通知	2010.9.19
舞政办	87号	关于印发舞钢市2010年小麦良种补贴项目实施方案的通知	2010.9.28
舞政办	88号	关于2010年1月~9月责任目标完成情况的报告	2010.9.30
舞政办	89号	关于市政府领导班子成员分工的通知	2010.10.9
舞政办	90号	关于印发舞钢市节能电力调控应急方案的通知	2010.10.9
舞政办	91号	关于征收义务植树绿化费的通知	2010.10.25
舞政办	92号	关于印发舞钢市畜禽养殖禁养区和限养区划定方案的通知	2010.10.27
舞政办	93号	关于做好行政执法人员培训考试和换证工作的通知	2010.11.1

续表 4

类　别	文件号	标　　题	时　　间
舞政办	94 号	关于印发舞钢市 2011 年棉花生产方案的通知	2010. 11. 2
舞政办	95 号	关于印发舞钢市 2010 年度小麦高产创建实施方案的通知	2010. 11. 16
舞政办	96 号	关于报送“十一五”和 2010 年工作总结“十二五”和 2011 年工作计划的通知	2010. 11. 18
舞政办	97 号	关于转发 2010 年舞钢市主要污染物总量减排监测体系建设和运行工作计划的通知	2010. 11. 25
舞政办	98 号	关于 2010 年责任目标完成情况的自查报告	2010. 12. 22
舞政办	99 号	关于切实做好大风降温和强降雪防范应对工作的紧急通知	2010. 12. 4
舞政办	100 号	关于报送 2011 年重点工作及重点项目的通知	2010. 12. 4
舞政办	101 号	关于做好大风和强降雪天气防范应对工作应急预案的通知	2010. 12. 7
舞政办	102 号	关于转发舞钢市国土资源管理联席会议制度的通知	2010. 10. 28
舞政办	103 号	关于报送市政府办公室 2011 年工作要点的报告	2010. 12. 20
舞政办	104 号	关于对未参加十二五规划纲要征求意见会议单位的通报	2010. 12. 24
舞政办	105 号	关于公文处理工作的自查报告	2010. 12. 29
舞政办	106 号	关于印发舞钢市生活必需品市场供应应急预案的通知	2010. 12. 30
舞政办	107 号	转发市商务局市财政局制定《舞钢市家电下乡销售网点管理办法》和《舞钢市家电下乡补贴资金审核兑付办法》的通知	2010. 12. 30

（赵巨博）

民族宗教管理与服务

【概况】　舞钢市有 27 个少数民族成分,少数民族总人口 3000 多人,其中回族最多,有 2000 多人,全市回族聚居村 3 个,分别是尚店镇尚西村、武功乡妥庄村、铁山乡找子营村。佛教、道教、伊斯兰教、天主教、基督教等五大宗教俱全,开放宗教活动场所 45 处。其中,天主教开放活动场所 1 处,伊斯兰教开放活动场所 1 处,佛教开放活动场所 3 处,道教开放活动场所 3 处,基督教开放活动场所 37 处,全市信教群众 5.8 万多人。

【宣传教育】　利用印发宣传材料、开座谈会、报告会和节日慰问等多种形式,在各级干部和广大群众中开展民族宗教政策及法律、法规的宣传教育活动。印发宣传材料 5000 份,制作宣传专栏 12 期,出黑板报 8 期,上报信息 30 条,撰写理论研讨稿 5 篇。与市委宣传部、组织部结合,在全市科级干部培训班上宣讲民族宗教政策法规,培训人员 300 余人。尚店清真寺利用高音喇叭、黑板报等进行宣传。通过各种形式的宣传教育,提高各级干部依法管理民族宗教事务的水平,增强少数民族和信教群众的法律意识及依法保护自己合法权益的自觉性。5 月,邀请平顶山市民族团结进步先进事迹报告团到舞钢市作报告。报告会由市委常委、统战部部长孙希德主持,市长白立凡致辞,市四大班子领导、市直单位一把手、各乡镇、街道党政正职、少数民族聚居村及周边行政村两委班子成员、各坊清真寺阿訇、寺管会组成人员和市区少数民族上层人士等100余人参加。

【宗教稳定】 坚持执行不安定因素排查制度,对上级的急传电报及密电反映出的问题,及时深入少数民族聚居区和信教群众中排查摸底,发现问题,及时解决。全年排查处理不安定因素20余起,全部予以妥善处理。按照国家要求,为避免出现零散朝觐活动,市民族宗教局组织力量深入穆斯林聚居区,通过座谈、散发宣传单等形式,提高穆斯林群众对国家朝觐政策、沙特与中国有关朝觐方面协议的了解,认清零散朝觐的不现实及危害性。组织力量排查摸底,对有零散朝觐意向的,提前说服教育,并采取适当监控措施。全年舞钢市无一例零散朝觐现象。

【社会事业】 2010年2月,舞钢市民族宗教局争取省市扶贫资金7万元,帮助尚店镇尚西少数民族聚居村对村内最后一段主干道进行硬化。至此,尚店镇尚西少数民族聚居村主干道全部硬化完毕,从根本上改善了少数民族聚居村的基本生产生活条件。

【清真食品管理】 2010年3月,舞钢市民族宗教局在全市范围内进行清真食品年检。制定季检和重大节日集中检查制度,在每一季度和重大节日前对清真食品市场认真检查。聘任穆斯林群众,成立清真食品质量监督小组,对全市清真食品市场日常情况进行监督,发现问题,及时上报处理。

【队伍建设】 2010年6月,舞钢市民族宗教局指导基督教对“两会”领导班子进行换届选举,加强爱国宗教团体的力量。10月,在市政府的支持下,会同人力资源和社会保障局等5部门联合下发《妥善解决宗教教职人员社会保障问题的方案》,把经过备案的宗教教职人员纳入社会保障体系,逐步解决他们的社会保障问题,使他们病有所医、老有所养、困有所助,充分发挥他们在团结教育信教群众、维护宗教和睦、促进社会和谐、引导宗教与社会主义社会相适应中的积极作用。

【公益活动】 通过召开座谈会、办培训班等形式,加强对宗教界人士和信教群众的爱国主义教育,引导他们深入挖掘教规教义中有利于社会主义的积极因素,对宗教教义作出符合社会进步要求的阐释,引导宗教与社会主义社会相适应。组织信教群众踊跃参加植树、场所绿化等义务劳动1200多人次,举办公益活动300多人次。青海玉树地震发生后,全市信教群众自发捐款16838元,占全市民间捐款的1/3。　(范宗泽)

计划生育

【概况】 2010年,舞钢市人口计生委干部职工61人。其中,干部43人,工人12人;中共党员21人,占总人数的34%;大专以上学历50人,占总人数的82%;中级以上职称9人,占总人数的15%。全年全市出生3140人,人口出生率10.16‰,比省定指标低1.54个千分点,自然增长率4.12‰,政策生育率96.7%,流动人口管理率91%,独生子女优惠政策落实率100%。

【管理与服务】 2010年,舞钢市人口计生委加大对人口和计划生育工作的规范管理力度,提升计划生育服务管理水平。(1)规范档卡资料管理。按照省人口计生委统一要求,全市统一启用新计生台账和统计资料。

(2)规范康检管理。通过逐村、逐户、逐人摸底排查,建档造册,对已婚育龄妇女实行分类管理、分类服务,严把康检质量关,有效堵塞管理漏洞,提高康检质量,使避孕节育措施落实率、及时率均达到省定标准以上。(3)规范宣传引导。以“婚育新风进万家”、“关爱女孩暖冬行”、“科技春雨润万家”和“科技活动周”等为重点,在“双节”、“5·29”、“7·11”、“9·25”等重大节日期间,采取出动宣传车、刷写标语、悬挂横幅、组织文艺演出等形式进行宣传,引导群众转变观念,自觉实行计划生育。全年组织大型宣传活动6次,累计出动宣传车70余辆次,刷新宣传标语2000多条,制作大型喷绘展板1600多平方米,印发各类宣传折页4万余份。

【队伍建设】 2010年,舞钢市人口计生委加强经常性教育培训,严格落实月培训日制度,适时组织开展技术比武和岗位练兵活动。全年相继举办“关爱女孩行动”和综合治理出生人口性别比升高问题、村级计生宣传管理员、市直单位计生专干和流动人口计划生育管理服务等各项培训班,累计培训3000多人次。通过教育培训和岗位练兵活动,全市计生干部队伍的整体素质得到全面提升,在平顶山市举办的村计生管理员“十佳百优”评选活动中,全市有16名村计生管理员进入到平顶山市“十佳百优”行列。

【政风行风】 2010年,舞钢市人口计生委组织广大干部职工学习人口计生法律法规、规章制度,增强遵纪守法观念,做到依法行政,正确履行岗位工作职责。不断健全完善相关廉政建设制度,以制度约束自身行为,广大干部职工在生活、工作中做到自重、自省、自警、自励,踏踏实实做事,清清白白做人。开展批评和自我批评,推行政务公开,在全市190个行政村、24个社区按照省定标准统一更换永久性政务公开展板,开通“12356”阳光计生服务热线,实施阳光作业,接受社会各界监督。在全市组织的行风评议中,人口计生委名列全市第四名。

【治理出生人口性别比升高】 2010年,舞钢市人口计生委健全完善公安、药监、卫生和人口计生等综合治理出生人口性别比升高问题联席办公制度,全年与卫生、药监和公安等部门联合开展打击“两非”(非医学需要的胎儿性别鉴定和非医学需要的人工终止妊娠行为)行动4次,对全市的私人诊所、药店等进行突击检查,查扣B超2台、没收违禁药品55盒。为强化区域合作,分别与周边县市签订区域协作协议,共同打击跨区域“两非”行为。加强对B超、染色体等技术的管理,对全市的B超统一编号,登记造册,备案B超67台。与673名持二胎生育证对象签订“三包一”合同。市计生服务站对持二胎生育证人员、乡镇计生服务所对持一胎生育证人员孕情实行全程监控,严把终止妊娠手术关,对擅自实施人工终止妊娠手术的人员,取消生育证。全年取消二胎生育证16份,遏制出生人口性别比持续升高势头。

【治理违法生育】 2010年3月5日,舞钢市委、市政府召开全市春季计划生育“生殖健康进家庭”优质服务活动暨综合治理违法生育动员会,安排部署春季人口计生工作及综合治理违法生育工作,下发《舞钢市综合治理违法生育工作实施方案》。4月28日,召开集中整治党员干部、公职人员违法生育行为再动员大会,集中传达舞钢市纪委、组织部、人口计生委和监察局等4部门转发平顶山市纪委、组织部、人口计生委和监察局等4部门文件精神,对此项工作进行再动员,再部署。全年征收社会抚养费1900余万元,查处违法生育党员干部、公职人员79人,净化了全市的计划生育环境。

【流动人口服务与管理】　按照"单位负责、属地管理、居民自治、社区服务"的管理体制,深化居住地管理,对流动人口实行市民化管理、市民化服务。每月对流动人口进行一次清查清理,加强流动人口管理,堵塞管理漏洞。为流动人口建立"温馨家园"3所,为留守儿童建立"亲情家园"2所。开展流动人口管理条例宣传和计生家庭留守儿童慰问。与外省县市及周边县市签订流动人口双向管理协议35份,实现信息共享,双向管理,形成流动人口区域管理"一盘棋"格局。与公安、工商、住房建设等部门联合开展流动人口清理清查,完善各类档卡资料。通过对流动人口计划生育管理,确保流动人口服务管理率达到98%以上。

【优质服务】　开展出生缺陷干预工程,通过免费开展优生培训、妇科病普查普治、孕情检测、高危人群产前诊断和发放叶酸等措施,举办优生优育、优生指导等培训班36期,累计培训4954人、优生筛查2226人次、妇科病普查普治15060人次、孕期保健服务2754人次、发放叶酸3369盒。通过出生缺陷干预工程的实施,出生缺陷一级干预工程覆盖率95%以上,提高了出生人口素质。在全市推行"诚信康检之星"和"诚信服务之星"评选活动,完善以争创"诚信康检之星"为载体的康检体制。9月3日,全市计划生育诚信康检工作推进会在庙街乡郭洼村召开,分别对1500名积极参加康检、主动落实措施的计生服务对象和45名"诚信服务之星"给予表彰奖励,全年累计投入资金70余万元用于推进诚信康检。

【计划生育村民自治】　引导群众实现计划生育的自我教育、自我管理、自我服务,不断深化计生村民自治工作,坚持"党支部领导、合法、民主、求实、创新"五大原则,按照"大家的事情大家定、大家执行、大家监督"的方针,依托计划生育协会,建立完善利益共享、风险同担的共同体,在经济上互相帮助,计划生育上互相监督,基本上实现计划生育工作从"治民"到"民治"的跨越。

【计划生育利益导向机制】　以计划生育幸福家庭行动为契机,以争创计生星级示范户为载体,健全完善计划生育利益导向机制,不断提高对计生家庭的奖励扶助标准,逐步引导广大群众树立新的婚育观念。8月9日,举办第四届计划生育家庭光荣节,表彰奖励和帮扶救助的计生家庭户15类19729人,发放各类奖励扶助金530多万元。光荣节的召开带动了广大群众自觉实行计划生育,促进低生育水平的稳定,实现人口资源环境的可持续发展。同时,不断探索完善利益导向机制,率先在全省建立计生康乐家园,先后有90多位计生家庭的老人在康乐家园入住。

【"关爱女孩暖冬行"】　2010年2月4日,由舞钢市人口计生委、民政局、妇联和计生协联合举办的关爱女孩"暖冬行"活动启动,旨在有效遏制出生人口性别比失衡,严禁非法鉴定胎儿性别或选择性别人工终止妊娠行为,从根本上转变人们的生育观念,呼吁全社会行动起来,伸出关爱之手,帮助女孩家庭发展生产,使他们政治上有地位,生活上有保证,经济上得实惠,为女孩健康成长营造良好的社会环境。活动现场为全市50名计生困难家庭的女孩每人捐助现金300元。

【科技活动】　2010年4月15日,由舞钢市人口计生委、科协、妇联联合举办的全市“科技春雨润万家”活动在八台镇启动,当天接受科技咨询群众3000多人次。活动期间,农业、林业、畜牧、科技和医疗战线的50多名专家深入农村,为计生示范户、计生科技户、计生贫困户提供各类技术、项目推介、小康工程、生殖保健和计生法律法规等服务,发放科技资料1.5万份,提供农林新品种35个、新技术68项、科技致富项目75项、致富信息165条,为计生户义诊600余人次。

【奖惩】 2010年7月28日,召开全市2009年度人口和计划生育工作奖惩大会,对12个人口计生工作先进乡镇、街道、49个先进单位、29个先进委局和28个协会先进单位进行表彰奖励,对14个单位进行通报批评,对5个单位进行黄牌警告,对2个单位实行一票否决。对人口和计划生育工作贡献突出的14人记功一次,对3人给予职级经济待遇奖励,对枣林镇150名人口和计划生育工作先进个人给予通报表彰。

【获得荣誉】 2010年,舞钢市被授予全国计划生育优质服务先进县(市、区);市人口计生委被平顶山市人口计生委授予计划生育药具知识竞赛三等奖、人口计生系统人事工作先进单位、纪念“7·11”世界人口日书法摄影展组织奖。 (郭国胜)

人力资源和社会保障

【概况】 2010年6月,因机构改革,舞钢市人事劳动和社会保障局更名为舞钢市人力资源和社会保障局。主要工作职责是:贯彻执行人力资源和社会保障法律、法规、政策;负责全市就业工作和社会保障工作;负责全市科级以下公务员综合管理和事业单位人事制度改革;负责全市劳动维权和农民工工作;负责全市人才开发引进、机关事业单位工作人员的工资福利管理和军转安置等工作,是市政府联系群众、服务群众的窗口单位。2010年,舞钢市人力资源和社会保障局以科学发展观为统领,贯彻落实《就业促进法》、《劳动合同法》和《劳动争议调解仲裁法》等3部劳动保障重要法律,按照“抓基础、上水平、增亮点、求突破”的思路,促进就业再就业,推进创业促就业,完善社会保障体系建设,发展和谐劳动关系,加强农民工工作,实施人才强市战略,实现人力资源和社会保障工作的科学发展、和谐发展。

【党风廉政建设】 2010年,舞钢市人力资源和社会保障局党委根据省、市纪委的有关规定,推行目标管理责任制。年初,与领导班子成员、各二级单位逐级签订党风廉政建设目标管理责任书,落实领导干部廉洁自律各项规定,党风廉政建设责任制得到落实。结合工作实际,抓好建章立制工作,强化优质服务、规范工作标准、简化办事程序,初步形成靠制度管理、按规章办事的工作机制。狠抓“一岗双责”,落实党风廉政各项规定。根据工作实际,制定《人劳局学习廉政准则实施方案》,并根据方案要求,组织全局干部职工集中学习,各支部分组自学。要求各党支部坚持“三会一课”(支部会、党小组会、民主生活会,上党课)制度,组织全局干部职工收看《廉政中国》教育片,经常性地开展批评和自我批评,及时克服各种不良思想的侵扰,做到警钟长鸣。认真贯彻落实“三重一大”(重大问题决策、重要干部任免、重大项目投资决策,大额资金使用)各项规定,制定“三重一大”条例及廉政文化进单位专题宣传栏。落实重大事项风险评估机制。开展厉行节约专项治理工作。

【扶贫包村】 2010年,舞钢市人力资源和社会保障局明确一名科级领导干部具体负责扶贫帮扶工作,全程参与扶贫工作的筹划和落实。包村领导定期到扶贫帮扶村,了解情况,搞好调研,帮助村民解决生产生活中的实际问题,使扶贫工作做到有的放矢。投资2000元用于红石岗桥修建;为袁明海等3户困难家庭提供每户5万元的小额担保贷款用于发展养殖业。

【社保】 加大社会保险扩面征缴力度,增强保障能力。失业、基本医疗、女工生育、工伤保险和城镇居民医疗保险参保人数分别为24333人、44725人、23595人、12337人、45380人;征收各项社会保险金5307万元,均超额完成全年目标任务;发放各项社会保险费3455万元,社会化发放率均100%。规范基金管理制度,加大基金监管力度,完善《社保基金监督管理办法》,调整充实基金内审工作领导机构,抽调各经办机构财务人员定期、不定期进行互查,并邀请财政、审计部门专业人员对各单位社保基金运营情况进行审核,保证各项基金的安全运营。全年各项基金累计结余8001万元,社会保险各项基金收支平衡,运作状况良好。

【就业再就业】 2010年,舞钢市人力资源和社会保障局实施积极的就业政策,不断健全困难群体就业援助制度,统筹城乡就业,加强公共就业服务体系建设,提高服务水平,保证就业形势的总体平稳。(1)开发岗位,扩大安置渠道。通过落实就业再就业各项政策,举办"迎春节送岗位"活动,广辟就业渠道,开发就业岗位,全市城镇新增就业岗位5700个,占年计划的112%;安置下岗失业人员1300人,占年计划的108%;安置就业困难群体410人,占年计划的103%;城镇登记失业率控制在4%以内。(2)提高劳动者素质,鼓励自主创业。以舞钢市职业中专、新起点电脑学校为重点培训基地,利用各种社会力量办学,有针对性地开展培训,提高培训质量和培训后就业率。全年组织下岗失业人员再就业技能培训550人,占年计划的100%;创业培训240人,占年计划的200%;发放小额担保贷款2150万元;争取上级转移支付就业补助资金448万元,占年度目标任务的112%。(3)加大劳务输出工作力度。通过培训,提高农村劳动力素质,定期举办人力资源异地输出招聘会、劳务供需见面会,组织农村劳动力有序外出务工。全市2100人参加农村劳动力技能培训,占年计划的105%;新增农村剩余劳动力转移3600人,占年计划的119%;累计输出7.88万人,创劳务收入7.2亿元。

【劳动维权】 (1)开展劳动监察工作。2010年,办理群众举报126起,法定时效内结案率100%。(2)明确工作主题,开展劳动保障监察执法检查。根据上级文件精神,结合舞钢市实际情况,开展各项专项检查、日常巡查工作。全年在全市范围内开展用工检查7次,检查用人单位116家,涉及劳动者3.69万人,为828名劳动者追回被拖欠工资195.11万元。(3)加大力度督促用人单位签订劳动合同。在全市开展以提高农民工劳动合同签订率为目标的"春暖行动",提高劳动者特别是农民工的劳动合同签订率。全年新签、续签劳动合同4249份,防止用人单位对劳动者合法权益的侵害,减少劳动违法案件的发生。(4)办理劳动争议案件。全年受理劳动争议案件52起,结案52起,法定时效内结案率100%;受理工伤案件98起,结案60起,调解

35 起,法定实效内结案率 100%,维护劳资双方的合法权益。

【人事人才】 (1)贯彻落实公务员法,全力推进人事管理法制化建设,全面提升公务员队伍整体水平。2010 年,完成全市党政机关公务员和事业单位工作人员 2009 年度考核工作和年报工作;完成 2009 年乡镇公务员的分配安置工作;配合市卫生局完成高等院校毕业生到农村卫生机构的面试工作;配合市教育局完成 100 名高校毕业生到农村任教的招聘工作;完成专业人员继续教育 3900 人。(2)按照"人才工作服务经济建设"的总体要求,引进和培养各类优秀人才。通过参加河南省首届网络人才招聘会、平顶山市春季人才招聘专场会等活动,为重点企业招聘各类人才 93 人,大中专毕业生报到登记 291 人,办理人事代理手续 189 人。(3)完成经济类职称报名 70 人,发放资格证书 298 本,评定初级职称 45 人次,申报中级职称 217 人,高级职称 59 人。(4)2010 年,完成机关事业单位 8612 人的工资调整工作;完成 437 名工人技术等级考试工作;为符合条件的 299 名专业技术人员兑现工资。(5)为符合条件的 145 名机关事业单位工人办理退休手续;为符合条件的 517 名企业参保职工办理退休手续;为符合遗属补助发放条件的 23 户 27 人办理调标手续,月补助金额 6318 元。(6)做好军转干部的稳定工作。全年接待军转干部政策咨询 506 人次,为 149 名企业退休军转干部兑现个案补助和 14 名在职军转干部发放困难补助金。

【获得荣誉】 2010 年,舞钢市人力资源和社会保障局被省人力资源和社会保障厅评为省南水北调丹江口库区移民安置对口帮扶工作先进单位,省级文明单位和省级卫生先进单位通过复验;被平顶山市人力资源和社会保障局评为 2010 年度职业技能鉴定工作先进单位。

(王宏伟)

民政事务

【概况】 2010 年,舞钢市民政系统干部职工 95 人。其中,在职 64 人,退二线 11 人,离退休 20 人。机关内设科(室)13 个,分别是政办室、社救科、退伍安置办、优抚科、双拥办、基层政权科、计财科、地名办、老龄办、募捐办、城福科、信访办和监察室。民政系统所属事业单位 5 个,分别是最低生活保障中心、婚姻登记处、殡葬管理所、救助管理站和城市居民家庭收入核对中心。此外,民政局还负责对舞钢市慈善总会的监督和管理。

【救灾救济】 2010 年,舞钢市民政局建立防范有预案、应急有措施、救济有办法、资金有管理、发放有程序、紧急能救助的灾害救助新体系。在全市开展防灾减灾宣传活动,制作宣传横幅、板报,印发防灾减灾宣传单 5000 余份。8 月 9 日晚,杨庄乡五座窑村突发山体滑坡自然灾害,致使该村 7 户 48 间房屋倒塌,直接经济损失约 70 万元。民政局迅速启动救灾应急预案,及时下拨救灾帐篷 20 顶、棉被 50 条、面粉 50 袋,保障灾民的基本生活,并组织开展灾区群众倒房重建。摸底排查全市倒房情况,登记造册,建立台账,为全市 70 户倒房群众帮建住房 154 间,12 月底前全部入住。冬令和春荒期间,到乡镇进行逐户排查,核定缺粮人口,建立缺粮人员台账,印发《灾民救助卡》。筹措资金 170 余万元,购置并下发面粉 410 吨、衣被 5000 件,确保灾民和特困群众基本生活。9 月,首次建立舞钢市临时救助制度。截至 12 月底,救助

348人,发放救助资金17.6万元。

【五保供养】 根据《五保供养条例》的规定,对全市五保供养情况进行检查,对142名死亡或丧失五保供养条件的五保对象,依据政策予以取消;将151名符合五保条件的困难群众纳入供养范围。集中供养标准由2009年的每人每年1900元提高到2200元;分散供养标准达到每人每年1200元,五保供养资金全部实行社会化发放。全市五保对象1568人,其中集中供养706人,集中供养率45%。开展文明敬老院创建活动,按照《文明敬老院评比标准》,现场评比打分。庙街乡敬老院、八台镇敬老院和枣林镇敬老院年终评比分别获第一、二、三名,及5000元、3000元、2000元的现金奖励。6月,铁山乡敬老院建成并投入使用;8月,武功乡敬老院建成并入住五保老人;扩建的尚店镇、尹集镇、杨庄乡3所敬老院12月底前主体工程全部完工。

【最低生活保障】 2010年,舞钢市民政局重点治理低保审核不严问题,不断完善城乡低保管理制度。严格低保审批程序,严把入户调查关和审核审批关。对城市低保实行"分类施保",对不同类别对象实施不同标准救助,保障低保对象的基本生活。3月~6月,对城市低保对象进行重新核查认定;9月~10月,对农村低保进行重新核查认定。取消城市低保对象452人,新增151人;取消农村低保对象287人,新增383人,做到动态管理下的"应保尽保、应退尽退"。为提高城乡低保对象生活质量,将城市低保标准由180元提高到195元,人均月补差由131元提高到148元,城市孤寡老人在享受现有标准基础上再上浮20%;农村低保标准90元,人均月补差由53.32元提高到62.26元。全市城市低保对象4111户7965人、农村低保对象9015户9771人,全年发放城乡低保金2281.5万元。

【医疗救助】 2010年,舞钢市民政局严把医疗救助审批核查关,特别是对申请医疗救助的特困户对象,入户调查率100%。全年为2212名城乡困难群众解决医疗费327.4万元。发放资助参加新农合补助金及城镇居民医疗保险资金100万元。

【爱心救助超市】 2010年,舞钢市民政局加大对爱心救助政策的宣传,在舞钢电视台连续播放爱心救助超市专题宣传片。同时,从规范管理、提升服务质量入手,健全工作制度,规范操作流程,为困难群体提供价廉的物品和优质的服务。全年接收社会捐赠衣物557件,救助困难群众200余人,发放价值8万元的爱心卡。

【流浪乞讨人员救助】 2010年,舞钢市民政局接待求助人员178人次,对符合救助条件的124人给予及时救助,省外受助人员67人。其中,1名缅甸籍女孩,在市救助站与云南省德宏傣族景颇族自治州潞西市救助站取得联系后,派专人将其护送回家。

【城市居民家庭收入核对】 2010年,舞钢市作为首批确定的全国32个城市居民家庭收入核对工作试点城市之一,成立舞钢市城市居民家庭收入核对中心,制定《舞钢市城市居民家庭收入核对暂行办法》。全年核对中心对低保中心委托的212户家庭收入进行核对。其中,194户符合实际申报家庭收入,18户超出实际申报家庭收入,检出率约8.49%。

【基层建设】 推行“4+2”工作法，保障群众的知情权、决策权、参与权和监督权，实现村务公开和民主管理的规范化、制度化。每季度对村务公开情况进行1次督察，并通报督察结果，全市191个行政村全部建立村务公开和民主管理制度，村务公开率100%。按照新建1个社区补助25万元的激励政策，强力推进社区建设。开展创建“示范社区”活动，全年有6个社区达到“示范社区”创建标准。

【优抚安置】 2010年，舞钢市民政局在“八一”、“双节”期间召开座谈会、军民联谊会，组织企事业单位和社会各界群众主动与部队结对子、搞共建，召开各类座谈会、联谊会6次，走访慰问驻军2次，走访慰问重点优抚对象278户，为驻军和重点优抚对象发放价值19.2万元的慰问品或慰问金。调整优抚对象优待抚恤标准，按新标准足额发放优待抚恤资金。全年为各类优抚对象发放优待抚恤金707万元；为156名优抚对象实施住院“一站式”结算；为23人办理残疾军人取资备案或调整等级；为20名抗日复员老军人发放生活补助金6万元；接收250名退役士兵，为其办理落户手续。全年排查不安定因素5起，维护基层社会的稳定。

【区划地名】 2010年，舞钢市民政局完成全市城区楼门牌的安装工作，安装楼牌990块、商户牌11394块、单位标牌267块、单元牌3028块、户牌27922块。

【民间组织登记管理】 2010年，舞钢市民政局批准成立社会组织3个，变更法人3个。开展社团和民间组织的年检工作，年检率100%。全市目前共有社会组织30家。

【社会福利】 2010年，舞钢市民政局对全市5家社会福利企业进行年审，合格率100%。全年受理收养登记申请25例，审批符合条件10例，收养登记合格率100%。宣传《老年人保护条例》及相关政策，对全市80岁以上老年人进行调查统计，建立台账；为566人办理老年人优待证；为16名百岁老年人发放生活补助金1.92万元。为全市207名孤儿建立档案；为5名唇腭裂或先天性心脏病儿童办理免费手术救治手续。全年销售福利彩票1248.6万元，占全年发行任务基本目标的157.47%、占全年发行任务努力目标的143.68%。

【婚姻登记管理】 2010年，办理结婚登记2695对、离婚登记582对、补办结婚证333对，登记合格率100%。对1987年以来的全部档案重新装订，并录入微机，实现婚姻档案电子查阅。

【殡葬管理】 2010年4月和10月，分别开展以“加强殡葬管理，坚决制止土葬”和“倡导文明丧葬，节俭丧葬”为主题的集中宣传活动，出动宣传车20余台次，发放宣传单1万余份，张贴宣传标语150余条，并在“一报两台”开辟专栏，集中进行宣传。

【慈善事业】 2010年，舞钢市慈善总会累计接收社会各界捐款105.5万元。其中，为玉树灾区群众划拨101.3万元；对10余名患病儿童进行检查和治疗；为13户特困群众发放救助金1.3万元；为近百名肝病患者做检查和肝功能化验。

【队伍建设】 2010年，舞钢市民政局落实党风廉政建设责任制，打造廉政型民政。在机关重点岗位建立廉政风险评析预警机制，明确不同时期防控重点；开展机关效能革命；完善机关各项规章制度，坚持做到按制度办事；实行政务公开，将办事程序、办事流程在政府网站和局政务公开栏进行公开，提高办事透明度；在民政系统开展行风评议活动，印制发放评议表300余份，广泛征求社会各界的意见和建议；坚持执行机关学习制度，打造学习型民政；坚持《中心组学习制度》和《党员干部学习培训制度》，坚持民主集中制的组织原则，实行《党组会议制度》、《局长办公会议制度》，重要工作集体研究实行科学民主决策；集中学习公务礼仪、政务礼仪、社交礼仪，提高为民服务意识和职工的整体素质；开展创先争优活动，打造创新型民政；增强职工干事创业的积极性，增强围绕中心、服务大局意识，形成讲奉献、重品行的氛围。

【获得荣誉】 2010年，舞钢市民政局被河南省老龄委评为河南省"敬老月"活动先进单位；被中共平顶山市委、市人民政府评为市级文明单位，被平顶山市政府评为平安建设工作先进单位，被平顶山市民政局评为救助工作先进单位。 （袁旭滨）

移民安置

【概况】 2010年，舞钢市移民迁移安置办公室内设综合科、项目科和财务科。主要职责：负责全市移民的迁移安置和管理，扶持移民发展生产，改善生活条件，提高生产生活水平，管好用好移民项目资金；负责大中型水库移民后期扶持资金的发放及南水北调中线工程丹江口库区移民的安置工作。

【信访稳定】 规范移民信访接待处理工作，制定和完善《信访接待制度》和《紧急上访应急预案制度》等工作制度，做好矛盾纠纷排查化解工作，将矛盾化解在基层。建立处置突发事件的工作预案和快速反应机制。做好移民群众来信来访处理工作，加强移民信访稳定。通过下乡访谈调解，及时化解各类矛盾，同移民群众建立良好的信任关系，赢得移民的理解和支持。

【扶持资金发放】 2010年，舞钢市移民办按照国家政策，完成全市8个乡镇、3个街道的农村移民后期扶持资金发放。全年发放移民后扶资金551.46万元，做到不错发一人、不漏发一人。

【移民安置】 舞钢市是南水北调丹江口库区第一批移民安置市，本着"一切为了移民、一切服务移民、一切服从移民"的方针，把地理位置优越的尚店镇瑞祥社区作为移民安置点。建设过程中做到"三个不讲"和"三个一定要"，即"不讲条件、不讲代价、不讲困难"和"质量一定要高、建设一定要快、一定要让移民群众满意"。2010年7月底，移民安置点瑞祥社区高标准建成，达到移民入住条件。8月18日，按照省委、省政府下达的移民搬迁通知要求，精心组织，周密安排，把淅川县盛湾镇姚营村移民330户1419人全部安全、顺利地搬迁至尚店镇瑞祥中心社区入住。

【获得荣誉】 2010年，舞钢市移民办被评为河南省南水北调丹江口库区第一批移民迁安工作优秀单位；被平顶山市人民政府评为南水北调丹江口库区移民安置先进单位、平顶山市水库移民后扶工作先进单位。

（朱根兰）

国有资产监督管理

【概况】 2010年6月,舞钢市企业改革办公室更名为舞钢市国有资产监督管理办公室。设定市国资办职责为:依照法律法规,代表市政府对国有企业履行出资人职责,享有出资人权益;组织实施国有(集体)企业改制;决定国有资产转让;负责企业国有产权登记、资产评估管理、国有资产监督管理;监督缴纳企业国有资产(产权)转让收益,并对其使用提出意见;其他国有资产监督管理工作。国资办内设综合科、企业改革科、政策法规科、产权管理科和国有资产经营有限公司。

【国资监管】 完成舞钢市电视总台有线电视台资产划拨、审定、清产核资、资产评估、改制方案拟订及审批、注册公司等"事改企"改制工作,新组建的舞钢市广播电视网络发展有限公司进入市场化运营;做好市公安局保安大队增资审批工作,依序完成资产划拨审核、资产评估、增资审批、资产验证、增资注册等各项工作,增强保安大队的履职能力;完成舞钢市天建炉料有限公司假集体企业摘除"红帽"工作,通过查证有关文件规定,经多方协调,由张磊单独注资挂靠到寺坡街道办事处的天建炉料有限公司,从集体企业回归为民营企业,并在工商管理部门变更注册登记手续,从而规避行政部门和企业不应有的民事经济纠纷,保证企业自主依法经营。

【信访稳定】 2010年,舞钢市国有资产监督管理办公室做好同达石化、原棉纺厂、天利公司、年华公司和原乳品厂等企业维稳工作。完成同达石化职工清查、核对信息和权益核算等工作,职工10多年来多次信访的问题有望彻底解决;原棉纺厂职工信访问题结案,通过平顶山市核查后,将成为三级终结信访案件;天利公司与年华公司之间的办公楼使用纠纷,经反复多方协调,双方签订转让协议并办理房产证补办、过户及土地证过户等相关手续。

【改制企业"回头看"】 2010年,舞钢市国有资产监督管理办公室着重对改制企业进行回访复查、跟踪服务,帮助企业完善法人治理结构,督促企业履行合同义务,维护职工合法权益,回访率32%,超额完成全年目标任务。

(刘国启)

招　商

【概况】 2010年,舞钢市引进外商投资项目68个,合同投资额80.77亿元,是目标任务32亿元的253%。实际到位资金41.56亿元,是目标任务10亿元的416%。建成项目66个,在建项目59个,正在洽谈的项目13个。

【建成投产项目】 2010年,舞钢市建成投产的项目有:投资3.5亿元的龙山工业园10万锭精密纺项目;投资3亿元的河南金基业钢铁加工有限公司年产3000台(套)煤矿液压支架项目;投资2.2亿元的舞钢市群望纸板厂项目;投资1.2亿元的舞钢市大型工程机械及农作物收获机械配件生产项目;投资1亿元的舞钢润德耐火材料厂项目;投资5000万元的舞钢市永利混凝土有限公司。

【在建项目】 2010年,舞钢市正在建设的项目有:投资18亿元的舞钢市鑫海20万锭棉花精纺项目;投资9.6亿元的舞钢市宝润再生资源加工基地项目;投资4.2亿元的舞钢市瑞奇金属材料项目;投资2亿元的舞钢市易源科纺项目;投资6800元的舞钢市精钢钢铁加工项目;投资6亿元的龙山科技园三期项目。

【有明确意向的投资项目】 中铝集团六冶平舞公司投资4.6亿元的院岭工业园;香港华润电力(风力)开发有限公司投资20亿元的风力发电项目;中海投资有限公司投资3.5亿元的太阳能发电项目。

【重大招商活动及签约项目落实情况】 2010年"华合论坛"签约项目进展情况:建业住宅集团(中国)有限公司投资41.6亿元的舞钢市创业发展服务区项目正在办理征地手续;广东中山广骏纺织有限公司投资6亿元的龙山科技园三期项目完成安装设备;河北省邯郸市腾荣钢铁贸易有限公司投资2亿元的腾舞钢铁模具制造项目正在办理用地手续;江苏省常州钢翔钢铁有限公司投资4.2亿元的舞钢市诚翔钢铁有限公司项目正在平整场地。郑州浙商投资合作洽谈会情况:浙江杭州绿城环境工程有限公司投资2亿元的舞钢市易源科纺项目正在建设中。2010年豫台经贸合作洽谈会情况:福建宏福企业集团公司(台资)投资5亿元的舞钢市宏太鞋业集团有限公司项目正在安装设备;金汇农业科技有限公司(台资控股企业)投资1亿元的舞钢市农业生态观光示范园项目正在建设中。

【项目发布及储备】 2010年,舞钢市在中国·舞钢网站等媒体上对外发布项目30个。项目库储备项目100个。

【获得荣誉】 2010年,舞钢市招商局荣获平顶山市人民政府评为利用省外资金先进单位、市级卫生先进单位、招商引资工作先进单位。

(市招商局)

非公有制经济发展

【概况】 2010年,舞钢市实施工业强市战略,开展企业服务年和项目建设年活动,以结构调整为主线,以改革开放和科技进步为主题,开展招商引资,抓好产业集聚区建设,加快发展支柱产业和特色经济,形成钢铁、棉纺、造纸、医药、畜牧、食品和建材等支柱产业。钢铁产业链形成采矿、选矿、炼铁、炼钢、轧钢、钢板加工及辅料生产等完整的钢铁产业集群;棉纺产业形成集棉花种植、纺纱、织布为一体的纺织工业链,全市棉纺规模55万锭;以海明集团公司为主体的造纸产业形成集造纸、热电联供、黑液资源化为一体造纸工业链;以三恩药业公司、鸿康药业公司为主体的医药产业形成集药材种植、加工为一体的产业链。全年全市非公有制经济完成增加值78.2亿元,同比增长30.7%;地方规模以上企业增加值完成41.7亿元,同比增长25.2%。

【重点项目】 2010年,舞钢市工业和信息化局承担7个重点工程建设项目,分别是:投资3.2亿元的龙山二期10万锭精密纺项目,正式投产;投资8000万元的群望工业纸板一期项目,上半年试车投产;投资9.5亿元的宝润废钢加工项目,大部分设备安装完毕,11月试生产,年底正式投产;投资1.2亿元的河南金基业钢铁加工有限公司年产3000台(套)煤矿液压支架项目,上半年投产;投资1.2亿元的河南大型工程机械及农作物收获机械配件生产项目,上半年正式投产;投资2.5亿元的鑫海20万锭棉花精纺一期项目,年底基建工程完工,设备安装按计划进度进行;投资8300万元的海明科技公司年产6万吨生活用纸技改工程,完成试车。

【服务企业】 2010年,舞钢市工业和信息化局为企业提供服务,促进发展。(1)巩固企业服务年活动成果。执行企业服务行动计划,成立活动领导小组,实行科室联系重点企业制度,按照时间要求及时上报工作方案、公开承诺、自查报告、阶段总结和信息简报等相关材料,增强为全市中小企业服务的意识,提高办事效率,改进工作作风,促进中小企业快速健康发展。(2)提供融资服务。为加强与金融机构的沟通与协作,增进银企合作,解决企业融资难、贷款难问题,市工业和信息化局将有发展潜力、符合产业政策、信誉好、急需资金支持的8家企业项目资金申请材料,推荐上报给平顶山市有关部门。同时,组织好全市银企洽谈会,搭建合作平台。上半年筹备近50家企业和各家商业银行参加的银企洽谈会,实现银企对接,签约资金3.05亿元。发挥市中小企业投资担保有限公司、联播投资管理有限公司、舞钢大业公司和河南融鼎投资担保有限公司舞钢分公司等多家担保机构的作用,全年促使担保机构向全市中小企业提供中小企业贷款担保金额1200万元,解决部分企业的融资难问题。(3)搞好培训服务。为了提高中小企业经营管理者综合素质,实现经营管理的新提升和企业发展的新跨越,全面提高现代企业的管理能力和创新能力,市工业和信息化局组织选拔一批重点企业的优秀管理人才80余人,先后参加由平顶山市工业和信息化局举办的清华大学领导商略总裁高级管理研修班——平顶山百名企业家培训班。(4)拓宽招商引资渠道。为拓宽招商引资渠道,增加企业合作机会,增强企业的竞争力和影响力,市工业和信息化局除参加在驻马店市召开的2010年全国农产品加工业投资贸易洽谈会和在广州举办的第七届中国中小企业国际博览会外,11月23日,还组团参加中国(郑州)2010年产业转移合作洽谈会,签约项目10个,签约金额18.4亿元,其中参加省签约仪式的亿元以上项目4个,合同投资额13.7亿元。签约项目及金额均居平顶山市各县(市、区)前列。(5)做好中小企业网站建设工作。落实加强中小企业信息化建设工作思路,夯实全市中小企业网络服务平台,提高服务质量和办公效率,打造情系企业的政务品牌,中小企业网站建设工作开展顺利,运行情况较好,能够做到信息更新及时、发布准确。采集发布各类信息221条,上报省工业和信息化厅信息12条,上报平顶山市工业和信息化局80条,网站点击率和信息上传速度均有所提高。发布信息90%为原创,宣传舞钢市中小企业及产品,及时反映全市中小企业发展的成果和工作动态,提高企业知名度,扩大企业产品销售量,为全市中小企业发展提供网络服务平台。(6)争取上级资金,全年获省工业和信息化部门专项资金327万元;大建钢构股份有限公司的年产2万吨波形钢腹板项目获资金131万元;三恩药业公司的年产280万盒益母草软胶囊项目获资金109万元;大成食业园获产业转移资金50万元;振宇纺织公司获中小企业技术改造专项资金37万元。

(市工业和信息化局)

信访复查

【概况】 舞钢市人民政府信访事项复查委员会办公室,于2007年7月5日依法设立,核定编制5人,设主任、副主任各1名。主要职责:依法受理本级人民政府应当受理的信访事项复查请求;向有关组织和人员调查取证、查阅有关文件和资料;审查信访事项处理意见,并提出复查意见;向信访人和被复查人送达本级人民政府信访事项复查委员会制作的《信访事项复查意见书》;督促被复查人依法落实信访事项复查意见;负责相关接待咨询工作;办理上级或者同级人民政府信访事项复查复核委员会交办的其他事项。

【复查工作】 2010 年,接待来访群众 792 人次,月平均接待 60 多人次。接到复查申请 42 件,经审查,受理 19 件。其中,作出复查意见 13 件,协调处理 6 件,均达到群众满意,息诉停访;不予受理 9 件;信访人自动撤回申请 14 件;稳定率 95%。复查机关作出的复查意见没有一起被上级信访复核机关退办、变更或撤销;没有一起因为处置不当而发生越级上访。　　(市信访复查办)

电子政务

【概况】 2010 年,舞钢市网络管理服务中心围绕舞钢市八届人大四次会议、政协舞钢市八届四次会议、学习贯彻《廉政准则》活动、舞钢市首届冶铁文化节、舞钢市撤区建市 20 年暨开发建设 40 周年庆祝活动、"第十届水灯艺术节"、"2010 年十大重点实事工程"、"人口普查"等重要活动,发挥自身宣传优势,适时开设专栏,制作专题,营造良好的舆论氛围,起到较好的宣传效果。

【宣传】 2010 年,舞钢市网络管理服务中心新闻宣传在关注民生、反映民意等方面有进一步突破。如,在关注农民工生活、保护消费者权益、保障人民生命财产安全等方面作大量的宣传报道。举办市电子政务信息员及网络通讯员培训班,对信息员和通讯员进行业务培训,扩大信息来源。开展创建卫生城市宣传,开设"双创"栏目,全方位报道创建卫生城市动态消息,营造浓厚的舆论氛围。中国·舞钢网站全年采访近 1500 次,录发文字信息近 1 万篇,发布图片 1.2 万多张。舞钢论坛有会员 99705 人,访问量 386 万人次,发帖量 780744 篇,其中主题帖 130854 篇。

(市网络中心)

行政审批服务

【概况】 舞钢市行政服务中心是市政府派出机构,正科级单位,核定事业编制 15 人,管理人员 11 人。内设办公室、协调科、督察科和网络管理科。行政服务中心分一楼、二楼两个服务区,总面积 2000 余平方米,入驻窗口单位 40 个,入驻审批服务收费项目 368 项,工作人员 106 人,行政审批网络与平顶山市行政服务中心联网,电子监察实现对接。2010 年,市行政服务中心按照"公开、公正、便民、高效"的宗旨,创造性地开展工作。在转变政府职能,转变工作作风,提高行政效能,提高公务员素质以及优化经济发展环境,促进行政审批制度改革等方面发挥积极作用,为广大群众最大限度地提供优质快捷的服务。中心全年接待办事咨询群众 8 万余人次,办理审批服务事项 5.7 万件,收缴税费 2.3 亿元,按时办结率 99% 以上,办件数、收费数与去年同期相比,均有大幅度提高。

【提高服务效率】 2010 年 2 月,舞钢市行政服务中心联合优化办、物价局,对全市 44 个职能部门的所有行政许可、服务事项进行集中清理,增加 56 项,减少 56 项,清理后确定审批、许可、服务、收费项目368项,并向社会公示,压缩了办事时间,即办件比例60%以上,提高了行政效率,增加了审批、许可、服务、收费等事项的透明度。

【内部管理】 抓好日常业务工作的管理,突出"打造一流中心,实现行政审批服务更优质、更高效"的目标,从工作纪律、规范服务、项目办理、收费管理、业务技能等五个方面打造"服务优质、审批规范、运作高效"的政务服务平台。加大督察力度,落实服务承诺制、限时办结制、首问负责制,重点督察签到、早退、脱岗、串岗、聊天等现象以及是否按承诺期办结,是否按标准收费等问题,并对发现的问题及时处理。规范请假时限、程序及因公外出的认定,不出现业务无人办理的现象。"创先争优"活动中,在做好"规定动作"的同时,搞好"自选动作",开展以"创优质服务窗口"、"优质服务标兵"为内容的"双创"活动,结合工作实际,不断修订考核方案,把窗口标志牌、服务指南、申请表、格式文本、审批专用章、法律法规文件保管、档案管理、办公机具管理、各项规章制度遵守情况等窗口管理标准化内容和窗口工作人员的出勤情况、服务态度、业务办理及办件质量、办件数量分别量化打分,通过周通报,月评比,季度兑现奖惩公布结果的方法,促进各个窗口的服务工作整体上台阶。2010年,发改委、物价局、环保局、地税局等4个窗口被评为省级优质服务窗口;财政局等3个窗口被评为平顶山市优质服务窗口;工商局、建设局等10个窗口被评为舞钢市优质服务窗口;15人被评为平顶山市、舞钢市优质服务标兵;中心被平顶山市政府评为综合工作先进集体。

【电子监察】 按照上级要求,市、县、乡三级联网工作是2010年的重要工作。9月,舞钢市召开专题工作会议进行安排部署,使上下充分认识到加强行政服务中心系统建设是大势所趋,是发展所需,必须加强领导,加大人财物的投入;必须充分授权,扩大行政审批服务项目进中心的范围;必须强化监督,规范运行机制。目前,市行政服务中心完成与平顶山市行政服务中心实现联网运行,10余个窗口开始联网办理业务,电子监察系统和网上监控系统相继开通并开始运行,各乡镇、街道的硬件设备也安装调试到位,下步即可统一规范项目、程序,组织人员集中培训,实现联网办公。 (市行政服务中心)

政协舞钢市委员会

【八届四次会议】 2010年1月21日至24日,政协舞钢市第八届委员会第四次会议在舞钢公司工人文化宫举行。会议应到委员198人,实到委员188人,驻舞钢市的平顶山市政协委员、原市级老领导和各乡镇、街道办事处及市直各有关单位负责人应邀列席会议。市政协主席高宝山代表八届委员会向大会作工作报告,政协副主席田兴文作提案工作报告。大会开幕式由市政协副主席刘海欣主持,大会主席团成员高宝山、刘海欣、田兴文、李凯等在主席台前排就座。出席会议的市领导有白立凡、陈建中、杨森、甘栓柱、仝红伟、耿西岭、武宝玲、高杰、李国顺、孙希德、温道军、李辰有、王全水、尚德山、王培朝、张瑞民、滕毅、吕耀亭、张哈生、冀聚良、李丰源、李素清,市人民法院院长李平贵、市人民检察院检察长马国兴、市总工会主席高淑新、市群众工作部部长陈云洲、市公安局局长王中孚以及副县级干部杨书山、刘吉功、王海彦、刘林山、仝占军。

【八届十二次常委会议】 2010年1月11日,市政协召开八届十二次常委会议。会议听取市政协各专委会2009年度工作报告;通报市政协八届四次全会筹备情况;传达中共舞钢市委关于召开政协舞钢市第八届委员会第四次会议的批复;协商增、免政协舞钢市第八届委员会委员事宜,审议通过政协舞钢市第八届委员会常务委员会工作报告(草案)和八届三次会议以来的提案工作情况报告(草案);协商通过八届四次全会有关事宜;协商通过市政协2009年度优秀政协委员、优秀提案、提案办理先进单位表彰名单;协商通过召开八届四次会议的决定;协商通过市政协各专委会兼职副主任建议名单。

【八届十三次常委会议】 2010年3月26日,市政协召开八届十三次常委会议。会议听取提案审查委员会关于市政协八届四次全会提案审查、立案工作汇报;审议通过《市政协八届四次会议提案督办实施方案》;审议通过《市政协2010年工作要点》;审议通过各专门委员会组成人员名单。副市长冀聚良通报舞钢市创建"冶铁文化之都"及举办"中国·舞钢冶铁文化节"等工作。

【八届十四次常委会议】 2010年7月23日,市政协召开八届十四次常委会。会上,常务副市长甘栓柱通报2010年上半年全市经济社会发展情况。市纪委、财政局、建设局和卫生局等单位负责人分别通报专项工作完成情况。

【八届十五次常委会议】 2010年11月5日,市政协召开八届十五次常委会议。会上,学习中共十七届五中全会公报。副市长张哈生通报市政协八届四次会议期间提案办理情况。田兴文向常委会报告市政协八届四次会议提案督办情况。

【政治协商】 2010年,市政协不断完善全委会议集中协商、常委会议专题协商、主席会议重点协商和专委会议对口协商的工作模式,针对全市重点工作推进、百姓关注议题等进行多层次协商,突出协商重点,增强协商实效,真正做到集中协商议大事、专题协商议热点、重点协商议中心、对口协商解难题。协商内容涉及冶铁文化节筹备、"两集中四推进"工作、建市20周年庆祝活动、政风行风评议等多个议题。在八届四次会议期间,委员们集中就加强干部作风建设,优化经济发展环境,治理石漫滩水库污染,推进中心镇、中心社区建设,推动基础教育均衡发展以及加快政策性保障住房建设等议题进行发言,市委书记高永华对委员们提出的意见、建议给予肯定,并专门作出批示,要求政协委员加大民主监督力度,多为全市经济建设和社会发展建言献策。市长白立凡听取委员发言后,在会议期间即带领教育、财政等有关部门,针对委员提出的问题到市一高等地现场办公,解决问题,使意见、建议落到实处。

【民主监督】 2010年,市政协不断探索加大民主监督力度的形式,扩大民主监督的社会影响。(1)建立健全政情通报制度。市政协组织委员370人次先后参加文化、财政、建设、公安、计生和农业等26个部门的工作情况通报会、咨政会,就"龙凤湖旅游度假区规划建设"及实施"效能革命"、转变干部作风的落实情况等21个议题听取工作通报。7月23日,常务副市长甘栓柱参加市政协八届十四次常委会议,通报全市上半年经济运行情况,使常委及时了解舞钢市经济发展取得的成绩和面临的困难。(2)开展民主评议。全年市政协组织各类民主评议15场次,参与委员700人次,提出意见、建议100余条。为了提高监督效果,市政协在开展民主评议中坚持“五个针对”。一是针对社会关注热点进行评议。组织30名委员对石漫滩水库治污工作进行视察评议,现场公开评议结果。委员们提出的加快污水管网建设速度、规范渔业管理秩序、尽快确立水库承包养殖投资主体等建议,市石漫滩水库综合治理指挥部予以采纳并责成相关职能部门采取措施,落实责任,分工协作。二是针对公共服务的科室进行评议。组织100名委员配合市纪委对全市44个单位具有行政审批、行政执法、公共管理职能的100个科室及其负责人进行评议,并全程监督民主测评的统计汇总工作,评议结果向社会公开。三是针对行风建设进行评议。2次组织60名委员参与平顶山市纠风办、舞钢市纠风办对舞钢市17个政府部门和23个公共服务行业基层站所组织的评议工作,汇总上报委员们提出的9项意见。四是针对各级组织活动涉及的内容进行评议。组织各界别委员360人次,分别参加河南省2010年~2011年度“树立优良作风,构建和谐中原”、平顶山市农机补贴落实情况以及舞钢市优化经济发展环境集中整治等7项民主测评活动。五是针对舞钢市科级领导班子和领导干部综合考核进行评议。根据市委、市政府工作部署,市政协专门召开主席办公会议,研究制定《舞钢市政协2010年民主评议全市科级领导班子工作实施方案》,在全市105个单位自查总结的基础上,专题召开由驻市平顶山市政协委员及舞钢市政协常委参加的民主评议会议,按照《舞钢市科级领导班子和领导干部综合考评办法》,进行民主测评打分,并形成民主评议报告上报给市委,为客观公正地评价部门工作提供依据。同时,市政协培育评议载体,创新评议监督方式,先后3次组织委员80人次参与人民法院现场庭审,2次组织委员参加“人民法院开放日”活动,4名政协委员被增补为人民陪审员,9名委员被聘为各项工作监督员等。

【参政议政】　市政协八届四次会议期间,组织委员讨论《政府工作报告》,就应对国际金融危机、确保舞钢市经济平稳较快增长,调整产业结构、转变经济发展方式,实施“两集中四推进”、加快实现城乡一体化等中心工作议政建言,一些可行性意见、建议在市委、市政府工作部署中得到落实。在市“十二五”规划草案征求意见过程中,把规划草案印发给各位常委、民主党派和各专委会,发动各位委员各抒己见、集思广益,并组织召开会议进行专题议政,委员们提出的高标准对城市进行规划、设计,强力推进旧城区改造,发展低碳经济、加强环境保护和污染治理,龙凤湖旅游度假区、发展服务区建设要突出山、水、林、城特色,注重环境保护等意见建议对修改和完善“十二五”规划起到积极的作用。

【调查研究】　2010年,市政协围绕市委、市政府提出的一系列重大战略决策,抓住事关全市经济和社会发展的重大问题,组织相关委员围绕经济建设、文化建设和城乡一体化建设等开展14项重点调研。根据调研结果,撰写《整合教育资源、推进城乡教育均衡协调发展的建议》、《我市青少年犯罪问题的现状》、《关于我市人才工作现状的调研报告》、《我市计划生育工作情况的调研报告》、《我市农业专业合作社组织发展情况的调研报告》和《我市民营企业发展情况的调研报告》等多篇调研报告,专题报送市委、市政府。在调研工作中,对内容具体、针对性强的课题,主动邀请市委、市政府分管领导参加,在共同调研和协商中达成共识,把调研成果直接转化为工作决策或工作思路。全年市政协通过调研提出意见、建议70余条,市委、市政府或召开座谈会听取建议,或批转有关部门进行落实,有56条被直接采纳。

【视察】 2010年6月,市政协经济委组织委员到中加公司、三和盛、矿山和沈宏钢加等10余个企业就经济发展环境进行调研;8月,市政协民法委组织委员就未成年人的成长问题进行调研;9月,市政协文史委组织委员就重点文物发掘、保护、传承情况进行调研,组织委员对舞钢市绿地林果种植、明军肉鸽养殖、高科农机服务、沃土薯业等专业合作社进行调研;10月,市政协经济委组织委员深入到祥龙谷、登台架等景区对旅游产业发展情况进行调研;教科文卫体委通过走访学校对城乡教育资源分配现状进行调研;11月,市政协对人口和计划生育工作发展状况进行调研;12月,市政协组织平顶山市、舞钢市两级政协委员就产业聚集区、高速公路建设、旧城改造等重点工程进行调研。

【提案】 市政协八届四次会议以来,提交提案原案171件。其中,党派团体提案3件,委员联名和个人提案168件。经初审并案和二审复核,立案139件,转作工作建议处理的14件,另有3件作为委员来信转交有关方面参阅。按照职责分工和归口办理的原则,及时将立案提案分别移交市委、市政府所属30个承办单位办理。截至2010年12月底,所有提案均办复。其中,提案所提问题及建议已经解决或正在解决的125件,约占90%;因受客观条件所限暂时解决不了但已经列入计划需逐步解决的11件,约占7.9%;对个别难以采纳落实的提案,承办单位也在认真研究的基础上实事求是地向提案人说明情况。

【社情民意】 2010年,市政协完善社情民意征集、报送、督办、跟踪与反馈机制。在全市实施"效能革命"、转变干部作风工作中,针对群众反映个别单位工作人员午间饮酒,社会影响不好的问题,组织民主党派政协委员召开《禁止机关工作人员工作日午间饮酒规定》落实情况座谈会,委员们提出加大突击检查和曝光力度等建议;在实施文化强市战略、创建"中国·舞钢冶铁文化之都"活动中,针对群众提出的铁山庙会内容单一、年轻一代不了解冶铁历史等情况,组织文化艺术界政协委员召开"中国·舞钢冶铁文化节"筹备工作座谈会,委员们提出加大冶铁文化宣传力度、增加庙会内容、丰富文化内涵以及举办冶铁文化展览一条街等建议;在全市优化经济发展环境过程中,针对企业反映办理证照时间长、手续烦琐的问题,组织召开由中加公司、大华房地产等企业负责人参加的民营企业家座谈会,委员们提出完善企业设立登记一条龙服务体系等建议;在保稳定、促和谐工作中,针对部分信教群众反映信教场所较少、不方便老年人就近开展信教活动等情况,组织民族、宗教界委员召开民族、宗教界人士座谈会,听取委员建议。针对广大群众强烈反映的市教育人才青黄不接、教育质量下滑和优质生源外流等情况,组织委员开展大会发言。全年收集社情民意120多条,进行梳理分类,通过集中召开由市委、市政府和相关单位领导参加的座谈会以及市政协八届四次会议发言进行反馈。

【团结联谊】 2010年,市政协加强协调联络工作,促进爱国统一战线的大团结大联合。通过座谈讨论、举行联谊和电话约谈等多种形式加强与各民主党派及各界人士的联系,为他们开展视察调研、提出提案、反映社情民意等活动创造条件。民盟舞钢支部提出的关于加快政策性保障住房建设的几点建议和市工商联提出的关于加大旅游宣传资金投入，提高舞钢知名度等提案得到社会的一致好评。为了解全市宗教工作情况，与平顶山市政协联合开展对全市清真寺、天主教堂等宗教场所的实地调研，民族宗教界委员提出的完善宗教场所土地等有关手续、严厉打击邪教、关心信教群众的工作生活情况、引导信教群众积极参与经济建设、实现各宗教与社会发展相适应的目标等一系列建议，得到有关部门的高度重视。

【界别工作】 组织医疗卫生界政协委员及名医专家50余人到枣林镇和庙街乡开展第24次大型义诊活动，为2000余名群众进行免费诊疗，免费发放价值1.5万余元的药品，发放宣传资料2000余份。在政协委员创办的30多家民营企业中，安排下岗职工及失业人员1000多人，解决他们工作和生活的后顾之忧。同时，委员们广泛开展扶贫助学和献爱心活动，在捐资助学活动中，中加公司、银龙集团、大华房地产等企业委员踊跃捐款，资助30名贫困大学生；各界委员为玉树地震灾区捐款10万余元。全年全体委员参加各类社会公益和科技、文化、卫生三下乡宣传活动390余人次，为群众办实事、办好事260余件，捐款、捐物计款200余万元。 （曹俊娜）

二郎山景区一隅

群　团

舞钢市总工会

【概况】　2010年,舞钢市总工会组织和带领全市职工,开展职工技术创新、劳动竞赛活动。加大“送温暖”、“金秋助学”活动力度,建立健全困难职工帮扶救助日常机制。实施创建劳动关系、和谐企业活动,落实职工代表大会各项制度,全面提高集体合同、工资专项合同、女职工权益保护专项集体合同的覆盖面和履约率。开展争创“六好基层工会”、“会员评家”、企业工会主席直选及“广普查、深组建、全覆盖”工作。市总工会现有干部职工45人。其中,大中专以上学历35人;中共党员25人。下设二级事业单位2个(市工人文化宫、困难职工帮扶中心)。内设10个部(室),分别是办公室、财务部、女工部、组织部、宣教部、社会保障部、生产保护部、法律部、老干部办和《舞钢工人》杂志编辑部。

【组织建设】　组织召开舞钢市工会第五次代表大会,全面总结市工会5年来的工作,对未来5年的工作进行安排部署。会议表彰30个模范职工之家、100名优秀工会工作者和100名工会积极分子。选举产生市总工会第五届委员会、经费审查委员会、女职工委员会,工会干部队伍年轻化、知识化、专业化水平提高。开展全市工会组织大换届和健全整顿工作,建会的基层组织90%以上进行换届整顿,基层工会组织建设加强。加大企业工会建设力度,下发《关于加强企业工会工作的意见》,发挥乡镇、街道工会联合会在推进企业工会组建工作中的作用。开展企业工会组织“广普查、深组建、全覆盖”集中行动,普查企业542家,建会139家,完成非公有制企业普遍组建工会工作任务,通过区域性、行业性联合工会组建,实现乡(镇)、街道“五小”行业工会组织建设的基本覆盖。全市5个街道成立以批发零售业、饮食服务业等为主的6家社区居民服务业联合工会,覆盖个体经营单位68家;乡(镇)、村(社区)、民营企业“小三级”工会(包括建筑、种植、养殖、加工等行业)组建率87%,农村务工人员入会率85%。全年建会225家,发展会员22858人,分别完成平顶山目标的395%和351.6%。创新企业工会组建形式,在乡(镇)、街道非公有制企业开展工会主席直选试点工作,召开工会主席直选试点现场会,全市13个乡(镇)、街道完成15个试点工作。开展新换届工会主席业务培训,组织52家重点单位基层工会干部到省总干部学校进行为期一周的业务培训,提高工会干部业务培训的档次和实效。加强基层工会组织规范化建设,下发《关于加强工会基层组织规范化建设的通知》和《关于开展争创“六好”基层工会活动的实施意见》等文件,全力推进“模范职工之家”创建、“会员评家”和争创“六好”基层工会活动。全市572家工会组织达到“职工之家”标准,合格率86%。

【表彰活动】 组织完成平顶山市2010年劳动模范评审、推荐工作。经各单位民主推荐和市劳模评审委员会审查通过、上报,舞钢市15人被授予平顶山市劳动模范称号,2人被授予平顶山市五一劳动奖章。同时,开展“劳模宣传年”活动,利用报纸、电视、杂志、网络等新闻媒体分期宣传劳模的先进事迹;组织市级以上劳模及先进人物赴承德、北戴河等地进行荣誉疗养;为劳模办理“爱心劳模保险”,并对全体劳模进行健康检查;对困难劳模进行慰问救助等。

【劳动竞赛】 下发《关于在全市职工中开展“同舟共济保增长,建功立业促发展”劳动竞赛活动的实施意见》,联合市发改委、环保局在全市重点工程建设项目中开展以保安全、保质量、保工期、讲文明和讲协作为主要内容的“三保两讲”劳动竞赛;在企事业单位中开展“双比双降”节能降耗、节能减排劳动竞赛,开展以创新技术能手、创新示范岗、创新型班组、创新型企业和争当节约型标兵、争当优秀工会劳动保护检查员为主要内容的“四创两争”科技创新竞赛活动。“五一”期间,表彰20名舞钢市五一劳动奖章获得者、10名五一劳动奖状获得者及10个“工人先锋号”先进集体。市银龙集团公司开展春季、秋季技术操作运动会,树立企业自己的“首席员工”,提升企业产品质量。实业公司向所属企业下发《2010年系列劳动竞赛活动方案》,开展以“献计策、创效益、提素质、树形象”为主题的系列竞赛活动,成立活动竞赛领导小组,竞赛内容包括提合理化建议、“五小”活动、安全文明生产、6S达标竞赛等。2500名职工参加,提出合理化建议28条,落实“五小”活动提议3条,30余名职工和3家单位获增产创效奖,先后发放奖金8万多元。市教育工会开展以提高教育教学质量为主题的教学技能竞赛活动,39名教师参加省、市教学技能比赛。其中,3人获河南省一等奖,被授予“河南省教学标兵”荣誉称号;2人获省二等奖;2人获省三等奖;6人获平顶山市教学技能比赛一等奖,被授予“平顶山市教学标兵”荣誉称号。第二届职工技术运动会历时3个月,有车工、细纱挡车、计算机操作等10个工种的技术比赛。全市62家单位的3523名职工参加预赛,257名优秀选手进入决赛,10人获舞钢市技术明星和舞钢市五一劳动奖章。同时,市总工会还组织10名优秀选手参加平顶山市第三届职工技术运动会。在“十一五”建功立业职工技术创新竞赛活动中,有2人被授予平顶山市一线技术英杰、1人被授予平顶山市优秀科技人才荣誉称号。

【劳动维权】 召开舞钢市企业工资集体协商工作推进会,成立由市委副书记任组长的推进领导小组,并以市委、市政府两办名义转发平顶山市《关于全面推进企业工资集体协商工作的意见》。开展工资集体协商要约行动,培训协商员82人,确保工资集体协商工作高质量推进。全年开展工资集体协商的企业284家,涵盖企业职工17936人,企业协商率97%。加强区域性集体合同制度建设,推动各类用人单位依法与职工签订劳动合同，有效督促职工“三金”等有关问题的落实。加强劳动关系维权机制建设，以平顶山市人大、市总工会开展的《工会法》执法检查为契机，重点对全市乡（镇）、街道非公有制企业职代会召开、厂务公开、工资专项集体合同及女职工专项集体合同的签订和履约情况进行大检查，涉及集体、改制及非公有制企业106家，职工13694人。市总工会采取深入企业、听取汇报、填写调查表、查阅有关资料和职工座谈等方式对全市企业、职工的生产生活状况进行摸底排查，写出翔实的调查报告，为市委决策提供依据。加强劳动关系三方机制建设，下发《关于在全市企事业单位开展党政工联席会议制度的通知》，全市130家事业单位、284家企业建立健全党政工联席会议制度。健全工会劳动法律监督、劳动争议调解机制，参与职工法律诉讼、劳动案件审理，发挥好工会组织在劳动关系三方协商机制中的主导作用。参加劳动仲裁案件，全年参加劳动争议案件审理24起，接待来访职工52人次，与劳动监察大队联合进行专项检查2次，查处侵犯职工权益案件32起。

【帮贫扶困】　配合市委、市政府发动机关党员干部对375户特困职工实施结对帮扶。“双节”期间，开展全市困难职工大调查活动，对全市64家困难企业的2000多户困难家庭进行摸底调查，筹集“送温暖”活动慰问金23.9万元，慰问困难企业36家、困难职工2000多人。教师节期间，为所分包村小学购买价值500元的文具、书籍。市四大班子领导及各级工会干部分别走访29个困难企业，对603户特困职工和特困农民工进行慰问救助，看望全国劳动模范刘瑞安和省级劳动模范周民理等各级劳模11人，送去慰问金2130元。开展“金秋爱心助学”活动，组织召开“爱心助学”捐款发放仪式，发放助学款15.6万元，帮助100名困难职工及困难农民工子女上大学。

【法律援助】　在全市职工中开展《工会法》、《劳动合同法》、《河南省企业职工民主保障条例》和《河南省进城务工人员权益保障条例》等法律法规的学习，开展夏季“送法律”、“两法两条例”知识答卷活动及《工会法》宣传一条街活动，接受政策咨询70条，送法律书籍5000多册，提高职工的法制观念和法律意识；与市人大联合开展《工会法》履行情况大检查，促进《工会法》在企业的贯彻实施；协助劳动监察部门开展以追讨农民工工资为主题的“春暖行动”，帮助61名农民工追讨欠薪30多万元。

【女职工】　开展庆三八国际劳动妇女节100周年纪念活动及召开全市女职工工作会议，对近年来在女职工工作中成绩突出的15个先进集体、48名先进个人及53名先进女职工进行表彰。实施女职工“岗位建功、素质提升”工程，下发《关于进一步开展女职工“素质提升”和“岗位建功”活动的意见》，加强女职工“创新能手”、“创新示范岗”和“创新型班组”建设，全市女职工参与率95%。全年89人提升学历层次，108人晋升技术等级。制定2010年女职工工作标准化建设竞赛方案，在女职工组织建设上做到“三同时”，即工会女职工委员会与同级工会委员会同时筹备、同时产生、同时报批。召开女职工权益保护专项集体合同工作现场会，推广企业开展女职工特殊权益保护专项合同工作经验，提高全市女职工专项集体合同的签约率和履约质量,全市签订女职工专项集体合同54份。其中,区域性合同15份,单独签订合同28份,合同签订率占女职工组织的95%以上。“六一”期间,下发《关于开展“六一”慰问活动的通知》,对17名单亲特困女职工、女农民工子女进行走访慰问,慰问金额3000多元,慰问物品价值2600元。全市各单位开展慰问困难女职工子女活动,发放价值5万多元的书包、文具等慰问物品,慰问金额2万元。开展女职工关爱活动,下发《关于进行全市女职工妇科病检查的通知》,121个单位为其女职工进行妇科病检查。开展女职工团体特病保险工作,20家单位的960名女职工入保,入保金额近2万元。举办女性素质教育知识讲座、文艺会演及第六届庆“三八”女职工趣味体育运动会等活动,全年参与活动的女职工8000人次。

【工会财务经审】　召开地税代收工会经费经验交流会,做好工会财务管理规范化建设,促进工会经费收缴的稳步提高。加强经审监督职能,市总工会经审委、财务部联合对12个乡(镇)、街道工会主席进行离任审计,把工会经费达到1万元以上的20个单位确定为经审工作重点,对13个由财政代扣工会经费的局(委)进行回拨经费管理使用情况的审计审查,审计出欠缴工会经费12万元,追缴入库8万元。

【职工文体活动】　“双节”期间,开展舞钢市“迎新春职工文化月”活动,各级工会在活动中,广泛发动职工,利用工会优势,竞相开展职工文化、体育、戏曲及民间艺术等项目的竞赛和演出活动,全市参与职工万人以上,举办各项活动和演出60多场次。组织举办长跑比赛、为职工义写春联、职工象棋比赛、乒乓球比赛和“文化月”职工文艺节目展演等活动,活跃全市职工的节日文化生活。并从全市节目展演中挑选出包括歌舞、小品、快板和戏曲等形式的14个节目参加平顶山的演出并获金奖。8月,开展以“提高职工身体素质、倡导健康快乐生活”为主题的“职工健身月”活动,全市各级工会组织职工开展的乒乓球、篮球、羽毛球、跳棋、象棋、扑克牌、跳绳和爬山等群众性体育活动150多场次,参与职工1万多人,市总工会举办的消夏篮球赛贯穿活动始终,19个代表队的200多名运动员参加,观看比赛的职工群众1.2万人次。国庆前夕,市总工会举办“迎国庆及庆祝舞钢撤区建市20周年职工登山比赛”,近400名职工参加活动。加强“三工”宣传,出刊《舞钢工人》4期,刊发工运信息及工运理论文章400多篇,有50多篇新闻信息在平顶山市级以上新闻媒体发表。其中,12篇新闻信息获省、平顶山市优秀奖;2篇理论文章被全总《工运理论》杂志收编。发挥文化宫“学校和乐园”的职能作用,全年参与篮球、乒乓球、舞蹈及棋牌类等活动的职工超过1.3万人次;完成文化宫非税收入9万元。开展“创建学习型组织、争创知识型职工”活动,下发《关于进一步深入推进“创争”活动的通知》,全市90%以上的单位开展“创争”活动,近5000名职工通过活动提升学历层次、技术等级。加强全市“职工书屋”建设,建成“职工书屋”65家,拥有藏书13万册、报刊480份、音像资料1200张、可上网电脑20台。市总工会“职工书屋”获省级标准职工书屋称号,有4家职工书屋获平顶山市级职工书屋称号,市总工会被平顶山市总工会推荐为“省级职工书屋工作优秀建设者”。

【获得荣誉】 2010年,舞钢市总工会获河南省女职工工作示范单位、全省工会保障工作先进单位、全省职工建功“十一五”技术创新竞赛工作先进集体、河南省县级工会经费审查工作规范化建设标兵单位、河南省职工健身月活动先进单位、河南省六好县市工会。

2010年舞钢市获平顶山市劳动模范人员

李书勤　殷国欣　刘党生　乔爱景
谢炎涛　安保亮　李保宇　朱广培
姚林卿　禹向阳　周仙梅　姬付林
郭彦坤　宋天增　张自贤

舞钢市2010年度五一劳动奖章获得者

王增才　郭长松　李保贵　卢焕民
张怀林　陈运航　张新平　郭自强
常新霞　苗德臣　王　涛　王锡林
董春香　赵群富　安彦忠　顿静帆
朱广红　钮林波　黄遂国　刘新武

（陈桂香）

共青团舞钢市委员会

【概况】 2010年,共青团舞钢市委以科学发展观为统领,以市委青年工作会议为动力,争取党委、政府的重视和支持,创新举措,凝聚合力,推动共青团各项工作的开展。

【团省委调研】 2010年3月2日,团省委城市青年工作部部长丁向东一行4人,在平顶山团市委书记王玉娟陪同下,到舞钢市调研非公有制企业团建工作,市委副书记陈建中和团市委负责人陪同调研。丁向东一行到中加矿业公司,察看自动化主控室,参观选矿设备,重点察看中加矿业团委活动室。随后,由王玉娟主持在中加矿业会议室召开座谈会。中加集团、银龙集团、天成鸽业和平顶山友好旅行社等7家企业相关负责人分别汇报各自的团建工作,舞钢市团市委书记杨涵介绍舞钢市非公有制企业团建工作。丁向东对舞钢市非公有制企业团建工作给予充分肯定并对此项工作提出具体要求。

【“四好少年”活动】 2010年3月5日,团市委号召全市各小学少先队开展争当“四好少年”主题队日系列活动,认真领会胡锦涛总书记致中国少年先锋队建队60周年贺信精神。少先队员通过诗歌朗诵、齐唱少年先锋队队歌等形式,理解“四好少年”的内涵及具体要求。

【学雷锋】 2010年3月8日,团市委在垭口鑫源广场举办学雷锋志愿服务月活动启动仪式暨志愿者为您服务集中活动。市领导陈建中、武宝玲、冀聚良、刘海欣等出席启动仪式,副市长冀聚良主持启动仪式,市委常委、宣传部部长武宝玲在启动仪式上讲话。市直各单位、各乡(镇)、街道、企业的团干、青年志愿者在广场开展为民服务活动,部分志愿者到钢城大道义务捡拾垃圾,清洁卫生。并在广场设志愿者服务台17个,涉及家电维修、法律咨询和青年就业创业指导等14个服务项目。团市委还组织志愿者、青年团员开展“春暖舞钢、爱心慰问”、“三下乡”、爱老敬老和植树护绿等活动。

【助力农村青年创业】 2010年,团市委和市农行在全市范围内实施农村青年创业小额贷款项目。凡年龄在45周岁以下,具有完全民事行为能力,遵纪守法,诚实守信,无不良信用记录,有创业愿望和一定基础的广大农村青年及大学生村干部,均可自愿向所在乡镇、街道团委申报贷款。团市委、乡镇、街道团委对申请项目和拟贷款青年进行初步调查了解,择优向农行推荐。符合条件的,农行可办理贷款手续。贷款额度起点为3000元,一般不超过5万元。获省级(含)以上荣誉者,额度可扩大到30万元。贷款期限一般为3年以内,最长不超过5年,利率按人民银行规定的现行基准利率上浮40%执行。

【心理辅导】 2010年,邀请北师大心理咨询专家郭召良教授到舞钢市为高三学生减压。郭召良教授主要向考生们介绍考前注意事项及考试经验,具体分析考生考前心理偏差的原因,并引导考生树立信心、学会自我调整、消除焦虑情绪,以良好的心态迎接高考。

【"五四"活动】 2010年是五四运动发生91周年。5月4日上午,纪念五四运动91周年暨第五届"十大杰出(优秀)青年"表彰大会在寺坡多功能报告厅召开。少先队员代表为大会献词,团平顶山市委副书记何卉对受到表彰的十大杰出青年等先进青年表示祝贺,向舞钢市广大团员青年致以节日的问候。市委副书记陈建中对全市广大青年朋友提出四点希望:一要立壮志;二要勤学习;三要甘奉献;四要重实干,立足本职岗位。

【曹克舜调研】 2010年6月11日,团省委宣传部部长曹克舜在平顶山团市委纪检书记李雨帆陪同下到舞钢市调研基层团组织工作,市委副书记陈建中参加调研。曹克舜一行先后到枣林镇黄庄村、镇团委办察看团组织格局创新工作开展情况,听取汇报,了解舞钢市各级团组织在创新载体、组织、引导、服务青年等方面好的做法及存在问题,并就基层团组织建设、非公经济团建、青年中心建设等工作与市部分团员青年进行座谈。通过调研,曹克舜肯定舞钢市共青团工作重点突出,措施扎实,成效明显。

【银企合作】 2010年6月11日,团市委牵头组织国家开发银行河南省分行与团属企业负责人召开银企见面座谈会,为银企双方合作搭建平台。座谈会上,开发银行省分行风险处处长刘国强指出团组织和银行强强联合、携手共进具有重要性和积极意义,并表示会对团属各企业进行政策指导和资金扶持,最大限度地增强团组织的凝聚力和促进银行资金的有效利用。担保公司负责人重点介绍担保对象、条件及程序。银企双方围绕如何改善融资环境、加强信用建设、融洽银企关系等问题分别发表意见。与会的银行领导和公司负责人对团属企业负责人提出的问题进行现场解答,就共同促进银企良性互动、有效解决企业融资困难等问题进行深入的讨论。

【团市委五届二次全会】 2010年7月22日,团市委五届二次全委(扩大)会议召开。市委副书记陈建中在会上指出,在全市上下深入贯彻落实市委六届八次全会、市委经济工作会议精神的大好形势下,团市委召开此次会议,肯定成绩、总结经验、分析形势、部署工作。要求全市各级团组织和团干部要牢记使命，抢抓机遇，动员引导全市团员青年争当时代先锋，谱写青春之歌，在加快实现舞钢科学发展新跨越的进程中，创造出无愧于党、无愧于人民、无愧于时代的青春业绩。

【南阳团市委考察】 2010 年 9 月 14 日，南阳团市委副书记樊牛一行 3 人在平顶山团市委副书记屈晓举陪同下，到舞钢市考察非公有制经济团建工作。樊牛一行先后到天成鸽业、中加矿业考察了解非公团建工作开展情况。

【创先争优推进会】 2010 年 11 月 9 日上午，全市党团共建创先争优暨非公经济组织和社会组织团建工作推进会在垭口工人文化宫召开，市委常委、组织部部长康玉春主持会议。市委副书记陈建中出席会议并讲话。他指出，各级党组织和团组织要充分认识开展党团共建创先争优活动和非公团建工作的重要意义，围绕全市中心工作和青年需求，开展青年创业小额贷款和创业培训工作。要明确目标、方法、责任，抓好协调落实，推进党团共建创先争优活动和非公团建工作。民政、工商部门要在非公经济组织和社会组织登记、注册、年检中及时掌握工作信息，督促具备条件的组织建立党团组织。工商局和工商联要成立团工委，指导推动会员企业和下属协会团组织建设。市住建局、尹集镇、中加公司相关负责人分别作了发言。

【希望工程】 2010 年 8 月，为帮助贫困学生顺利走进大学校门，团市委通过发动“爱心企业”、街头募捐等活动筹集资金 8 万余元，资助贫困学生 43 名，帮助贫困学子走进大学校门。

【获得荣誉】 2010 年，共青团舞钢市委被共青团河南省委授予河南省县(市、区)共青团工作先进单位、河南省乡镇(街道)共青团工作先进单位、驻外团工委建设工作先进单位、河南省希望工程20周年工作组织奖等荣誉称号；被共青团河南省委、河南体会青年企业家协会和河南省青年商会授予优秀协会荣誉称号；被共青团平顶山市委授予共青团工作先进单位、小额贷款工作创新奖等荣誉称号。

第五届舞钢市十大杰出青年

王宪文　卢焕民　陈晓国　唐小丽
刘朝阳　郭五敏　蒋红泉　魏洪涛
韩洪海　范海军

第五届舞钢市优秀青年

马广华　操双耀　范二强　任书民
罗江稳　盛盼盼　张　露　张　辽
闫春亭　刘文俊　谢盛勇　李振平
张少杰　景雪岩　杨伟杰　王会勉
孙　丹　刘耀斌　杨耀青　杜晓东

(共青团舞钢市委)

舞钢市妇女联合会

【概况】 2010 年，舞钢市妇女联合会干部职工 4 人，设 1 个办公室。职能是维护妇女儿童合法权益，为妇女儿童办好事、办实事。

【素质建设】 2010 年，舞钢市妇女联合会从加强学习入手，提高妇女自身素质。借助重大节日，通过上街设宣传咨询点、发放宣传资料等多种形式，宣传有关妇女儿童的法律法规；在全市开展以“书香飘万家”为主题的“学习型家庭”创建活动，掀起学习型家庭的热潮,提高全市各个家庭成员的综合素质;向全市下发“廉政文化进家庭”活动实施方案及助廉承诺书,与各单位股级干部家属签订承诺书,并联合市纪委开展“廉政文化进家庭”培训班,对全市科级领导干部家属进行培训,净化领导干部周边环境,倡扬廉政为官的风尚;举办13期妇女创业就业培训班,参训人员3000多人次;8月,组织5人参加平顶山市妇联组织的女性科级干部华东师大培训学习,市妇联组织1期《围绕中心、创先争优、巾帼建功、服务发展》专题学习培训班;组织1期业务培训班,全市各乡镇、办妇联主席、市直各委局的妇委会主任在河南省妇女干校进行1周的学习培训,提高妇女干部的整体素质;组织全市妇联干部围绕“如何培养选拔好妇女干部”、“城镇妇女创业就业情况”、“关爱农村留守妇女儿童”、“家庭教育”等课题开展调研,向平顶山市妇联上报调研报告8篇、上报信息34篇,被平顶山妇联采用22篇,河南省妇联采用2篇,《河南日报》采用1篇,《平顶山日报》采用3篇,《平顶山晚报》采用1篇;《舞钢信息》刊登信息24篇。举办婚姻家庭、文明礼仪、家庭教育流动课堂5期,从不同角度和方面提高妇女的综合素质,促进和谐家庭、和谐社会的创建。

【“妇女之家”】 2010年,舞钢市妇联以建设“坚强阵地”和“温暖之家”为主题,率先实现“妇女之家”全覆盖。11月25日,全市191个村26个社区的“妇女之家”揭牌仪式在尹集镇张庄中心社区举行,平顶山市妇联主席梁丽萍到会祝贺致辞。

【节日活动】 举办庆“三八”迎春艺术剪纸展、民间艺术表演赛等系列活动。召开纪念三八国际劳动妇女节100周年暨“三八”表彰大会,对2009年全市各行各业和各条战线上涌现出来的44个妇女工作先进单位和148名先进个人进行表彰。3月,召开女干部联谊会,全市60余名女性领导干部参加会议。

【“三大主体”活动】 在全市村(社区)中开展“十百千”示范创建活动,新建“巾帼示范村”15个、“半边天家园”6个。枣林镇获国家首批巾帼示范乡镇、武功乡草坡村获国家级巾帼示范村、尹集镇张庄中心社区获全国巾帼示范社区、朱兰街道滨河社区获全国巾帼示范社区。深化“五好文明家庭”创建活动,以家庭美德建设为重点,开展“美在家庭”活动。同时与创建平安家庭、无毒家庭等相结合,通过抓组织、抓宣传、抓环节、抓载体和抓示范,教育、引导城乡广大家庭成员提高素质,共同营建美好家园,涌现出一大批“五好文明家庭”、学习型家庭、文明楼栋(道)。与文明办联合开展“文明市民”评选活动,全市80%的市民参与其中,不仅提高广大市民的文明意识,而且促进社会和谐与发展。在全市开展“低碳家庭,绿色生活进家庭”活动,向全市各单位和广大群众发出倡议,通过各种方式广泛宣传低碳环保科普知识,妙招体验低碳,了解低碳。以妇女创业为着力点,带领妇女参与经济建设。组织工作人员,深入乡(镇)、村和街道、社区进行宣传发动和调研,对提出贷款要求的用户,进行逐一登记,建立台账。以妇女创业再就业为重点,推动巾帼创业行动,扶持她们发展生产、扩大就业、自主创业,引领城乡妇女在经济社会发展中以创业带就业、以就业促创业。建成2个“女性创业就业”基地。全年扶持创业女性

181人,贴息贷款866万元。其中,种植业12人,贷款58万元;养殖业58人,贷款260万元;加工业7人,贷款34万元;服务行业99人,贷款489万元;其他行业5人,贷款25万元。11月,市妇联向平顶山市妇联上报12名女大学生村官创业申请小额贷款的资料,申请金额87万元。

【基层妇女组织换届】 2010年,新增“两新”妇女组织6个。全市8个乡(镇)、5个街道、23个非公有制企业、60多个市直委局的基层妇女组织,于6月底前全部换届完毕。新换届的妇女干部呈现出高学历、高素质、能力强、威信高及年轻化的整体态势。

【关注儿童】 开展一系列“六一”庆祝活动。市四大班子领导在市妇联的陪同下分别到小学和幼儿园进行慰问,给孩子们送去书包、铅笔、文具盒和笔记本等节日的礼物;联合教育局举办“六一”文艺会演;在庆“六一”儿童绘画展上,300多幅儿童作品参加展览;开展“开开心心读经典”、趣味运动会等活动。开展“关爱女孩暖冬行活动”,筹措资金1.5万元,为50名贫困女孩送去温暖与关爱;救助特困女孩孙彦茹,送去1000元慰问金;为枣林镇张桥村的刘双凤、刘双翥姐妹捐款500元。通过下乡调研、走访群众,发现一些孤儿和单亲家庭非常贫困,市妇联对全市特困家庭情况,进行造册、登记。“爱心人士”法院院长搭建爱心平台,寻找爱心人士、企业老板,多方筹措资金救助贫困儿童。全年分3批救助贫困儿童161人,救助金额27.1万元。其中,4月救助第一批贫困儿童42名,每人每月300元救助金,救助金额113400元;5月救助第二批贫困儿童55名,每人每月300元救助金,救助金额13.2万元;11月救助第三批贫困儿童64名,每人每月200元救助金,救助金额2.56万元。开通“英子姐姐在线”校园电视台栏目,在校园内设立信箱,孩子们有什么心事、想法、建议,通过写信告诉英子姐姐,英子姐姐通过各班的电视屏幕,解答孩子们的问题,与孩子们进行交流,关注孩子们的心理健康;在校园里举办“展我风采”艺术节活动,活动有表演、书法、绘画、摄影等项目;课余时间,孩子们可以到图书室借书,以此开阔孩子们的视野;举办以“我可了不得”为题目的亲子互动作文比赛,通过活动,让孩子们找回自信。2010年9月,以“英子姐姐在线”为题材的音乐剧《大爱无疆——情系留守儿童》在金色童年展风采少年儿童文艺比赛中获二等奖。在做好市三小“留守儿童亲情家园”的同时,上半年又成立舞钢市八台镇彦张村“留守儿童亲情家园”,成员有来自周边5个行政村的120名孩子。

【依法维权】 发挥联系妇女和家庭的优势,了解妇女的矛盾纠纷,做好信访接待工作。全年接待来信来访47人次。其中,婚姻家庭类44人次,经济纠纷类3人次,结案率100%,化解率100%,解答咨询电话20多人次,做到有咨询必有答复,直到对方满意。“三八”期间以深化妇女普法教育、促进社会和谐为主题,以农村妇女农民工为重点,开展“维权周”活动,提高妇女法律意识,增强自我保护能力。抽派2名干部到八台镇开展群众性科普宣传活动,发放《留守儿童知识手册》、《妇女妇科知识100句》等宣传资料500余份。11月,召开全市推进依托乡镇、街道综治中心建立妇女儿童工作维权站工作会议。

12月上旬,完成妇女儿童维权站建设任务,凝聚化解矛盾的工作合力,维护妇女儿童合法权益。

【妇儿工委】 2010年,舞钢市妇女儿童工作委员会办公问题得到解决,人员配备、经费全部到位。制定相关的妇女儿童工作培训、调研、表彰考核和述职报告等制度,出台有关妇女儿童生存、保护与发展的政策文件。每季度召开1次妇女儿童专题工作会议,听取本季度的工作完成情况及在工作中遇到的实际问题,及时协调有关部门解决妇女群众最关心、最直接和最现实的利益问题。

【获得荣誉】 2010年,舞钢市妇联被评为河南省城乡妇女工作先进集体;平顶山市妇联先进妇女组织、平顶山市妇联2009年~2010年度妇女读书活动最佳组织奖。

(市妇联)

舞钢市科学技术协会

【组织建设】 2010年,舞钢市建成寺坡、垭口、朱兰等3所社区科普大学。在全市191个行政村、24个社区建立科普组织,由大学生村干部担任科普宣传员,以村为单位组织科技带头人和致富能手成立5人以上的科普志愿者队伍。在2家非公有制经济组织中建立企业科协。

【新品种、新技术推广】 2010年,制定引进推广农作物和林果新品种、新技术方案,全年引进新品种6个、新技术2项。

【科普宣传】 舞钢市科协联合农、林、水、卫、畜等部门,组织100余名科技专家组成百名专家服务团,印制10万张专家名片,采取赶科技大集和开展技术培训等形式,举办"百名专家进万户"科技之冬活动。培训农民2万多人次,发放资料3万多份。通过发放科技专家名片,实现农民和专家直接沟通,架起农民向专家咨询项目、解决生产难题的空中桥梁。全年农民咨询项目200多个,解决生产难题2000多个。利用新闻媒体宣传,在舞钢市广播电视台、《舞钢信息》等新闻媒体开设"农业科教天地"、"致富经"、"农村天地"、"农民之友"、"卫生与健康"等科普栏目,每月播出、刊发4篇(次)以上;在中国·舞钢网站上开设舞钢论坛《科普博览》网页,定期更新科普知识,利用互联网向市民开展科普宣传。2010年3月以来更新发帖1万多条。编发《舞钢科普》简报,及时向领导和上级主管部门通报全市科普工作情况。联合市委组织部、市广电局联合拍摄《鸽王杨明军的腾飞之路》和《一个回乡青年的创业之路》2个专题片,并被"鹰城致富经"栏目采用。

【技术培训】 2010年,舞钢市科协结合农时,针对各乡镇农民的不同需求,本着"一乡一品,突出特色"的原则,聘请农业专家举办实用技术培训班。全年举办各类培训班12期,培训人员3000余人次。联合市移民办举办大中型水库移民实用技术培训班300余人次,重点讲授《生猪养殖及疫病防治》和《食用菌种植技术》,免费向群众发放实用技术书籍1200册、科普资料1.5万份。

【科技活动】 2010年4月,舞钢市科协联合市计生委、市妇联等部门开展"科技春雨润万家"活动，抽调50多名专家组成科技服务团，通过发放专家名片、结对帮扶等形式，常年为计划生育家庭在种植、养殖、加工等方面提供致富信息、技术指导和上门服务。全年举办种植、养殖等培训班8期，发放科技资料4000多份。5月，舞钢市科协联合市委宣传部、市科技局举办科技活动周。活动期间，针对乡镇不同情况，聘请省市科技专家进行实用技术培训，重点讲解红薯的脱毒及高产栽培技术、西瓜高产栽培技术等；在八台镇、武功乡等乡镇以"科技、文化、卫生、法律"四下乡活动为主，组织科技局、农业局等全市17个单位的科技专家设立15个咨询台，接受咨询3000多人次，发放各类科技资料5万多份，展出科普展板32块，悬挂科普横幅36条；在市直小学开展地震应急实战演练。9月，在全市开展全国科普日活动。举办科普进社区活动。自9月14日开始，在寺坡举办2010年全国科普日社区"科普宣传一条街"活动，活动历时1个月，先后在4个街道进行巡回宣传。94个单位参加活动，展出宣传展板300多块，发放卫生保健、法律知识资料1.5万余份、科普读物2000余册，接受科技、健康咨询2万多人次，专家义诊1.2万多人次；举办全国科普日活动文艺会演。9月14日晚上，与寺坡街道联合举办"欢乐中原·舞钢"广场文化暨全国科普日文艺演出。演出的节目有舞蹈、独唱、大合唱、小品、戏曲和诗歌朗诵等，观看演出的社区居民3000多人次；举办科普知识报告会。在全市倡导低碳生活理念，教育市民自觉树立低碳发展意识；在全市组织实施"百村百部科普电影传播行动"，播放科普电影102场。

【未成年人科普教育】　2010年9月，舞钢市科协组织开展青少年科技创新大赛活动。(1)对舞钢市第四届青少年科技创新大赛进行表彰和奖励。表彰优秀科幻作文139篇、优秀科幻画327幅、科教创新成果项目5个、优秀组织奖10个、先进个人15名。(2)开展舞钢市第五届青少年科技创新大赛活动。收到全市中小学生科技小制作223件、科技实践活动35项、科幻作文1600多篇、科幻画1869幅。在甲型H1N1和手足口病流行期间，编印《甲型H1N1预防和防治》宣传挂图和《手足口病防治手册》3万多份(册)，及时发放到全市各中小学校，教育引导学生养成良好的卫生习惯，克服师生恐惧心理。

【创建全国科普示范市】　2010年3月，按照中国科协新修订的《2010年~2011年度全国科普示范市创建办法》，舞钢市向中国科协重新提出创建全国科普示范市的申请，成立创建工作领导小组，制定《舞钢市创建全国科普示范市实施方案》。4月27日，召开创建全国科普示范市动员大会，市科协组织全市有关单位对照标准，完善资料，在新的起点上推进创建工作。

【迎新春送科技】　2010年2月，舞钢市科协联合市文联组织全市书法家协会成员，自备笔墨纸张，在全市8个乡镇和5个街道开展"迎新春义写科技春联"活动，为群众义写科技春联2万多副。

【基础设施】　2010年，舞钢市科协在全市农村、社区建设科普画廊、科普活动室，运用网络进行远程科普宣传教育。11月中旬，中国科协为舞钢市配置一台II型科普大篷车，自12月份开始在全市中小学开展“科普大篷车校园行”活动,激发学生学科学、爱科学的热情。

【反邪教】 组织专家对2009年底开展的“崇尚科学、反对邪教、共建和谐”反邪教征文书画大赛中的3369件作品进行评选,从参赛作品中精心选取206件作品,于2010年2月5日至3月1日在市老干部大学举办反邪教书画展,接待参观者6000多人次。8月,联合市委防范办举办全市反邪教信息员培训班,邀请平顶山市科协副主席陈高科到舞钢市授课,立足网宣阵地,加强舆论宣传。

【学会】 2010年初,舞钢市科协组织全市各学会开展平顶山市第七届青年科技奖和第六届自然科学优秀学术论文的申报评选工作。经过组织申报和认真初评,评选出雷超群、王丽英、温松灵、韩洪海4人,作为第七届平顶山市青年科技奖候选人进行推荐上报。同时将具有较高学术价值的市畜牧学会成员侯绚丽的学术论文《不同的饲养管理方法对哺乳仔猪成活率与断奶重的影响》进行上报,获二等奖。

【获得荣誉】 2010年,舞钢市被评为河南省科普示范先进市;市科协被评为河南省青少年科技创新大赛优秀组织单位、河南省科普日活动先进单位;获平顶山市“三创一带”优秀组织单位、平顶山市学会工作先进集体、平顶山市青少年科技创新大赛优秀组织奖等荣誉称号。 (市科协)

舞钢市文学艺术界联合会

【概况】 2010年,舞钢市文学艺术联合会坚持“文化强市”理念,抓基础、强队伍、出作品、出人才,活动频繁,为促进舞钢市文化大繁荣大发展作出贡献,为构建和谐舞钢提供支持。

【中国·舞钢冶铁文化节】 2010年1月,舞钢诗社启动全国“冶铁文化诗词曲赋大赛”活动。这是关于冶铁文化的多文体并重的大赛活动,截至3月底,收到全国各地近400人的上千件作品。4月1日至10日,大赛组委会组织多层面人士参加评委会,严格评审,最终评出一等奖5名,二等奖15名,三等奖40名,提名奖39名。4月29日至5月1日,市文联参与由中国民间文艺家协会、河南省文联、平顶山市人民政府主办,河南省民间文艺家协会、舞钢市人民政府共同承办的“中国·舞钢冶铁文化节”。在冶铁文化节期间,市文联在文化大楼前举办的大型书法、绘画展、奇石根艺展和铁山大道上的其他民俗活动一起成为一道靓丽的文化风景线。活动展出书法、绘画作品100余幅,奇石根艺作品300件。展出时间为一周,除舞钢市民参观外,还吸引大批外来游客观光,既活跃节日气氛,又加深了舞钢市的人文气息。

【辉煌舞钢二十年】 2010年9月28日至10月8日,舞钢市委宣传部、市文联联合举办“辉煌舞钢”书法、绘画、摄影和根艺奇石展。平顶山市委宣传部部长唐飞,舞钢市委书记高永华、市长白立凡、政协主席高宝山及市委常委、宣传部部长武宝玲等领导出席开幕仪式,并特邀在京的舞钢籍书画名家王培东先生、舞钢籍文化名人李文远先生参加。活动展出书法、绘画作品100余幅。其中,有舞钢籍著名画家梁永和先生的大幅国画作品《秋荷》、王培东先生的《富荣有余》,中国书协主席张海、副主席张飚等大家的书画作品。摄影展出的是宋国华风光摄影作品计60幅,根艺奇石展出作品300件。展出期间,参观者众多,对推介、宣传舞钢市起到极好地作用。为纪念舞钢建市20周年和开发建设40周年,举办"我与舞钢20年"征文大赛,历时6个月,收到来自各行各业的成人稿件近400篇,学生稿件1000多篇。征文从多侧面记录舞钢市创业历史,赞颂巨大变化,讴歌伟大业绩,反映幸福生活。市文联组织专业人员对稿件进行认真评选,严格把关,最后评出成人组和学生组一等奖3名,二等奖5名,三等奖10名,优秀奖15名。9月28日,在舞钢大酒店四楼会议厅,举行"我与舞钢20年"征文大赛的颁奖仪式。

【"问鼎中原·春之旅"】 2010年4月8日至10日,舞钢市文联与市招商局联合举办"问鼎中原·春之旅"摄影名家首站莅临舞钢市活动。全国政协委员、中国运载火箭技术研究院党委书记、中国亚太移动通信卫星有限公司董事长梁小虹,上海市摄影家协会常务副主席兼秘书长王榕屏,新华社《摄影世界》杂志社总编辑李根兴,河南省摄影家协会副主席、第八届中国金像奖获得者李刚等10多位在国内享有盛誉的摄影名家齐集舞钢市,欣赏山水风光,参与采风创作,并向舞钢市摄影爱好者传经送宝。市委常委、市委宣传部部长武宝玲出席活动并致辞。在开幕式上,以多媒体形式分别展示李刚等人的优秀作品,李根兴、王榕屏作精彩点评。

【书画创作】 2010年4月16日上午,由舞钢市委宣传部、市文联联合举办的"中国书法兰亭奖获奖作者走进舞钢"活动在舞钢公司工人文化宫举行。平顶山市文联副主席岳书敏、范大岭,中国书法兰亭奖获奖作者郑庆伟、王军杰、李贵阳、曹向春,平顶山市县区文联主席、书协主席及文艺界的同道和漯河市、舞阳县书法届的朋友应邀到舞钢市。活动仪式由副市长冀聚良主持,平顶山市文联副主席范大岭、省书法家协会刻字委员会副主任王军杰分别在仪式上致贺词。第三届中国书法兰亭奖一等奖获得者郑庆伟先生代表获奖作者讲话。仪式结束后,嘉宾老师对舞钢市的书法作品进行点评。10月23日至27日,由舞钢市文联和扬州八怪纪念馆联合举办的"我们一起走——著名人物画家苗轲嘉画展"在扬州八怪纪念馆展出,市文联和来自全国各地的画家20多人出席开幕式,市文联主席温慧敏在开幕式上致辞。

【作家讲座】 2010年11月18日,由河南省直作家协会、舞钢市文联主办的董迎玺《水色》研讨会暨著名作家文学讲座,在石漫滩度假村举办。市委常委、宣传部部长武宝玲出席研讨会并致辞。来自省会的评论家刘学林,作家孙方友、焦景周、奚同发,平顶山市作家及舞钢市文学爱好者50多人参与研讨。孙方友、焦景周为舞钢市文学创作者重点讲解小说和纪实文学的创作。

【协会换届】 2010年,舞钢市文联按照文联章程,于6月30日前,完成作家协会、书法家协会、美术家协会、摄影家协会、音乐舞蹈家协会、戏剧曲艺家协会、民间文艺家协会、根艺奇石学会和诗社等9个文艺家协会的换届,成立新一届理事会。

【文艺创作】 启动舞钢作家丛书工程,出版吴庆安的故事集《牛舍琐话》。舞钢市作者楚宝君的长篇小说《主持人的美好生活》由河南文艺出版社出版发行,焦玉莹的散文集《雪夜闻笛》由作家出版社出版发行。会员全年在地市级以上发表、获奖、入展文学艺术作品百余篇(首、幅)。其中,任彦国的散文《吃下母亲碗里的花生豆》获2010中国散文年会二等奖。李炳镇在《中国冶金报》等报刊发表《二七塔前沉思》等散文随笔6篇,散文《我最感动的一本书》获《工人日报》举办的征文大赛一等奖。魏伯超、郝金焕在中国诗歌在线、《河北钢铁报》等报刊发表诗歌、散文、小说等10多篇。王淙淙在期刊《文学港》发表散文《故园 · 心眼》等4篇。梁俪千在文学期刊发表散文作品9篇,获全国奖项4次。4月,孙立的书法作品入展中国第三届扇面艺术展。7月,范晓光、曹恒亚、赵兴华、王子易和彭谭志等5人的刻字作品入展第八届全国刻字艺术展;朱丽平的《哺》、王富民的《泉》入选全国首届农民绘画展。安孟辉、张志凌的摄影作品在国家"电网杯"城市夜景摄影大赛获优秀奖。袁国栋等18人的书法作品入展河南省第十九届群众书展,其中袁国栋获优秀奖。12月,曹恒亚等7人的11件刻字作品入选河南陕西刻字联展暨河南第二届刻字展。张志凌的摄影作品《飞向春天》在河南省艺术协会举办的《花花世界》比赛中获一等奖。华海忠在"云梦杯"河南省第十六届歌曲创作活动中获优秀奖。安孟辉、张志凌的作品在平顶山市举办的"全民健身"摄影大赛中分别获二、三等奖。戏曲协会参加平顶山市举办的"我们的节日"会演,协会副主席李小素编排联唱的《刘巧儿》和华海忠辅导的二胡独奏《三门峡畅想曲》均获一等奖。在中国作家协会、河南省委宣传部、平顶山市委市政府举办的"三苏杯"全国诗歌大赛中,舞钢诗社郭自强的《古风 · 鹰城先贤歌》、王俊红的《鹰城的高度》、王胜利的《三苏坟》、潘金华的《七律 · 三苏园》等获优秀奖。

(梁俪千)

舞钢市残疾人联合会

【概况】 2010年,舞钢市残疾人2.3万,占总人口的7.2%。其中,视力残疾3408人、听力残疾5281人、言语残疾354人、智力残疾1394人、肢体残疾7037人、精神残疾1601人。市残联干部职工30人。其中,干部16人,职工14人;中共党员13人。设4部1室,分别是教育就业部、康复部、组联部、维权部和办公室。

【"助残日"及慰问活动】 "助残日"期间,为全市筛查出的215名盲人免费发送盲杖、盲表、收音机,发放轮椅200多辆。春节期间,市四大班子领导和市残联领导以集中上门慰问的形式向残疾人"送温暖、献爱心",购买价值35万多元的面粉30多吨及食用油、大米等发放到全市13个乡镇(街道),全市4600户(人)残疾人家庭得到救助。

【基层组织建设】 2010年,舞钢市残联做好基层残疾人组织网络建设,选聘优秀人才充实到基层残联队伍,使残疾人工作层层有人管、村村有人问,打造学习型、创新型、服务型和廉洁型的残疾人工作者队伍,更好地服务于残疾人。拿出7万元为全市13个乡镇(街道)、39个社区(村)实行五个统一配制，即对每个乡镇（街道）、村（社区）中凡达到“三有”的（有人员、有20平方米左右的工作室、有办公桌椅），统一配2块招牌（残疾人协会、残疾人活动室）、4件康复器材、2块展板、1个办公柜、30个档案盒及各种表格，推动残疾人工作发展，解决残疾人有地方办事的问题。

【技能培训】 2010年，舞钢市残联举办3期职业技能培训班，全市有劳动能力的各类残疾人420人参加免费培训。培训班聘请法律、科技、林果业、种植和养殖等方面的专家到班授课，学员分别学习按摩、手机维修等技术，满足残疾人学一技之长的愿望，并通过集中就业、个体从业、自主就业方式，使280名有劳动能力的残疾人实现就业愿望。

【就业保障金征收】 2010年，根据河南省政府85号令及平顶山市残疾人就业工作会议精神，市残联和地税局共同拟订方案，对全市近300多家企业按比例安排残疾人就业保障金施行地税代征制度。全年追缴上年度保障金110万元。

【康复】 协调医院为筛查出的11名低视力儿童免费检查，为其佩戴助视器，并对他们开展有关眼保健和预防近视知识教育。开展“金拐杖助行工程”。抽调工作人员到村、社区，对全市适合安装假肢和缺下肢的残疾人进行大排查，推广宣传普及型假肢，使更多的肢残人了解其功能特点，为10名符合安装假肢条件的残疾人免费安装普及型假肢。为6名低视力者配戴助视器，培训6名低视力儿童家长；为8名智残儿童进行康复训练；为筛查出的8名6岁以下的聋儿免费检查、佩戴助听器6例；在全市范围内筛查出13名6岁以下肢残儿童，为2名肢残儿童免费做矫正手术；为筛查出的147名精神病患者免费定量发放药品，使其得到不同程度的康复。

【证件办理】 2010年，舞钢市残联做好第二代残疾人证件的换发工作，为近千名残疾人办理新证。为残疾人集中减免税费1.9万余元，为贫困残疾人减免医疗费3300元。

【养老保险】 2010年，舞钢市残联在全省率先开展对全市范围内的贫困残疾人个体工商户办理社会基本养老保险工作。按照平顶山市规定的最低参保基数，每位参加社会基本养老保险的残疾人可获得保险金10%～50%的补贴，直到退休。全年全市150位残疾人拿到基本养老保险手册，市政府每人补贴1500元，补贴资金22.5万元。

【信息宣传】 2010年，共上报各类信息70多条，被采用52条。在市“一报两台”发稿29篇，在平顶山市、省、国家级媒体发稿20篇。

【创建活动】 2010年，舞钢市多次召开创建全国残疾人示范城市工作动员会、现场会、促进会和政府协调会，对达标的工作继续巩固，对未达标的工作进行分析、跟进并抓紧完善。对创建工作的16个部分的硬件建设、软件资料等逐项对照，查漏补缺。

【重点工程】 舞钢市残疾人综合服务中心项目是被列入省发改委（豫发改投资〔2009〕1458号文）关于下达残疾人综合

服务设施建设项目2009年第四批扩大内需中央内算投资计划中的，建设规模占地1公顷，建筑面积1000平方米。2010年7月30日奠基开工建设，已完成土地征用、设计、三通一平、院墙建设等工程。

【获得荣誉】 2010年，舞钢市被中国民政部、中国卫生部、中残联三家评为全国残疾人社区康复示范市，被全国残疾人康复工作办公室评为全国白内障无障碍市；市残联被中残联评为2010年度两刊宣传工作先进单位；被省残联评为河南省残疾人就业保障金征收工作先进单位，被省残工委评为河南省创白内障无障碍省先进单位、"残疾人之家"。　　（李　静）

石漫滩湿地掠影

法制·武装

政　法

【概况】　2010年,舞钢市政法暨社会治安综合治理、平安建设工作围绕改革、发展、稳定的工作大局,落实平安建设领导责任制,加强基层基础工作,完善社会治安防控体系建设,开展严打整治斗争,维护全市社会政治和治安大局的持续稳定,为经济社会发展创造良好的社会环境。

【政法工作会议】　2010年1月28日,舞钢市召开政法暨平安建设信访会议。市党政领导,政法部门中层以上干部,各乡镇(街道)和市直委局、重点企业负责人参加会议。市委常委、政法委书记李国顺总结2009年全市政法暨平安建设信访工作,部署2010年重点工作,并对2009年度平安建设先进单位、社会治安综合治理先进工作者和政法工作先进单位、先进个人进行表彰。对朱兰街道等3个平安建设先进乡镇(街道)和市委办等30个平安建设先进单位进行表彰并颁发奖牌;为谢炎涛等88名平安建设先进工作者颁发荣誉证书;对尚店镇等6个防范和处理邪教问题工作先进乡镇(街道)、市教育局等8个防范和处理邪教问题工作先进单位进行表彰并颁发奖牌;对高丽鹏等60名防范和处理邪教问题工作先进个人颁发荣誉证书;对连续三年获平顶山市平安建设先进乡镇(街道)的武功乡、垭口街道党政主要领导、分管领导、综治办主任分别记三等功一次,奖励两个月工资。会上,市委书记高永华指出,要抓住机遇,强化源头预防意识、社会管理创新意识、民生意识和执法为民意识,加强组织领导,严格落实维护社会稳定工作责任。各乡镇(街道)和综治委成员单位的负责人向高永华递交2010年度平安建设目标责任保证书。

【维护稳定】　2010年,舞钢市建立健全社会安全事件应急处置机制,制定下发《舞钢市积极预防和妥善处置群体性事件工作方案》和《舞钢市应对大规模暴力恐怖事件工作方案》。实施重大事项社会稳定风险评估机制,全市进行重大事项社会稳定风险评估5项。做好特殊敏感时期的稳定工作,在敏感时期及时启动预案,对不稳定因素进行排查,把排查出来的不稳定因素分解到相关单位,并抓好督察督办,确保敏感时期社会大局的稳定。做好稳定信息工作,出台稳定信息工作要求和考核办法,坚持信息收集、上报、研判工作和月考评、月排名通报制度,全市建立290人的维稳信息员队伍,为做好稳控工作奠定基础。执行维稳工作联席会议制度,对全市涉及人员比较多的“挂钩工、卫生医疗服务站点、企业改制生活困难职工、企业军转干部、复退军人、清退民师”等不稳定人群做到及时沟通、研判、协调,形成部门和乡镇、街道联动,及时处置群体性事件的工作机制,全年没有发生大的群体性事件。开展"社会矛盾化解百日竞赛"活动和"社会矛盾大排查大化解攻坚战"活动。

【处理邪教问题】　开展反邪教警示教育活动,在全市印制、发放反邪教宣传单3万份。举办"崇尚科学、反对邪教、共建和谐"的书画作品展,印发活动宣传页2万份,展出反邪教书画大赛获奖作品300余幅。开展帮教巩固工作,部署2010年~2012年教育转化与攻坚整体工作,对重点不稳定人员建立后续帮教巩固工作领导小组,制定帮教巩固措施。推进无邪教创建工作,全市13个乡镇、街道和2/3以上的学校完成无邪教创建任务。做好防范控制工作,落实防范措施,及时安排部署敏感时期防范控制工作,确保社会大局稳定。

【打击刑事犯罪】　2010年,舞钢市立刑事案件892起,破获刑事案件712起(命案发一破一),逮捕202人,劳教10人,抓获逃犯164人(外省逃犯71人)。打掉各类犯罪团伙64个,抓获涉案成员216人(涉黑犯罪团伙1个,抓获犯罪嫌疑人16人)。市检察院受理案件199件304人,提起公诉190件290人。市法院受理刑事案件218件,结案率100%,生效判决180件,依法惩处犯罪分子270人。

【普法依法治理】　做好"五五"普法和"三五"依法治理的迎验工作及"六五"普法和"四五"依法治市工作规划,开展大型普法宣动活动2次。5月7日,平顶山市"五五"普法、"三五"依法治市检查验收组,对舞钢市的"五五"普法、"三五"依法治市工作进行检查验收,并给予高度评价。开展30场"关爱明天、普法先行"法律进校园活动,受教育师生2万余人次。开展法律下乡集中服务活动,出动宣传车2辆,展出展板32个,发放信访条例、农民法律知识等宣传资料1.5万多份,发放《舞钢市农民常用法律常识》500多本、《舞钢市普法漫画》800本、法律援助公益活动宣传袋100个,接受群众咨询200多人次,受教育人数3万多人次。加大干部队伍普法力度,邀请省高院行政庭副庭长刘天华为全市科级以上干部作依法行政专题报告,在家的市四大班子领导、科级以上干部及行政执法人员700余人听取报告。开通普法网,不断完善和更新"舞钢普法网站",设置普法动态、法律六进、以案说法、政务公开、司法鉴定、律师天地、法律援助、公证服务、基层动态和局长信箱等栏目,为全市干部群众学法、用法打造一个新的平台。6月,中央政法委等7部委组成的全国"双百"活动调研团到舞钢市进行调研,中央、省、平顶山市有关领导对舞钢市法制宣传教育活动给予充分肯定。12月22日,中国法学会"双百"活动报告团到舞钢市为全市党政干部、政法干警、基层干部和群众作2场法制报告,受教育人员2000余人。

【三项重点工作】　2010年,舞钢市按照中央、省、平顶山市的部署,开展"深入推进社会矛盾化解、社会管理创新、公正廉洁执法"三项重点工作,成立舞钢市三项重点工作领导小组,设置社会矛盾化解、社会管理创新、公正廉洁执法和督导协调等4个专门工作办公室,开展各项工作。(1)化解社会矛盾。坚持"日排查"工作制度,由村综治维稳信访联络员每天到村(居)民组排查化解矛盾纠纷,充分利用"3+1"(三调联动+社会法庭)调解机制,妥善化解矛盾纠纷。在全市8个乡镇和舞钢公司建立社会法庭,聘请社会法官 32 人。全市排查调处各类民间纠纷 437 起,调成 428 起,调成率 98% 以上。对情况复杂、重点疑难的矛盾纠纷,由乡镇、街道综治工作中心每周五提交市“碰头会议”研究解决,并对领导包案案件实行“红黄蓝绿”四色挂牌督办制度,提高矛盾纠纷的化解比例和效率。开展“社会矛盾化解百日竞赛”活动。在 4 月 21 日至 7 月 31 日的百日竞赛活动中,排查各类矛盾纠纷 310 件,化解 295 件,化解率 95.1% ,受到省三项重点工作领导小组的表彰。开展“社会矛盾大排查、大化解攻坚战”活动,注重做好疏导和稳控工作,全市排查出的 19 类历史矛盾问题,没有发生不稳定事件。(2)社会管理创新。加强流动人口管理,全市建立 130 个流动人口管理站和 453 个申报点,清理暂住人口 12827 人,排查出租房屋 4196 处,安装流动人口社会版 1499 个。提高动态服务管理能力,对 2006 年~2010 年的 398 名刑满释放人员和 2008 年~2010 年的 31 名解除劳教人员实施跟踪帮教,无一人重新违法犯罪。加强社会治安重点排查整治工作,完善工作例会、定期报告、滚动排查、督导检查和考核验收等工作制度,确保排查整治工作顺利开展。加强信息网络管理,制定下发《舞钢市信息网络建设管理工作实施方案》,推进整治互联网和手机媒体淫秽色情及低俗信息专项行动,联合文化、工商、公安等部门开展整治网络赌博、“黑网吧”和网吧接纳未成年人专项行动,全市网络经营管理进一步规范。加强社会组织管理,制定《舞钢市社会组织管理服务工作实施方案》,将全市社会团体、民办非企业单位全部纳入有效管理范围,引导各类社会组织加强自身建设,提高自律性和诚信度。加强对影响社会稳定的宗教类和基金类等敏感类社会组织活动情况的掌控。(3)公正廉洁执法。加强教育管理,开展“纠正执法问题,促进公正执法”的专题教育活动,排查、评查案件 146 起,发现存在问题案件 19 件,全部整改到位。其中,消化处理涉诉信访案件 7 件,责任追究干警 2 名。加强队伍管理,分层次对全市政法部门领导班子成员和政法干警建立廉政档案,实行一人一档,分类管理。落实部门承诺,政法部门向社会做出公开承诺 38 项,为人民群众办实事 40 多项 900 余件。加大对政法干警违纪案件的查处力度,共协查和查办案件 7 起,查处违纪干警 4 人,促进公正廉洁执法。

【执法监督】 2010 年,配合省委政法委执法巡视组开展对法院系统的执法巡视工作,省巡视组交办案件按期办结率 100%,回访率 100%,巡视组认可结案率 100%。开展案件评查工作,设立案件评查办公室,从政法机关抽调工作人员参与案件评查,全年评查案件 62 件,评查中发现的问题全部得到及时解决。开展涉法、涉诉信访积案化解活动,对涉法、涉诉信访积案逐案落实包案领导和责任人,涉法、涉诉积案化解率 81%。做好“四类案件”和督察督办案件的办理工作,上级交办舞钢市“四类案件”13 件,按期结案率 100%;平顶山市委政法委督办案件 5 件,按期结案率 100%,息诉罢访率 80%。开展涉法、涉诉救助工作,为 7 起涉法、涉诉信访案件当事人发放救助资金 7.6 万元,被救助人全部息诉罢访,取得良好的法律效果和社会效果。

(市政法委)

公安工作

【概况】 2010 年,舞钢市立刑事案件 892 起,同比下降 10.2%;侦破刑事案件 712 起,同比上升 11.8%;逮捕 256 人,起诉 303 人,劳教10人,抓获各类逃犯181人(外省逃犯81人);打掉团伙69个,涉案230人。在平顶山公安系统率先突破起诉数“百警百人”目标,再创综合打击效能新高,受到平顶山市公安局的通报表扬。在平顶山市局民调中心民意调查中,舞钢市公安局以群众满意度97.1%、公众安全感95.74%的成绩位居平顶山市第一名。

【维护稳定】 2010年,舞钢市公安局依托“大情报”建设,建立情报信息中心,有效整合公安机关网络信息平台,为公安机关侦查破案、追逃工作提供支持,全年利用人口信息情报平台抓获各类网上逃犯48人。通过加强基础调查和防范控制工作,严厉防范和坚决打击敌对势力、敌对分子及“法轮功”等邪教组织的渗透破坏活动,保持对“法轮功”等邪教组织的高压态势,收集情报信息397条,案件线索26条,确定3级以下重点人员24名,并会同“610”办公室,对重点人员落实防控、教育、转化措施。围绕世博会、亚运会安保工作,着力在社会重点部位、社会热点问题上下工夫,广辟情报信息渠道,及时发现各种不稳定因素和苗头,提高预警能力,使情报信息主导警务工作的作用得到发挥。建立互联网舆情联控机制,加强网上舆情监控,提高网上查处能力,发现并删除淫秽色情、危害社会等有害信息1万多条。完成春节、“五一”、“十一”等节假日安保任务以及“中国·舞钢冶铁文化节”、“河南省第十届舞钢水灯节”开幕式等重大节日、活动的安全保卫任务和各级领导到舞钢市参观、考察警卫任务,确保稳定和安全。2010年,全市未发生暴力恐怖事件、危害国家安全和社会稳定的重大政治事件及大规模群体性事件。

【打击犯罪】 2010年,舞钢市公安局推进“中原卫士杯”破案追逃竞赛、“社会治安集中整治”、打击“两抢一盗”百日“闪电”、严打整治“狂飙”等一系列专项打击工作,破获各类刑事案件712起,同比上升11.8%。(1)侦破重特大刑事案件。现行命案发1起破1起,连续4年现行命案全破。2010年7月27日,武功乡发生一起现行命案,武功乡首帕陈村70多岁的老人陈某被本村村民陈某某用棍击伤头部,经抢救无效死亡。案件发生后,市公安局立即启动快速反应机制,按照整体作战法要求,快出警、快控制,2个小时就将犯罪嫌疑人陈某某抓获归案。2010年9月19日,舞钢市公安局将涉嫌强奸罪的犯罪嫌疑人王某某依法刑事拘留。经查,犯罪嫌疑人王某某自2010年6月起先后3次对受害人李某实施强奸,2010年9月18日凌晨,下夜班回家途中的受害人李某又遭到犯罪嫌疑人王某某挟持后强奸未遂,受害人李某随后报案,犯罪嫌疑人王某某被抓。(2)打黑除恶。公安局局长作为打黑除恶工作第一责任人,分管刑侦工作的领导、派出所所长作为打黑除恶工作的直接责任人,层层签订责任状,对各类黑恶势力犯罪,“稳、准、狠”地予以歼灭和打击,2010年打掉黑社会犯罪团伙1个,恶势力犯罪团伙9个。2010年10月20日,市公安局打掉以刘氏兄弟为首的黑社会犯罪团伙,抓获犯罪嫌疑人17人,全部移送起诉,其他涉案人员尚在追捕中。该团伙成员30多人,自2006年开始在舞钢公司实施盗窃,盗窃总价值近亿元。此外,该团伙涉及的案件还有绑架、非法持有毒品、故意伤害、寻衅滋事、故意损毁财物、非法持有枪支及非法占用耕地等,作案数十起。(3)围剿“两抢一盗”。根据“两抢一盗”犯罪的发案规律和特点,市公安局在平顶山市公安局组织开展打击“两抢一盗”、“春风”行动的同时,自5月11日起在全市范围内组织开展为期100

天的打击“两抢一盗”百日“闪电”行动，逮捕、起诉、劳教99人，打击“两抢一盗”犯罪工作位居平顶山市第二名。2010年4月，枣林镇抢劫、抢夺案件频发，市公安局指令枣林派出所、安寨派出所发挥“一镇两所”的优势，迅速成立“4·24”系列抢劫抢夺专案组，联合攻坚，经过近2个月的秘密侦查，以王某某、陈某某为首的“4·24”系列抢劫抢夺盗窃团伙被一举摧毁，该团伙涉案50多起，涉案人员13人。为巩固斗争成果，市公安局从9月1日至年底开展严打整治“狂飙”专项行动，按照“解决一批重点问题、侦破一批刑事案件、铲除一批黑恶势力、整治一批治安乱点、抓获一批上网逃犯”的工作目标，再次向各种违法犯罪活动发起攻势。“狂飙”专项行动逮捕76人，直接起诉27人。(4)追逃。发挥“网上追逃”的优势和利用换发第二代身份证的有利时机，采取网上比对、秘密侦控、挂牌督捕、节日追踪等手段，抓获网上逃犯163名。其中，外省逃犯69名，往年逃犯7名。2010年8月6日21时许，垭口派出所民警获悉一名网上逃犯魏某在垭口某宾馆入住。接到情报后，该所民警火速赶往该宾馆调查。经核查身份，魏某是寺坡派出所网上逃犯，于2009年1月8日20时许，在寺坡二马路南段路东的信阳烧烤门前，因琐事将焦某打伤(锁骨骨折)后一直潜逃。民警遂将魏某抓获，移交寺坡派出所处理。2010年8月9日20时，市公安局网监大队接平顶山网监支队通知：一名交通肇事逃逸犯罪嫌疑人在李辉庄某网吧出现。网监大队民警立即赶到现场，将交通肇事逃逸嫌疑人董某抓获。(5)禁毒。2010年，市公安局破获各类毒品案件8起，抓获毒品犯罪嫌疑人12人，缴获各类毒品80多克。2010年9月20日，垭口派出所通过秘密侦查将犯罪嫌疑人杨某当场抓获，收缴毒品5克。(6)严打经济犯罪。2010年，市公安局开展“零九”行动，加大对经济犯罪和非法传销组织的打击力度，适时分阶段开展多种形式的专项斗争和集中行动，侦破各类经济犯罪5起，抓获犯罪嫌疑人3人。自2007年4月开始，唐某以合伙修筑舞钢市地方道路为名，虚构事实，隐瞒事实真相，骗取韩某现金7.64万元。2007年下半年，唐某以联系装修工程为名，陆续向付某要取现金42280元，一直未联系任何工程。接案后，经侦大队民警深入摸排，于2010年5月27日将唐某抓获归案。(7)打拐。市公安局开展打击拐卖妇女儿童专项行动，行动中，通过摸底排查、立案采血、侦查破案，完善打拐DNA信息库，建立责任倒查机制，严厉打击盗抢婴儿犯罪活动，提高打拐工作实效。全年，拐卖妇女儿童立案6起，破案6起，抓获犯罪嫌疑人14人，解救被拐卖妇女7人。

【治安防控】 (1)加大治安防控力度。2010年，舞钢市公安局以社会治安“三维”立体防控体系为依托，结合不同地区的治安状况复杂程度，将全市城区及接合部划分为28个防控区，将全市主干道及部分交通要道划分为10个重点防控段，加上4个多功能治安卡点，以防控区为面，防控段为线，治安卡点为点，抽调包括机关民警在内的全局警力，有层次、有重点地布置警力，辅之以社会治安动态视频系统和电子警察等科技手段以及不断加强110快速反应机制建设，形成点、线、面穿插结合、相互呼应、灵活机动的社会治安立体攻防体系。根据不同时期治安形势的变化和刑事犯罪的规律和特点，在各级“两会”召开前夕、节日前夕、大型活动开展期间，适时启动防控机制，以达到遏制发案、打击现行、震慑犯罪、鼓舞群众和增强社会安全感的目的。(2)整治治安乱点。公安机关按照“什么问题突出就重点整治什么问题，哪个地方治安混乱就重点治理哪个地方”的原则，推进社会治安重点地区排查整治工作，以“城中村”、城乡接合部、案件多发易发等区域为重点，集中整治治安突出问题。(3)规范安全监管。市公安局在河南省公安厅和平顶山市公安局的统一安排部署下，开展实有人口信息采集大会战工作，以常住人口系统为基础，以流动人口信息系统和旅馆业信息系统为依托，在实际工作中，因地制宜，创新思路，开创暂住人口管理方法和新模式，通过流动人口系统预警抓获1人，户籍室办证抓逃36人，旅馆业系统抓逃3人，破获刑事案件293起。(4)校园安全得到巩固。市公安局与教育部门配合，采取措施，确保校园安全。治安大队、消防大队对全市所有校园逐一排查，写出排查通报，对安全措施不到位的学校下发整改通知书，对无证经营的校园或不符合消防安全的学校立即关闭，抽调一名派出所民警、一名交警、一名巡特警入驻每个学校，加强对校园内部的安全管理，督促学校严格门卫查验制度，严防不法分子混入校园。推进保安进学校工作，督促指导学校建立健全保卫组织，配备专业保安力量和必要的防护装备，加强校园内部的巡逻守护。通过采取一系列有效措施，全市未发生校园安全(案)事件。(5)交通秩序持续好转。市公安局以“压事故、保畅通”为目标，加大城区、省道等重要路段交通整治和处罚力度，结合警务运行机制改革，实行全天候巡逻机制，全面启动红绿灯、电子警察系统，道路交通管理水平明显上升，全年受理事故案件1076起，立案123起，死亡7人，伤56人；事故立案起数同比下降9%，死亡人数同比下降14%，受伤人数同比上升4%。(6)消防隐患得以消除。2010年，取缔非法加油站点39家，消除各类火灾隐患725处，挽回经济损失3000余万元。

【警民关系】　2010年，舞钢市公安局开展“让社会更平安、让群众更满意”大走访开门评警爱民实践活动。通过走访群众、征求意见、接受评议、改进工作，查实情、办实事、求实效，实现“工作机制更完善、执法办案更规范、管理服务更高效、警民关系更和谐、社会治安更平稳、人民群众更满意”的目标。推出便民利民服务措施。根据全市汽车、摩托车数量快速增长出现乱停乱放、超速等交通违法行为增多的情况，市公安局改变管理模式，安装建设道路交通监控系统和“电子警察”系统，在弥补警力不足问题的同时，实现由“人工管理”到“科技管理”的转变。同时，市公安局主动向市委、市政府汇报，并与相关单位协调，在合适的区域和地点，设置停车区域，解决停车难的问题。创新警务模式。为全面改善全市社会治安管理现状，市公安局依托社会治安动态视频监控系统，不断完善“三维”立体治安防控网络体系，基本形成“空中有监控、路面有警察、周边有卡点”的防控新格局，社会治安面貌得到改善，人民群众安居乐业，经济发展良性循环。同时，坚持警力下沉，警务前移，建成55个警务室，配备专职民警，将有限的警力用在最需要的地方，构建全天候治安防范网络，形成新的城乡警务模式，农村治安问题得到改观。

【“三基”工程建设】　2010年，完成铁山派出所新建工作，于3月17日在铁山派出所新建办公大楼前举行启用仪式；进行看守所改扩建；进行消防大队二中队建设；一次性购买20辆警车，解决公安基层所、队出警车辆老化的实际困难。

【队伍建设】　(1)开展学习实践科学发展观活动。通过学习培训、撰写心得、基层调研、召开座谈、撰写局党委班子分析检查报告以及制定整改方案等方式,不断强化学习效果,公安队伍的政治方向更加明确,执法突出问题得到解决,队伍管理更加规范。(2)开展"警务效能革命年"活动。以警务效能革新为主题,开展民警思想纪律作风整顿,推动各项公安业务工作和队伍建设的顺利开展。(3)开展"三无"所、队创建活动。在全局范围内组织开展争创无违法、无违纪、无安全事故科室、所、队的活动,专门成立领导小组,采取签订责任状、建立例会制度、加强法律法规学习、举行宣誓仪式、强化监督制约机制等一系列措施,筑牢民警无违法、无违纪、无安全事故的思想防线。平顶山市公安局党委对市公安局开展的"三无"所、队创建活动给予高度评价,并将舞钢经验在全市范围内进行推广。(4)加大警务督察力度。开展现场督察和专项督察,对发现的问题及时处理,确保局党委各项工作部署的落实。(5)落实从优待警措施。在生活上、政治上关心爱护民警,逐步提高民警的政治待遇,2010 年 11 月,市公安局一次性解决 24 人的副科级问题。同时,落实民警休假、体检、优抚制度。

【获得荣誉】 2010 年,舞钢市公安局被省公安厅政治部评为全省公安信访工作先进集体,被河南省公安厅评为全省公安机关公共信息网络安全监察工作先进集体、先进公安局和全省公安机关技防建设应用工作先进集体、全省公安机关"平安杯"竞赛活动先进单位、全省公安机关执法先进单位;被平顶山市委、市政府评为计划生育先进单位和平安建设工作先进单位,被平顶山市公安局评为"中原卫士杯"破案追逃竞赛活动先进单位、治安管理工作绩效考评先进单位,被平顶山市反恐怖工作协调小组评为反恐怖工作先进单位,被平顶山市委、市政府命名为 2010 年度市级文明单位。 (市公安局)

公安交通管理

【概况】 2010 年,舞钢市公安交警大队参与交通安全管理出动警力 1.2 万余人次,警车 2000 余辆次,检查各类车辆 1.3 万辆次,查处各类交通违法行为 7200 起,交通违法计分 4317 人次。全市发生交通事故 115 起,受伤 34 人,死亡 6 人,直接经济损失 10.5 万元。未发生一次死亡 3 人以上的重特大交通事故。办理摩托车入户 2613 台,汽车入户 590 台,初次申领摩托车驾驶证 1820 人,提交机动车驾驶人体检证明 3960 人,年检摩托车 4497 台。

【重大节假日交通管理】 2010 年春运从 1 月 30 日开始至 3 月 10 日结束,历时 40 天。2 月 10 日,在省道"七蚁线"县际交界处老庄启动春运交通安全检查服务站,增设驻站民警 5 人。其间,投入警力 320 人次,检查过往班车 1.06 万台次,检查登记旅客 15 万人次,查处超员客车 25 台,卸客转运旅客 230 人次。为加强长途站旅客安全管理工作,增加驻站民警 6 人,发客运班车 1380 台次,运送旅客 1.3 万人次。春运期间投入警力 1600 人次,警车 400 台次,纠正交通违法行为 760 起,行政拘留 10 人,道路交通事故四项指数稳中有降,道路交通安全形势平稳。完成"十一"、舞钢市撤区建市 20 周年庆典、"河南省第十届舞钢水灯节"的交通安全保障任务。

【移民护航】 2010 年,舞钢市公安交警大队在 8 月 16 日至 18 日的移民护航行动中,出动警力 200 人次,警车 45 台次,宣传车 1 台,协调社会力量 300 人次,从社会征用大型客车48辆,货车231辆,运送移民330户1419人,家具、物资5544立方米,往返行程860千米。完成移民搬迁中的交通安全保卫工作,未发生一起移民走散或掉队、误车、丢物事件。

【信息化建设】 加强对车管、事故、违法处理和交通执法等四大业务系统信息化运用技术的培训教育,举办培训班4期,培训民警98人次;建立信息化应用考评工作机制,对民警每月填写网上工作日志、使用公安数字身份证书、网上工作、信息上报、信息查询、综合平台信息录入等警务信息应用情况进行一月一考评;开展"一对一"帮教活动,组织警务信息应用水平较高的民警对信息应用基础较差的民警进行帮教,达到共同提高的目的。

【规范执法】 加强执法培训,提升规范理念,组织民警实行每周一次,每次不少于一小时的相关法规再学习、再巩固,深刻领会法律条款的精神实质,熟练掌握内容要求,使民警在执勤执法过程中,能正确运用法律条款,严格执行规定,理性执法。强化文书档案的规范管理,量化绩效考核,每月进行一次执法检查,不断促进执法质量的提高。加强执法服务,推行便民利用举措,坚持高标准、严要求,注重细节、强化服务、全方位展现执法风采,树立规范形象,使警民关系更加和谐。实行定人、定岗、定责的"三定"工作责任制度,使工作效率和服务质量得到提升。

【交通安全整治】 2010年,舞钢交警大队从2月15日开始,按照省市公安机关《关于做好30天交通安全集中整治和事故预防工作有关问题的通知》精神,建立"统一规范、管理科学、控制有力、执法高效、群众满意"的交管勤务机制,强化路面管控,遏制重特大交通事故。(1)充实一线警力,增强管控能力。(2)加大处罚力度,营造严管氛围。(3)科学安排勤务,合力布置警力。(4)强化城乡道路管理,压降农村事故。(5)加强对事故多发危险路段的排查。通过30天的集中整治,查扣无牌车辆133台,无证驾驶102人,驾驶与驾驶证载明的准驾车型不相符合的车辆1台,客车超员5人,醉酒驾驶1人,查处各类交通违法行为3400起,记分76人次,行政拘留104人。

【交通安全教育】 2010年,舞钢公安交警大队根据省、市公安机关《关于开展公路客运交通安全教育整治紧急通知》的精神,开展公路客运交通安全教育整治行动,行动从3月17日至5月17日,分别于3月18日、4月1日和4月12日进行3次统一行动。行动出动警力145人次,设立5处查纠点,查纠各类交通违法行为185起。其中,超速行驶20起,酒后驾驶6起,无证驾驶30起,污损、遮挡号牌28起,违法停车60起,未年检车辆9起,其他涉牌、涉证交通违法行为20起,行政拘留15人。

【打击"两抢一盗"】 2010年4月6日,根据平顶山市公安局和舞钢市公安局的统一部署,市交警大队召开打击防范"两抢一盗"犯罪大会战动员部署大会。行动自15时启动至4月9日22时结束,出动联勤警力240人次,警车30台次,警用摩托车20台次,宣传车1台,书写宣传大型横幅30幅,查获无牌摩托车73台,无证驾驶73人次,行政拘留73人次,截获涉嫌被盗窃北京现代小型轿车1辆,抓获涉嫌诈骗、抢劫犯罪嫌疑人4人。

【校园交通安全】 2010年,舞钢市公安交警大队贯彻全国综治维稳工作电视电话会议精神，做好学校（幼儿园）安全保卫工作。于5月11日与市教育局联动召开市区、公路沿线各学校（幼儿园）负责人会议，贯彻电视电话会议精神，结合舞钢市实际对学校（幼儿园）治安、周边环境的交通安全提出具体要求，各学校（幼儿园）都采取积极的防范措施，加大校园治安交通的防范力度。制定具体的工作方案，落实各项工作措施，组织对学校（幼儿园）周边道路的交通秩序乱点、违法行为高发点、交通拥堵多发点进行摸排，结合“闪电”行动，开展针对性的整治。协调城建、工商等部门清理校园周边道路违法停车、占道设点等，净化校园周边道路环境。排查校园道路交通安全设施和管理设施隐患，施划人行横道和车辆减速设施11处，为学生出行创造安全通行条件。

【交通违法整治】 2010年，舞钢市公安交警大队从6月20日至10月20日在全市范围内开展机动车涉牌、涉证违法行为集中整治。举办3期识别假牌、假证、套牌培训班，使路面执勤民警增强涉牌、涉证识别能力，锻炼出识别假牌、假证能手张文彬、疏堵指挥能手胡红旗，在9月27日平顶山市交警支队大练兵比武竞赛32名竞赛对手中，胡红旗名列第二名，受到交警支队的奖励。在专项整治活动中，大队开展7次大的集中整治活动，每次行动都明确目标任务和工作重点，形成领导重视、任务明确、责任落实的专项整治工作机制，确保全市机动车涉牌、涉证交通违法行为专项整治工作顺利开展。大队在市区设置朱兰、垭口、寺坡多个卡点，对过往车辆开展“五查五看”查缉法，即查有无车牌，看车辆来源是否合法；查车牌外形及安装情况，看是否伪造、变造车牌或挪用车牌；查车牌属地，看是否套用车牌；查车辆行驶证，看是否伪造；查驾驶人基本信息，看是否无证驾驶。涉牌、涉证专项整治期间，出动警力3110人次，出动警车520台次，开展针对性宣传12次，开展集中统一行动5次，设置卡点14处，检验各类机动车辆5526辆，查处涉牌、涉证交通违法行为600余起。其中，伪造、变造机动车号牌1起，使用伪造、变造机动车号牌2起，使用伪造、变造机动车驾驶证1起，使用其他车辆号牌4起，不按规定安装机动车号牌22起，故意遮挡、污损机动车号牌23起，上道路行驶的机动车未悬挂号牌70起，未按规定喷涂放大号302起，无证驾驶174起，行政拘留200余人。通过整治，使全市机动车涉牌、涉证、套牌、挪用号牌、拼装车、报废机动车上路行驶，以及不按规定放置机动车检验合格标志、悬挂机动车号牌和故意遮拦污损号牌等交通违法行为得到遏制。

【“三夏”交通管理】 2010年5月24日起，沿省道七蚁线途经舞钢市南下泌阳、驻马店等地的收割机1000余辆，在舞钢市参加会战的收割机300余辆，从5月25日至6月15日，是收割机在全市作业的高峰时期，市公安交警大队出动警力350人次，警车130台次，每日出动宣传车1台，护送收割机350台次，制止公路打场晒粮事件5起，确保麦收期间道路上未发生涉及收割机的大的交通事故，堵车和治安事件，完成“三夏”机收道路交通安全的保障工作。

【文明交通】 2010年1月26日，中央文明办、公安部部署在全国开展实施文明交通行动计划。舞钢市委、市政府高度重视，开展文明交通摄影展，展出图片150幅。并于1月30日在寺坡长途站举行以“关爱生命，文明出行”为主题的文明交通行动计划启动仪式。通过宣传，广大群众踊跃参与文明交通行动计划，社会各部门各单位都认真履行实施文明交通行动计划职责,形成共管合力,提升文明交通管理效能。在交通示范路口,机动车守法率90%,行人和非机动车守法率超过90%。

【交通秩序示范】　2010年5月6日,舞钢市公安交警大队在长途汽车站举行交通秩序示范公路启动日活动。通过创新公路交通管理,规范执勤执法,完善交通设施,改善公路交通秩序,减少公路的交通事故,初步把省道七蚁线舞钢段创建成交通秩序良好的示范性公路。通过集中整治严重交通违法行为,治理公路交通秩序混乱路段,消除一批安全隐患,提高管理服务水平,预防和减少公路交通事故和拥堵,通过辐射作用,以点带面,营造舞钢市交通秩序的良好局面。

【警车管理】　2010年,舞钢市公安交警大队按照公安部"警车管理规定"要求,加强警用车辆管理。组织全体民警和辅警学习公安部警车管理使用各项规章制度,专门制定《警用车辆及驾驶员管理办法》,教育民警带头遵守交通法规。对照警车管理使用规定,查找在警车管理使用方面存在的薄弱环节和问题,特别是民警在警车使用过程中违反禁令,违反交通安全法规的行为。同时,从制度建设入手,加强对警车日常使用的监督检查。对所有警车实行一车一档,对警车的年检、保险、使用和外观等情况进行登记归档。并组织专门人员定期开展车辆、装备器材、外观标示大检查,确保警车使用管理规定落实到位,通过建立警车档案,时刻经受得住各级公安机关的督察,确保警车规范使用。按照"谁管理、谁使用、谁负责"的原则,将警车管理使用责任细化量化,明确大队长对全大队警车管理使用负总责,各单位主要负责人是第一责任人,警车驾驶人、使用人是直接责任人。明确规定凡警车违法违规被上级机关查处或通报的,既要追究当事人责任,还要追究部门领导的责任。同时,还将警车违法违规纳入民警当月绩效考核,与评优评先挂钩,形成警车管理使用全警抓、人人有责的工作责任机制,确保警车使用安全、高效。

【车管服务】　开展车辆管理所创优达标竞赛活动,狠抓工作落实。开展告知服务。许多驾驶人因种种原因驾驶证没有及时年审,为避免这些驾驶人的经济损失,减少驾驶证注销所带来的种种不便,专门在新闻媒体刊登如何补救的通知,电话提醒告知相关驾驶人;摩托车驾驶证或行车证办好后,电话通知本人,将人性化执法落到实处。在办证大厅内设置舒适的桌椅,写字台上摆放办证填表所需的各类表格、圆珠笔,需办理业务的群众还可以欣赏电视机、影碟机播放的各类交通安全宣传片,推行"微笑式"服务、"站立式"服务和"首问必答"、"首问必释"、"首问必果"的服务承诺,对办事群众做到"来有迎声、问有答声、走有送声",对咨询的群众做到"一口清、一口准、一纸明"。

【事故处理】　每月、每季度坚持进行道路交通事故分析,对交通事故发生路段、时段、车型以及人为因素进行分析,研究交通事故发生的规律,根据不同的情况,制定针对危险品运输、恶劣天气、特别时期、重特大交通事故等不同情况工作预案,每位民警配发道路交通事故处理程序读本,严格要求民警按法定流程处理交通事故,规范事故接警、现场勘察、调查检验鉴定和事故认定等各个环节;规范事故现场勘查、草图绘制、证据认定、责任划分和引用法律等基础工作,并实行公开办案,向当事人公开交通事故处理的有关法律依据和程序,做到该审核的一定审核,该签字的一定签字,并由主管领导对案卷和事故处理工作进行定期检查,提高事故案卷的质量。同时,科长、指导员加强民警思想教育,要求办案民警从创建和谐交通、树立良好形象、执法公平公正等方面着手,正确认真对待每起交通事故,使每起案件都能得到合理、满意的处理。“三夏”机收会战中,为了方便收割机手、快捷处理交通事故,事故处理科精心制作出一张事故处理联系卡,详细标明处理交通事故需带物品和处理民警的联系方式,给途径舞钢市的各地收割机手带来方便。

(市交警大队)

检察工作

【概况】 2010 年,舞钢市人民检察院设 15 个科室(局、处),分别是办公室、政治处、侦查监督科、公诉科、反贪局、反渎局、监所科、控申科、预防科、民行科、技术科、计财科、监察室、法警队、服务中心。全院干警 78 人。其中,中共党员 65 人,占总人数的 83.3%;本科以上学历 69 人,占总人数的 88.5%;检察官身份 34 人,通过司法考试 14 人。

【维护稳定】 2010 年,舞钢市人民检察院受理审查案件 201 件,批捕 281 人,受理审查起诉 199 件 304 人,批捕准确率、有罪判决率均 100%。面对维稳重任,市人民检察院坚持关口前移,对重特大案件和在社会上有影响的案件依法适时介入,提前熟悉案情。推行公诉引导侦查取证,多措并举,降低案件退补率,确保案件的快速、高质量办理,维护社会稳定。

【查处职务犯罪】 2010 年,舞钢市人民检察院依法查办和预防国家工作人员职务犯罪,查办案件力度加大。(1)加大反贪污贿赂案件查处力度。1 月 ~7 月,立案查处贪污贿赂类犯罪案件 2 件 11 人,主要是挪用公款犯罪。8 月,立案 7 件 7 人,侦破一起行贿、受贿的窝串案。(2)反渎局创新工作方法,大案要案比例增加。反渎局履行检察机关对国家机关工作人员渎职侵权案件的查办工作职责,在办好本辖区案件的基础上拓宽办案渠道,利用市人民检察院督办、交办案件的有利条件,整合办案资源,集中力量查办大案、要案,成功查处两起副县级干部玩忽职守的案件。(3)监所部门依托驻所监察工作,在监室内深挖职务犯罪案件线索。市人民检察院在驻所监察工作中,坚持严格执法与文明执法相统一的执法理念,建议看守所在日常监管活动中坚持人性化执法、亲情化管理,保障被监管人员的身心健康。人性化管理调动监管人员举报违法犯罪情况的积极性。该经验被省人民检察院转发、推广和学习。(4)服务大局,查防结合。贯彻市人民检察院开展服务企业“12345”活动,为企业保驾护航,同时,结合舞钢公司在金融危机中遇到订单大幅减少、经营困难的实际,努力寻求深挖企业蛀虫与维护企业发展的切入点,慎用查封、扣押、冻结等措施,维护发案单位正常的生产、经营和工作秩序。贯彻标本兼治、惩防并举、注重预防的方针,结合查办案件,利用检察建议的方式,督促舞阳钢铁公司先后完善、建立门禁系统、质量监控系统、电视监控系统,堵塞企业在仓储管理、废钢收购和财务管理等方面的漏洞,受到企业的好评。全年立案侦查各类职务犯罪案件 22 件 39 人。其中,贪污贿赂案件 11 件 20 人,渎职侵权案件 11 件 11 人。查处一批发生在关键部门、关键岗位的职务犯罪案件,为国家挽回经济损失 600 余万元。

【诉讼监督】 2010年,舞钢市人民检察院着力纠正有罪不纠、以罚代刑、重罪轻判及违法减刑、假释等问题。对应立案而未立案的,依法监督侦查机关立案10件11人,法院均作出有罪判决;对不应立案而立案的,依法监督撤案7件8人;依法追捕漏犯28人,追诉12人;对刑事判决依法提起抗诉1件;批捕监外执行罪犯重新犯罪1人;监督违法减刑、假释、暂予监外执行19人次。加强看守所内执行和诉讼时限的监督,继续保持超期羁押零纪录。依法加强对民事审判和行政诉讼活动的监督。坚持维护当事人合法权益与维护司法权威相结合,受理民事申诉案件42件,经依法审查提请市院抗诉7件,市院采纳4件。实施便民措施,疏通申诉渠道,开展上街、进村宣传活动23次,群发民行宣传短信3万余条。对认为原审判决、裁定正确的,主动做好申诉人的息诉服判工作。

【获得荣誉】 2010年,舞钢市人民检察院获河南省先进基层检察院、全省文明接待室;平顶山市先进基层检察院、检查政治工作先进集体、侦查监督工作先进集体、公诉工作先进集体、反贪污贿赂工作先进集体、反渎职侵权工作先进集体、监所检察工作先进集体、预防职务犯罪工作先进集体、司法警察工作先进集体、检察宣传工作先进集体、计划财务装备工作先进集体等荣誉称号。 (市检察院)

法院工作

【概况】 2010年,舞钢市人民法院履行宪法和法律赋予的职责,转变司法理念,树立公正、廉洁、为民的司法核心价值观,落实各项司法便民措施,做好司法公开工作,推进社会法庭规范化建设,创新社会管理,妥善处理涉诉信访问题。法院内设立案庭、民调中心、刑事审判庭、民事审判第一庭、民事审判第二庭、行政审判庭、审判监督庭、第一巡回法庭、第二巡回法庭、执行局、法警队、司法技术科、办公室、研究室、政治处和宣传教育科。全院干警94人。其中,法官36人、助理审判员3人、书记员14名、法警12人、执行员10人、司法行政人员4人、其他人员15人;中共党员55人,占队伍总人数的59%;本科以上学历56人,占队伍总人数的60%;具有研究生学历的3人。全年受理各类案件1908件,审(执)结1770件,同比分别上升20%和18%。

【刑事审判】 2010年,舞钢市人民法院落实宽严相济的刑事政策,全力维护社会稳定。全年共受理刑事案件218件,全部审结。判处犯罪分子338人。开展严打整治专项斗争,依法严厉打击严重暴力犯罪、“两抢一盗”犯罪、黑恶势力犯罪。审理涉黑案件2件;抢劫案件7件,盗窃案件42件,贩毒案件5件。依法严惩一大批犯罪分子,增强人民群众安全感。审理贪污、贿赂、渎职等国家工作人员职务犯罪案件14件,判处犯罪分子23人,推动反腐败斗争深入开展。做好量刑规范化工作,把握好宽严的幅度,对犯罪情节轻微的初犯、偶犯、未成年犯、老年犯,依法从轻、减轻或者免予处罚。同时,加强刑事被害人救助及轻微刑事案件的和解工作。全年有114名被告人分别被判处缓刑、免予刑事处罚或单处罚金,减少社会对抗。

【民事审判】 2010年,舞钢市人民法院依法调节经济关系,全力助推经济发展。全年受理民商事案件1388件,审结1261件,同比分别上升13%和8.7%。开展走访企业活动,主动提供法律咨询和服务。审理涉及企业纠纷96件,为企业挽回经济损失1100多万元;审理涉及金融债权、保险等案件255件,诉讼标的金额3040万元,依法维护金融秩序;审理涉及土地开发、建筑工程、房屋买卖等案件81件,诉讼标的金额1480万元,依法保护舞钢市房地产市场健康发展;审理土地承包、经营权流转、高速公路占地补偿等案件69件,诉讼标的金额900多万元,促进新农村建设顺利开展。同时,加大对特困当事人的救助力度,制定《关于解决特别困难的案件当事人开庭听证期间食宿问题的实施意见》,指定专门餐馆,提供休息房间,为符合条件的当事人免费提供食宿。全年为生活困难当事人缓、减、免诉讼费16万余元,涉案20余件;为生活困难的申请执行人救助资金3.6万余元,解决特困当事人的实际问题。

【行政审判】 2010年,舞钢市人民法院强化行政审判工作,通过行政协调解决行政案件,促进官民和谐。重点审理好与政府职能转变相关的社会保障和侵犯企业经营自主权、侵犯农民土地承包权等案件。探索庭外调解,依法确认行政权责,规范行政行为,提高行政机关依法行政能力,支持和促进行政机关依法行政。全年受理行政案件151件,审结149件,同比分别上升91%和86%,依法保护行政相对人的合法权益,监督和支持行政机关依法行政。

【执行】 2010年,舞钢市人民法院破解执行难问题,维护胜诉当事人的合法权益。从解决执行难问题入手,组织开展集中清理积案活动,建立执行联动工作机制,采取多种方式,加大执行力度。执行干警发扬"三千精神"(千言万语、千方百计、千辛万苦),在案件执行过程中克服困难,依法文明执行,既捍卫法律尊严,又维护当事人的合法权益。全年执结各类案件132件,执结率94%,结案数同比上升43%。市法院将和谐执行作为执行工作追求的最高目标,引导当事人互谅互让,把矛盾化解在执行阶段。全年执行案件以和解方式结案的102件,和解率77%。

【审判监督】 2010年,舞钢市人民法院受理申诉复查、抗诉案件13件,审结12件,审结率92%。

【立案信访】 2010年,舞钢市人民法院发挥立案信访窗口诉讼引导、立案审查等功能,实行"一站式"服务,指导群众行使好诉讼权利。在立案大厅设立调解中心和法律救助服务区,完善审判流程管理,健全审限警示、催办和通报制度,杜绝超审限现象发生。全年接待群众6500余人次,提供法律咨询3000余人次,受理各类案件1620件,当庭立案率达98%。同时,以省委政法委执法巡视活动为契机,强力攻克信访老案,省委执法巡视组交办的39起案件都按期报结,化解一批信访老案,达到预期效果。该项工作受到省委巡视组及平顶山市中级人民法院的肯定,在全市执法巡视工作总结大会上,市法院被评为先进集体,1名干警立三等功,5名干警被评为先进个人,受到表彰和奖励。

【审务公开】 2010年,舞钢市人民法院抓好司法民主公开工作,提高司法公信力。做好人民陪审团试点工作,启动陪审团机制审理在全市有较大影响的案件15件,随机抽取135名陪审团成员参与案件审理工作;安排"法院开放日"活动5次,邀请社会各界代表300余人次,走进法院,"零距离"感受司法;推行裁判文书上网,全年生效裁判文书按规定上网率达100%;推行庭审视频网络直播,投资10万余元购置视频直播设备,已在法院网安排网络庭审直播10场。

【社会法庭】 2010年,舞钢市人民法院创新社会管理,实行驻庭联络员制度,编辑《社会法庭工作手册》,推行立案预登记和委托调解工作。全年8个社会法庭共调处各类民间纠纷362件。河南电视台等新闻媒体多次对舞钢市社会法庭工作进行集中报道,省高院院长张立勇对舞钢市社会法庭调研工作和社会法庭调处工作,分别作出专门批示,给予充分肯定。

【队伍建设】 2010年,舞钢市人民法院为加强队伍建设,开展了"人民法官为人民"主题实践活动和作风纪律整顿活动,加大党风廉政建设力度,狠抓"五个严禁"和"十条禁令"的落实;加强教育培训,全年有38名干警参加上级法院组织的业务培训。开展制度创新年活动,修订完善审判管理、队伍管理和司法政务管理各项制度。自觉接受社会各界的监督,邀请人大代表参与听审案件,提请人大常委会任命第二批20名人民陪审员,聘请10名廉政监督员,虚心听取各方意见和建议。同时,开展争创"三无"庭室(即无违法违纪、无超审限案件、无越级上访)活动,确保司法公正廉洁,全院干警全年无违法违纪现象发生。

【综合服务】 开通舞钢法院网,增强服务保障能力。做好综合文秘、信息、调研工作,全年上报工作信息80期,最高法院、省高院采用8期,省法院院长张立勇作出批示2期。加强调研和司法宣传工作,全年在省级以上主流载体上发表调研文章16篇;在省级以上新闻媒体上发表宣传稿件75篇。规范司法技术鉴定,全年受理技术鉴定事项45件,办结45件,办结率100%。做好值庭押解和安全保卫工作,全年动用2000余人次参与押解、值庭和执行。

【获得荣誉】 2010年,舞钢市人民法院被省高级人民高级院评为社会法庭工作先进单位、信息工作先进单位、案例编报、司法统计先进集体和司法宣传先进单位;被平顶山市政法委评为平安建设、涉诉信访工作先进单位和接受省政法委执法巡视工作先进单位。

(市法院)

司法行政

【概况】 舞钢市司法局设办公室、政治部、依法治市办公室(宣教科)、基层科、律师与司法鉴定科、公证处、法律援助中心、"148"法律服务所,辖武功、枣林、铁山、八台、庙街、杨庄、尚店、尹集、安寨、王店、垭口、寺坡、朱兰、院岭和矿建等15个基层司法所。全系统干警94人。其中,中共党员69人;大中专以上学历81人。2010年,调解各类矛盾纠纷437起,调成428起;对429名"两劳"回归人员妥善安置帮教;办理各类公证317件;律师代理各类案件42件;办理法律援助案件268件;受理司法鉴定181件。

【普法】 发挥司法行政机关"组织、协调、指导、监督、检查"职能,实施"五五"普法依法治理工作,做好"五五"普法和"三五"依法治理迎验工作。5月7日,平顶山市"五五"普法检查验收组,对舞钢市"五五"普法、"三五"依法治市工作进行检查验收,并给予高度评价,推荐舞钢市代表平顶山市接受省级验收。在全市开展法治城市创建活动,开展形式多样的法制宣传活动,提高全市人民的法律素质。利用"法律法规实施日"、"平安建设宣传月"等开展送法下乡、送法进社区和法律宣传一条街活动,印制5000份《人民调解法》宣传日历和50万份法制宣传资料,免费向农民群众和城乡居民发放，展出普法宣传展板580多块，悬挂宣传横幅380条，接受群众法律咨询近万人次，演出普法文艺宣传节目200余场次，受教育人数20多万人次。在“12·4”法律宣传日活动中，全市各单位展出普法宣传展板、摆放法律服务咨询台，各乡镇设立法制宣传点接受群众咨询。邀请省高级人民法院法律专家、行政庭副庭长刘天华为全市科级以上干部作依法行政法制报告，在家的市四大班子领导、科级以上干部、行政执法人员700余人听取报告。配合市关工委、教育局、综治办、团市委联合举办以“关爱明天、普法先行”为内容的法律进校园活动，开展送法进校园活动30场，受教育师生2万余人次。配合全市中心工作，到产业集聚区开展法制宣传活动，推进产业聚集区建设依法有序进行。更新舞钢普法网，设置普法动态、法律六进、以案说法、政务公开、司法鉴定、律师天地、法律援助、公证服务、基层动态和局长信箱等内容，为全市干部群众学法、用法打造一个新的平台。配合全市社会治安重点治理工作，在朱兰市场设立法律服务咨询台，为商户发放法律宣传资料1000余份，解答法律咨询30多人次。

【公证】 2010年，舞钢市司法局开展法律文书送达、证据保全、计划生育赡养协议、荒山承包、房屋买卖、遗嘱、个人存款和继承权等公证业务。全年办理公证业务317件。其中，经济公证26件，民事公证291件。为年老体弱、残疾、危重病人办理预约上门服务86件，为企事业单位挽回经济损失1200多万元。

【律师】 召开全市律师、法律工作者会议，传达贯彻《中共中央办公厅关于进一步加强律师工作的通知》精神。同时加强对律师事务所管理，确保案件代理质量。2010年，受理案件42件，办理各类案件35件，代写法律文书211份，代理涉及财产标的800万元。律师轮流到市信访接待中心接待上访群众，累计接待上访人员1250多人次。

【调解】 2010年，舞钢市司法局发挥人民调解在社会稳定中“第一道防线”的作用，做好以排查为主要内容的人民调解和防激化工作。做好“双节”、“三夏”和世博会期间容易发生集体上访和群体性械斗事件的矛盾纠纷排查工作。参与调解市委、市政府在城市建设、种粮补贴和招商引资等工作中群众反映和关心的热点、难点问题，使大量矛盾纠纷和上访苗头消灭在萌芽状态。全年排查民间纠纷213件，避免群体性械斗4件。以学习贯彻《人民调解法》为契机，组织全局干警和班子成员80多人参加《人民调解法》知识考试，参考率、优秀率90%以上。举办首期人民调解员培训班，向调解员颁发调解证和人民调解员胸徽，印发2000余份《人民调解法》知识宣传挂图，免费向乡镇、街道、村、社区发放，为《人民调解法》的贯彻实施奠定基础。建立民调工作台账管理制度，使用和管理好民调工作台账，使人民调解工作步入规范化、制度化、法制化轨道。完成四、五批国债资金建设街道司法所任务，朱兰、寺坡、院岭、垭口等4个司法所全部建成投入使用。全年调处各类民间纠纷437起，调成428起，调成率98%以上。制止群体性矛盾纠纷12起，制止群体性集体上访5起，制止群体性械斗4起，没有因调解不力而出现的民转刑案件。

【帮教】 强化对刑释解教人员的管理，调整和充实帮教组织，健全刑释解教人员安置帮教工作协调组织。不断强化对刑事帮教对象的安置帮教工作,全年对2006年~2010年的398名刑满释放人员和2008年~2010年的31名解除劳教人员实施跟踪帮教,无一人重新违法犯罪。加强对刑释解教人员的网络化管理,为13个乡镇街道司法所配齐电脑,实现对刑释解教人员联网和系统信息化管理,从根本上避免漏登、漏报和虚假信息的发生。

【法律援助】 2010年,舞钢市司法局推进法律援助"应援尽援"工作,扩大法律援助覆盖面,为弱势群体和困难群众提供法律援助。全年受理法律援助案件268件,结案58件,接待来访375人次,来电191件。

【司法鉴定】 2010年,舞钢市司法局受理司法鉴定181件,伤情鉴定110件,伤残鉴定64件,劳动能力鉴定7件。

【获得荣誉】 2010年,舞钢市获平顶山市司法行政系统工作先进市。（张根发）

人民武装

【概况】 2010年,中国人民解放军河南省舞钢市人民武装部(以下简称舞钢市人武部)以军事斗争准备为龙头,按照"抓基层打基础,创特色树典型,促和谐保稳定,全面建设确保军分区先进,单项工作争创省军区一流"的工作思路,推动人武部的全面建设和民兵预备役工作的稳步发展。

【思想政治建设】 2010年,舞钢市人武部党委把思想政治建设摆在各项建设的首位,确保部队的高度稳定和集中统一。(1)坚持抓班子树形象。坚持以共同的事业追求凝聚人心,在固守团结、增强合力、真抓实干上下工夫,形成学习、团结、守纪、奋进的良好氛围,班子整体形象持续性好。(2)坚持抓学习强素质。落实党委机关每季度的理论学习和每月的政治教育。理论研究和体会文章被省军区、军分区政工网采用51篇。注重结合工作写报道,省级以上发表稿件15篇。(3)坚持抓教育打基础。开展"坚强党性、大兴四风"、核心价值观、强化敬业奉献意识、政策纪律及"崇尚军人荣誉,维护军队形象"等教育,打牢干事创业的思想基础。在机关内部开展谈心活动,支部开展庆"七一"活动,落实党日党课活动,党员先进性意识得到加强。(4)组织全民国防教育。采取各种宣传教育形式,利用民兵整组、军事训练、征兵、学生军训、全民国防宣传日等有利时机和党校、中小学、职专、技校等宣传教育阵地,开展国防教育。国防教育办公室在市区主干道制作"富国强军、共筑长城"大型户外宣传栏。在国防教育日,政委郭志勇作《增强国防意识、牢记国防义务、履行神圣职责》全民国防教育电视讲话。以"赞颂辉煌成就,建设强大国防"为宣传主题,组织专武干部上街设点宣传国防知识,并向群众散发宣传资料6000余份,各乡镇集市悬挂标语20余条,制作展板30余块,张贴国防宣传画100余张,发出手机短信万余条。

【战备动员】 围绕平战时期担负的任务,修订完善应急维稳、抢险救灾等战备计划方案,调查核对现役部队预编预备役人员相关数据信息,建立定期联系、及时沟通信息制度,确保动员需要时能随时联得通、找得到、召得回;建立健全退伍士兵和民兵预备役登记,完善动员数据库建设,战备动员建设水平和指挥效能得到提高。改进编组方法,优化结构,编实建强各类队伍,注重抓好应急队伍和重点分队的有序调整,着力发展通信、电力、供水和医疗等专业单位的民兵组织建设,勤务保障队伍全部依托相关单位组建,确保专业对口率。整组点验受到分区首长和检查组的充分肯定,在省军区组织的检查验收中成绩名列前茅。

【军事训练】 落实新的《军事训练大纲》,引入奖惩机制,调动现役干部、专武干部和民兵预备役人员练兵精武的内在动力,在分区组织的岗位练兵活动中取得单位综合成绩第二名、现役干部个人第一名和专武干部个人第三名的优异成绩。对民兵重点分队进行擒敌拳、盾牌操、防汛、灭火等课目训练,组织实弹射击训练和考核,民兵队伍的军事技能和应急救援能力得到新的提升。

【规范管理】 突出纪律建设核心,集中开展"崇尚军人荣誉,维护军队形象"及信息安全保密教育活动,对照存在的突出矛盾和问题,研究制定加强部队安全管理教育的对策措施;开展《政工条例》学习和学《规范》、用《规范》活动,通过自下而上的方式,对影响和制约人武部建设发展的主要原因进行集中排查,梳理归纳,纠正存在的问题,规范各项工作开展;严格落实安全工作责任制,与各科签订责任书,定期分析安全形势,查找安全隐患,及时堵塞漏洞,确保部队的安全发展,秩序正规。

【兵员征集】 2010 年,针对兵员征集对象主体调整变化的新情况、新任务、新特点,舞钢市人武部创新完善征集高学历青年兵员的动员模式、廉洁征兵的长效机制和征兵工作规范化的运行机制,完成兵员征集任务,兵员质量、廉洁水平明显提高。

【后勤建设】 执行《后勤工作条例》和《后勤管理条例》,按照"抓学习、立规矩、求突破、解难题"的整体思路,调动和激发后勤人员的积极性和创造力。开展后勤潜力调查,修订后勤战备方案和保障计划,做到与部机关的各类方案相协调。严格经费管理,坚持党委理财、联审会签和主官双签审批制度,增强经费使用透明度,提高经费的使用效益,通过省军区对财务达标工作的检查验收。营区营院的管理、机关食堂的物资供应逐步推行社会化保障。加强水电、车辆、油料管理,确保安全、节约、高效。参加卫生城市创建活动,开展健康教育,落实卫生清扫和疾病预防制度,对营院进行亮化美化,对两个家属区的水电管道、路面进行改造,配合园林城市建设,支援卫生城市、文明城市创建。

【党管武装和拥政爱民】 2010 年,舞钢市人武部坚持定期向市委、市政府主要领导汇报制度。邀请地方党政领导参加武装工作活动,密切联系,促进党管武装工作落实。把民兵工作纳入政府的目标管理,经费保障列入市财政预算,国防教育纳入全民教育重要内容,专武干部配备由市人武部党委提名推荐,规范专武干部任用渠道,理顺进出关系,靠自身的作为赢得地方党委政府的支持。注重发挥民兵在经济社会发展中的作用,组织民兵预备役人员参与地方经济建设,为全市生产发展、创建全国卫生城市、森林防火、防汛抢险、抗旱浇麦及新农村建设等作出贡献。牵头参与庙街乡九龙山中心社区建设,开展"五个一工程"和"情系玉树灾区"系列活动,参与帮扶铁山乡扁担李村农村计划生育"小康工程"和枣林镇洪建小学捐资助学,累计投资、捐资 3 万余元。开展涉军维权工作,维护军人军属合法权益。

【表彰先进】 联合舞钢市委、市政府,舞钢市人武部表彰2010年度先进基层人民武装部(4个):枣林镇人民武装部、武功乡人民武装部、寺坡街道人民武装部和舞阳钢铁有限责任公司人民武装部。市人武部表彰2010年度军事训练先进单位(4个):尚店镇人民武装部、垭口街道人民武装部、朱兰街道人民武装部和银龙集团纺织有限责任公司人民武装部。市人武部表彰2010年度优秀专武干部(7人):尹集镇人民武装部部长尹文棵、铁山乡人民武装部部长刘长和、杨庄乡人民武装部部长冯向阳、垭口街道人民武装部副部长张建伟、院岭街道人民武装部干事温岱宗、舞阳钢铁有限责任公司人民武装部军事科长胡国栋和银龙纺织集团有限责任公司人民武装部部长贺红霞。

【获得荣誉】 2010年,舞钢市人武部纪委被省军区政治部、省军区纪委联合表彰为先进纪检监察集体,部长胡进锋被济南军区政治部表彰为优秀共产党员,副部长关涛被省军区表彰为优秀“四会”参谋,后勤科长吴洪涛被省军区表彰为军事训练先进个人;人武部党委被平顶山军分区表彰为先进党委。人武部被平顶山市评为文明单位,被平顶山军分区表彰为“四无”活动达标单位、新闻报道暨网络宣传优胜单位、后勤管理先进单位,参加平顶山军分区组织的岗位练兵比武活动获得全区第二名,现役干部获个人第一名,专武干部获第三名。市委书记、市人武部第一书记高永华被表彰为平顶山市第七届关心支持国防建设“十佳”个人,副部长关涛被平顶山军分区表彰为优秀共产党员,民兵武器装备仓库曹雨峰被军分区专武干部集训先进个人,邢士强被军分区表彰为优秀职工,民兵训练基地杨尚刚被军分区表彰为新闻报道先进个人。 (廉武臣　曹雨峰)

武装警察

【概况】 武警舞钢市中队的主要任务是担负看守所的看守任务。舞钢市看守所始建于1975年3月,1976年开始启用,由舞钢市公安局负责看守。1979年8月,由平顶山市民警中队抽调干部战士负责看守。1979年11月,移交许昌地区公安处,建立临时中队,由舞钢区代管。1982年10月,划归平顶山市公安局。1983年4月,正式命名为中国人民武装警察部队平顶山市支队舞钢区中队。1990年11月,更名为中国人民武装警察部队舞钢市中队。

2010年,武警舞钢市中队完成看守任务,确保执勤目标的安全,配合有关单位执行临时勤务39次,出动兵力397人次。中队官兵坚持思想政治建设首位意识,严格训练,勤俭节约,加强全面建设,完成上级赋予的各项任务,在打击犯罪、维护社会稳定战线上充分发挥“尖刀”的作用。

【军民共建】 2010年,武警舞钢市中队开展拥政爱民活动,整理周边环境、为驻地学校等单位带军训等,在“八一”期间,参与地方的文艺会演,自编自创的《团体操》表演,受到群众欢迎,展示武警部队的风采。

(市武警中队)

城建·环保

城市建设

【概况】 2010年,舞钢市住房和城乡建设局探索城市建设与管理新思路、新理念,高标准规划城市,高质量建设城市,高水平管理城市,改善人居环境,使城市功能不断提升。城区面积68.03平方千米,建成区面积13.93平方千米,人均城市道路面积13.57平方米,用水普及率91.13%,燃气普及率39.85%,每万人拥有城市客运车辆7.9台,建成区排水管道密度6.82千米/平方千米,污水处理率84.5%,生活垃圾处理率94.79%,建成区绿地面积5.04平方千米,人均公共绿地面积10.19平方米(按城区人口12.02万人计算),建成区绿地率36.18%,建成区绿化覆盖率38.98%。

【机构设置】 2010年,舞钢市住房和城乡建设系统在职干部职工668人。其中,干部190人,工人478人。全系统拥有专业技术职称的人员88人,离退休人员255人。住房和城乡建设局机关设10个科(室),分别是办公室、行政审批科、房地产管理科、建筑管理科、规划管理科、城市管理科、科技科、工程计划科、法制信访室、组织人事科,另设有财务室、档案室、拆迁办、测绘队。2010年3月,市编委批复成立舞钢市建筑工程标准定额管理站,股级,事业编制6名;批复成立舞钢市建设工程安全生产监督站,事业编制8名。9月,市编委批复成立舞钢市装饰装修管理办公室,股级,事业编制5名;批复成立舞钢市建筑节能和墙体材料革新办公室,股级,事业编制5名;批复成立舞钢市建设工程招投标监督管理办公室,股级,事业编制8名。12月,市编委批复成立舞钢市城乡规划局,事业编制10名,设有总工室、政办室、用地规划科、建筑工程规划科、市政工程管线规划科、城市交通规划科、村镇规划科。住房和城乡建设系统设11个二级单位,分别是园林管理局、房产管理局、市政工程管理处、环境卫生管理处、建筑工程质量监督站、城乡建设监察大队、节约用水办公室、房地产开发公司、公共交通公司、建筑设计室、垃圾处理场。其中,园林管理局为正科级单位,房产管理局为副科级单位,天源水务公司的部分业务仍归住建局管理。另有污水处理厂、客运稽查队2个单位待批复。

【城市管理】 加强对建筑市场的监管,实施严管重罚,加大对违法、违章建设行为的查处力度,对规划区内的违法建设项目予以严肃处理。全年查处各类违法违规建设行为39起。其中,结案16起,正在处理的9起,转交土地部门处理的7起,转交各乡镇处理的7起。结合工作实际,加强对违法建筑的拆除。全年拆除违章建筑43处,总面积4万余平方米。较为典型的是5月28日依法对刘金凤违法建筑的楼房实施强制拆除。依据《城市房屋拆迁管理条例》加强对城市房屋的拆迁管理,对房屋拆迁实行许可制度,严厉打击无证拆迁行为,全年无证拆迁查处率85%,办案率90%。2010年较突出的拆迁工作有:(1)恒大华府项目一期拆迁用地47492平方米,拆除房屋120户,总面积13015.11平方米,12个工作日完成恒大华府项目一期拆迁统计工作。(2)12月3日张贴体育局办公大楼拆除公告,经双方多次协调,被拆迁人全部签订拆迁补偿协议,率先实现和谐拆迁。

【城市服务】 2010年,舞钢市公交公司正式职工223人,离退休职工81人。全年投入营运车辆50台,在运的营运线路6条,包括市内1、2、3路和安寨、庙街、曹集3条城乡公交线路。年营运总里程374万千米,营运收入470万元。年客运量500万人次,车厢整洁合格率99%,乘客满意率98%。完成安寨线路车辆更新2台。为12699名60岁以上老人办理老年乘车证。"闯新"、"舞联"两个出租车公司的出租车150辆,从业人员300多人。完成3026户天然气入户安装任务。铺设中低压管网140千米、发展居民用户1.3万多户、工商业用户17家。天源水务公司全年供水280万吨,抄收率85%,安装DN100～DN400管道7200多米,一表一户改造楼房40栋1300多户。为产业集聚区铺设DN300球墨铸铁管3800米。3月,李辉庄供水营业所成立,全年发展新用水户550户。自12月22日起,向舞阳钢铁公司生活区正式供水,日供水量由原来的8000立方米增加至3.2万立方米。全年生产用水总量2680489万立方米,平均日生产用水量7350立方米。委托舞钢市疾控中心、河南省城市水质监测网、平顶山水质监测站对源水、出厂水进行定期监测,水质合格率100%。

【环境卫生】 2010年,舞钢市环卫处工作人员162人。其中,在编人员52人,临时工作人员110人。环卫车辆26台。其中,铲车1台,高压冲洗车3台,东风翻斗车9台,吸污车2台,压缩垃圾车5台,小霸王垃圾收集车3台,办公用车1台,市容巡逻检查车2台。环卫处管理市区46座公厕,22座中型垃圾中转站及粪便处理场和建筑垃圾填埋场。对垭口、寺坡、朱兰、李辉庄主干道80万平方米的清扫面积,定人、定段、定质量,坚持"一日两扫,全天保洁"制度,专人检查考评,卫生质量达到国家规定标准。机械清扫、高压冲洗,除下雨天气,坚持对市区主干道一日两扫,高压洒水率40%以上。生活垃圾收集采取密闭化运输,车走地净,无遗漏。日清运生活垃圾130多吨,全年清运约5万吨。市区40多座公厕卫生长效机制健全,服务时间夏季18小时,冬季16小时;筹资30多万元,对13座旧公厕升级改造;投资200多万元在寺坡湖滨小区、田洛庄新建2座压缩式中转站和1座公厕,并投入使用。在市区主次干道两侧新装果皮箱500多个,对原装破损的800多个果皮箱维修、刷新或更换,设施完好率保持在95%以上。引资30多万元,在市区主要干道安装高档不锈钢果皮箱200多个。全年疏通主次干道两侧管道6000多米,清除污泥、污物800多吨。

【生活垃圾处理】 舞钢市城市生活垃圾无害化处理中心位于尹集镇蔡庄和鸡山两村交界处,距城区约14千米,服务范围为舞钢市城区。2007年9月开始筹建,2009年10月一期填埋库区投入使用。总投资4000多万,占地面积16公顷,总库容150.54万立方米,日处理规模180吨,垃圾处理中心建设规模为Ⅳ类。近期服务人口约13万人,远期服务人口约26万人。年处理无害化生活垃圾4.2万吨,日均处理生活垃圾126吨,渗滤液处理2.6万吨。场区配备专用消毒车辆,采用人工与机械相结合的方法进行消杀除臭。

【污水处理】 2010年,舞钢市污水处理厂日处理污水1.55万吨,年处理污水约565万吨。消减化学需氧量1450吨,消减氨氮130吨左右。完成寺坡、李辉庄片管网6900米和龙泉路管网1000多米的石漫滩综合治理管网工程,建成污水泵站调节池1座。

【建筑市场】 组织监督招投标项目16个,其中房屋建筑14项,建筑面积68.03万平方米。招投标金额6366亿元,节约建设资金1870多万元,没有出现一例招投标的违法违纪现象。发放施工许可证141项,建筑面积68.53万平方米,工程造价5.913亿元。受理拖欠农民工工资案件13起,清欠金额110多万元,惠及农民工人数1000余人,结案率92.3%。监督工程62项,建筑面积64万平方米;办理备案9项,建筑面积4.5万平方米;监督市政工程12项;竣工验收工程16项,面积6.9万平方米;进行工程质量巡检3次,钢筋外加工专项检查1次,下发整改通知书61份,停工通知书7份,不良行为告知书14份,处理工程质量投诉3起。全市的工程质量稳步提高,地基基础、主体结构合格率100%,竣工验收合格率100%,监督覆盖率100%。凡节能工程未经验收或验收不合格者,一律不予竣工验收备案。发放《档案合格证》30份,移交工程竣工档案600卷。

【城乡规划】 2010年,完成《舞钢市城市控制性详细规划》的报批工作,城市设计初步定稿,开发单元初步定界,结合舞钢市山水林城的特色,建设目标是“建设生态之都,宜居之城;田园之都,水墨山城;冶铁之都,文化之城”。全年召开市城市规划委员会成员会议3次,批准居住小区11个,共计55栋,建筑面积68.39万平方米;审批公用建筑3栋,建筑面积2.42万平方米;调整控规1次;核发选址意见书13份;回复规划条件函件111份;审批建设用地32宗,面积71公顷;审批建设工程规划许可证200项,建筑面积101.36万平方米;临时证18份,面积8199.77平方米。配合各专项工作指挥部相继完成创业服务区初步方案、中期方案评审工作,创业服务区测量、定界、主要道路定位工作,产业集聚区的控规修编、道路规划、定界工作,水库污水治理支管网规划设计工作,城中村改造的规划设计工作以及确定城中村及划定改造区域范围工作。完成多个工程项目合理选址,如天然气3条支线规划选址、寺坡一马路北进道路规划选址、双创指挥部交办的沟河及道路治理规划选址、经济适用房用地的选址、市政工程处搬迁选址、龙山变电站选址等。

【村镇规划】 2010年,舞钢市住建局按照“统筹规划、分步实施、以点带面、扎实推进”的工作思路,抓好4个中心镇、3个试点中心社区和7个重点推进中心社区建设,促进农民向城镇、社区集中。委托重庆规划设计院对八台、枣林中心镇和安寨、九龙山中心社区进行详细规划设计;瑞祥(移民)社区建成并使用;滨湖中心社区(张庄)建成154户居住房和综合服务楼、戏台、文化大院等配套设施;上曹中心社区完成268套二层楼群。其他如枣林镇枣园小区、八台镇丰台小区、尹集镇柏都小区、尚店镇宝润新区完成进度均在60%以上,其中枣林镇枣园小区225户基本完成主体工程。4个中心镇完成道路硬化24

千米,修砌排水沟20千米,安装路灯300盏,建成大型水厂6处,建成绿地1.1万平方米,植树4万棵。

【房产】 2010年,在舞钢市从事房地产开发经营的企业共29家。其中,本市企业20家,外地进驻企业9家。批准"秀甲中原"、"龙湖佳苑"、"龙寓花园"、"阳光嘉园"、"河东小区"、"华兴首府"、"恒大华府"等建设项目80余个,建筑面积160多万平方米。全年旧城改造拆除房屋面积5.67万平方米,开工建筑面积90.77万平方米,主体完工建筑面积36.08万平方米,投资9.2亿多元。市政府相继发布《舞钢市城中村改造实施意见》(舞办〔2010〕81号)、《关于规范整顿房地产市场秩序的通告》,为依法、健康、有序地推进旧城改造工作提供依据。继续筹措廉租住房租赁补贴资金,新增保障家庭54户117人。自2007年舞钢市实施廉租住房保障制度以来,累计保障524户1244人,发放租赁补贴192.67万元。对符合购买经济适用房条件的家庭购买90平方米以下商品住房的,给予每平方米185元的现金补贴,经审核,符合补贴家庭7户,发放补贴资金10.5万余元。10月,"安居苑"一期经济适用住房9栋434套住宅交付使用。小区剩余的2栋经济适用住房调整成2栋小高层,总计1.5万平方米160户,11月26日正式开工建设。加强房地产登记管理,改进办事程序,服务群众。市政府下发《关于解决历史遗留问题、做好房屋权属登记发证工作的通知》(舞政〔2010〕15号)。先后解决鸿雁房地产开发公司楼、水利局集资楼等历史遗留问题。市住建局下发《关于规范商品房产权登记发证行为的通知》(舞建〔2010〕17号),落实商品房预售合同备案和"一房一卡"制,在办理房屋备案时把应收的税费、维修基金等一并收缴,确保各项税费的按时入库。全年办理二手房交易307户,办理商品房预售合同备案666件,协助购房户办理银行按揭贷款434户。征缴维修资金430.69万元,协征不动产销售营业税645.67万元,协征契税1020万元。完成各类房屋登记面积47.53万平方米。其中,初始登记21.75万平方米,交易登记8.79万平方米,抵押登记13.7万平方米,其他类登记3.29万平方米;发放房屋所有权证1094本,共有权证738本,他项权证221本。办理房屋租赁登记备案955户,代征房产税20余万元。房产测绘队签订测绘委托合同800余起,完成新建房测绘13.33万平方米,交易测绘8.85万平方米。办理房产抵押评估255宗,评估面积14.36万平方米,评估金额3.4亿元;交易评估239宗,评估面积2.08万平方米,评估金额4065万元;资产评估业务6宗,评估面积3600平方米,评估金额280万元。全面推行房地产开发与物业管理分业经营,严格市场准入制度,对符合条件的物业管理企业予以上报核定资质等级。5月28日,市房产管理局印发《物业服务规范化的实施方案》,明确工作目标、考核内容。有10家取得三级资质,平顶山市一家三级资质物业公司进驻舞钢市。优化公房管理工作,查处违规装修和私拆乱改行为8起,接待群众来访和投诉38起,处理率100%,房屋安全鉴定7起。

【绿化】 2010年,全市城市建成区绿地面积565.65公顷,建成区绿地率36.18%,绿化覆盖率38.98%,人均公园绿地面积10.19平方米。市园林管理局设有政办室、财务科、工程管理科、生产技术科、物资管理科、督察科、园林规划设计室、园林绿化监察队、机械队、绿化管理处、永茂花木有限责任公司、园林绿化公司、园林科研所等。6月21日至22日,以河南省住房与城乡建设厅城建处处长魏琳为组长的国家园林城市省级复查专家组一行8人到舞钢市,对巩固发展国家园林城市创建成果工作进行检查指导。在绿化建设方面,先后完成罗湾游园建设工程、供电局大门前绿化、石漫滩度假村升级改造工程、湖滨路行道树升级改造、钢城路北段中间花带绿化工程、经济适用房小区绿化工程、上曹中心社区绿化工程等工程。修复刘山公园上山道路、垃圾箱、坐凳,修复朱兰河游园护栏等设施,在国庆节、水灯节及国家园林城市、国家卫生城市验收期间,在市区窗口地段、重点单位摆放鲜花60余万盆。在舞钢市枣林镇晃张村租用35.3公顷土地建设的舞钢市园林花木基地粗具规模,培育和引进海棠、樱花、紫荆、石楠、七叶树、合欢、栾树、黄金槐等各类乔灌花木品种40多种、近50万棵。市园林监察队在强化园林执法的同时,增加夜班巡视人员,对全市各类园林绿化实行24小时监控,及时制止和处理各种侵占绿地和破坏绿化的违法违规行为,全年立案查处各类绿化违法违规行为为12起,处理批准占用15起,恢复受损绿地1373平方米。

【重点工程】 2010年,舞钢市住房和城乡建设局建设的重点工程或工作有:完成3026户天然气入户工程;完成龙凤湖污染治理污水主、支管网6900多米建设工程;完成马鞍山大道升级改造工程;完成2座垃圾中转站和1座公厕;规划设计垭口坡路扩宽工程;规划设计龙泉路路面升级改造工程;规划设计创业发展服务区;开工建设西环路东延工程;干休一街东进工程开始征地;完成朱兰河污水管网建设工程。

【市政设施管理】 2010年,舞钢市住房和城乡建设局贯彻河南省建设厅豫建法〔2010〕3号文件,开展"规范执法年"活动,提升管理水平。发挥"6100110"市政设施服务热线功能,受理"市长热线"批件26件、市政"110"热线38宗,案件回访满意率98%。加大市政设施执法监察力度,实行24小时不间断巡查,发现问题及时解决,全年查处违规开挖208起,违法占道84起,乱架线路13起。办理城市道路挖掘许可14宗,占道许可3宗。新设道路警示标牌19套,实施道路画线22126.9平方米。加强城市排水设施管理,对全市建成的1万余米污水管网进行资料收集,绘制图表并建立档案。在汛期来临前,排查处理安全隐患,防止发生灾害事故。加强城市照明设施管理,路灯完好率95%,亮灯率98%,节电率25%。及时维护市政设施,全年维修人行道4790平方米,道牙1510米,水沟盖板450块,落水箅子56套,清理落水口2600个,维修路面2800平方米,维修道路标牌240块。照明设施维护出动人工472个,车辆262台次,检修路灯线路4千米,维修路灯、景观灯987盏。对城区4座桥梁进行检测,对寺坡音乐喷泉大修3次。冬季道路除雪出动人员120人次,机械30台次。

【获得荣誉】 2010年,舞钢市在平顶山市住房保障工作中获优秀县(市)区称号。

(李新亚　郑昊燕)

城管执法

【概况】 2010年,舞钢市城管执法局优化运作机制和人力资源配置,创新执法管理体制,将违章建筑查处和市容市貌管理进行有机整合,杜绝违法建设行为的发生,拆除违章建筑,为创建国家卫生城市和旧城改造工作开展奠定基础。

【防违拆违】 2010年,舞钢市城管执法局按照市旧城改造指挥部安排部署,配合市住建局有计划、有步骤地对影响大、群众反映强烈、上级部门督办的重点违章建设案件进行查处。全年配合拆迁32次,查处违法建设18起,责令停止施工7起。同时,加大巡查监察力度,坚决杜绝违建行为发生。

【市容管理】 2010年,舞钢市城管执法局坚持“教育是前提,处罚是手段,规范是目的”的原则,加强宣传教育,提升广大市民的城市主人翁意识,协助引导机动车、非机动车停放上万辆次,教育处罚违章停放机动车3484辆次,粉刷墙体违法喷涂广告面积5000余平方米,清理墙体张贴小广告6834处、地面小广告3596处,处罚乱倒垃圾人员8人。由舞钢市城管执法局草拟的《舞钢市城市养犬管理办法》经市政府审核后出台,多种形式进行宣传,并完善相关审核备案程序。

【卫生管理】 2010年,舞钢市城管执法局规范便民服务点42处,按照市双创指挥部要求,采取政府补贴的形式,统一制作便民点餐车98辆,取缔占道经营328处、店外经营252处、临时搭建16处。加强对洗车场(点)及修车门店的管理,与工商、交通等部门进行沟通,健全核准登记手续,从源头进行控制,对经相关部门审核设置的18家洗车、修车场(点)进行备案。针对市区内和城乡接合部出现的违规饲养家禽家畜现象,逐一排查,其中,对寺坡辖区32户、垭口辖区108户、朱兰辖区67户养鸡户和4个养猪场、1个养鸭场进行取证,并下达整改通知书。

【精细化管理】 2010年,舞钢市城管执法局在巩固原有管理成果的基础上,改进工作方法,取消原有的定岗定员责任制,实行分班组不间断轮流式巡逻执勤的方法,对管理辖区进行巡查。同时,实行前置后延的管理模式,从早6点至晚10点,除正常的管理之外,对车多、人多的重点区域和上下班主要路口,执法人员提前进入执勤点位,确保全方位无缝隙精细化管理。发挥督察科的内部监督作用,结合实际情况对绩效考核评比办法适时修改,不断完善,按照制度规定,对一线执法人员的依法办案、规范执法、遵章守纪和履行职责等方面,适时进行监督。对于城市管理任务完成情况的监督,采取明查、暗查和推磨式互查的方法,及时纠正问题,按月通报情况,避免产生异议,促进城市管理任务的有效落实。

【获得荣誉】 2010年,舞钢市城管执法局被河南省住房和城乡建设厅评为全省住房和城乡建设行政执法队伍规范化建设优秀执法单位。 (吴耀明)

环境保护

【概况】 2010年,舞钢市环保局按照国家环保法律法规和上级环保部门的工作部署,以治理老污染,防止新污染,不断改善环境质量为重点,开展环境综合治理,解决突出的环境问题,确保各项环保措施的落实,提升环境管理和决策水平,推进环保基础设施建设。

【管理】 (1)贯彻落实“污染物排放总量控制”制度,对所有建设项目,执行环境影响评价和环保“三同时”(同时设计、同时施工、同时投入使用)制度,根据有关法律法规和上级要求,对建设项目坚持“四不批”(国家明令淘汰、禁止建设、不符合国家产业政策的项目,一律不批;环境污染严重,产品质量低劣,高能耗、高物耗、高水耗,污染物不能达标排放的项目,一律不批;对于环境质量不能满足环境功能区要求、没有总量指标的项目,一律不批;禁止和限制建设项目,一律不批),严把建设项目市场准入关,严禁审批淘汰工艺和落后产能项目,限批"三高一低"(高污染 、高能耗、高危险,低效率)企业,控制污染物新增量。全年受理各类审核、审批、核准事项58件。其中,完成环评审批41件,项目验收17件。审查、审批率100%,环保"三同时"执行率100%。(2)落实环保一票否决制,全年27项新建项目因污染严重、科技含量低、不能实现清洁生产、选址不当等原因被否决。(3)为确保舞钢市水环境得到改善,编制《舞钢市"十二五"环境保护规划》和《舞钢市水污染防治规划》,开创河南省县级市在水污染防治方面编制规划的先河。(4)落实城市环境综合整治定量考核各项规定,保持"城考"成绩在全省前10名之内。(5)建立涉辐单位管理档案,规范涉辐管理制度,实现危险废物无公害处置率、辐射工作单位安全许可证发放率均100%。(6)按照上级污染源普查机构的统一部署,依照普查工作程序,建立健全舞钢市第一次全市污染源普查工作制度、舞钢市第一次全市污染源普查质量保障制度、普查表交接验收制度、微机管理制度、数据录入制度以及污染源普查数据处理质量控制制度等工作制度,完成舞钢市污染源普查工作任务。

【污染治理】 (1)开展环境执法监察,加强环保执法和查处力度,现场检查各类企业200余次。对已经关闭的小炼油、小冶炼、小造纸等"老五小"及"新五小"企业坚持履行检查不放松,发现问题,及时处理。全年无一例行政诉讼案件发生。具体行政行为法制审核率100%。(2)依法及时化解环境污染纠纷,制定《突发性环境安全事件应急处置预案》,开展环保安全隐患排查,及早排除环境不安定因素,全年无重大环境安全事故发生。在污染减排工作中,以工程减排和监管减排为抓手,强化污染防治。全年减排化学需氧量1400吨,二氧化硫1000吨,八里河石庄桥断面主要污染物化学需氧量和氨氮浓度分别低于65毫克/升和2毫克/升,污染减排达标率100%。全年城区环境空气质量优良天数330天以上。全年亿元GDP化学需氧量排放量22吨,亿元GDP二氧化硫排放量52吨。在石漫滩水库综合整治工作中,一是在对石漫滩水库和周边重点排污企业舞钢公司、中加公司、职工医院例行监测的基础上,增加监测点位和监测频次。二是编写水库综合治理工作简报,搞好宣传。三是在水库沿岸石漫滩大坝入口处、佛爷岭公园等主要位置设置大型公益广告牌,提醒人们保护水库环境,制止水体污染。通过综合治理,水库周边133家宾馆、饭店,除7家停业外,86家的污水进入城市污水管网,38家的污水通过各种治理措施得到治理或者不排入水库。人大代表、政协委员反映强烈的红船伊人(茶社)停止营业。水库周边12家排污企业,3家停产,9家达标排放,全部完成污水治理任务。水库水质明显好转,夏季和秋季,水库没有出现蓝藻。

【监察】 2010年,舞钢市环保局环境监察坚持环境监察执法责任制、考核制、公示制、行政执法过错追究制等制度,按照国务院新颁布的排污费征收使用管理条例,建立规范的排污费征收管理制度。开展排污申报和排污费核定、征收工作。通过科学的划分行业和范围,将排污企业、单位纳入规范的管理体系。全年征收排污费743.71万元,超额203.71万完成收费任务。在秸秆禁烧工作中,市环保局根据《平顶山市农作物秸秆禁烧及综合利用实施方案》和舞钢市委、市政府秸秆禁烧工作部署,及时组织召开2010年夏秋两季秸秆禁烧工作会议,成立禁烧工作领导小组,制定禁烧方案,发布禁烧通告。在高招、中招前,与舞钢市公安局联合下发《关于两考期间加强噪声监督管理的通知》,发布《关于在两考期间加强环境噪声监督管理的通告》,并设立举报电话。组织巡逻队,昼夜巡逻,确保两考期间考生有一个安静、舒适的考试和休息环境。

【宣传】 2010年,舞钢市环保局采取多形式、多渠道进环保行宣传,提高全民环保意识。"6·5"世界环境日期间,市环保局结合"环境大接访"活动在市政府门前举行环保宣传活动,设置咨询台4处,制作宣传展板28块,接受群众咨询350人次,向过往群众散发宣传资料400余本,发放环保袋等其他环保宣传材料2000多份。同时,加强对外宣传,全年上报平顶山市专报信息77期,河南省专报信息77期,在《河南日报》刊发稿件1篇,《平顶山日报》刊发稿件2篇,《河南法制报》刊发稿件7篇,《中州环境》刊发稿件4篇,《舞钢信息》刊发稿件70余篇。向市委、市政府报送政务信息80余篇,向市纪检监察局报送纪检信息简报50余期,编报精神文明简报70余期,编报争先创优活动简报30余期,编报舞钢市秸秆禁烧简报14期,石漫滩水库综合治理工作简报14期。

【信访】 按照国务院《信访条例》及相关环保法律、法规,妥善处理群众来信、来访、"市长热线"交办件和群众关注的热点问题,并采取相应措施,集中力量、集中时间统一排查,到厂矿企业查找问题、分析问题、解决问题,化解矛盾纠纷。全年办理"市长热线"75件,立案受理群众来信、来访13件,"12369"环保热线电话42件,平顶山市环保局转办件14件,办理和回复人大建议1件,政协提案3件,信访局转办件5件,省环保局交办件3件,"书记信箱"3件。办结率、回复率、满意率均100%,全年无一起环保集体上访案件。

【监测】 2010年,舞钢市环保局环境监测工作按照上级环保部门要求,加强内部管理,严格质量控制措施,不断加强业务学习,提升专业人员素质。全年完成石漫滩水库地表水监测30期,田岗水库水质监测12期,叶县灰河地表水监测12期,田岗过水桥地表水监测3期,滚河安寨李堂地表水监测4期,降尘监测12期,环境空气自动监测12期,区域环境噪声监测、达标区噪声监测、交能噪声监测各1期,完成项目环境现状监测和验收监测,编写《环境监测年鉴》,完成舞钢市境内国控和省控企业(舞阳钢铁有限公司、舞钢市中加公司、舞钢市海明集团有限公司)及寺坡污水处理厂的监测。为项目审批、"三同时"验收、环保设施检查、排污收费、信访、污染事故处理、环境执法等各项工作提供科学、准确的数据。在石漫滩水库综合治理中,市环境监测站对石漫滩水库及周边重点污染源增加监测点位和频次,为石漫滩水库水质预报预警工作和综合治理提供可靠的技术依据。

【资金争取及生态村建设】 2010年,舞钢市环保局向平顶山市环保局争取生态村奖励资金29万元,争取生态乡镇奖励资金40万元,向省环保厅争取省级生态村奖励资金10万元;向国家和平顶山市环保局分别争取农村环境综合整治资金20万元和60万元;向平顶山市争取污染防治经费90万元。年底,全市8个乡镇中,2个申报国家级生态乡镇;成功创建3个省级生态乡镇、9个省级生态村、

21个市级生态村。另外,成功创建2个"绿色学校",创建2处"绿色社区",1家"绿色企业"。

【获得荣誉】 2010年,舞钢市环保局获河南省第一次污染源普查先进单位。 (王玲娜)

"双创"工作

【概况】 2010年,舞钢市"双创"指挥部按照市委、市政府对"双创"工作的总体部署,以创建国家卫生城市、全国文明城市为目标,科学制订工作方案,合理分配工作任务,严格标准进行督促检查,开展各项宣传教育活动。"双创"工作取得阶段性的胜利:5月下旬通过国家卫生城市技术评估考核验收;11月3日通过创卫技术评估反馈问题整改省级验收。以各项文明创建活动为载体,推进文明城市创建活动,城市文明素质得到全面提高。

【基础设施建设】 年初将具体的基础设施建设工程任务下发到建设局和有关街道、乡镇,对全年需要完成的市区工程建设任务进行统计。全年治理污水沟30条(段)、道路硬化74条(段),绿化空地4769平方米,刷新美化墙体50527平方米,建设垃圾中转站2座,完善城市服务功能。

【创卫督察】 发挥街道办事处在日常卫生管理中的主体地位,每月对辖区机关、企事业单位进行卫生检查评比,评出最好单位挂红旗,脏乱差单位挂黑旗,并在新闻媒体上公布。加强对主次干道和社区背街小巷卫生监督管理,严格兑现奖惩,保持市区环境卫生干净整洁。坚持督促承担公共任务的单位加强行业管理,督促城管执法局对"五小"单位、市容秩序、市场秩序、交通秩序等进行整治,并建立健全行业管理长效机制。督促有关部门清理违规经营早、夜市,划定居民区便民服务点42处。办理群众热线,引导广大市民参与城市管理。全年接到群众来信来电186件次,综合处理165件次,解决大量影响群众生活的环境卫生问题。巩固卫生城市管理长效机制,探索卫生管理的新机制、新办法,在主次干道和部分背街小巷实行市场化运作,严格监督管理,保持市容环境卫生干净整洁。

【农村卫生】 2010年,舞钢市"双创"指挥部利用"爱国卫生月"活动,组织全市各单位发动干部、职工和当地群众,开展义务劳动,全面清理城乡暴露垃圾,重点治理农村垃圾乱堆现象。各乡镇、街道以村容整治为突破口,以改水改厕为重点,对积存垃圾和卫生死角进行大规模清理,对污水坑塘进行清理整治,畜禽实行圈养,做好垃圾、粪便、污水的管理和规范处理,提高城乡总体卫生水平。安排部署2010年乡镇用户旱厕改造工作,截至年底,庙街乡完成820户,枣林镇完成300户,武功乡完成295户,改厕工作全部完成并通过平顶山市爱卫办的验收。

【健康教育】 印发各种健康教育宣传资料1万余份,组织单位开展多种形式的健康知识学习活动,督促全市各单位及时更换健康教育宣传栏内容,更换市区公共部位宣传栏内容,并设立传染病防治知识画廊,提高人民群众的防病意识。

【病媒生物防制】 2010年,舞钢市"双创"指挥部组织全市开展春季统一灭鼠活动和夏秋季灭蚊蝇工作。迎接技术评估前期,集中对鼠类进行化学药物消杀,投药到位率、饱和率、覆盖率均达到灭杀要求。夏秋季节集中开展灭蚊蝇工作,市区公共部位、城乡接合部和无人管理的居民区庭院由市财政出资进行灭杀控制,单位办公区、家属区由责任单位组织灭杀,降低有害生物对人民群众生活的侵扰。

【资料整理】 2010年,舞钢市"双创"指挥部督促指导全市各单位完成2010年以前爱国卫生组织管理、健康教育、病媒生物防制资料的收集、整理、归档工作。同时,完成创卫纪实光碟、创卫图片选辑画册。

【创文宣传】 加大宣传力度,全面提高市民文明素质。利用电视、报纸、网络、报栏、电子屏等媒体,宣传《公民道德建设实施纲要》。开展舞钢市"文明市民"评选活动,树立道德模范。从7月开始通过中国·舞钢网站、《舞钢信息》、灯光报栏等对"文明市民"事迹进行集中宣传,同时,在市区主要广场、路段制作宣传展板进行流动宣传。12月,由评选委员会评选产生10名舞钢市首届"文明市民"和10名思想道德建设先进个人,由市委、市政府进行命名表彰。在全市范围内开展"讲文明、树新风"文明知识竞赛活动,77家单位参加,活动结束后,进行抽样评卷,印发活动通报,对组织得力、成绩优异的单位予以表扬,并授予"优秀组织奖"。开展"公民道德日"宣传教育活动,举办"创文明城市、做文明市民"演讲比赛。

【文明社区建设】 2010年,舞钢市"双创"指挥部开展"文明社区"创评活动,印发《关于开展文明社区创评活动的通知》,将生态文明建设、公共文化设施建设和群众文化活动作为评选条件和考评内容。创评活动时间为3月~12月,分宣传发动、创建、申报、考评、公示表彰5个阶段。同时,对各街道所辖社区进行创建指导,督促建立健全各项制度,落实市民教育活动场所、市民科普宣传、市民文化活动等工作任务,督促落实社区技防、人防建设任务。

【"窗口"行业建设】 对金融、税务、电信、卫生、公交出租等重点"窗口"进行检查、指导,督促落实各项硬指标,建立健全各项服务制度,规范服务标准。从1月底到2月初对供电局垭口营业厅、国税局办税服务厅等20个重点窗口进行督察,督促落实创建工作任务。同时,对其服务情况进行现场群众评议,并及时反馈意见。开展"文明服务示范窗口"、"文明优质服务标兵"和"文明公交"创评活动。创评活动时间为3月~12月,分宣传发动、创建、申报、考评、公示表彰5个阶段。3月11日举行创评活动启动仪式(含"文明公交"创评活动),印发创评活动通知。12月底进行命名表彰。

【文明单位建设】 2010年,共推荐上报9个市级文明单位,经平顶山市文明办考核命名8个单位。从10月开始,开展市、县级文明单位复查工作,对2010年度新申报的县级文明单位进行考评,由市委、市政府进行命名表彰。

【省级文明城市验收】 根据省、市、县级文明单位管理办法,进行文明单位创建活动,新申报的3个省级文明单位于7月通过考评,等待省委、省政府命名。

【农村精神文明建设】 (1)开展"文明村镇"和"文明农户"创评活动,深化城乡共建。活动时间为3月~12月,分宣传发动、培育和宣传典型、初评阶段、考核验收、命名表彰5个阶段。3月,市委、市政府下发《舞钢市

2010 年度"文明村镇"、"文明农户"创评活动实施方案》,评选出县级"文明乡镇"4 个,"文明村"20 个,"文明农户"100 户。(2)组织相关单位开展法律、文化、科技、卫生"四下乡"集中活动。4 月,"四下乡"集中活动启动仪式在尹集镇举行,在为期 1 个月的活动中,先后在庙街、枣林、尚店等乡镇进行 6 次集中活动。同时,指导相关部门开展常态化下乡活动,科技、卫生、司法、文化等部门也结合各自行业特点,开展一系列下乡活动。(3)开展"清洁家园行动"。为迎接平顶山组织的"清洁家园行动"观摩检查工作,确定枣林、尹集 2 个镇,晁张村、尹集村等 4 个行政村为检查点,完善各项工作制度,对街道杂草、垃圾进行集中清理,刷写宣传标语 40 多条,镇容村貌得到很大改观。 (孙燕)

远眺五峰山

交通·水利

交通管理

【概况】 2010年,舞钢市交通部门争取上级资金1亿多元,完成投资25000万元。公路通车总里程1016千米,实现"开通高速,3条省道,6个出口,乡乡通县道,村村通油路"的公路建设目标。

【工程建设】 2010年,舞钢市交通局将工作重心放在重点工程的协调、督察和建设上,按照市委、市政府要求开展各项工作,及时协调解决施工中出现的矛盾和问题,为施工营造良好的氛围,完成重点工程建设项目,累计完成投资2.5亿元。(1)叶舞高速公路舞钢段及高速连接线工程。叶舞高速公路是焦桐高速公路的一部分,是"十一五"期间河南省高速公路通车里程达到5000千米、保持全国第一的最后一个工程,也是"十一五"期间平顶山市实现县县通高速目标的标志性工程。2007年5月,叶舞高速项目确定,7月,成立叶舞高速舞钢段工程建设指挥部;2008年11月29日,平顶山市委、市政府在叶县举行开工仪式;2009年2月11日,叶舞高速舞钢段开工奠基;2010年12月8日,九龙山隧道浇灌完毕,叶舞高速全线贯通;2010年12月26日,叶舞高速通车典礼举行。叶舞高速公路舞钢段全长25.6千米,总投资约12亿元,工期22个月。交通局主要负责该工程建设前期的征地、拆迁以及施工过程中的协调等工作。高速连接线工程全长8.655千米,总投资1.17亿元,分三个施工标段。其中,南连接线全长1.789千米,总投资1200万元;西连接线全长6.866千米,总投资1.05亿元,分产业集聚区标段和庙街乡标段两部分。2010年12月26日,焦桐高速全线贯通,舞钢市结束不通高速的历史。(2)平桐线大、中修工程。根据舞钢市委、市政府安排,2010年4月完成胡寨转盘－朱兰桥段施工任务,向省交通厅争取平桐线(任桥—李辉庄)大、中修工程(15.6千米),对平桐线全线损坏路段进行中修、大修,2010年完工,累计投资4577万元。(3)省道七蚁线(石漫滩大桥—虎跳峡)绿化工程。工程全长15千米,2010年3月开工建设,5月完成路肩培土、道牙埋设和绿化工作,共投资1350万元。(4)产业集聚区一期道路工程。工程总投资4046万元,一期工程4条路2.4千米,2010年完工,累计投资1700万元。(5)农村公路和县乡公路建设。2010年,舞钢市农村公路总里程893.015千米,乡镇通车率、行政村通车率均100%,自然村通车率96.8%,晴雨通车率81%;完成县乡公路尾欠工程34.8千米、县乡公路建设项目24千米、通村公路建设项目12.55千米和2座危桥改造项目。

【公路养护】 2010年,舞钢市交通部门贯彻"通、平、畅、绿"的公路养护工作方针,履行养护管理任务，以提高路面质量为中心，全面提升公路通达能力，确保全市干线公路和农村公路养护到位。干线公路养护。平顶山市公路局下达的干线公路好路率计划指标是82.66%，实际完成87.63%，超额完成计划指标的4.97%。清扫路面1.3万平方米，挖补坑槽8000平方米，清运垃圾950万平方米，清理杂草1.5万平方米，整修路肩9000平方米，整理边坡9000平方米，整理边沟8900米，处治裂缝7800米，处理沉陷700平方米等。农村公路养护。完成10条路共65千米"畅通杯"竞赛、6.5千米"文明示范路"、2个"文明示范乡镇"、"安保工程"创建以及190.5千米路肩培护任务，并通过平顶山市的考核验收。

【路政管理】 2010年的路政管理目标是确保"三出四无"：路政管理出好路率、出形象、出效益，无突发事故、无积案、无违规、无"三乱"，日常路政管理和治超两不误。上路率98%，查处违章建筑120余处，清除公路堆积物、种植物300余处，消除广告牌80余块，全年连续在重要路口设卡、布岗245天，查处、纠正违章车辆130台次。"三夏"、"三秋"期间，出动宣传车45台次，制作横幅10幅，印发宣传单400余份。按照"依法严管、标本兼治、立足源头、长效治理"的总体要求，加强治超工作。经省厅批复，舞钢市设立1个超限站，11月正式投入使用。在超限站管理上，制定《超限站管理暂行办法》，建立健全路面执法协作和联合治超机制，保持严管态势，加大路面管理和执法力度，严厉打击恶意超限运输行为。同时，建立健全严格规范的执法机制，将教育与处罚相结合，实行人性化服务，坚持低限处罚。超限站投用后，因超限超载引发的交通安全事故明显减少，公路路况趋于好转。

【交通征稽】 2010年，征稽所对征稽人员进行岗位能力和知识技能培训，使职工掌握路政管理政策、法律法规业务知识和技能，实现征稽人员顺利转岗，在3月全省组织的转岗人员考试中，征稽所人员全部通过考试。

【客运市场】 2010年，长途站完成客运总量397万人次，客运周转量8900万人/千米。在春运、"十一"期间，组织运力6200台次，发班车1.5万个班次，运送旅客9万人次，为农民工开设售票点8个，运送农民工约27万人次，未滞留一名旅客，未发生一起重特大以上交通事故。同时，完成长途汽车客运站搬迁工程的前期工作，做好单位稳定和职工思想工作，为下一步长途站搬迁打下基础。运管所完成客运量431万人次，客运周转量1.9亿人/千米。5月，为舞钢市80辆客运车辆发放燃油补贴，总金额约38万元。

【货运市场】 2010年，完成货运量138万吨，货运周转量13424万吨/千米。

【水库治理及港航监督】 2010年，舞钢市交通局在水库综合治理中承担的主要任务有：(1)取缔手划船。抽调精干力量，按要求完成排查摸底、宣传发动工作，在集中整治阶段，完成收缴手划船工作任务，收缴、销毁手划船386艘。组织专人24小时不间断进行巡查，对继续在水库内无证运营的手划船进行治理，发现1艘，没收1艘，防止手划船出现反弹现象。(2)打捞水面漂浮物。投资72万元购置1艘全自动水面收割船，加大打捞力度。自水库治理以来，打捞水面漂浮物4000余吨，水库内的漂浮物基本打捞干净，确保石漫滩水库良好的生态环境。(3)加强水上交通安全管理工作。与船户签订安全生产责任状，在醒目位置设置宣传标语和警示牌。节假日和水灯节期间，组织精干力量24小时不间断巡查，对所有船只和船员进行审验,船只审验率、船员业务知识合格率均100%,更换过期船只12艘。

【安全】 2010年,道路运输和水上交通继续保持安全零事故,公路工程项目建设未发生安全责任事故。(1)坚持"安全第一、预防为主、综合治理"的方针,抓好安全隐患整改,建立交通安全事故隐患库,开展隐患排查治理,在元旦、春运、"五一"、"十一"等节假日期间开展安全排查,发现并整治安全隐患30余处。同时,抓好季节性运输安全,制订应急预案,合理协调组织运力,落实安全措施,加强监管和执法力度。(2)在安全生产月开展一系列宣传活动。制作安全生产宣传专栏、板报16期,张贴宣传标语40条,制作横幅10幅,印发宣传资料2000余份,设立咨询台2次,为实现舞钢市交通安全目标创造良好的舆论氛围。

【行业管理】 2010年,舞钢市交通局加强队伍建设和党风廉政建设,开展满意交通创建工作,提升群众对交通工作的满意度。(1)全面提升机关效能建设。加强政务公开和交通窗口建设,简化手续,提高服务质量,杜绝吃、拿、卡、要现象,推进网上公开透明运行;加强执法队伍建设,强化执法人员的教育培训,监督规范执法行为,推行依法行政;加强信访调解,设立专门信访接待室,及时回复各类信访案件,办理议案、提案17件,办结率100%。(2)提升行业服务水平。开展学习实践活动,保证学习活动正常化、制度化,提高党员的党性意识、服务意识和责任意识,促进交通整体工作质量和水平的提升;贯彻落实党风廉政建设责任制,强化思想政治教育,不断增强干部职工廉洁自律意识,对公路建设各重点环节进行有效监督,开展廉政巡查,对出现的质量问题,及时进行督促整改;建立健全《工程建设质量管理制度》、《工程廉政建设管理制度》、《工程建设安全管理制度》和《项目资金使用管理制度》等规章制度,规范施工行为,做到工程管理规范化,全年交通系统未发生干部职工违纪违法案件。

【获得荣誉】 2010年,舞钢市交通局被河南省交通运输厅评为河南省水上交通安全监管示范库区;被河南省委《党的生活》杂志社评为"学习实践科学发展观"知识竞赛组织三等奖;被平顶山市人民政府评为卫生先进单位。

(唐小丽)

水 利

【概况】 舞钢市水利局机关内设办公室、工程科、农水科、防汛办、水政科、水保科、财务科、红杯办、监察室、科技室、工程师办公室、水利普查办公室和服务大厅等。局属二级单位:水政监察大队、水库所、河道所、饮水办、仓储中心、灌区管理局、打井队和招待所。2010年,全系统干部职工198人。其中,干部66人,职工132人;中共党员79人,占总人数的40%;大中专以上学历167人,占总人数的85%;中级以上职称6人,占总人数的3%。市水利局树立民生水利、安全水利、生态水利、效益水利的工作理念,全面开展农田水利、安全饮水、水库除险加固、水土保持综合治理和河道治理等水利基础设施建设,加大项目争取力度,全年完成各类水利建设投入3500多万元。

【农村饮水、灌溉】 投资750多万元在尚店镇、枣林镇、八台镇、铁山乡和尹集镇等5个乡镇,实施农村饮水安全工程6处,建设供水工程6个,铺埋管道17.8万米,解决1.5万人的饮水安全问题。投资97万元完成枣林镇辛集现代示范灌区建设任务,修建渠道3.5千米,建筑物20座,增加节水灌溉面积200公顷。

【重点工程】 投入1100万元完成任洞沟水库除险加固工程、水磨湾水库除险加固工程、尹集小东河2.5千米河道治理工程、水磨湾河道整治工程和26处防汛度汛工程,提高工程流域内防洪标准。

【生态水保】 完成水土流失治理面积12平方千米。其中,杨庄乡龙泉村2平方千米,杨庄乡竹园沟4平方千米,尹集镇康庄村2平方千米,尹集镇大刘庄1平方千米,庙街乡小石漫滩西岭3平方千米。新增水土保持266.7公顷,经济林53.3公顷,封禁治理1366.7公顷。

【防汛】 2010年5月15日,市、乡两级开始正常防汛值班。5月19日,市政府办公会议专门听取防汛工作汇报,研究部署防汛工作。6月18日,召开全市防汛工作会议,全面落实防汛责任制。全市储备防汛编织袋27.6万条,麻袋3.9万条,铁丝10.7吨,油料11.5吨,木桩2.7万根,铁锹2450把,编织布7200平方米,冲锋舟22艘,指定防汛车辆1910辆,指定大型工程机械20台。组织开展3次防汛工作大检查,及时处理防汛隐患52处。

【依法治水】 2010年3月22日是第十八届"世界水日"和第二十三届"中国水周",市水利局在市法制办的指导下组织舞钢公司、矿山、水政监察大队等部门30多人,出动宣传车5辆,散发水法规宣传单6000多份,在市区主要街道及重点企业悬挂水法规宣传横幅16幅,到8个乡镇、5个街道和大型厂矿企业、重点水利工程进行为期一周的巡回宣传。同时,加强对执法队员的业务、技能培训,以贯彻实施取水许可制度、打击各类破坏水利工程行为、清理河障渠障为重点,开展打击非法采砂采石、破坏水利工程等违法行为的行动。截至11月底,征收南水北调基金和水资源费500多万元。

【工程项目建设】 (1)研究制定《舞钢市水利工程项目建设实施办法》,对工程的立项、预算、评审、招标投标、资金支付和竣工验收等方面都作出具体规定。(2)项目建设实行法人制、招标投标制、合同制、监理制和审计验收制。每个重点工程确定1个项目法人,指定技术负责人,具体负责工程建设。(3)按照规范抓工程质量,保工程建设进度,确保工程一次验收合格。2010年,签发工程整改通知书12份,不合格工程推倒重建1处。

【获得荣誉】 2010年,舞钢市水利局被河南省人力资源和社会保障厅、河南省水利厅评为河南省水利系统先进集体;被河南省水利厅评为河南省水利系统监察工作先进集体;被平顶山市科学技术学会评为平顶山市科学技术学会先进单位。　(路广杰)

石漫滩水库管理

【概况】 2010年,石漫滩水库管理局在职人员42人,退休人员1人。其中专业技术干部25人。内设人事科、技术科、办公室、财务科、工程管理科和水政支队等6个职能部门。2010年通过国家级水利工程管理单位和省级文明单位复验。

【工程设施】 2010年,为迎接国家级水利工程水管单位的复验工作,石漫滩水库管理局完善技术管理制度,建立目标考核制度,把设备管理、大坝监测任务分配到人。按照水利部《水库工程管理考核标准》要求,对两年来水库工程管理方面的资料、文件和工程维修养护记录等进行全面的整理完善并汇编成册。完成《国家一级水利工程管理单位资料汇编》(1~5册)、《国家一级水利工程管理单位自检报告》和《国家一级水利工程管理单位复验申请表》刊印工作。完成机电设备、闸门启闭设备、备用发电机组和观测设施的全面养护维修和汛前汛后大保养任务。完成水库下游右岸岸坡护砌工程、右岸堤顶防汛路硬化、护栏安装工程及大坝下游河道疏通等工程项目。完成"石漫滩水库大坝渗漏溶蚀及碱骨料反应技术研究"科研项目的鉴定及评奖工作,获平顶山市科技进步一等奖。完成"石漫滩水库蓝藻治理技术研究"项目的鉴定工作。汛期加强值班,科学调度,确保水库安全度汛。

【度汛】 2010年,汛期降水量接近常年汛期平均值。6月~9月,流域平均降雨582.5毫米,7月降雨偏多,平均降雨217.8毫米,占常年平均降雨量的20.6%,没有大的洪水过程发生。全年汛期影响较大的一次洪水发生在7月15日至17日。15日20时,石漫滩流域开始降雨,到17日12时最大入库流量138.9立方米/秒,库水位为106.9米。17日13时开始泄洪,控制泄量50立方米/秒,既确保下游河道安全,又发挥水库的防洪减灾效益。整个汛期入库水量4571万立方米,弃水3781万立方米。各月入库水量分别是:6月383万立方米,7月1409万立方米,8月1274万立方米,9月1505万立方米。

【景区建设】 2010年,石漫滩水库管理局不断美化环境,提高景区管理水平。补栽大量观赏树木,种植大批花草;兴建八卦阵,增加射箭等娱乐项目。把景区一条长130米、宽4米的石子路改建成水泥路。

【精神文明】 2010年,石漫滩水库管理局继续巩固省级文明单位创建成果。组织职工参加水利厅组织的"白沙杯"第四届全省水利系统象棋比赛、"白龟山杯"全省水利系统乒乓球比赛和"献青春、讲奉献、我为党旗增光彩"演讲比赛。筹集现金8000元,结对帮扶2个村庄、1个学校。根据省总工会"关于开展金秋爱心助学"的活动精神,帮扶困难学子1名,资助学费1000元。响应平顶山市委、市政府号召,组织职工爱心捐款2450元。

【水政执法】 围绕"世界水日"、"中国水周",组织水法律法规集中宣传活动。制作以石漫滩水库风景为背景、水法律法规条文为主题的"石漫滩扑克"3000副,进行发放。发放"石漫滩水库保护、管理范围明白卡"100余份。张贴宣传画80余张,制作宣传展板3块,悬挂宣传条幅3条。执行水事违法发现举报机制,坚持定期巡查与群众举报相结合,发现一起,解决一起。全年立案4件,查处4件,出动监察执法人员209人次,执法巡查车辆78台次。联合舞钢市土地局,做好水库周边土地定界工作,完成101号~199号界桩的定位埋设,绘制界桩位置图。配合水库污染综合治理执法组取缔水库内违法乱捕滥捞行为,新增宣传牌2块、警示牌3块,悬挂禁止游泳宣传条幅,并抽调专人看管,夏季共劝阻游泳者1500多人次,制止码头区域的游泳活动。

石漫滩水库2010年汛期最大一日、三日降水量统计

单位:毫米

站名 雨量 日期	石漫滩	柏　庄	尚　店	袁　门	刀子岭
最大一日	44.1	51.5	65.3	67.0	114.2
发生时间	8月1日	9月6日	7月15日	7月15日	7月15日
最大三日	86.1	82.7	124.9	120.0	167.3
发生时间	7月15~17日	7月15~17日	7月15~17日	7月15~17日	7月15~17日

石漫滩水库2010年6月~9月降水量统计

单位:毫米

月份 雨量 站名	6	7	8	9	累　计
石漫滩	59.1	201	202.7	126.4	589.2
柏　庄	62.8	152.3	190.2	124.5	529.8
尚　店	49.8	187.9	164.9	123.8	526.4
袁　门	56	243.8	148.2	135.8	583.8
刀子岭	71	304.1	154.7	153.4	683.2
平　均	59.74	217.82	172.14	132.78	582.48

（张丽娜）

田岗水库管理

【概况】 2010年,田岗水库管理局学习《水法》、《水库大坝安全管理条例》,以工程管理为中心,重点抓好防汛、工程维护与管理和水库水面开发与管理工作。

【防汛】 2010年,田岗水库的防汛工作贯彻“安全第一,常备不懈,以防为主,全力抢险”的方针,早动手早安排,分别于1月、3月、4月、5月对工程进行汛前检查。检查采取拉网式排查的方式,不留死角,对检查出的问题分类排队,对影响度汛的问题及时处理,把防汛隐患消灭在萌芽状态。5月初,充实防汛物资储备,召开防汛会议,制定防汛责任单位周报制,建立40余人的专职防汛队伍,500余人的兼职防汛队伍。5月15日,正式开始防汛,汛期由领导班子成员带班24小时值班。每遇暴雨洪水,立即启动防洪预案,各级防汛指挥人员到岗到位,对防汛重点部位严防死守,对工程各部位全面排查,确保防汛万无一失。汛期完成各类度汛工程28项,投资20万元,动用各类防汛料物1500余件,价值25余万元。出动防汛车辆船只200余辆次,防汛值班1000

余人次,防汛队伍200人次。安全度过汛期。

【工程管理】 2010年,工程管理主要包括两项内容:(1)按规范完成工程观测。工程观测共进行3次,分别在3月15日至19日、8月9日至13日和12月13日至17日。通过观测,年度溢洪道最大沉降量为3毫米,大坝最大沉降量为4毫米,均在规范允许范围内。(2)工程正常巡视和特别巡视。正常巡视每月进行一次,特别巡视在汛前、汛期大雨前后和汛后,巡视的内容主要是工程的各部位、主要机械供电线路等。

【工程运行与维护】 溢洪道大闸启闭31孔次,渠首闸启闭155次;提供居民生活用水730万立方米,农田灌溉用水250万立方米,工业生产用水400万立方米。工程维护主要是:投资45万元对主坝路面进行重修;投资50万元对溢洪道、渠首闸闸门及启闭机等金属结构进行防腐和维修;投资25万元修建居民饮水厂进水口防护工程;投资20万元修建尹集镇谢古洞郭庄段岸边护砌工程。对主坝迎水坡、背水坡进行全面维修与整理,整修溢洪道海漫段干砌石工程,每月组织人员对溢洪道启闭机、雨量监测设施、安全监控设施进行一次全面维护。

【水面秩序】 加强禁止游泳治理力度,利用电视广播、出动宣传车和张贴标语等方式,宣传田岗水库水质保护的重要意义。设专人采取轮流值班的形式现场劝导,对不听劝阻的人员,配合执法部门给予处理。开展水面污染治理工作,为保水质洁净投放鱼苗60万尾,出动船只打捞水面污染物、漂浮物和蓝藻等。加大乱捕乱捞的治理,配合公安、渔政部门做好对水事渔事案件的处理,收缴各类网具380余只、各类捕鱼船只30余只、钓鱼竿3000余把,取缔非法网箱3个,禁止游泳8600余人次,查处各类水事渔事案件30余件。 (叶廷芳)

俯瞰二郎山

邮电·电力

邮　　政

【概况】 2010年，舞钢市邮政局设综合办公室、市场部、业务检查室等3个职能部（室）；金融业务局、函件局、发行局、集邮公司、电子商务局、代理保险部、分销物流局等7个专业化公司。全局干部职工60人。其中，中共党员30人，占职工总人数的50%；大专以上学历23人，占职工总人数的38.3%。

【服务"三农"】 2010年，舞钢市邮政局开展村邮站建设和示范田建设工作，为农业增效、农民增收和农村经济社会发展服务。全年全市村邮站建设数量105个，行政村覆盖面58.6%。在建好村邮站的同时，按照"统一整地播种、统一肥水管理、统一技术培训、统一病虫防治、统一机械收获"的"五统一"原则，分别在枣林镇直李村和尚店镇三家郭村建立市局长千亩（1公顷=15亩）示范田和县局长百亩示范田，邮政示范田玉米亩产量较2010年增加100千克左右。

【基础管理】 2010年，舞钢市邮政局建立健全各项规章制度，不断完善三级视检体系，加大检查力度，杜绝各类隐患的发生。投入大量资金，加大基础设施建设，对全市11个营业网点门面及内部设施进行重新整修，统一标志，提高邮政整体形象。对邮政储蓄进行全网升级，邮政金融绿卡网实现全国联网、通存通兑，具备办理全国异地交易、跨行交易及数种中间业务等功能。加强安全生产管理和邮政治安综合管理工作，落实安全生产责任制，成立安全防范专项整治工作领导小组，完善各项防范设施，重点加大对禁寄物品的收寄、交通运输、内部处理、金库、票房、储蓄网点、消防及枪支、弹药管理的整治力度，防止各种案件的发生，确保邮政通信生产的正常开展。制定成本计划包干管理办法，按照本部门各单位的不同情况，实行分类包干管理，对各项费用支出实行预算，重点压缩不必要的开支。加大欠费清理工作，及时回收各项欠款，为企业的持续发展奠定基础。

【获得荣誉】 2010年，舞钢市邮政局获河南省邮政系统优秀企业荣誉称号；武功邮政支局获全省邮政系统"双百佳"示范窗口。

（市邮政局）

移　　动

【概况】 中国移动通信集团舞钢公司下设综合部、营销部、财务室、集团客户服务中心、家庭客户服务中心、工程维护中心、渠道中心等7个部门。全体干部职工136人。其中，中共党员14人；本科以上学历34人。

【业务发展】　2010年,舞钢移动公司按照"智慧营销、客户收入齐增长,用心工作、管理服务同提升"的工作方针,结合舞钢市实际,在个人市场、集团市场、家庭市场开展一系列创新性营销活动,确保市场主导地位。全年发展用户1.4万户。

【网络建设】　2010年,舞钢移动公司以"打造一流精品网络"为宗旨,统筹规划全市网络布局,优化网络信号,新建GSM基站14座,TD基站32座,网络覆盖面积99.9%以上。

【优质服务】　2010年,舞钢移动公司先后对全市13座自建营业厅硬件设施进行整体装修或部分整修,为广大客户提供舒心的服务环境。在营业厅前台窗口服务方面围绕"保持行业标杆"的目标,以创建"舞钢市文明服务窗口"活动为契机,不断提高营业人员服务水平,展现良好的企业外部服务形象。

【安全生产】　完善《舞钢移动2010年安全生产、综合治理、消防保卫工作评先考核办法》,明确各主管领导和责任部门的任务。召开安全生产会议,对年度、季度安全生产工作进行全面部署,明确工作任务,提出工作要求。按照"谁主管、谁负责"的原则与各部、室、班组签订安全目标责任书,明确各部、室、班组负责人的职责。全年安全检查60余次,整改安全隐患36处,确保公司全年安全生产的零事故率。　　（市移动公司）

联　通

【概况】　2010年,舞钢联通公司干部职工50人。其中,干部4人,职工46人;中共党员14人;大中专以上学历40人;中级以上职称12人。设3个部,分别是综合党群部、市场营销部、运行维护部。下辖7个农村乡镇营业部,分别是尚店镇营业部、尹集镇营业部、武功乡营业部、枣林镇营业部、安寨乡营业部、八台镇营业部、庙街乡营业部;4个城市服务社区,分别是垭口服务社区、寺坡服务社区、李辉庄服务社区、朱兰服务社区。设有2个电话端局、12个模块局、123个接入网点,电话总容量近9万线,电话框架总容量1.06万线。通信网络覆盖全市城乡村,直接为全市16万部固话、手机、宽带和小灵通客户提供通信服务。

【业务发展】　舞钢联通公司宽带覆盖采用PONELAN/DSL接入方式。2010年新增宽带容量7000线,对全市所有区域进行宽带覆盖。线路建设方面,新增光缆800皮长千米。全年全市城区宽带入户率75%,固定电话入户率55%,城区小灵通普及率11%,移网用户增长20%,实现全年通信总量增长21%的目标。

【网络运行】　2010年,舞钢联通公司新建联通2G、3G信号基站161个,配合新农村、高速公路建设及"双创"工作,拆、迁、移通信线路20余千米、杆300余根,新增24芯通信光缆830皮长千米、通信电缆260皮长千米,提高了通信能力,位列平顶山地区前列。发挥自身职能,为政府办公自动化提供良好的网络支撑。公司运行维护部指定专人负责党员远程教育系统使用维护工作,确保全市党员远程教育运行良好。2010年3月23日零时对中兴BARS设备进行升级,分别增开BARS、与思科7609一条上联光路,改善上联路由带宽,由原来的4G出口扩宽为6G,改善忙时用户上网速率,确保网络稳定。

【客户服务】 2010年，舞钢联通公司继续执行首问负责制，提高整体服务质量。加强对营业人员、机线人员、客户经理等员工的业务技能和服务技能的培训，提高窗口一线人员的业务知识。全年客服中心受理用户咨询580例，受理用户投诉1360例，对用户的投诉回复率100%，投诉处理满意度97%，未出现越级重大有理由申诉。

【获得荣誉】 2010年，舞钢市联通公司获省级卫生先进单位、省公司先进单位、省公司安全生产先进单位；平顶山市级文明服务示范窗口等荣誉称号。 （市联通公司）

电力供应

【概况】 2010年，舞钢供电分局完成供电量7.76亿千瓦时，同比增加8.7%；上缴地方电力附加费1050万元。

【安全生产】 落实各级安全生产责任制，开展安全生产大检查、"三个不发生"百日安全活动、春秋季安全大检查、一月一站综合治理等工作，加大现场隐患排查处理、现场监督检查、消防保卫、车辆交通等工作力度。全年排查隐患23项、整改率100%；查处习惯性违章28人次，下发整改项目27项，整改完成率100%。成立舞钢市打击涉电犯罪办公室、高危及重要客户安全用电联合检查工作组和电力通道治理工作领导小组，开展打击涉电犯罪、"高危用户除隐患、优质服务保供电"、电力通道专项治理等活动，针对全市高危、重要、重点客户设备维护管理较差等现状，下达整改通知6户次，督促其进行完善。全年清理线路通道内树木1.5万多棵，对违章建筑送达违章整改通知，对线下施工进行监督指导，划定警戒区域，确保施工安全。2010年安全生产工作克服电网建设工作量大、电网结构日益复杂等不利因素完成生产计划293项，"两措"完成率100%，执行工作票296份，操作票1304份，操作项目9147项，两票合格率100%，确保3个"安全百日"目标，实现全年安全生产无事故，创造连续7000天无事故的新佳绩，截至2010年12月31日，连续安全生产7037天。

【电网建设】 完善主网架结构，提高配网、农网承载力和供电可靠性。完成电网总投资5321.2万元。其中，110千伏输变电工程投资4000万元，新建110千伏输电线路13千米，新增变电容量50兆伏安；10千伏及以下配网工程投资1321.2万元。完成垭口城区主干道10千伏电缆入地工程，垭口、滨湖变电站5条10千伏线路新增、柳源变配出、尹南线改造等工程。新建10千伏电缆线路6.9千米、架空线路8.9千米，改造架空线路8.5千米。新建改造开关40台。完成市委六届八次全会确定的中心城镇改造、高速引线配套工程、产业集聚区项目立项等8项重点工作。新建、增容改造26台配电变压器，新增配变容量3575千伏安，解决因居民负荷增加迅猛，导致高峰时段配变及低压线路烧毁频发的问题，满足居民生产生活用电需要。其中，枣林镇徐庄10千伏线路及配变新增工程，新增10千伏线路1.2千米，200千伏安变压器1台，解决该区域群众吃水问题。2010年9月19日，110千伏柳源变电站竣工投运，标志着舞钢电网主网架从35千伏到110千伏跨越目标初步实现，110千伏柳源变电站是省、市电力公司为支持舞钢经济发展，特事特办、特别批准的电网建设项目，是平顶山地区唯一1座全省"十二五规划"提前开工的项目，从开工建设到竣工投运用时5个多月,比同类别变电站标准建设周期的 11 个月,提前近半年时间。

【强化服务】 加强行风监督,健全优质服务长效机制,落实领导定期巡视营业窗口制度和营销月度分析会制度。完成“情暖中原,度冬保电百日会战”活动。开展“国家六部委电价检查”、“节能减排”等专项检查工作。落实国网公司“三指定”整改工作,启动客户档案数字化整理工作。恢复“95598”报修投诉电话,畅通报修、咨询、投诉渠道,全年接听电话 10529 次,实现省、市公司零投诉。协同邮政部门增加“缴费一站通”网点 122 个,结合分局推广的“便民客户服务卡”活动,解决城乡客户的缴费难及分局的收费难、转账难等问题。奋战 100 天完成高、低压集采装置的安装任务。实现舞钢供电区专变、公变和配网联络开关及垭口城区 8500 余客户远抄全覆盖的建设目标。完成 26 次重要节日及全市重大活动的保电工作,确保“中国 · 舞钢冶铁文化节”开幕式、河南省高速通车里程 5000 千米庆典仪式、河南省第十届水灯节、舞钢市撤区建市 20 周年庆典、南水北调舞钢瑞祥移民搬迁等省、市级大型庆典活动及市政、新闻媒体等重要部位和场所的可靠供电。

【机关建设】 启动以“关爱职工、关爱家庭、关爱老弱病残”为主要内容的“三关爱”活动,开展“阳光随行”党风廉政教育活动和廉洁文化进企业示范单位的创建活动。组织分局 40 多名党员及入党积极分子,到虎头山新四军烈士纪念陵园进行清明节祭扫活动,向虎头山二期工程捐款 4600 元。组织开展新县红色教育专题活动开展争创青年安全生产示范岗、争当青年岗位能手活动。工会发挥桥梁纽带作用,建立困难职工档案,争取关怀到每一名生病职工、困难职工。开展“六一”、“十一”等节日文体活动,丰富职工业余生活。在地市级及以上媒体发稿 234 条,县级媒体发稿 692 条,内宣综合发稿连续 5 年居公司二级机构及各县局第一名。

【获得荣誉】 2010 年,舞钢供电分局获省政府群众满意基层站所、省电力公司系统行风建设先进集体、省电力公司“五四”红旗团支部、省电力公司“情暖中原 度冬保电”先进集体;平顶山市级文明单位(2010 ~ 2014)、平顶山市安全生产先进集体、共青团平顶山市委青年文明号。　(市供电局)

舞钢市旅游局

领导班子

省长助理卢大伟宣布省第十届“舞钢水灯节”开幕

首届旅游讲解员电视大赛

中国旅游摄影家协会授予二郎山4A景区“旅游摄影创作基地”称号

“魅力舞钢”风光摄影展

职工文体活动

灯台架4A景区天井风光

2011年9月舞钢市荣获“中国水灯文化之城”荣誉称号

舞钢市园林管理局

2010 年 6 月 21 日，以河南省住房与城乡建设厅城建处处长魏琳为组长的国家园林城市省级复查专家组一行 8 人到舞钢市，对巩固发展国家园林城市创建成果工作进行检查指导。

2010 年园林局先后完成罗湾游园建设、供电局大门前绿化、石漫滩度假村升级改造工程、湖滨路行道树升级改造、钢城路北段中间花带绿化、经济适用房小区绿化、上曹中心社区绿化等，共计完成施工面积 6 万余平方米。

截至 2010 年底城市建成区绿地面积达到 519 公顷，绿地覆盖面积达到 565.68 公顷，建成区地率 37.2%，绿化覆盖率 40.46%，人均公园绿面积 12.11 平方米。

创卫迎验期间，园林局在市区窗口地段、重点单位摆放鲜花 60 余万盆，较好地完成各项鲜花摆放任务。

2010 年园林局在绿化养护管理方面进一步实施精细化管理，提升园林绿化档次，精心打造亮点。

2010 年苗圃基地共培育和引进海棠、樱花海桐球、石楠球等各类乔灌花木品种 40 多种，近 50 万棵，成为全市的绿化苗木生产、繁育和科研基地。

园林局动用所有水车及各游园广场的喷灌设施对全市各广场游园及沿路绿化带进行浇灌，努力把旱情对苗木的损害降低到最低程度。

2010 年园林局在创卫迎验过程中完成刘山公园上山道路、广场游园垃圾箱、座凳的修复、朱兰河游园护栏修复、苗圃污水坑填埋、雨水管的铺设、苗圃污水沟治理等多项创卫迎验工程施工任务。

桃花园广场

舞钢市国有石漫滩林场

场长　杨耀宇

市林场危旧房改造工程，于2011年10月26日在市林场竹林小区北空地上开工。该场危旧房改造工程建筑面积1.23万平方米，工期两年，将解决123户林场职工的住房难问题。

新建成的三林区区部。截至2011年10月底，石漫滩林场所有林点基本完成升级改造工程,实现边远林区、林点“水、电、路”三通工程。

舞钢市林场办公楼

国家重点公益林区，管辖面积8.8万亩。

新修建的全长1.5公里二林区前楼林点护林防火道路

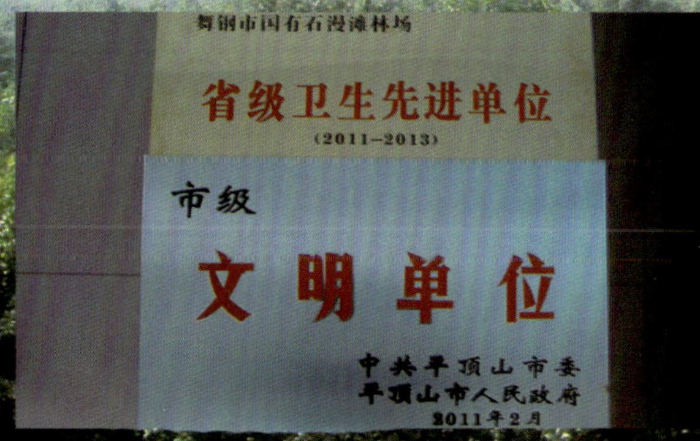

市林场各项工作获省、市级荣誉30多项，2011年被授予省级卫生先进单位和地市级文明单位荣誉称号。

功能齐全、宽敞明亮的现代化护林房

拥有河南省最大的桂花培育基地近100亩，桂花现为舞钢市市树。

舞钢市国有石漫滩林场

——建场55周年庆典活动掠影

场长杨耀宇在国有石漫滩林场建场55周年庆典开幕式致辞

领导班子成员左起：工会主席刘政新、纪检组长刘淑玲、副场长何凡增、场长杨耀宇、书记张根玉、副科级干部罗春杰。

庆祝建场55周年职工文艺晚会掠影

舞钢市国有石漫滩林场建场55年辉煌成绩

舞钢市国有石漫滩林场建场55年来，森林资源稳步增长。全场累计完成补植造林800多亩，新增荒山绿化300多亩，植树近10万株，中幼林抚育近万亩。经营林地面积6102.47公顷，公益林管护面积8.8万亩，活立木蓄积42.7万立方米，森林覆盖率达99.5%，每公顷蓄积达46.6立方米，高于全省35立方米的平均水平，直接经济价值达1.5亿元，是国家建场初期投资100万元的150倍。

为营造山清水秀的生态舞钢作出突出贡献。1992年以来，该场先后被林业部批准为石漫滩国家森林公园、国家重点生态公益型林场、首批森林经营示范国有林场；被省林业厅列为8个国有林场改革试点之一；被评为省级卫生先进单位、地市级文明单位。

基础设施建设和职工生产生活条件进一步改善。近两年来，新建三林区区部等4处护林房，增设二林区军王林点，配齐配足各种生产生活设施，解决六林区、二林区用水用电难题，修建三林区防火道路1.8公里、硬化道路1.2公里。全林场所有林点实现“三通一平”。

加快产业结构调整，初步形成林—禽，林—菌，林—果，林—药等特色致富项目，为林场可持续发展找准了方向。先后开发二郎山4A景区、灯台架4A景区，为舞钢市成功创建中国优秀旅游城市、国家园林城市、全国卫生城市做出积极贡献。2011年上半年，全场积累资产3000多万元。

该场新一届领导班子，以深化改革，职工增收，实体增效，资源持续增长为目标，努力实现林场新跨越。

庆祝建场55周年庆典活动开幕式

林场机关女职工在文艺晚会上表演舞蹈《欢聚一堂》

庆祝建场55周年竹筏比赛掠影

舞钢市二郎山景区

二郎山旅游开发有限公司董事长　李宗玉

前排左起：财务总监院丽丽、副总张培娟、副总贾花、经理李娜。后排左起：经理马建华、杨晋阳、董事长李宗玉、经理李凯辉、刘志刚

景区获国家 AAAA 级景区、全国青少年户外体育活动营地、河南省文明风景旅游区等数十项国家、省、市级荣誉

仙人渡吊桥是亲水景观线上第一座建筑，坚固、安全，雄伟壮观。两端桥座上分别建有风格迥异的凉亭。

观景台融亭台楼阁廊房于一体，造型美观，气势恢弘。景区还建起了金碧辉煌的玉皇金殿等众多人文景观。

沿栈道建有大型音乐喷泉、华丽的水上大舞台等；开展有傣族泼水狂欢、龙舟竞渡等六项免费娱乐活动项目。

二郎山景区于 1996 年开发建设，个人筹资 8760 多万元，开发景点 128 处。公司从旅游 6 要素入手，打造休闲度假游旅游品牌。

为方便游客歇脚小憩，二郎山旅游线路上建起了十余座古朴典雅的凉亭、诗画廊等，成为景区的靓丽风景。

党组书记、局长　李洪涛

中国民协分党组书记、驻会副主席罗杨在“中国·舞钢冶铁文化节”民间艺术表演赛上讲话

4月29日晚，“中国·舞钢冶铁文化节”开幕式文艺晚会在寺坡体育中心隆重举办。

“中国·舞钢冶铁文化节”上著名歌星孙丽英演唱《舞钢吉祥》

元宵节民间艺术表演——省级“非遗”项目鱼灯舞表演

“中国·舞钢冶铁文化节”民间艺术表演——古轧琴演奏

“欢乐中原”舞钢广场文化活动启动仪式

舞钢市建市20周年文艺汇演

舞钢市广电总台

总台台长郭金科

总台演播室

广电网络公司营业厅

节目监控播出中心

“感动舞钢”电视人物颁奖晚会

记者采访世界锦标赛女子举重冠军李雪英（左一）

新闻记者现场采访

技术人员入户调试数字电视

职工文体活动

舞钢市 文学艺术界联合会

舞钢市文联带领各文艺家协会努力创作，助推舞钢市文化大发展大繁荣。

《舞钢文丛》首发式

舞钢市作者在平顶山市第二届文学创作大赛中获奖作品居各县市区之首

为配合平顶山市创建中国书法之城，市文联邀请中国书法兰亭奖获奖作者走进舞钢，为书法爱好者点评作品。

中国民协分党组书记罗杨、中国民协副主席夏挽群等在文联主席温慧敏陪同下观看民俗画

用书画、摄影、根艺、奇石等艺术形式展示“辉煌舞钢 20 年”

平顶山市委常委宣传部长唐飞在舞钢市领导的陪同下观赏根艺展品

市文联积极向河南省青少年发展基金会捐献图书、书法精品，拍卖所得全部用于希望工程。

舞钢市音舞协会从青少年抓起，积极发现人才，培养新人。

我们一直在努力

市地方志职工合影。前排左起：刘安庆、王振明、张金海，后排左起：杨林杰、卢芳、何应凡、张凤琴、李敏。

舞钢市地方史志办公室（简称地方志）是市政府直属正科级事业单位（参照公务员管理），代表政府执行《地方志工作条例》，负责记载地方历史，采集编纂地方史料，专业出版《舞钢市志》、《舞钢市年鉴》、《舞钢月鉴》系列。其中，1993 年版《舞钢市志》获全国首届志书质量评比三等奖。《舞钢市年鉴》2010 年卷获全国第五届年鉴编校质量检查评比一等奖。《舞钢月鉴》2009 年 8 月创刊，入选《2009 年度全国地方综合年鉴十件大事》。目前，该系列出版物已成为介绍舞钢市情、宣传形象的“ 名片 ”，成为赠送来宾的特别礼物。

近年来，舞钢市地方志先后被评为平顶山市级文明单位、平顶山市级卫生单位，荣获平顶山市地方史志工作先进集体、河南省地方史志系统先进单位。

在市委、市政府的正确领导和关心支持下，地方志团队虽然人较少，单位小，但有勇气、有决心和信心创优争先，把系列出版物办成中国乃至世界一流。

舞钢市第一高级中学

党总支书记、校长　马泽南

左起：工会主席刘俊志、副校长郭瑞宾、书记、校长马泽南、副校长李华、副校长陈登峰

舞钢市第一高级中学建于1972年，坐落在舞钢市政治、经济和文化中心——垭口，是平顶山市示范性高中。学校现有教学楼3幢，学生公寓5幢，餐厅1幢；拥有400米塑胶跑道的标准化体育场和省内一流的理、化、生数字化实验室。现有3个年级42个教学班，在校学生近3000人。全校教职工203人，专职老师166人，全部达到本科学历。其中特级教师3人，高级教育师57人，硕士研究生7人，研究生学历28人，一级教师103人，国家级骨干教师1人，省级学科带头人4人，省级骨干教师18人，县级以上优质课教师80人，省级优秀教师3人，地市级劳动模范3人，优秀教师6人。学校先后培养出马丽、穆春广两名河南省文科状元，张剑鸣、邢惠丽两名平顶山市理科状元；姜文涛、郭小红两名平顶山市外语类考生第一名；近60名舞钢市（区）文理科状元。多年来，学校以科学规范的管理，全新的教学模式、一流的教学质量，赢得了社会各界的广泛赞誉。

学生在省内一流教学实验室上课

学生在做课间操

平顶山市政协常委、高级教师王焕阁教师在上课

学校全景

400米塑胶跑道的标准化体育场

舞钢市广播电视大学

党支部书记、校长 曹宏恩

副校长 孙兰芹

招生简章

校领导与部分教职工合影

电教室一角

学校一角

舞钢市第二初级中学

舞钢市二中书记、校长尹光明

在创新中前进的舞钢市二中

舞钢市二中位于朱兰建设路东段路北，是一所半寄宿半走读制学校，是平顶山市示范性初中。学校占地近70亩，现有34个班，在校生2100名（其中住宿生1700名），有教职员工139名，其中，本科以上学历的教师128人，省级骨干教师16人，平顶山市级骨干教师35人。学校的办学理念是：塑名师、育英才，逐步实现小班、精品化教学，不断提高办学层次和办学水平，创中原名校。

学校拥有现代化的理化生实验室和多媒体教室，拥有十分完备的校园网络监控系统，是舞钢市中招考试，理化生实验加试及高招标准化考点。

学校有规范的学生公寓两幢，共300个房间，内设独立的卫生间、洗脸间、空调、壁柜等，可同时容纳2400人住宿。

学校还拥有可容纳2400人同时就餐的样板餐厅，现由山东世纪道和餐饮有限公司托管，该公司管理科学规范，能根据学生的年龄特点、身体发育规律，配置合理的膳食，为学生就餐提供优质的服务。

学校已建成标准化操场。足球场已安装足球精确射门器，为足球爱好者提供了优越的训练条件；另有4个标准化篮球场和30副乒乓球台，能满足学生体育锻炼的需求。

该校先后被评为“平顶山市卫生先进单位”、“读书育人先进学校”、“平顶山市园林学校”、“平安建设暨安全工作先进单位”、“平顶山市依法治校示范校”、“舞钢市初中教学质量先进学校”、“舞钢市校园文化建设先进单位”、“平顶山市级文明学校”、“舞钢市文明单位”。

一直以来，二中人按规范努力工作，重创新开拓进取，追求成功、成长、成熟和成就。使学生做善学者，学会做人，学会做事。成为有健康、有知识、有品位、有特长的学生。

教师指导学生做实验

学校综合楼

学校餐厅

教学楼外景

地址：舞钢市建设路中段

电话：8133926

舞钢市

第二初级中学

教学楼有现代化教室 36 个，配置有远程教育、监控系统和校园广播设备。

监控室配备齐全，设备一流。能对全校各个教室及处室进行监控。为高招、中招的优秀考点。

实验楼，设备一流，可供 350 名学生同时进行物理、化学和生物实验。

餐厅楼，配有餐桌、餐凳，可供 2000 多名学生同时就餐。

综合办公楼

占地面积 70 亩，在校学生 2000 多人，教师 139 人。尹光明校长带领班子成员，坚持以人为本、德育为先，德育、智育、体育、艺术并重的办学理念，走精细化管理之路，始终不渝地培养学生良好的学习习惯和行为习惯，为学生的终身发展奠基。

几年来，在教学、管理、比赛等方面荣获奖杯、奖牌 160 枚（块）。

图书室有各类图书 10 万册，供师生随时查阅、扩大阅读。

有男、女公寓楼各一栋，可容纳 2400 人住宿。宿舍为 8 人单间，有壁柜、卫生间、洗漱池和淋浴。

舞钢市第二小学

校长李相丽

领导班子

孩子们在校园文化艺术节上展示才艺，充分表达了他们愉悦的心情，同时也显示了舞钢市第二小学素质教育的成果。

导游课已成为学校特色。《走近石漫滩》培养的小导游为来检查的领导进行导游，得到了领导的称赞。

“相约周五”系列活动的有序开展，极大地活跃了职工的校园生活，为学校工作的开展注入了新的活力。

瞧，难以抑制的幸福洋溢在老师们的脸上。“桂源”读书沙龙的成立，极大地促使了教师阅读的积极性，为营造书香校园奠定了基础。

学生正在参与学校组织的防火安全疏散演练。安全重于泰山，安全工作是学校的首要工作。

看，三（2）班的孩子们午读时多么投入呀！充分显示了新教育的魅力！

舞钢市小樱桃美术培训学校

学生作品展示

张振英老师在认真辅导儿童画班的小朋友

张振英老师在辅导素描班的学生

国画班学生马一谦获奖

张振英老师辅导国画班的学生

儿童画班学生马天驰获奖

家长在认真观察张老师教孩子作画

郝中阳获得的奖项展示

小樱桃美术培训学校由张振英老师创办，已经走过了11个年头，共举办各类学习班36期。在日本、美国联邦教育委员会举办的国际大赛中，共获特别金奖25枚、金奖230枚、银奖380枚、铜奖近500枚。在省级美术比赛中，共获省级特别金奖5枚，银奖30枚，铜奖55枚。张振英先后三次受到省文化厅的表彰。2008年荣获“河南省少年美术工作先进个人”荣誉称号。近年来，先后四次受到舞钢市政府、关工委的表彰。

舞钢市李娜古筝艺术培训中心

李娜，1985年毕业于河南省许昌艺术学校，毕业后分配到舞钢市豫剧团工作。1990年调入舞钢市文化馆，从事音乐艺术的普及工作。创办市内最早的琵琶、古筝培训班。她在教学中博采众长，吸收和继承优秀传统名家演奏风格，因人施教，整理出适合学生学习的琵琶、古筝教材。

李娜老师正在给学生讲解示范古筝演奏方法

李娜老师在给学生讲解乐曲

李娜老师正在给新学员上课

她特别重视基础训练和学生的潜能开发，培养许多优秀的器乐演奏和音乐理论的艺术人才。20多年来，她荣获中国音乐家协会授予的优秀古筝教师，中国民族管弦乐协会授予的优秀古筝指导教师，陕西省秦筝学会会员等荣誉称号。她的许多学生不仅考入国家重点本科音乐学院，有的还成为音乐或古筝专业硕士、博士研究生。王丹1999年考入信阳师范学院音乐教育系，2002年获河南省大学生艺术节古筝演奏比赛第二名，2004年考入西安音乐学院硕士研究生，2010年被上海音乐学院录取为公费博士研究生。蔡冉2003年考入西安音乐学院古筝专业，2008年被西安音乐学院录取为硕士研究生。张蕾1996年考入河南大学艺术系古筝专业，2008年考入沈阳音乐学院硕士研究生。杨琪2002年考入西安音乐学院古筝专业。王倩2000年考入河南大学艺术系古筝专业，并获平顶山、濮阳两地市古筝专业高考成绩第一名。

在2010年河南省办信工作经验交流会上李娜的学生演出

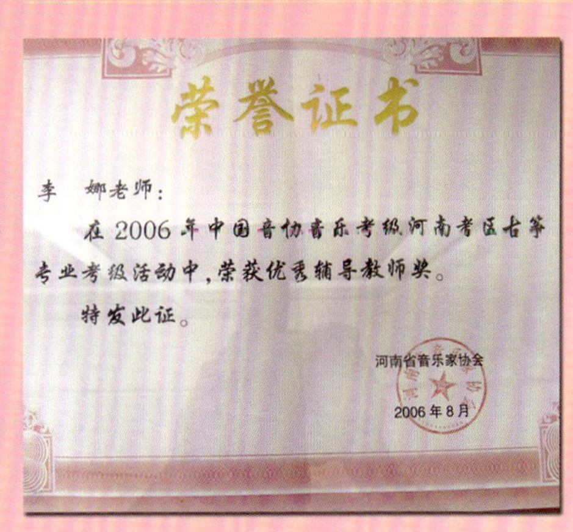

荣誉证书

李　娜老师：

在2006年中国音协音乐考级河南考区古筝专业考级活动中，荣获优秀辅导教师奖。

特发此证。

河南省音乐家协会

2006年8月

2006年李娜荣获中国音乐家协会优秀教师奖

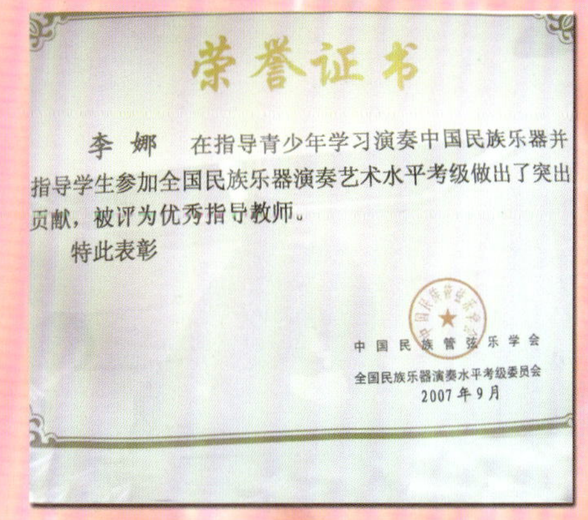

荣誉证书

李　娜　在指导青少年学习演奏中国民族乐器并指导学生参加全国民族乐器演奏艺术水平考级做出了突出贡献，被评为优秀指导教师。

特此表彰

中国民族管弦乐学会

全国民族乐器演奏水平考级委员会

2007年9月

李娜在2007年荣获中国民族管弦乐学会古筝优秀教师奖

工　业

冶金工业

河北钢铁集团舞阳钢铁有限责任公司

【概况】　河北钢铁集团舞阳钢铁有限责任公司(简称舞钢公司)是中国首家宽厚钢板生产科研基地,2010年资产总额132亿元,职工1.2万余人。具有年产钢500万吨、宽厚钢板300万吨、销售收入百亿元以上的综合实力。目前舞钢公司拥有4100毫米、4200毫米2条短流程宽厚钢板生产线,主体设备有90吨、100吨超高功率电炉4台,钢水精炼、真空处理设施11台,大型钢锭模铸线9条,300毫米×1900毫米板坯连铸机1座,300毫米×2500毫米板坯连铸机2座,4100毫米双机架宽厚板轧机和4200毫米宽厚板轧机,以及中国宽厚板行业最为齐全配套的常化炉、外机炉、车底炉、调质线等钢板热处理设施和国际一流水平的科研检测装置、国家级的理化检验中心等。在舞钢公司已经生产过的12大系列400多个牌号的产品中,有200多个替代进口或采用外国标准生产,30多个品种出口美国、德国、日本等发达国家和地区。舞钢公司还是中国建筑结构用钢板、石油天然气输送管线用宽厚钢板、厚度方向性能钢板等5个国家标准的起草单位。先后有10类产品获中国冶金产品实物质量金杯奖,7类产品获河南省名牌产品称号。“舞钢”牌被评为河南省著名商标、河南省著名出口品牌。2010年,“舞钢”牌商标被认定为中国驰名商标,舞钢公司获全国质量奖。

【生产经营】　2010年,舞钢公司产钢251万吨,产钢板221万吨,实现销售收入115亿元,利润1.23亿元,利税3.79亿元。合同完成率100%,保证用户的合同交货期,提高舞钢公司的市场信誉。实现挖潜11.1亿元,折合吨板降本503元,可比产品成本降低率10%。在主要对标指标中,炼钢系统15项对标指标有9项优于标杆水平,轧钢系统5项对标指标有3项优于标杆水平。销售部全年承接合同190万吨,回笼货款110亿元,相继开发上海中心大厦、浙江三门核电、荔湾深水钻井平台等一批重点工程市场。进出口公司全年承接出口合同16.9万吨,同比增长119%。海洋平台用S355G10+N和DQ56钢板首次生产并成功出口海外市场,打破欧、美、日等国外钢厂垄断的局面,提高舞钢公司在国外高端宽厚板市场的影响力,提升舞钢品牌知名度和影响力。

【品种开发】　2010年,舞钢公司开发出新品种20余个,承接新产品合同16万吨,回笼货款16亿元,均创历史最高水平。新产品实现利润超过5亿元,成为公司生存发展的中流砥柱。在海洋工程用钢方面,稳定生产厚度152.4毫米690兆帕级高强钢,厚度215毫米齿条钢通过工厂认证,初步建立齐全的海洋工程用高强钢体系。超低温用钢06Ni9DR钢板研发成功并通过评定,钢板综合性能指标超过宝钢达到国外先进水平。电渣型300毫米厚度级Z35水电结构用钢板开发成功并推向市场,在国内外Z向性能和厚度级别上实现新突破。Cr－Mo系列钢板生产最大厚度198毫米,全年研发销售量接近3万吨,同比增长40%。厚度162毫米、单重37吨级临氢12Cr2Mo1R创国内同类型单张钢板重量之最。成功研发生产出核岛级蒸发器、稳压器用16MnD5、18MnD5钢板和核一级设备封头用宽3970毫米的超宽钢板,核电反应堆安全壳用4000毫米超宽钢板,公司成为目前国内唯一具备核岛级系列钢板供货能力的企业。工艺研究创效明显,降低合金含量试验累计降低合金成本超过2600万元。连铸坯末端凝固工艺进一步优化,解决船板断口分层问题。连铸代模铸范围扩大,连铸坯轧制钢板厚度150毫米。DQ工艺试验取得重大进展,部分规格调质钢吨钢降低成本超过200元。

公司建立质量问题快速反馈机制和多方协调联动机制,加大工序质量把关和质量考核力度。以精细化管理为主线,以提升质量为目的的标准化工作迅速启动并取得突破性进展。钢种工艺技术规程标准化完成并开始下发执行;工序成本标准化接近尾声。

【技术改造和项目建设】　2010年,舞钢公司组织专门力量,科学编制“十二五”发展规划,明确建设“国内领先、国际一流”的精品宽厚板科学发展示范企业的发展定位。以永葆品种质量领先优势为目标,从产业升级、结构调整、节能减排、降低成本和提高产品市场竞争力出发,谋划高炉、转炉建设和4200毫米轧机改造工程。加快与中加合资的第一座1260立方米高炉投产步伐,适时开工建设第2座高炉,最终形成年200万吨铁水生产能力,解决舞钢公司多年来备受困扰的原料来源问题。

【精神文明】　2010年,舞钢公司根据自身发展形势需要,开展形势任务教育以及创先争优、创造历史最好指标、劳动竞赛等专项活动,鼓舞职工干劲,弘扬进取精神,激发广大职工热爱舞钢公司、建设舞钢公司的积极性。中央电视台及河北、河南省级主流媒体,多次对公司蓬勃向上的发展形势进行报道,公司形象和社会影响力得到提升。

【职工生活】　2010年,在市场形势极为严峻、生产经营困难的情况下,舞钢公司在岗职工平均收入增长2%～3%。改善职工住房条件,湖滨小区422套住房即将封顶并分配到户,李辉庄龙寓花园1920套职工住房正在施工,全部建成后,职工住房紧张状况将得到根本性改观。在冬季间断集中生产、余热蒸汽产量不足的情况下,关注职工冷暖,增开动力锅炉,确保职工居民生活区暖气供应。

（舞钢公司）

舞钢三和盛机械制造建筑安装有限责任公司

【概况】　2010年,舞钢三和盛机械制造建筑安装有限责任公司承接钢板加工及机械制造合同2.36万吨;完成工艺产量12.35万吨;实现回款3亿元;在消化2次激励奖350万元的基础上,实现利润18万元。职工收入保持相对稳定。总体上实现不亏损的既定目标。

【企业文化】　2010年,舞钢三和盛机械制造建筑安装有限责任公司以"争当明星员工"系列活动为载体,坚持"党建带工建、党建带团建"的思想,发挥工会、共青团作用,围绕生产经营,以灵活多变、丰富多彩的活动形式,打造企业文化,创新党建及思想政治工作思路,凝聚全员合力,统一全员意志。

建立"争当明星员工"活动量化机制。为增强可操作性,便于活动开展,针对活动主题,建立"打分制"量化考核机制,将成绩与生产指标和工作任务完成情况、技能等级、参加活动、按规操守、工作态度等方面挂钩,公正、客观地评价每位员工的工作业绩。2010 年,评出月度"明星员工"、"优秀班组长"120 人次,评出季度"明星员工"、"优秀班组长"36 人次。

以丰富的活动为载体,打造具有自身特色的企业文化。工会、共青团以"争当明星员工"为主题,坚持"月月有活动、长年不断线"的方针,围绕生产经营开展活动:迎新春趣味运动会、健步走、健美操、登山比赛等活动增强了员工身体素质;羽毛球、篮球等球类比赛丰富了员工的业余生活,激发斗志;金秋助学、送喜报、庆"六一"儿童书画大赛、员工生日祝贺等活动,营造了"家"的氛围,增强了员工的归属感和自豪感。

【生产经营】 2010 年,舞钢三和盛机械制造建筑安装有限责任公司提出"保合同、保质量、保工期、保安全、保不亏、保工资"的指导思想,各分公司快速反应,主动寻找战机,打响生产经营攻坚战。销售公司加强用户管理和销售队伍管理,提高用户满意度,巩固现有客户群,开发新用户,全年承接切割和直销合同 2.8 万吨,主动承担起"保合同"重任。钢加公司总结扒皮、切割、预处理交叉作业的经验,加强一岗多技、多岗多技和统一定额考核,推进人员优化配置,调动员工生产积极性;围绕生产自救,到科技部、进出口公司等相关单位和部门,跟踪钢板扒皮和预处理合同,完成钢板预处理 7.6 万吨,完成扒皮 1.5 万吨,弥补切割合同的不足,保证生产连续性。机加公司围绕提高劳效,创新管理思路,细化考核,鼓励"一人一机、一人多机"的操作模式,树立市场观念,优化生产工艺,提高产品质量,满足客户需求。金结公司优化人力资源,合理安排生产,科学编制网络,明确激励机制,严格责任考核,想方设法保工期、保质量,促进产能释放,提升生产规模。锻造公司利用废钢资源,完善工艺标准,提高锻造技术,理顺法兰生产流程,降低料比,实现产量、质量新突破。建安公司以保质量、保工期为基础,创品牌,树形象,克服困难,落实项目,提升服务,争取活源,全年承接工程项目 127 项,实现回款 9000 万元,为公司创效发挥主力军的作用。原物资公司发挥采购、仓储、物流三大职能,强化内部管理,提高人员素质,全方位服务主体,为公司的整体运营起到重要的作用。

【开发市场】 销售公司在巩固原有市场的同时,向纺机、化机等领域发展,寻求合作伙伴,抢占市场空间,取得较好的销售业绩;生产计划科与湘钢、韶钢、柳钢等用户结为战略联盟,成为合作伙伴,开辟新的市场空间,增强抵御市场风浪的能力;建安公司走出家门,加大外创力度,先后承接看守所改造、移民新村建设等多项工程,外创收入 2000 多万元。

【产业结构调整】 2010 年,舞钢三和盛机械制造建筑安装有限责任公司适时调整产业结构,适应市场变化,助推企业发展。(1)主动接轨舞钢公司生产环节,做大做强钢板表面处理业务。根据舞钢公司出口合同的需要,紧贴主体,向钢板表面处理业务发展,扒皮、预处理、大罐钢等项目,成为 2010 年生产经营的主流。(2)连铸辊车间建成投产。根据主体厂设备状况,结合连铸辊市场需要,及时立项上马连铸辊车间,并投入生产,逐步成为三和盛生存发展的支柱产业。(3)新的经济增长点在逐步发展壮大。电渣锭、各种结构箱体项目趋于成熟,大锭型结晶器进入试制阶段。

【降本增效】 2010年,舞钢三和盛机械制造建筑安装有限责任公司实行对分公司实施模拟利润考核、分公司对班组实施成本考核、班组对个人实施工时考核的三级联动考核模式,细化指标分解,人人承担指标,全员参与开源节流、降本增效,形成人人肩扛指标、人人参与降本增效的良好局面。

【创新管理】 2010年,舞钢三和盛机械制造建筑安装有限责任公司各科室探索管理思路,创新服务方法,围绕生产经营,发挥双向职能。生产计划科抓合同、催回款、促结算,加强重点合同网络跟踪和节点控制,加强沟通协调,合理安排生产,确保质量和交货期;财务科以成本核算和财务管理为主线,定岗定员,分工明晰,服务生产一线;技术科把住产品质量关,严格控制不合格产品的流出,努力维护公司形象;机动科一手抓设备管理,一手抓基建技改项目,为公司增添发展后劲;安保科以抓日常检查和"6S"管理为重点,实施连带考核制度,使安全保卫工作有新突破;企管科按照经济考核责任制严格执法,坚持原则,严把合同评审关,保证生产运营健康发展;劳动人事科加强员工培训,理顺劳动人事关系,规范劳务用工,严抓劳动纪律,为公司生产经营提供人力资源保障;研发中心紧盯市场需求,开发项目,为公司发展壮大出谋划策;综合办公室在履行督察督办职能的同时,做好各项后勤服务工作。

【职工培训】 2010年,舞钢三和盛机械制造建筑安装有限责任公司立足打造企业软实力,加强技术技能培训,提升企业整体素质。与河南大学合作开办MBA培训班,广大中层干部参与学习;与培训机构合作开办物流师、营销师培训班,60余名职工参加取证考试,24名职工取得中级职业资格证;与浙大联合开办第二期工商管理本科班,激发公司基础管理工作活力。同时,公司重点对生产一线技术岗位进行技能培训,制定相应的激励政策,将岗位技能等级与工资奖金相结合,激发生产一线员工学练技术的热潮,提高全员技术素质,提升企业软实力。

(三和盛机建公司)

采矿业

安钢舞阳矿业有限责任公司

【概况】 安钢舞阳矿业有限责任公司(以下简称舞阳矿业公司)是河南安阳钢铁集团公司的下属子公司、铁矿石原料基地,保有矿石储量3亿余吨,是河南省大型国有铁矿石生产企业。占地437.39万平方米,下辖铁山矿区和赵案庄、王道行矿区,主要产业是铁矿采、选,主导产品是铁精矿。截至2010年底,拥有固定资产原值6.4亿元,固定资产净值2.8亿元,主要设备1302台(套)。在职职工1256人。其中,专业技术人员183人,教授级高级工程师1人,高级职称9人,中级职称74人,初级职称99人。设有铁古坑工区、八台矿2个主业单位,机制公司、水电公司、生活公司、职工医院等4个辅助单位及综合办公室、生产经营部、财务劳动人事部、安全环保部、铁山地采指挥部和武装保卫部等6个职能部室。

【生产经营】 2010年,完成采剥1170万吨。生产矿石105万吨;生产铁精矿42万吨,完成计划的105%,精矿平均品位64.7%,比计划提高0.2个百分点。其中,铁古坑工区14万吨,品位67%;八台矿28万吨,品位63.8%。输出成品矿45万吨,其中,铁古坑工区16.5万吨,八台矿28.5万吨,平均输出品位64.7%。实现销售收入4.5亿元、利税1.5亿元、利润5000万元。实现工亡事故、重伤事故、重大设备事故、重大环境污染事故和重大消防事故为零的目标。

【基础管理】 根据工作需要,2010年7月13日,公开招聘铁山地采指挥部指挥长、八台矿矿长;2010年8月19日,选派新一任铁古坑工区区长;2010年11月9日,公开招聘八台矿5名副矿长。加强生产过程安全管理的领导责任,落实国家安全生产监督管理总局令〔2010〕34号《金属非金属地下矿山企业领导带班下井及监督检查暂行规定》。经请示国家、省、市安全生产监督管理局及安钢集团公司同意后,2010年7月29日,将八台工区更名为八台矿。完善机构设置,下设科、室、车间,配备带班下井副矿长,建立领导带班下井制度,明确井下现场带班应履行的职责。自2010年11月15日起,执行领导带班制度,矿长、副矿长与工人同时下井、同时升井,强化井下现场的安全管理。探索大型设备的维检模式,推进、强化设备"TnPM"管理,维修程序、备件管理、前期管理、维修模式、润滑管理、现场管理和组织管理趋于规范化;推进"8S"管理,制定推进方案,定期检查考核,奖优罚劣,评选出"8S"管理优秀单位1个、先进单位2个、优秀作业区9个、优秀班组6个、优秀办公室11个,职工队伍素质、职工安全意识、现场管理水平和工作效率得到提升。强化专业安全管理。采矿工艺、选矿工艺、地质灾害、电气、机械、危化消防等6个专业安全管理组制定、完善专业管理制度、技术操作规程及应急救援综合预案、专项预案,坚持定期开展专项安全检查,排查专项隐患、督促及时整改,为安全文明生产提供专业支撑。按照安钢集团公司〔2010〕85号文件精神,成立"小金库"专项治理领导小组,依法对2008年以来的"小金库"情况进行清理,规范企业财会制度,建立"小金库"治理长效机制,为企业健康良性发展奠定基础。

【发展建设】 (1)实施200万吨/天铁精矿发展规划。在安钢集团公司2010年上半年厂情报告会上,董事长、总经理王子亮提出要把舞阳矿业公司建设成200万吨/天铁精矿原料基地。据此,舞阳矿业公司出台《200万吨/天铁精矿实施方案》。2010年8月17日,集团公司常务副总经理史美伦、副总经理李存牢带领有关部室领导及专家到舞阳矿业公司对实施方案进行论证。经论证,一致认为,实现舞阳矿业公司200万吨/天铁精矿产能,从资源上条件具备,技术上可行,经济上合理。2010年9月,委托哈尔滨黄金设计研究院出具《200万吨/天铁精矿项目建设工程可行性研究报告》。2010年11月1日,安钢集团公司以〔2010〕28号文批准舞阳铁矿200万吨/天铁精矿项目。该项目总工程量72万立方米,总投资9.9亿元。其中,铁山矿67万立方米,投资7.5亿元;八台矿5万立方米,投资2.4亿元。(2)换领八台矿采矿许可证。2010年10月14日,省国土资源厅向舞阳矿业公司颁发赵案庄、王道行矿(即八台矿)采矿许可证。该采矿许可证的换领,标志着舞阳矿业公司取得继续开采八台矿的合法权利,为公司的可持续发展提供坚实的资源保障。(3)八台矿基建改造。完成副井井筒土建掘进工程。该工程从-384米掘砌延伸至-568米水平,延伸井筒184米,并完成-400米以上8个双向马头门、-400米以下及-445米、-470米、-530米水平3个单项马头门的施工。完成井筒锁口工程、副井梯子间、风水管道安装等全部井底部分结构安装以及-320米水平部分井底车场的施工。完成副井JKMD2.84落地式多绳摩擦卷扬机的安装、调试,成功进行空负荷试车。实现井下-240米、-270米、-320米主运输巷与副井的贯通,为中段运输、通风创造条件。完成-240米、-270米、-320米各中段措施巷施工,主井-320米~-240米井筒小断面掘进工程开工建设,为主井延伸工程施工做准备。原矿堆场建成投用,该矿堆场活库容部分可堆存6000吨原矿,从根本上解决采、选生产相互制约的矛盾,使采场、选厂形成各自独立的生产系统,实现均衡、连续生产。(4)铁古坑工区项目建设。2010年3月25日,位于铁古坑露天采场5线至6线之间的0米水平联络巷工程贯通;2010年7月,该巷道投入使用;-100米水平凿岩硐室于2010年9月13日与11月1日分两段开工,截至2010年12月,完成掘进进尺837米。为延长铁古坑采场服务年限,铁古坑露天采场实施的第三次南部扩帮工程启动,截至2010年12月,露天采场完成剥岩1199.75吨。铁山充填站主体工程竣工,2010年8月下旬,完成4个尾砂砂仓和4个C料砂仓的修建。(5)铁山地采工程。主要包括主井、西混合井、西风井、斜坡道、东副井、东风井等6项工程。2010年,该工程按网络计划有序推进。完成主井井筒施工、井底车场和东西运输大巷掘进、破碎系统硐室及巷道掘进,正在进行开拓运输巷道掘进、溜矿系统掘进及车场和运输大巷支护。2010年完成工程施工费用1764.4万元,累计完成工程施工费用3643.88万元。完成混合井井筒施工、-400米水平井底车场掘进、破碎系统硐室及巷道掘进,正在进行水仓、沉淀池、溜矿系统掘进及车场和运输大巷支护。2010年完成工程施工费用2338.88万元,累计完成工程施工费用3733.81万元。完成西风井井筒施工,-100米水平运输巷和斜坡道已贯通,正在进行-160米运输巷道掘进。累计完成工程施工费用2204.25万元。斜坡道掘进至-178米,长度2100米,2010年完成工程施工费用850.12万元,累计完成工程施工费用3181.29万元,完成工程量的55%。完成东副井井筒施工,正在进行开拓运输巷道掘进。2010年完成工程施工费用642.58万元,累计完成工程施工费用2012.24万元。东风井正在进行井筒掘进,已经掘进至-25米,150米深,完成总深度的28.10%。2010年完成工程施工费用510.3万元,累计完成施工费用557.01万元。截至年底,露转地项目除东风井正在进行井筒施工、斜坡道正在进行掘进外,其余各井均已落底,正在进行井底开拓和溜破系统工程施工。合计完成总施工费用15332.48万元。

【技术研究】　(1)完成“八台充填站直径30米浓缩池溢流尾砂砂浆沉降试验及进一步浓缩计算”,摸清充填后细粒尾砂浓缩极限浓度、干砂比重。2010年4月7日,经舞阳矿业公司工程技术人员审查、论证,一致认为该试验数据为计算浓缩池的直径和外排细粒尾砂的体积量、外排砂浆比重提供了科学的设计依据。(2)完成《铁古坑露天采场扩帮延伸方案》。该方案的实施可加大铁古坑露天矿的开发力度,延长露天服务年限。该方案从-30米~-100米,共需剥岩6709万吨,采出矿石918万吨,剥采比7.352,产精矿183万吨,按目前卸、装、运价格测算,吨精矿盈亏平衡点位522元,按目前精矿价格计算吨精矿毛利润500元左右。2010年5月6日,舞阳矿业公司有关专业部门人员论证后,一致同意实施该方案。预计到2011年底采场可以规模出矿。

(3)完成《铁山矿区露转地过渡采矿方案》。铁古坑露天采场于2010年8月结束生产,地采工程预计3年~4年后建成投产,造成衔接不上的局面,为保持可持续生产,开展该方案的研究论证。该方案是利用铁山地采建成的斜坡道及西风井工程,采用汽车从斜坡道运输,开采-100米~-220米水平矿体。该方案2010年9月27日论证通过,付诸实施。预计2011年底投产,该方案可缩短露转地衔接时间。(4)制定出台《关于开采铁矿石的有关规定》。根据舞阳矿业公司采选工艺及参数,原设计的夹石剔除厚度及废石混合率已难以满足生产要求,据此制定新的夹石剔除厚度和废石混入率指标,对科学指导采矿生产、保证采矿生产安全、提高劳动效率、提升铁矿石综合回采率、充分利用矿产资源和延长矿山服务年限具有重要意义。该规定于2010年8月9日召开论证会,形成论证会议纪要后实施。(5)制定《红山选厂处理原生磁铁矿工艺改造方案》。因铁山西区露转地及过渡方案全部采出原生矿且采矿能力大约在500万吨/天以上,现铁古坑选厂处理能力严重不够,氧化矿(红矿)在近几年内又难以采出,红山选厂暂时仅处理污泥,功能过剩,故决定将红山选厂强磁机前按照铁古坑选厂现有成熟工艺进行改造,用于处理原生磁铁矿。该方案于2010年9月20日召开论证会,形成论证会议纪要后实施。红山选厂改造投资850万元,改造周期短,技术经济合理,方案可行。其浮、重选部分用以处理污泥及未来井采氧化矿。(6)制定《八台200万吨/天原矿选厂方案》。该方案是八台矿选厂在现有75万吨/天原矿处理能力基础上,按200万吨/天原矿处理能力进行改扩建,包括堆场、自磨、选别、浓缩及剩余细粒尾砂输送,总投资1.3亿元,全部自行设计。于2010年9月20日召开论证会通过。(7)2010年9月20日召开论证会,形成论证会议纪要,制定出台舞阳矿业公司《矿山地质工作暂行规定》,适用于磁铁矿日常矿山地质工作。该规定仅应用磁铁块、皮尺、锤头,重点测量矿体顶底板界线及厚大夹层位置即可。(8)2010年7月12日,经论证会论证并形成会议纪要,制定舞阳矿业公司《关于采场矿石、岩石体重测定的暂行办法》。

【技术改造】 八台矿技术改造。(1)选矿。在Ⅱ系列粗选前,加装3台直径350毫米型旋流器,对分级机溢流进行再次分级,提高磨矿效率,减少选别系列筛上矿物的循环负荷;在1号皮带头部安装1台C110新型颚式破碎机,控制原矿大块粒度在300毫米以下,提高磨矿效率;对选矿Ⅰ、Ⅱ系列自磨机给矿系统进行技术改造,自行设计安装继电器,实现自动均匀给矿,确保磨机作业效率;在2号、3号皮带运输系统加装喷水装置,降低粉尘,改善职工作业条件。(2)采矿。完善胶结充填采矿法。以保持采充平衡点为切入点,严格控制采空区数量与空区产出布局的协调关系,使采、充工作始终保持平衡、有序进行,形成高效、安全的采充施工链条。2010年3月,在原有采矿基础上,实施二步采矿法,即把矿体分两步回采,一步回采5米矿房,保留5米可采矿柱;二步回采,依靠胶结充填体作支撑,回采5米可采矿柱,取缔原有的掏矿柱作业。优化调整后的采矿方法,更加适用于八台井下地质构造与矿岩性质,不但使矿石回采率97%以上,同时又减小了采空区跨度,提高采矿施工的安全性、稳定性。做好-240米、-270米中段的局部采矿换层工作,实现备采矿块的顺利过渡。(3)充填站。在1号、2号砂仓安装7台直径100毫米旋流器,在3号、4号砂仓安装6台直径350毫米旋流器,加大尾砂沉降量,满足井下生产充填、空区注浆需求;改造充填站供水系统,实现双回路供水,满足生产用水需求;改造给灰系统,将拨轮给料器更换为螺旋给料器,实现均匀给灰,简化工艺流程;改造水隔离泵站,安装 MD 型耐磨多级离心泵,排水量由原来的每小时 50 立方米提高到每小时 85 立方米,增大向铁古坑高位浓缩池的输送量,满足生产要求。(4)铁古坑技术改造。红山选厂实施选别炼铁沉泥工艺改造,进入试车阶段。炼铁沉泥成分复杂、难选,改造后采用浮—重工艺对其进行选别,即先浮选,分离出碳,得到碳成品,从而提高铁品位,再进行铁精矿选别,缓解现阶段矿源紧张问题,解决安钢集团公司冶炼沉泥无处堆放、无法处理的难题。铁古坑选厂 HP500 美卓矿机的技术改造达到预期效果。美卓矿机在生产过程中一旦过铁,锁紧缸和释放缸就可能漏油,且液压泵持续工作,极易发生油箱漏油和液压泵电机烧毁事故。铁古坑工区组织相关技术人员研究设计改进方案,在油箱加装油位开关、在配电箱加装延时停泵继电器、在控制室加装一套声光报警系统。改进后效果良好,提高对事故的预知预控能力,确保生产安全顺行。在总砂泵站 3 号、4 号水隔离泵前,铁古坑选厂进矿主管道上部加装 1 个进料补偿器,解决 3 号、4 号水隔离泵作业时因压力作用导致喉管爆裂的故障,确保相关设备安全顺行。

【重大危险源治理】 舞阳矿业公司存在 2 项重大危险源,即罗寺沟尾矿库(省挂牌督办重大隐患治理项目)和铁古坑西排土场(2010 年度省挂牌督办重大事故隐患治理项目),2010 年投入大量人力、物力进行治理。(1)罗寺沟尾矿库隐患治理。设计总工程量 600 万立方米土石方,设计总投资(不含征地费)19460.58万元,预计决算投资 14867.05 万元。2008 年 11 月开工,截至 2010 年 12 月,完成工程量 580 万立方米土石方,占治理总工程量的 98%;完成投资 12622.05 万元,占预计决算投资的 84.9%。(2)铁古坑西排土场隐患治理。2010 年 3 月,委托中钢集团马鞍山矿院工程勘察设计有限公司完成《东、西排土场修改及综合治理设计》。2010 年 6 月 5 日开工,截至 2010 年 12 月,完成上部卸载 65 万吨,清基 25 万吨,反压 50 万吨,修筑拦挡坝 450 米,挖砌各台阶排水沟 3000 多米。

【获得荣誉】 2010 年,舞阳矿业公司获平顶山市职工职业道德建设先进单位荣誉称号;党委书记韩绿林获平顶山市职工职业道德建设先进个人荣誉称号、副经理邱合祥获平顶山市劳动模范荣誉称号。　(张　珂)

纺 织 业

舞钢市银龙集团公司

【概况】 舞钢市银龙集团公司是集纺织、服装、塑编、皮革加工和进出口经营于一体的股份制大型民营企业集团。下属金海纺织有限公司、银河纺织有限公司、金汇纺织有限责任公司、龙翔纺织有限公司、宇龙纺织有限公司、龙山纺织科技有限公司、银丰纸管有限公司等分公司。总资产 17 亿元,占地 67 万平方米。企业员工 5000 余人,主营棉纺纱锭 60 万枚。是舞钢市重要支柱企业,河南省最大的民营纺织企业。

【生产经营】 2010 年累计生产棉纱 5 万多吨,完成工业产值 15 亿元,实现销售收入 13 亿元,利税 6000 万元以上。　(银龙集团)

产业集聚区

【概况】　舞钢市产业集聚区是2008年12月经河南省人民政府批准的省级产业集聚区,规划面积10.9平方千米,分南北两区,南区规划面积1.9平方千米,北区规划面积9平方千米。产业集聚区具体事务由产业集聚区管理委员会统一管理,管委会下设1办3中心,即综合办公室、规划建设管理中心、社会事务管理中心和企业发展服务中心。2010年,产业集聚区管委会围绕舞钢市委、市政府的重大决策和部署,采取措施,加快推进产业集聚区建设。全年产业集聚区入驻企业19家,从业人员2.12万人,完成营业收入200亿元,实现税金8.16亿元。

【基础设施建设】　2010年,舞钢市产业集聚区基础设施建设完成投资4.96亿元,同比增长180.2%。道路建设。完成产业集聚区北区一期路网"三纵一横"(经三路、经四路、经五路南段和建设路)道路主体工程建设,通车里程5.2千米,正在进行人行道、路灯等配套设施建设;南区完成马鞍山大道改造工程;纬一路正在进行路基土方建设,路床开挖成型,路基换填完成;建设路北二期路网"四纵三横"7条主干道路开工建设。电力建设。完成南区110千伏柳源输变电站和110千伏柏庄变电站建设;完成北区10千伏施工线路架设、630千伏安变压器安装投用和三年电网建设规划;开工建设建设路两侧双回路供电线路和企业直供线路。供排水建设。完成从胡寨转盘西到标准化厂房5千米长的生活供水主管道铺设,正在进行加压泵站建设;完成工业供水管网规划设计和投资预算,正在选定投资主体和施工招标。综合服务中心建设。完成建设面积1万平方米的综合服务中心大楼基础打桩浇筑。群众安置小区建设。完成上曹中心社区一期269套二层楼房主体工程,二期四层叠加楼房和多层楼房正在进行设计方案修订完善。

【工业项目建设】　2010年,舞钢市产业集聚区工业项目建设完成投资17.86亿元,同比增长76.4%。总投资14亿元的舞钢冶金公司铁前配套项目一期工程进展顺利,完成主要设施安装,全年完成投资8亿元;投资3.3亿元的龙山纺织科技公司二期10万锭高精纺项目建成投产;完成投资3.5亿元的龙山纺织科技公司三期10万锭高精纺项目土建工程,全年完成投资1.2亿元;总投资8.3亿元的鑫海纺织有限公司30万锭高精纺项目,一期10万锭主厂房土建工程基本完成二期10万锭场地平整正在进行,全年完成投资1.35亿元;投资1.5亿元的易源科纺公司10万锭项目,正在进行主厂房建设,全年完成投资1亿元;投资1.2亿元的6栋6万平方米三层标准化厂房项目,1号~4号楼主体已建成,5号、6号楼正在进行二、三层建设和室外配套工程建设,全年完成投资1.1亿元;投资6800万元的精钢钢铁公司土建工程正在进行,全年完成投资1800万元;完成总投资10亿元的金马钢铁加工物流配送中心一期项目土建工程,全年完成投资3200万元;投资4.1亿的诚祥机械公司,正在进行土建工程,全年完成投资2100万元;总投资4.5亿元的产业集聚区南区职工公寓——龙寓花园项目全年完成投资1.2亿元。

【招商引资】　2010年,舞钢市产业集聚区制定完善《招商引资合同书》、《入驻企业规划审批表》和《入驻企业建设承诺书》,确立严格的项目入驻门槛,实行入驻项目通知书制度,加大对招商引资项目监管和服务的力度。全年接待来自北京、上海、江苏、浙江、福建、广东、香港、澳门、台湾等地客商42批288人到产业集聚区考察洽谈。全年签约宏福鞋业、金基业钢铁等17个招商引资项目,合同金额88.04亿元,到位资金36.4亿元,其中产业集聚区管委会直接签约引进精钢钢铁公司、金基业钢铁公司等3个招商引资项目,合同总金额8.78亿元,到位资金1.88亿元。与河南晋商联盟置业有限公司签订70亿元的投资合作协议。

【获得荣誉】　2010年,舞钢市产业集聚区被省政府评为全省又好又快发展产业集聚区,获奖励资金600万元;被省发改委确定为循环经济试点单位;被省科技厅确定为科技创新型产业集聚区;被省国土资源厅确定为创建国土资源节约集约模范产业集聚区。　(颜春涛)

石漫滩南岸荷花

农　　业

综　述

【概况】 2010年，舞钢市农业产值完成6.7亿元，同比增长8%；渔业产值1982.9万元，同比增长11.3%；农民人均纯收入5646元，同比增长11.2%。农业局系统干部职工288人。其中，干部130人，工人158人；中共党员138人，占总人数的48%；大中专以上学历135人，占总人数的47%；中级以上职称30人，占总人数的10%。

【农业生产】 2010年，舞钢市粮食总产量14.72万吨，同比增长2.9%。其中，夏粮产量7.8万吨，同比增长1.3%；秋粮产量6.92万吨，同比增长4.8%；水产品产量2250吨，同比增长6.6%。主要经济作物中，油料产量7635吨，同比增长3.5%；棉花产量918吨，同比增长0.8%；蔬菜产量107204吨，同比增长6%；食用菌产量1008吨，同比增长5%；瓜果产量2.74万吨，同比增长1.5%。

【中心镇、中心社区】 2010年，舞钢市按照“统筹规划、分步实施、以点带面、扎实推进”的工作思路，统筹城乡发展，采取县级领导联系、市直单位帮建的办法，突出抓好4个中心镇、3个示范中心社区和6个重点推进中心社区建设。4个中心镇的中心街全部进行美化、亮化、净化，人口聚集示范区（枣林中心镇枣园社区、八台中心镇丰台社区、尹集中心镇柏都社区、尚店中心镇宝润社区）开工建设二层民居544套、多层楼房3栋90套，其中416套二层民居主体工程基本完成。3个示范中心社区完成714户居民房屋主体工程：完成张庄社区一期34户和瑞祥社区330户移民整体搬迁工程，上曹中心社区268套二层民居和张庄中心社区二期80户居民房屋主体工程完工。6个重点推进中心社区有序推进。

【土地流转】 2010年，舞钢市推行土地使用权流转，抓好规模扩大和规范经营，发挥市、乡土地流转服务中心（有形市场）的服务职能，建立健全土地流转项目经营环境服务机制、专业技术人员联系土地流转项目的技术服务机制和土地流转项目保险机制，提高对土地流转项目产前、产中和产后的服务能力，促进土地流转工作的健康有序开展。全年新增500亩（1公顷=15亩）以上规模土地流转示范方26个，其中千亩以上规模土地流转示范方12个，土地流转面积1466.7公顷。全市土地流转面积累计7066.7公顷，占耕地总面积的33.1%，参与流转农户2.48万户，占全市农户总数的34%。努力打造水稻、蔬菜、中药材、棉花和烟叶生产“五朵金花”。按照“育龙头、兴产业、带农户、连基地”的要求，搞好农业结构调整，促进农业产业化经营,申报并组织验收地市级龙头企业3家(舞钢市瑞祥养殖场、万东牧业公司、食用菌开发公司),使全市地市级以上龙头企业达到15家,省级龙头企业2家,带动初级农产品的规模化生产和集约化经营。按照“民办、民管、民受益”的原则,规范和发展农民专业合作化组织15家,建成地市级示范社5家、省级示范社2家。全市累计建成各类农民专业合作组织40家,带动农户1.85万户,提高农民进入市场的组织化程度,加快第一产业由生活保障型向经济效益型转变。

【渔业管理】 采取多种形式向市民(尤其是南岸群众)广泛宣传禁止乱捕滥捞与垂钓对规范渔业秩序、提高生物调控水平和实现水库自净能力的重要意义。采取日常管理和集中行动相结合的办法,取缔水库内所有围网、抬网、虾笼、地笼、迷魂阵和库汊养鱼,并全部销毁。开展渔业资源增殖放流活动,增强水库生物自净能力。全年分18批次向水库投放滤食类和刮食类鱼苗277万尾,遏止蓝藻污染的暴发。建立分区管理的长效机制。在水库南岸2个乡镇建立2个监管站,配合渔政站对近30千米的湖岸线和866.7公顷的湖面进行分区管理,每个监管站实行24小时值班制度和人员分段岗位责任制,建立健全全天候无盲区的水面日常管理新机制,实现群众工作同执法工作相结合、水上管理同岸上值班相结合管理模式。

【科技推广】 推广农业实用技术。全年举办各类科技培训班46期,印发各类技术资料12万份,受训农民4万人次;推广配方肥26666.7公顷,化学除草22666.7公顷,间作套种4800公顷,“一喷三防”面积13333.3公顷,病虫害防治率95%以上,为农业增产增效、农民增收提供技术保障。新品种的引进、示范和推广。全年完成小麦品比试验8个,从中选出周麦22、郑麦366、漯麦9号、丰舞981等品种作为全市夏粮生产主推品种;引进玉米新品种登海662、天泰10号、洛单248等,实现玉米杂交种覆盖率100%,大豆良种覆盖率95%以上,为全市粮食增产奠定坚实基础。

【良种补贴】 2010年,舞钢市按照“全面覆盖、整体推进、因地制宜、补贴农民”的思路,遵循“政策公开、标准统一、直补到户”的原则,鼓励农民使用优良品种,加快优质良种推广步伐,提升舞钢市粮食综合生产能力,促进农民持续增收。对全市农民(含土地流转大户)种植的玉米、小麦按照每亩10元和水稻、棉花每亩15元的标准进行补贴,全年落实优势作物良种补贴资金433.62万元。

【高产创建】 2010年,舞钢市按照“稳定面积、主攻单产、增加总产、改良品质”的目标,在八台镇和枣林镇的24个行政村,创建百、千、万粮食高产示范方,面积约3533.3公顷。采取“六统一”的技术措施,即统一品种、统一机播、统一测土配方施肥、统一病虫草害防治、统一技术指导、统一机械收获,推广良种良法综合配套技术,挖掘增产潜力,引领全市粮食生产整体上台阶。在持续低温和大风倒伏分别给夏粮和秋粮生产带来不利影响的情况下,全市粮食总产、单产再创历史最高水平。

【沼气】 2010年,舞钢市农业局按照“政府扶持、农户自筹、社会参与”的投资机制,采取“六统一”的建设措施,即统一规划、统一采购、统一组织施工、统一质量监督、统一技术标准、统一组织验收,以沼气用户为服务对象,做好沼气的产前、产中、产后一条龙服务。

全年建成农村户用沼气池1002座，规划建设大中型沼气工程3处，其中在瑞祥社区建成全省最大的集中供气工程。同时，做好“三沼”（沼气、沼液、沼渣）的综合开发和利用工作，逐步探索农牧结合的沼气产业化建设模式，促进农村循环经济的发展。

【农民培训】　2010年，舞钢市农业局按照“政府推动，学校主办、部门监管、农民受益”的原则，以培训农村实用人才为需求，举办“阳光工程”培训班24期，涉及乡村旅游、畜禽繁殖、农机维修和设施农业等9个专业，完成技能性培训1570人，提高受训农民的就业技能，促进农村劳动力就地就近转移，实现受训农民的稳定增收。

【农民负担】　2010年，舞钢市农业局印发6.7万份《农民负担监督卡》，选聘农民负担监督员182人，坚持多予、少取、放活方针，宣传各类惠农补贴政策，贯彻“一事一议”筹资筹劳管理办法，全年组织开展农民负担大检查2次，整改不合理收费项目3个。加强对农村义务教育乱收费、农民建房乱收费、农民务工乱收费、农村计划生育乱收费、乡镇及行政村报刊摊派、农业生产经营服务性收费等现象的专项整治力度，遏止部门乱收费、乱罚款、乱摊派和乱集资等现象的发生，维护农村社会大局稳定。

【农资市场】　2010年，舞钢市农业局开展种子执法年活动，坚持专项整治与日常监管、群众举报与重点查处相结合的方法，开展对全市农资经营门店的监督和检查，初步建立健全农资市场监管的长效机制，在农药经营门店实行不经营高剧毒农药承诺制度。加强对种子市场的监管，抽检玉米品种56个，代表数量60万千克，抽检小麦品种56个，代表数量100万千克，查处涉嫌制售假种子案件1起，发现未经本地推广试种的品种3个（鲁单999、中单18、保单94－9），收缴不合格玉米种子2500千克，为农民挽回经济损失40万元。

【农产品质量检测】　2010年，舞钢市农业局督促指导无公害农产品生产基地健全其无公害农产品生产技术规程，推广使用高效低残农药和微生物肥，规范和发展无公害农产品生产基地7处，面积266.7公顷，努力打造绿色农业和有机农业品牌。从产地和市场2个环节入手，坚持日抽检、周通报，对于抽检中发现的不合格产品，在2小时内及时送达《舞钢市农产品质量安全通知书》，并要求反馈不合格产品的处理情况，健全不合格农产品的退市制度。全年抽检蔬菜样品5638个，涉及品种35个，抽检合格率99%以上。

（周丽平）

农业综合开发

【概况】　舞钢市农业综合开发领导小组（舞钢市扶贫开发领导小组）办公室是舞钢市农业综合开发领导小组、舞钢市扶贫开发领导小组的常设办事机构。内设综合科、计划资金科、农业综合开发科、扶贫开发科和人事科教科等5个科室。现有职工33人。其中，干部21人，工人6人；中共党员21人；大专以上学历25人；离休1人，退休5人。

【综合开发】　（1）完成2009年农业综合开发约333.3公顷中低产田改造项目的建设任务，并通过省市验收。舞钢市2009年度农业综合开发中低产田改造项目在武功乡的曹庄、大李庄、曹集等3个行政村实施,总投资484万元。其中,中央财政资金245万元、省财政资金91万元、平顶山市财政资金17.5万元、舞钢市财政资金7.5万元、农民自筹资金123万元,改造中低产田约333.3公顷。按照计划新开挖坑塘4座,新打机井53眼,井台浇铸53个,输变电线路配套5.1千米,埋设管道12.9千米,新建桥涵56座,新修整修机耕路21.53千米,其中硬化15.23千米,购置大型拖拉机4台,农田栽植杨树1.8万株,开展技术培训1600人次,平衡配方施肥、化学除草和“一喷三防”约333公顷。开发后项目区达到田成方、林成网、沟相通、路相连、旱能浇、涝能排的农业示范区。新增农机总动力200千瓦,扩大良种种植面积200公顷,新增粮食72万千克,新增种植业总产值164万元,项目区农民收入增加76万元。(2)编报组织实施2010年度农业综合开发项目工程建设。舞钢市2010年度农业综合开发中低产田改造项目区位于武功乡的东南部,涉及刘庄、月盈、刁沟等3个行政村,总投资582万元。其中,中央财政资金295万元,省财政资金109万元,平顶山市财政资金21万元,舞钢市财政资金9万元,农民自筹资金148万元。改造中低产田约333.3公顷,计划新建桥涵128座,新开挖坑塘14座,新打机井17眼,输变电线路配套3.4千米,埋设管道4.4千米,开挖疏浚渠道11千米,新修整修机耕路24.5千米,购置喷灌设备5套,林网栽植杨树3万株。项目实施后,新增灌溉面积240公顷。(3)争取并组织实施沃土薯业专业合作社2000吨红薯淀粉加工项目。该项目位于武功乡范庄村,总投资272.3万元。其中,争取财政补贴资金45万元,企业自筹资金227.3万元。建成淀粉加工车间、原料与成品库等3170平方米,购置气流烘干机、自动上料机、旋流机、桨叶式清洗剂、除沙脱色去渣净化机、真空洗滤脱水机、粉条冷冻及加工等设备11台(套)。项目建成后,年加工红薯2000吨,可推动周边群众调整种植结构,满足种植200公顷红薯加工,实现年销售收入591万元,年新增利税90万元,带动农户1000户,新增收入100万元。

【扶贫开发】 (1)完成2009年度财政扶贫项目的建设任务。2009年省市两级下达舞钢市财政扶贫项目11个,财政扶贫资金215万元。按照计划,新修宽水泥路15.45千米。其中,主干道5.4千米,次干道10.05千米。新建桥涵5座,解决8000人行路难问题。2010年4月通过验收。(2)编报组织实施搬迁扶贫工程建设。2009年底争取平顶山市搬迁扶贫项目1个,计划在尹集镇张庄村(3个自然组)搬迁84户372人,总投资568.5万元。其中,平顶山市补助财政扶贫资金124万元,舞钢市财政配套资金60.5万元,群众自筹资金384万元。年底完成建设任务。(3)编报2010年扶贫搬迁项目建议书,计划在尹集镇柏都社区建设。项目经平顶山市立项批复,搬迁50户240人,平顶山市补助财政扶贫资金80万元。(4)组织开展整村推进工作。2010年,在全市未实施整村推进的贫困村中进行遴选,确定杨庄乡的五座窑、操占、臧坪村,尚店镇的王西、韩洼等5个贫困村为舞钢市2010年的扶贫开发整村推进村。每个整村推进村投入财政扶贫资金40余万元,5个整村推进投入财政扶贫资金207万元,计划新修水泥路13.7千米。年底全部竣工。(5)编报组织实施2010年省、市下达的财政扶贫项目工程。2010年,省、市两级下达舞钢市财政扶贫项目10个,财政扶贫资金233万元。其中,省财政扶贫项目5个,资金207万元;

舞钢市财政扶贫项目5个,资金26万元。新修水泥路15.1千米。其中,主干道3.45千米,次干道8.4千米,排前路3.25千米,桥涵2座。年底全部完成。(6)完成《舞钢市和盛肉牛场优质牧草种植基地建设》项目建设任务。该项目在杨庄乡袁门村实施,总投资20815元。其中,财政投资15万元,自筹5815元。按照计划引进优质牧草紫花苜蓿300千克,推广种植优质牧草6.7公顷,购买化肥20吨,除草剂500瓶,培训周边群众800人次,印发技术资料1500余份。以和盛肉牛场为龙头,走"公司+农户"的模式,带动农民调整种植结构,发展种、养业,增加农民收入。上半年完成建设任务,直接扶持带动贫困户61户,推广种植牧草6.7公顷,实现亩(1公顷=15亩)节本增收1000元,户均增收1655元,人均增收487元。(7)开展劳务技能培训。以职专为依托,聘请农业部门专家、高级农艺师开展劳务技能培训和实用技术培训。全年培训贫困地区青年农民750人(含引导性),专业技能培训300人。其中,企业直接培训就业100人,3个月技能培训205人,完成培训计划的100%。(8)对市直机关定点扶贫工作进行督察,了解掌握市直机关定点扶贫工作情况,督促其加大帮扶力度。全年完成贫困地区农民人均纯收入2530元,5个村完成整村推进任务,5100贫困人口实现脱贫目标。

【获得荣誉】 2010年,舞钢市农开办获平顶山市阳光工程雨露计划职业技能大赛优秀组织奖。

(赵　剑)

棉花生产

【概况】 2010年,舞钢市棉花生产从加强高产创建示范田、科技创新体系和产业化示范基地入手,加大科技兴棉力度,科技含量提升,植棉效益增加。全市落实棉花种植面积738公顷,平均亩(1公顷=15亩)产皮棉66.8千克,总产皮棉73.9万千克。

【高产创建】 2010年,舞钢市发展棉花高产创建示范方2个,面积69.3公顷。(1)尚店镇李楼村33.3公顷麦后移栽棉,平均亩产皮棉83千克。(2)铁山乡扁担李村麦棉套种36公顷,平均亩产皮棉92千克。在高产创建过程中,重点做到"五个尽早落实、五个紧密结合"。五个尽早落实:创建示范点尽早落实、责任人尽早落实、动员尽早落实、良种尽早落实、整地尽早落实。五个紧密结合:核心区与示范区紧密结合、良种与良法紧密结合、试验与示范紧密结合、物资与技术紧密结合、现场指导与集中培训紧密结合。

【科技成果】 2010年,舞钢市棉办主持完成"棉花基质育苗移栽高产配套技术研究与应用"和"中棉48高产栽培技术研究与应用",分别获舞钢市科技进步二等奖和三等奖。"提高棉花品质的关键技术研究"获舞钢市科技服务三等奖。

【科技培训】 2010年,舞钢市棉办成立棉花播种领导小组、技术服务组和物资筹备组,深入田间地头,加强督促检查,开展科技服务,确保棉花生产的顺利进行。全年举办培训班7期,培训人员2800人,发放技术资料3600份,举办科技服务一条街3次,咨询人数4200人,发放技术资料和书籍3500份,联系棉种1200千克,化肥120吨。

【科技推广】　2010年,舞钢市示范推广棉花基质育苗移栽新技术233.3公顷,其中核心示范区33.3公顷。在保证该项技术推广过程中,市棉办多次与中国农业科学院棉花研究所联系,统一购进育苗基质和种子,既降低成本又保证质量。5月7日至15日育苗时,组织棉办全体人员每天到现场配基质、建苗床、点种子,通过实地操作传递技术。并在棉花生长期定人定时蹲点管理,每周到田间2次~3次,同时固定2人每天进行查看,发现问题及时汇报,及时解决。

【获得荣誉】　2010年,舞钢市棉办被中国农业科学院棉花研究所评为全国棉花基质育苗推广工作先进单位。　(臧学斌)

烟叶生产

【概况】　2010年,舞钢市两烟实现税收1730万元,烟叶种植面积333.3公顷,收购烟叶75万千克。烟叶生产办公室设办公室、生产科和综合科等3个科室。

【宣传】　2010年初,舞钢市烟叶生产办公室和各乡镇政府进行沟通和协调,加强乡镇政府对烟叶生产的引导,把烟叶生产纳入全年目标管理。利用电台、报纸、传单等方式广泛宣传各项政策措施,通过算账对比的形式使烟农感受到种烟的好处。在尚店镇、庙街乡、八台镇等农村庙会及科技服务周期间,累计发放宣传资料1200余份,制作宣传展板8个,悬挂横幅12条,出动宣传车3辆,接受政策咨询300余人次,提高农民种烟的积极性。

【项目建设】　2010年,舞钢市烟叶生产办公室争取项目和资金,扩大对基础设施建设的投入。全年争取上级种植补助资金和物资313万元,用于烟水、烟路、育苗、防灾和烘烤工程建设。新建密集炕房120座,分布在尚店镇、武功乡、庙街乡等乡镇,新打机井2眼,修建沟渠2000米,烟农平均每亩(1公顷=15亩)受益的扶持资金210元。

【强化服务】　从生产设施配套、专用物质配套和烟叶收购调运等方面对烟农实行户籍管理式服务,分户建立服务档案,加强对烟叶工作人员的考核督办力度,使烟农从生产、加工、运输到销售享受一条龙服务,减轻烟农后顾之忧。开展对烟农的培训,根据烟叶不同生产时期,举办8期技术培训班,40名烟农参加培训。引进示范烟叶新品种1个、实施新技术2项。组织服务队参加尚店镇、八台镇等乡镇科技周活动,为烟农提供技术支撑。按照"一个生产环节,督察一次,推进一个阶段"的工作要求,进行6次督促检查,抓住"有机肥堆制、烟土翻犁、集约化漂浮育苗、地膜覆盖、大田移栽及田间管理、成熟采烤和分级扎把"等关键环节,促使各生产环节在往年的基础上明显提前,移栽工作从4月中旬开始到5月5日基本结束,比往年提前和缩短10天以上。2010年,全市烟叶平均每亩单产150千克,同比增长6%,每亩平均收入2300元,同比增长5%。

【规范收购秩序】　收购前加强政策教育,系统人员全面学习烟叶收购的有关规定,为加强分级操作打下理论基础和技术基础。

收购中正确执行国际标准，严格执行合同，巡回各烟站检查合同、等级执行情况，奖优罚劣。加强内部管理，实行目标责任制，堵塞各种漏洞，防止以烟谋私、以权谋私现象发生。（市烟叶生产办公室）

林　业

【概况】　2010年，舞钢市完成林业建设任务1029.5公顷，义务植树72万株，义务植树尽责率91%，完成垃圾处理厂绿化工作，全市林业森林覆盖率35%。林业局机关设科室7个，分别是办公室、植树造林科、资源林政管理科、野生动植物保护科、政宣科（离退休干部工作科）、计财科和监察法制室。所属二级单位9个，分别是森林公安局、绿化委员会办公室、护林防火指挥部办公室、退耕还林办公室、林业工作站、林业调查设计队、林业科学研究所、林政稽查大队和老庄木材检查站。其中，森林公安局、绿化办为正科级单位，防火办、退耕办为副科级单位。

【造林绿化】　完成林业建设任务1029.5公顷，超额完成省林业厅及平顶山市下达的造林任务。其中，生态廊道建设工程416公顷；淮防林工程项目建设营造水土保持林273.3公顷；退耕还林后续产业发展工程项目建设333.3公顷；中幼林抚育1400公顷；经济林基地造林114.7公顷。加强新栽植树木的管护工作，对新栽植路林采用专业护林队进行管护，聘用48名专职路林护林员，看护160千米县乡道路两侧的新栽路林，护林队员佩戴统一袖标、胸卡，在管护路段栽植护林牌，签订管护责任书，保证看护的林木成活，通过年度核查统计，新栽的路林成活率87%。

【森林防火】　加强森林防火宣传，制作大型永久护林防火宣传牌2块，刷写墙体标语500余条，印发宣传册1万份，出动宣传车巡回宣传100台次。修订下发《舞钢市森林防火应急预案》，执行森林防火24小时值班及局领导带班制度，对突发森林火灾做好人员调度、组织扑救等应急处置工作。大年初一、清明节、“五一”和中秋节等重点时段做好森林防火宣传、值班及突发火情的处置，完成“十一”前森林防火宣传、全市重点区域森林防火隐患安全检查、森林消防队伍演练及消防器材检修。2010年，全市发生森林火灾火警47起，由于组织得力，扑救及时，没有造成较大损失，森林火灾受害率控制在1‰以下。

【病虫害防治】　坚持“预防为主，综合防治”的原则，做好病虫测报，利用设置的10个测报点和30个测报样地进行预测、预报和调查，及时发布病虫信息，指导林农适时防治。7月，首次在全市利用飞机进行大规模的森林病虫害防治工作，对市郊的主要路段及风景林区进行25架次的飞机防治，防治面积1000公顷。筹集资金购进7吨防治杨树食叶害虫的药物——敌马烟剂，派出技术人员进行药物防治技术指导，做到全市森林有病（虫）不成灾。其中，病虫成灾率控制在3.5‰以下（标准4‰），病虫防治率90%以上（标准85%），病虫监测率95%以上（标准90%），病虫发生率控制在40%以下（标准80%）。

【资源保护】　2010年，舞钢市加强森林公安队伍正规化建设，打击破坏森林资源的违法行为。根据市编委文件要求，理顺森林公安队伍人员、编制和工资关系,建设森林公安专用办公房14间。开展冬季严打及“春季行动”,成立专项行动小组,严厉打击各种林业违法犯罪活动,全年查处各类林业违法案件105起。其中,办理刑事案件5起,批准刑拘4人,取保候审3人,逮捕2人,移送起诉10人;治安行政处罚2起,处理2人;行政处罚41人,林业违法案件破案率97.7%。救助野生动物8只(条),其中国家二级保护动物1只。放生41只,没收销毁野生动物死体172只(条)。

【林权制度改革】 2010年,舞钢市林业局深入开展集体林权制度改革。坚持公开、公平、公正的原则,因地制宜,正确引导,在保持林改政策的连续性和稳定性,并保障广大群众在林改中的政策知情权、平等参与权的前提下,充分尊重林农意愿,认真制定林改方案。为真正合理地划界确权,落实好山林面积,局领导和林业技术人员组成5个林改工作组与群众一起定界确址,做到让每一块参与林改的林地确权都无争议,防止出现后遗症。全年完成林改面积67.7公顷,涉及农户151户,发放林权证151本。

【技术推广】 根据舞钢市林业实际,落实责任科室和人员,专门负责林果技术指导工作,全年举办林业技术推广培训班14期,培训林农近1000人,参加集中科技宣传活动3次,制作宣传展板9块,配备宣传车1辆,发放林业技术宣传资料3000多份,完成林业科技成果1项,推广新品种3个。

【获得荣誉】 2010年,舞钢市林业局获省级卫生先进单位称号;2010年度摩宛驿护林防火先进单位。　(市林业局)

国有石漫滩林场

【概况】 2010年,舞钢市国有石漫滩林场管护国家重点公益林6533.3公顷,森林覆盖率98%,分7个林区,2个景区,2个经济实体。在职职工171人,林场机关设9个科室,分别是办公室、业务科、林政科、财务科、党群科、信访科、基建科、资源开发科和双创办。下设正股级二级机构11个,分别是一、二、三、四、五、六、七林区、二郎山景区、灯台架景区、苗圃和安达公司。

【公益林管护】 2010年,舞钢市国有石漫滩林场按照《森林法》、《国家重点公益林管理办法》和《林场四项制度》,加强护林人员管理,建立健全公益林管护长效机制,对每个林区实行目标管理,签订目标管理责任书20余套,公益林管护合同60多份,将目标细化到每个山头,责任落实到每个人,每天巡山有记录,护林员对林区每周一报,林区对公益林管理办公室每月一报,实施一月一评比、一季一考核、一年一综评的办法奖优罚劣,通过一系列措施,实现护林管理有指标、平时有检查、年底有奖惩,增强护林人员的紧迫感和责任感,确保管护成效。在管护好现有森林资源安全的基础上,根据国家林业局、河南省林业厅有关森林抚育文件精神,林场组织业务技术骨干,结合森林资源现状,对规划抚育小班进行详细的调查设计,编制内容翔实、规划科学、操作性强的作业设计说明书,并通过省林业厅的技术评审,确定给林场中幼林抚育项目393.3公顷,专项抚育资金59万元。这是林场自建场以来争取到的最大的森林抚育项目,也是争取专项抚育资金最多的一次。

【防火】 重新编制《舞钢市国有石漫滩林场森林防火应急预案》,组建森林消防突击队,防火期保证24小时日夜轮流值班。与各林区、景区签订护林防火目标责任书,责任落实到人。配齐灭火器材,新购防火运兵车1辆,1号工具80把,2号工具150把,风力灭火机3台,防火服、防火鞋各150套,手电筒110个。加强防火宣传,印制、发放防火宣传彩页和防火画册4000余份,印刷防火标语260余条,邀请市电视台制作防火宣传片,到林区周边的村组进行广播宣传。加强野外火源的管理,严禁各种林区用火,利用行政、经济和法律的手段对违法用火者予以严惩。加大对重点林区的巡查密度,在进山路口、旅游区、景点建哨设卡,安排专人严防严管,加强巡查,护林人员实行包片巡护,做到有火及早发现、及早扑救,确保万无一失。严格检查,消除隐患,林场森林防火领导小组不定时对全场森林防火工作监督检查,在检查中坚持"谁检查、谁负责、谁签字"的原则,对检查中有问题的单位通报批评,限期改正,采取检查"回头看",防止检查走过场。开展防火知识培训3次,实战演练培训2次,与市林业局结合,联合开展防火演练1次。进入防火期后,累计发生大小火灾60多起。其中,林区自行扑灭20多起,林场专业扑火突击队出动40多次,灭火40余起,均在短时间内消除火情,未发生人员伤亡和直接经济损失。

【基础建设】 2010年,舞钢市国有石漫滩林场通过自筹资金、争取上级林业主管部门专项资金和争取市财政支持等渠道,筹措资金70多万元新建五林区五峰山、五林区榆树庙、四林区葡萄架等3处护林房,增设二林区军王林点,配齐各种生产生活设施,解决六林区东山林点和二林区军王林点的用水用电难问题。同时,修建三林区瓦庙沟公益林防火道路1.8千米,三林区王沟林点道路硬化1.2千米,整修四林区石梯林点道路,整修加固七林区高速引线防火道路。预算15万元的刘山公园护林房手续已批,三通一平工程已经结束。

【苗圃经营管理】 2010年,苗圃种植金桂、银桂、丹桂、四季桂等近3万余株,其他园林树种2万余株,逐步形成以桂花为主,以广玉兰、大叶女贞为辅的特色苗木产业基地。调查苗木市场行情,确定林场苗木销售价格,重新制定《生产管理方案》和《苗木销售经营方案》,从单一的生产管理模式转向到生产与销售并重的生产经营模式,并将销售任务分解到人头,落实销售奖惩制度。出资近1万元在苗木信息网、中国苗木网等网站购买空间,发布林场苗圃苗木信息,在电视台做广告、报纸上刊登销售信息,拓宽销售渠道,全年销售苗木12.5万元,超额2.5万元完成目标任务。

【物业管理】 2010年,安达公司面对新形势、新任务,转变经营理念,提高人员素质,规范完善服务职能,增加服务项目、提高服务档次。全年盈利2.5万元,实现扭亏为盈。

【多种经营】 2010年,舞钢市国有石漫滩林场尝试对有争议的林地进行合作开发。成立资源开发科,对林中空地进行绿化造林,对林下的种养殖项目进行种养加开发,提高林地效益,增加经济收入。六林区、七林区引进林下山鸡养殖项目;三林区自发组织经营木耳种植2万多棒,盈利4万多元;五林区职工经营的综合服务部经济效益可观;刘山公园护林房开工建设,为下一步开展多种经营打下基础;寺坡道北荒地开发种植大叶女贞1800余株。

【景区开发建设】 (1)提高景区品位,增加景区内涵,投资3000多万元对二郎山进行升级改造。完成对二郎山林业技术培训中心的装修工程和中心区宾馆的改造工程;修整、绿化水上古栈道沿岸土坡,并建护坡16万平方米;建成全国青少年户外体育活动营地;完善水上古栈道灯光工程;完成爱情岛道路工程;在东山门和爱情岛建成4星级公厕2座,并将景区内的旱厕改为水冲厕所;对东山门管理房进行仿古配套升级改造;建成龙舟竞渡码头,购置漂游竹排;完善少数民族表演舞台的配套设施,丰富少数民族风情表演、篝火晚会等免费活动的内容;更新、增加景区内安全警示牌、引导标志牌等各种标志牌85块,垃圾筒42个;完成神仙渡吊桥木板、防护网更换,螺丝加固;对游览步道两侧进行绿化点缀,栽植女贞、竹子等各类名贵观赏花木和风景树10余种6.8万多棵、竹子2万多株、绿地建设面积3.5万平方米。(2)完成创4A级景区资料的完善及上报。二郎山景区于2010年6月成功创建国家4A级景区,成为平顶山市继尧山景区之后的第二个4A级景区。同时,灯台架景区投资近2000万元,新开发青檀大峡谷、燃灯佛静修棚等20多处景点,将二郎山景区的猕猴驯养到灯台架景区的猴洞,使猴洞成为名副其实的“猴府洞天”。修建完成景区第三层悬崖栈道、大小拦水坝,拓宽登山主干道,通过新景点的开发和对原来景点基础设施的升级改造,景区面貌焕然一新。(3)支持祥龙谷景区和凤凰谷景区开发。祥龙谷景区完成山门、道路等基本设施建设。

【中心社区帮扶】 2010年,林场成立领导小组,抽调年轻干部常驻社区开展帮建工作,为所帮建的湖滨社区提供价值近2.5万元的优质绿化苗木。

【双创】 2010年是创卫的关键时期,林场成立双创办公室,选派一名副职分管双创工作。按照创建卫生城市标准和舞钢市《迎接国家卫生城市技术评估工作实施方案》要求,完善各种设施及文字材料的整理工作。在国家创卫验收组到舞钢之前,投资7万余元对机关办公楼、竹林小区楼道进行重新粉刷,对破旧的卫生保洁工具和基础设施进行更新维护。对林场所辖卫生区、龙泉路采取承包到人,延长工作时间,加强督促检查等办法,确保道路两边杂物清除干净,道路洁净畅通。通过验收,林场继续保持省级卫生单位称号。同时,做好创建平顶山市级文明单位的申报工作,在舞钢市文明委对申报单位软件和硬件综合评比中,林场始终位于榜首,在2010年11月22日的市级文明单位验收中,平顶山市文明委对林场文明单位创建工作给予肯定。 (市林场)

畜牧业

【概况】 2010年,舞钢市委、市政府坚持“畜牧富民”战略,推进畜牧兽医体制改革,完善防检网络,加大资金投入,加快推进现代畜牧业发展步伐。全年全市畜牧业产值6.5亿元,肉、蛋、奶产量分别为3.7万吨、5000吨和1.1万吨,建成标准化养殖小区67个。畜牧局干部职工80人。其中,本科以上学历4人,大专以上学历50人,中专以上学历26人;高级职称10人,中级职称45人,初级职称25人。内设办公室、计财科、畜牧科、防疫检疫科、医政药政饲料科、畜产品质量安全管理科、离退休干部工作科。二级机构:舞钢市动物疫病预防控制中心、舞钢市动物卫生监督所、舞钢市畜禽改良站和舞钢市兽医院。

【畜牧业生产】 总量持续扩大。2010年,舞钢市畜牧业产值6.5亿元,同比增长8.3%;肉产量3.7万吨,同比增长2.8%;蛋产量5000吨,同比增长25%;奶产量1.1万吨,同比增长67%。龙头企业不断壮大。现有产业化龙头企业5家,无公害畜产品生产企业14家,固定资产1000万元以上的10家,500万元以上的20家,形成以瑞祥为龙头的生猪生产企业,以鸿运为龙头的禽蛋生产企业,以瑞奇为龙头的肉鸡生产企业,以钰涵为龙头的肉牛生产企业。基地发展快。建成标准化养殖园区15个,累计达67个;发展规模养殖户120个,累计达670个。健全利益联结机制。成立养殖合作社10个,开展"订单畜牧业"试点3个,带动养殖户300余个,初步形成利益共享、风险共担的利益共同体。

【防疫检疫】 组织乡村防疫员成立16支防疫小分队,推行固定免疫日和防疫明白栏、明白卡等防疫公开承诺服务制度,禽流感、口蹄疫等重大动物疫病免疫密度100%。组建疫情监测点34个,开展抗体监测2批次,全部合格。组建报检点34个,产地检疫率90%,屠宰检疫率100%。建成病死动物弃尸井37座,消毒率100%。落实疫病防控资金20万元,订购疫苗355万毫升,贮备应急物资4大类200余件。

【科技推广】 2010年,舞钢市畜牧局成立专家技术组,扩大服务范围,提高服务质量,推进科技入户工作向纵深发展。对园区所有的养殖户进行科技培训,使他们基本掌握一门实用养殖技术。推广秸秆青贮,新建青贮池4.8万立方米,青贮秸秆11.5万吨,其中玉米带穗青贮1.2万吨。培育秸秆养畜典型5个,种草养畜典型3个,在4家养猪企业推广生态发酵床养猪技术。举办培训班8期,培训人员1500多人,发放科普资料2000多份。

【饲料管理】 开展打击"瘦肉精"专项治理活动,规范饲料市场经营秩序,保护养殖户的利益。采取定期或不定期的方式对生产厂家和饲料经营者进行检查,对饲料检查中发现的问题,及时处理。配合平顶山市完成饲料抽检35批,查处饲料违规案件10起,对4家饲料生产企业实行留样备检制度。完成饲料行业统计季报和年报等工作。举办技术培训班,推广秸秆青贮技术,提高资源利用率。

【兽药医政】 广泛宣传违禁药品的危害性,成立查处违禁药品领导小组,具体协调违禁药品的查处工作,规范兽药市场经营秩序,打击经营、使用违禁药品的行为,尤其是加强规模养殖场(户)的监管,实行饲料、兽药使用、免疫、检疫的养殖全程监控。配合产地检疫工作,规范外调生猪经营秩序。完成上级部门下达的兽药和兽药残留抽检任务,全市兽药产品合格率90%以上。

【种畜禽管理】 组织各乡镇畜牧站站长、冷配技术人员、种畜禽场场长学习有关种畜禽管理法律法规,使个体种畜禽户都能做到依法经营。帮助万东牧业公司和九牧牧业公司等种畜禽场完成种畜禽场的批复、验收、发证和年检等工作。做好推广波尔山羊改良、黄牛改良和瘦肉型猪品种改良工作,建立乡站改良点24个、生猪人工授精站点3个,举办波尔山羊、猪人工授精技术培训班6期,培训人员120人次,人工授精技术人员培训率、持证率均100%。

【获得荣誉】 2010年,舞钢市畜牧局获平顶山市畜牧业发展优秀单位。(市畜牧局)

农业机械

【概况】 2010年,舞钢市农机局加强农机管理,搞好农机服务,促进全市农业机械化水平提高。全年各类农业机械7.5万台(部),农机总动力32.98万千瓦,机耕面积1.9万公顷,机械化播种面积30933.3公顷,联合机收面积21733.3公顷,玉米秸秆还田面积8200公顷,实施农机购置补贴资金355万元。

【农机安全监理】 2010年,舞钢市农机局以农业机械及驾驶员年度检审为重点,加强农机源头管理,开展安全教育,依法进行安全监理,从根本上消除农机事故隐患,防止农机事故发生,保障全市农业生产、交通运输和人民群众生命财产安全。全年检验拖拉机590台,新办理拖拉机、联合收割机注册登记156台,新发放拖拉机驾驶证130个。结合"文明监理、优质服务"示范窗口创建活动,加强监理队伍建设,提高队伍素质,开展民主评议政风行风活动。全年未发生一起公路"三乱"及违法乱纪现象。

【农机培训】 2010年,舞钢市农机局利用现有的培训场地、设备和师资力量,采取校内培训与送教下乡相结合的培训方式,对不同人员进行培训,全年培训农机技术人员433人。其中,举办乡镇农机管理技术人员培训班1期,培训13人;举办农机驾驶员及技术维修人员培训班6期,培训机手及服务人员360人;举办保护性耕作技术知识培训班2期,培训保护性耕作技术人员60人。

【农机推广】 组织技术人员深入乡村了解情况,调查研究,选择经济基础比较好,农机化水平比较高的乡镇进行新机具、新技术的试验示范,宣传推广,在全市8个乡镇15个行政村,建立533.3公顷保护性耕作技术示范基地。11月16日,河南省、平顶山市领导对舞钢市实施保护性耕作情况进行实地考察,对推广保护性耕作技术给予肯定。全年推广各类农业机械385台。其中,拖拉机127台,玉米收获机20台,播种机117台,秸秆还田机49台,旋耕机54台,深耕犁5台,薯类制粉机3台,微耕机4台,挖掘机1台,起垄机1台,切碎机1台,拔杆机1台,中耕机1台,穴播机1台。

【农机购置补贴】 2010年,舞钢市农机局按照省、市农机补贴工作会议精神,召开动员大会,利用新闻媒体广泛宣传发动,把党的惠民政策送到千家万户。在实施农机补贴项目过程中,按照操作程序,实行阳光操作,做到公平、公正、公开,达到政府满意、群众满意和厂商满意。全年全市实施中央财政补贴资金355万元,拉动农民直接投入购买农机资金800余万元,补贴购置各类农业机械385台。

【服务组织】 2010年,舞钢市农机局坚持"扶持、引导、规范、服务"的原则,鼓励农民群众组建新型农机服务组织,实现农机服务社会化,服务组织规模化。在加强农机化示范乡、示范村建设的基础上,培育发展农机专业合作社，全市发展农机专业合作社9个，总资产1800万元；农机服务队3个，农机大户30户。

【秸秆禁烧】　2010年，舞钢市坚持"以疏为主、堵疏结合"的方针开展秸秆禁烧及综合利用工作。"三夏"期间，以控制小麦割茬高度为重点，利用各种媒体广泛宣传，抽调工作人员分包乡（镇）进行督察；"三秋"期间，以提高农作物秸秆综合利用为重点，鼓励农民采取玉米秸秆还田作业，全年完成秸秆还田8200公顷。

【获得荣誉】　2010年，舞钢市农机局获全国农机科普先进集体；全省农机合作社先进单位；平顶山市先进农机专业合作社、平顶山市文明单位。　（雷聚成）

石漫滩大坝放水

商业贸易

商　务

【概况】 2010年，舞钢市商务局以促进开放型经济发展为重点，实施开放带动主战略，商务工作快速发展。

【外贸】 2010年，舞钢市累计完成进出口总值1.365亿美元，在平顶山市各县(市、区)排名第一。全年完成出口创汇1.11亿美元，占年度目标的104%。

【外经】 2010年，舞钢市先后向新加坡、阿尔及利亚、利比亚等国输送劳务人员200多人，涉及建筑、船员等多个工种，实现劳务收入800多万元。

【社会消费品零售总额】 2010年，舞钢市完成社会消费品零售总额23.22亿元，同比增长20.7%。

【农村市场体系建设】 2010年，舞钢市新建、改建"农家店"5家；新建、改建"万村千乡市场工程农家店"219家，覆盖全市90%的行政村，超额完成国家商务部要求试点县(市)行政村覆盖率达到70%的目标任务。

【家电下乡】 2010年，舞钢市累计销售各类"家电下乡"产品29230台(部)，销售金额7205.42万元，补贴率在平顶山市各县(市)中排名第一。

【获得荣誉】 2010年，舞钢市被河南省商务厅确定为"万村千乡市场工程"试点推广示范县、外派劳务输出基地县、散装水泥推广示范县和平顶山市商务综合行政执法试点县(市)；被河南省政府评为2010年度对外开放工作先进县(市)、家电下乡先进县；商务局被河南省商务厅授予河南省市场监测和商务预报工作先进单位、河南省对外开放先进单位、河南省流通领域市场体系建设重点推进单位、河南省发展散装水泥先进工作单位；被平顶山市授予利用省外资金先进单位、外经工作先进单位、家电下乡推广工作先进单位。通过省级商务综合行政执法试点县(市)验收、省级文明单位年度复验、省级卫生单位到届验收。 (刘　蕊)

供销合作

【概况】 舞钢市供销社机关在职人员21人，离休干部3人，退休人员14人。设有办公室、人事科、财务审计科、业务科、保卫科和信访科。下属二级单位22个。其中，12个直属公司，10个基层供销社。2010年，商品总购进完成8500万元，占全年目标任务的

121%;商品总销售完成9300万元,占全年目标任务的124%;上缴税金50万元,占全年目标任务的131%;实现利润25万元,占全年目标任务的125%。

【新网工程】 "新网工程"是社会主义新农村建设的大事,是发展现代农业的要事,是为"三农"服务的实事。2010年,舞钢市供销社继续以农资、农产品、日用消费品、再生资源和烟花爆竹等五大传统经营项目为重点,实施龙头带动战略,增强网络龙头的带动力。全年完成招商引资800万元,建成枣林网络服务楼1座,营业面积2000平方米;再生资源交易市场,完成建设任务的80%,占地面积3万平方米;乡镇大中型超市3个,营业面积5400平方米;乡镇中心超市3个,营业面积1200平方米;村级超市75个,连锁门店120个。这些营业网络的陆续建成,对提高农民生活质量、方便农民购物和实现供销社惠农、便农目的都发挥了作用。

【农村合作经济】 按照《农民专业合作社法》的规定,对现有专业合作社进行规范,规范建设各类专业合作社20个。其中,种植业10个,养殖业9个,加工业1个。入社农户6100人,入股金额25万元,实现销售收入500万元,帮助农户实现收入1800万元。开展农村社区服务工作,建立村级综合服务社210个,农村社区服务中心21个,庄稼医院11个,销售总额6000万元。发展农村专业经济协会和农民经纪人队伍,组建各类协会6个,吸收会员265人。规范化注册建设舞钢市绿源花木专业合作社,占地约2.8公顷,带动农户150户,实现年收入200万元。

【农业生产资料供应】 2010年,舞钢市供销社会同农业、工商和农资协会出台农资商品索证索票、购销台账备案制度。5月下旬,4个部门组织为期4天的农资巡回检查,对20个化肥品种进行抽检,下发整改通知10余份,维护农民群众的切身利益。全市供销系统累计供应化肥1.6万吨、农药38吨,库存化肥1200吨,完成农资供应。 (市供销社)

粮油购销

【概况】 2010年,舞钢市粮食局机关干部职工38人。其中,大专以上文化程度38人;中共党员38人,占全体职工人数的100%。内设办公室、财务审计科、调控科(行政审批科)、储运科、人事教育科(信访科)、行业发展政策法规科、监督检查科等7个科室及粮食稽查大队、粮油质量检验中心等2个所属事业单位。

【收购】 2010年,舞钢市粮食局通过电视讲话、召开会议、刷写标语、出动宣传车和散发宣传材料等形式宣传国家粮食收购政策,让农民交售明白粮、放心粮。年初,对各种收购设备及早进行维护,对收购人员进行收购政策和操作流程等业务培训。收购前在贷款资金不到位的情况下,采取职工集资和银行贷款等办法筹措资金3000万元,及时开展托市收购。在收购过程中,全市所有粮食收购库点在明显位置将粮食收购的质量等级标准、收购价格和增扣价项目等张榜公布,对农民交售的符合质量标准的粮食不拒收、不限收,不压级压价和代扣各种费用,及时结算售粮款,不给农民打白条。各收购库点设立茶水站、休息室、遮阳棚和小药箱等便民设施,动用各种粮食机械60多台(套)、检化验设备50多台(套),利用粮食机械帮助农民入库,减轻农民劳动强度,缩短售粮时间。市粮食部门还采取设点收购、预约收购、上门收购等方式,方便农民售粮。收购过程中,市粮食局到全市所有收购库点对粮食收购工作进行监督检查,对监督检查中发现的问题及时纠正,确保党的惠农政策落到实处。全年舞钢市国有粮食购销企业完成粮食收购5000万千克,其中最低价收购4441万千克,实现农民增收近300万元。

【销售】 2010年,舞钢市粮食部门配合上级业务部门做好最低收购价小麦的销售出库工作,督促最低收购价小麦代储企业履行拍卖合同,不折不扣,无条件做好销售出库工作。指导企业采取内购外销、外购外销、边购边销等形式开展市场粮销售。全年完成粮食销售2800万千克。

【扭亏增盈】 加强对企业扭亏增盈工作的指导,建立扭亏增盈目标责任制;建立健全企业内部管理制度,督促和指导企业严格执行国家有关财务制度,强化企业的内部管理;建立健全费用管理制度,把好费用开支关,将定额管理和费用包干等管理办法有机结合,继续推行企业费用开支送审制度,在费用审批中坚持对非生产性开支从严控制,对生产性经营费用严格把关,做到费用开支“五不准”,从源头上杜绝各种损失和浪费;建立和完善经济分析定期报告制度,及时掌握企业的财务状况,为做好扭亏增盈工作提供决策依据;加强学习,不断提高财会人员整体素质,在财会人员中掀起学业务、钻技术、比贡献、促发展的学习热潮,学习粮食工作方针政策、财务会计制度、粮食财会业务和实际操作能力,全年对在职财会人员进行继续再教育培训2期,培训人员35人次;组织开展内部审计,先后对八台粮所、寺坡粮店等单位进行内审,理顺关系,规范企业财务管理。全年全市粮食企业实现利润38万元。

【储粮】 (1)坚持“以防为主,综合防治”的保粮方针,开展春、夏、冬3次安全储粮大检查及“一符四无粮仓”竞赛评比活动,澄清储粮底子,消除隐患。(2)在全系统组织开展“仓储规范制度落实年”和“仓储企业规范化管理”活动,先后制定《舞钢市粮食局粮油仓储规范制度落实年实施方案》和《舞钢市粮食局粮油仓储企业规范业务管理活动实施方案》,召开粮油仓储规范制度落实年活动和粮油仓储企业规范化管理活动动员大会,督促指导各粮油仓储企业根据自身的实际情况,制定管理制度、岗位职责和工作标准,并将各种资料收集整理归档。(3)针对基层粮食企业规模普遍偏小、仓储设施陈旧落后和市场竞争力不强等实际情况,通过职工集资、银行贷款和承建方垫资等方式筹措资金700多万元,进行增仓扩容,新建仓容3330万千克。其中,正规仓房1430万千克,简易仓房1900万千克。同时,粮食系统还采取回收、租赁的形式增加仓容,回收、租赁仓容2600万千克,并投入使用。年底,全市仓容量1.3亿千克,达到历史新高。(4)多方筹措资金维修仓房,全年筹措资金81万元,维修仓房47座,仓房完好率95%以上。(5)开展科学保粮活动,运用“双低”、机械通风、电子测温和环流熏蒸等储粮新技术,科学保粮率实现100%。全年全市粮食系统“一符四无”粮仓率保持100%,储备粮管理达到“一符三专四落实”,全年无安全储粮事故发生,确保粮食储存安全。

【粮食管理】 (1)开展《粮食流通管理条例》的宣传学习活动。(2)严把全市粮油市场准入关、质量关,营造公平竞争、健康安全的消费环境。(3)加强粮油市场监测,在大超市和乡镇设立粮油价格监测点,关注和掌握粮油市场动态变化,建立完善对辖区规模以上粮油企业在购进、加工、销售、库存及价格变化等方面的信息检测,为政府科学决策提供依据。(4)重大节日适时组织粮油货源,充实全市粮油市场,确保货源充足、价格稳定。(5)做好粮食收购资格许可证的审核和办理工作,鼓励各类有资质的市场主体从事粮食收购和经营活动,活跃粮食市场。2010 年,全市办理《粮食收购许可证》32 家。其中,个体粮食经营者 14 家,粮食加工企业 4 家,国有粮食购销企业 11 家,民营粮食购销企业 3 家。(6)做好充实舞钢市地方储备粮工作,全年充实地方储备粮小麦 300 万千克。(7)通过明察暗访、单独执法、联合执法等形式依法开展粮食流通市场监督检查工作,规范全市粮食市场秩序。

【安全生产】 通过召开专题会议、组织职工学习的形式,学习传达上级有关安全工作会议精神,提高安全意识。在基层企业实行隐患排查月报告制度,发现问题及时处理。根据实际情况在全系统定期和不定期地组织开展安全生产大检查活动,全年开展安全生产检查 17 次,下发整改通知书 6 份,整改率 100%。做好消防、防汛工作,各种物资、器材准备充足、齐全有效,坚持领导带班的 24 小时值班制度。

【获得荣誉】 2010 年,舞钢市粮食局被河南省粮食局评为“一符四无粮仓”先进单位;被平顶山市粮食局评为“一符四无粮仓”先进单位、粮食清仓查库工作优秀单位、小麦最低收购价工作先进单位、粮食财会工作先进单位、粮食财务分析工作先进单位、粮食会计报表工作先进单位。 (郭志国)

食盐经销

【概况】 2010 年,平顶山市盐业管理局舞钢分局,坚持以落实食盐专营任务为主线,以维护食盐安全、推进网络建设、扩大销售为重点,动员广大干部职工,学先进、比创新。全年完成食盐购进 1400 吨,占年计划的 100%;完成食盐销售 1633 吨,占年计划的 102%;完成商品销售收入 348 万元,比上年同期上升 8%;市场碘盐合格率 98% 以上,合格碘盐占有率 100%;全年查处各类盐业违法案件 38 起,结案率 98% 以上,无行政复议案件和错案等问题的发生。

【市场管理】 2010 年,舞钢市盐业分局坚持把盐政稽查管理工作列入重点工作来抓,始终围绕落实食盐专营任务和市场管理,组织盐政稽查和机关相关科室人员,到城乡开展经常性地市场大检查,确保盐业市场的稳定。组织开展以农村市场为主的拉网式大检查,重点查处与盐产区相毗邻的八台镇、枣林镇等边界市场,检查采取抽查农户盐罐子与商户的食盐经销情况相结合,全面掌握食盐市场流通信息,发现问题及时处置,使私盐冲击市场现象得到一定控制,边界市场秩序明显好转。坚持定期不定期地开展城区、乡镇集贸市场和大中型饭店、宾馆、学校、厂矿食堂及涉盐单位等场所的循环式大检查。10 月,市盐业分局配合平顶山市盐政稽查队组成联合稽查力量,有重点的对城乡市场进行突出检查。检查中,做到精心组织、分工合作、入户检查、文明细致,发现私盐从严查处,严厉打击个别不法商贩,规范商户的经营行为,保证广大群众的食用盐安全。

【碘盐销售】 2010年,舞钢市盐业分局在落实食盐购进计划的基础上,扩大食盐销售,不断拓宽销售渠道,确保食盐销售计划的完成。坚持查、销结合,采取边稽查边销售的模式,促进合格碘盐的市场占有率。以开展食盐销售网络建设为重点,组织销售队伍,配备专用送盐车辆,坚持每天送盐到基层网点,以良好的服务态度和快捷的服务方式,方便和满足群众对食用盐的需求。采取电话预约销售,公开服务热线电话,销售人员保持每天24小时信息畅通,随时送货上门。 (张焕民)

医药经销

【概况】 2010年,舞钢市医药局贯彻执行《药品管理法》及其实施办法,按照《药品经营质量管理规范》的要求,搞好药品的购、销、存工作。全年完成商品购进2500万元,占年计划的125%;完成商品销售2700万元,占年计划的108%,保障全市人民的康复保健、防病治病、灾情预防和计划生育等药品供应。内设办公室、综合管理科、财务科和治安科,下属2个二级机构,即舞钢市医药有限责任公司和舞钢市鑫全药业零售有限公司。全系统干部职工193人。其中,干部18人,职工175人;中共党员34人,占总人数的17.9%;大中专以上学历28人,占总人数的14.51%;获得药师以上职称的68人,占总人数的35.24%,全体人员全部经过地市级药监部门培训合格上岗。

【网点建设】 巩固和完善尚店镇、尹集镇、武功乡、枣林镇、安寨乡、铁山乡和八台镇等7个乡级药品配送网点基础建设,各个药品配送网点从经营设施、设备等硬件建设到软件材料完全符合《药品经营质量管理规范》的标准,为配合新农村合作医疗网点的开展搞好药品供应网点建设。

【药品分发】 扩大药品分发范围,将药品分发网点渗透到各个乡村新农村合作医疗网点,为人民群众用药提供方便。增加品种,调低价格,惠及于民,提高社会效益和经济效益。改善服务态度,提高服务质量,坚持送货上门,搞好供求关系。建立信息反馈制度,及时听取不同意见,改进工作。形成对全市乡镇卫生医疗单位和新农合网点的药品分发体系,杜绝伪劣假冒药品进入流通,确保群众用上治病药、放心药。

【开发舞贝母】 舞贝母是舞钢市医药局80年代初与河南省科学院生物研究所、省中药研究所和舞钢市科委协同研制开发的重要资源发展项目。舞贝母不仅药用价值高,经济效益好,而且填补了全省贝母药源及药材生产的空白。2008年~2010年间,经过努力,省药检所通过将舞贝母列入河南省地方药材的标准。 (市医药局)

烟叶收购与卷烟经营

【概况】 2010年,舞钢市烟草专卖局(分公司)实现税利2143万元;上缴财政941万元,同比增长16%。先后被河南省烟草专卖局(公司)评为县级优秀烟草分公司和县级优秀烟草专卖局。

【卷烟销售】 2010年,舞钢市烟草专卖局(分公司)坚持以结构转型统领卷烟销售工作,着力培育重点骨干品牌,扩大一、二类烟,推动“四转三”,实现营销理念、营销能力、营销质量的突破。全年销售卷烟9991箱,同比增长2.7个百分点,占计划的105%。一、二类卷烟销售量占总销量的9.83%,同比增加4.83个百分点;实现毛利3958万元,同比增加720万元,增长24.5%;单箱收入15112元,同比增加2740元,增长22.15%。零售客户满意度92%。

【专卖】 加强重点地区的监控,组织开展一系列大规模集中打假行动,有效遏制售假行为。全年查办各类违规涉烟案件72起,查扣违法违规卷烟1317条,严厉打击违法经营卷烟的行为。推行"321"市场监管模式,健全商户自律机制和多部门联合监管机制,卷烟市场净化率得到提高。推进专卖稽查队伍规范化建设,开展专卖管理员岗位技能鉴定培训和考试共3批20人。加强法制宣传教育,全面推行依法行政,获平顶山市烟草行业"五五"普法工作先进集体。

【生产】 (1)抓政策引导。与各乡(镇)政府进行沟通和协调,部分乡(镇)政府出台土地流转优惠政策,加大对烟叶生产的引导力度。(2)扩大宣传,增加扶持。在发展烟叶生产上,舞钢市烟草专卖局(分公司)通过电视台、报纸、传单和技术培训等形式广泛宣传各项政策措施,达到既理解"稳控"政策又积极发展种植面积的目的。为达到优化面积,市烟草公司出台一系列的扶持政策,在育苗、建炕、农药、化肥和机耕等生产环节对烟农进行大力扶持,平均每亩(1公顷=15亩)扶持资金190元左右。2010年,累计投入用于烟叶生产的资金353.55万元。其中,投入199.05万元,新建烤房99座;投入92万元,补贴烟用化肥166吨;投入60万元,用于农药、机耕和种子补贴;投入2.5万元,新建育苗大棚6个。

【收购】 收购前,加强政策教育,搞好分级技术培训。收购中,端正服务意识,提高执行力度,强化内部监管,严格产购合同,实行目标管理责任制,用制度堵绝各种漏洞,防止以烟谋私现象的发生。全年累计收购烟叶5138担,烟农收入360万元,完成年度收购各项指标。

【机构变革】 为推进行业用工分配制度改革,优化组织结构,提高组织效能,根据《平顶山市烟草专卖局(公司)关于县级局(分公司)职能配置、机构设置和人员编制方案》的通知,舞钢市烟草专卖局(分公司)将原机关14个科室合并为8个,机关职工由原来的42名减少为32名。 (市烟草专卖局)

经济管理

发展计划管理

【经济社会发展主要指标】 2010年,舞钢市生产总值完成108亿元,第一产业增加值完成7.2亿元,第二产业增加值完成26亿元,财政一般预算收入完成7亿元,全社会固定资产投资完成71.8亿元,城镇居民人均支配收入14068元,农民人均收入5646元,社会消费零售总额完成22.6亿元。

【重点项目】 2010年,舞钢市列入平顶山市的6个重点项目全部按计划进度完成。其中,河南合作工程机械公司大型工程机械和农作物收获机械配件项目、银龙集团龙山纺织公司二期10万锭纺织项目、宝润实业公司废钢加工基地项目一期工程、高速公路建设工程等全部完工,鑫海公司20万锭纺纱项目、西气东输工程完成年度投资计划。

【城乡一体化】 2010年,舞钢市土地流转面积6446.7公顷,建成500亩(1公顷=15亩)以上土地流转示范方88个。4个中心镇完成总体规划编制并通过评审,控制性详细规划和17个中心社区规划也已完成编制。4个中心镇、中心街道全部进行美化、亮化、净化。上曹、滨湖、瑞祥3个试点中心社区粗具规模。枣林镇枣园社区、尹集镇柏都社区、八台镇丰台社区、尚店镇宝润社区、武功乡曹集社区等社区开工建设。产业集聚区内主干道和路网、标准化厂房全面开工建设,鑫海、易源、精钢等项目入驻产业集聚区。龙凤湖旅游度假区、创业发展服务区各项前期准备工作加紧进行,启动城中村5年重建改造工程。

【节能】 完成舞钢公司油改气、电炉余热余压利用和银河纺织公司能量系统优化工程等重大节能技改项目,3个项目年可节约能源8万多吨标煤。2010年,在平顶山市政府对各县、市政府节能工作考核中舞钢市名列第一,并被评定为优秀等次。

【增强企业核心竞争力】 2010年,完成年华水泥公司、大成食业公司、沈宏钢加公司和金海纺织公司等4家企业技术中心资料申报。

【招商引资】 2010年,围绕舞钢市支柱产业,编制完成37个重大项目,并对有投资主体的8个项目进行核准备案。

【争取上级项目、资金】 2010年,申报争取农林水、教育、卫生、文化、交通等社会事业项目18个,争取上级资金3774.14万元。争取工业结构调整和节能专项资金1431万元。其中,舞钢公司2个国家节能奖励项目654万元,银河集团1个国家节能奖励项目246

万元,舞钢公司、银河集团3个平顶山市节能奖励项目50万元,鑫海公司、大建公司等4个平顶山市工业结构调整项目350万元,大建公司1个国家技改和中小企业扶持资金131万元。

【“十二五”规划编制】 2010年,舞钢市“十二五”专项规划完成初稿,并送市政府常务会议讨论。

【招投标】 2010年,舞钢市招标项目31个,中标金额31650.39万元,节约财政资金1008.41万元。 (市发改委)

国土资源管理

【概况】 2010年,舞钢市国土资源工作围绕全市经济发展大局,妥善处理发展经济和保护资源的关系,集中做好耕地保护、重点项目保障、矿产资源勘察开发秩序的整顿和规范、基础测绘建设、二次土地调查、土地利用总体规划修编等重点工作。舞钢市国土资源局内设12个科室(办公室、耕地保护科、用地审批管理科、地籍管理科、矿产开发与地质环境科、法制科、信访科、地质勘察与储量管理科、规划科、人事劳动科、土地租赁和矿产资源补偿费征缴办公室、纪检监察室)、9个国土资源所(城区国土资源所、尚店国土资源所、杨庄国土资源所、八台国土资源所、武功国土资源所、铁山国土资源所、庙街国土资源所、枣林国土资源所、尹集国土资源所)、2个管理单位(舞钢市土地收购储备开发中心、舞钢市测绘局)和2个二级单位(舞钢市国土资源执法监察大队、舞钢市土地开发整理中心)。2010年,全系统干部职工202人。其中,干部123人,职工79人;中共党员90人,占总人数的45%;大专以上学历121人,占总人数的60%;职工达中级以上职称的48人,占总人数的61%。

【土地资源】 舞钢市土地总面积62931.88公顷。2010年,根据国家土地分类面积标准,耕地面积23487.26公顷,园地面积147.08公顷,林地面积18115.67公顷,草地面积5282.47公顷,城镇及工矿用地面积7777.3公顷,交通运输用地面积1487.48公顷,水域及水利设施用地面积5235.41公顷,其他土地面积1399.21公顷。

【矿产资源】 舞钢市矿产资源较为丰富,已探明矿产50多种。其中,铁矿储量6.6亿吨,占全省已探明储量的76.3%,是全国十大铁矿区之一。

【耕地保护】 2010年,舞钢市国土资源局落实基本农田保护制度,开展土地整理和高效农田建设,全市基本农田面积继续稳定在1.8736万公顷。加强基本农田建设,全市设立乡级基本农田保护牌16个,村级基本农田保护牌108个,整治基本农田1705.77公顷。全年办理农用地转用手续9个批次,面积280.0988公顷,其中批准占用耕地156.3102公顷。完成耕地储备157.3公顷。完成国家投资的枣林镇土地整理项目,并顺利通过验收。该项目总投资2207万元,土地整理总规模1705.8公顷,新增耕地面积116.3公顷。完成省级投资的南水北调移民安置点和尚店镇马庄村土地整理项目,2个项目总投资458.83万元,整治规模265.9公顷,新增耕地10.6公顷。完成尹集镇张庄村、庙街乡人头山村2个土地综合整治项目的规划设计编制,规划总规模106.5公顷,新增耕地73.9公顷。

【用地】 2010年,舞钢市国土资源局本着保障重点、节约集约用地的原则,做好全市重点项目用地报批工作。全年经上级批准用地296.5公顷,经省政府批准征收土地171.1公顷。其中,产业集聚区用地90.8公顷,创业服务区用地53.3公顷,其他土地用于经济适用房、武功重工等项目。经平顶山市政府批准农用地转用28.5公顷,主要是宝润钢铁、八台纸板厂。中心镇、中心社区挂钩用地经省国土资源厅批准92.2公顷,主要用于尹集镇柏都社区、八台镇丰台社区、枣林镇枣园社区、尚店镇宝润社区、武功乡曹集社区、创业发展服务区安置房、钢司铁前项目等。

【土地收购储备开发】 2010年,舞钢市国土资源局依照舞钢市土地利用总体规划和城市总体规划要求,通过收回、收购等方式调查土地现状并进行储备,对城区范围内的闲置土地投入市场后效益价值等有关情况进行调查摸底,综合分析,并实地丈量进行登记造册,通过土地利用现状测算和分析,更大程度地发挥市场配置对土地资源的基础性作用,对符合土地市场流转的地块予以收购收回。全年盘活存量土地209.4公顷。其中,出让土地32宗82公顷,成交价款5.2亿元,实现入库4.3亿元。

【执法监察】 强化国土资源执法监察,各类国土资源案件得到及时有效查处,建立和推行预防机制,完善疑难案件会审、督办、重大违法案件报告备案制度。加大动态巡查责任制力度,确保及时发现和制止国土资源违法行为,提高办案效率。全年查处各类新发生的土地违法案件52件,结案6件,申请法院强制执行46件。完成第十次卫片执法检查,拆除违法建筑物57处,复垦土地20公顷,该项工作受到省国土资源厅和国家土地督察济南局的肯定。开展矿产资源违法勘查开采专项整治活动。坚持井下实测制度,排查全部矿山企业,取缔拆除无证矿山企业7个。

【矿产资源开发】 加强矿山企业和新办矿山的采矿登记管理,全年征收矿产资源补偿费250余万元。对全市所有持证矿山企业进行年检,年检率100%,实地核查率76%,地质灾害得到有效防治。编制地质灾害防治应急预案,向地质灾害隐患区责任单位发文(函)9次,发放防灾工作明白卡和避险明白卡150余份。成功预报舞钢市杨庄乡五座窑村平岭自然村山体滑坡。青少年校外活动中心地质灾害治理项目通过省专家评审,600万元治理资金到位,工程基本完工。

【信访】 2010年,舞钢市国土资源局针对全市国土资源信访工作信访量大、涉及面广、群众越级上访、集体上访等突出问题,分析信访案件居高不下的因素,立足现有条件,开展“依法积案化解年”活动。全年因国土资源问题引发的群众上访69起156人次。其中,个访上访63起85人次,集访上访6起71人次,立案58件,办结55件。其中,办理市局交办1件、舞钢市政府交办5件、舞钢市信访局交办31件。上级交办的信访事项按期办结率100%,市自立案件按期办结率95%。办结的信访事项群众满意率92%,信访人稳定率95%,信访案件同比下降65%。

【业务基础】 (1)完成舞钢市乡级土地利用总体规划修编工作;完成舞钢市城乡建设用地增加与农村居民点减少挂钩规划编制工作,申报建新区面积92.1953公顷。(2)在历次国家核查基础上上报舞钢市第二次土地调查成果,年度土地利用变更调查工作按照月清季累年统计的工作制度,对每宗土地利用变化情况进行登记，做到实地、图、台账相一致。(3)完善日常地籍管理，办理国有土地使用权登记40宗；发放集体土地使用证31个；进行土地权属纠纷调处16起。(4)完成“数字乡镇”(6个乡镇1个街道)前期摄影测量工作；完成舞钢公司三期、恒大集团房地产开发、鼎和置业、龙富花园等城中村改造项目和重点工程的测量技术保障工作。

【获得荣誉】 2010年，舞钢市国土资源局获得河南省测绘系统先进集体、河南省信访稳定先进单位；平顶山市依法行政示范单位。

(市国土局)

工商行政管理

【概况】 2010年，舞钢市工商行政管理局内设办公室、人事教育科、财务科、监察室、法制科、监督管理科、注册科、行政许可科、消保科、12315投诉举报中心、消费者协会、个体劳动者协会；下设市区所、铁山所、尹集所、枣林所、八台所、尚店所、专业所、景区所。全系统干部职工106人，大专以上文化程度人员占85%，中共党员占70%。

【队伍建设】 开展思想作风纪律整顿活动和“百日竞赛”活动。制定下发《劳动纪律考核办法》、《思想政治教育及业务培训方案》，完善《财务管理制度》、《车辆管理制度》和《文印管理制度》等规章制度。落实签到考勤制度。开展固定资产清理和执法车辆清理。规范印章管理，完成档案清理。推行新的财务管理体制。进行体制理顺，设立行政许可科和注册监管科。集中开展拓展训练，培养集体意识和团队精神。

【精神文明建设】 投资30余万元改造、修缮局机关办公楼，局办公环境焕然一新。建立包括日常工作、执法规范、文明服务等全方位的考核机制，推动工商执法队伍由管理型向服务型快速转变，打造优质的文明队伍。建立廉政文化长廊，在局机关和基层工商所的办公场所悬挂廉政格言、警句，营造讲法纪、讲文明、守诚信的工商文化氛围，促进全系统形成“以廉为美、以廉为善、以廉为荣，以腐为耻”的工商廉政风尚。致力于富有工商特色的文化建设，先后开展优秀党员评选、工商征文竞赛、文艺联欢、体育比赛等多项有益的文娱活动，培养一支具有凝聚力、向心力及亲和力的工商干部队伍。与贫困户结成帮扶对子，在节假日中为他们捐款、捐物、购置农资和生活用品，全年累计捐款2万余元。

【食品安全整治】 2010年，舞钢市工商行政管理局在食品安全监管上，抓好工作效率提高的“四个转变”，即从突击性、专项性短期整治，向日常的长期规范监管转变；从经营者被动的受教育管理，向主动自律、自觉规范转变；从忙于抓食品链条末梢的滞后管理，向预先防范、排除隐患、注重抓源头的超前监管转变；从原来的等靠文件、只看外表的管理，向主动策划、抓住食品本质的监管转变。在食品质量整治中，查处不按规定建立台账、制售假冒伪劣食品、经销过期霉变食品、“三无”食品及不合格食品案件56起，下架销毁总价值3万元的假冒伪劣食品，进行4次流通领域商品质量抽检，检测94个批次商品，合格率62%，并将抽检结果在媒体上进行公示，保障广大消费者食品消费安全。

【规范市场秩序】 整合执法队伍，成立注册中队、消保中队和监管中队。整顿和规范市场经济秩序，先后开展“双节”市场、白酒市场、成品油市场、广告市场、网吧市场及驰名商标保护等专项执法活动。查处利用网络虚假宣传仿冒"舞钢"牌钢板商标违法行为13起;开展打击传销大型专项执法行动4次,创建无传销社区(村、镇)6个;查处违法医疗广告6起;查处商标侵权案件3起;取缔"黑网吧"10户。全年全系统查处各类经济违法案件463起,总案值127万元。

【基础建设】 基层建设。投资300余万元,按照标准化工商所建设要求,新建、扩建5个工商所;投资20余万元更新4辆执法车辆;为工商所更新办公桌椅,配备空调、电脑、打印机等办公设备,基层办公条件明显改善。法制建设。做好行政案件核审工作,对部分案件提前介入,及时纠正办案中的违法、不当行为。全年核审案件463起,移交司法机关案件1起,强制执行12起,及时纠正执法办案中的不当行为35起,促进执法办案水平的提高,全年未发生行政复议败诉和行政诉讼案件。信息化建设。使用注册登记、执法办案、市场巡查、"12315"申诉举报等业务软件,补录信息数据5000余条;推广应用OA办公系统,实现网上审批处理公文;举办全员电脑知识培训2期,培训率100%。

【服务经济】 改革行政审批制度,成立行政许可科,所有对外登记事项全部进驻行政服务大厅,由行政许可科统一办理。强化六种理念,全心全意服务经济发展。即:在服务发展方面,树立服务舞钢经济发展大局的理念,促进市场主体健康发展;树立服务广大经营者和消费者的理念,为企业和群众排忧解难;树立监管执法便是服务的理念,营造公平有序的市场秩序;树立不设路障设路标的理念,优化经济发展环境;树立"不说不能办,多说怎么办"的理念,推行"急事急办、特事特办、能办必办、难办想办法办",提高工作效率;树立立足职能讲大局理念,对重大问题"不讲职能讲责任、不讲分工讲分忧",服务舞钢经济发展。

【消费维权】 2010年,舞钢市工商行政管理局开展消费教育引导,提高维权水平。按照标准化建设要求,新设立"一会两站"(在乡镇建立消费者协会分会、在行政村建立消费者投诉站和"12315"联络站)维权联络站点40个。开展"送法维权进乡镇、医院、社区、市场"宣传活动及公共服务企业消费者满意度调查问卷活动,共计问卷调查乡镇、企业、学校、社区等40余家单位,了解维权热点,解决消费纠纷。每月在新闻媒体上发布消费警示和"12315"数据分析报告,反映消费者的利益诉求和关注的消费热点,为调整产业结构和产品结构提供决策参考。2010年,接受消费者咨询380人(次),受理消费者申诉、投诉、举报55件,办结率100%,为消费者挽回经济损失12万元。

【市场主体发展】 落实"兴农富民、兴企强市"和"企业服务年"活动,出台服务企业十项承诺和服务企业十项措施,帮助指导农户签订订单合同8000余份,审批窗口保持"优质服务窗口"称号。配合舞钢邮储开展"百亿送贷"活动,支持帮扶送贷累计6000余万元。帮助企业开展争创驰名商标、著名商标活动,新注册商标2件,评审公示"舞钢"牌驰名商标1件。目前,舞钢市市场主体发展势头良好,新办企业313户、个体工商户860户。

【政风行风】 2010年,舞钢市工商行政管理局开展人民满意的"重点科室、重点岗位评议"和"群众满意基层站所评议"活动,全系统8个工商所面向监管服务对象开展述职述廉。在全市123个基层站所参加的“群众满意基层站所评议”活动中,8个基层工商站所全部被评为优秀。其中,杨庄所和枣林所分别获第六名和第八名。

【创卫】 2010年,舞钢市工商行政管理局按照市双创指挥部分配的公共创卫管理任务,实行目标责任制和工作追究责任制,加大督察、督办力度,落实创卫各项工作。全年累计出动执法车辆100余次,出动执法人员400余人次,对市区涉及创卫范围内2800余户沿街门店、企业和商户,逐一摸底排查;发放《门店达标评比标准》宣传牌及健康教育知识宣传等资料8000余份;督促指导规范沿街门店修补、更换损坏牌匾招牌1200余块;在市区主要干道制作悬挂路灯公益广告160余块,设置地面路牌公益健康教育宣传展板广告100余块;规范户外大型商业广告(公益广告内容)30余块;清理、搬迁市区内废品收购站、煤球加工厂(点)26户;集中开展无照经营整治活动,查处、取缔无照经营120余户,市区商户持照、亮照经营率100%。

【获得荣誉】 2010年,舞钢市工商行政管理局被河南省文明委命名为省级文明单位、被河南省纠风办授予群众满意基层站所评创先进单位、被河南省工商局评为政风行风建设先进单位;被平顶山市政府表彰为打击传销规范直销工作先进单位。 (张志刚)

安全生产管理

【概况】 2010年,舞钢市安监局结合“安全生产年”活动和安全生产“三项行动”(安全生产执法行动、治理行动、宣传教育行动),贯彻国家有关安全生产工作的法律法规,按照国家、省以及平顶山市安监局的要求,立足防范,强化监管,落实责任,深化整治。全年全市共发生各类事故279起,死亡8人。其中,发生道路交通事故145起,死亡6人;发生火灾事故132起,无人员伤亡;工矿商贸企业发生安全生产事故2起,死亡2人;未发生一起重、特大事故。亿元GDP死亡率0.074,远低于平顶山市政府给舞钢市下达的0.31的控制指标。全市安全生产形势总体基本稳定,连续5年被平顶山市评为安全生产目标管理先进单位。

【重点监管】 舞钢市辖区内有非煤矿山企业24家。其中,采石场20家,铁矿开采4家。已建27个竖井6大生产系统、4处露天采矿坑和10座尾矿库。危险化学品单位23家。其中,加油站18家,加气站4家,烟花爆竹存储批发1家。重点监管领域和行业有:尾矿库、排土场、危险化学品存储使用单位、人员聚集场所、旅游、水上交通、建筑施工、工矿商贸和冶金等企业。

【安全分析】 2010年,全省挂牌督办的32个重点隐患中,舞钢市有2个。较大以上事故发生较少,一般事故时有发生。全年工矿商贸事故中,实业公司“3·18”事故死亡2人,舞钢公司“5·18”事故死亡1人,长远矿业“5·12”事故死亡1人,寺坡污水管网工程“11·11”事故死亡1人。交通、火灾事故占事故总量的90%以上,交通事故死亡人数占死亡人数的80%左右;工矿商贸事故死亡人数少,但影响大,处理难度大;建筑施工事故呈上升趋势;公众聚集场所、地质灾害、水上交通事故隐患较多。

【目标管理】 2010年3月,舞钢市政府召开安全生产工作会议,与市政府直接签订安全生产目标责任书的单位增加到60家,明确各单位行政"一把手"为安全生产第一责任人。各责任单位与所属单位共分解签订二级目标责任书900余份,三级目标责任书签订到基层,落实到车间、班组、岗位和个人。

【安全检查】 2010年,舞钢市安监局组织开展四季安全生产大检查,以及"双节"、"春运"、"五一"、"十一"等安全大检查活动。在秋季安全大检查中,全市各行业42家重点生产经营单位查出事故隐患196处,当场整改175处,下发整改指令书21份。隐患按期整改率100%。同时,市安委会先后组织开展烟花爆竹、非煤矿山、地面企业、危险化学品、建筑施工、旅游、学校、人员密集场所、消防和交通等安全专项检查活动。在烟花爆竹专项检查中,市安监局、公安局、消防大队组成联合检查组对烟花爆竹市场进行检查,集中销毁收缴的非法烟花爆竹,打击非法经营烟花爆竹的行为。

【安全生产督察和整治】 2010年,舞钢市安监局开展两项安全生产活动。(1)开展安全生产督察活动,以市委、市政府联合下文的形式下发《关于开展安全生产督察的通知》和《关于在全市开展重点领域专项治理活动的通知》,成立8个督察组,每组由1名常委担任组长、1名副县级领导担任副组长、3名科级干部为成员,对全市各乡镇、办事处、安委会成员单位、重点企业的安全生产大检查情况进行督察。(2)开展重点领域安全生产专项整治活动,对尾矿库、排土场、火工品、非法加油站、危化品运输、地质灾害、公众聚集场所等6个重点领域开展专项治理。每项专项治理工作都由1名副县级领导任组长,明确1个牵头单位和若干成员单位,拟订方案报市政府同意后,全部以安委会文件形式确定为市人民政府专项治理方案,下发全市。建立政府统一组织、部门联合执法的机制,防止推诿扯皮,整合部门执法手段,形成打击非法的合力,并明确整治步骤、时间,定期通报,务求实效,把安全生产大检查引向深入。为确保两项活动落到实处,采取三种形式督察问效。一是定时召开例会,每周一下午4时30分,在市安监局会议室听取8个督察组、6个专项治理牵头单位工作情况汇报。每次会议均有1到2名常委和1名副县级领导参加。会议对一周内检查出的各种问题进行分析和研究,指导下周工作开展。二是市委、市政府两办督察室和市监察局参加会议,通报工作不力、效果不好的单位。三是专门印发安全生产工作简报,详细通报工作进行情况,向市四大班子领导及全市安委会成员单位报送。8个督察组排查治理隐患130余个(处),提交市安委会督察的隐患40条。其中,较大的10条由市政府常务会议确定为市级重点督察的隐患,由市级领导挂牌督办,继续督促治理到位。全市40家非法加油站全部断电拆线,由专业拆除人员拆除封堵设备30家。

【隐患排查治理】 确立四项隐患排查工作制度。(1)事故隐患排查治理台账制度。编制舞钢市事故隐患排查治理台账,统一格式,下发全市。(2)事故隐患分级监管制度。将排查出的隐患按危害大小、整改难易程度分三级监管。对市安委会成员单位、乡镇办事处和企业自身排查出的隐患,可以短时期治理并能有效监控的,由其建立台账,监督整治;对危害较大、周期较长、需要市安委会协调其他部门或经专项督察组整改到位的,报市安委会确定为市级重点督察的事故隐患,重点治理;对隐患重大、需要挂牌重点督察或平顶山市直接监管的企业重大隐患,报平顶山市督察。(3)公示、公开隐患排查治理信息制度。通过下发《安全生产简报》,及时通报全市的安全生产工作动态,定期公布安全隐患排查治理情况,公示隐患治理责任单位责任人、政府监督部门责任人,接受社会监督。(4)隐患排查专家检查制度。在非煤矿山和危化行业领域实行专家检查制度,邀请非煤矿山、危险化学品等行业专家参加安全生产检查和隐患排查工作,建立20余人的专家库。全市有市级(一级)隐患治理台账一套;乡镇、街道,安委会成员单位(二级)隐患治理台账52套;生产经营单位(三级)隐患治理台账900余套,在全市实现隐患排查治理的三级监管制度。

【省级重点隐患治理】 2010年,根据省隐患治理工作安排,舞钢市的舞阳矿业公司罗寺沟尾矿库、西排土场被确定为省级重点隐患治理项目,按照省、平顶山市尾矿库、排土场的治理工作要求及通过专家评审通过的隐患治理方案,市安监局成立隐患治理工作领导小组,要求舞阳矿业公司严格按照隐患治理工作方案进行治理,有序推进,确保质量,确保安全。

【农村和社区安全生产】 2010年,舞钢市安监局下发《关于进一步加强农村和城市社区安全工作的意见》,印发《安全生产知识读本》、《安全生产普及知识百问百答》、《家居安全使用手册》、《中小学生安全教育读本》及各种检查记录、隐患台账记录等,把该项工作作为全年安全生产工作的重点来抓,对各乡镇、街道办事处的安监管理人员进行农村和城市社区安全培训工作,邀请漯河相关方面的专家进行授课。

【宣传培训】 (1)6月安全生产月。舞钢市安监局根据上级文件要求,成立活动领导小组,及时下发文件,安排部署。6月13日是安全宣传咨询日,在垭口中心路宣传活动主会场设立咨询台15处、文艺宣传队3个,悬挂安全宣传条幅50余条,展示板报200多块,散发传单2万余份,受教育群众5万多人,50多个单位参加活动。(2)国家安监总局一司司长到舞钢市授课,宣传、培训国家安监总局23号令和新《河南省安全生产条例》。(3)对特殊工种进行安全培训,分别于5月、10月在平顶山市安监局的支持下举办特种作业人员培训班,培训特种作业人员400余人。

【获得荣誉】 2010年,舞钢市安监局被平顶山市政府评为安全生产目标管理先进单位。

(市安监局)

物价管理

【概况】 2010年,舞钢市物价局围绕服务全市经济发展的主线,以清费治乱减负、优化经济环境为重点,履行物价工作职能,加大价格执法力度,加强市场价格监管。物价局内设办公室、收费管理科、价格房产科、法制室、价格调节基金办公室、价格认证中心和价格监督检查所等7个科室。2010年,全局干部职工80人。其中,干部58人,职工22人;中共党员33人,占总人数的41%;本专科以上学历53人,占总人数的66%;中级及中级以上职称的20人,占职工总数的90%。

【收费】 做好"两证"换发和行政审批大厅窗口服务工作,做到一站式办公,一条龙服务。全年受理服务件164件,办理收费许可证59套,办结率100%,接待办事群众咨询

78次,被评为省优质服务窗口。严格审批临时性收费项目和收费标准,按照上级规定,对不符合办证条件的一律不予办证,对涉农、涉企收费从严把关,坚决不办人情证、关系证。按照市政府的安排,配合市纪委和市法制办对全市的行政事业性收费和经营服务性收费进行专项清理检查,全面澄清行政事业性收费和经营服务性收费项目、标准的基本底数,对保留的收费项目和标准编制收费管理目录,通过媒体向社会公布,接受社会监督。清理各项涉及企业收费,做好企业缴费登记卡的管理,实行企业缴费登记卡制度,向企业发放收费明白卡,杜绝乱收费和不合理收费现象的发生。

【价格管理与成本监审】　加大管理力度,规范价格行为,公布与群众生活密切相关的部分商品价格。做好监测分析和预警预报工作,完善价格备案制度,提高应对突发价格异动事件应急监测能力,确保第一时间发现价格异常波动。按照上级部门的有关规定和要求,对农资及食品市场的价格进行监测并及时上报监测情况。对各超市销售的食用油、鲜鸡蛋、纯牛奶、方便面等实行提价申报制度和调价备案制度,对集贸市场32种与群众生活密切相关的商品,监测市场价格162次,向平顶山上报有关资料192份,向《舞钢信息》报食品价格48份,准确率均100%。政府定价商品和收费成本监审100%。对国家所管理的商品价格,按照有关法律、法规管严管好,保证政策落实到位,无一越权调定价格行为。组织人员对制水价格成本和经济适用房价格成本进行监审,提前开展对垃圾处理场成本的调研工作,对二郎山风景区经营成本进行监审;结合实际选择3个乡,对18户农民种粮成本进行调查研究并保证资料的第一时间上报。

【价调基金征管】　2010年,舞钢市物价局加大价格调节基金征收力度,稳定市场价格。加强征收工作的透明度,对应缴纳价格调节基金的单位和个人情况进行摸底排查,逐户宣传解释相关的法律法规,共走访宣传单位和门店405家。其中,旅店业28家,餐饮业144家,服务业204家,房地产开发企业24家,广告业5家,将调查结果记录在案,编制成册,形成完善价格调节基金征收的季报制度。对重点单位的价格调整基金征收工作实行领导分包负责制,与所负责的单位进行沟通;对征收有困难的单位积极协调,获得理解与支持,并委托有条件的单位应征则征。全年征收价格调整基金150万元。

【认证】　2010年,舞钢市物价局增强服务意识,拓宽价格事务工作新领域,遵循国家有关政策,按照规定的程序、方法为司法机关、行政执法机关的各类案件进行评估鉴定,为司法机关量刑和行政机关处罚提供科学的依据,并承担交通事故车物损失鉴定、拍卖和价格咨询等项业务。拓宽金融系统质押标的物、司法公证物价格认证新领域。全年完成刑事案件评估198起,鉴定金额600余万元;交通事故价格评估120起,评估金额39万余元,案件结案率、准确率均100%,无复核裁定案件。

【监督检查】　组织开展"双节"市场价格、农业生产资料价格、涉农收费、涉企收费、教育收费、铁路交通、电力、医药卫生价格等专项检查。在办案过程中按照"二十四字方针"办案,价格检查立案率100%,法定期限内案件办结率100%。推行明码标价,明码标价率90%以上,大规模超市、医院、学校、车站明码标价率、准确率均100%。加大旅游业价格欺诈等价格违法行为的整治力度。开展

"价格服务进万家(社区、农户)"活动,加强监管,落实价费公示,增强价格政策的透明度和社会价格服务(监督)网络建设。

【价格举报】 2010年,舞钢市物价局发挥"12358"价格举报电话的作用,及时受理各类价格举报、价格政策咨询工作,实行24小时举报电话值班制度,强化社会监督,制止乱涨价、乱收费的违法行为。全年受理价格举报39起,受理来电价格咨询81起,对所有价格举报、来访和咨询的群众热情接待,耐心解释,及时处理,对不属价格部门职责的问题耐心向群众说明情况,并及时向有关部门反映,赢得群众的理解。对受理的群众举报和咨询进行归纳统计,总结出当前价格工作存在的盲点和难点,及时向局领导和上级价格部门反映,为上级业务部门作出价格决策提供材料。

【法制宣传】 做好价格法制的规范工作,推进行政执法责任制和规范性文件合法审核备案工作。利用发放宣传单、张贴宣传标语和宣传车巡回宣传等多种渠道,宣传物价部门工作职能,争取支持。专门编写价格法律法规学习大纲,全年开展法律、法规学习和培训10多次,组织业务考试3次,并将考试结果纳入年终考核内容,提高全局干部职工的法律观念和依法行政的意识。 (王天晓)

审　计

【概况】 2010年,舞钢市审计局在职干部职工44人。其中,干部37人,职工7人。内设8个机构,分别是政办室、法制科、财政金融审计科、行政事业审计科、经贸审计科、农业与资源环保审计科、投资审计科、经济责任审计局。全年完成各类审计项目85个,审计资金511645万元,查出问题资金60611万元。其中,违规资金48291万元,管理不规范资金12320万元。通过依法审计,纠正问题资金38775万元,归还原渠道资金732万元。

【预算执行审计和财政决算审计】 2010年,舞钢市审计局深化预算执行审计和财政决算审计,全年完成本级财政预算执行审计和乡级财政决算审计项目7个。围绕舞钢市经济工作中心和财政预算资金的收缴、分配、拨付、使用情况,以审计财政收支真实性、合法性和效益性为基础,以促进各部门依法行政、规范预算管理、提高资金使用效率为目的,对本级财政2009年度财政预算执行和其他财政收支情况进行审计;以财税部门执行财税法规政策、上级拨入专项资金的管理使用及效益情况为主要内容,对乡级财政进行决算审计。在审计过程中,以真实性、合法性审计为基础,加强对财政资金的监督,注重规范财政收支行为,优化财政支出结构,促进财政资金更加有效、合理地使用,减少损失和浪费。针对审计中发现的问题提出有效的整改意见和建议,"同级审"报告得到市人大常委会的肯定。

【专项资金审计】 2010年,按照审计署和河南省审计厅的安排,结合舞钢市实际,完成各类专项资金审计及审计调查项目17个。通过审计和审计调查,揭示专项资金在归集、管理和使用中存在的问题,并针对性地提出审计意见和建议,促进被审计单位完善制度,规范管理,防范风险,确保资金安全运营。

【投资审计】 2010年,按照舞钢市委、市政府的安排部署,对2008年~2010年财政投资在500万元以上的17个重点投资项目进行审计。通过对财政性资金投资项目的预算执行、年度预算的执行和年度结算、项目竣工决算的审计监督,对项目建设中存在的未经批准擅自开工、未依法组织招标、擅自提高建设标准、扩大投资规模、挪用建设资金等行为依法出具审计报告,下达审计决定书,提出整改要求,促进财政性建设资金的合理、有效使用。

【经济责任审计】 2010年,舞钢市审计局坚持"积极稳妥、量力而行、提高质量、防范风险"的经济责任审计指导方针,开展经济责任审计项目22个单位、32位责任人,实事求是地反映领导干部任期内的业绩和不足,在加强干部管理,维护财经纪律,促进党风廉政建设等方面发挥作用。

【财务收支审计】 2010年,舞钢市审计局以加强内部管理,促进增收节支为目的,对22个行政事业单位的财政财务收支进行审计。通过审计,发现和揭露机关事业单位在资金使用和管理中存在的问题和不足,引起被审计单位的重视,促进财务管理的加强和国有资产保值增值。

【其他审计】 2010年,舞钢市审计局先后配合有关单位完成"小金库"治理重点检查、26位领导干部离任检查、2007年~2009年强农惠农资金专项清理和检查、天源水务有限责任公司水成本和水价核定、厉行节约情况检查、2009年~2010年涉教收费情况检查等任务。
(武瑞山)

统　计

【概况】 2010年,舞钢市统计工作以提高统计数据质量为中心,以改革创新为动力,开展第六次全国人口普查和"统计基础建设年"、"统计执法服务年"活动,突出重点,科学发展,完成2009年年报和2010年各项定期报表任务。组织开展夏、秋两季农产量抽样调查、城乡居民生活抽样调查、农村固定资产和畜牧业抽样调查、城乡市场物价调查和工业品价格成本抽样调查等项工作。调查收集大量有关农业、工业、建筑业、商贸业、交通和邮电通信业等各行各业的统计资料,为指导生产、安排人民生活提供可靠的依据。先后获河南省经济普查先进集体、河南省城镇住户抽样调查先进单位、平顶山市贸易外经统计工作、工业品调查先进集体等荣誉称号。

【基础建设】 2010年,舞钢市统计局采取以任务带建设的方法,继续开展乡级统计基础建设,全市13个乡镇、街道统计基础工作得到巩固加强,统计队伍和统计网络趋于稳定,基层统计渠道更加畅通,基层统计建设的成效在重大国情国力调查中得到充分体现。按照市政府《关于进一步加强和改进乡(镇)、街道统计工作的通知》,对照乡(镇)统计工作评比标准,促使各乡镇、街道办稳定统计队伍。增配数据处理、传输设备,完善原始数据采集、审核、查询、上报和存档制度,规范统计报表处理程序。全市13个乡(镇)、街道全部通过平顶山市基层统计基础规范化建设达标考核。

【统计制度方法改革】 2010年,根据省、平顶山市统计局的总体部署,舞钢市推进统计制度方法改革完成阶段性工作任务。组织基本单位名录库清理确认工作,推进批发和零售业、住宿和餐饮业统计制度改革,组织私营单位劳动工资统计,稳步实施服务业统计制度,探索产业集聚区考核体系、城乡住户调查大样本轮换、农村抽样调查样本轮换和城镇住户调查手机记账等工作。

【全国第六次人口普查和第二次全国R&D资源清查】 2010年,全国开展第六次人口普查工作,舞钢市成立人口普查领导小组及办公室,购置电脑、桌椅等办公用具,解决3间办公用房,充实普查办人员。乡级机构全部成立,乡镇、街道也从各站所、大学生村官中选调人员对办公室进行充实,乡级普查办公室人员152人,村级也全部组建普查机构。为组织实施第六次全国人口普查工作,市政府人普办相继召开4次第六次人口普查领导小组扩大会议,对全市第六次人口普查的各项准备工作进行安排部署,与各乡镇、街道签订人口普查目标责任书,确保人口普查工作有序推进。组织开展对2000多名普查员、普查指导员的培训工作。开展人口普查宣传工作,为普查的顺利开展营造浓厚的舆论氛围。在普查过程中,按要求进行人口核查摸底、普查区域划分和地图绘制工作。人口核查摸底主要是对全市现住人口、户籍人口、流入流出人口进行排查摸底,为正式普查登记做准备。普查区域划分是对乡界、普查区(村)界、普查小区(组)界进行明确,并在电脑上绘制各级普查区域地图,保障普查区域的不重不漏。11月1日至10日完成全市入户登记工作,12月中旬进入数据处理阶段。在第二次全国R&D资源清查中,完成清查资料的上报、审核和汇总工作。相继开展城镇居民基本情况抽样调查、产业集聚区调查和发展监测、“幸福指数”统计监测、投资及房地产开发现状调查、交通运输业能源消费调查、妇女儿童监测、居民对环境满意度、市民对创建国家卫生城市满意度等专项调查工作。联合发改委对节能减排工作进行考核,为市委、市政府科学决策和社会公众了解市情提供大量的统计信息。

【乡镇街道统计监测评价】 2010年,舞钢市统计局分季度对乡镇、街道的主要经济指标和统计基础建设情况进行综合排序。对各乡镇办事处上报的统计数据严格审核把关,加强对数据的监督检查,深入乡村、企业进行调查研究。

【统计信息化】 2010年,舞钢市统计局进行统计信息工程的扩建工作,完善网络安全与网络管理体系。继续加强宏观经济数据库建设,加快数据加载步伐。做好数据处理平台的扩展与应用工作,将村卡、固定资产投资等专业逐步纳入直报平台。

【统计分析】 2010年,舞钢市统计局抓住经济社会发展中的热点、难点、重点问题,进行分析研究,完善经济运行监测体系,为市委、市政府制定政策提供重要依据。为提高统计服务质量,局机关人员每人承担完成一项分析研究课题的工作方法,全年完成课题任务40多项,撰写各类统计分析60余篇。坚持每月向市四大班子主要领导提供全市经济运行月报,通过新闻媒体发布各乡镇、街道当月完成的主要经济指标。向市委、市政府报送各类经济信息、政务信息,在省、平顶山市统计网站发布信息50余条。

【统计执法】 2010年,舞钢市统计局以全省正在开展的“统计执法服务年”活动为契机,加大统计法制工作力度,制定《舞钢市统计法制工作计划》和《舞钢市统计法制宣传工作计划》,明确法制工作目标。开展新《统计法》学习宣传咨询活动,实行统计报表签收、签领、催报工作制度,完善专业法制基础工作。开展统计执法检查,实行统计执法责任制,完成对乡镇、街道统计法制监督检查,对存在问题进行督促整改,全年完成统计执法案件2起。举办全市统计从业人员资格继续教育培训班2期,300多名统计工作人员参加培训。 (张晓东)

质量技术监督

【概况】 舞钢市质量技术监督局承担全市产品质量监督、特种设备安全监察、计量、标准化、打假治劣、净化市场等职责。内设办公室、纪检监察室、人事科、财务科、政策法规科、质量监督科、食品监管科、计量监督科、特种设备安全监察科和标准化科等10个科室,下设2个二级单位:舞钢市质量技术监督局稽查队和舞钢市质量技术监督检验测试中心。

【名牌建设】 配合舞钢市政府开展质量兴市工作,在10月召开的"第十届全国追求卓越大会"上,舞钢公司获"全国质量奖",是迄今为止河南省获得的全国质量领域最高奖项,标志着舞钢精品战略取得重大成果。截至2010年底,舞钢市争创省级名牌7个,省名优产品11个,名牌效应为企业带来快速发展。开展全市产品质量定期监督检验,全年定检产品380批次,产品合格率86.5%,检验报告差错率为零。开展对重点企业、重点产品的日常督促巡查工作和重点产品专项整治行动,对烧结砖、人造板、预应力混凝板等产品进行专项监督检查,从源头严把产品质量关。开展质量管理培训工作,组织企业管理人员40余人参加省、市局质量管理培训4次。2010年4月初,协同平顶山市局举办《卓越绩效评价准则》国家标准宣贯会暨推行卓越绩效管理现场会,提高企业的管理水平和市场竞争能力。

【标准化】 对舞钢市镁碳砖厂、舞钢实业公司服装厂等16家企业进行产品执行标准有效性复审,帮助舞钢市新大农饲料有限公司、舞钢市九牧饲料厂等3家饲料生产企业进行产品标准最新查询、修订企业产品标准备案。帮助舞钢市源汇牧业有限公司和舞钢市鸿康药业有限公司开展"河南省无公害果品标准化示范区"创建工作。为舞钢市旅游局提供公共信息图形符号标准资料,帮助其建立健全舞钢市公共设施相关标志牌。做好代码、条码工作,全年新办代码证189家,年检593家,换证369家,变更50家,新增条码的申报1家,续展条码5家。

【计量】 2010年,舞钢市质量技术监督局做好计量器具的强制检定和登记备案工作。检定计量器具5892台(件),检定覆盖率92%,检定合格率100%;对28家加油站、26家衡器计量器具企业、11家眼镜店、4家医院的进口计量器具进行登记备案,确保量值传递的准确可靠;开展电子计价衡专项整治活动,检查集贸市场3个,门店28个,查处无计量检定印证的电子计价秤15台(件);开展"公平计量进市场"活动和眼镜店计量器具的监督检查工作,督促各大超市、市内较大集贸市场设立公平秤,眼镜店在用强检计量器具受检率100%,为消费者提供公平的消费环境;对加油机开展防作弊功能专项检查,查封3台存在问题的加油机,并要求其限期整改;做好"5·20"计量日宣传活动,义务检修血压计、人体秤、家用弹簧秤等120余台,现场发放宣传单1500余份,接受咨询服务200余人次。

【食品质量】 2010年,舞钢市质量技术监督局划分区域,落实监管责任,将食品生产企业日常监管工作分解到各单位,指定专人分包负责,提高食品生产企业的产品质量。"双节"期间,对全市食品生产加工企业4类25家33批次的食品进行监督检查,开展彻查问题乳粉专项整治、食品相关产品、化妆品及食品添加剂普查清理工作。加强对食品生产企业生产许可证办理的帮助、指导,帮助河南省长鑫面粉有限公司办理食品生产许可证,帮助3家面粉企业换证。开展宣传贯彻《食品标志管理规定》活动,提高人民群众食品安全意识和自我保护意识。

【特种设备安全监察】 开展"双节"、"五一"、春季、秋季特种设备安全检查工作;利用"3·26"安全日和6月安全月开展特种设备安全宣传和安全咨询。7月9日联合舞钢公司举办吊运高温熔融金属的起重机械应急预案——钢水包倾翻事故演练,提高市民特种设备安全生产、防范意识,减少安全生产事故的发生,也是舞钢市首次举办此类演练;办理特种设备操作人员培训班2期,培训人员50余人;注册登记特种设备190台,办理告知68份,确保全市特种设备的安全运行。截至2010年底,未发生一起特种设备安全事故。

【执法打假】 2010年,舞钢市质量技术监督局出动执法人员1500人次,执法车辆400多台次,检查集贸市场4个,办理质量、计量、标准化、特种设备、食品安全案件29起。其中,责令改正9起,立案20起,结案19起,万元以上案件7起,无行政复议和行政诉讼案件。开展"双节"期间市场专项整治行动,检查小麦粉生产企业12家,蛋糕房8家,量贩8家,查获各类无QS标志的小蛋糕、面包160余袋,无3C认证的低压小家电120台(件),无强制性3C认证标志的各类儿童玩具180多个。开展农资打假下乡集中行动,查获1家化肥生产企业出厂的产品未经检验,保障农民的合法利益。开展建材产品专项整治活动,检查出无出厂检验就以合格品进行销售的机制砖2家,无工业生产许可证散装水泥70吨。开展宾馆、酒店及餐饮业食品安全大检查行动,检查宾馆、酒店及餐饮业8家,检查出无食品标签的调味品96袋,无QS质量安全标志的罐头120余瓶,并分别进行处理。

【技术机构检验检测】 2010年,舞钢市质量技术监督局在原有设备基础上,增加霉标仪等6台检验设备,新上X光机、心脑电图机、B超等检测项目,并对化验室进行升级改造。质量技术监督局检测中心顺利通过省局的实验室资质认定、计量标准考核、法定计量机构考核,为今后的检测工作更具有效性、可持续性和可操作性提供技术保障。

【依法行政】 2010年,舞钢市质量技术监督局围绕质监开展法制宣传工作。3月15日,在寺坡步行街配合消协、工商、卫生防疫等单位进行"3·15"消费者权益日宣传;3月20日,在市政府门前开展综合治理宣传;9月,参加舞钢市委组织的全国科普知识宣传活动,组织全局执法人员参加舞钢市"五五"普法考试。严格依法行政,加强对执法案件的把关审理,无一例越权执法、乱执法、滥执法的事件发生,无行政败诉和行政复议案件。

【节能减排】 成立节能减排工作领导小组,在单位内部开展"节纸、节水、节电从我做起"活动。加强对高耗能企业的节能管理,利用技术优势,同企业技术人员一道,改善生产流程,提高生产技术,建立能耗指标,并联合相关部门不定期地对高耗能企业实行督促检查,确保节能降耗目标的完成。

【双创】 根据企业特点将全市“五小”单位分包给个人进行全方位监管,确保“五小”单位的质量稳定。完成办公楼的庭院绿化、灯光设施的日常维护及“十一”期间的鲜花摆放,制定爱国卫生计划,开展灭蚊、灭蝇等除“四害”活动,利用板报的形式,开展健康教育活动。

【党务及精神文明建设】 2010年,舞钢市质量技术监督局结合学习实践科学发展观和“素质提升年”等活动,制定《舞钢市质量技术监督局2010年精神文明建设工作要点》,组织全局职工进行思想道德学习,开展争当文明科室、文明标兵活动。参加各项文娱活动,陶冶职工思想道德素养。开展宣传报道工作,全年被省、市局和《舞钢信息》采用信息55篇。其中,省局3篇,市局19篇,舞钢政府信息18篇,《舞钢信息》13篇,《平顶山日报》2篇,超额完成宣传报道任务。

【获得荣誉】 2010年,舞钢市质量技术监督局被河南省质监局评为2010年度优秀基层单位;被平顶山市质监局评为2010年度全市质监系统目标管理优秀单位。

(市质量技术监督局)

食品药品监督管理

【概况】 舞钢市食品药品监督管理局主要职责是贯彻国家、省有关药品监管的法律、法规、规章,依法对辖区内药品的研究、生产、经营、使用单位的药品质量和药品经营秩序进行监管。食品安全监管方面的职责是综合监督,组织协调,依法组织开展对重大食品安全事故的查处。内设办公室、食品股、药监股、监察室、稽查队和药检所。干部职工27人。其中,公务员18人,专业技术人员4人;中共党员13人;专科学历14人,本科学历8人。

【食品安全】 召开全市食品安全整顿工作会议,下发《舞钢市2010年食品安全整顿工作实施方案》和《舞钢市2010年夏季食品安全专项整治行动方案》,明确地方政府负总责,各监管部门分段监管、相互配合的责任体系,确保食品安全整顿工作顺利开展。围绕群众反映强烈、社会危害严重的食品安全问题,结合不同时期群众消费特点,市食品药品监督管理局组织有关部门按“标本兼治、着力治本”的原则,开展农产品、畜产品、生产加工环节、流通环节、餐饮环节等专项整顿。在节日、高考等特殊期间以及特殊食品问题上开展“双节”、高考、夏季饮品、问题奶粉、人造鸡蛋、“毒蘑菇”和食品添加剂等10多次食品安全专项整治。在专项整治中,全局共出动执法人员2890余人次,出动执法车辆485车次,检查农产品基地10家,饲料、兽药经营户314家次,规模养殖场51家,定点屠宰场8家;检查食品生产企业20余家,食品生产小作坊40余家;检查食品经营企业1910家次、餐饮单位512家;检测农药残留1508份,兽药残留318头份,农药和兽药残留合格率均100%;检测出不合格食品8批次733.5千克,全部没收销毁;下发责令整改通知书80多份,取缔无证经营1家,处理案件8起,保证全市食品市场的安全。

【药械监管】 2010年,舞钢市食品药品监督管理局继续把打击制售假冒伪劣药品、医疗器械和非法生产、经营、使用药品、医疗器械的违法行为作为药品监管工作的重点。以农村为重点地区,以基本药物、医疗器械流通和使用为重点环节,开展打击违规销售、使用终止妊娠药品、制售假劣疫苗和人血白蛋白药品、擅自添加药物活性成分药品、制售假冒国内外知名品牌药械产品、虚假广告药品、超方式或超范围经营医疗器械产品、违规销售处方药、非药品冒充药品、防治手足口病药品、防控 H1N1 甲流药品、隐形眼镜及护理液、医用氧及分子筛制氧设备、中药饮片等 16 个专项监督检查。对每一项专项检查,都注重提高监管效率,把日常检查和各项专项检查相结合,做到一次检查,全面兼顾,既提高日常监督和稽查效率,降低执法成本,也减少对相对人日常工作的影响。全年监督检查药品经营、使用单位 317 家,监督检查覆盖面 100%,覆盖率 202%,提出整改意见 362 条;完成针对性抽样 203 批次,出具检验报告 121 批,检验出不合格药品 24 批次(中药材 11 批次);完成农村药品评价性抽样 47 批次;完成医疗器械抽样 11 批次;完成市局安排的乡镇卫生院基本药物抽验 26 批(不合格 1 批);收到举报 6 件,受理举报 6 件,立案 4 件;发协查函 33 件;查处违法案件 156 件,立案 156 件,结案 156 件;查处违规使用终止妊娠药品案件 10 件。根据最高人民法院、最高人民检察院《关于办理生产、销售假药、劣药刑事案件具体应用法律若干问题的解释》以及国家局关于贯彻“两高”司法解释的相关通知精神,市食品药品监督管理局在监管过程中不断加强与公安部门的沟通与协作,对涉嫌刑事违法案件采取共同检查、及时移交等方式进行联合查处。4 月,市食品药品监督管理局协同市公安局查处张凤敏非法经营假药案,查处价值 56 多万元的“药品”、“保健品”和“食品”等产品。此案由公安机关立案侦查,犯罪嫌疑人张凤敏被批准逮捕,另一犯罪嫌疑人刘文涛在逃。9 月,市食品药品监督管理局根据群众举报,查处一起销售假药、未经注册的医疗器械案,犯罪嫌疑人陈海驾车在乡镇兜售假冒儿童用药“江中健胃消食片”以及假冒吉林万通药业“伤湿止痛膏”和 未经注册的“天然橡胶避孕套”产品。根据“两高”司法解释,市局及时将该案移交公安机关立案侦查。通过公安机关的强制手段、先进的侦查技术手段与药监部门的专业知识、专业技术手段有机结合、优势互补,提高了查办案件的成功率。

【药品广告监测】　加强监测市电视台等主要媒体发布的药品广告,共监测药品广告 12 次,发现药品违法广告、非药品涉药广告 52 起,依照《广告法》的规定,全部及时移送市工商局进行处理。加强对发布广告的单位和广告药品的监督检查,对违法药品广告发布者标示的药店进行全面检查。4 月,对众生大药房、湖滨药店和明阳春药店等 3 家药店在舞钢电视台进行宣传的广告药品进行监督检查。通过检查,发现供货方资质、票据等存在违规情况。在电视台和《舞钢信息》发布违法药品广告警示,刊登识别虚假药品广告知识,提高消费者的辨别能力。经过整治,舞钢市电视台发布的药品广告数量和频次逐步下降,药品广告市场秩序有所规范。

【企业 GSP 规范】　2010 年,舞钢市食品药品监督管理局规范经营企业的经营行为,对新开、跟踪检查以及换证企业按照相关规定和程序进行监督和指导,督促企业进行整改、完善、提高。全年 3 家新开企业均取得《药品经营许可证》,GSP 认证满 2 年的 24 家药品零售企业均通过 GSP 跟踪检查,需换发《药品经营许可证》的 11 家药品经营企全部换发新的《药品经营企业许可证》,需要进行 GSP 认证的 11 家药店中 9 家通过 GSP 认证,2 家企业在规定时间内上报了 GSP 认证申请。

【ADR监测】　2010年,舞钢市食品药品监督管理局建立ADR组织,健全监测管理工作制度,明确专门人员负责监测工作,督促全市的药品医疗器械经营和使用单位及时上报药品不良反应报告和医疗器械不良事件,有效登录ADR报告110份,可疑医疗器械不良事件30例。

【药检所】　2010年舞钢市药检所计量认证证书到期,为进行新的计量认证,舞钢市食品药品监督管理局根据计量认证评审准则,依据新版的质量手册和程序文件对药检所进行内部评审和管理评审,编写评审报告,完善申请材料。根据认证要求,对软硬件进行全面的审核和提高。6月,舞钢市药检所顺利通过省所专家及市质量技术监督局进行的现场评审,取得计量认证合格证书。

【获得荣誉】　2010年,舞钢市食品药品监督管理局获平顶山市食品药品监管系统食品安全监管工作先进单位、药品监管工作先进单位等荣誉称号。　(孙淑贞　宋克忠)

市场发展服务

【概况】　2010年,舞钢市市场发展服务中心(以下简称"中心")内设财务科、建设科、管理科、办公室和6个市场管理所,主要管理朱兰市场、垭口农贸市场、寺坡农贸市场、寺坡工业品市场、李辉庄市场和舞钢市中心商城;介入农村交易市场管理。年底"中心"干部职工81人。其中,中共党员20人,占总人数的25%;大中专以上学历34人,占总人数的43%。

【市场建设】　收购并改造寺坡钢城农贸市场,6月投入使用;完成朱兰商贸城建设工程的选址和规划设计,目前在协调落实市场用地,已进入土地招、拍、挂阶段;寺坡湖滨市场正在筹备中。

【市场改造】　2010年,"中心"投资50万元对各市场进行改造,完善市场服务设施。(1)投资7万元改造李辉庄市场。(2)投资5万余元对寺坡中心商城的消防设施进行改造。(3)投资30万元继续改造垭口市场。(4)投资8万元改造钢城农贸市场。

【市场管理】　(1)"中心"完善和落实市场管理制度和工作规范。(2)明确市场管理标准,与各市场管理所签订目标责任书,层层落实责任,实行责任追究。(3)成立"中心"督察组,对照国家卫生城市标准和"中心"制定的检查评比办法及评分标准,每月对各市场检查3次,重点督察各市场在划行归市管理、卫生管理、车辆管理、治理占道经营、店外经营、跨店经营和乱摆乱放等方面存在的问题。(4)各市场设卫生专管员,按卫生管理制度严格要求、管理保洁工;自筹资金为各市场配备必要的垃圾桶(箱)和垃圾清运车等卫生设施;各市场落实"五定"(定职责、定岗位、定区域、定任务、定奖惩),市管员在做好本职工作的同时,人手一把扫帚、撮斗,勤动脑、勤动口、勤动手,协助保洁员做好市场卫生保洁,搞好市场卫生,为市民、商户提供清洁的购物、经营环境。(5)加强食品安全管理,加强对肉食、白条鸡、鱼类等经营户经营资格审查和卫生管理,开展对上市果品和蔬菜的农药残留检测。(6)各市场设置服务台,提供公平秤、气筒、钳子、螺丝刀等常用设施,受理群众投诉和建议。

【双创】　明确目标,层层签订目标责任书,分解落实责任，开展爱国卫生运动，定期开展卫生大扫除活动，整治环境卫生，为市民、商户创造干净、整洁的购物、经营环境。设置健康教育宣传栏、文明知识宣传栏，张贴、悬挂宣传标语、横幅，印发健康教育宣传材料2217份，发放到职工和所辖市场商户手中，开展健康教育、文明知识培训，提高职工、商户的综合素质。开展病媒生物防制工作，做好所辖市(商)场灭鼠和夏、秋季灭蚊蝇、灭蟑螂等工作，确保将各类病媒生物指标控制在国家规定的标准范围内。

【公益活动】 2010年3月，完成植树任务；4月，完成6人无偿献血任务；在全体党员中组织开展“献爱心，比贡献，关心支持虎头山爱国主义教育基地建设”捐助活动，18名党员捐款2100元；开展“情系玉树，大爱无疆”——向玉树地震灾区捐款活动，干部职工捐款3450元。

(李卫刚)

泛舟石漫滩水库

财税·金融

财　　政

【概况】 舞钢市财政局内设16个科室，下属9个二级单位和8个基层财政所。现有职工181人。其中，局机关科室及所属单位134人，基层财政所47人；中共党员121人，团员24人；大专以上学历169人；高级职称2人，中级职称50人，初级职称67人。

【地方财政收支】 2010年，舞钢市地方财政收入完成98327万元，占市人大调整预算的110.9%。其中一般预算收入完成70021万元，占市人大调整预算的100%。地方财政支出完成136541万元，完成预算的107.2%，其中一般预算支出完成103619万元，占市人大调整预算的104.3%。

【非税收入】 2010年，舞钢市非税收入4.2亿元，占年计划任务的123%。其中，财政专户管理非税收入4500万元；纳入预算管理非税收入管理3.75亿元。

【政府采购】 2010年，舞钢市规范采购方式的具体流程，完善招标、开标、评标程序，狠抓政府采购业务实施文件、采购结果通知书、采购合同的标准文本建设。全年完成政府采购规模25426万元，节约资金2961万元，资金节约率11.6%。

【国库集中支付】 2010年，舞钢市执行专项资金支付程序，严把支出关口，加大专项资金管理力度。全年347个单位(含二级单位)入驻财政国库支付中心，支付资金14.67亿元，拒付不合理支出148笔，节约资金1209万元。

【财政投资评审】 2010年，舞钢市财政部门依照舞政〔2005〕26号和舞政〔2008〕28号文件的规定开展评审工作。全年评审各类建设工程项目280项，累计完成工程预(结)算送审价7.8亿元，审定工程造价6.19亿元，审减金额1.62亿元，降低工程造价20.74%。

【资金筹措使用】 2010年，舞钢市财政部门针对严重的收支矛盾，压缩一般公共服务支出，保证重点支出需要，狠抓筹措资金工作。全年向上级争取项目资金3.05亿元，向上级借调现金1亿多元，保证全市职工工资及时足额发放和全市重点项目、重点工程所需资金供给以及社会各项事业健康有序发展。

【支农惠农】 2010年，舞钢市财政部门支付粮食直补资金343.9万元、农资综合直补资金1751.4万元；对289台农机具发放购置补贴资金210万元、良种补贴资金366.4万元；及时拨付农村安全饮水工程款440万元、农村沼气补助资金265.76万元;对全市农村中小学生全部免除学杂费811万元,免费提供教科书120万元,为农村家庭经济困难寄宿生提供生活费补助175万元。

2010年全市财政收入情况

单位:万元

项目	本年预算	2010年实际收入	比上年增长%
财政收入合计	99007	83036	19.2
一般预算收入	64007	54730	17
增值税	8880	8193	8.4
营业税	13170	9848	33.7
企业所得税	5651	5219	8.3
企业所得税退税	-461		
个人所得税	1871	2376	-21.3
资源税	1008	747	34.9
城市维护建设税	3687	2635	39.9
房产税	2068	1927	7.3
印花税	2373	2365	0.3
城镇土地使用税	5619	5278	6.5
土地增值税	1291	991	30.3
车船使用和牌照税	293	250	17.2
耕地占用税	2480	594	317.5
契税	2180	1631	33.7
农业特产税	50	5	900
行政性收费收入	6700	6311	6.2
罚没收入	2551	2529	0.9
专项收入	3911	3522	11
国有资本经营收入		2	-100
国有资源(资产)有偿使用收入	663	194	241.8
其他收入	22	113	-80.5
基金收入	35000	28306	23.6

2010年全市财政支出情况

单位:万元

项目	本年预算	2010年实际支出	可比口径比上年增长%
财政支出合计	110257	86128	28
一般预算支出	75257	62546	20.3
一、一般公服务	10064	10424	-3.5
二、国防	0		
三、公共安全	4207	3831	9.8
四、教育	15805	13778	14.7
五、科学技术	939	863	8.8
六、文化体育与传媒	2524	2339	7.9
七、社会保障和就业	9976	7668	30.1
八、医疗卫生	4937	4150	19
九、环境保护	1408	1503	-6.3
十、城乡社区事务	6794	5454	24.6
十一、农林水事务	9056	4646	94.9
十二、交通运输	1164	839	38.7
十三、资源勘探电力信息等事务	297	2285	-87
十四、商业服务业等事务	539	503	7.2
十五、金融监管等事务支出			
十六、国土资源气象等事务	763	752	1.5
十七、住房保障支出	1470	896	64.1
十八、粮油物资储备管理事务	402	133	202.3
十九、预备费	2400		
二十、其他支出	2512	2482	1.2
基金支出	35000	23582	48.4

(市财政局)

国家税收

【概况】 2010年,舞钢市国税局坚持以组织税收收入和发挥税收职能作用为中心,以提高征管质量和效率为主线,以优化纳税服务和构建和谐国税为重点,以专项整治为突破口,协调推进各项税收工作,宏观税负稳中有升,征管质量逐步提高,纳税服务不断优化。2010年,国税局在职干部职工58人,大专以上学历占93%,中共党员占75%。内设办公室、人事教育科、监察室、政策法规科、税政科、征收管理科、收入核算科、信息中心、纳税服务科、机关党办等10个科室,下设3个税务分局,1个稽查局,承担着舞钢市1790多户国有、集体、私营企业和个体纳税人的税收管理工作。

【税收】 2010年,舞钢市国税局累计组织入库税收收入7.94亿元,较去年同期9.7亿元减少1.76亿元,同比减少18.1%。实现地方级税收收入2.13亿元,同比减少17.92%。分税种看,增值税入库6.75亿元,同比减少20.04%;消费税入库3万元;企业所得税入库1.12亿元,同比减少7.75%;个人所得税入库76万元;车辆购置税入库624万元,同比增长472.5%。

【征管】 2010年,舞钢市国税局加强征管工作。一般申报入库率100%;非正常户率0%;未达起征点率低于平顶山市的平均水平;多元化申报成功率90%以上;小规模企业低零申报率从年初的34.59%降到3.28%,低于平顶山市的平均值14.95%;3个调税及补税指标均为100%。专门抽调人员,成立3个兼职纳税评估小组,重点部署对“房地产行业、钢材经销行业和重点税源大户”的检查,完成纳税检查与纳税评估企业162户。其中,房地产专项整治入库税款152.5万元,废旧物资行业专项整治入库税款112.91万元,钢材经销行业整治入库税款109万元,有效整顿与规范税收秩序。按照平顶山市局的部署和要求,立足舞钢市实际,制订实施方案,明确推行网络发票的工作步骤、时限和目标要求,注重突出宣传的辐射作用,采取集中培训和个别辅导等途径,为网络发票在全市的顺利推行打下基础,使网络发票的推行工作取得阶段性成果。与公安部门合作,加强整治,打击假发票使用行为。加强税源管理。实行税源分类管理,抓好企业日常监控,定期对重点骨干企业开展调研,推行领导干部直接管户制度;夯实个体税源管理基础,2010年7月~10月,集中4个月时间对全市个体工商户税源开展拉网式排查,澄清个体税源底子,个体控管户数从年初的738户增加到1030户,增加比例39.5%。加强对废旧物资经销行业的管理,通过严把发票使用关、账务核算关、资金结转关,加强对废旧物资行业的管理,促进废旧物资行业税收征管质量不断提高,废旧物资行业全年实现税款22428万元,是去年同期的3倍多。

【稽查】 2010年,舞钢市稽查局坚持以查促管、以查促收的原则,依托稽查的“拳头”打击作用来增加税收收入,通过严把选案关、检查关、廉洁关、服务关,提高稽查质量和效率。全年检查纳税人39户次,查补入库税收750万元。其中,税款621万元,滞纳金81万元,户均查补入库税收将近48万元,比去年户均查补入库税收提高5万元,入库查补税收名列各县(市)第三名。实施稽查案件举报重奖制度,并及时兑现,形成社会打击税收违法合力。实行稽查案件定期公告制度,利用各类新闻媒体,定期公告偷逃税案件,打击偷税人。

【服务】 2010 年,舞钢市国税局落实税收优惠政策,树立"不落实税收优惠政策也是收过头税"的理念,建立税收政策温馨提醒机制,为纳税人解决政策执行中的具体问题。落实增值税减、免、退税收优惠政策、废旧物资增值税退税审核以及所得税税收优惠政策。全年审理废旧物资退税审批表 184 户次,办理所得税税收优惠政策备案 97 户次,减免所得税额 457.55 万元,申报免抵退税 8966 万元。其中,审批退税 6234 万元,免抵调库 2732 万元,办理退税额居平顶山市第一。通过集中宣传与平时宣传相结合的方法,全面加强税收政策法规的宣传,广泛发动和引导社会各界积极参与税法宣传,鼓励大家自觉、主动地学法、守法、用法。

【党风廉政建设】 2010 年,舞钢市国税局坚持开展廉政教育。贯彻舞钢市委党风廉政建设工作会议精神,局长、副局长、科室(分局)负责人、一般同志层层签订廉政责任书,将任务量化、细化并分解,责任到人。每季度对廉政教育的主要内容进行安排,每半年对落实情况进行一次检查考核,利用每周政治学习时间,组织干部学习《税务干部职业教育读本》、"八荣八耻"以及在领导干部中倡导的八种风气。组织观看《法不容情》、《内蒙古第一贪》等廉政教育警示片,以反面典型为警示,筑牢拒腐防变的反腐倡廉思想防线。开展税收执法监察工作,强化"两权"的监督。开展走访纳税户工作,走访 100 多户纳税人,了解税务人员依法征管和服务纳税人等情况,并广泛征求纳税人对国税部门的意见和建议。按照权力运行到哪里、监督监察就进行到哪里的原则,开展日常监督监察工作。开展税务廉政文化建设活动,陶冶干部的情操。开展以"读廉书、思廉政、促廉洁"为主题的读书思廉教育和"廉政文化建设进家庭"活动,使家庭成员始终成为领导干部的"监督员",共筑家庭廉政防线。开展税收一线执法人员向纳税人述职述廉活动,提升全员的廉洁从税意识,维护国税部门的良好形象。

【获得荣誉】 2010 年,舞钢市国税局获省级文明单位、省级卫生先进单位、河南省三八红旗集体等荣誉称号。 (王 平)

地方税收

【概况】 2010 年,舞钢市地方税务局干部职工 66 人。其中,大中专以上学历 58 人;中共党员 57 人。内设 8 个科室,下设 5 个中心税务所、2 个分局(城关税务分局、稽查分局)。负责舞钢市 8 个乡镇、5 个办事处 3640 户纳税人的税收征收管理。全年组织地方税收 45630 万元。其中,中央级收入 7077 万元,市级收入 2337 万元,县级收入 36216 万元。

【税收政策】 2010 年,舞钢市地方税务局严把涉税审批、审理关。落实国家对粮食企业免征营业税、房产税和土地使用税的扶持政策,下发通知,各基层单位对企业进行"温馨提示",告知其申请减免税的期限和要求,受理企业申请,执行省、市局对减免税的统一要求,保证政策执行到位,资料完整规范,数字准确无误。全年累计审批粮食企业营业税减免户 9 户,减免营业税 25 万元;审批减免粮食房产税和土地使用税 4 户,减免房产税、土地税共 37.6 万元。审查纳税人报送的企业减免税、财产损失、货运业自开票纳税人认定等17项涉税事项审批资料和188户个体再就业、残疾人涉税事项审批资料，并逐一核对，确保涉税审批事项合法、准确、及时。全年审批企业资产损失508万元，审批下岗再就业、残疾人减免税60余万元。企业所得税汇算工作顺利开展。2010年4月，先后2次召开企业所得税汇算清缴工作会议，组织企业学习新的《企业所得税法》，把所得税汇算清缴的具体办法、步骤以及企业所得税年度申报资料的填写要求、企业所得税纳税调整重点项目的相关政策规定等内容印制成册，并将税收违法处罚及处理的有关规定明确告知纳税人，提高纳税人自汇自缴的自觉性和所得税汇算工作的总体质量。对所有管理的汇算企业进行企业所得税汇算清缴软件的培训，并为每户纳税人进行安装调试，实现企业所得税税源基础信息数据集中。做好年所得12万元以上纳税人自行申报工作。2010年，全市年所得12万元以上的纳税人共自行申报220人，申报年所得额19338万元，应纳税额644万元，已纳税额547万元，应补税款97万元。其中，申报人数最多的为钢铁行业中处级以上干部，人数161人，比去年同期减少20人。其次为个体工商户服务业，人数42人，比去年增加25人。

【征收管理】 2010年，舞钢市地方税务局加强税收精细化、科学化管理。(1)完善和落实税收管理员制度。把日常的业务考试和税收管理人员管理税源的具体数据进行结合。按照执法责任制的要求，对税收管理员实行执法责任目标制，将日常的考试成绩和考核记录作为年终评选“优秀税收管理员”的主要依据。(2)落实完善户籍管理办法，建立健全纳税人户籍管理档案，加强税收征管的源泉监控。强化户籍管理，做到“管好证、管好户、管好税、管好票”，每个税收管理员根据自己片管段管的责任范围，按照地域、行业、是否享受税收优惠、是否达到起征点等逐户、逐项建立健全纳税人户籍档案，及时了解和掌握管理税源情况。(3)加强重点税源的监控。建立重点税源台账，及时掌握其销售收入、销售成本、费用和入库税款情况，监控其财务质量，发现异常情况及时组织人员分析、实地调查、处理。强化重点税源税收入库报送和反馈机制。对重点税源的工作每周一总结、每周一汇报，以便随时掌握组织收入工作的运行情况，及时发现问题，及时采取措施加以解决。(4)深化纳税评估工作。落实省局《关于加强纳税评估工作的意见》，规范评估标准和程序，完善评估资料管理。组成纳税评估工作小组，对纳税户的生产经营和纳税申报进行抽查评估，提高全局的纳税评估质量。在推行纳税评估工作中，依托征管一线的税收管理员，注重平时相关涉税资料收集整理、做好记录和案头工作，完善评估基础信息的收集和积累机制，并实施纳税评估工作。截至12月，评估入库税款1200万元。(5)加强税源的信息交换和共享。与国税、工商等部门进行合作和信息交换，定期交换登记管理信息，及时发现税收征管的漏洞和不足。建立包括发票代开、新办户、双定户等信息的日常传递和交换机制，为加强税源管理打下基础。

【发票管理】 2010年，舞钢市地方税务局结合发票管理工作现状，在全市范围内开展发票专项检查，加强发票管理。开展手工发票和卷式发票专项清理活动。对全市62户手工发票和卷式发票用户进行清理整顿，针对存在问题，依据《发票管理办法》规定进行处理。通过发票专项清理活动，对57户符合规定需要使用手工发票和卷式发票的进行重新认定，不符合规定的停止发售发票。代开发票金额33214万元,扣税2325万元,兑付刮奖发票奖金7.7万元。开展发票违章举报有奖活动。4月,在寺坡、垭口、朱兰集贸市场口巡回开展打击发票违法犯罪宣传活动,宣传依法取得、使用、开具发票的意义,鼓励消费者主动索要发票。同时,加强对发票违章案件的查处力度,打击用票单位和个人的违法违纪行为。

【稽查】　2010年,舞钢市地方税务局加大检查力度,做到以查促收。建立税务稽查互动机制,加大稽查打击力度。加强案件查处,实现稽查效能最大化。针对稽查工作"取证难、执行难"的问题,采取措施使相关证据相互印证,形成证据链条,从而为被检对象违法事实的认定提供充分依据,为案件的处理准备有利的前提。开展建筑、房地产专项检查,在对建筑安装企业的检查中,查补入库收入136.6万元。

【纳税服务】　2010年,舞钢市地方税务局落实《纳税服务工作规范》,建立纳税服务体系,完善纳税服务工作考核评价管理制度和纳税人定期回访制度。与国税局协作开展联合办证、联合宣传税法、联合评定纳税信用等级等工作,方便广大纳税人。优化办税程序,简化纳税人需报送的报表资料,减轻纳税人的办税负担,降低纳税成本。加强办税服务大厅服务设施建设,继续落实文明办税"八公开"制度和公开办税"八项承诺"。坚持一窗式服务、首问负责制、导税员服务等措施,实行"一户式"储存,避免纳税人重复报送涉税资料。实行执法过错责任追究制度,对因管理不到位、服务不作为而造成企业虚假申报、漏征漏管、不按程序办税、执法文书不规范和处理处罚依据不充分等行为,严格追究责任。举行"深化企业服务行动"暨第十九个税收宣传月活动。紧扣"税收、发展、民生"主题,围绕"税企同诚信、携手谋发展",推进依法治税的高度,树立和宣传诚信纳税的先进典型。开展税法进两会、税法进企业、税法进厂区、召开纳税人座谈会等宣传活动。为广大守法、诚信的纳税户营造一个法治、公平的纳税环境。

【党风廉政建设】　2010年,舞钢市地方税务局成立党风廉政建设工作领导小组,制定《舞钢市地方税务局2010年党风廉政建设责任目标》,将廉政建设工作与税收业务工作同布置、同检查、同落实。按照"谁主管、谁负责"的原则,细化分解工作任务,层层签订责任书,明确牵头部门和责任人,明确工作标准和要求。落实《中国共产党党员领导干部廉洁从政若干准则》,开展讨论活动,写学习心得,全体税务干部结合地税工作实际,对照《廉政准则》的规定逐条逐项检查自己,加强自我约束,严守思想底线。开展家庭倡廉助廉,建立副科级以上干部廉洁档案,加强干部队伍廉洁自律。开展廉政文化进机关活动,加强对领导班子和领导干部的监督,落实领导干部大事报告制度、收入申报、民主集中制、民主生活会、民主评议、述职述廉等党内监督制度,保证监督渠道的畅通。投入人力、物力,加大廉政文化建设力度,布置廉政公益广告和廉政警句宣传展板,在办公楼院墙处设立2版印有"廉政监督岗"、"廉政承诺"、"廉政警句"和"廉政漫画"的专题宣传栏,在机关走廊悬挂廉政宣传挂图,营造廉政氛围,弘扬廉洁办税的风气。

【基层税务所建设】　2010年,舞钢市地方税务局坚持基层税务所建设"硬件"、"软件"一起抓,在加强外观、形象和基础设施建设同时,注重内在的制度、机制和文化建设。(1)

推行首问责任制,完善“八公开”制度,实行承诺服务制,推行岗位互补,使不同的岗位在工作时间不间断人员,保证纳税人随到随办涉税事项。(2)加强基层内部管理,提高基层税务干部素质,有针对性地开展岗位练兵,规范执法行为,提高征管水平,开展“四零”活动,即办税“零距离”、征收“零障碍”、工作“零差错”和信誉“零投诉”,努力构建和谐、互信的新型征纳关系。(3)加强督导,规范基层所建设。成立督察组,采取定期检查和临时抽查的方式到基层所实地查看集中学习、税容税纪、环境建设等,对办公场所整体布局、软件规范、办税服务和人员着装等方面进行督导,对检查的情况在公开栏以通报的形式进行强化管理。(4)加快进度,保质保量保时完成基层所建设任务。庙街中心税务所、铁山中心税务所完成升级改造,新建的杨庄中心税务所、枣林中心税务所正式投入使用,并作为基层所规范化试点单位,城关分局、稽查局完成标准化改造并投入使用。

【队伍建设】 2010 年,地方税务局坚持中心组学习,加强思想政治工作,坚定干部职工思想道德和理想信念,定期召开民主生活会、党员座谈会,将普通教育与个别教育相结合,长期教育与时事教育相结合,建立健全学习制度、廉洁自律制度、监督制度等规章制度。树立“爱岗敬业”先进典型,营造学先进、比工作、看实效、促和谐的工作氛围。以“三员”竞赛培训活动为契机,举办各类知识讲座,开办微机操作短训班,举办企业所得税、个人所得税、营业税等税法知识和征管技巧以及公文写作培训班,提高队伍综合素质。按照省局、平顶山市局机构改革设置的要求,在全局全面进行双向选择。根据工作需要,85%的人员调到新的岗位,4 人晋升了职位,经民主推荐,组织考察,做好 2 名副科级干部和 2 名副股级干部试用工作,并完成晋升职位及人员调动的套改工作。

【综合治税】 2010 年,舞钢市地方税务局对个体税收实行委托代征。发挥乡镇、街道协税员、协管员的信息优势和协税、护税作用,及时进行催收催报、查漏清欠,有效堵塞征管漏洞,缓解个体工商业户增长较快和税收征管力量不足的矛盾,解决地税部门力量不足、税源控管不到位等问题。建立健全与房管、国土、公安、建设、车船管理等部门为依托的协税护税网络,加强私房出租代征和完善车船税征收。

【文明创建】 2010 年,舞钢市地方税务局确立加强职业道德教育,把“爱岗敬业、清正廉洁”的职工道德理念和“满意在地税”的服务理念,贯彻服务始终,提高职业道德意识,形成良好的文明服务行为和行业作风,使文明服务、文明办税逐步变为干部职工的自觉行为。注重培养和发掘先进典型,营造良好的创优氛围,将地税文化的理念与地税人的价值观、道德观结合起来学,以提高地税人的文化素养和思想境界。全年地方税务局共写心得体会 280 多篇,基层税务所建设工作研讨文章 16 篇,办健康教育文化墙、文化栏 3 期。开展文明单位创建活动,参加地方团委组织开展的义务植树、登山等活动,树立地税干部良好的精神风貌。以工会组织为阵地,引导干部开展文体娱乐活动,组织干部在单位内进行乒乓球、羽毛球、篮球、拔河等活动。响应市委、市政府号召,开展爱心助学、为灾区献爱心、帮扶等活动。

【获得荣誉】 2010 年,舞钢市地方税务局被河南省优化经济发展环境工作领导小组评为河南省优质服务窗口。 (李 红)

人民银行舞钢支行

【概况】 2010年,舞钢市金融机构各项存款余额77.17亿元,比年初增加8.11亿元,增长12%;金融机构各项贷款余额50.06亿元,比年初增加11.49亿元,增长28.8%。

【货币政策】 2010年,人民银行舞钢市支行贯彻适度宽松货币政策,引导金融机构以货币信贷的合理稳定增长支持全市经济较快发展。支持农村信用社发挥支农作用,全年办理支农再贷款2亿元,再贴现1.8亿元,为农村发展、农民增收提供强大资金支持。加强对农村信用社法定存款准备金缴存情况的考核、监督工作。完善利率调整对全市经济金融运行影响的快速反馈机制。

【中小企业健康发展】 2010年,人民银行舞钢市支行召开银企座谈会,搭建政府、银行、企业沟通平台,银企洽谈签约24.86亿元,缓解中小企业"贷款难"问题。

【国库】 (1)开展国库直接支付业务。6月,率先在平顶山辖区实现政府财政惠民补贴资金直接由人民银行国库拨付到受益人资金账户,减少支付中间环节,资金到账时间由原来的3天缩短到2小时,实现补贴金额648万元,直接受益群众76584户次,此经验在平顶山辖区得到推广。(2)推进国库信息化建设。利用系统平台,实现人民银行国库与国税金税工程的联网运行,提升税款入库速度。(3)支持财政零余额账户改革。10月,在平顶山辖区率先实现与地方财政、代理银行的财政资金横向联网工作,年底,完成财政直接支付306笔,授权支付148笔,拨付金额1528万元,促进财政资金的使用效率。(4)创新防范国库资金风险新方法。在平顶山辖区率先实行基础业务工作"三零"(操作零违规、业务零差错、资金零风险)目标管理量化考核,全年办理国库业务4.2万笔,金额121281万元,无任何差错,实现"三零"目标管理。

【账户、贷款卡管理】 2010年,人民银行舞钢市支行办理贷款卡56张,年审贷款卡226张,开立各类银行账户799户,撤销、变更各类银行账户395户。

【人民币反假、征信、反洗钱】 2010年,人民银行舞钢市支行邀请中国人民银行平顶山市支行反假货币专业人员,对全市金融机构一线人员及农村反假货币义务宣传员进行业务培训。组织辖区金融机构一线工作人员195人参加中国人民银行平顶山市支行组织的人民币反假资格网络化考试,85人参加"三师"上岗资格考试,全部取得上岗资格证。组织舞钢市金融机构开展反假货币、银行卡、"个人信用记录关爱日"、反洗钱等大型宣传5次,设置宣传咨询点50多个,散发宣传资料1万余份,提高社会公众的金融知识水平。加大征信体系建设,着力加强中小企业信息征集工作,引导农村信用社将征信体系纳入信贷管理。全年征集中小企业档案302户,取得银行融资的中小企业210户,共融资3.22亿元,办理个人信用报告查询48笔,企业信用报告查询11笔,内部查询5笔。开展反洗钱现场检查及非现场监管,加强对辖区金融反洗钱工作的指导和监督,发现大额可疑交易线索1户,涉及金额2.34亿元,并移交公安机关立案调查。

【调查统计】 2010 年,人民银行舞钢市支行追踪舞钢市经济金融运行的热点、难点问题开展调研,为上级决策提供依据。全年上报调研信息 110 多篇,被中国人民银行济南市支行、中国人民银行郑州市支行采用 30 多篇,被中国人民银行平顶山市支行采用 40 多篇。

舞钢市金融机构 2010 年信贷收入统计

单位:万元

行列名称	本期余额	今年比年初	去年比年初
一、各项存款	649774	55810	82309
1. 企业存款	73333	-32752	25499
(1) 活期存款	61333	-33109	19975
(2) 定期存款	12000	357	5524
2. 财政存款	11030	3988	-7930
3. 机关团体存款	12158	5222	1108
4. 储蓄存款	470118	49621	61565
(1) 活期储蓄	158109	8692	28515
(2) 定期储蓄	312010	40929	33050
5. 农业存款	47239	13672	8477
6. 信托存款	0.00	0.00	0.00
7. 委托存款(比较口径)	0.00	0.00	0.00
8. 其他存款(比较口径)	35895	16060	-6410
二、金融债券	0.00	0.00	0.00
三、应付及暂收款	11367	775	-1962
其中:应付利息	7708	684	-247
四、同业往来	0.00	0.00	0.00
五、行内资金往来	0.00	0.00	0.00
六、各项准备	5872	2458	134
其中:贷款损失准备	5872	2458	151
七、所有者权益	38317	10381	1257
其中:实收资本	16000	7623	0.00
八、其他	-67924	53771	-7718
资金来源总计	637405	123195	74019

舞钢市金融机构2010年信贷支出统计

单位:万元

行列名称	年末余额	今年比年初	去年比年初
一、各项贷款	496620	112403	59806
(一)境内贷款	496620	112403	59806
1.短期贷款	232700	29898	55202
(1)个人贷款及透支	90373	3158	22713
其中:个人消费贷款	889	-72	918
(2)单位贷款及透支	141997	26410	32488
其中:经营贷款	141997	26410	0.00
固定资产贷款	0.00	0.00	0.00
(3)普通并购贷款	0.00	0.00	0.00
(4)银团贷款	0.00	0.00	0.00
(5)贸易融资	330	330	0.00
2. 中长期贷款	247488	66944	7271
(1)个人贷款	37890	28452	8049
其中:个人消费贷款	2041	1792	-146
(2)单位贷款	209598	38492	-778
其中:经营贷款	130361	67390	0.00
固定资产贷款	79237	-28898	0.00
(3)普通并购贷款	0.00	0.00	0.00
(4)银团贷款	0.00	0.00	0.00
(5)贸易融资	0.00	0.00	0.00
3.信托贷款	0.00	0.00	0.00
4.融资租赁	0.00	0.00	0.00
5.委托贷款	0.00	0.00	0.00
6.票据融资	16431	15561	-2668
其中:贴现	16431	15561	-2668
7.各项垫款	0.00	0.00	0.00
(二)境外贷款	0.00	0.00	0.00
二、有价证券及投资	1183	-4096	5017
三、应收及预付款	674	-1008	-179
其中:应收利息	546	-1088	-84
四、同业往来	182	182	0.00

续表 单位:万元

行列名称	年末余额	今年比年初	去年比年初
五、行内资金往来	126272	10856	9811
六、金银占款	0.00	0.00	0.00
七、外汇占款	0.00	0.00	0.00
八、固定资产	5921	1734	-236
九、库存现金	6553	3123	-199
资金运用总计	637405	123195	74019

(刘效先)

平顶山银监分局舞钢办事处

【概况】 2010年,舞钢市金融机构各项存款771737万元,比年初增加81143万元,增长12%。其中,储蓄存款535220万元,比年初增加57643万元,增长12%;各项贷款余额500621万元,比年初增加114853万元,增长28.85%;不良贷款余额24683万元,比年初减少2990万元,不良贷款率4.93%,比年初下降2.01%。

【农村信用社监管】 (1)推进农村信用社组建农村商业银行达标工作。改善股权结构,完善内控管理,加强法人治理机制和风险管控能力。(2)做好不良资产"双降"监管。加大清收工作力度和责任追究制,建立大额贷款跟踪台账,不良贷款实现"双降"。(3)做好资本充足率监管。2010年增扩股金1.6亿元。(4)做好农村信用社流动性风险监管,防止支付性风险发生。(5)做好农村信用社案件防控工作监管。

【双降】 (1)制定"双降"措施,强化"双降"责任,督促农发行、农村信用社抓好落实。(2)加强风险监测分析,及时了解掌握不良贷款的变化情况,对部分不良贷款出现反弹的银行机构及时进行跟踪问责。(3)实行不良贷款"双降"工作报告和通报制度,督促农发行、农联社加大对不良贷款清收和责任人追究力度。

【现场检查】 2010年,独立完成对舞钢市农村信用社2009年新增贷款、新增大额贷款风险状况的现场检查工作;独立完成对舞钢市农村信用社房地产贷款合规性、社保资金账户检查;独立完成对建设银行平顶山分行"内控和案防制度执行年"开展情况的检查工作;配合分局完成平顶山商业银行资金流入股市业务、大额贷款及夯实"有保有压"宏观政策情况现场检查工作;配合分局完成对建设银行、农业银行平顶山分行产能过剩行业大额贷款的现场检查;配合省局完成对商丘华商农村商业银行改革真实性的现场检查;配合省局完成对濮阳市台前农村信用社、洛阳市吉利农村信用社、南阳市西峡农村信用社、桐柏农村信用社组建农商行的检查验收工作。

【平安建设】 (1)完善制度,制定措施。(2)实行目标管理责任制,逐级签订案防工作责任书。(3)加强与公安部门的联系与配合,会同公安部门经常进行安全检查,对存在问题的机构、网点提出意见和要求,下发整改通知书。(4)配合公安部门完成从业人员大练兵基础业务考核工作。全年实现发案率零的目标。

【中小企业银企座谈会】 2010年,平顶山银监分局舞钢办事处与中小企业局联合召开银企座谈会,签约资金24.86亿元,解决中小企业"贷款难"和银行"难贷款"问题。

(刘效先)

工商银行舞钢支行

【概况】 2010年,工商银行舞钢支行各项存款121964万元,余额净增2亿5800万元,企业存款余额56862万元,储蓄存款余额65702万元,新增32.93万元,余额占比26.1万元;贷款余额5亿6900万元,比年初增长2.4亿元。其中,中小企业贷款累计投放1.6亿元,中间业务收入1575万元,人均突破35万元,余额、增量、增幅均居同业第一。在全省108个县支行综合考评中排名第三。

【核心目标建设】 2010年,工商银行舞钢支行围绕经营工作"一个中心、三项基本任务"和实现"同业第一、系统第一"的发展目标,践行"五争三保"的目标要求,以强化预算管理为抓手,坚持保态势与打基础并举,立足区域实际,确立以资产业务大发展带动中间业务大提升的工作思路,深挖对公市场潜力,抓住中间业务经营。新增舞钢公司贷款2.9亿元,发放中小企业贷款1.6亿元,住房公积金贷款1000万元,个人住房贷款2500万元,个人住房按揭贷款6000万元。加大重点项目支持力度,与地方政府和有关部门联系,筛选重点项目、核心客户,加强同舞钢市金海纺织有限公司、汇丰物资公司和宇彤公司等业务联系,开展票据贴现、银行承兑、保理、融资等业务,提高服务企业的能力。抓住城市化进程,对住房市场发挥推动作用,筛选一批优质房地产项目,分别与华谊公司、正基公司、大华公司、杰苑公司签订贷款协议,加大个人住房贷款力度,提高个人贷款占比和社会贡献度。到企业了解市场,抢抓潜在机遇,采取多种营销方式,加大申报、审批力度,确保项目信贷资金落实到位,提高客户的忠诚度和满意度 。经常向市委、市政府汇报工作,加强与工商、税务、发改委、中小企业局和招商局等的联系,建立新开户企业信息网络,赢得客户、赢得存款、赢得发展。建立对公客户信息资源数据库,以中小企业客户为基础,以集团客户为重点,建立集团客户集中营销、重点客户强力营销、高端客户组合营销的服务营销体系,提高客户综合贡献度。加大对公账户存款、电子银行、理财、银行卡和资产业务的同步营销力度,强化联动,注重组合,确保实现效益最大化。

【网点建设】 2010年,工商银行舞钢市支行提出三年发展规划及措施和打造中原地区一流强行的奋斗目标,推进网点标准化建设,推进网点交易处理向服务营销为主转变的渠道建设。对支行3个网点功能进行高标准、高起点的升级改造,为广大客户创造优美环境,优良秩序,优质的服务。(1)做好客户的引导分流和指导客户办理业务方面工作,开通"绿色服务通道"。(2)提升营业网点服务功能和市场形象,在业务流程改造、产品功能提升、服务环境和网点硬件设施方面进行改善,增加安装服务自动化设备,缓解分流柜面压力,改造服务理念,提升整体服务水平。(3)加强员工技能培训、考核,提高员工的综合素质,为客户提供高效服务,赢得客户信赖。(4)以强化网点服务质量为重点,加大对新业务的宣传、推介力度,营销各类产品。

【服务】 2010年,工商银行舞钢市支行开展“服务价值年”活动,转变服务观念,树立优质服务意识,提升服务质量。(1)确保“实”,即想实招、出实劲、办实事、增效益。树立服务就是竞争力、服务创造效益的理念,实现窗口服务规范、业务流程再造生、结算理财一路通,确保全方位为客户提供尽善尽美的服务。(2)坚持“亲”,即开展人性化亲情服务,赢得良好的社会声誉。在客户联系上实行零距离沟通,在咨询解答上实行理财型指导,在产品质量上实行最优化维护,在捆绑营销上实行无缝隙配合。

【内控】 (1)成立内控管理领导小组,负责对各项制度落实情况进行风险排查、考核、监督执行。在日常管理工作中实施领导干部包点责任制,明确岗位职责,建立健全规章制度,规范操作流程,确保各项工作有序发展。(2)制定年度安全防范工作计划及目标。每年签订内控案防责任书,组织员工开展安全教育,学习上级行下发的安全防范案例,组织广大职工讨论,开展互助学习,总结经验教训。平时提醒广大干部职工注意相互监督、相互督促,全力将安全隐患消灭在萌芽状态。(3)加大营业网点安全防范设施建设的投入。与监管、公安、消防等有关部门联系,商讨联动程序,规划联动方案,协调联动沟通机制。加大安全防范设施的维护力度,定期巡检,及时维护与维修,更换老化主机和摄像头,保障营业网点的安全防范设施的正常运行。(4)落实检查制度。坚持每月、每周、每天对要害部位、营业网点进行一次综合性的安全大检查,每季度进行安全防范、消防模拟演练,执行责任追究制度,及时发现、纠正、解决实际问题。定期对重要岗位进行定期轮换,配合内控案防工作的落实。每月召开一次风险例会,查找制度执行和业务处理过程中的不安全因素,发现问题及时处理。(5)建立质量管理机制,定期召开员工思想动态分析会和案防分析会,正确掌握全行员工在廉政建设、思想作风、案件防范等方面存在的问题和漏洞,对员工关心的热点、难点问题、影响全行工作大局的问题早发现早解决。及时通报在业务操作流程中发现的问题和工作中的薄弱环节,堵塞各种漏洞。(6)加强考核,完善激励机制。制定详细的内控案防考核办法,促使网点负责人由被动管理变为主动管理,增强网点负责人的安全防范意识和责任。

【获得荣誉】 2010年,工商银行舞钢支行被总行评为个人金融业务先进集体;被省分行评为中间业务先进单位(优胜奖)、经营绩效突出贡献支行和经营绩效综合考评“双十佳”支行、先进单位(集体)、对公存款先进集体,第四届先进文明单位;被河南省政府评为爱国卫生先进单位;获平顶山市政府学习型先进标兵组;被平顶山市分行评为先进单位和先进基层工会。 (纪宏瑞)

建设银行舞钢支行

【概况】 2010年,建设银行舞钢市支行创建政治素质好、经营业绩好、团结协作好、作风形象好的“四好”领导班子标准活动。开展会计核算方面的“基础管理抓重点、专项治理见成效”和“百日整肃”、“百日冲刺”等各项专题活动。截至12月底,全口径存款余额98068万元。

【企业存款】　2010年,建设银行舞钢市支行企业存款余额18794万元,日均余额47835万元,较年初新增-3922万元、19361万元,计划完成率分别为5.11%、203%,当地市场占比及排名第二。

【储蓄存款】　2010年,建设银行舞钢市支行储蓄存款余额79274万元,日均余额82035万元,较年初分别新增6630万元和9391万元,计划完成率分别为73.2%、151.54%。

【低风险业务】　2010年,建设银行舞钢市支行办理银行承兑11660万元;办理票据贴现20150万元;办理询证函31份22222万元。

【理财产品】　2010年,建设银行舞钢市支行办理龙卡通12404张,公积金龙卡签约7395张,完成进度计划的171%和107%;办理“E路同行”404张,完成进度计划的112.22%;办理信用卡1530张,完成进度计划的109%;新增企业网银38户、新增个人网银1167户、手机银行新增693户、收集短信2820户,计划完成率分别为126%、24.59%、34.44%、33%;销售代理保险1930万元,基金5461万元,纸黄金2084万元。

【国际业务及公积金贷款】　2010年,建设银行舞钢市支行与公司部联动营销国际业务结算量5727万美元,结售汇量3023万美元,总收入48万元。办理委托公积金贷款2104万元。

(建　行)

中国银行舞钢支行

【概况】　2010年,中国银行舞钢市支行各项人民币存款余额95458万元,较上年新增22114万元,在本地四大商业银行中占比20.59%。其中,对公存款61778万元,较上年新增23862万元,在本地四大商业银行中占比26.49%;储蓄存款36680万元,较上年新增1252万元,在本地四大商业银行中占比16.19%。各项贷款余额117114万元,较上年增加15039万元。其中,批发贷款余额115000万元,消费贷款2125万元。全行贷款均为正常贷款,优良率、收息率均达到双百。2010年,中行舞钢支行实现账面利润4372万元,中间业务收入79.72万元,扣除舞钢公司贷款因素,净收入1891万元。

【经营管理】　2010年,中国银行舞钢市支行抓住舞钢公司这个国际结算业务大户,为该公司推介业务新品种,帮助制订外汇理财和人民币理财方案,开辟业务合作的新领域,使其成为增加中间业务收入的亮点。开拓产品市场,结合省行产品计价法和市行产品战略的统一部署,重点营销支行个金产品。与工商局联手,包揽验资一线通业务,并以此为突破口,打开业务新局面。开发新品种,拓宽收入渠道,确保中间业务净收入完成率、净收入进步率的有效提升。2010年,成功营销消费贷款单笔790万元,单笔保险大单100万元。继续重点关注市政板块。上半年,争取到舞钢市寺坡城中村改造的首批300万元赔付资金落户,后续赔付款项将突破1个亿。下半年,争取到舞钢财政局信托投资公司和中小企业贷款担保公司在中行舞钢支行开户，为下一步打开财政板块工作局面奠定基础。

【内控】　2010年，中国银行舞钢市支行把加强内控和防范案件作为工作的重中之重，推动内控管理水平的提高。全面推进风险管理工作，准确把握业务风险，执行内控制度，强化管理，确保实现安全。加强制度规范落实，防范操作风险和道德风险，确保安全经营，提高工作效率。开展业务学习和培训，强化制度约束，加大检查和处理力度，加强对全行人员的思想管理和行为管理。加强思想教育，执行岗位轮换制度，开展“重点人”排查工作，逐级签订规范行为责任书，严禁经商炒股和黄、赌、毒行为。在纪检监察和安全保卫方面，落实市行纪检监察和安全保卫工作会议精神，抓好网点安全和机关值班制度的落实，加大执法监察工作力度，勤检查、常通报，查揭薄弱点，落实责任人，检查不留死角，处理不留情面，对各类违规违纪案件进行严肃查处。同时，注重开展经常性的安全与法制教育，提高一线人员的应急能力及自我保护能力，在工作中做到警钟长鸣。

【队伍】　2010年，中国银行舞钢市支行加强“政治素质好、经营业绩好、团结协作好、作风形象好”的“四好班子”建设，不断提高领导干部能力和素质，提高决策水平和执行力。(1)严于律己、率先垂范，在遵守制度和发展业务等方面做好全行职工的示范。(2)大胆管理，敢于负责，做好分管工作。(3)加强交流和沟通，分工不分家，扮好AB角，补台不拆台，形成一个团结协作的班子。(4)执行民主集中制原则，遵守组织纪律，建设过得硬、能战斗的坚强堡垒。

（中　行）

农业银行舞钢支行

【概况】　2010年，中国农业银行股份有限公司舞钢市支行在职员工78人，基层营业网点5个，分别是支行营业部、垭口分理处、寺坡分理处、李辉庄分理处和铁山分理处。内设部室4个，分别是综合管理部（含工会办、创卫办）、客户经营部（含“三农”金融部）、财会运营部和信贷管理部。2010年，全行各项存款余额96035万元，较上年末下降9798万元。其中，储蓄存款余额68951万元，较上年末净增9450万元；对公存款余额27084万元，较上年末下降19248万元；各项贷款余额74708万元，较上年增长15915万元，增幅27.1%。累计办理银行承兑50855万元。

【信贷】　2010年，农业银行舞钢市支行坚持以服务“三农”和县域经济蓝海战略为指导，开展信贷支持工作。重点对全市中小企业予以支持，全年为全市各类企业投放贷款51543万元，创支行历史新高，名列平顶山各县市支行前茅。以惠农卡为媒介，发放小额农户贷款，支持农村养殖业、种植业、加工业和返乡农民工再创业，全年投放小额农户贷款5628万元。帮助群众解决生产经营方面存在的资金不足问题，全年投放个人生产经营贷款1182万元。

【存款】　2010年，农业银行舞钢市支行重点抓好负债业务，保持储蓄存款、对公存款和同业存款均衡稳定增长，增强支持舞钢经济发展的资金实力。至12月底，各项存款余额96035万元,其中储蓄存款余额68951万元,较上年末净增9450万元,增幅为15.9%。

【中间业务】 2010年,农业银行舞钢市支行开展为期9个月的电子银行和银行卡业务产品营销擂台赛活动,抓好电子银行暨银行卡业务。发展保险代理业务。重点抓好寿险产品、客户抵质押资产保险、农户借款人意外伤害保险和投连险的市场营销,基本实现保险代理业务在产品间和区域间的均衡发展目标。拓展基金理财等业务,使全行的中间业务领域拓宽。

【服务】 2010年,农行舞钢支行加快网点建设步伐,打造明星营业网点,为内外部创造良好经营环境。抓好规范化服务管理工作,提升农行整体服务质量,树立良好的社会形象。加大投资力度,开展硬件设施建设。支行营业部集存取款一体化的自助银行大厅已经建成投入使用。

【内控】 2010年,农业银行舞钢市支行坚持把严格内部控制和案件专项治理作为重要保障手段来抓,落实全面风险管理目标。加强员工案防教育,通过对各项规章制度的学习,全体员工合规经营理念、遵章守纪意识和防控案件意识明显增强。坚持从内控制度的落实入手,规范操作流程和业务管理,促进互控机制和监督机制健康运行,加强全员内控、全方位内控、全过程内控,有效防范风险,控制案件的发生。将银行"八类案件"作为案件防控重点,层层签订案件防范责任书,完善案防责任制。落实对员工的行为排查工作,定期对员工"七种行为"进行排查,防止员工行为风险。继续完善"大保卫"安全防范体系,持续加强安全防范基础建设,加大安全检查频率,开展反洗钱工作,提高安全保卫工作精细化管理水平和防范能力,确保全行安全营运无事故。

(罗耀民)

农业发展银行舞钢支行

【概况】 中国农业发展银行舞钢市支行(简称:农发行舞钢市支行)内设两部一室,分别是会计出纳部、计划信贷部和办公室。2010年,各项资产23901万元,各项负债22931万元;所有者权益1343万元,各项收入1649万元,各项支出925万元,收支轧差后账面盈利724万元;各项贷款余额23677万元,比年初减少8470万元;各项存款余额3885万元,比年初减少3109万元。

【业务范围】 中国农业发展银行的业务范围由国家根据国民经济发展和宏观调控的需要并考虑到农发行的承办能力来界定。中国农业发展银行目前的主要业务是:办理粮食、棉花、油料收购、储备、调销贷款;办理肉类、食糖、烟叶、羊毛、化肥等专项储备贷款;办理粮食、棉花、油料加工企业和农、林、牧、副、渔业的产业化龙头企业贷款;办理粮食、棉花、油料种子贷款;办理粮食仓储设施及棉花企业技术设备改造贷款;办理农业小企业贷款和农业科技贷款;办理农业基础设施建设贷款,支持范围限于农村路网、电网、水网(包括饮水工程)、信息网(邮政、电信)建设,农村能源和环境设施建设;办理农业综合开发贷款,支持范围限于农田水利基本建设、农业技术服务体系和农村流通体系建设;办理农业生产资料贷款,支持范围限于农业生产资料的流通和销售环节;代理财政支农资金的拨付;办理业务范围内企事业单位的存款及协议存款、同业存款等业务；办理开户企事业单位结算；发行金融债券；资金交易业务；办理代理保险、代理资金结算、代收代付等中间业务；办理粮棉油政策性贷款企业进出口贸易项下的国际结算业务以及与国际业务相配套的外汇存款、外汇汇款、同业外汇拆借、代客外汇买卖和结汇、售汇业务。

【资金测算】　2010年初，农发行舞钢市支行组织计划信贷人员在调查研究的基础上，编制2010年度、季度信贷资金计划，具体做到“五早两勤”，即收购早调查、资金早预测、计划早安排、规模早下达、资金早到位，收购进度勤联系、收购资金勤调度。通过科学的资金需求预测，合理的资金调配，贷款规模、资金头寸均控制在市分行下达的最低限额内，信贷资金运用率始终保持在99%以上，各类报表上报及时、准确，业务分析全面、翔实，为各级领导决策提供可靠的依据。2010年是实行最低收购价小麦收购的第五年，受中央储备粮平顶山直属库的委托收购，委托企业1个，即河南省舞钢市国家粮食储备库，下设9个延伸收购点，覆盖全市10个乡镇，总仓容5385万千克，经过银企共同努力，全年新入库小麦4422万千克，价值8817万元，发放贷款与库存值的比率为100%。

【新业务】　2010年，农发行舞钢市支行经过营销，与舞钢市银河纺织集团有限公司、舞钢市鸿康药业有限公司和舞钢市统源食品有限公司建立信贷关系。河南省分行授予舞钢市银河纺织集团有限公司AA级企业、舞钢市鸿康药业有限公司A+级企业、舞钢市统源食品有限公司A+级企业。并向舞钢市银河纺织集团有限公司发放产业化龙头企业棉花短期贷款14919万元，收购棉花42702吨。分别对舞钢市鸿康药业有限公司投放贷款350万元，对舞钢市统源食品有限公司投放贷款140万元。（农发行）

邮政储蓄银行舞钢支行

【概况】　2010年，中国邮政储蓄银行舞钢市支行居民存款余额12亿元；发放各类贷款2.5亿元；年收入突破2000万元；人均劳动生产率30万元。各项业务业绩均居平顶山市邮储银行系统前列。

【企业文化】　2010年，在全省“规范化服务”活动考核验收中，中国邮政储蓄银行舞钢市支行总成绩获得优良；在星级柜员评定中，三星级柜员占60%，成绩居平顶山市分行第一。

【服务】　2010年，中国邮政储蓄银行舞钢市支行ATM自助取款机6台；对11个一类、二类、代理网点进行改造；从一个单一储蓄机构，发展成公司、信贷、中间业务（代理保险、基金、理财）等品种齐全的商业银行，业务范围扩大，部分营业网点设置VIP室、理财室、自助银行；配备大堂经理、专职理财经理、零售客户经理、公司客户经理。

【内控】　2010年，中国邮政储蓄银行舞钢市支行坚持构建风险管理长效机制，不断加强内控体系建设，完善信息传导机制、风险评估机制和内部审计机制，全面实施风险报告、风险提示和违规处罚等工作制度，形成风险预警、快速反应机制，构筑行之有效的风险防范体系。在全省开展的“合规操作年”活动中，合格率98%，不良贷款率

0.22%。

【服务"三农"】 按照国务院"邮政储蓄银行服务中小企业、服务城市社区、服务'三农'、支持新农村建设"的市场定位，加快小额贷款服务"三农"的步伐。2010年共发放涉农贷款6800万元，提升邮储银行小额贷款"好借好还"的品牌形象和阳光、透明、快捷的服务理念。 （董宏恩）

农村信用联合社

【概况】 2010年，舞钢市农村信用合作联社现职领导4人，党委下设13个党支部，在职职工287人，机关设立15个部门，辖12家信用社、20个营业网点。

【经营】 2010年，舞钢市农村信用合作联社各项存款余额249414万元，比上年末增加50043万元，增幅为25.1%；全辖区信用社人均存款1193万元，较上年末增长239万元，完成全年存款任务计划的100.09%；各项贷款余额190991万元，较上年末上升44697万元。其中，累计发放农业贷款158328万元，累计办理工商业贷款16306万元，累计办理贴现16351万元；不良贷款（按五级分类）余额16191万元，较上年末下降2839万元，完成全年清收任务计划的101.36%；实现经营利润4831万元，完成全年任务的107%。 （农联社）

平顶山银行舞钢支行

【概况】 平顶山银行股份有限公司舞钢市支行（简称平顶山银行舞钢支行）成立于2009年12月3日，是平顶山银行设立的第一家县域支行。2010年3月8日，中共平顶山银行舞钢支行党支部、平顶山银行舞钢支行工会正式成立。平顶山银行舞钢支行内设综合管理部、综合业务部和营业部3个职能部门。秉承"服务地方经济、服务中小企业、服务城市居民"的理念，以支持地方经济发展为己任，以经济效益为中心，以科技创新为平台，以风险控制为重点，坚持高起点、高标准、高质量、高效率，打造特色鲜明的"现代银行、精品银行、好银行"。

【业务】 平顶山银行舞钢支行主要业务有吸收公众存款；发放短期、中期和长期贷款；办理国内结算；办理票据承兑与贴现；发行金融债券；代理发行、代理兑付、承销政府债券；买卖政府债券、金融债券；从事同业拆借；代理收付款项及代理保险业务；提供保险箱服务；从事银行卡业务；网上验资业务；经国务院银行业监督管理机构批准的其他业务。

【经营】 截至2010年12月31日，平顶山银行舞钢支行各项存款余额11353万元，各项贷款余额4.75亿元，签发银行承兑汇票4000万元，办理票据贴现4213万元，完成年初总行下达的各项目标任务，职工队伍素质不断提高，贷款收息率100%，无一笔不良贷款，全年无安全责任事故。

（平顶山银行舞钢支行）

人寿保险公司舞钢支公司

【概况】 2010年，中国人寿保险舞钢市支公司实现期交新单保费1200余万元，同比增长90%；意外险保费640余万元，同比增长206%;兼业代理保费7200万元,续收率96%以上。

【效益险种】 2010年,中国人寿保险舞钢市支公司按照"发展效益险种,提高业务发展"的工作思路,采取环环相扣的措施,根据人数不同、档次不同,制定规模不同的高效产品说明会,集中优势员工邀请客户,强力发展业务。全年实现保费12730余万元,其中长期寿险占61%。

【学平险】 2010年,中国人寿保险舞钢市支公司根据平顶山分公司开展分散性销售的要求,结合国家的有关政策,在城乡强力实施分散性销售的措施,公司机关中层干部全部分片包乡,集中7月~9月3个月时间,推行分散销售,经过90天销售,实现学平险保费近220万元。同时,对城市市场采取集中和分散相结合的方法,以居委会、社区、学校等为单位,分别开拓学平险市场。在多头并进、多管齐下的举措下全年学平险保费280余万元。

【保险村建设】 2010年,中国人寿保险舞钢市支公司按照上级公司的要求,配合社会主义新农村建设,开展创建保险先进村工作。公司每周派讲师、组训走访不同村,进行义务保险宣传,业务员走家串户,普查客户资料,建立客户档案。全年建成保险村55个。

【理赔】 2010年,中国人寿保险舞钢市支公司理赔科树立"服务第一、信誉至上"的观念,本着急客户所急、想客户所想,保证理赔质量、提高理赔速度、送赔款上门的理赔原则,做到300元以下的小案立等可取、一般赔案不超过7天、大案不超过15天,对群众普遍关心的赔案做到及时理赔。在理赔工作中,严格把握"二关":一是把住人情关。鉴于近年来曾出现过以保谋私的现象,公司把抓好理赔工作作为党风好转的重要标志,重视对职工进行廉政教育,使职工思想发生较大变化。二是把调查关。理赔中的调查环节十分重要,这是决定保险理赔受损程度的关键,是决定保险赔付多少的基本依据。公司为了防止这项工作的疏漏,配备政治思想素质好、业务水平高的外勤理赔员负责案件性质取证工作,同时加细理赔工作的实务手续,提高理赔质量。

【内部管理】 2010年,中国人寿保险舞钢市支公司按照上级公司的要求,加强对业务处理中心的管理,提高柜面人员的服务质量及服务态度,使客户接待更加人性化。制定《业务中心管理制度》和《柜面人员服务管理》等规章制度,使各项工作有条不紊的进行。 (人寿保险公司舞钢支公司)

人民财产保险公司舞钢支公司

【概况】 2010年11月底,人民财产保险公司舞钢市支公司实现保费2530万元,占年度计划的95%,同比增加70万元。其中,机动车险1789万元,同比增加264万元;财产险512万元,同比增加20万元;责任险104万元,同比增加1万元;意外险23万元,同比下降38%。全年处理各种赔案3968起,支付各种赔款2028万元,其中政策性能繁母猪保险1400起,支付赔款近140万元。

【业务增长】 2010年,人民财产保险公司舞钢市支公司围绕抓续保、找竞回、深挖潜的工作思路,找准新增点,保持持续增长。(1)依靠政府,广开渠道,加强与各单位的沟通联系。(2)车险业务抓住当前市场车辆不断增加和保险监管力度不断加大的时机,推进车险业务,截至11月底保费同期增加264万元。(3)企财险在做好黄金客户稳定续保的同时,加强与企业的沟通,增加保费。(4)找准新增点,加强渠道建设,狠抓分散性业务和竞回业务的考核力度,不断利用激励措施,明确分工、责任到人,加大奖励力度。(5)开展不同形式的劳动竞赛活动,通过活动的开展,公司员工开展找竞回,竞回业务达63万元。(4)自7月开始开展电销业务,截至11月底,电销业务收入90万元,挽救业务下滑的局面。

【内部管理】　2010年,人民财产保险公司舞钢市支公司完善公司内部控制制度,坚持以贡献排名次,让经济杠杆起作用,拉开分配档次,增强工作的主动性。在管理上做到以制度管人、管事,做到有章可循、违章必究。避免感情关,增加职工遵纪守法的自觉性。强化理赔管理。坚持双人查勘,双人定损,交叉做案,限时赔付,不断提高服务质量;坚持24小时值班制度,参与"三个中心"建设,提高服务水平;坚持车险现场查勘全年无休,接到"95518"专线调度,查勘人员在10分钟内与客户联系,30分钟内到达事故现场或向客户明确到达时间;加强考核、督查力度,对理赔过程中出现各种问题一经查实,轻者批评教育,重者严厉处理,决不姑息。承保服务质量和效率明显提高。严把承保质量关,控制承保风险,把承保风险控制在最低限度,保证公司效益的稳步提高;加强服务观念,改进服务态度,提高服务质量、业务技能和服务水平;强化授权经营意识,按照保险监管部门和省、市公司的规定开展保险业务,维护上级各项政策的权威性,规范市场竞争行为,依法合规经营。发挥监察作用,在市检察院的配合下,全年调查各类案件160余起。其中,有水分案件25件,挤出水分金额35万余元;拒赔案件2件,拒赔金额20万余元;诉讼案件31余起,涉案金额150余万元,减少损失30余万元。按照单证集中统一管理、规范使用的原则,强化单证管理,做到领用登记、账物相符,保证不错、不乱、无丢失现象发生,符合上级的各项要求。加强财务管理。在受市场竞争等多方面因素影响、费用压力空间加大的情况下,各项费用指标未出现超支现象。

【诚信经营与服务】　2010年,人民财产保险公司舞钢市支公司树立"人民保险造福人民"的经营理念,坚决纠正不作为、乱作为、推诿扯皮等问题。营业厅内部、外部环境整洁有序,各种标志清晰醒目,具备向客户提供业务受理、服务引导、咨询投诉、和客户休息等候的基本硬件配置。公司全员在接待客户时做到来有应声、走有送声,在同客户交流时做到使用文明礼貌用语,坚决杜绝推诿扯皮和与客户争吵等现象的发生。为客户办理理赔(结付)手续时,对涉及所需材料一次性向客户明确告知。理赔结案后,3个工作日内通知客户领款。损失金额在人民币5000元(含)以下的单独车损赔案,在客户提供索赔资料齐全后一个工作日内付款。为提升服务营销效率和维护、开拓客户,公司推出电话营销的新服务举措,车主只需拨打中国人保财险投保专线4008195518即可,不但价格更优惠,还可享受"保险顾问全程指导"、"免费送单上门"、"快速理赔"和"100%服务贴心回访"等"车险管家"专属服务。

【劳动竞赛】　2010年,根据省、市分公司"强化管理、突出效益、稳步发展"的经营指导思想,人民财产保险公司舞钢支市公司结合公司实际,开展"车险保卫战"竞赛活动。8月,根据省、市公司的要求,公司推出"驾意险"联合销售活动,从而加快车险发展速度,增强车险可持续发展能力和市场竞争力,不断提升车险经营管理水平和市场份额。

【获得荣誉】　2010年,人民财产保险公司舞钢市支公司获平顶山市分公司创利贡献奖。

（李晓娜）

灯台架栈道

科技·教育

科学技术

【概况】 2010年,舞钢市科技局落实"科教兴市"目标责任,组织实施科技计划项目和科技服务项目,争取科技项目资金,实施重大科技专项。组织广大科技人员深入实际开展调查研究,进行技术引进、技术推广和技术服务,开展科普宣传活动和实用技术培训,做好科技成果鉴定与评审。落实科技奖励政策,组织评定科技进步奖和科技服务奖,培养扶持科技示范典型,支持企业技术开发和技术创新。依法开展防震减灾工作,强化建设工程地震安全性评价监督管理。鼓励发展高新技术产业,保护知识产权,保持全国科技进步先进市荣誉称号。

【科教兴市】 2010年初,舞钢市政府对全市完成"科教兴市"目标任务成绩突出的14个先进单位和46名科技先进工作者及7项科技进步奖、19项科技服务奖的获得者进行通报表彰。同时,对2010年度的"科教兴市"目标任务进行分解和落实,签订目标责任书。

【项目】 2010年,舞钢市科技局先后制定《舞钢市科学技术奖励实施办法》、《舞钢市自主创新体系建设和发展规划》、《舞钢市科技发展"十二五"规划》和《舞钢市2010~2015科技项目申报指南》等制度。围绕科技计划项目的实施,全市各行业申报科技计划项目40项,科技局组织项目评估委员会综合论证,确立当年实施并下达计划的有29项,本市级财政投入科研开发经费710万元。其中,在工业企业实施重大科技专项3项,投入科研与开发经费520万元。通过项目的实施,促进舞钢市科技和经济发展。如,舞钢双宏钢铁有限公司实施的"冶金高炉富余煤气焙烧活性灰技术研究及应用"项目,主要利用高炉生产产生的煤气焙烧活性灰,减少剩余煤气排放的污染,同时减少使用煤烧石灰形成的有害气体的排放,实现资源的综合利用,降低石灰成本,提高石灰质量及成品率,具有很好的经济效益和社会效益。该项目从2010年4月开工建设,10月投入生产,气烧石灰窑3号炉日产量180吨,灰煤气消耗900立方米/吨,每小时6000立方米煤气,不仅减少了煤气放散对空气的污染,而且煤气作为一种能源替代煤的消耗,生产每吨灰可节约100千克煤,年节约资金650万元,各项经济效益、技术、产品质量等指标均达到预期效果。

【科技服务】 2010年,舞钢市科技人员到基层开展科技服务,经过筛选确立实施科技服务项目50项,年终通过现场验收37项,引进推广新品种57个、新技术60项,这些项目实施取得了明显的经济和社会效益。如,农业局实施的“万亩小麦高产创建关键技术应用”项目,科技人员按照高产创建技术方案,在项目区实行秸秆还田82%以上,土地普遍深耕约25厘米,宽窄行播种面积50%,推广氮肥后移技术,化学除草率100%,病虫害防治率100%,通过项目实施和技术应用,万亩(1公顷=15亩)示范方亩产量555.2千克,千亩示范方亩产量601.6千克,百亩示范方亩产量707.7千克,均超过考核指标。

【成果】 及时处理科技人员实施完成的科技项目所申报的科技成果,组织科技成果评审委员会进行技术鉴定和评审,全年完成科技成果登记、鉴定6项。落实科技奖励政策,评定出2009年度舞钢市科技进步奖7项。其中,一等奖1项、二等奖2项、三等奖4项。向平顶山市科技局推荐舞钢市农业局完成的“小麦、玉米测土配方施肥指标体系研究与示范应用”科技成果,获平顶山市科技进步二等奖。舞钢市钢泉酒业有限公司申报的“营养型配制白酒的开发研究”项目,通过平顶山市级科技成果鉴定。

【技术培训与科普宣传】 2010年,舞钢市科技局组织科技人员到基层举办各类实用技术培训班6期,累计培训人员550人次,发放培训书籍和资料2000册(份)。5月,开展科技活动周,组织农业局、畜牧局、林业局、卫生局等10多个单位的108名科技人员参加活动,接受群众技术咨询3000多人次,发放科技、文化、卫生、法律等技术资料5万多份,发放宣传册、书籍7000多册,展出展板32块,悬挂横幅36条。与河南省科技学院联系搭建科技平台,为云辉现代农业专业合作社争取一个省级科技特派员名额,并由科技学院教授赵良担任该合作社的科技特派员。通过省农科院对该合作社租赁的土地进行土质检测,确定为科学院指定的无化肥、无农药、绿色无公害脱毒红薯良种繁育基地。2010年,云辉现代农业专业合作社首次从农科院成功引种“徐薯22”和“商薯19”两个高淀粉脱毒红薯新品种,亩产达到3250千克,高产地块超过1万千克,全市推广200多公顷。为了搞好科技培训和科技服务,推广实用技术,指导群众靠科技抓生产,结合农村实际,组织人员编印《舞钢市科技培训手册》6000册,免费发放。

【防震减灾】 2010年,舞钢市地震办公室围绕地震监测预报、震灾预防、紧急救援三大体系建设,依法开展防震减灾工作。利用法律法规赋予地震工作部门的职能,参与城市规划项目论证,对中心镇、中心社区、市创业服务区、“恒大华府”等18个建设工程规划设计方案进行审议。加大行政执法力度,加强对建设工程抗震设防要求的监督管理,对15个民用建筑和必须地震安全性评价的建设工程进行执法检查,查处违法建筑,依法下发责令改正通知。对城市重要建设工程,监督建设单位完成舞钢市“秀甲中原”、“湖滨小区”等高层住宅楼建设工程地震安全性评价报告,完成舞钢市水云间度假村工程地震动参数复核,完成对8所中小学校舍建设工程抗震设防要求执行情况的督察。开展“5·12”防灾减灾日防震减灾宣传活动,配合市政府应急办在垭口中心路举办宣传一条街,在市第一小学举行地震应急演练活动。5月,科技活动周期间,到乡村开展科技、文化、卫生、法律四下乡活动,宣传防震减灾知识,联合市教育局、科协在市实验小学首次举行地震紧急避险、疏散和火灾救助等综合演练,提高全校师生应对突发地震事件应急避险的防范能力。在"9·18"全国科普宣传日和"12·4"全国法制宣传日活动中,利用多种形式把防震减灾法律法规和地震科普知识送到农村、社区和企事业等单位。各种宣传活动共制作、展出展板20块、挂图36幅、横幅5条,印发宣传资料3000余份,编印《防震减灾科普知识手册》7000册。开展防震减灾科普示范学校创建活动,把防震减灾科普知识教育纳入中小教学计划,与市教育局共同完成舞钢市实验小学防震减灾科普示范学校的创建。12月,通过平顶山市地震、教育、科技等4部门组成的联合验收组验收,舞钢市实验小学被命名为"平顶山市防震减灾科普示范学校"。

【高新技术】 2010年,舞钢市科技局帮助企业搞好科研开发和技术创新项目的立项申报,落实优惠政策,优化服务环境,支持鼓励发展建立高新技术企业和工程技术中心,全市年终累计高新技术产业增加值127393.5万元,同比增长1896%,高技术产业增加值2500万元,增长62.4%。

【知识产权】 2010年,舞钢市科技工作者和专利发明创造者,深入实践探索,开展发明,向国家知识产权局申请发明专利12项。

【获得荣誉】 2010年3月3日,舞钢市科技局获平顶山市人民政府关于对获国家、省科技进步奖单位的嘉奖令。

舞钢市2010年度科技进步奖获奖项目

一等奖(1项)

1. 小麦吸浆虫暴发流行因素及综合防控技术体系研究应用

完成单位　舞钢市农技推广中心

完成人员　王忠伟　王小勇　徐进玉　邢俊兴　南　华　郭利萍　尹梅兰　张清雅　张玉霞　李新娜　张松晓　张会平　邵富晓

二等奖(2项)

1. 营养型配制白酒的开发研究

完成单位　舞钢市钢泉酒业有限公司

完成人员　常天义　张起振　杨宝瑞　刘文军　陈广民　朱荣喜

2. 河南白蚁及其防治

完成单位　舞钢市白蚁防治研究所　舞钢市科技局

完成人员　王治国　李东升

三等奖(3项)

1. 舞钢市主要林木害虫生物学特性探讨及综合防治技术应用

完成单位　舞钢市林业局

完成人员　万少侠　赵庆祥　袁殿阁　张智慧　马培超

2. 中棉48高产栽培技术研究与应用

完成单位　舞钢市人民政府棉花生产办公室　舞钢市枣林镇人民政府　舞钢市八台镇人民政府

完成人员　臧学斌　曹春田　王德利　张松丽　魏献斗

3. 三孔腹腔镜胆囊切除术的应用研究

完成单位　舞钢市人民医院肝胆普外科

完成人员　高金松　罗义贺　魏卓亚　张晓杰　杨星奎

舞钢市2010年度科技服务奖获奖项目

一等奖(3项)

1. 万亩小麦高产创建关键技术

承担单位　舞钢市农业局

承担人员 韩洪海 王忠伟 马富新 梅 红 王会卿

2. 玉米机械化收获技术推广与应用

承担单位 舞钢市农机局

承担人员 党永钊 陈罡星 雷聚成 谢文召 闫俊娜 韦俊菊 张国庆

3. 实验小学防震减灾科普示范学校创建

承担单位 舞钢市地震办公室 舞钢市教育局

承担人员 葛岩岭 袁万昌 卢焕民 刘香丽 王俊轩

二等奖(6项)

1. 肉牛标准化饲养技术推广应用

承担单位 舞钢市畜牧局

承担人员 刘春宇 贺庆生 王小平

2. 提高棉花品质的关键技术研究

承担单位 舞钢市人民政府棉花生产办公室

承担人员 臧学斌 张亚飞 冶晓瑞 周仙梅 王会丽 丁淑云 赵红真

3. 韩国金塔辣椒栽培技术研究与应用

承担单位 舞钢市人民政府蔬菜办公室

承担人员 陈 丽 王晓山 胡少英

4. 高产高淀粉红薯新品种的引进与示范推广

承担单位 舞钢市科协

承担人员 葛岩宏 郭新生 王存仓 王书奇 关永昌

5. 餐饮管理系统

承担单位 舞钢市朱兰街道办事处

承担人员 刘凌燕 冀小永 王天赐

6. 重铬酸钾法测定水中化学需氧量的方法探讨

承担单位 舞钢市环境监测站

承担人员 李志强 姬遂东 杨 涓 宋献平

三等奖(10项)

1. 舞钢市玉米氮肥试验和丰缺指标试验

承担单位 舞钢市农技推广中心

承担人员 徐进玉 邵富晓 郭利萍 柴明芳 张玉霞

2. 晚秋黄梨的引进与高产栽培

承担单位 舞钢市武功乡人民政府

承担人员 李稳山 王会军 冯晓辉 李灵鸽

3. 节水灌溉硬渠渠系在土地流转项目上的应用

承担单位 舞钢市水利局

承担人员 李长伟 赵群富 李俊丽

4. 舞钢市金土地优质苗木基地建设

承担单位 舞钢市科技局

承担人员 张小会 高宝娟 院克英 赵 珂

5. 优质西瓜高产栽培技术

承担单位 舞钢市杨庄乡人民政府

承担人员 潘国正 吴小琴

6. 田岗水库无公害水产品生产基地建设

承担单位 舞钢市水产技术推广站

承担人员 韩洪海 梅 红 禹成松 刘焕民

7. 使用发酵床生态养禽技术

承担单位 舞钢市矿建街道办事处

承担人员 刘素丽 张俊山

8. 保护地西芹冬茬栽培育苗技术

承担单位 舞钢市铁山乡人民政府

承担人员 韩恩三 韦广信 关永昌

9. 冬桃品种的高接换头改良新技术研究

承担单位　舞钢市园艺技术推广中心
承担人员　李秀云　李秀菊　魏献斗
　　　　　禹成印　闪新华

10. 烟嘧磺隆·莠去津防除夏玉米田杂草药效试验示范
承担单位　舞钢市农业局
承担人员　曹春田　刘国举　张秀春
　　　　　李志红　张松晓

（阮克英）

气　象

【概况】　2010 年,舞钢市气象局职工 11 人。其中,在编专业技术人员 6 人、外聘人员 5 人。内设办公室、业务科和服务执法科。基本业务工作有:气象法规贯彻执行与气象行业管理、地面气象观测 、天气预报、气候预测、气象探测、气象资料管理、气象科技服务与专业气象预报服务、农业气象观测、土壤墒情观测、气象卫星遥感服务、作物产量预报、气候影响评价、人工影响天气、灾害性天气预警和防雷减灾管理等。现有常规气象仪器设备 20 多种,气象观测项目 14 类 60 余项,开展年、季、月气候趋势预测,旬、周天气预报,1 天 ~ 3 天滚动预报和短时天气预报。舞钢市气象局现为平顶山市级文明单位、卫生单位、庭院绿化达标单位。

【气象观测】　2010 年,舞钢市气象局抓好基础业务管理工作,测报错情率保持0.0‰。并按规定进行作物观测、土壤墒情测定,电报传输及时率 99% 以上。加强对气象探测环境的保护,观测环境得到改善。完成气象观测环境综合调查和备案工作。加强乡镇自动雨量站和四要素自动气象站的管理维护,正常运行 90% 以上。

【农业气象观测】　固定土壤墒情监测点每旬逢八测墒,在干旱期加测墒情,观测深度为 0 厘米 ~50 厘米。开展冬小麦、夏玉米生育期观测。2010 年 10 月,在固定测墒地段建成 Gstar－I(A)型土壤水分自动监测站,观测深度为 0 厘米 ~100 厘米,观测记录通过业务网络上传。特色农业观测项目是枣林镇圣光集团的中药材种植基地夏薏米生长期观测。作物生长期结束编制报表上报上级业务主管部门。

【气象服务】　每天按时通过新闻媒体发布短期天气预报,通过政府内网发布各类《气象信息》58 期,开展灾害性天气预报预警业务和供领导决策的各类重要天气报告。做好舞钢市国家级卫生城市验收、“中国·舞钢冶铁文化节”、“五一”、“三夏”、高考、库区移民、森林防火等关键时期和重要活动的气象服务保障工作。汛前与国土资源局联合开展汛期地质气象灾害调查,确定地质气象灾害易发区域,汛期内开展汛期地质灾害气象预报预警服务。2010 年 8 月 9 日 23 时 50 分左右,舞钢市平岭发生山体滑坡,致使 10 户、49 个村民的房屋、家具、农用器具等财产受到不同程度的损坏。其中 6 户 48 间房屋倒塌,损毁农田 3.3 公顷,200 多米高速路槽被毁,直接经济损失约 150 万元,市气象局事前发布了准确天气预报,因预报和实况均未达到预警发布标准,没有发布预警信息。在抢救物资、村民搬迁过程中,市气象局随时保持与救援指挥部联系,根据未来天气变化情况提出救援建议,及时将最新天气预报情况通知给每位参与救援的人员和受灾村民,将滑坡灾害造成的损失降到最低。8 月 16 日至 18 日,在舞钢市丹江口库区移民搬迁工作中,先后发布 3 期移民搬迁工作专题气象服务材料,特别提醒 18 日前后舞钢市将有一次阵雨或雷阵雨天气过程，搬迁车队要做好防雨工作。做好森林防火气象服务工作，每日通过新闻媒体向社会发布火险等级预报。每逢高火险日和春节、清明、“五一”等防火关键时期，密切监视森林火险卫星遥感信息，发现火情，立即向市主管领导和森林防火指挥部报告，为全市的森林防火工作提供科学依据。

【气象行政执法与社会管理】　2010 年，舞钢市开展建筑税费清缴工作，并理顺防雷设计审核、施工技术监督和竣工验收工作。3 月 ~5 月在全市范围内开展防雷装置的安全检测和防雷安全隐患排查工作，排查发现防雷安全隐患 34 处，对有关单位下发整改通知书 27 份，整改率 100%，并与市教育局配合开展全市第二批中小学校防雷整改工作。全年有 5 人取得行政执法证。

【党建与气象文化建设】　2010 年，舞钢市气象局全体党员干部坚持“三会一课”制度和民主集中制原则，按党员标准严格要求自己，坚定信念，顾全大局，发挥先锋模范作用。开展局领导党风廉政述职报告和党课教育活动，层层签订党风廉政目标责任书。制定气象文化建设规划，凝练气象人精神，树立气象人形象，培养“四有”气象新人，增强气象职工的责任感和使命感。坚持开展社会公德、职业道德、家庭美德等弘扬社会主义荣辱观教育活动，开展文明股室、文明家庭、文明职工等创建活动。

【获得荣誉】　2010 年，舞钢市气象局获河南省气象局气象科技服务工作先进集体；平顶山市气象科技服务先进单位、平顶山市气象局综合目标考评优秀达标单位。

（付世权　杨来松）

教　育

【概况】　2010 年，舞钢市各级各类学校 202 所。其中，幼儿园 45 所，小学 127 所，初中 13 所，普通高中 3 所，职业中专 1 所，教师进修学校 1 所，民办教育机构 4 所，成人学校 8 所。在校生 4.48 万人，教职工 3980 人。全市小学适龄儿童入学率 100%，初中阶段入学率 100%，三类残疾儿童 28 人，入学率 97.55% 以上，高中阶段入学率 99.5%，普及程度各项指标均达到省定要求。

【改善办学条件】　2010 年，舞钢市落实资金 555.2336 万元用于提高教育技术装备水平。其中，投资 72.2663 万元，为移民幼儿园购置教学设备、体音美器材和 3000 套可升降式课桌凳；投资 58.2003 万元，完成铁山中心幼儿园教学设备的购置和乡镇幼儿园升级改造；投资 184.817 万元，为职业中专建成 4 个计算机教室、1 个多媒体教室、1 个标准化音乐教室、校园广播系统和校园监控系统；投资 64 万元，购置餐桌 5415 套；投资 154.95 万元，完成 98 所学校防雷设施安装任务。争取资金 4029 万元，安排全年教育工程 23 项：完成市二高临时学生餐厅、移民学校、市一幼教学楼建设等 9 项工程；在建市一高图书楼、市三小教学楼等工程 12 项；暂停工程 2 项。

【规范办学行为】　2010 年，舞钢市教育局按照教学大纲要求，开足开全各门课程，在保证开展体、音、美、劳、健康、国防、地方课程、校本课程等教学课的同时，促进学生的全面发展。严禁节假日补课，减轻学生课业负担。规范考试科目与次数,不公布学生考试成绩,不按学生成绩编排座位。按照上级要求,取缔高中复读班。调整农村小学布局,全年撤销农村小学6所。

【免费义务教育和高中贫困生资助】 2010年,舞钢市全面落实农村义务教育经费标准,农村学校人均公用经费,小学300元,初中500元。落实学杂费1070.16万元,课本费240.5668万元,免除全市学生的学杂费和课本费,资助学生62904人次。筹措资金254.925万元作为经济困难家庭学生生活补助资金,共补助7003人次。筹措资金40万元,资助高中统招贫困生800人次。

【学前教育】 2010年,舞钢市教育局构建"结对互动,优势拉动"的发展模式,以优质资源拉动全市幼教逐步均衡发展和保教质量的不断提高。3月,平顶山市育新幼儿园到舞钢市送课下乡3节;4月,组织市第一幼儿园、第二幼儿园、实验幼儿园送课下乡12节;5月,组织业务园长参加河南省优质课观摩活动;7月,平顶山市幼教科组织市区10所幼儿园为舞钢市农村幼儿园无偿捐赠玩教具、图书等3000多件;8月,第一幼儿园、第二幼儿园、实验幼儿园分别对帮扶的农村幼儿园进行7天的指导,帮助制作体育器械30多种,玩教具2000多件;组织骨干教师业务培训新教育课改活动和河南省早期阅读教学的指导培训;11月,组织业务园长参加河南省优质课观摩活动和平顶山市优质课观摩活动等;组织示范幼儿园开展"开放日"活动两次;组织参加省市级教师基本功大赛,实验幼儿园王景华老师获平顶山市一等奖,刘蕊和张晓娜获河南省基本功大赛一等奖;参加河南省学前教育研究论文征集,投稿11篇,获奖8篇;选送幼儿绘画比赛作品47份,获奖35份。

【成人教育】 2010年,舞钢市教育局加强成人学校的建设,做到阵地加强、人员到位、职能不变。各所成人学校依托区域优势,因地制宜,对农民灵活开展各项实用技术培训,全年培训农民实用技术2万余人次,培训初中毕业生实用技术2200人次。9月,先后为全市8个乡镇的成人学校配备电脑、打印机、大屏幕电视、DVD机等教育教学设备和价值2万余元的各种书籍,并对各个成人学校的校舍进行维护修缮。

【民办教育】 2010年,舞钢市教育局加强民办教育机构的年检,严肃惩处非法办学,规范民办教育。指导民办学校加强管理,督察民办教育机构办学行为,查处暑期学习班,促进民办教育健康发展。

【法制教育】 2010年,舞钢市教育局组织学校聘请市关工委、司法、公安等专业人士为师生做法制报告,受教育师生5000多人次。按照市依法治市领导小组的统一部署,组织300名中小学校长及主管安全的人员参加安全管理培训,增强依法治教的能力和自觉性。

【素质教育】 2010年,舞钢市教育局坚持育人为本、德育为先,利用节假日,通过开展给祖国母亲拜大年、清明节悼念祭扫先烈、母亲节的感恩教育、庆祝"五一"、"五四"、端午节名篇诵读等活动,加大对未成年人的情感陶冶和心灵美育。举办评选舞钢市"美德少年"启动仪式,带动"学'三理'知识,做美德少年"德育实践活动开展,掀起未成年人争做"美德少年"活动热潮。11月,会同市文明委对全市申报舞钢市"美德少年”的学生进行评选，评出韩冰等10名舞钢市“美德少年”。开展“传唱优秀童谣、做有道德的人”网上签名寄语活动，全市8000多名中小学生进行网上签名。

【师资培训】 多次开展教师各类培训活动。组织275名中小学教师开展舞钢市级骨干教师培训；组织372名小学、幼儿园教师开展继续教育培训；组织全市120名农村中小学英语教师开展教材培训；组织320名中小学教师进行多媒体课件培训；组织516名中小学教师进行新教育实验“通识型”培训；组织全市180名高中教师开展网上继续教育培训，安排部分学科教师参加全平顶山市新课程教材培训。开展师德标兵和师德先进个人评选活动。其中，1人被评为省级师德先进个人，1人被评为平顶山市师德标兵，5人被评为平顶山市师德先进个人。开展国培计划，选派9名中小学教师到各大学本科院校参加为期3个月的置换脱产研修；选派9名中小学教师到全国各大学本科院校参加为期15天的短期培训。打造高素质校长队伍，邀请北京、焦作地区的教育专家，为全市251名中小学校级领导开展管理培训，提升管理能力和服务能力。加强教师学历提高培训，发挥市教育系统职工学校和招办的职能作用，利用各种途径引导广大教师进行各种形式的进修。2010年，全市150余名中小学教师参加成人高招，17名教师报名参加东北师范大学研究生课程进修班学习。目前，高中、初中、小学、幼儿园教师学历合格率分别是：99.4%、99.2%、100%、100%，学历提高率分别是：18.5%、62%、79.9%、81.5%。

【特岗教师招录】 2010年，舞钢市招聘省级特岗教师50名，通过报名、笔试、面试、政审、体检、岗前培训和分配等程序，全部持证上岗，在一定程度上缓解了教师结构性缺编所带来的压力。

【中小学青年教师竞赛】 2010年，舞钢市教育局开展舞钢市第一届农村青年教师教学技能竞赛活动和舞钢市万名教师岗位竞赛活动。经过初赛，选出82名教师参加平顶山市的复赛，舞钢市有36名教师胜出，出线率位居平顶山市各县市区之首。

【教研】 2010年，舞钢市教育局以开展教科研活动为平台，加大教研管理力度。开展高中质量教学调研活动和教育教学管理年优秀学校评选活动；组织九年级过程性调研考试3次；组织298名教师参加第十二届优质课评比活动，获省一等奖1项、二等奖1项；组织1050名校长、教师参加新教育教师培训；完成兼职教研员的考试、考察和聘任工作；先后收集各级各类教育教学管理科研课题30余个，向平顶山市推荐19个。

【教育督导】 2010年，平顶山市教育局分别在5月和11月，对舞钢市3所高中进行2次过程性督导。舞钢市教育局还对中小学进行随机督察，实行局领导周督察、周汇报制度和局机关科室人员联系学校人员月督察、月汇报制度。通过走访师生、实地察看等方式，对各级各类学校（幼儿园）实施不定时随机检查，对学校（幼儿园）存在的问题和不足进行及时反馈。全年，督察学校315次，提出整改意见72条。

【教育宣传】 2010年，先后在人民网、青年人教育网、《青年导报》、《平顶山日报》、《平顶山晚报》、平顶山教育网和《舞钢教育信息》等多家媒体上发表稿件219篇。其中，国家级1篇,省级6篇,地级40篇,县级172篇。

【创建活动】 2010年,舞钢市成功创建为河南省职教强市、河南省义务教育均衡发展先进市,教育局成功创建为河南省文明单位。其中,职教强市奖励100万元,义务教育均衡发展先进市奖励80万元。

【人事管理】 2010年,先后任命42名部分乡镇中心校、市直中小学(幼儿园)以及农村中学校长、135名农村小学校长和幼儿园园长。建立城乡校级领导交流任职机制,先后任命一批市直校长、副校长到农村学校和中心校任职,农村学校校长到市直学校任职,并选派一批市直学校副校长到农村薄弱学校挂职帮带。

【招生】 2010年,舞钢市加大教育经费投入,投入30多万元,确保高考人、财、物提前到位。做好考风、考纪教育,在加强对监考人员资格认定和培训的同时,加大投入、完善保密措施和考试基地建设。市政府拨专项资金117万元,为考点考场安装监控设备,建成两个标准化考点,使舞钢市成为全省首家一次性建立两个标准化考点的县区招生单位。

【信访】 2010年,舞钢市教育局与各相关单位层层签订信访工作目标责任书,按照"属地管理,谁出问题谁负责"的原则,将单位信访稳定工作目标完成情况纳入对各单位的综合考评中。对重点人员、重点苗头及不安定因素进行拉网式摸排,逐项登记,建立台账。特别是针对信访老户、1982年原清退民师、1962年下放人员及2005年招聘大学生问题,专门成立调查组对每类问题都进行调查取证,并分别酌情进行妥善处理。

【安全】 2010年,舞钢市教育局与各乡镇中心校、市直学校(幼儿园)签订平安建设工作目标责任书,把创建安全文明校园工作作为一项政治任务来抓。加大广大师生抵御突发事件的能力,提高防范自然灾害的意识,以"安全教育日"、"安全活动月"活动为载体,组织中小学进行各式各样、主题鲜明的宣教活动300多次,提高广大师生的防灾自救能力。配合公安、文化、工商、安全等多个部门,依法清理、整顿校园附近的网吧、歌舞厅、饮食摊点等20余处,对校园周边的道路安全设施和交通秩序加强综合整治,使学校整体发展有一个良好的外部环境。全年实现师生零事故、越级零信访、学龄少年儿童零犯罪。

【基础教育工作会】 2010年4月20日,舞钢市政府召开全市基础教育工作会议,部署全年基础教育重点工作,确定"一核心、两确保、三超前、四抢抓、五提升"的工作思路。"一核心"指以提升教育质量为核心。"两确保"指确保师生生命安全,确保教育系统信访稳定。"三超前"指办学理念超前,学校布局规划超前,名师、名校长的培养超前。"四抢抓"指抢抓国家重视农村学前教育的机遇,争创河南省学前教育先进县(市);抢抓国家推进义务教育均衡发展的政策机遇,争创平顶山市义务教育均衡发展示范县;抢抓全省职业教育攻坚计划实施中的各项政策和资金支持的良机,争创河南省职业教育强县;抢抓国家到2020年普及高中阶段教育的机遇,力争把市一高创建成为省级示范性高中。"五提升"指在规范办学行为上有提升,在常规教学管理上有提升,在校长和教师队伍素质上有提升,在教育科研水平上有提升,在教育宣传力度上有提升。

【表先奖优】 2010 年,舞钢市召开第二十六个教师节庆祝暨表彰大会,表彰优秀教师 187 名,优秀教育工作者 34 名;表彰舞钢市撤区建市 20 周年暨开发建设 40 周年模范人物 1 人。

舞钢市 2010 年优秀教师

尚店镇:

吴金霞 付嗣维 李瑞玲 张新永
郑文波 闫红映 张欣超 李延生
付 然 韩梅松 宋永军 张玉红
李松山 武凤枝 王俊华 陈耀红
曹恒信 徐 姣 陈向丽 侯守道
宋自岭 李海华

杨庄乡:

杨书军 徐小娜 张伟涛 卢新彦
胡耀辉 姜海燕 王猷伟 葛柳纳
李松华 李庆芬 李艳虹 刘爱香
李印布 张丙旺 钱俊丽

尹集镇:

贾付来 何树和 陈秀丽 袁彦春
王春燕 黄 倩 王 艳 张爱莲
王玉香 郭卫东 郭卫华 蔡伟亚
郭钦坦 梁松刚 夏喜乐

铁山乡:

苏彩云 孙耀东 陈要安 许爱琴
罗新涛 韦文洋 曹绍明 洪彩霞
党春红 刘彩歌

武功乡:

刘新伟 付会敏 张爱云 钱瑞锋
王荣君 杨素贞 田素华 李俊霞
祝 鹤 张永幸 高晓燕 李 黎
陈亚非 焦彩云

庙街乡:

杨书宾 高素云 安红歌 王伟娜
张 刚 杨伟英 王自召 张亚萍
曾晓东 赵建业

八台镇:

吴国胜 郭会芹 赵慧霞 杨晓丽
李会涛 郭金凡 路彩霞 张爱杰
黄连峰 王 云 段耀亭 张秋芬
刘春花 刘鸿敏 张艳丽 余自玲

枣林镇:

冯红景 胡彩云 张国晓 王俊霞
任青霞 马喜超 张广灵 刘瑶环
苗文召 王新惠 朱玉峰 王炎其
张晓丽 康丽苹 李 娜 陈彦芳
李军义 李翠红 牛 纳 彭培军
靳志强 牛伟亚 胡文娟 郭彩虹

市直学校及其他教育机构:

楚新伟 吴晓敏 杨少立 赵凤丽
王猷刚 李海亭 崔德秋 苗永茂
乔保成 吴卫军 关平午 王艳萍
汪秀玲 陈晓丽 胡国霞 张俊华
苏国威 曹凌云 贯 尊 殷晓泉
张彦果 王惠敏 罗远芬 闫 琴
王慧霞 张亚辉 张素华 杨晓琛
卢新锋 李俊辉 张彦文 于会霞
许丽莉 袁会娜 杨鹏辉 赵 宏
赵桂云 院晓伟 刘东黎 宋书娥
李 静 王 冰 栗红英 王 茹
王红艳 尹秋华 付玉环 李彩红
马春生 许万仨 李君凤 柯彩霞
吴 伟 张东方 陈富国 李 虹
安慧丹 李 辉 武晓芳 孙晓平
罗双双

舞钢市 2010 年先进教育工作者

于国辉 邢根柱 张建军 范淑莉
夏权耀 张清珍 吴应奇 杜会霞
刘靖波 李俊召 刘靖宇 曹东晓

高宝山　余自军　何坤阳　宋红伟　刘长辉　白国平　喜素芳　韦宏卿
李　华　周丰山　王晓飞　宁国华　胡会敏　李素芳　张　昂　宋金营
樊付春　卢　荣　吴相合　胡桂彬　张永涛　郭旭光

舞钢市2010年招聘教师录取名单

序　号	考　号	姓名	性　别	学　段	学　科	总成绩
1	10041105103	齐建丽	女	初　中	化　学	102
2	10041102302	张颖莹	女	初　中	历　史	107
3	10041106013	王文丽	女	初　中	生　物	102
4	10041106920	何毅丁	男	初　中	生　物	103
5	10041101730	王寒冰	女	小　学	数　学	119
6	10041107208	李　欣	女	小　学	数　学	108
7	10041103519	谢晓芳	女	小　学	数　学	106
8	10041101304	李世路	男	小　学	数　学	113
9	10041102617	郭向景	男	小　学	数　学	105
10	10041107021	彭保萍	女	小　学	数　学	102
11	10041103914	范少平	女	小　学	数　学	102
12	10041101910	谷素贞	女	小　学	数　学	101
13	10041103924	陈景娜	女	初　中	数　学	111
14	10041101908	郭焕平	女	初　中	数　学	110
15	10041107302	赵晓明	男	小　学	思　政	106
16	10041107411	郝晓斐	女	小　学	思　政	100
17	10041105209	张晨阳	女	小　学	思　政	98
18	10041101526	王韦慧	女	小　学	思　政	105
19	10041101913	宋圣华	男	小　学	思　政	108
20	10041104005	何艳红	女	初　中	思　政	114
21	10041103521	范瑞瑞	女	初　中	思　政	108
22	10041101820	梁雪茵	女	初　中	物　理	102
23	10041101802	王单单	女	初　中	物　理	105
24	10041105309	张玉婵	女	小　学	英　语	99
25	10041103424	马利静	女	小　学	英　语	102
26	10041105705	焦会鸽	女	小　学	英　语	100

续表

序号	考号	姓名	性别	学段	学科	总成绩
27	10041103220	安春平	女	小学	英语	102
28	10041102925	王莎菡	女	小学	英语	102
29	10041104716	王景昌	男	小学	英语	94
30	10041101909	张静敏	女	小学	英语	101
31	10041101221	杨凤丽	女	小学	英语	96
32	10041101113	董丽	女	小学	英语	103
33	10041102905	刘绿荫	女	初中	英语	109
34	10041102104	何莹	女	初中	英语	107
35	10041100521	吴鹤	男	初中	英语	109
36	10041101516	张俊娜	女	初中	英语	114
37	10041101326	张颜丽	女	初中	英语	107
38	10041103010	陈腊梅	女	初中	英语	113
39	10041103511	苗凤阳	男	中学	英语	107
40	10041101726	郭静	女	小学	语文	105
41	10041105514	李焕	女	小学	语文	107
42	10041103028	陈文慧	女	小学	语文	124
43	10041102729	杜晓静	女	小学	语文	103
44	10041100817	王宗奇	男	小学	语文	106
45	10041106509	王聪娜	女	小学	语文	106
46	10041100728	乔涵	女	小学	语文	102
47	10041107421	黄文珂	男	小学	语文	108
48	10041107916	王闪闪	女	初中	语文	118
49	10041101028	李冰冰	女	初中	语文	115
50	10041101819	赵小曼	女	初中	语文	121

（张永涛　王　建）

文化·旅游

文化广电

【节日活动】 2010年,舞钢市文化广电局组织开展多种形式的节日群众文化活动。2月9日晚在垭口影剧院举办2010年迎春文艺晚会。春节期间组织举办“迎春书画展”、“民间剪纸展”和“联通杯”民间艺术表演赛。“三八”、“五一”、“六一”、重阳节期间配合市妇联、市总工会、市教育局、老干部局举办节庆活动。制定“欢乐中原·广场文化”活动实施方案,组织开展“欢乐中原·广场文化”活动,6月23日20时在朱兰矿山文化宫广场举办“欢乐中原·广场文化”活动开幕式演出,活动时间为6月至12月底,共举办高质量演出14场,受到群众欢迎。围绕舞钢市开发建设40周年暨撤区建市20周年举办庆典演出,创作演出歌伴舞《花开盛世、自豪舞钢》、情景剧《岁月怀想》、豫剧表演唱《璀璨明珠耀中原》、音乐快板《舞钢赞歌》等节目,并会同市委宣传部编制出版舞钢市开发建设40周年成就展画册。9月26日至28日,举办“舞钢杯”2010年海峡两岸美食艺术大赛暨经贸论坛,市文化广电局负责大赛的接待和演出业务。

【创建活动】 根据舞钢市委六届八次全会提出的“文化强市”的发展理念,舞钢市文化广电局把冶铁文化的挖掘、研究、整理、保护工作摆上重要位置,力争把舞钢市创建成为“中国冶铁文化之都”。专门成立创建工作领导小组,制定创建工作方案,抽调专业技术人员设立创建办公室,把舞钢市的冶铁文化历史的史籍记载、文学作品、民间传说、故事、图片及冶铁文化的规划、管理、保护等方面的资料等编撰成册,制作冶铁文化专题片,并修缮6处冶铁遗址,将通平路更名为铁山大道。前期筹备工作完成后,及时向省民间文艺家协会提出申请,省民协报请中国民间文艺家协会对舞钢市创建“中国冶铁文化之都”工作进行实地考察验收。3月23日至24日,中国民协专家组到舞钢市对创建“中国冶铁文化之都”工作进行考察验收,给予充分肯定。3月30日,中国民间文艺家协会命名河南省舞钢市为“中国冶铁文化之都”,建立中国冶铁铸剑文化研究中心。根据国家和省民协专家的意见,舞钢市以历经400年延绵不断的三月十八铁山庙会为背景,4月29日至5月1日举办首届“中国·舞钢冶铁文化节”,国家、省、市有关领导应邀参加开幕式,全国政协副主席陈宗兴宣布“中国·舞钢冶铁文化节”开幕,国家民协为舞钢市颁发“中国冶铁文化之都”和“中国冶铁铸剑文化研究中心”匾牌。开幕式后举行以总政歌舞团为班底,著名演员杨洪基、董文华、蔡国庆、郭达等加盟的精彩文艺晚会。文化节期间还举办了民间文艺表演、冶铁文化绘画、书法、奇石、剪纸展,并为全国冶铁文化诗词曲赋大赛获奖人员颁奖。

【基础设施】 文化基础设施建设是"十一五"文化建设规划的重要一环,投资5000多万元的文化活动中心大楼建设是重头戏,2010年进入攻坚阶段,为早日实现搬迁,舞钢市文化广电局建立组织,制订方案,倒排工期,狠抓进度,12月29日实现搬迁。同时,向上级争取文化站设备配套资金20多万元,为枣林镇、尹集镇、庙街乡等3个文化站配备文化共享设备。争取资金221万元,建设尚店、八台、武功等3个乡镇文化站,尚店、武功两个文化站已开工建设,八台文化站由于规划调整,报请市委同意延期。争取资金50万元,完成25家"农家书屋"工程,5月与供货商签订图书、书架、报刊配送合同,截至6月10日,图书、书架等设备配送到位,2010年下半年又争取申报50家"农家书屋"建设工程,年底前到位资金70万元。

【市场管理】 在文化市场管理方面,舞钢市逐步探索出一条有效行之有效的途径。在网络市场管理方面,实行日常监管与集中行动相结合,行业监督与社会监督相结合,行政执法受到省市的多次表彰,由于舞钢市的文化市场管理工作规范有序,平顶山市文化市场管理工作会议于2010年4月在舞钢市召开。开展"扫黄打非"、"消防安全"等专项治理行动,全年检查10余次,净化文化娱乐环境。根据省市加大文化市场综合执法队伍建设的要求,按照市文化广电局职能调整的需要,在平顶山市率先成立舞钢市文化市场综合执法大队,属副科级单位,为舞钢市文化市场规范管理打牢队伍基础。

【文物普查和非物质文化遗产申报】 舞钢市在第三次全国文物普查工作中,普查出境内遗存的楚长城,比秦长城早150年,被称为"中国长城之父",市文化广电局邀请有关专家对楚长城的历史资源进行挖掘整理,策划恢复修建楚长城。将舞钢市6处冶铁遗址整合,作为冶铁遗址群申报为国家级文物保护单位。非物质文化遗产普查进展顺利,发掘出有保护价值的将近2000条,杨庄乡袁门村的古轧琴和铁山乡找子营村的鱼灯花社舞被收录进河南省非物质文化遗产名录;轧琴传人郭九洲被确定为非物质文化遗产代表性传承人;武功乡范庄村的蝴蝶云彩灯被评为平顶山市非物质文化遗产项目。文物普查和非物质文化遗产普查获省市先进。

【文化下乡】 2010年完成送戏下乡演出200场,送电影下乡放映2280场。

(市文广局)

广播电视

【概况】 2010年,广播电视工作以建设"满意广电、实力广电、和谐广电"为目标,发挥新闻宣传职能,对内提升节目质量、对外强化宣传引导,强化行业管理,快速推进事业、产业发展。

【新闻宣传】 2010年,舞钢市广电总台进一步加强新闻宣传工作力度。(1)抓好"面",日常宣传扎实推进。舞钢市广电总台围绕市委、市政府的重大会议、重要活动、重点工程开展宣传报道;"双创"工作中,电视台在《舞钢新闻》中开办"关注双创"、"创卫一线"等专栏,加大对创卫工作的宣传力度;按照市委、市政府的要求,利用电台、电视台加强对食品安全工作和未成年人思想道德建设工作的宣传力度。(2)抓好"线",服务经济发展主线。以优化经济发展环境、加快发展为出发点,在电台开设"农民之友"专栏,在电视台开设"关注"、"连线重点工程"、"重点工作周周看"、"走进新农村"、"致富桥"等专栏,对重大项目推进、产业集聚区建设及招商引资进展情况、新农村建设等工作开展集中宣传,服务舞钢市经济发展大局。(3)抓好"点",典型报道深入有效。总台的宣传报道工作始终坚持有计划、有重点的思路,开设"劳模风采"、"保护水库 爱我家园"、"办好冶铁文化节,促进舞钢大发展"、"舞钢记忆"、"舞钢巡礼"等专题、专栏,对在全市经济建设中涌现出的先进典型、先进事迹和对群众关心的热点、难点问题、重大事件进行连续深入报道,起到良好的宣传效果。2010年,广播电台共播发新闻270组、1400多篇;专题270组、1100多篇;电视台共播发《舞钢新闻》270组、2400多篇;《一周要闻回顾》53期,栏目专题近200部,制作各类专题片50余部。

【对外宣传】 2010年,舞钢市广电总台抽出专人加强外宣工作,策划好、塑造好、传播好、维护好舞钢形象。《舞钢传真》节目全年在平顶山电视台公共频道共播出53期;两台共在地市级以上新闻单位见播稿件320多篇,对外宣传工作在平顶山市始终保持先进位次。

【有线网络电视】 2010年,舞钢市广电总台提出"新闻立台、经营强台、管理兴台"的发展理念,筹措资金200多万元,快速推进城区有线电视数字化整体转换工程,建成数字电视前端机房,完成数字电视前端建设,电视节目由原来模拟传输的40套增至数字传输的110套。其中,60套公共频道以中央、省、市电视节目为主;50套付费节目以专业化、个性化内容为主,由用户自主付费订制收看。全年发展数字电视整转用户7200多户。根据2010年全市发展有线电视用户的目标任务,总台党组与有线电视工程部和事业科签订目标责任书,有线电视工程部先后完成对垭口逸景蓝湾、领秀山庄、苗庄新村、田洛庄村、石门郭村,朱兰前张村、矿山生活区、上曹新村的有线电视改造、架设、安装任务,新增有线电视用户1900余户。有线电视"村村通"工程是市委、市政府2010年为民承办的十件实事之一,市广电总台承担着八台、枣林两个中心镇和马庄、安寨两个中心社区、尚店移民新村的有线电视入户工程。为了保证移民群众能够及时收看到满意的电视节目,市广电总台组织专业技术队伍进行实地勘查,及时组织招标采购工作,落实工程施工。7月,完成尚店移民新村有线电视主干线入地铺设及入户安装工作。年底,完成八台中心镇、马庄中心社区的光缆网络架设任务和入户安装工作;枣林中心镇、安寨中心社区的光缆网络架设任务完成,进入入户安装阶段。

【安全播出】 2010年,舞钢市广电总台加强内外防范,实行特殊时期台领导24小时带班、重点部门24小时值班、重点部位24小时巡查制度。制定完善应急播出预案、设备维护制度,建立完备的节目信号源传输系统、播出系统和供配电系统,保证设备正常运行。中心机房内的工作人员实行挂牌上岗,24小时值班,严防不法分子破坏,确保广播电视节目安全播出。对采制的每条新闻及专题节目实行编前审稿、编后审带(审片)、重要新闻逐级请示的办法,杜绝各类政治事故的发生。

(宋晓莉)

《舞钢信息》编发

【概况】 2010 年,舞钢市委信息中心围绕市委、市政府的中心工作,履行“宣传政策、倡导文明、传播知识、服务生活”的办报宗旨,强化紧跟、创新、服务意识,全年出版《舞钢信息》242 期。市委信息中心干部职工 18 人。其中,干部 14 人,工人 4 人;中共党员 8 人,占总人数的 44.4%;大中专以上学历 17 人,占总人数的 94.4%;中级以上职称 1 人,占总人数的 5.6%。

【中心工作】 2010 年,舞钢市委信息中心在新闻报道中,注重按照新闻规律办事,发挥新闻策划指挥棒的作用,从重要会议到重点工作,从宣传战役到主题宣传,注重用新闻策划安排工作,在策划中注重方向与细节,明确任务与节点,使各类报道都体现出全面、及时、准确的宣传特性。发挥报纸主体宣传报道功能,及时做好市委、市政府重要工作会议的宣传报道和“两会”宣传的策划与报道。完成市委经济工作会议、市人大政协两会、政府全会和市委六届九次全会等会议的宣传报道工作,在这些会议宣传报道中形成会议消息及时、会后动态跟进、新闻评论提升、新闻解读扩面、领导讲话摘要“五位一体”的立体宣传模式。围绕“两集中四推进”工作中心,根据市委、市政府的要求和工作进度,在做好常规报道的同时,持续关注,持续策划,定期组织集中采访,通过开辟“系列述评”、“追踪:两集中四推进”、“他山石”等专题报道,使中心工作的报道常态化、中心化,始终保证中心工作良好的舆论氛围。以栏目和版块为支撑,确保全市重点工作宣传有声有色,通过开辟“妥善安置移民,支援南水北调”、“保护水库,爱我家园”、“凡人新事”、“重点工作周周看”、“我的社区我的家”等栏目,使重点工作的宣传有了很好的着力点,保证宣传的节奏和规模。

【专题宣传】 创卫迎验。先后开设“四创聚焦”、“双创从我做起、共建美好家园”和“健康教育”等专栏,每周辟出两个专版用于创卫宣传,在宣传中运用多种新闻语言展开立体宣传,做到图文并茂。在国家卫生城市验收中,顺利通过国家验收组的资料验收。效能革命。连续刊发市纪委《关于严禁党员领导干部和国家工作人员工作日午间饮酒的暂行规定》,并用 4 个版面刊登民主评议科室工作专项活动的内容及开展情况。道德建设。开展干部职工道德教育和道德实践活动,在《舞钢信息》开设专栏发布标语,关注市民文明素质的培养和提高。以《山窝窝出了个硕士村》、《我维和去了苏丹》、《杨明军和他的科技鸽》、《一个林业高工的“虫子情结”》、《我弟弟在索马里护航》等一批稿件和“绿牡丹”、“文明在基层”等栏目为舆论引导,提高市民的道德素养和文明素质。招商引资。发挥宣传主渠道作用,全方位、多角度宣传舞钢市的招商项目、资源优势、环境优势和政策信息,对昆山访商、与建业集团战略性合作协议的签订、全国农产品经贸洽谈会等重大招商事件做翔实的报道并起到好的宣传效果。移民新村建设。发挥宣传主阵地作用,先后推出移民搬迁前、搬迁中、搬迁后的专题版面和建设篇、搬迁篇、安家篇系列报道,移民搬迁后,根据分配的任务,做好移民的联系安置工作。在首届“中国·舞钢冶铁文化节”的宣传报道中,市委信息中心提前介入,精心策划,开办“创建中国冶铁文化之都、打造舞钢文化形象品牌”专栏,连续发布舞钢市打造文化之都的成果和历程,并配发标语。冶铁文化节期间,及时全面发布文化节动态。文化节结束后,刊发《文化搭台,唱响经济大戏》的总结性长篇通讯。完成舞钢建制40周年暨撤区建市20周年庆典活动的宣传报道。在保证市庆动态报道的基础上,先后开辟"辉煌20年巡礼"、"撤区建市20周年暨开发建设40周年专题报道"和"我与舞钢20年"等专栏,按计划配发评论,市庆当日出版20个版面的"市庆专刊",刊发各行各业、各条战线40年的新旧对比和发展变化,图文并茂,主题突出。

【队伍建设】 强化政治理论学习,提高全体职工的政治理论水平。坚持学习制度,采取集中学、自我学等形式学习政治理论、党的各项方针政策。根据新闻工作特点,在做好政治理论学习的同时,以改进会议报道方式和提高业务素质为重点,组织干部职工系统学习新闻业务知识,稳步提高全体人员业务水平。加强与周边县级报社的经验交流,取长补短,促进业务的提高。

【外宣】 疏通外宣渠道,和上级新闻单位建立联系,提高发稿率,全年完成外宣发稿71篇。

(张　琦)

档案管理

【概况】 2010年,舞钢市档案局监督、指导全市109个立档单位完成上年度立卷归档任务,接收各立档单位应进馆档案资料1356卷(册),全部完成编目、装盒、上柜。市档案馆为社会各界提供档案服务336人次,提供档案资料2669卷(册),报纸2189(册)。继续开展村级建档和社区建档工作,巩固率100%。完成舞钢市检察院、舞钢市公安局、舞钢市人力资源和社会保障局、舞钢市财政局等19个单位的机关档案室规范化管理认证。重点对全市的新农合、"四创"、林权、移民和"两集中"等民生档案进行监督、指导。

【档案法制化建设】 2010年,舞钢市档案局继续加强档案法制化建设,档案行政执法检查形成制度化、规范化。分别于4月和11月开展档案行政执法检查活动,对气象局等37个立档单位进行行政执法检查,检查率30%。

【培训】 2010年9月,舞钢市档案局举办为期一周的档案业务培训班,全市共有90个单位93人参加培训;6月组织档案局4名执法人员参加市法制办举办的岗位培训班。

【宣传】 2010年是《档案法》实施23周年暨《河南省档案管理条例》实施8周年之际。9月20日,舞钢市档案局在垭口中心路举办档案法集中宣传活动,现场解答有关档案法律法规、档案业务知识、查阅利用等方面的咨询143人次,展出档案宣传展板50余块,现场向群众发放宣传材料1000余份。

【库房管理】 2010年,舞钢市档案局建立健全安全工作制度,提高档案馆馆库科学管理水平,加强档案馆馆库保护设施建设。严格按照档案管理标准,定期检查档案库房安全,落实控温、湿度措施,投放防霉、防虫药物,确保档案的安全与完整。

【资料征编】 2010年,舞钢市档案馆拓宽档案资料征集渠道,加大对历史档案的征集力度,征集到本地名人、名产、名胜档案资料3种,接收征集到专门档案4种,整合档案资源20种。其中,舞钢公司声像档案2盒,图书

《迈向二十一世纪的舞钢市》、《魅力舞钢》、《舞阳钢铁》各1册,2007年~2010年各地领导来舞钢市观摩考察声像档案1盒。

【信息化建设】 2010年,舞钢市档案局按照舞钢市政府信息化建设总体规划,落实《舞钢市档案信息化建设发展计划》,完成对馆藏档案目录数字化转换3500页,计算机输入5000余条;完成市委、政府、人大、政协等7个单位馆藏重要全宗档案的数字化处理。按平顶山市档案局要求,完成珍贵档案资料异地交换和存储工作。

【文件利用】 2010年,舞钢市已公开现行文件利用中心建立健全各项管理制度,加大已公开现行文件接收力度,为社会各界和领导决策提供优质服务。全年提供查阅利用182人次,共计221卷册。

【获得荣誉】 2010年,舞钢市档案局获河南省机关档案工作规范化管理先进单位;地(市)级文明单位;平顶山市档案工作先进集体。　　(葛天晓)

党　史

【概况】 党史研究室是舞钢市委征集党史资料、研究编纂党史、开展党史宣传教育的工作机构。主要职责是:贯彻落实中共中央、省委、平顶山市委和舞钢市委关于党史工作的指示、决定和部署;指导全市党史工作;负责中共舞钢市委党史资料、党史大事记资料、党史人物资料等有关资料的征集、整理与编纂,负责党史工作的规划、协调与审查;参与举办党史上的重大事件和重要人物纪念活动。

【革命遗址普查】 2010年1月26日,中共平顶山市委党史研究室发文并召开全市党史工作会议,对开展革命遗址普查工作进行动员和部署。按照部署,舞钢市党史研究室制订《关于开展全市革命遗址普查工作的实施细则》,组织6名人员,经培训后于4月~6月,深入各乡镇、街道,按照革命遗址普查的要求,对革命遗址进行实地勘查、拍照和丈量,对照以往掌握的史料,走访干部群众了解相关情况,经过多种渠道相互印证,审慎填写《革命遗址普查登记表》,确保普查成果的准确性。并认真撰写革命遗址普查报告,分析存在的问题,提出合理化的建议。

【编纂《中国共产党舞钢市历史》】 2010年6月18日,舞钢市委召开党史编纂工作会议,启动《中国共产党舞钢市历史》的编纂工作。舞钢市党史研究室经过多方面的资料搜集、整理,于11月底完成《中国共产党舞钢市历史》的初稿编写工作。针对初稿中存在的不足和问题,多次组织编辑人员进行研究、讨论,广泛征求意见,认真审核。并多次外出学习取经,学习借鉴《中国共产党历史》(第一、二卷)编写的相关知识、技巧和写作手法,在注重地方特色和全党上下一盘棋上下工夫,在还原历史本来面目与增强可读性上下工夫,确保史实客观。

【资料征编】 完成党史大事记当月记、当年编工作,全年收集整理党史大事记4万多字;完成党史资料的日常征集、编纂及《钢城人物》资料的征编工作;征集社会主义时期党史专题资料1.2万多字;征集、整理、编写社会主义时期各个阶段党的活动的各种文字资料和图片;认真落实中央、省委创先争优理论研讨工作的通知要求,撰写《创先争优理论内涵、时代特征和现实意义研究》理论文章;

组织撰写上报市委主要领导关于新农村建设的理论文章1篇,并在《河南党史》2010年第8期刊发。

【党史宣传】 2010年,舞钢市党史研究室增强对党史宣传教育的认识,加大党史宣传工作力度。在纪念中国共产党成立89周年和新中国成立61周年活动中,组织党员在虎头山教育基地举行"缅怀先烈事迹、重温入党誓词"活动;结合庆"七一"活动,普及党史知识;组织"党在我心中"撰稿活动;召开理论研讨会,撰写理论文章150余篇。通过党史宣传教育活动,宣传舞钢市在革命建设和改革开放过程中涌现出的典型事迹和英雄人物,受教育人数3.5万人次。

【队伍建设】 2010年,舞钢市党史研究室把学习政治理论、提高党史工作队伍整体素质和业务能力放在首位,制定严格的学习制度,先后深入学习贯彻中共十七届五中全会精神和中央党史工作会议精神。2010年6月19日,中共中央下发《关于加强和改进新形势下党史工作的意见》,对于新形势下加强和改进党史工作具有十分重要的意义,舞钢市党史研究室认真组织全体人员深入学习,领会其精神实质。同时,参与普法教育学习培训,强化培训党史工作人员的法律理论及业务知识。

【获得荣誉】 2010年,舞钢市党史研究室获平顶山市党史工作先进集体;沈平、曹春红获平顶山市党史工作先进个人。

(市党史办)

地方史志

【史志编纂】 2010年,《舞钢市志》(1991~2000)编纂进入攻坚和收尾时期。在后续编修工作中,舞钢市地方史志办公室首先继续做好修志的动员培训,重点培训对志书资料的收集与整理知识,并邀请河南省专家于平天等人现场培训、指导,为下步修志打下坚实的业务知识基础。其次,根据评审会意见修改《舞钢市志》(1991~2000)的卷目框架。严格按照"不缺要项、归属正确、有序排列、标题准确"的原则,确立卷下条目,注重内在逻辑性和顺序性,确保科学性。再次,突出地方特色。在编修市志工作中,地方志注重市志突出特色、体例完备,突出舞钢市的地方特点和地域特色。如,记述舞钢市依山傍水创特色旅游品牌、大力招商引资促进地区经济发展等。同时,借鉴各地优秀志书的体例经验,在汲取精华的基础上作出新的变革和创新,使整部志书内容丰富、图文并茂。最后,严把质量关。认真考证资料,通过反复查阅档案资料、实地察看了解、多方走访座谈等途径,纠正差错。注重语言的简洁、准确,慎用模糊性语言。经常召开内部评审会,组织编辑们一起参与讨论,提出问题,彼此交流,互相切磋,集思广益,达成共识,对研磨志稿质量起到积极有效的作用。年底,《舞钢市志》(1991~2000)完成三级送审报批手续,付梓印刷。

【年鉴编纂】 2010年,舞钢市地方史志办公室在原有年鉴的基础上,通过多方探索,大胆创新,加强交流,积极参加上级组织的评稿会,提高业务水平。同时,总结往年年鉴工作得失,收集各地年鉴取长补短,分析研究当年年鉴工作要点，制定工作流程和进度表，细化工作任务，责任落实到人。编校过程中，适时召开责任编辑交流会、工作进度汇报会，沟通稿件中遇到的问题和困难，研究解决办法。在条目设置上，合理设计、变更类目，更全面、更突出地反映舞钢市经济社会发展的新特点，增加信息量，增加价值高、特点鲜明条目的比重，压缩常规性、一般性条目的比重，淘汰价值不高、特点不鲜明的条目。表现手法方面，在内容、结构、版面上做变革，全面反映舞钢市情，突出地方特色，图文并茂，提高视觉美感，增强可读性。如，与河南省地图院共同编制《舞钢市地图》，并附《舞钢市城区卫星遥感图》；对一些分类内容进行拆分或合并，纠正一些逻辑错误；大量增加附录和专记的分量，彰显地方特色；大量增加彩页数量；语言上更加简洁；补充更多表格和名录，增加信息量；在封面设计和补白图照上突出本地特色。

【月鉴编纂】　2010年，《舞钢月鉴》的栏目主要有特载、大事记、政务辑要、榜上有名、干部论坛、地情研究、老照片、艺文拔萃、连载等，全面记录舞钢市在经济建设、政治建设、文化建设和社会建设过程中的重大决策、重点工作、重要活动和重要成就，以及发展、改革、稳定中的大事、要事和广大群众关注的焦点、热点、难点问题。为了丰富内容，还收录一些存史价值高、读者喜闻乐见的抗战故事和具有较大影响的人物传记，严肃中不失活泼。在收录原则上，《舞钢月鉴》按照大事突出、要事不漏的原则，使《舞钢月鉴》成为主要供全市在职副科级以上（含副科级干部）领导干部参阅的存史资政资料。为了保证月鉴的质量，舞钢市地方史志办公室坚持行政手段组稿和有针对性约稿相结合、阶段性组稿和日常采集相结合，广泛搜集资料，慎重筛选。严把审稿关，在内容的“全”、“精”、“准”上下工夫。坚持召开评稿会，通过评稿发现不足，及时改进，力求使《舞钢月鉴》的历史记叙性强、重点突出、内容准确翔实。同时，在封面、扉页和补白设计上突出本地特色，保证《舞钢月鉴》图质高。月中旬按时发放月鉴，使读者能够及时阅读、了解舞钢市情，满足读者阅读需求。

【市情宣传】　2010年，舞钢市地方史志办公室向《河南年鉴》、《平顶山年鉴》提供资料近1万字。按时向《平顶山大事月报》提供稿件和素材，受到《平顶山大事月报》编辑部的表彰。

【用志用鉴】　2010年，舞钢市地方史志办公室为市政各单位提供市志查阅200余次；为企业提供查阅50余次；为个人提供查阅200余次。为市政各单位提供年鉴500余册；为企业提供年鉴100余册；为个人提供年鉴50余册。

【获得荣誉】　2010年，舞钢市地方志获河南省地方史志先进单位；平顶山市级文明单位等荣誉称号。　（市地方志）

旅　　游

【概况】　2010年，舞钢市旅游局以丰富的旅游资源为依托，以市场为导向，以精品建设为核心，坚持开发与保护并重，创新管理体制，完善产品体系，改善发展环境，拓宽客源市场，加快旅游度假区开发建设，以实现旅游业跨越式发展为目标，实现全市旅游业的全面、快速、健康、和谐发展。全年接待游客184万人次，同比增长17%；旅游总收入3.35亿元,同比增长23%;旅客投诉率为零,无重大旅游安全事故发生。

【规划编制】　2010年,舞钢市旅游局邀请具有旅游规划资质的单位编制《九头崖磨轴十八寨景区详细性规划》并通过评审;邀请具有甲级旅游规划资质的单位编制《龙凤湖旅游度假区总体规划》、《舞钢市旅游产业发展总体规划》。目前,正在编制《龙凤湖旅游度假区控制性详细规划》,规划通过评审后,将严格按照规划安排建设旅游项目,防止开发低档次、重复建设的短期行为和损害环境的行为发生。

【景区建设】　2010年,舞钢市旅游开发围绕旅游精品建设的核心,倾力打造山水观光、生态休闲品牌。实施二郎山景区的升级改造,成功创建成为国家4A级景区。灯台架景区开发建设项目进展顺利,完成景区山门、景区道路、游客服务中心、星级厕所等基础设施建设。祥龙谷景区的山门、景区道路、观光亭等基础设施全部建设完成,2010年"五一"正式投入运营。

【旅游宣传】　2010年,舞钢市根据旅游产品的市场定位(立足河南、着眼周边、兼顾省外)和主题口号(山水舞钢、度假天堂),制定科学、详尽、针对性强的宣传营销方案。由市旅游局牵头,全面调动景区、旅行社、饭店等营销主体的积极性,实行平顶山市统一的旅游宣传促销和舞钢市旅游宣传促销相结合的方式,努力实现宣传效果的最大化。(1)聘请国内知名的旅游宣传策划公司为舞钢市编制《舞钢市旅游宣传营销策划方案》,制作旅游宣传广告片和城市形象宣传片。(2)在目标市场投放旅游宣传资料10余万份,在《河南日报》、《平顶山日报》、河南电视台旅游频道及新华网、河南旅游网各大网站等主要媒体、网络进行舞钢旅游的宣传报道,尤其是对河南省第十届"舞钢水灯节"进行着重的宣传报道。(3)舞钢市3个景区参与平顶山市旅游局组织的"四月错峰免门票旅游"活动,每个免票日游客均大幅增加,景区基本实现自我宣传、自我营销的目的,提高知名度和影响力,并带动商业、餐饮、交通运输、住宿等相关产业发展。(4)加强区域旅游合作,和遂平县签订区域旅游合作框架协议,二郎山景区和嵖岈山景区签署合作协议,共同开发精品线路,互相进行客源引导,实现双方政府密切合作、企业共同赢利、游客更加满意的"三赢"效果。(5)通过举办二郎山"绿动中原·捷安特骑行低碳旅游"、"二郎山、灯台架风光摄影展"活动和中国旅游摄影家协会、中国旅游信息报授予二郎山、灯台架、祥龙谷3景区"旅游摄影创作基地",提高舞钢旅游的知名度。(6)加强舞钢旅游网站建设,设立"市局之窗"、"新闻动态"、"景区景点"、"宾馆饭店"、"旅行社"等子栏目,及时更新舞钢市吃、住、行、游、购、娱各种旅游要素信息,发布加快舞钢市旅游业发展的相关政策、法规和旅游动态,使舞钢旅游网站成为与外地游客联系的便捷渠道。

【旅游管理】　(1)加强旅游市场综合治理。强化对旅游市场的监管,重点抓好旅游交通、食宿和消防安全,规范旅行社经营和导游服务行为,净化旅游环境,做到全年零投诉。(2)提高服务质量。全面推行行业质量标准,完善旅游景区服务设施和项目,落实各项旅游接待服务要求,高标准抓好旅游服务工作。在旅游市场建立公平竞争、优质服务、诚信经营的良好秩序,营造旅游者理性消费环境,旅游行业服务质量得到全面提升。(3)加强培训。采取内部培训、外出考察、以赛带训、专家讲座等多种形式,不断提高旅游从业人员整体素质。和农业、财政等部门联合举办“阳光工程”培训,培训旅游从业人员500多人。举办舞钢市首届讲解员大赛,发现、选拔一批优秀人才。组织参加省、平顶山市导游员(讲解员)大赛并获优异成绩。其中,1人获省优秀讲解员荣誉称号,6人在平顶山讲解员大赛中分别获一、二、三等奖,市旅游局获组织奖。(4)强化安全意识。明确各景区主要负责人为安全生产第一责任人,制订应急预案,明确安全责任。旅游执法人员定期、不定期对各类旅游场所的汽车、游船、吊桥、滑道、水上娱乐设施等进行安全检查,对达不到安全要求的游乐设施设备,一律停止运营,排除经营场所的各类事故隐患,确保游客人身安全,全年舞钢市未发生旅游安全责任事故。

【第十届水灯节】 2010年,舞钢市水灯节提升为省级节庆活动,由河南省旅游局、平顶山市委、市政府主办,平顶山市旅游局、舞钢市委、市政府承办,共展出新设计灯组26组,保留修复灯组1组。灯组围绕舞钢市的悠久历史、人文环境、厚重文化和“山水林城”的城市特色进行设计,吸收继承传统彩灯“形、色、声、光、动”的艺术特色,运用LED灯、追光灯、霓虹灯管等现代新光源材料,营造了时尚梦幻、绚丽多彩、欢乐祥和的水灯盛景。水灯节开幕式上,举办焰火燃放、摄影展、根雕奇石书画展等相关活动,丰富水灯节的文化内涵,吸引省内外游客数十万人前来观赏游玩,“十一”期间,观看水灯的游客达75万人次。《河南日报》、《平顶山日报》、河南电视台旅游频道及新华网、河南旅游网各大网站等主要媒体、网络对舞钢市水灯节进行宣传报道,提升了舞钢市的知名度和美誉度。

【农家乐星级评定】 2010年,舞钢市在旅游行业推行《旅游景区质量等级的划分与评定》、《河南省旅游餐馆星级评定标准》和《舞钢市旅游农家宾馆星级评定标准》,按照标准对全市的景区、饭店、“农家乐”、旅游餐馆、旅游饭店等进行规范管理,“农家一号院”和“知青村”饭店被命名为舞钢市二星级旅游农家餐馆,“赵四美食”被评定为河南省二星级旅游餐馆。

【旅游商品开发】 2010年,舞钢市在巩固石漫滩牌山野菜、龙泉宝剑、中华响石、老粗布、蚕丝被等旅游商品的基础上,又组织开展旅游商品评审认定工作,认定柏子龙泉宝剑、天成鸽蛋等10种商品为舞钢市首批旅游推荐商品,使舞钢市的旅游商品更加丰富,满足游客的多种需求。

【获得荣誉】 2010年,舞钢市旅游局获平顶山市导游员(讲解员)大赛优秀组织奖、推荐新人奖和一等奖;二郎山景区被国家旅游局命名为国家4A级旅游景区。 (翟双燕)

龙凤湖旅游度假区

【概况】 舞钢市龙凤湖度假区管委会成立于2009年10月,主要职责是:编制度假区各类规划,并组织实施;负责度假区土地征用、房地产开发管理;负责审核、报批度假区的各类投资、建设项目;负责度假区内的各项基础设施、公共设施、各项社会事业规划、建设与管理工作;负责度假区的招商引资工作;协助有关部门做好度假区内国有资产、审计、统计、劳动、人事等管理工作;负责制订并实施度假区有关行政管理规定;负责指导协调有关部门设在度假区的分支机构或派出机构,受市政府委托,代理行使有关部门的职权;负责领导和管理所属企事业单位,履行市委、市政府授予的其他职责。2010年,龙凤湖旅游度假区管委会在职人数13人。内设机构有党政办公室、规划建设部、旅游发展部、社会事业部。

【招商引资】 印制、发放1000本招商手册,并通过网络等多种形式,对外推介招商,度假区建设项目已列入河南省旅游局项目库。河南建业集团、广州恒大集团、河南晋商会、北京万汇集团、北京"华夏文化纽带工程"、河南省交通厅和水利厅所属开发建设公司等,先后到舞钢市,就度假区开发建设进行实地考察。其中河南建业集团、河南晋商会分别与市政府签订战略合作协议。此外,与广州恒大集团的合作也正在进一步沟通与磋商之中。

【开发建设】 2010年,龙凤湖旅游度假区的开发建设工作按照"高品位规划、高标准建设、现代化管理、市场化运作"的总体工作思路,围绕把龙凤湖度假区打造成全省著名全国知名的休闲度假旅游目的地的总体目标,科学规划,整合资源,推进各项工作,确保龙凤湖度假区开发建设工作取得良好开局。澄清旅游度假区现有的基本情况。管委会成立后,着手调查度假区的基本情况,内容包括度假区的边界、涉及的行政村、自然村、户数、人口数、耕地面积及各类地上附着物数量等,及时掌握度假区的基本情况,为下步大规模开发建设提供必要的依据。遏制突击建房和突击栽树现象。通过张贴公告、召开会议等形式,加强对度假区的监管,并抽调得力人员组成巡查小组,对突击建房和突击栽树现象进行巡查,遏制此类现象的发生。并安排市电视台,对度假区范围内的重点村庄和重点土地进行录像保全。编制度假区总体规划。委托广东省旅游发展研究中心负责完成龙凤湖度假区的总体规划和控制性详细规划。目前规划编制工作进展顺利,预计于2011年2月底前总体规划即可完成并进行评审。初步制定出水库南岸相关村庄的搬迁安置工作方案。随着度假区建设的逐步推进,加大与杨庄乡、尹集镇及相关村庄广大干部群众的沟通和交流,使方案更加完善,更加切实可行。完成度假区全长5.2千米的主车道工程的申报立项工作。完成度假区11万伏变电站的选址和立项前的准备工作。完成度假区内部分河道整治的前期测量和设计工作。度假区内配套饮用水厂开工建设,预计2011年即可建成并投入使用。（龙凤湖度假区管委会）

卫生·体育

卫　生

【概况】　舞钢市卫生局承担全市医疗救治、疾病防控、卫生监督、妇幼保健、老干部保健、农村合作医疗、120 急救、医疗废物收集等工作。系统现有医疗机构 23 家,包括市人民医院、中医院、卫校、疾病预防控制中心、卫生监督所、新型农村合作医疗管理办公室、妇幼保健院、120 急救指挥中心、保健办、医疗废物收集中心;驻地企事业医院 3 家,分别是钢司职工医院、保险医院、矿山医院;乡镇级卫生院 10 家。机关下设 8 个科室,分别是办公室、人事科、规划财务科、医政科、监督信访科、科教科、疾控基妇科、红十字会。全市各级各类卫生技术人员 1200 余人,其中高、中级技术职称人员 300 余人。现有床位 1000 余张。各级医疗卫生机构设施进一步改善,全市现有包括螺旋 CT、核磁共振、彩超、800 毫安 X 光机、高压氧舱、血液透析机、钼靶乳腺机、全自动生化分析仪等百万元以上设备 20 余部(件),基本满足了全市人民的医疗需求,为全市人民群众提供安全、舒适的就医环境。

【基础设施建设】　为满足人民群众的就医需求,改善就医环境,舞钢市人民医院新的病房楼设计建筑面积 2.2 万平方米,总投资 5500 万元,2010 年 5 月 1 日全部完工投入使用。中医院扩建项目已完成立项、可行性研究报告、建筑初设方案。

【手足口病防治】　2010 年,为做好手足口病防控工作,舞钢市卫生局成立手足口病救治专家组,在各综合医院成立相应领导小组和专家救治组,制定下发《舞钢市手足口病消毒技术规范和预防手足口病常用消毒方法》,邀请解放军 152 医院、平顶山矿务局总医院的专家多次对乡镇卫生院及综合医院相关人员进行全员培训。利用舞钢电视台、舞钢信息等新闻媒体进行宣传,并自制 8 万份宣传单和 1 万份宣传彩色折页宣传手足口病防控知识,使全市人民掌握手足口病防治常识。全年全市共转诊手足口病重症患者 14 例,住院治疗 161 例,无死亡病例发生。

【农村合作医疗】　(1)新型农村合作医疗。2010 年,全市农民共 208955 人自愿参合,参合率 99%。全年可支配基金 2991.89 万元。其中,住院统筹可支配基金 2208.16 万元,门诊统筹可支配基金 783.73 万元,平均月可支配资金 249 万元。全年共有 314204 人次受益,受益率 150%。其中,住院 14191 人次,住院率 6.8%;门诊统筹 223781 人次;家庭账户 76229 人次。全年支出资金 2167.08 万元。其中,住院统筹基金支出 1801.11 万元;门诊统筹支出 197.57 万元;家庭账户支出

168.4 万元,基金运行平稳。(2)大病风险基金运行。2010 年匹配大病风险基金 83.6 万元。全年 72 人享受大病风险基金补助,补助金额 60 万元。(3)健康体检基金运行。按照预防保健优先服务的原则,市财政每年每人匹配 6 元,2010 年匹配健康体检基金 125 万元。对 20 岁 ~49 岁参合育龄妇女进行免费健康体检,体检率 90%。(4)健康档案信息平台建设。全市 32 万人民的健康信息全部录入至新建立的“居民健康档案信息管理系统”,舞钢市居民在全市范围内任何医疗机构就诊,其详细的健康信息均可查阅。居民健康电子档案信息的建立对医生进行诊疗、节省医疗资源、减少居民医疗负担等发挥了重要的作用。

【双创】 2010 年,舞钢市卫生局按照双创工作指挥部的要求,对“五小”单位进行集中整治,下发整治方案,明确整治标准,通过树立餐饮业经营单位“示范街”、“示范店”典范,采取以点代面、点面结合的原则,推进“五小”单位整治工作。同时,完成国家卫生城市技术评估食品卫生、公共卫生、传染病防治等迎验准备工作,根据国家级卫生城市标准,完善各项资料,制定迎验点路线图。6 月,通过国家爱卫办对全市创建国家卫生城市的技术评估,对技术评估提出的整改问题,已落实整改到位。

【移民搬迁医疗保障】 2010 年,舞钢市卫生局配合市委、市政府移民迁安工作,成立舞钢市移民搬迁医疗保障领导小组和 3 个专业服务组:医疗救护组、疾病控制组、食品卫生安全保障组,完成了市委、市政府在移民迁安过程中的医疗卫生保障任务。为了让移民解除医疗保障的后顾之忧,卫生局投入资金 10 多万元建成移民新村标准化卫生室。并多次到淅川县卫生局协调迁安居民的新农合转接工作,使参合移民能够享受到舞钢市参合居民一样的待遇,2011 年度移民参合率达 100%。

【医疗质量管理】 2010 年,舞钢市卫生局多项措施提高全市医疗质量。

医院管理。继续开展“医院管理年”及“医疗质量万里行”活动,确保医疗质量管理规范化。开展医疗质量督导,高度重视医疗缺陷管理,从年初开始,坚持把医疗质量督导工作作为医政工作的重点,要求各单位做到每季度一次督导检查。同时,平顶山市卫生局组织专家于 2010 年 7 月和 11 月按照医疗质量万里行活动要求,到舞钢市二级医疗机构对医疗质量进行了一次全面的督导检查,通过质量督导检查,随时查找医疗质量工作中的缺陷、漏洞和隐患,对发现的问题专家及时提出了整改、指导意见,提高医疗服务质量水平。

抓医疗事故防范,降低医疗风险。继续在全市范围内开展平安医院创建活动,提高广大管理者和医护人员风险意识,同时督促各单位结合实际从管理、临床、护理以及辅助检查等环节全面落实医疗安全责任制。化解医疗纠纷,构建和谐医患关系。从实际出发,开展调研,公正、客观处理医疗纠纷,凡患方有申请和要求的,无论医院有无责任和责任大小都坚持证据保全为先,及时、妥善处理各种医疗纠纷。同时,抓好医疗纠纷的分析工作,督促和指导医疗机构认真整改易发生医疗纠纷的环节。开展“以病人为中心”活动,构建和谐医患关系。

加强医政执法监督,依法规范医疗执业行为。重点贯彻落实《执业医师法》、《医疗机构管理条例》、《医院感染管理办法》、《处方管理办法》、《医师定期考核管理办法》等法律法规,坚持依法行政。新的《护士条例》

出台后,及时进行转发,要求各医疗卫生机构组织全体医务人员认真学习,严格按《条例》规定开展工作。

基本药物制度实施。为推进国家基本药物制度顺利实施,加强舞钢市公立医院基本药物配送和零差率销售工作,舞钢市成立医药卫生体制改革领导小组,负责全市卫生体制改革领导、部署及工作协调,同时成立基本药物工作委员会,明确各职能部门的工作职责。在平顶山市选定的配送企业中确定辅仁药业集团有限公司、平顶山市普生药业有限公司、河南省同乐医药有限公司为舞钢市公立医院基本药物配送企业。

【医师资格考试】　2010 年,舞钢市医师资格考试按照国家医学考试中心的要求进行审查、审核,对不具备考试资格的人员坚决拒之门外,确保《中华人民共和国执业医师法》的严肃性和考生质量。2010 年舞钢市医师资格考试报名 234 人。其中,临床 188 人,中医 46 人,口腔 16 人。

【医师、护士执业注册】　2010 年,舞钢市卫生局对执业医师和护士合格人员依法进行注册,全市注册执业医师 32 人(省级 15 人,市级 17 人),规范了医护人员执业行为。

【医疗机构许可证校验】　2010 年,舞钢市卫生局对全市一级医疗机构进行 2010 年执业许可证校验及换发,全市共 13 家。

【血液管理】　2010 年,舞钢市卫生局落实《献血法》,加大农村无偿献血的宣传力度,巩固和发展全市无偿献血成果。2010 年平顶山市卫生局下达舞钢市的献血计划是 1500 人,截至 11 月底,全市共 1600 人参与无偿献血,献血量 64 万毫升,超额完成全年无偿献血任务,临床用血 100% 来自无偿献血。并对 19 名参加无偿献血人员的临床用血进行报销,报销金额共 10080 元。

【院前急救网络建设】　舞钢市 120 急救指挥中心于 2009 年建成并投入使用,建成以来,共接警 17334 次,转运病号 3956 人次,为人民群众提供便利的就医条件。

【艾滋病救治】　2010 年,舞钢市卫生局按照艾滋病医疗救治方案对艾滋病患者进行正规治疗,按照无菌操作规程,加强医护人员的防护培训,防止发现医护人员职业暴露现象。全市有 16 人感染艾滋病病毒,其中 2 人在市定点救治医院枣林乡卫生院接受正规抗病毒治疗。

【中医】　2010 年,舞钢市卫生局派出多名医护人员到上级医院进修学习,巩固和发展中医人才队伍建设。为发挥中医药适宜技术在基层防治常见病、多发病中的优势,市卫生局成立舞钢市中医药适宜技术推广工作领导小组,具体审核、制定舞钢市中医药适宜技术推广工作方案及方案实施工作的督导、检查、考核。同时,成立舞钢市中医药适宜技术推广工作专家指导小组,具体负责推广工作课时、内容的安排,为基层卫生技术人员提供咨询指导,查看学员的签到表,并对各培训点的培训质量进行检查、指导、考评。全年中医药适宜技术推广培训人员 251 名。其中,乡镇卫生院、社区卫生服务中心 46 名,卫生室、乡村医生 205 名;以西医为主 119 名、以中医为主 132 名。

【科教】　2010 年,舞钢市共 48 项继续医学教育项目被评为平顶山市级继续医学教育项目,40 人参加住院医师培训。其中,三级 20

人,二级15人,一级5人。市人民医院"2香脂冲剂治疗高脂血症209例"科研项目被评为舞钢市科研二等奖。组织医疗卫生下乡巡回义诊7次,义诊1700余人次。

【疾病预防控制】 传染病防治。在全市建立传染病防治管理组织,全年全市无甲类传染病发生,报告乙、丙类传染病24种2318例,死亡1例,报告发病率724.37/10万,死亡率为0.31/10万。加强突发公共卫生事件处置工作,在甲型H1N1流感和手足口病防控工作中,成立舞钢市手足口病、甲型H1N1流感医疗救治领导小组和舞钢市手足口病、甲型H1N1流感医疗救治专家组,确保发病上报及时、病原控制及时、病人救治及时。对输入性甲型H1N1流感病例,进行及时流调、消杀、采样和上报,随时注意流行动态,采取应对措施,有效预防甲型H1N1流感的扩散。在全市10家乡镇卫生院和6家市直医院及驻地职工医院继续实现传染病疫情网络直报,落实周报、月报制度,实行专人负责,全年全市疫情网络直报率100%。

艾滋病预防。确认报告HIV携带者和艾滋病病人44例,现存活20例,其中现症病人8例。市疾控中心HIV初筛实验室全年共检测564人,其中2人阳性待查。按照《艾滋病自愿咨询检测工作实施方案(试行)》的要求,VCT室全年接待382人,免费初筛咨询379人。按照《卫生部、公安部、司法部关于对监管场所被监管人员开展艾滋病病毒抗体检测的工作方案(试行)》,每季度对监管人员进行1次HIV抗体免费检测工作,全年检测185人,结果均为阴性。

计划免疫。2010年,全市10个乡(镇)卫生院、4个城市地段防保站、14个接种点均运转12次,"五苗"全程报告接种率95%以上。推行国家扩大免疫规划工作,及时对乡镇卫生院和城市地段医院的卫生防保工作人员进行国家扩大免疫规划方案操作规范的业务培训,乡镇医院对所辖区域的村医进行培训。按照《河南省卫生厅关于开展第四批麻疹疫苗查漏补种工作的通知》的要求,在全市范围内对2001年1月1日至2009年5月31日期间出生的儿童进行摸底排查,对未接种或未全程接种麻疹疫苗的儿童开展麻疹疫苗查漏补种工作。为进一步降低人群乙肝病毒感染率和乙肝表面抗原携带率,按照《河南省2009年补种乙肝疫苗项目实施方案》的要求,在全市范围内对1994年1月1日至2003年12月31日出生的儿童的乙肝疫苗接种情况进行摸底调查,对未全程接种乙肝疫苗的儿童分批补种乙肝疫苗。

结核病防治。开展病人诊断和治疗随访、密切接触者调查、为乡镇查痰点提供查痰耗材及补助、病人治疗督导管理、报病奖励、县乡两级追踪疑似病人等工作。全年接诊病人907人,可疑病人就诊率达到300人/10万的规定标准。确诊收治结核病人220例,其中入项病人220例,达到初治涂阳病人70%发现目标,涂阳病人治愈率87.9%。对符合免费条件的800余例初诊病人全部免费进行拍胸片检查及3个痰涂片检查,对确诊的220例项目病人在治疗期间免费进行随访痰涂片检查3次。为307例有症状的涂阳病人密切接触者进行免费拍胸片或PPD等项检查。对各医疗单位网络直报的234例疑似肺结核进行诊断和鉴别诊断,发放转诊激励费141人次,对51人网报而未到结防机构就诊的病人进行追踪,追踪到位率100%。加强学校结核病防治工作,全年对初中以上入学新生1223人进行了PPD检查,发现强阳性学生29人,预防性服药13人,未查出活动性肺结核病人。

地方病防治。对2010年碘盐监测方案

所确定的监测点进行采样,共计288份盐样。其中,合格碘盐261份,碘盐合格率95.26%,合格碘盐食用率90.63%,碘盐覆盖率95.14%;非碘盐14份;不合格碘盐13份。全市2010年疟疾镜检1038人,发现疟疾病人3例,均采用氟伯八日疗法进行治疗,无爆发。3月~4月对2009年的3例疟疾病人进行休治,休治率100%。

【卫生监测检验】 2010年,污水监测检验33份,伤寒定点监测检验171人次,霍乱监测检验156份,食物中毒1起。根据省卫生厅、省发改委、省水利厅联合通知,开展农村饮水安全工程卫生学评价和水质卫生监测工作。对全市餐饮、公共场所、食品加工及游泳池水进行消毒效果监测采样,共监测食品18份,水质336份,餐饮403家,公共场所183家,游泳池水5份,餐具消毒监测397家。对全市41个饮水点进行监测,共完成水样176份,检测项目2736项。

【食品卫生监督】 餐饮业食品卫生监督。开展餐饮业"五小"单位专项整治活动,加强城乡接合部、旅游景点、旅游饭店和"五小"单位等的卫生监督管理力度,加大对中小饭店消毒工作的管理,严格索证索票制度,严禁出售过期、变质、伪劣食品,加强对餐饮服务许可证和健康证持证上岗工作的监管力度。2010年,对全市370余户餐饮业经营单位进行有效监督检查,监督覆盖率100%。从业人员体检3343人,培训3343人,办理健康证3340人,查出职业禁忌症患者3人,调离3人,调离率100%。没收、销毁无生产日期、无保质期、超保质期、无有效卫生许可证批准文号的食品共40余种200余千克,价值5000余元。处罚餐饮单位40多家,罚款1.4万余元。

公共场所量化分级管理。全年监督检查商户211户,监督覆盖率100%,对23户卫生条件不符合规定的经营商户提出限期整改意见。截至2010年10月,对全市185家公共场所经营单位进行量化分级管理,通过量化分级管理评定,评出B级单位8家,C级单位177家。其中住宿业37家,量化率88%。2010年公共场所共采样监测428份,监测覆盖率100%。其中,合格386份,不合格42份,合格率90.1%。

学校及生活饮用水卫生监督。全年监督检查学校108所(次),监督覆盖率100%,给予限期改进10所(次),按要求均整改到位。抓好从业人员食品安全知识培训和卫生许可证(餐饮服务许可证)的核发工作。全市学校食堂从业人员共350人,应体检315人,实体检315人,体检率100%,体检合格率100%,学校及幼儿园有关负责人及食品安全管理人员食品安全知识培训人数350人,培训合格率100%。每个学校均安排专人负责食品采购查验工作,索证索票、台账登记完整,各项消毒措施、"四防"设施落实到位。按照《生活饮用水卫生标准》的要求,每月对自来水末梢水作2次常规项目采样监测,并对水源水和出厂水每季度进行1次全面分析检验,确保水质安全卫生。2010年1月~9月,对集中供水和自备水源水进行抽样监测162份,合格156份,合格率96.29%。

【职业卫生、放射卫生】 2010年,全市厂矿企业22家,其中存在职业危害4家。10月底前,舞钢市卫生局对22家企业进行职业卫生执法监督,对20家下达《卫生监督意见书》,对不按规定进行职业健康检查的单位限期整改。全市放射诊断单位18家,上半年监督检查13家,其中1家未经许可从事诊断活动,已立案查处。

【打击非法行医】 2010年4月2日至28日,舞钢市卫生局对全市市区各级各类医疗机构进行专项监督检查。检查98家,覆盖率100%,做到监督文书齐全。

【母婴保健】 出生医学证明的管理。出生医学证明实行入驻市行政服务大厅,在卫生服务窗口统一办理,避免乱开证、开假证,变相倒卖出生医学证明等现象的发生。共办理、发放出生医学证明4279份。

妇女、儿童预防保健。2010年对全市5696名孕产妇进行摸底排查,建立孕产妇保健手册4386份,对4794名孕产妇进行产前检查,查出中重度缺铁性贫血269人,梅毒阳性1人,高危孕产妇279人。对30118名7岁以下儿童进行正规管理,对全市45个幼儿园417名幼师和6826名儿童进行集中体检,将查出的问题及时向幼儿园及儿童家长进行反馈。

"降消"项目。开通高危孕产妇绿色通道,落实农村孕产妇补助政策。截至11月底,补助普通孕产妇2891人、高危孕产妇56人,补助资金为90.51万元,提高了农村孕产妇住院分娩率。

性别比综合治理。为加强母婴保健技术服务机构监督管理,加大对母婴保健技术服务单位违法服务的处罚力度。要求各医疗机构严格按照引流产人员的管理规定办事,加强对母婴保健技术服务人员、B超操作人员、引流产药品管理人员的培训,实行孕产妇实名登记、引流产人员实名登记及季报工作,有效地治理性别比严重偏高问题。

2010年舞钢市卫生资源统计

医疗机构	床位总数	医院总人数	医务人员总数	外科医生	外科护士	内科医生	内科护士
舞钢市妇幼保健站	20	28	23	1	1	1	1
舞钢市中医院	26	67	56	4	4	9	6
舞钢市人民院	316	368	286	23	45	16	48
舞钢市社会保险医院	30	38	28	3	2	1	1
舞钢公司职工医院	500	468	353	40	74	65	116
舞钢市尹集镇卫生院	23	23	21	4	1	10	1
舞钢市杨庄乡卫生院	35	33	30	5	2	8	1
舞钢市尚店镇卫生院	20	30	20	3	2	6	3
舞钢市枣林镇卫生院	25	31	30	7	3	3	2
舞钢市安寨卫生院	25	16	15	4	2	3	1
舞钢市武功乡卫生院	20	22	17	2	2	5	1
舞钢市王店卫生院	20	12	10	3	1	2	1

续表

医疗机构	床位总数	医院总人数	医务人员总数	外科医生	外科护士	内科医生	内科护士
舞钢市八台镇卫生院	35	28	26	5	2	9	1
舞钢市庙街乡卫生院	15	15	12	2	1	2	1
舞钢市铁山乡卫生院	26	28	25	5	6	4	3
舞钢市矿山卫生院	106	45	41	3	6	6	12
合计	1242	1252	993	114	154	150	199

（市卫生局）

爱国卫生

【概况】 2010年,舞钢市爱卫办以全力迎接国家卫生城市验收为目标,科学制订工作方案,合理分配工作任务,严格标准进行督促检查,使舞钢市的各项创卫指标达到国家标准要求。5月下旬顺利通过国家技术评估验收考核,11月3日顺利通过技术评估问题整改省级验收。爱卫办机关工作人员18人,设5个科室,分别是综合科、农村卫生科、病媒生物防制科、城市卫生科、监督检查科,1个二级单位(健康教育所)。为巩固国家卫生城市成果,进一步加强城市管理,经市编委会研究,同意设立舞钢市卫生城市管理委员会办公室,机构设在爱卫办,增加事业编制10名,实行财政全供预算管理。

【卫生城市验收】 2010年5月,国家爱卫办组织专家分8个组对舞钢市创建国家卫生城市工作进行技术评估,并同意通过技术评估,11月通过技术评估整改验收。尹集、枣林两镇创建省级卫生乡镇通过省里暗访和考核验收,等待命名。

【基础设施建设】 根据创卫验收的需要,2010年初,舞钢市爱卫办将具体工程任务下发到住建局和有关街道、乡镇。全年治理污水沟30条(段)、道路硬化74条(段),绿化空地4769平方米,刷新美化墙体50527平方米,建设垃圾中转站2座,完善城市服务功能,2009年和2010年的创卫工程于年底验收完毕。

【督促措施】 2010年,舞钢市爱卫办发挥街道办事处在日常卫生管理中的主体地位,每月对辖区机关、企事业单位进行卫生检查评比,评出最好单位挂红旗,脏、乱、差单位挂黑旗,并通过新闻媒体公布。同时,加强对主次干道和社区背街小巷卫生监督管理,严格兑现奖惩,保持市区环境卫生干净整洁。坚持督促承担公共任务的单位加强行业管理,督促有关单位对“五小”单位、市容秩序、市场秩序、交通秩序等进行整治,建立健全行业管理长效机制,并积极办理群众热线,引导广大市民参与城市管理。

【病媒生物防制】 2010年,舞钢市爱卫办组织全市开展春季统一灭鼠活动和夏秋季灭蚊蝇工作。迎接技术评估前期,集中对鼠类进行化学药物消杀,投药到位率、饱和率、覆盖率均达到灭杀要求。夏秋季节集中开展灭蚊蝇工作,在市区公共部位、城乡接合部和无人管理的居民区庭院由财政出资进行灭杀控制,单位办公区、家属区由责任单位组织灭杀,降低有害生物对人民群众生活的侵扰。

【健康教育】 2010年,舞钢市爱卫办印发各种健康教育宣传资料1万余份,组织单位开展多种形式的健康知识学习活动,督促全市各单位及时更换健康教育宣传栏内容,更换市区公共部位宣传栏内容并设立传染病防治知识画廊,提高人民群众的防病意识和科学知识素质。

【农村改厕】 2010年,舞钢市爱卫办争取国家财政改厕补助资金110万元,督促庙街乡完成改厕任务820户、枣林镇完成改厕任务300户、武功乡完成改厕任务295户。改厕工作全部完成并通过平顶山市爱卫办的验收。

【获得荣誉】 2010年,舞钢市通过国家卫生城市技术评估、通过国家卫生城市技术评估省级复验;爱卫办获河南省爱国卫生工作先进集体;平顶山"爱国卫生杯"竞赛活动金杯。 (张 生)

体 育

【概况】 2010年,舞钢市体育局内设办公室、群体科、竞训科、体育运动学校、体育中心和老年体协。全系统干部职工57人。其中,干部41人,职工16人;中共党员20人,占总人数的40%;中级以上职称职工27人,占总人数的50%。

【体育措施】 2010年,舞钢市12个村的农民体育健身工程全面完工,建设篮球场12块,配置篮球架12副、乒乓球桌24副,农村基础体育设施得到进一步完善。市体育馆的土地征用地点已上报市政府领导,等待城建局规划。

【群众体育】 2010年1月,舞钢市体育局举办"庆元旦长跑"比赛,活跃人民群众业余生活;春节期间组织舞钢市职工象棋、乒乓球比赛;为弘扬和继承我国优秀的民间传统体育文化,组织开展"舞钢市第十届端午节龙舟赛";"五一"期间联合舞钢公司举办自行车环湖赛;8月协助舞钢公司开展"全民健身职工健步走"活动;7月开展职工篮球赛;8月8日全国第二个全民健身日举行健身展演活动;8月组织"蓝鸟杯"社区篮球赛;9月完成国民体质测定680人的任务;12月举办舞钢市第八届三级社会体育指导员培训班和河南省第三届万村千乡农民篮球赛舞钢市赛区的比赛。

【竞训】 在河南省第十一届运动会自行车项目中,舞钢市自行车运动员夏梦辉获女子甲组3000米计时赛第四名、场地自行车女子甲组4000米计时赛第四名;李梦获场地自行车女子甲组团体竞速赛第四名、公路自行车女子甲组10公里个人计时赛第七名、场地自行车女子甲组200米计时赛第三名、场地自行车女子甲组500米计时赛第二名;李丹丹获场地自行车女子甲组团体竞速赛第四名、场地自行车女子甲组500米计时赛第三名、场地自行车女子甲组200米计时赛第二名、公路自行车女子甲组60公里个人计时赛第三名和"体育道德风尚奖"。舞钢市输送的队员李雪英在广州亚运会上取得女子58公斤级举重冠军。与教育局配合加强对全市体育传统项目学校的管理工作。举办市中小学生运动会;举办有29人参加的三级裁判员培训班。

【体校】 2010年,舞钢市体育运动学校针对体校的特点,不放松训练的同时,制定和实行一系列人性化、合理化、科学化的考核制度,开展形式多样的训练项目。通过特色模式的教学管理和教职工的不懈努力,教学质量稳步提高,大批优秀运动员被输送到上级体育院校。

【老年体协】 2010年,舞钢市老年体协根据老年人的特点,组织开展各类适合老年人的健身活动,参加上级老年体育活动。2月,组织40人的盘鼓队伍,参加2010年迎元宵表演活动,并在“舞钢市第六届‘网通杯’民间艺术表演赛”中获金奖;3月,承办“2010河南省老年人地掷球比赛”,组织男女各2支运动队参加“2010年河南省老年人塑质地掷球比赛”,市男一队和二队分获男子团体冠军和亚军,女二队和一队分获女子团体冠军和季军;组织女子运动队,参加“2010年河南省老年人‘三八’门球比赛”,获团体第八名;4月,市门球精英杨少文,被抽调进入平顶山市门球队参加河南省网友门球赛,平顶山门球队获团体冠军;5月,组队参加平顶山市第三届老年人地掷球比赛,男一队和二队分别获男子团体冠军和第四名;女二队和一队分别获女子团体冠军和第四名;7月协办“钢城杯”全国地掷球锦标赛,组队参加2010年全国地掷球塑质项目比赛,男队获单人第九、双人第五、三人第七和团体第八名,女队获单人第五、女子双人、三人和团体项目均第三名的好成绩;10月,组队参加平顶山市体育局举办的四套健身气功比赛,获三等奖,组织门球队参加在汝州举办的平顶山市第十二届“夕阳红杯”门球比赛,获得第五名;11月,举办舞钢市第十一届老年人运动会;12月16日成立舞钢市老年人空竹协会。

(市体育局)

街道·乡镇

朱兰街道

【概况】 朱兰街道位于市区中部,历史悠久,古称朱兰店。南依铁山,北面平原,漯舞、平舞铁路在朱兰西侧交会并建站,省道七蚁公路于东部成“7”字形贯穿全境。总面积6平方千米,总人口3.6万人,辖7个社区居委会(矿业社区、光源社区、园林社区、和谐社区、银龙社区、夕阳红社区、滨河社区)和1个行政村(朱兰村)。

【招商引资】 2010年,朱兰街道引进河东小区开发建设、诚祥设备机械等经济效益和社会效益兼盈的项目。共签订招商引资项目5个,签约金额10.3亿元,累计履约资金1.2亿元。完成总产值114873万元,占全年计划的123.5%;增加值32755万元,占年计划的116.9%;营业收入实现111987万元,占年计划的124.4%;实际入库税金3890万元,占任务的117.8%。各项经济指标平均增速19%,超出计划12个百分点。新上百万元以上项目4家,占年计划的400%。固定资产实际完成10052万元,占全年任务的502%。开源节流,完成预算外收入8万元,超出任务3万元。居民群众可支配收入平均增长18%,超出目标任务11个百分点。

【新农村】 2010年,朱兰街道按照新农村建设“生产发展、生活宽裕、乡风文明、村容整洁、管理民主”20字方针的总体要求,充分发挥农民的主体作用,不断创新农村体制机制。因地制宜发展农村特色经济,稳步增加农民收入。依托矿山等大型企业,发展采矿、矿石运输;利用城中村改造等有利时机,鼓励村民进行工程承包;积极组织农民工培训,实施“阳光工程”,开展劳务输出,加大银龙集团等劳动密集型企业的协调力度,促进农村剩余劳动力和回乡农民工就业;正确引导有条件的村民参与市场,促进“三产”的发展。目前,村民纯收入增长18%,超出目标任务10个百分点。加大农业基础设施建设力度,新规划建设道路1200余平方米,开挖治理排水沟500余米,补植风景树200余株,种草400余平方米,清运各类垃圾500余立方米。完善陈庄、四、九、十组等一批基础设施,成为村容、村貌整洁的亮点。明确专人对朱兰村文化广场进行管理,定期邀请专业演出队伍为群众演出。投资8万元完善“农家书屋”建设,购置书刊1500余册。逐步完善和落实“农村村务财务管理制度”、“村务公开制度”、“四议两公开一监督”等制度,使农村民主管理和民主监督得以规范。

【双创】 逐步建立目标考核制度、奖优罚劣制度、末位淘汰制度等规章制度,完善自管环卫工人工作机制的改革,推行城管站管理、社区监督的环卫工人管理模式，调动城管站、环卫工、社区三方的工作积极性。建立辖区卫生管理长效机制，进一步强化背街小巷76名环卫工的管理，做到居民区垃圾日产日清、城乡结合部无卫生死角。加强对市容市貌的管理，对“十乱”现象标本兼治，开展村容村貌整治活动8次，清理占道楼板200余块，拆除各类违章建筑18处，清理垃圾200余车，清除非法广告3000余处，规范停车位28处，规范管理13处“便民服务点”，取缔流动摊点70个，清理废品收购站2处，并清除遗留垃圾。加强基础设施建设力度，硬化道路22条4680平方米，美化墙体37处13620平方米，绿化7处1760平方米，治理污水沟15处892米，并对已完成的绿化进行管护。开展病媒生物防制工作，清理卫生死角58处1168立方米，治理污水沟6580米，改造旱厕47个，取缔52个，新增鼠饵洞426个，投放鼠饵8000余袋，喷洒灭蚊蝇药物3.4万平方米。开展各类宣传活动，制作不锈钢宣传栏69块，展板276块，刷写标语218条，挂横幅13幅，出动宣传车120余辆次，发放宣传材料8000余份，居民群众卫生知识知晓率90%，行为形成率85%。

【平安建设】 2010年，朱兰街道把平安建设工作作为一项基础性工作来抓，探索出一个围绕一个目标、突出两点基础、构筑三重防线、强化四项措施的工作方法。“围绕一个目标”即围绕确保社会政治稳定，人民安居乐业工作目标。年初根据工作需要及时调整街道综治委领导班子，综治委主任由党工委书记担任，办事处主任任第一副主任，党工委副书记任常务副主任。深入开展平安创建的宣传工作，充分利用节假日，在人口比较集中的时间、地点，通过板报、墙报、横幅、标语、宣传单以及召开报告会、座谈会等多种形式宣传创建的目标，树立良好的舆论导向。同时，按照属地管理原则，层层签订目标责任，细化任务分工，并通过建章立制和强化督察的机制保障，推进这一目标顺利实现。“突出两点基础”即加强基础设施建设和基层队伍建设。累计投资8万多元，为综治中心专门设置120平方米的办公场所，综治中心成员单位有了一个较为舒适的办公场所，为群众营造良好的办事环境，做到一条龙服务、一站式办公。并对各个社区（村）按照统一的标准，全部建成规范的社区综治工作站，配备必要的办公设施。通过经常性地组织开展学习培训，街道形成一批底子清、情况明、业务精炼的基层综治工作队伍。“构筑三重防线”即构筑矛盾纠纷排查化解防线、防控体系防线和群防群治防线。制定并落实日排查、周碰头、月汇总、季排名工作机制，梳理各类矛盾纠纷，分类进行处理，做到“一个问题，一个领导，一套方案，一抓到底”，把工作落到实处；挖掘整合多方治安力量，督促相关单位强化自身建设，落实防控责任，建立单位、家庭、社会三位一体，人防、物防、技防相结合的管理机制，实现由“点”到“面”的网络化防控格局；由街道综治中心牵头，构筑市巡逻中队负责辖区主次干道，公安派出所负责背街小巷的防范网络，并有以社区（村）干部、党员、代表、低保户和离退休老同志为主力的义务巡逻队，负责楼栋、庭院三级防范体系，既分工明确、又通力协作，同时成立20人的街道义务巡逻督察队，督促任务落实。“强化四项措施”即强化严打治理措施、服务管理措施、奖惩措施和保障措施。2010年，街道综治委对群众反映较为强烈的市场秩序管理混乱的问题，协调相关单位开展市场专项整治活动，一举打掉以陈某某为首的盗窃团伙，并对2所黑网吧和7个无证经营旅社进行关停治理，净化市场周边环境；落实校园周边环境治理,规范门卫制度,加强流动人员管理,公安、计生部门对人员落实台账式管理,把高危人员纳入视野管理,落实"法轮功"等邪教组织的包保转化制度,重点人员都得到了管理;在对辖区单位加强指导的基础上加大督察问效力度,深入机关、企事业单位、学校,就平安社区(村)、平安企业、平安校园创建工作开展情况进行全面督察,对工作不到位的给予及时指导,并下发整改通知,对整改不力、工作失职、影响恶劣的,实行"一票否决",确保辖区单位对平安建设的高度重视;在落实保障措施方面,街道主要在三个到位方面给予支持:一是人员到位,确保有人开展工作。二是经费到位,对平安建设工作所需经费足额保证,不打折扣,确保有钱办事。三是督察到位,对督察发现的问题严格落实责任追究,绝不姑息迁就,确保重视不松懈。

【计划生育】 加大计划生育宣传教育工作力度,营造浓厚的舆论氛围。重点对计划生育法律、法规及优生优育、生殖保健、科学致富等知识展开宣传,聘请专家开展计生知识讲座6期,制作展板70余块,印发试卷1万余份,组织演出4场次,受教育群众达3万余人次。集中人力、时间搞好春秋季计划生育集中服务活动。组织"送药具上门、送科学知识上门"活动,适时进行随访,稳步提高计生服务水平。认真开展省内"一盘棋"清查、数据库录入工作,做到辖区人口底子清,情况明。进一步完善计生数据库信息,对各类台账和报表进行规范。投资4万元对30个内部单位档案资料及宣传版面进行改造升级,达到创国优的标准。开展综合治理违法生育工作,加大社会抚养费征收力度,坚持依法行政,探索计划生育综合治理的新途径,用综合治理违法生育维持低生育水平。流动人口温馨家园建设稳步推进,投资12万元在流动人口集中的和谐社区建立"新鹰城人"流动人口温馨家园,为256户流动人口婚育家庭建立电子档案,服务途径不断拓宽,服务质量明显提高。全年排查漏管已婚育龄妇女20余人,催办落实长效避孕节育措施176例,催办流动证30余件,征收社会抚养费80余万元,育龄妇女管理率100%,避孕节育措施落实率99%,人口出生率控制在6‰以内。

【社保】 2010年,朱兰街道以促进下岗失业职工再就业为出发点,以提高困难职工生活水平为突破口,做好劳保和社保工作。全年发放面粉300袋、棉衣80件、棉被100条、抚恤金516030元、最低生活保障金397万元,办理医疗救助23户,救助资金82262元,新增申报廉租房31户。完成岗位开发1680个,城镇新增就业1300人,下岗失业职工再就业120人,"4050"人员安置70人,农村劳动力转移80人,劳务输出130人,各类培训260余人,协调政府贴息贷款250万元。加大失业人员、大中专毕业生创业的扶持,培养创业小老板39家,带动就业人员190人。城镇居民参保率93%以上。

【社区】 2010年,朱兰街道社区硬件建设得到加强,办公条件得到改善,社区服务功能进一步完善。高规格规划建设滨河及园林社区办公用房,完成对和谐、夕阳红社区办公条件的改善,银龙社区新办公区正在选址筹备中。

【获得荣誉】 2010年,朱兰街道获全国妇联基层组织建设示范社区;河南省第一次全国污染源普查先进单位;平顶山市人口和计划生育先进单位、文明小区等8项地市级先进单位称号;舞钢市30多项县市级先进单位称号。

朱兰街道村(社区)党支部书记、主任一览

单 位	书 记	主 任
朱兰村	田保国	刘祥枝
矿业社区	樊 辉	袁晓华
园林社区	李 杰	臧兰霞
光源社区	王艳丽	樊会玲
和谐社区	闫春亭	郭爱玲
银龙社区	柯新刚	刘桂英
滨河社区	杨文平	张桂芬
夕阳红社区	李新红	郭兰斋

(李爱英)

垭口街道

【概况】 垭口街道辖5个社区居委会、2个行政村,总面积8.75平方千米,总人口2.1万人,是中共舞钢市委、市人大常委会、市人民政府、政协舞钢市委员会等党政机关所在地,政治、文化、金融中心。市直机关有财政局、教育局、交通局、地税局、国税局、劳动局、环保局、检察院、公安局等86个单位;金融机构有人民银行、中国银行、农业银行、市农村信用社、工商银行、建设银行等;学校有市一高、市一中、市一小、市实验小学、市第一幼儿园、实验幼儿园、钢司技工学校等7所学校;医疗单位有市防疫站、妇幼保健站和中医院等;大型购物商场有万客来量贩、新概念超市等;企业有中泰混凝土搅拌厂、千丰矿业有限公司、三农饲料有限公司、三恩药业有限公司等。2010年,街道非公有制经济各项指标完成情况为:完成总产值56925万元,占年任务的113.85%,同比增长16.36%;完成增加值17865万元,占年任务的111.66%,同比增长14.62%;完成营业收入47027万元,占年任务的114.7%,同比增长17.27%;实现入库税金1214万元,占年任务的110.36%,同比增长15.32%。

【招商引资】 2010年,垭口街道招商引资新上项目7个,计划投资12.8亿元。分别是:河南省金典特钢有限公司投资1.1亿元的钢材加工项目(先期到位资金3000万元);郑州市昂立教育信息咨询有限公司投资6000万元兴建的舞钢市新概念购物广场项目(资金已到位5100万元,招商引资合同已签订);河南省天厦房地产开发有限公司投资1.8亿元的盛世佳苑城中村改造项目(招商引资合同已签订,已到位资金3550万元,开发协议已经签订);河南省益群房地产开发有限公司投资8800万元的仁和商住两用小区项目(即将完工);河南省华兴房地产有限公司投资1.1亿元的华兴首府城中村改造项目(已开工);河南省大华房地产开发有限公司投资3.4亿元开发改造的领秀山庄二期工程(资金到位3700万元,开发协议已经签订,招商引资合同已签订);投资4亿元的恒大华府项目(已开工)。

【旧城改造】 2010年,垭口街道根据《舞钢市城中村改造实施意见》(舞政办〔2010〕81号)有关规定,对城中村开发改造工作进行规范和规划,严格按照"坚持七项原则、遵守十条禁令、达到三个满意"的总体要求,一村一策,分步实施,领秀山庄、华兴首府等一系列精品项目相继落座舞钢。目前,投资1.1亿元的领秀山庄一期工程已完工,二期工程正在建设中;文化局南华兴首府已开工建设。

【创业发展服务区】 垭口街道按照群众自愿补偿统一的原则,对涉及拆迁补偿的石门郭村山东头和河湾组,组织专人征求群众意见,制定出既符合本村实际情况,又与上级安置补偿政策相统一的拆迁补偿办法,将拆迁补偿标准进行公示,对拆迁房屋进行评估,与信访、土地、公安等部门共同做好拆迁区域信访和影响稳定事件的排查,对可能发生的突发事件、影响拆迁的问题,提前做好信访评估,制订应急预案、建立应急机制,为创业发展服务区建设创造良好的环境。2010年,街道依法有序组织实施创业发展服务区范围内68户村民的拆迁补偿安置工作,维护了群众的切身利益。

【双创】 以5个社区、2个行政村为单位,量化分解各项创建任务,实行"一岗双责"责任制,一级抓一级,层层抓落实。加大环境卫生整治力度,成立创卫突击应急分队,对时间紧、工作量大的任务和无人管理庭院进行集中治理,多次组织机关、社区全体人员开展大型义务劳动,对老公路两侧"三堆"和铁山庙会遗留垃圾进行彻底清理,全面清除创卫盲点。深入开展健康教育宣传,开展健康教育知识普及活动,更新健康教育展板83块、"文化长廊"19块,发放健康教育知识手册2万余份。

【平安建设】 2010年,垭口街道全面完善社会治安综合治理防控措施,建立集"人防、物防、技防"为一体的基层防控网络。加大群防群治力度,实行楼院封闭、电子监控等治安防范措施。妥善处理和解决"法轮功"等邪教问题,开展帮教转化工作,巩固教育转化成果。组织辖区单位踊跃参与平安建设宣传活动,出动宣传车30辆次,悬挂宣传横幅60条,发放宣传单5000多份。按照"分级负责,归口办理"、"一岗双责"、"双向责任追究"、"谁主管,谁负责"的信访工作原则,实行领导分工负责制,定期排查不安定因素,妥善处理群众反映的信访问题,把矛盾化解在基层,消灭在萌芽状态,做到小事不出村(社区),大事不出街道。全年收到1件来信,转交案件7起,结案6起,另外1起正在调查处理中。排查矛盾纠纷26起,解决25起,另外1起正在协调处理中。全年未发生"三级"以上集体上访和赴京非正常上访现象。开展"3·26"安全生产日和6月安全生产月宣传活动。不定期对辖区生产经营单位进行安全生产大检查,发现苗头及时上报,及时解决,做到防患于未然,全年辖区内未发生一起安全生产事故。

【计划生育】 2010年,垭口街道以春、秋、冬季计生集中服务和集中整治违法生育活动为契机,健全"依法管理、村(社区)民自治、优质服务、政策推动、综合治理"的工作机制。垭口辖区登记常住人口6481户18961人。其中,已婚育龄妇女4251人,流动人口207人。人口与计划生育统计准确率100%,康检率100%,属地化管理率100%,出生统计准确率99%,避孕措施落实率98%以上,避孕及时率98%以上,独生子女领证率10%,数据库信息准确率98%,流出已婚育龄妇女办证率99%以上,寄回合格康检证明率95%以上,流入已婚育龄妇女管理率99%以上。

【社会保障】 2010年,垭口街道安置下岗失业人员再就业320人,审核再就业优惠证及小额担保贷款47人次。为706户低保户发放低保金300余万元。为60名优抚对象发放抚恤金40万余元,解决帮助特困户534户,发放面粉460袋、棉被70条、临时救济金5400元。为22户重病困难家庭申请救助资金14.2万元。解决住房困难户92户212人,共补贴11.7万元。组织辖区9名残疾人参加职业技能培训,积极开展"助残光明行"

活动,为8位白内障患者免费实施手术。

【党风廉政建设】 以深入开展学习实践科学发展观和“创先争优”等活动为契机,不断加强干部队伍作风建设。坚持机关每周二、五学习制度,通过收听收看、集中学习、座谈讨论等多种形式,认真学习贯彻中共十七大和十七届四中、五中全会精神、《廉政准则》、《党员领导干部廉洁自律若干规定》等,建设学习型干部队伍。严格落实机关内部管理制度,由街道纪工委监督实施,包括大宗办公物品的购置统一纳入政府采购;办公用车实行“加油卡”制,统一调配使用;在考勤值班管理上,坚持领导干部带班制和实名签到制,严格履行请销假手续,并与奖惩挂钩;来人接待由相关部门提出申请,控制接待标准,统一安排就餐等制度。

【获得荣誉】 2010年,垭口街道获河南省学习实践科学发展观知识竞赛组织三等奖;平顶山市平安建设工作先进街道、卫生先进单位、人口和计划生育工作先进街道、信访工作“四无”(无进京非正常访、无赴省集体访、无去市集体访、无一年以上信访积案)街道、创建白内障无障碍市先进单位等荣誉称号;舞钢市级荣誉26项;党工委书记郭爱珍同志被舞钢市委、市政府树立为“科级岗位工作标兵”。

垭口街道村(社区)党支部书记、主任一览

支部名称	书　记	主　任
机关支部	马副琦	
政法支部	刘国民	
老干部支部	刘慧丽	
朝阳社区	石　岩	颜　梅
育才社区	杨玉红	李爱芳
振兴社区	陈凤云	曹春玲
鑫源社区	路　倍	赵翠玲
平安社区	徐　平	陈　平
石门郭村	郭增贤	霍春祥
垭口村	张文明	闫丙丽

(石岩)

寺坡街道

【概况】 寺坡街道地处舞钢市中部,三面环山,南面临水。钢城路与湖滨路两条主干道贯穿其中,地域面积约7平方千米,辖9个社区居委会和1个行政村,总人口25398人。辖区内商品交易活跃,饮食服务业发达,交通便利,各项基础设施完善,辖区内有市人民武装部、石漫滩水库管理局、舞钢公司销售部、舞钢职工医院、实验高中、实验初中、市体育局、医药管理局、中保财险舞钢支公司、石漫滩林场、市旅游局等单位,是一个集商业、娱乐、行政于一体的繁荣地带。

【经济指标】 2010年,寺坡街道抓住繁荣城区经济的核心,更新观念,拓宽经营渠道,落实优惠政策,引导辖区居民解放思想,转变观念,发展第二、三产业,全年发展个体工商户1300多家。落实“大招商、招大商”各项措施,坚持多方协调和广泛接触,全年新增工业项目3个:(1)舞钢市永利混凝土搅拌站,投资5000万元,已投产。(2)舞钢市金马钢铁交易中心项目,该项目是以河南省金马工贸有限公司为龙头、多家钢铁业精英合作倾力打造的现代化钢铁物流园区。项目占地约28公顷,总投资约10亿元,前期投资1.5亿元,预计年底建成投产。(3)天健炉料厂,投资额将达1亿元。新增商业项目1个,即位于寺坡步行街,投资5000万元的新大新服饰广场。全年完成地区生产总值11.1亿元,同比增长16%;完成增加值2.7亿元,同比增长17%;完成营业收入10.3亿元,同比增长14%;上交税金1560万元,同比增长23%;新增固定资产投资3800万元,同比增长53%;非税收入8万元,新增非公有制企业5家。

【城中村】　成立专门的旧城改造协调领导小组,负责本辖区内旧城改造工作,督促鼎和置业公司在保证工程质量的前提下,加快施工进度,争取早日完工,使动迁群众顺利回迁。目前,正在进行地下停车场施工,预计年底地下工程全部结束,2011年地面工程迅速推进。小石门城中村改造一期工程由引进的外商香港天泰实业有限公司进行开发改造,现已经开工建设。在一期工程正在建设的同时,街道办事处抽调人员和村组干部结合,对剩余地块进行摸底登记和信访评估,为二期开发改造打下基础。湖滨小区、钢中家属楼等开发建设项目,从楼盘建设到物业管理都引进实力强、信誉好的企业进行开发改造,监督开发建设企业严格按照城建规划,高标准、高质量进行施工建设。

【城市管理】　2010年,寺坡街道以创卫迎验为契机,狠抓市容管理。以环境治理、病媒生物防制为突破口,掀起"创卫"高潮,实施街道机关科室分包卫生区域管理制度,组织机关干部、社区工作人员、辖区志愿者和居民共同参与,对辖区卫生集中整治,全年治理卫生死角150余处,清运垃圾350余车,刷新墙体7000平方米,硬化路面850平方米,治理污水沟600多米,拆除旱厕60处,改造旱厕26处,拆除违章建筑9处,投入资金50余万元,治理"四害"(苍蝇、蚊子、蟑螂、老鼠)滋生地。建立卫生管理长效机制,坚持机关、社区办公区卫生打扫制度,对辖区单位坚持不间断检查评比,实行挂黑红旗制度。推行便民服务规范化管理,设立多个便民服务点,达到改观市容市貌、解决困难群体生活和服务社区居民的"三重"效应。通过国家创卫检查组和复验组对寺坡所有迎验点的验收,特别对街道机关办公区和湖滨小区的创卫工作给予高度评价。在创文工作中,街道规范整合服务大厅,完善各项制度,发挥辖区市民学校作用,选购教学教材,提高办学质量,真正让市民通过市民学校受教育,提高市民文明素质。按照市文明委要求,上报本年创文资料,同时开展年度文明单位创建活动。

【组织建设】　2010年,寺坡街道夯实基础、增强活动,推进基层组织建设。以创先争优活动为契机,加大经费投入,落实工作责任,推进基层党组织阵地规范化建设。辖区各党支部都建立党员活动室,完善党支部工作制度,做到学习经常、活动经常、作用发挥经常。建立党员服务中心,有2个社区建立了党员服务站,完成党建示范点3个。按照"非公有制经济发展到哪里,党组织就建在哪里,党员的作用就发挥在哪里"的总体要求,加强非公有制经济组织党建工作,扩大党建工作覆盖面。辖区建立企业党支部3个,其中2010年新成立企业党支部1个。加强党员教育,提高党员干部队伍素质。按照学习实践科学发展观"回头看"活动和创先争优活动要求,结合街道工作实际,各支部制定切实可行的学习方案和活动载体,机关支部以争创群众满意窗口、党员先进模范科室等活动为主体,提高满意率,在社区支部以创建党员模范楼栋、庭院,壮大党员志愿者队伍为目标,扩大党员影响力和感召力,在企业支部以创建党员示范岗为依托,增强职工工作积极性,提高企业效益。在党员发展上,严把入口关,按照程序,做好组织审查,优化党员队伍,把思想积极,工作突出的优秀人员吸收到党员队伍中去,2010 年共发展新党员 11 名。其中,机关党员 3 名,社区党员 6 名,企业党员 2 名。通过一系列的学习教育活动,广大党员干部树立科学的发展观和正确的政绩观,增强基层党组织的凝聚力和战斗力。推广“四议两公开”工作法,全面提升街道基层民主管理建设的整体水平。在基层组织工作中扎实有序的应用“四议两公开”工作法,制定《寺坡街道关于推广“四议两公开”工作法的实施意见》,明确基层组织建设的四个“重心”,即以强化支部为重心,形成上下合力;以严格办事程序为重心,提高工作效率;以完善社区事务公开为重心,密切干群关系;以保障居民权益为重心,调动居民热情,从而加强党的领导与推动居民自治有效衔接和良性互动,保证居民的知情权、建议权、决策参与权和民主监督权,把“4 +2”工作法充分用在城中村改造、低保申报审核以及基层党员发展等重大工作和群众关心的热点问题中去。抓好大学生社区干部队伍建设,打造高素质人才队伍。完善考勤、考核、激励等日常管理制度,规范大学生社区干部日常行为。鼓励大学生村干部自主创业,自学成才。2010 年寺坡街道大学生社区干部考上乡镇公务员 1 名,特岗教师 2 名。

【平安建设】 开展信访积案、矛盾纠纷的排查化解工作,做好各级“两会”期间和世博会等重大节假日、活动日的信访稳定工作。整合信访、司法、民政、社保、综治等力量,开展信访事项调处、纠纷调解、法律咨询与法律援助、困难群众的解困救助等工作。全年接待群众来访 14 件 39 人次。其中,集体来访 2 批 25 人次,个人来访 12 件 14 人次,其中自立案件 6 起,全部按期办结,按期结案率 100%。全年无赴京、省、平顶山市集体访,无赴平顶山以上重访,无非正常上访现象;受理上级交办网上信件 1 件,按期结案;受理市长热线 1 件,回复率 100%。做好矛盾纠纷排查调解工作,及时预防和调处各类社会矛盾。居住小区、繁华街面、重点单位、公共场所和 80% 以上的商场、超市、集贸市场、企事业单位均安装视频监控设施。5 月,街道综治委明确由综治办牵头,开展相关部门、科室共同参与的专项整治工作,做好综治宣传,开展“三项重点工作(社会矛盾化解、社会管理创新和公正廉洁执法)宣传月”活动,出宣传展板 13 块,发放安全防范常识 4000 余份,悬挂横幅 18 幅,出动宣传车 50 余次。积极做好防范和处理“法轮功”及其他邪教工作。加强对“法轮功”习练人员的监控,定期不定期进行座谈、回访,重点人员进学习班进行培训、教育、转化,确保“三零”目标和“五个不发生”。6 月,省政法委对街道的综治工作进行全面检查。做好“五五”普法和“三五”依法治市的迎验工作以及“六五”普法和“四五”依法治市工作规划,高标准建成寺坡司法所,现已迁入新址正式办公。

【安全生产】 街道年初与相关单位签订《安全生产责任书》,组织开展春、冬季和“五一”安全生产大检查以及“3·26”安全日活动,修订完善街道防汛、救火、地质灾害等各种应急预案。每季度对辖区重点单位进行 1 次安全生产大排查,排查 57 个单位,对排查的安全隐患督促其立即整改。利用 6 月安全生产宣传月,通过悬挂横幅、制作展板等形式向企业和广大居民宣传安全生产常识。9 月,针对寺坡工业品市场安全隐患问题,主动向市政府报告,并配合安监局、市场发展中心、工商局、消防大队等相关部门共同制定解决工业品市场消防安全隐患问题工作方案。与消防大队配合,对附近住户和商户进行消防安全培训。贯彻落实食品安全有关会议文件精神,发挥食品、药品协管站的职能,制定《寺坡街道办事处食品药品安全工作相关制度》等,加大对超市、商店饮食摊点等的整治力度,严查违法行为,确保居民的饮食卫生和身体健康。并在“双节”前夕,对辖区所有饮食点、超市和学校食堂等场所开展一次大排查、大检查、大整治活动,确保“双节”期间饮食安全。

【计划生育】 2010 年,寺坡街道稳定低生育水平,提高人口素质,巩固寺坡作为省级流动人口管理与服务监测点的工作成效,以人口计划和新机制建设为目标,强化业务培训,提升队伍素质,提高服务水平,深入细致开展排查摸底,夯实计生基础。依托康检开展咨询、预防、优生优育妇幼保健服务,完成春、秋季集中服务活动“四术”任务。2010 年人口出生率控制在 11.6‰以内,政策生育率 97% 以上,出生统计准确率 99%,避孕措施落实率 95% 以上,长效节育率 85%,流动人口已婚育龄妇女管理率 98% 以上,社会抚养费首次征收到位率 95% 以上,出生人口性别比趋于平衡。

【精神文明】 2010 年,寺坡街道贯彻落实《公民道德建设实施纲要》,制定年度道德教育计划,对机关、社区干部职工进行全面培训,积极开展干部职工道德教育和道德实践活动,提高干部职工的道德素养和文明素养。在辖区开展爱国教育文化活动和普法宣传进社区活动。组建戏迷俱乐部、老年腰鼓队、夕阳红秧歌队等社区文化宣传队,并组织开展“树立社会主义荣辱观”教育活动。举行积极向上的健康文艺演出 28 场,受教育人员 6500 多人次,丰富辖区居民的精神文化生活。同时,由辖区离退休人员组成的普法宣传队,定期开展廉洁文化进校园活动,对辖区青少年进行法制宣传教育。开展“文明楼栋”、“文明庭院”及“好媳妇”、“好婆婆”评比活动,评出文明楼栋 28 个、好媳妇 12 人、好婆婆 10 人。

【社会事业】 街道按照统筹兼顾、合理安排、应保尽保原则,对低保对象、弱势群体进行认真的调查核实,新增低保户 41 户。全年为辖区困难户发放面粉 7500 千克;救灾款 6000 元;为特困居民办理医疗救助 12 户,救助金额 2 万多元;为辖区优抚对象发放抚恤金 37 万多元。举办残疾人职业技能培训班 1 期,培训 24 人次;为辖区 6 名下肢残疾的残疾人免费发放轮椅 6 辆;上报“阳光家园计划”11 户;为盲人免费发放辅助器具 10 套。开发就业岗位 950 个,安置再就业人员 231 人,困难群体再就业 65 人。实现城镇新增就业人员 600 人,为创业人员协调发放小额贷款 125 万元,《再就业优惠证》审证率 100%,办理城镇医保 4375 人。规范整顿辖区医疗机构,建设社区卫生服务中心,开展村级医疗机构定点确认工作。更换科普宣传展板 7 期,举办科普培训 9 期,开展科技入村服务活动 2 次,实施技术承包项目 1 项,在科普活动月中,组织开展以“提高自主创新能力、建设新型寺坡”为主题的科技活动周,代表全市迎接省全民科学素质督察。配合水利部门做好水资源开发利用与保护规划。开展农机安全排查工作。加强土地巡查,落实基本农田保护制度,配合市国土局执法人员查处违反土地管理法律、法规的行为。成立人口普查领导小组,按照上级人口普查的要求,选调92名普查员、10名普查指导员和10名办公室人员全面负责寺坡人口普查工作。入户调查登记和快速汇总工作已经结束,通过了舞钢市和平顶山市代表省人口普查办公室的检查验收。

【获得荣誉】 2010年,寺坡街道获河南省科普社区;平顶山市全市残疾人工作先进街道、社区科普工作先进单位、信访工作显著进步街道、市级卫生先进单位等荣誉称号;舞钢市级荣誉22项。

寺坡街道村(社区)党支部书记、指导组长一览

单　位	书　记	指导组长
大石门社区	吴铁柱	周　钢
龙泉社区	李克亮	李慧敏
奋飞社区	薛　洁	赵俊枝
九九山社区	张东丽	张东丽
中兴社区	赵艳华	李　凌
祥和社区	莫开梅	柴　丽
玄翠苑社区	王　雁	王　雁
羊角山社区	刘英艺	张红英
湖滨社区	边书君	周新英
寺坡村	胡春发	吴东平

(张　锋)

院岭街道

【概况】 院岭街道位于石漫滩上游,湖滨大道西段,马鞍山南麓,紧靠许泌公路,是市区的南大门,总面积15平方千米,总人口2.1万人。辖4个社区(兴钢、龙山、工业园、白云),4个行政村(李辉庄、胡庄、冯庄、院庄),辖区企业主要有河北钢铁集团舞阳钢铁有限责任公司、中加集团公司、龙山科技纺织工业园、科健建材厂等;学校主要有舞钢市第三初级中学、舞钢市第五小学等。辖区经济以钢铁和棉纺为主。2010年,辖区地区生产总值完成3.8亿元,同比增长8%;人均固定资产投资完成2万元,同比增长50%;居民人均可支配收入完成14500元,同比增长9%。

【城中村】 姜湾村"城中村"改造一期工程,9栋多层主体已完工,其中安置房已基本建成;5栋多层完成主体工程的80%,全年完成总建筑面积8万平方米。李辉庄村改造完成前期准备工作。舞钢公司"龙寓花园"小区项目全面开工建设,46栋多层楼房主体全部完工,高层楼房完成形象进度的70%。

【招商引资】 2010年,院岭街道引进千万元以上的新建项目2个。总投资4000万元,年产1.2亿块灰沙蒸压砖项目于6月建成投产;投资3亿多元的银龙二期精细纺项目建成投产。全年引资总额3.6亿元。另外,投资6.9亿元的中铝六冶装备制造基地项目达成投资意向。

【双创】 狠抓市容环境卫生整治,整修道路600平方米,疏通、修砌下水道、沟渠300米;修整绿化带200平方米,美化墙体2000多平方米,累计投入资金8万余元。建立健全卫生管理和卫生保洁长效机制,基本实现垃圾日产日清,全天保洁。完成创卫工作任务,通过国家卫生城市验收。制定2010年市民教育培训计划,广泛开展文明创建和社区多种形式的邻里互助联谊活动。开展创建文明单位活动,制作宣传文明创建活动和道德建设的公益性广告,完善创文软件资料,建立健全各项创文工作制度。

【平安建设】 2010年,院岭街道落实平安建设工作机制,完善人防、技防各项措施,做好特殊人群的帮教管理工作。深化矛盾纠纷排查调处,解决突出治安问题。建立信访、司法、民政、社保、综治联动信访机制,开展信访事项调处、纠纷调解、法律咨询等工作。加大信访宣传力度,教育引导群众依法信访,建立社会稳定风险评估机制。全年接待群众来访60余人次,现场处理50件,实现全年信访"四无"(无进京非正常访、无赴省集体访、无去市集体访、无一年以上信访积案)目标;协调、化解各类厂群纠纷90多起,为辖区企业创造良好的外部环境。

【计划生育】 2010年,院岭街道坚持以"控制人口数量、稳定低生育水平"为目标,确定"以人为本、优质服务、维护权益、满足需求、依法生育"的工作思路,加大对违法生育行为的集中治理力度和计生政策法规、优质服务宣传力度。全年育龄妇女符合政策生育率98%以上,出生统计准确率98%以上,流动人口已婚育龄妇女办证率、持证率、验证率95%以上,建档管理率98%以上,育龄妇女避孕措施落实率96%以上,人口出生率控制在11.5‰以内,出生性别比趋于平衡。

【社会保障】 在城市低保工作中,做到公开、公平,实现应保尽保。各类民政资金、救灾救助物资按程序及时发放,拥军优属政策落实到位。全年累计发放低保金额202万元,发放拥军优属优抚款9万元,发放临时救济金1.4万元,发放医疗救助金7.7万元,向45户困难家庭发放廉租住房补贴。全年举办残疾人培训班3期,培训残疾人30余人次,安排11名残疾人就业,为220名残疾人提供优质的康复服务。加大城镇居民医疗保险新政策宣传力度,丰富宣传形式,完成2011年度城镇居民医疗保险征缴任务,参保率98%。为下岗职工提供"一站式"服务,全年累计开发就业岗位1200个,新增就业人员1000人。

【安全生产】 2010年,院岭街道建立健全安全生产应急救援体系,修订完善应急救援预案。对辖区重点单位进行安全生产大排查,对排查的安全隐患督促整改并及时上报。全年未发生一起重大安全生产事故。

【组织建设】 落实领导责任制和领导联系点制、督导制、群众监督评价制等规章制度,扎实开展深入学习实践科学发展观和创先争优活动。建立和完善村级"4+2"工作机制,增强各村党支部的凝聚力和战斗力。在党员发展上,坚持原则,严格要求,全年共发展新党员11人。加强党员培训,组织党员干部开展理论学习,参学率90%以上。建立健全党内生活制度。加强非公有制企业党建工作,使所属非公有制企业党员都纳入党组织的管理范围,使非公有制企业党员有组织、有阵地、有活动、有作用、有形象,保证企业的健康发展,保护职工的合法权益,促进非公有制经济的健康快速发展。

【党风廉政建设】 落实党风廉政建设责任制和"一岗双责"制。领导干部严格执行省委关于领导干部廉洁从政的十二条规定。对党员、干部进行廉政教育,筑牢拒腐防变思想防线。执行上级有关廉洁自律的工作制度,按时召开廉洁自律民主生活会,坚持不收受财礼,杜绝公款大吃大喝和超标准接待。在财务管理方面,定期公布财务账目进出情况。始终坚持民主集中制原则,认真落实"三重一大"(重大问题决策、重要干部任免、重大项目投资决策,大额资金使用)有关规定,涉及街道重点工作及群众切身利益的问题，召开党工委会议研究，共同协商解决，坚持公开、公正、透明的原则，随时接受群众监督。

院岭街道村(社区)党支部书记、主任一览

单 位	书 记	主 任
李辉庄村	李海有	姜春季
胡庄村	郭培典	张凤枝
冯庄村	马书房	宋天增
院庄村	院治国	院宗骞
兴钢社区	温荣先	兼
龙山社区	乔迎秋	兼
白云社区		李荣繁
工业园社区		张春梅

(张春波)

矿建街道

【概况】 矿建街道位于舞钢市西北部，与铁山乡、八台镇、庙街乡交界，总面积5.7平方千米，辖3个行政村和1个社区，24个村民组和6个居民楼院，总人口10820人，耕地面积约305.7公顷。卷河自南向北途经矿建，乔尹公路、平舞铁路、漯舞铁路穿境而过。辖区内矿产资源丰富，铁矿储量1.2亿吨，占舞钢市铁矿总储量的19%。位于矿建辖区的安钢集团舞阳矿业公司等工业企业发展规模不断壮大，对辖区经济发展起到了带动作用。2010年，矿建街道实现地区生产总值8860万元，占年计划116.4%，同比增长18.5%；人均地区生产总值15879元，同比增长15%；第二、三产业增加值7858万元，占GDP比重的88.7%；农民人均收入为6120元，占年计划106%，同比增长17.7%；城镇居民人均可支配收入14771元，占年计划104.8%，同比增长16%；人均全社会固定资产投资2万元，占年计划100%，同比增长98.5%；生产总值能耗下降6%；第三产业增加值4015万元，同比增长18%；人口出生率8.36‰。

【招商引资】 2010年，矿建街道招商引资引进项目4个，合同投资额4.2亿元，到位资金1.72亿元，具体项目有：盛达建筑材料有限公司多孔环保砖生产项目，一期工程总投资8000万元，正式投产；矿山八台矿区地下改造工程预计投资2.4亿元，矿区年生产能力将由20万吨提高到60万吨，现已投资7200万元，工程正在进展中；铭波充填材料有限公司续建项目共投资2000余万元，正式投入生产。

【农业农村】 完成赵案庄杨庄组安全饮水井的修理；进行春季麦田管理的“一喷三防”(喷药，防病虫害、防干热风、防倒伏)，完成“一喷三防”土地面积约266.7公顷；完成畜禽春季、冬季集中免疫；完成路林、田间防护林的补植工作；完成赵案庄幸福组的“三桥一沟”修建疏通工作；做好防汛抗旱的物资准备工作；配合农机部门对辖区拖拉机、联合收割机等操作人员进行安全知识培训；安排部署夏秋两季秸秆禁烧，秸秆综合利用率60%；实施技术承包项目1项，引进示范新品种1个，推广新技术1项；举办2期实用技术培训，开展科技入村服务活动2次；开展农机安全宣传教育2次；举办科普讲座20期，科技咨询10次，科普展览8次。

【平安建设】 发放各类平安建设宣传材料2000多份，刷写固定标语12条，悬挂横幅累计24幅，召开党员、干部和群众代表共同参加的座谈会8次,出动宣传车2辆,累计宣传8次。组织派出所、司法所人员到辖区进行普法教育9次。派出所110接警56余起,出警率100%,排查出刑事案件3起,治安案件30起,伤害案件1起,斗殴案件2起,其他案件20起。开展矛盾纠纷排查工作,贯彻落实"矛盾纠纷日排查制度"和"周碰头会"制度,对排查出的不安定因素实行领导包案,限期解决。排查出矛盾纠纷31起,化解率98%,群众满意率95%。重信率和来市重访率控制在15%以内。上级交办的信访事项按期办结率100%,结案率100%。市交办转送的信访事项按期办结率100%,办结率100%,群众满意率100%,全年未发生"三级"以上集体上访和赴京非正常上访。

【计划生育】　2010年,矿建街道人口出生率控制在11.6‰,符合政策生育率95%,出生统计准确率96%,流动人口已婚育龄妇女办证率、持证率、验证率95%,建档管理率98%,计划生育工作年终达到平顶山市的先进位次。

【安全生产】　2010年,矿建街道制定安全生产工作计划,与辖区各单位签订2010年目标责任书,完善安全生产事故救援预案。春节期间开展烟花爆竹安全生产大检查活动,未发生一起安全事故。在矿山、九牧、各学校开展春季安全生产大检查和"3·26"安全日活动,发现隐患限期整改,未发生一起安全事故。开展"五一"期间安全生产大检查活动和"安全活动月"活动,举办宣传活动2次。

【社会事业】　2010年,发放城乡低保资金近51万元,"五保"资金3.6万元,优抚款7.4万多元。及时准确发放救灾物资和救灾资金。发放面粉810袋、棉被125条、大衣95件、临时救济资金2000多元。五保户自然减员2户2人,新增5户5人。医疗救助4户,涉及资金5.4万多元。完成城镇低保的复核认定。审核认定108户212人纳入城镇低保,比以前新增59户106人。做好下岗职工、失业人员及返乡农民工就业、创业工作。为5人办理灵活就业社保补贴,组织50人参加再就业培训,帮助失业人员及返乡农民工申办小额贷款5起,安排失业人员及返乡农民工20人,完成辖区内农村劳动力转移就业情况的入户调查统计。做好"双拥"工作,配合人武部做好征兵工作,及时解决现役军家属各种生活问题。

【获得荣誉】　2010年,矿建街道获河南省文明村镇;平顶山市人口和计划生育工作通报表彰单位、第二次全国经济普查先进集体、信访工作先进街道等荣誉称号;舞钢市级荣誉8项。

矿建街道村(社区)书记、主任一览

单　位	书　记	主　任
赵案庄村	宋丙戌	石俊甫
张楼村	柴进山	柴进山
张我庄村	刘国勤	
矿源社区	王凡祥	

(矿建街道)

八台镇

【概况】　八台镇位于舞钢市西北部,北邻舞阳县,西邻叶县,平驻公路、平舞铁路、叶舞高速贯穿境内,地理位置优越,交通便利。镇域面积56平方千米,其中耕地面积2380公顷。下辖20个行政村、64个自然村,总人口3.05

万人,是舞钢市典型的平原乡镇、农业大镇。2010 年全镇完成国内生产总值 17.4 亿元,同比增长 24.6%;完成社会固定资产投资 4.3 亿元,同比增长 7%;完成招商引资额 2.19 亿元,占年计划 101%;完成财政收入 1282 万元,同比增长 25.6%;农业总产值完成 5.1 亿元,同比增长 4%;农民人均纯收入实现 6272 元,同比增长 9.24%。

【招商引资】 2010 年,八台镇完成招商引资 2.19 亿元。完成舞钢市群望工业纸板有限公司一期工程建设并投入生产;完成丰鑫源粮油收储公司、新宇泰矿业公司、中加公司扩建等 7 个项目。其中,亿元项目 1 个,千万元项目 6 个。

【商贸流通】 2010 年,八台镇新增商业门店 140 家,主要经营食品、服装、家电、家具、餐饮、土产百货、农业生产资料等,实现消费品零售总额 1.06 亿元,商贸流通辐射叶县、舞钢、舞阳 3 县市,日客流超千余人次。

【城乡一体化】 完成中心镇总体规划和丰台社区修建性规划设计,于 2010 年 3 月开工兴建。完成工业路、府东路、南环路路基硬化和工业路、府东路北段的路面砼浇筑工程,升级改造振兴路,打通健康路、南环路与工业路的连接,拉大镇区框架,形成"四纵三横"的镇区格局。整修人行道、疏通排水沟 2600 米,完成八台幼儿园西侧污水沟治理工程 200 米,建成农贸市场。加快丰台社区建设,完成 91 套两层房屋主体工程、社区供水等基础设施工程。增加垃圾清运车辆、垃圾箱等公用设施,组建城管执法中队。成立卫生保洁公司,增加环卫工人,形成长效管理机制。规范镇区商业门店店外经营,初步实现坐商入店、游商入市,镇容镇貌明显改观。

【农业产业化】 2010 年,八台镇完成 2009 年新增土地流转项目的验收和复核工作。以引进科技含量高、经济效益好的项目为重点,加快土地流转步伐,建成石桥杨、后鲁蔬菜种植示范基地;建成时庄、马庄农作物良种繁育基地和八台金土地林果示范基地,全年扩大规模约 13.3 公顷,新增土地流转面积约 206.7 公顷。加大现代养殖园区建设力度,建成八台、泥沟陈、石桥杨 3 座畜牧养殖示范园区,新建标准化圈舍 2 栋,通过抓龙头、建园区,带动畜牧业稳步发展。全年生猪饲养量 7.2 万头,肉鸡养殖 146 万只;完成肉类总产量 4100 吨;蛋类总产量 740 吨;畜牧业产值 9100 万元。畜牧业产值占农业总产值的 55%,农民人均牧业收入达到人均纯收入的 40%。

【基础设施】 2010 年,八台镇完成殷庄、彦张、小唐等"村通村"公路 4.2 千米,加固培护道路路肩 20 余千米;新建、整修桥涵 8 处;完成安全饮水工程申报工作;完善林网约 333.3 公顷,四旁植树 12 万株,路林 3.1 万米,项目造林 40 公顷。

【文化名镇创建】 2010 年,八台镇争取建设资金 79 万元,开展文化中心前期规划设计工作,完成后鲁、彦张、张宽庄 3 个村的"农家书屋"建设。以节庆民俗文化表演为重点,开展村级民俗文化活动,踊跃参加市级各项文体活动。投资 32 万元,新建村级活动场所 4 个。

【平安建设】 2010 年,八台镇探索建立融群众接待、调解受理、法律宣传于一体的综治工作中心,整合优化综治人力资源,落实分级负责、归口调处、挂牌督办、责任排查制度,推进社会矛盾纠纷的排查调处。全年接待群众来访 260 人次,解答法律咨询 220 多人次,受理纠纷116件。不断健全镇、村防控体系,坚持"打防结合、以防为主"工作思路,对全镇干部、群众、学生进行宣传教育,做到进村、进校、入户、面对面,社会治安综合治理工作全面深化,公众安全指数97%以上,继续保持平顶山市平安建设先进乡镇,全年无发生重特大事故。

【计划生育】 以春、秋季计划生育集中服务活动为重点,不断加强对违法生育人员的清查处理力度,完成社会抚养费征收146万元。开展"科技春雨润万家"活动,成立帮扶工作队,为40户计生家庭收割、播种约13.3公顷,兑现计生家庭奖励资金44.2万元。完善计划生育利益导向,对计生对象户进行资金、物资帮扶。争取资金40万元建成计划生育综合服务楼。

【社会事业】 及时发放良种补贴和粮食综合直补,严格落实"家电下乡"、"汽车下乡"等补贴政策,确保支农效益。完成2010年农村新型参合基金任务,参合率99.8%。完成村级标准化医疗室建设工作,群众医疗条件进一步改善。加大对教育的投入,完成"两免一补"工作任务。抓好农民工就业培训,劳务输出6000余人。开展农村低保申报和民政优抚工作,不断完善农村贫困救助体系。完成镇敬老院二期工程建设,五保户集中供养率55%以上。开展农民工就业培训和全民创业工程,全年新增就业人数510人,再就业人数55人,安置"4050"人员35人,发放小额贷款21笔56万元。

【机关建设】 开展"创先争优"活动,有28个党组织、1个基层医疗卫生单位、2个学校党支部参加学习教育活动。利用农村党员远程教育站点,使大批党员从中学到实用技术,提高理论水平。落实党风廉政建设责任制,继续完善落实各项规章制度。以"为民、务实、清廉"为标准,实行"一岗双责"制。加强农村基层党风廉政建设,端正镇村领导班子干部思想作风,提高反腐拒变能力,建立和规范农村基层民主权和监督权。推进村级政务公开,建立健全农村集体资金管理制度,完善村级财务管理。继续深入推行为民服务全程代理制工作,镇村完善政务、村务和党务三项内容的公开栏。

【获得荣誉】 2010年,八台镇被中共河南省委《党的生活》杂志社授予学习实践科学发展观知识竞赛活动三等奖;获平顶山市平安建设先进乡镇、2010年度劳务输出先进乡镇、重视支持老干部发挥作用先进集体等荣誉称号;获舞钢市级荣誉20多项。

八台镇各行政村党支部书记、主任一览

单位	书记	主任
八台村	包建华	梁世豪
后鲁村	杨安民	鲁自宇
下曹村	曹国晓	邵荀留
杨楼村	苗彦豪	张国选
时庄村	张金岭	赵松林
任桥村	任民先	任耀宇
殷庄村	殷丙丽	殷书耀
彦张村	张耀甫	王瑞峰
沟李村	马艳丽	孟遂芳
王老虎村	王书然	王长安
孟庄村	刘国安	高建胜
马庄村	刘海成	王德清
曹姚村	张云歌	徐丰安
安庄村	安彦迷	安圪针
石桥杨村	杨彦杰	杨建民

续表

单 位	书 记	主 任
杨泉村	张春贤	张春亭
泥沟陈村	韦天义	冯耀东
井刘村	白俊峰	王国平
张宽庄村	杨万恒	张世昌
小唐村	苗富贵	苗广远

（张进朝）

尚店镇

【概况】 尚店镇位于舞钢市南部，地处平顶山、驻马店、南阳交界处，总面积107平方千米，其中耕地总面积约4031公顷。全镇辖32个行政村、149个自然村、263个村民组，总人口4.35万人，其中农业人口3.9万人。山区、丘陵、平原各占总面积的1/3，是舞钢市典型的面积大镇、人口大镇、农业大镇。省道平桐线、高兰线贯穿南北，县道尚尹路、部丁路横跨东西，焦桐高速公路南北穿越，交通便捷。2010年，全镇国内生产总值完成14.5亿元，同比增长20%；全镇社会固定资产投资完成8.2亿元，同比增长18%；招商引资完成9亿元，同比增长291%；财政收入2773万元，同比增长236%；粮食总产量4.2万吨，同比增长10%，实现连续7年稳步增产；农民人均纯收入5600元，同比增长9.8%；年末储蓄存款余额3亿元，同比增长20%；全年新增个体经营户180户，总量达3040户。

【招商引资】 2010年，尚店镇组织参加了郑州国际农产品贸易洽谈会和在驻马店召开的全国东西合作经贸洽谈会。全年引进投资项目14个。其中，续建项目3个，分别是投资9.5亿元的宝润实业公司、投资8000万元的华双公司、投资2000万元的启凯建材公司，2010年下半年，均投入生产；新上项目7个，分别是投资6000万元的润达公司、投资3000万元的清华建材公司、投资2000万元的钰涵农贸公司、投资2000万元的金汇瑞祥有机肥生产项目、投资1000万元的同真食品公司、投资1000万元的农天薯业公司、投资500万元的豫达门业公司；协议、意向项目4个，分别是投资1.6亿元的北京华辰重力煤矿液压支架项目、投资1亿元的丰叶高压开关配件项目、投资6000万元的宇彤废钢项目、投资3000万元的恒瑜100万平方米石材加工项目。截至2010年11月底，完成招商引资总额9亿元。

【农村经济】 推进土地流转规模化经营，形成以烟叶、棉花、向日葵、林果、优质良种培育和旅游观光为主的产业化、规模化生产新局面。全年新增土地流转面积448.2公顷，全镇土地流转总面积915公顷，占全镇耕地总面积的26%。其中，1000亩（1公顷=15亩）以上项目3个，500亩（1公顷=15亩）以上项目7个。瑞祥社区农业观光示范园面积约133.3公顷，是平顶山市面积最大的高效农业示范园，目前，已与农户签订了土地流转合同。新建农村户用沼气330座。继续抓好龙头企业——瑞祥牧业和三冢郭、高庄、尚西养殖园区建设，瑞祥牧业年出栏商品猪8万头；新建成的舞钢市最大肉牛育肥场——钰涵农牧贸易有限公司，年出栏肉牛1000头。成立舞钢市盛峰蔬菜专业合作社。全面落实粮食直补和综合直补，发放补贴448.8万元。全年发放汽车、摩托车下乡补贴120万元。兑现农机具购置补贴150万元，补贴机械140台（套）。投资15万元，建成尹楼村舍庄组吃水工程1处。投资78.6万元,硬化道路3.4千米。投资360万元,新建尚店中学、小学学生宿舍楼各1栋;投资10万元,维修王店中学、王老庄小学、丁庄小学教学楼,改善办学条件。投资50万元,完成丁庄村、料庄村、王庄村、顶门村、马岗、三冢郭6个村的村室配套改建工程,改善村级活动室的办公条件。实施造林绿化工程,全年造林面积约73.3公顷,全镇森林覆盖率39%,超额完成全年林业工作任务。劳务输出力度进一步加大,全年输出农村剩余劳动力1.2万人次,创劳务纯收入5300万元。

【中心镇、中心社区】　编制完成《尚店镇土地利用总体规划》、《尚店中心镇建设规划》及宝润新区、滨河社区控制性规划和修建性详规。启动宝润新区建设,新区规划占地14.4公顷,规划连体别墅324套,多层楼房408套,其中一期工程建设162套,是集住房、商业、公共服务、公共管理于一体的现代化人口聚集示范区。工程于2010年5月上旬开工建设,截至2010年底,联排楼房完成一层砌筑111所,完成二层主体81所,未来大道路基整理工程和文化中心正在抓紧施工。先后投资215万元,完成迎宾路硬化、绿化、亮化配套改造工程、垃圾中转站建设、南环路混凝土浇筑和民族广场土方回填工程。投资132万元开工建设综合文化站工程。

【重点工程】　针对高速公路建设给沿线群众造成的生产生活不便、耕作暂时困难的情况,镇党委、政府积极协调工程业主在麦收及主汛期前完成沿线12.5千米被征用土地的补偿、附属物清理及8户民房、15户商住房的拆迁任务,集中化解小三角地20余处近21.3公顷,改河道3条,改路40余条,确保高速公路建设的顺利实施。高速公路主体工程及配套的收费站、停车区项目建设也按期完成,于12月26日顺利实现通车。高速引线全长1.78千米,基本上全部在尚店镇境内,尚店镇先后完成土地征用5.9公顷,拆迁坟墓35座,水渠49米,水井1眼,各类树木714棵,发放土地补偿金181.831万元,地面附属物补偿金3.342万元,整个引线工程已于2010年7月底全面完工。尚店镇专门成立移民安置工作组,抽调4名班子成员、20名机关职工常驻移民安置区参与协调工作,及时妥善解决工程建设中遇到的各种矛盾和问题,移民住房、综合楼、学校等全部工程已于2010年7月底全部高标准建成。从瑞祥社区周边的小黄、平河、王东、韩洼4个行政村为移民征得肥沃生产用地约131.3公顷,已顺利到位。8月18日,来自淅川县盛湾镇姚营村移民330户1419人全部安全、顺利搬迁入住瑞祥社区。

【社会事业】　2010年,尚店镇省级生态文明乡镇创建成功,瑞祥社区成功创建为平顶山市生态文明示范村。免费对全镇4000多名已婚育龄妇女进行健康体检。计划生育优惠政策得到落实,独生子女奖励费、困难家庭扶助费、奖励扶助费等及时发放。出生人口性别比趋于平衡,人口自然增长率5.1‰。征收社会抚养费200多万元,遏制了计划外生育现象。加大安全生产检查和整治力度。对全镇食品、药品生产及销售企业、网点等认真开展安全检查;对全镇18家非法小加油站进行集中整治。全年未发生一起安全生产事故。新建“农村书屋”4个,积极开展形式多样的文化下乡活动。在加强宣传的同时,把“六普”工作纳入2010年财政预算,拨付到位,多次举办培训班,提高工作水平,高质量完成各行政村区域图纸绘画和各类表格上报工作。新增就业岗位230个,其中"4050"人员42人,农民技能提升培训500人,发放小额担保贷款350万元。提高城乡低保人均月补差标准,发放农村低保金155.2万元,发放城市低保金40万元。对全镇255名"五保"对象按供养标准按时足额发放生活补贴30.6万元,做到应保尽保,全镇"五保"对象集中供养率40%。全年发放低保、"五保"等各类救济款180.8万元,发放救济面粉2200袋5500千克,发放棉衣、棉被等物品670余件。争取资金100多万元,完成王店敬老院二层宿舍楼主体工程。做好新农合资金的征收工作,群众参与新农合热情高涨,新农合参合率95%,城镇居民参合率100%。

【平安建设】 落实信访工作长效机制,全面排查矛盾纠纷,把矛盾纠纷化解在基层,消除在萌芽状态,扭转信访稳定工作的被动局面。全年排查出各类矛盾纠纷173起,化解162起,建议走司法程序5起,正在处理6起。加强社会治安综合治理工作。整合信访、综治、司法、社会法庭等单位,成立综治工作中心,选调优秀人员充实到综治中心工作,并高标准装修办公室,配备办公桌椅等设施。对全镇的平安大喇叭进行集中检查、维护,提高技防功能。组织镇机关值班人员配合尚店、王店两个公安派出所开展冬季夜间巡逻,各村组织民兵义务巡逻,群众的安全感指数进一步提升,维护社会大局稳定。

【组织建设】 把基层党组织联系服务群众作为密切联系群众、促进党群和谐的首要大事来抓。在全镇1400多名共产党员和51个基层党支部中深入开展党员及党支部公开承诺活动。实施"双培双带双强"工程和"强基富民"工程,扎实开展"创先争优"活动、党员承诺践诺活动,确保"三级联创"和"五个好"村党支部创建活动取得实效。全镇"双强"党支部书记达90%,"双强"村干部达85%,"双强"党员达80%,推动全镇农村经济的快速发展。成立宝润新区、瑞祥中心社区党总支。在全镇31个村顺利推选村务监督委员会,村务、财务公开工作进一步健全。加大对大学生村干部的日常管理,制定大学生村干部百分量化管理制度,每月将考核结果予以通报。建立大学生村官个人"业绩档案",加强平时的考勤管理,定期、不定期抽查考核,考核优秀的给予奖励,考核差的给予通报批评。继续激发大学生村干部的工作积极性。2010年,为群众办实事、好事150多件,解决群众关心的热点、难点问题40多件,化解群众纠纷30多起。继续巩固和加强全镇规模以上企业的党组织建设,新成立企业党支部3个。努力实现非公有制企业党建工作"五有两保",促进非公有制经济的健康快速发展。2010年,发展新党员53名。执行"三会一课"制度,定期组织离退休人员回镇召开座谈会、民主生活会、工作通报会等,不断加强管理。按时完成远程教育年度教学资源选题申报和市远程办交办的其他工作任务,远程教育播放率全市排名第一。开展建党89周年庆祝及表彰活动,一大批先进单位和个人得到表彰。党内生活制度进一步健全,镇党委在坚持每半年召开一次民主生活会的同时,对各支部开展民主生活会情况进行督促检查。严格按标准收缴党费,并对收缴情况进行通报。

【机关建设】 2010年上半年,尚店镇在机关各站所开展站所负责人选聘职工和职工选择站所的"双向选择"竞争上岗活动。对平时考勤排名靠后的10名机关职工进行集体谈话。下半年,成立专门督察组对全镇各站所及站所长的工作完成情况进行全面考核,并根据考核情况,对部分站所长进行适当调整。通过实施机关效能革命,机关工作作风得到转变,工作效率进一步提高。

【民主法治】 按照制定的法制宣传教育和依法治镇工作规划,抓好“五五”普法宣传教育方案所确定的工作内容,狠抓各项法制宣传教育措施的落实。组织全镇各村支部书记、村主任参加市里召开的法制讲座,印发法制宣传页3000多份。发挥社会法庭的作用,结合法律咨询、法律援助、人民调解等工作,对农民群众进行法制宣传教育,扩大法制宣传教育覆盖范围,加大力度宣传宪法、国家基本法律制度、农村土地承包法等涉农法律法规知识、生态环境保护、婚姻家庭、计划生育、妇女权益保障、村民自治和依法维权等与农民群众切身利益紧密相关的法律法规知识。联合派出所、司法所开展“1·24”法制宣传日活动。

【党风廉政】 按照“一岗双责”的要求,落实党风廉政建设责任制,狠抓党风廉政建设,构建“团结、务实、高效、廉洁”的政府。制定领导干部年度学习计划,组织开展中心组理论学习活动。把党风廉政建设的目标内容,进行层层分解,层层签订责任书。把车辆使用情况、招待费支出情况、干部任职使用情况等向机关内部职工公开,接受各方面的监督。加大党员干部违纪违法案件查处力度,全年查办案件6起,给予党内警告处分6人。

【宣传】 2010年,尚店镇按照规定建立完善通讯员队伍和通讯员网络,制定并印发新闻宣传奖惩办法,确保上报信息的及时、有效、畅通。信息以贯彻落实中共十七大及十七届三中、四中、五中全会精神,深入学习科学发展观,不断加大建设社会主义新农村、构建和谐尚店等内容为主。全年在地市级以上新闻媒体发稿5篇,舞钢信息发稿65篇。

【统战】 尚店镇既是舞钢市回、汉聚集的地区,又是平顶山市集天主教、伊斯兰教、基督教、佛教四大教派于一体的乡镇。尚店镇党委高度重视统战工作,明确分管领导和责任人员,经常性地开展统战政策的宣传与教育,对全镇的统战对象进行登记造册,摸清底子。参与天主教、基督教、伊斯兰教等教派的节日活动。民族宗教工作网络制度健全,定期对不安定因素进行排查和化解。全镇回、汉民族关系亲密、民族宗教融洽、社会政局稳定。

【获得荣誉】 2010年,尚店镇获河南省“六好”乡镇工会、学习实践科学发展观知识竞赛组织三等奖、移民迁安先进单位、移民迁安信访工作先进单位;平顶山市市级文明村镇、流动人口计划生育信息化先进单位、2008年~2009年思想政治工作先进单位、“中华魂”教育活动优秀组织奖等荣誉称号;舞钢市级荣誉39项。

尚店镇各行政村党支部书记、主任一览

单　位	书　记	主　任
顶门村	王虹一	王延山
王庄村	周国祥	张振吾
单　位	书　记	主　任
尹楼村	柯顺宇	陈运山
杨庄村	杨坤山	杨建森

续表

单 位	书 记	主 任
马庄村	刘付安	刘新荣
李庄村	李转有	李顺兴
王老庄村	郭金召	胡耀民
贾沟村	张青山	孟凡彬
大王庄村	王书运	王保国
平河村	师万廷	
王西村	赵国奇	王小成
韩洼村	袁长建	张保宇
大黄村	白永红	李松记
后岗村	冯海山	卢海根
潘楼村	张全营	贾玉栓
朱庄村	周付荣	张立华
魏安村	阮群发	
温楼村	吴玉民	
丁庄村	范坤富	韩德臣
小黄村	路宏文	吴玉占
下安村	李耀成	陈安民
红卫村	董章成	曹贯海
下河村	石书营	刁万成
马岗村	杨书耀	杨运山
尚东村	李松杰	李延铜
尚西村	尹国民	王相淼
料庄村	温耀彬	谢少森
三家郭村	韩新民	张富根
李楼村	李金来	王东海
王东村	崔盘军	王留妮
姚营居委会	姚国玺	左文栓

（夏永德）

尹集镇

【概况】 尹集镇地处舞钢市东南部10千米处，东接西平，南邻遂平、泌阳，西靠石漫滩水库，北临田岗水库。全镇总面积102平方千米，辖19个行政村、186个村民组，共2.5万人。尹集镇山地面积23万平方千米，可利用水域面积1000公顷，水草丰沛，空气质量好，畜牧业为当地支柱产业之一。境内山水秀美，二郎山风景区、九头崖风景区、虎头山红色教育基地等名胜景区美名远播。矿产资源十分丰富，含30多种金属和非金属矿产。其中，水泥灰岩探明储量1亿吨，熔剂灰岩5000万吨，炼镁花岗岩300万立方米，此外玄武岩、镁质灰岩、磷块岩、石墨、黏土等多种地下矿藏，均具有储量大、品质好、开采价值高等特点。2010年，全镇完成国内生产总值15.95亿元，同比增长21%；人均地区生产总值54355元；第二、三产业增加值占地区生产总值的65%；完成固定资产投资8.7亿元，人均全社会固定资产投资32931元；粮食总产量11713吨，人均粮食产量450千克；完成财政收入716万元；农民人均纯收入5780元。

【中心镇、中心社区】 2010年，尹集镇突出优势，强力推进中心镇、中心社区建设。聘请天津大学设计院对镇区进行总体规划，清华大学对镇区进行景观规划。规划镇区占地4平方千米，预计2025年聚集人口2万~3万人。新建、改建省道七蚁线南北环镇路、镇中路、镇政府和谢楼至新七蚁线、十字街至尹集西岭等镇区主次干道10余千米，拉大镇区框架。高品位建成镇北占地2公顷的柏都广场，打造镇中路、七蚁线环镇路6千米的绿化长廊,完善镇政府至新七蚁线、十字街至尹集西岭等主干道排水沟、人行道、绿化带、路灯等配套设施和文化站、卫生院病房楼、垃圾中转站等公共服务设施。聘请清华大学设计院对柏都社区进行修建性规划,规划占地24.7公顷,可容纳650户,现70套两层住宅已全部建成,多层住宅和商业区已全面开工。按照省级卫生镇的标准进行镇区管护,2010年11月成功通过省级卫生镇验收。聘请清华大学完成张庄社区整体规划和住宅风格设计。规划占地34公顷,建设周期2年~3年,可聚集人口3000人以上。一、二期占地12公顷,可容纳235户1000余人。一期通过制定土地置换、统规自建、政府奖补等措施,年初实现入住36户;二期融综合服务、商业、两层住宅于一体,社区内涵盖商贸、教育、医疗、休闲、娱乐、健身、环保等公共设施。通过采取统规统建、政府奖补等措施,建成两层住宅85套,其他住宅及25套商业楼基本竣工,社区配套的文化大院、游园、戏台广场、综合服务楼、道路、路灯、垃圾中转站、公厕等工程相继投入使用,社区内管网铺设、景观、绿化、铺装基本完成,投资320万元的曹八沟河道景观工程投入使用。

【土地流转】　2010年,尹集镇新增及扩大土地流转面积项目4个,新增大刘庄村约101.3公顷的高效林果及中药材种植项目、梁庄村36公顷的花卉种植项目,金田农业生态科技种植中药材基地扩大面积6.7公顷,蔡庄优质果园项目扩大面积13.3公顷,共计157.3公顷。全镇累计流转土地超万亩(1公顷=15亩),占全镇耕地面积的一半以上。全镇土地流转探索出四种模式,培育出三大特色产业,即:龙头企业带动型,如鸿康药业公司采取“公司+基地+农户”的模式,公司建立86.7公顷的中药材基地,带动全镇种植面积达333.3公顷;旅游开发拉动型,围绕舞钢市旅游业,大力发展生态旅游观光农业,如金田生态农业科技公司,发展特种林果86.7公顷,并围绕此基地,聘请台湾规划单位在田岗水库东岸规划200公顷的生态农业旅游观光园项目;高新科技推动型,如姬庄村引进由华中农业大学教授、中科院院士、中国“油菜之父”傅廷栋指导种植的93.3公顷油菜育种基地,试种获得成功;能人示范带动型,鼓励镇村能人发展规模经营,如李庄村王庆超承包土地100公顷,建立林果基地。全镇逐步培育形成林果、中药材、育种三大特色产业。高标准建成土地流转服务中心,配齐人员和办公设施,成立舞钢市誉森生态农业、金色原野果树、富晒种植等多个专业合作组织,提升土地流转运作水平。

【招商引资】　2010年,尹集镇招商引资引进项目7个,合同金额12.7亿元,到位资金2亿元。分别是:投资5000万元的鸿康药业二期,到位资金3000万元;投资1.5亿元的神州重工金属复合材料项目,落户市产业聚集区,到位资金5000万元;投资1.2亿元的凤凰谷景区开发项目,到位资金3000万元;投资6亿元的服装加工工业园区项目,落户市产业聚集区,到位资金1000万元;投资1.2亿元的天泰假日酒店项目,到位资金2000万元;投资6000万元的九头崖漂流项目,到位资金3000万元。

【旅游开发】　2010年,尹集镇九头崖凤凰谷景区规划通过省林业厅评审,部分基础设施正在建设。虎头山纪念园二期工程完成道路、雕塑场地平整。将张庄社区部分住房设计为“农家乐”户型,为发展旅游服务业奠定基础,并成立“农家乐”协会,开展“农家乐”集中治理活动,举办技能、管理培训班4期。全镇“农家乐”130多家,张庄村被河南省命名为“卫生村”、“特色旅游村”,被平顶山市命名为“文明村”。

【基础设施】 完善道路网络。完成鸡山至小王庄、西山至寨沟、赵庄至岗上3条20.5千米县乡道路建设任务,配合交通局完成七蚁线15千米的绿化工程。加快水利工程建设。推进农村安全饮水工程,配合水利部门完成曹八沟河道景观、任洞沟水库除险加固和小东河2.5千米河道治理工程,张庄社区、柏都社区安全饮水工程正在实施中。植树造林。完成造林约246.7公顷。其中,项目造林约53.3公顷,经济林180公顷,绿化通道林约13.3公顷;完成中幼林抚育约166.7公顷;完成林业育苗约16.7公顷;四旁植树9万株,水土保持工程89.3公顷;完成梁庄、军王、石岗3个村农户林权证核查办理。深化畜牧养殖业。全镇生猪饲养量9万头,牛1.9万头,羊11万只,禽类210万只,全镇肉类总产量5600吨,蛋类620吨,奶1530吨,产值0.8亿元;新建楼房湾养羊场1座,完成天蓬养殖园区和桂林养殖园区无公害认证,建成无公害处理池4座,畜牧防疫率100%,成立伟民柴鸡专业合作社。落实惠农资金。完成粮食直补和综合直补139万元,退耕还林补贴155万元,汽车下乡补贴36万元,农机补贴33万元。加大环境保护力度。拆除违法建筑5处,配合上级对石漫滩水库进行综合治理,取缔手划船240余艘。开展秸秆禁烧工作。完成尹集村、张庄村省级生态文明村申报和苇子园、姬庄市级生态文明村申报工作,确定苇子园为市级生态文明村。

【和谐社会建设】 (1)继续提升优质服务水平。开展生殖健康进家庭春秋两季服务活动,动员全镇育龄妇女积极参加“诚信康检之星”评选活动,并完成成人伤残二胎证的申报工作,全面落实对计生家庭的奖励优惠政策,健全利益导向机制,统筹解决人口问题,性别比趋于平衡,人口出生率控制在11‰以内,人口自然增长率控制在4‰以内。(2)坚持以人为本,改善民生。镇敬老院扩建工程正在建设中,完成30名城镇低保审核认定工作,全额发放五保、低保款。关注弱势群体,做好救灾救济工作和扶残助残工作,发放救济面粉1800袋,救济款5300元,投资11万元对21户低保户、五保户及特困户房屋进行修建,为全镇18名盲人配备助行拐杖、收音机、盲表,发放轮椅5辆,对10名残疾人进行技能培训。(3)平安信访工作逐步稳定。投资50余万元,建成集信访、治安、调解为一体的综治中心,配齐办公设施和专职队伍,建立镇、村、组联动体系和巡防队伍,配备监控室、设置监控网点,建立张庄社区综治工作站。开展矛盾纠纷排查处理和治安巡逻活动,全年排查不稳定因素81起,解决65起。平顶山平安信访现场会在尹集镇成功召开。(4)加强科技工作,举办科技培训班4期,培训人员1300余名。(5)继续实施政府助学活动,为全镇50名特困学生发放助学金8000元,配合妇联救助贫困生9名,发放救助款4500元,为60名妇女办理“巾帼创业”小额贷款。(6)抓好“阳光工程”和农民工工作。全年培训农民工1600人,开发就业岗位1194个,安置下岗失业人员52人,其中“4050”再就业36人。及时协调小额贷款28份116万元,为12名下岗失业人员发放补贴款1.68万元。(7)加强精神文明建设。继续开展“文明户”、“好媳妇”、“好婆婆”评选活动,倡导农村文明健康新风尚,开展电影下乡210场次。市以上新闻媒体刊播发稿560篇,平顶山市以上新闻媒体刊播发98篇。完成工会、团委换届工作,新建基层工会组织8个,发展会员773人,开展女职工"两癌"普查及健康体检工作。

【组织建设】 在党委建设中,坚持民主集中制原则,形成自身建设"请进来教、走出去学、沉下身练"的良好工作氛围。在干部队伍建设中引入竞争激励机制,出台奖惩措施,使能者上、平者让、庸者下成为用干部的主流。培训预备党员43名,培训入党积极分子97名,新发展党员53名,预备党员转正41名。加强村级组织建设,采用"三步三上"工作法,在全镇各村开展"一好两优五先进"评选活动,使全镇五好支部达到15个,建成党建示范村5个。为推动中心镇、中心社区建设,镇党委成立张庄中心社区、柏都社区党总支,加强对重点工作的领导。为加大对"农家乐"产业的培育力度,组建"农家乐协会",成立农家乐协会党支部,按照上级要求完成村务监督委员会的选配工作。

【获得荣誉】 2010年,尹集镇获河南省卫生镇、河南省生态镇、河南省特色景观旅游名镇、河南省五四红旗团委、河南省科普示范乡镇、全省政务公开先进单位、中共河南省委《党的生活》杂志社学习实践科学发展观知识竞赛活动组织一等奖、河南省先进基层党校;平顶山市第二次全国经济普查先进集体、平顶山市党委系统督察工作先进单位、平顶山市工农关系协调工作先进单位、平顶山市农作物秸秆禁烧及综合利用工作先进集体、平顶山市卫生乡镇、平顶山市文明村镇、平顶山市治安模范镇、平顶山市党员干部现代远程教育工作示范基地等荣誉称号。获舞钢市级荣誉40项。

尹集镇各行政村党支部书记、主任一览

单 位	书 记	主 任
清凉寺	张栓紧	吴振铭
谢古洞村	郭建华	郭书敬
李庄村		李 军
石岗村	王长栓	李俊华
军王村	夏付坤	王俊杰
梁庄村	张自明	吴应臣
连庄村	徐永志	王瑞祥
尹集村	宋明钦	刘 红
鸡山村	尹振启	尹 晓
蔡庄村	罗付辉	罗付辉
楼房湾村	王新美	胡建德
小王庄村	王瑞兴	蔡德录
苇子园村	张自强	王聚营
埂上村	万建华	牛建芳
姬庄村	王振宇	张得有
大刘庄村	田万甫	李耀成
康庄村	刘宗广	李干卿
张庄村	张自贤	杨玉成
朱洼村	朱顺来	

(曹绍汉)

枣林镇

【概况】 枣林镇位于舞钢市北部,地处平顶山、漯河、驻马店3市交会处。全镇辖39

个行政村,88个自然村,286个村民组,总面积76.8平方千米,耕地面积4666.7公顷,总人口5.3万人。全镇地势平坦,土地肥沃,交通发达,是典型的平原镇、农业镇。2010年,地区生产总值完成18.7亿元,增长17%;财政一般预算收入完成827万元;农民人均纯收入6207元,增长10%;社会固定资产投资10.8亿元;综合实力位居平顶山市第十四位,连续5年保持平顶山市前20强。

【招商引资】 2010年,枣林镇坚持把推进项目建设作为经济工作的重点,一批投资规模大、带动能力强、财税贡献率高的企业相继落户。全年引进千万元以上招商引资项目14个,引资额4.09亿元,比去年翻一番。万福源肥业有限公司、利冠手提袋厂投入生产;建明金属结构制造有限公司、昭翔食品厂、鼎晟精工锻造有限公司进展顺利;鑫顺达加油站、硕佳钢板加工销售有限公司项目建设稳步推进;爱迪家园家具广场项目正在办理有关手续。全镇形成造纸、食品、面粉、化工、钢加等优势产业集约集群发展。

【产业结构调整】 完成田岗灌区辛集村斗农渠建设1200米,增加灌溉面积200公顷。完成土地平整项目2000公顷,修筑水泥路8827米,砂石硬化路57902米,整修生产路20051米,平整土地103千方,疏浚排水沟68619米,平沟7971米,新打机井693眼,整修坑塘14个,新修桥涵14座,维修桥涵9座,新修管涵670座,植树7.8万棵,获舞钢市林业工作先进单位。新增有效灌溉面积2000公顷,农业生产条件大大改善,抵御自然灾害的能力显著增强,获平顶山市和舞钢市农田水利建设一等奖。实施万亩(1公顷=15亩)小麦高产示范方项目建设,获平顶山市小麦示范方建设第一名。全年粮食产量35133吨,连续5年获得丰收。高标准建成土地流转服务大厅,建立土地流转工作规范化、信息化的高效服务平台。建成邵庄35.3公顷铁棍山药种植基地、老庄58公顷薄皮核桃种植基地,张营、高庄155.3公顷良种繁育基地,喜庄、晁张146.7公顷良种繁育基地,洪建80公顷良种繁育基地,安寨43.3公顷良种繁育基地,李堂、徐庄33.3公顷莲藕基地。扩大重组铁炉王、枣林、前李133.3公顷水稻种植基地,新增流转面积超万亩(1公顷=15亩),超额完成市政府分配的全年266.7公顷土地流转任务,获舞钢市土地流转工作先进乡镇。完成枣林、铁炉王两个行政村农村养老保险试点工作,受保群众近2000人。市、镇、村三级畜禽防疫服务体系形成链条,防疫密度覆盖全镇。发展铁炉王风帆生猪养殖园区、直李敬亭肉鸡养殖园区和赵庄全林肉鸡养殖园区,完成肉类总产量9000吨,蛋类总产量6500吨,生猪出栏10万头,牛饲养量近万头,羊饲养量5万只,禽类年出栏500万只,畜牧业产值1.5亿元。建立铁炉王袁玉民蛋鸡养殖合作社、苗洼村济民生猪养殖合作社等畜牧经合组织2个。全镇外出务工人员近万人,年劳务经济收入超亿元。部分"成功人士"回乡创业愿望强烈,带回资金、人才、技术和信息。创业促就业,全镇产业结构调整步伐加快,资源配置不断优化,经济抗风险能力、综合竞争力、可持续发展能力不断增强。

【中心镇、中心社区】 枣林中心镇、安寨中心社区作为全市"一城四镇十七个中心社区"总体规划的重要组成部分。经过一年努力,通过平顶山、省级的严格验收,顺利撤乡建镇,搭建起枣林镇快速发展的高效平台。"河南省卫生乡镇"顺利通过验收,成功创建"河南省环境优美小城镇"、"河南省生态镇",目前正在积极申报"国家级生态镇"。枣园社区建设在宣传发动、调查走访、群众自愿报名入住基础上,聘请河南省城市规划设计院进行高起点统一规划,公开招投3家建筑公司进行统一建设,选定3个监理公司严格工程监理。用土地置换办法解决用地难题,用市场化运作和争取项目解决资金难题,一期建成两层住宅207套、三层底商上住住宅65套。社区内各项基础设施和公共服务设施建设正在进行。枣园社区的建成,对于农民向城镇集中、提高城镇吸纳力、增强城镇辐射力、促进城乡一体将产生示范带动作用。

【民生】 2010年,枣林镇基本建立以农村新型合作医疗为主体,以社会养老、社会救助为补充的多层次广覆盖社会保障体系,新农合参合率98%。完成安寨敬老院改扩建,"五保"对象集中供养率50%。全年发放生活救助款1.6万元,棉衣225件,棉被250条,面粉200吨,大病救助40人次,发放救助金17.3万元。关注弱势群体生产生活,帮助他们解决实际困难和问题,扶助残疾人自主创业,被评为全国残疾人工作先进单位。新增城镇就业人数1018人,辖区内新增就业人数80人。其中,"4555"人员再就业36人,发放小额贷款86万元,办理城镇医保400人。实施奖学助学工程,尊师重教氛围更加浓厚,教学质量进一步提升,获舞钢市教育工作先进单位。建成镇高标准文化中心并投入使用,获省文化建设先进单位。硬化县乡道路13.5千米,通村公路5.6千米,获平顶山市道路建设先进乡镇。开展环境卫生综合整治活动,完成"一池三改"(建沼气池、改厕、改圈、改厨)235户,创建省级生态村1个,市级生态村2个。

【和谐社会建设】 落实平安建设工作责任制,高标准建成综治工作中心,组建镇专职巡防队伍,建成覆盖主要部位的视频监控系统,平安大喇叭等农村技防入户率97%以上。深入开展打黑除恶专项整治行动,深化矛盾纠纷排查调处工作,完善"三调联动"(人民调解、司法调解、行政调解)机制和社会法庭工作机制,在平顶山市委托省社会调查中心对平顶山市138个乡镇、办事处群众安全感的调查中排名第四,是全市唯一一个群众安全感指数进入平顶山市前五位的乡镇。落实信访评估、领导接待日、不安定因素排查、领导包案、责任追究等制度,化解矛盾纠纷28起,化解率100%;立案查处各类案件18起,结案率100%,迎接平顶山市信访稳定现场会的召开,保持平顶山市信访稳定"四无"(无进京非正常访、无赴省集体访、无去市集体访、无一年以上信访积案)乡镇称号。执行安全生产的各项法律法规,加强安全宣传教育,层层签订安全生产目标责任书,落实企业的生产主体责任和政府的监督主体责任,全面开展安全生产大检查,对非法加油站进行依法取缔;开展产品质量和食品药品安全专项整治,没有发生重大食品药品安全事件,实现全年安全生产无事故。

【获得荣誉】 2010年,枣林镇获第二次全国经济普查先进集体、全国妇联基层组织建设先进单位、全国计生服务优质示范站所;河南省文化建设先进单位、河南省机关档案工作规范化管理先进单位、省级生态乡镇、全省政务公开先进单位、省学习实践科学发展观和知识竞赛活动二等奖、省卫生乡镇;平顶山市统筹解决人口问题示范乡镇、平顶山市发展县域经济和非公有制经济20强乡(镇)、平顶山综合实力20强乡(镇)、平顶山市级文明村镇、平顶山市残疾人工作先进乡镇、平顶山市关心下一代工作先进集体等荣誉称号。舞钢市级荣誉27项。

枣林镇各行政村党支部书记、主任一览

单 位	书 记	主 任
安 寨	陈汝林	田春泉
邵 庄	赵尊良	李 平
店 李	李克国	李东升
藕 池		陈秀堂
郭 庄	苏艳荣	苏文中
苏 庄	安盘根	张学军
高 庄	李松德	高保庆
张 营	李顺良	李付宇
直 李	吕国栋	李保华
罗 庄	王赖货	罗小伟
后 邢	邢新才	马玉生
枣 林	李彦亭	张启峰
前 邢	邢宏超	邢丰银
老 庄	陈进才	陈明山
古铎李	吴浩卿	
铁炉王	贾纪安	王旭辉
辛 集	李勇全	王民政
栗林铺	刘德力	关保良
张 桥	张新华	刘碧波
李 堂	韩钦套	薛洪涛
苗 洼	杨保才	郭 套
许 庄	孙宏周	常五妮
王 楼	王国芹	王东绪
张卜庄	张培然	张广超
后 李	李敬轩	李正显
喜 庄	喜成德	彭志宽
晁 张	张长远	张海强
袁 庄	袁晓东	苗合勇

续表

单 位	书 记	主 任
洪 建	李春甫	张克红
前 李	李明豪	李乃鲁
徐 庄	徐万敬	乔万宇
吕 店	吕保超	吕坤杰
生 刘	蔡保全	蔡国全
岗 郭	郅黑德	郭广忠
赵 庄	赵旭升	张耀辉
韦 庄	刘新奇	韦国甫
马 庄	刘 斌	温世晓
后 袁	张 明	袁国三
黄 庄	黄广喜	王耀民

（王彦军）

庙街乡

【概况】 庙街乡位于舞钢市西北部，与叶县、方城县相邻，总面积51平方千米，耕地面积1266.7公顷，总人口1.47万人，辖12个行政村、76个自然村、86个村民小组。山区、丘陵、平原各占总面积的1/3，焦桐高速公路纵穿全乡，高速公路北引线横跨东西，交通便捷。2010年，庙街乡完成生产总值16.4亿元，同比增长10%；完成招商引资2亿元，同比增长34 %；完成固定资产投资5.5亿元，同比增长56 %；完成财政收入4170万元，同比增长48%；完成财政支出749万元；农民人均收入5904元，同比增长5.9%。

【重点工程】 完成中加矿业公司大韩庄选区、小刘沟选区的土地征用，完成中加矿业公司对奥瑞特公司的资源整合，提高中加矿业公司的生产能力,精铁粉产量80万吨。经过多方协调,中加矿业公司节水工程于2010年4月底投入使用。西气东输引线工程顺利完工。配合有关部门完成高速公路施工协调及北引线所有涉及村的征地、拆迁及附属物补偿工作。2010年12月26日,焦桐高速公路通车典礼在庙街乡境内成功举行,省、市领导参加典礼。

【招商引资】 2010年,庙街乡加大招商引资工作力度,依托资源和区位优势,制定优惠政策,以情招商,以诚招商,全年完成招商引资2亿多元。投资3000万元的创信公司、投资1500万元的和悦公司石材加工项目以及投资3000万元的刘沟建材厂建成投产;投资2亿元的舞钢神州重工金属复合材料有限公司开工建设。

【土地流转】 由于庙街乡由于地处山区,土地贫瘠,且地块面积较小,土地流转有一定的难度。因此,庙街乡制定出优惠政策,乡政府拿出近30万元资金对来乡的客商进行补助。全年完成土地流转120公顷。

【农业结构】 2010年,庙街乡按照"建基地、扶龙头、促增收"的思路,继续落实"畜牧、林果、种植"三大产业为支柱产业,加快农业结构调整步伐。全乡50头以上规模的猪舍100多座,20只以上的养羊户300户,长毛兔发展到1.5万只,林果面积约466.7公顷,黑木耳种植200多万棒。先后建成以刘沟、人头山为中心的林果和食用菌专业村;以胡沟、干沟为中心的长毛兔养殖专业村;以庙街、郭洼为中心的生猪养殖专业村等多个养殖、种植专业村。同时,推进第三产业和劳务经济发展,扶持以冷岗、大韩庄、山和庄为主的运输、餐饮服务业,目前,拥有各种运输车辆200多辆,第三产业从业人员500多人,劳务输出3000多人,群众收入大幅度增长。

【改善民生】 出资20多万元资助贫困大学生33人;出资30万元统一资助群众参加农村合作医疗;投入资金100多万元完成庙街、刘沟、山和庄村3处吃水工程,解决2000多群众吃水问题;投入资金20多万元硬化道路3000多米,解决山和庄村王关庄组的出行难问题;投入资金60多万元在干沟、人头山、曹庄、胡沟、郭洼等5个村实现农村改厕800座;投资5万元为乡中学统一配备餐桌和课桌;投资2万元改善乡卫生院的办公条件,为群众就医提供便利。

【中心社区】 2010年,庙街乡邀请重庆大学设计院对庙街和九龙山中心社区进行高标准规划设计。九龙山旅游服务社区投资近200万元完成土地征用工作,完成"三通一平",收取建房押金30万元,投资88万元完成九龙山社区的河道治理。庙街中心社区投资20万元建成一个水冲式公厕;投资26万元修建府西路;投资50万元完成东环路的土地征用、附属物赔偿;投资23万元建成庙街派出所警务楼;投资60多万元新建的市检察院庙街监察室基本完工;完成税务所、财政所、信用社和乡机关办公楼的升级改造和美化、亮化工作。

【社会事业】 将20名符合条件的孤寡老人纳入"五保"对象,全乡"五保"老人达到120人,集中供养51人,集中供养率47%;投资5万多元完成乡敬老院、沼气、厕所、吃水、道路等基础设施建设,乡敬老院条件达全市先进水平;全年发放救灾资金近5万元,棉衣、棉被500多件(条),全乡1600户

舞钢市卫生局

党委书记、局长　朱广培

党政班子研究医改工作

平顶山市卫生局副局长罗世军（右一）在市政府副市长马爱铆（右二）的陪同下检查舞钢市卫生信息化建设工作。

领导班子成员同新聘任的乡镇卫生院院长合影留念

朱广培向聘用的乡镇卫生院院长颁发聘书

朱广培下乡调研乡村卫生组织一体化、基本药物和信息化工作

机关全体党员为庆祝建党90周年到尹集虎头山烈士陵园举办重温入党誓词活动

农村中心社区卫生所村医正在为辖区居民办理新农合门诊统筹刷卡业务

舞钢市爱国卫生委员会办公室

主任　殷德成

爱卫办现有工作人员19人，下设6个科所。工作职责以开展创建国家卫生城市为载体，重点开展卫生单位创建、农村改厕、病媒生物防制、城乡环境卫生整治与健康教育工作。2002年，舞钢市创建成为省级卫生城市，2008年10月，通过了国家暗访，2010年5月通过了国家技术评估，11月通过了技术评估整改验收，为全面完成创建国家卫生城市目标打下了坚实的基础。

主要做了以下工作：

一、狠抓基础建设、完善城市功能。几年来，建成了污水处理厂、垃圾无害化填埋场和粪便处理场、新建改建公厕、改造旱厕，新建垃圾中转站、安放果皮箱、垃圾桶。治理背街小巷道路、污水沟河、居民庭院。

二、开展专项治理，强力突破难点。一是对市区“十乱”现象进行了集中整治，取缔流动摊点、处理违规车辆、拆除违章建筑、设立便民服务点；二是对“五小”单位进行了整治；三是集中清理了背街小巷、城中村和城乡结合部遗留垃圾；四是对市区农贸市场脏乱差现象进行了治理。

三、爱国卫生工作重点突出，工作能力不断提高。通过举办讲座、发放资料等形式，广泛开展健康教育活动；强化病媒生物防控，坚持环境治理与药物消杀相结合。同时，督促乡镇积极开展户用旱厕改造；卫生先进单位创建工作取得了进展；每年动员全市各单位广泛开展爱国卫生月活动。积极开展城乡环境卫生整洁行动。

四、建立健全长效管理机制，巩固创卫成果。成立了卫生城市监督管理委员会，进一步明确了各单位在城市管理中的职责，落实各项长效管理机制。卫生实行属地管理，每月进行一次卫生检查评比，实行挂黑红旗制度。

团结奋进的领导班子

督促市场整治

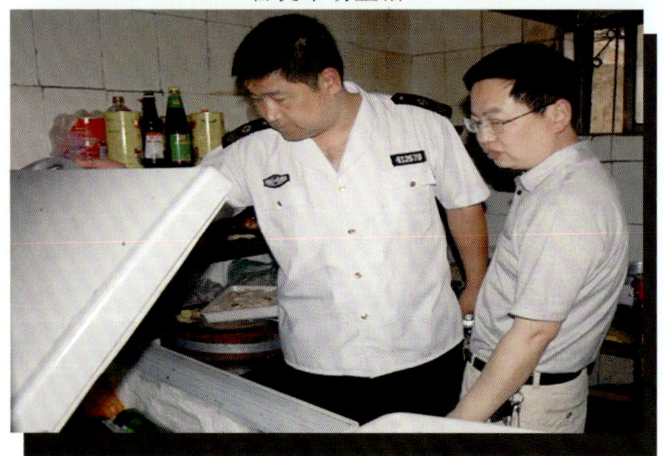

督促五小行业整治

督促城乡接合部卫生整治

舞钢市朱兰街道

党工委书记　姬冠华

党工委副书记、主任　董晓辉

即将完成的河东住宅小区项目

建中广场一角

即将完成的舞钢诚祥机械加工项目

朱兰科普大学开班

省级生态文明村朱兰村

全国妇联基层组织建设
示范社区
中华全国妇女联合会
二〇一〇年七月

2010年度信访工作
"四无"乡(镇、街道)
中共平顶山市委
平顶山市人民政府
二〇一一年一月

授予:"十一五"人口和计划生育工作
先进街道
中共舞钢市委
舞钢市人民政府
二〇一一年四月

2010年度平安建设工作
先进乡(镇、街道)
中共舞钢市委
舞钢市人民政府
二〇一一年四月

一年来，获得国家、省、市荣誉8项，县市级30多项

舞钢市垭口街道 石门郭村

村党支部书记　郭增贤

村主任　霍春祥

正在建设的石门郭山河小区一角

团结奋进的村委领导班子

石门郭村山河小区鸟瞰图

正在开发的盛世佳园小区

郭增贤书记带队察看小区施工

石门郭村垭都水郡平面图

党支部副书记　蒋国如

村委会委员　胡庆彦

党支部委员　冯华民

村委副主任　刘国征

村委会会计　魏玉阁

得到救助。

【文化建设】 对乡文化站大楼设施进行完善,购置5000多册图书,建成大韩庄、曹庄等"农村书屋",开展丰富多彩的文化活动;完成文化遗产普查工作;为使全乡贫困户早日脱贫,全年协调资金320万元,扩大3个中型养殖场的规模,新增小型养殖户136户,全乡脱贫率45%以上。

【计划生育】 2010年,庙街乡调整充实计生办工作人员,强化计生队伍建设。完善计生档卡,加强精细化管理。加大计生奖扶力度,奖励计生光荣户30户,落实奖扶资金20万元。开展春、秋两季计生优质服务活动,9月,全市计生工作现场会在庙街乡成功举办。

【综合治理】 加大矛盾纠纷的排查力度,坚持一周一排查,发现问题,及时处理,把各种不稳定、不安全的隐患及时化解在基层,消灭在萌芽状态。特别是信访案件,不上交、不推诿,落实责任人,认真调查处理,对群众的合理诉求,尽量达到信访人满意。全年接待群众来访231人次,处理信访案30多件,对一时不能解决的及时给信访人作合理解释,并说明原因,基本做到件件有落实、事事有回音,信访稳定工作一直保持全市先进位次。治安防范、综合治理工作,坚持打防结合、群防群治,建立人防、物防、技防三位一体的治安防范网络,刑事案件、治安案件发生率明显降低。安全生产工作坚持常抓不懈,加大非煤矿山、危险物品的排查和监管力度,全年排查安全隐患21处,整改19处,停业整顿2处。

【获得荣誉】 2010年,庙街乡获全省安全生产工作先进单位;平顶山市平安建设工作先进单位、平顶山市人口和计划生育工作先进单位等荣誉称号;舞钢市级荣誉34项。

庙街乡各行政村党支部书记、主任一览

单　位	书　记	主　任
庙街村	魏军民	陈自中
郭洼村	郭永峰	张广业
曹庄村	刘国山	张翅宇
人头山村	孟庆汉	李付全
刘沟村	党春香	郭国宝
东营村	孙耀民	李海绪
山和庄村	王国亭	屈建国
大韩庄村	王喜梅	韩贵升
冷岗村	何增严	范海云
干沟村	韦国营	高明顺
胡沟村	闫大峰	闫建青
党庄村	吴臣良	

(苏红国　冯新尚)

武功乡

【概况】 武功旧称"窑沟",清康熙五十八年更名为武功。位于舞钢市东部,距离市区朱兰3千米,总面积51.2平方千米。地势南高北低,南部以山地丘陵为主,北部以平原为主,占总面积的19%,北部以平地为主,占总面积的81%。辖22个行政村、68个自然村、136个村民小组,总人口27173人。武功乡境内道路纵横交错,交通便利,省道七蚁线、高兰线交会穿越乡境,武西公路自西向东到达西平县出山镇,舞尹公路向南到尹集镇。滚河自西向东流经全境,由曹庄村寺山流入西平县境内。境内有沟头赵古冶铁址、蔡公祠等历史遗迹。地下探明矿藏有铁矿、石英岩矿、花岗石等。2010年,全乡完成生产总值14.9亿元,同比增长14.3%;财政收入完成730万元,同比增长25%;人均纯收入5846元,同比增长12%。综合经济实力在平顶山排名较上一年前移2个位次。

【招商引资】 2010年,武功乡坚持实施"走出去"战略,开展大招商活动,组织参加全国东西合作经贸洽谈会、"华合论坛"等招商活动。全年签约千万元以上项目6个,合同金额3.7亿元,到位资金3.7亿元,项目履约率创历史新高。同时,把净化、优化企业发展环境作为谋发展、保民生、保稳定的关键环节,开展"优化经济发展环境"活动,加快企业项目的落地,推进项目成果的转化。截至2010年底,全乡非公有制经济完成总产值8.5亿元,实现销售收入8.1亿元,固定资产投资完成3.2亿元。

【农村经济】 2010年,武功乡始终坚持"稳产量,调结构"的工作思路,优化农业产业结构调整,着力抓特色,兴产业,引导农民调结构,推进传统农业向现代农业转变。依托土地流转这一有效载体,探索农业增产、增收渠道,农业集约化发展、产业化经营势头良好。2010年,全乡完成农业总产值6.1亿元,同比增长9%;粮食产量1.6万吨,同比增长10%;意向签订500亩(1公顷=15亩)以上规模的土地流转项目3个,新增土地流转面积310公顷;成功申报范庄村沃土薯业生产合作社、岗王村绿地林果专业生产合作社,整合农产品资源,提高农产品附加值。林业生产工作稳步推进。完成各类造林40公顷,路林植树1.5万株。畜牧业规范提升。通过项目扶持新建大型养殖场1家,全乡规模养殖场达到11家,生猪存栏维持平稳;成立天成肉鸽养殖畜牧经合组织1家,依托市场需求,梅花鹿、獭兔、蛋鸭等养殖发展较快,打破畜牧业生猪生产一支独大的状况,形成百花齐放的发展格局。

【社会保障】 全面完成乡敬老院建设,"五保"集中供养40%以上,基本能够实现老有所依、老有所养。农村低保面不断扩大。2010年,新增农村低保对象20户23人,全乡农村低保人员978名。完善低保、五保管理机制。对五保户、城镇低保人员、农村低保人员实施动态管理,完成168名五保人员、107名城镇低保人员和978名农村低保人员的审核。严格救灾物资发放。发放救灾面粉1600袋、棉衣165件、棉被220条,保证困难群众的正常生活。改善农村低保户居住条件,对13户农村低保户危房进行改造重建,共建房屋29间。慰问"双拥"对象10人,发放救助金1万元。扶残工作逐步深入,为行动不便残疾人发放轮椅8辆。劳动保障和再就业工作扎实开展。对全乡初高中毕业生、下岗失业人员和富余劳动力进行劳动技能培训,培训人员760多人次,协调发放小额创业贷款75万元,直接带动146人就业,新增就业岗位1560多个,安置"4050"人员35人。深化新农合工作,新农合覆盖面逐步扩大。全乡农村参合人员20759人,参合率99.51%,城镇参合1093人,参合率91%;大病救助机制进一步完善,群众因病致贫、返贫现象得到缓解。

【惠民政策】 2010年,武功乡种粮补贴、农机补贴、良种补贴、农资综合补贴全部得到落实,完成种粮补贴266万元、良种补贴25万元、农机补贴17.5万元、家电下乡补贴45万元,维护了人民群众的合法权益。

【计划生育】 2010年,武功乡从强化优质服务入手,抓康检,抓"四术",严格控制生育率,稳定低生育水平。开展"幸福家庭"行动、"关爱女孩"行动,通过兑现计生家庭奖励、扶助优惠政策,利益导向机制得到健全和加强。全年发放独生子女奖励19.9万元,计生家庭奖励补助、扶助、特别扶助18.7万元,计生对象户新型合作医疗减免2.16万元,其他奖励补助0.8万元,计划生育综合管理工作进一步规范化、有序化和常态化。

【平安建设】 筹资45万元,整合乡政府办公资源,按标准完成乡综治中心建设,组建2支专业巡防队,以公路为主干,以学校、医院、工业园区为重点,点线结合开展治安巡逻;开展打击"两抢一盗"、"打黑除恶"、村霸路霸等专项整治行动,全乡社会治安总体平稳,没有重大刑事、治安案件发生,连续3年被评为平顶山市"平安建设"先进乡(镇)。信访稳定工作不断深入。深化矛盾排查机制、信访案件领导包案机制,排查化解矛盾纠纷。全年接待群众来访咨询126起,上级批转信访案件9起,结案9起,结案率100%。安全生产扎实开展。深入一线开展安全生产排查,对鑫茂制氧厂、大程庄加油站等无证或安全设施不全的单位进行停业整顿。完善乡安全生产应急救援体系,修订安全生产应急预案,将嘴头王村舞阳铁矿尾矿坝、各病险小水库纳入应急管理,全乡安全意识、安全防范提高。

【科教文卫】 农村教育事业投入不断加大,农村办学条件进一步改善,农村学龄儿童、学龄前儿童入学、入园率均100%。通过组织实施文化阵地建设,农村文化事业发展迅速,全乡建村级文化活动室5处,村级图书室5个,藏书2.2万多册。民间文艺组织粗具规模,节日文艺表演活动常态化,群众节日文化生活日益丰富。有线电视信号实现全覆盖,全乡有线电视用户3100多户,并实现有线电视信号插播,为科技、教育、商业供求、农时信息提供了发布平台。以新农村建设为切入点,开展"清洁家园"行动,累计投入资金36.6万元,改厕610户;投资25.8万元建成垃圾中转站一座;完成草坡村省级生态文明村和范庄村平顶山市市级生态文明村申报创建工作。

【社区】 以建立"红色旅游"为目标,打造曹集社区。曹集社区一期拟迁聚集户报名96户,在建房屋65户。第一季度完成1200米排水沟和6条排前路砼筑硬化,开工建设饮用水配套工程。"五一"前,开工建设文化广场780平方米的绿化、美化工程和30盏太阳能路灯安装工程。以"商贸聚集"为目标,打造武功社区。3月,完成武功社区总体规划、详细规划和发展规划。"五一"武功社区一期100套房屋开工建设,6月底完成一期100套房屋基础工程,年底前完成100套房屋主体工程,启动排水沟、排前路和中心幼儿园建设工程。同时,着手培育产业支撑体系,使新迁入社区的居民每户有增收项目,提高迁入群众非农业收入水平。

【组织建设】 开展农村党建"三级联创"活动,乡党委达到"五好"党委标准,村级"五好"党组织达80%以上;开展创先争优活动,培育基层党组织和党员先进典型;创新基层组织工作;高标准树立党建示范点5个以上;推广"四议两公开"工作法,推进村级民主政治建设;落实农村"一定三有",深化"三双"工程;做好非公企业党建、发展党员、党费收缴、党组织和党员信息库建设等工作；以“一牌一卡”树形象活动和“六个一”活动为载体，抓好大学生村干部管理工作；加强对远程教育设备的维护和管理，坚持学用结合，发挥远程教育作用，提高农村党员干部素质和致富本领。

【机关建设】　按照机关“效能革命”的总体要求，开展乡村干部作风建设。以“两创一评”活动为载体，加强干部职工政策理论学习，建立完善乡、村干部定期学习制度，深入学习掌握邓小平理论、“三个代表”重要思想、科学发展观、社会主义核心价值观的精髓和科学内涵，准确把握党对农村政策的新思路、新举措，贯彻学习中央一号文件，提高广大干部开展基层工作的实效性，减少盲目性。树立“政府就是服务”的理念，转变政府工作职能。加强政府的社会管理、公共服务和综合协调职能，引导广大干部彻底从传统思维习惯和工作方法中摆脱出来，重服务、重教育、重引导，把财力、物力、精力更多地放到推进社会进步和解决群众生产生活问题上，使乡村干部在为群众办实事、办好事中赢得群众的理解和支持。按照“学先进、比创新、看实效”和“五个一”（班子团结一磐石、个人形象一面旗、对外言论一个调、工作热情一团火、谋事布局一盘棋）的要求，加强乡村领导班子和干部队伍建设，建立完善干部作风建设管理机制，靠制度管理人、教育人、激励人，培养造就广大干部求真务实的良好作风，扎扎实实对待每项工作。推进政府廉政建设，严格执行中纪委廉政法规法纪，坚持从自我做起、从小事做起，深入基层，问政于民、问计于民，落实好“三重一大”（重大问题决策、重要干部任免、重大项目投资决策，大额资金使用）、工程招投标制度，阳光操作，做到公开、公平、公正。倡导廉政文化建设，规范乡政府各职能部门依法办事程序，严厉惩处各类加重或变相加重农民负担的违法案件，维护农民群众的切身利益。严格执行人大决议，自觉接受人大监督，广泛征求各界人士的意见和建议，打造民主文明的工作作风。

【获得荣誉】　2010年，武功乡获河南省第二次全国经济普查先进集、河南省学习实践“科学发展观知识竞赛”活动二等奖、河南省农业综合开发中低产田改造先进单位、河南省老干部工作先进单位、河南省非物质文化遗产保护工作先进单位；平顶山市文明村镇、平顶山市信访稳定“四无”（无进京非正常访、无赴省集体访、无去市集体访、无一年以上信访积案）乡镇、平顶山市创建白内障无障碍先进单位等荣誉称号。舞钢市级荣誉25项。

武功乡各行政村党支部书记、主任一览

单　位	书　记	主　任
曹　庄	徐耀峰	高顺侠
曹　集	董晓亚	董明栓
刘　庄	许林阁	陈　涛
大李庄	李金定	李红召
同关李	李五妮	王克明
滚河孙	王耀先	南广建
刁　沟	高桂先	王海全
月　盈	唐玉华	李红林
王　五	王广天	武瑞锋
小柴庄	刘海发	田春台
岗　王	王玉彬	王国文
后　营	岳从超	张遂和
八家刘	刘富民	李盼林
大程庄	高建松	陶文瑞

续表

单 位	书 记	主 任
田 岗	李宗耀	赵广军
罗 湾	罗宗运	罗振山
嘴头王	张耀亭	张清志
草 坡	赵桂兰	王志武
武功村	李富安	张兴亚
滚河李	张华亭	李德凡
范 庄	范春正	范瑞祥
坡 魏	郭国义	苗书俭

（闫会钦）

铁山乡

【概况】 铁山乡地处舞钢市城乡接合部，辖15个行政村、64个自然村、91个村民组，总面积34平方千米，总人口2.3万人。交通便利，位置优越。七蚁线、钢城路、建设路穿境而过。驻有安阳舞阳矿业公司、银龙集团、中天炼铁振宇纺织、汇丰炉料公司等国有、省属和地方骨干企业。辖有舞钢市省级无公害蔬菜种植基地、舞钢市牧草种植基地和优质良种培育基地和乔八路西畜牧养殖园区。2010年，全乡财政收入完成2431万元，同比增长177.71%；固定资产投资完成5.09亿元，同比增长21%；农民人均现金收入完成6820元，同比增长19.5%；非公有制企业完成总产值16.74亿元，占年计划的110%，同比增加23%；完成增加值5.0206亿元，占年计划的103%，同比增加16%，比市定任务4.857亿元超收1636万元；入库税金12100万元，占年计划的101%，同比增加11%；完成营业收入158986万元，占年计划的109%，同比增加23%；国内生产总值完成21.6375亿元，同比增长18.8%，其中农业总值完成4.314915亿元，增长15%；完成粮食总产26880吨。其中，夏粮总产11520吨，秋粮总产15630吨；农民人均纯收入完成6820元，同比增长19.5%，比市定增长速度11.5%超出8.04个百分点。

【招商引资】 2010年，铁山乡以产业集聚区建设为依托，以市政重点工程建设为带动，引进一些环保型的大项目，实现招商引资工作新突破。全年引进项目3个。其中，鑫海纺织项目和易缘纺织项目厂房主体完工过半，益企明有限公司项目正在平整场地。3个项目总投资13.6亿元，目前到位资金2.9亿元。

【中心社区】 上曹中心社区位于建设路西侧路北，一期268套住房完工，水、电、河道治理、综合服务中心、商业门面房、主干道、排前路在加紧建设中，5月底群众搬迁入住；二期综合服务楼、7栋高层、80套别墅7月底完成主体工程，10月底达到入住条件。

【创业发展服务区建设】 自2010年1月28日起，通过村两委、组长、代表以及广大群众的全力配合与支持，占地140公顷的创业发展服务区前期附属物的固定、房屋的丈量、组与组边界勘定等工作全部结束，目前征地协议的签订正在进行中。

【产业集聚区】 2010年，铁山乡协调产业集聚区一期及高速引线等项目征地167.9公顷，二期433.3公顷的土地附属物已确定，路网拆迁户75户。东西长3.4千米的产业集聚区主干道路柏油路面铺设完毕，经三路、经四路和经五路主干道完成通车，二期路网建设的土地入股分红协议及附属物补偿工作完成，项目部已入驻。

【社会保障】 取消城市低保36户，新增54户，现享受城市低保共519户1039人，发放城市低保款项1823820元；取消农村低保23户，新增26户，现享受农村低保共738户824人，发放农村低保款项59.25万元；全乡“五保”老人152人，6月28日完成敬老院入住工作，累计入住44人；为下岗失业人员办理再就业优惠证36份，新开发就业岗位341个，实现再就业86人；农民合作医疗收缴参合款49.215万元，农户参合率99%以上；农村养老保险试点工作完成，收缴566人保险金70万元，符合条件的135名老人领到保险金。

【平安建设】 发挥驻地政法部门的作用，开展平安建设工作。排查出比较大的矛盾纠纷8起，解决8起；调处各类民间纠纷85起，调成83起，调成率98%以上。始终保持对刑事犯罪主动进攻的高压态势，全乡破获刑事案件21起，逮捕、起诉犯罪嫌疑人7人，抓获网上在逃人员5人，治安处罚18人。开展打击“两抢一盗”犯罪活动。刷写标语70条，悬挂过街横幅30幅，发放宣传资料1000多份。成立专项工作组，重点治乱，集中整顿治理强装强卸不良现象，打击地痞地霸和各种违法犯罪活动，取缔各类邪教组织，全乡的社会治安状况明显好转，经济发展环境明显改观。在安全生产和公安消防工作中，严格按照同市政府签订的目标责任书中的要求，在组织领导、健全制度、注重安检、严格管理、责任追究上下工夫，为人民群众的生命财产安全筑起一道坚固防线，全年没有出现大的安全事故和火灾事故。

【组织建设】 以开展创先争优活动为契机，加强领导班子和干部队伍建设。继续深化党建“三级联创”，加强村级民主政治建设，推广“四议两公开”工作法，充分发挥农村基层组织推动发展、服务群众、凝聚人心、促进和谐的作用，摸索出一些实际、实用、实效的典型经验和做法。不断强化对村镇干部的培训、教育、管理和监督，深入开展“五个好”村党支部创建活动，通过“三双”工程的开展，各支部把主要精力统一到组织党员干部带领群众发家致富上来，干部作风明显改善，发展经济的意识明显增强，村级党支部的整体状况发生明显变化。做好新党员的发展工作，严把党员“入口”关，新党员的质量明显提高，全年新发展党员25名。同时，加大党员干部违纪违法案件查处力度，全年查办案件1起，对1名党员给予党内警告处分。

【机关建设】 加强机关干部队伍建设，站(办)所长通过公开、公平、公正竞争上岗。实行机关干部量化考核制度，结合乡政府重点工程及重点工作任务，把分值贯穿到实际工作中。同时，抓好各项规章制度的贯彻执行，狠抓机关干部的工作作风建设。加强廉政建设，构建“团结、务实、高效、廉洁”的政府。创建学习型政府，提升班子整体素质。制定领导干部年度学习计划，组织开展中心组理论学习活动。结合领导班子民主生活会，开展批评与自我批评教育活动。深化政务公开、村务公开制度。对重大事项在政务公开栏进行张榜公布，接受群众监督。

【民主法治】 坚持依法行政，加强对重点专项资金和重大投资项目的全程监督。严格执行乡人大主席团通过的各项重大决定和决议，自觉接受人大工作监督和法律监督,累计办理人大代表提出的议案13件。实施《政府信息公开条例》,主动公开政府信息16条,提高政府工作透明度。开展机关服务效能建设,贯彻实施《全面推进依法行政实施纲要》,“五五”普法深入开展。成立社会法庭,调处解决民事纠纷24起。

【获得荣誉】 2010年,铁山乡获河南省生态乡镇;平顶山市爱国卫生“银奖杯”、平顶山市秸秆综合利用先进乡镇等荣誉称号;舞钢市级荣誉29项。

铁山乡各行政村党支部书记、主任一览

单 位	书 记	主 任
水坑赵村	王建州	董进喜
找子营村	王建国	王建国
扁担李村	李德林	李德林
上曹村	张秀峰	张秀峰
乔庄村	曹铁桩	杜国宇
小刘庄村	刘德禄	刘国锋
营街村	姬付林	姬付林
中曹村	曹恒超	
冢李村	李玉兆	李玉兆
前张村	张天成	
韩庄村	韩恩民	李德存
薄冲村	曹德栋	付耀红
王大苗村	樊海友	高 耀
闫楼村	高献亭	闫 东
付庄村	孙根才	付国军

(铁山乡)

杨庄乡

【概况】 杨庄乡位于舞钢市中南部,西与方城相邻,南与泌阳接壤,北临石漫滩国家级森林公园。全乡总面积134平方千米,多为山区和丘陵地带,主要山峰有龙王撞、灯台架、云摩顶、大望天等,海拔均在800米以上,为滚河的主要发源地。地形东南至西北呈带状分布,直线距离27千米,最小直线距离3.2千米。辖21个行政村、98个自然村、172个村民组,总人口2.7万人。其中,农业人口1.8万人,非农业人口9000人。境内交通便利,省道平桐线自北向南横贯全境,与尚尹路、陡龙路、环湖南路相互交织成网。2010年,全乡生产总值完成12.3亿元,同比增长25%。其中,第一产业增加值完成15113万元,同比增长17%;第二产业增加值完成55130万元,同比增长31%;第三产业增加值完成53132万元,同比增长21%;财政收入完成2300万元,同比增长231%;农民人均纯收入完成6750元,同比增长11%;农村经济总收入52613万元,同比增长11%;固定资产投资完成21亿元,同比增长105%;粮食总产量15597吨。

【招商引资】 2010年,杨庄乡以“开展企业服务年”活动为契机,按照“抓大不丢小、龙头带动、实施产业集聚”的工作思路,引进和打造精品项目、龙头项目。新上项目11个,合同引资总额5.48亿元,已完成投资2.1亿元,分别是:投资5000万元的舞钢市永利混凝土有限公司,7月开始生产;投资1亿元的舞钢市润德耐火材料有限公司,完成一期投资6000万元,7月开始生产;投资3000万元的舞钢市伟宏建材公司,完成投资1500万元;投资1亿元的石漫滩物资公司,完成投资3000万元;投资4000万元的舞钢市盛元獭兔养殖基地,完成投资2000万元;投资1亿元的舞钢市祥龙谷二期工程,完成投资4000万元;投资500万元的舞钢市荣盛废钢厂,完成投资200万元;投资500万元的舞钢市伊丰公司;投资500万元的臧坪村综合养殖场;投资300万元的舞钢市鸿祥废钢厂。为确保重点工程、重点项目的实施,乡党委、政府成立高速公路建设、铁前配套项目建设、双山变电站外线路建设、西气东输二线舞钢末站建设4个专项协调工作组,并抽调精干人员入驻施工现场,确保工程进度。

【农村经济】 不断加大农业结构调整力度,引导农民出租、出让、承包土地,加大土地综合开发力度,提高土地综合利用效率,彻底打破"小富即安"的小农经济发展思路。全乡初步形成东南部林果种植基地、岗李村苗木花卉培植基地、建新村草莓种植基地和龙泉、陡沟村西瓜种植基地的新格局。落实各项惠农政策。及时兑现太阳能补贴7.5万元,杂交补贴16万元,袁门、叶楼两个行政村改厨补贴4万元,推广优良小麦品种16万千克、玉米品种0.75万千克,新建沼气池75座,其中200立方米1座,充分调动农民从事农业生产的积极性。发展优质小麦1400公顷,玉米1000公顷,发展高效经济作物546.7公顷,同比增长18.5%,粮经比例达到68:32。完善科技服务体系。先后在乡政府、晁庄、龙泉等村举办红薯后期管理技术、套袋梨黄粉蚜防治、优质冬小麦高产栽培技术等实用技术培训班10期,利用远程教育网络组织群众收看《农事早知道》栏目30余期,开展科技下乡服务活动2次,发放资料2000多份,全乡90%以上的青壮年接受培训,70%的农户掌握了1项~2项实用技术。在龙泉、陡沟两个村培养晚秋黄梨、西瓜高产栽培科技示范户10户,建成袁门黄牛育肥和臧坪獭兔养殖2个科技示范园区。采取吸引外商及引导当地科技人才带头开发的方式,结合实际,加大对土地流转工作倾斜和宣传力度,加大土地综合开发力度,推进土地流转进程,真正实现土地向种植大户集中。全年完成土地流转面积201.3公顷,超68公顷完成全年任务,分别是:薛庄村新茂源生态园林、中草药种植基地83.3公顷;红石岗村嘉林园千亩生态林木、中草药种植基地68公顷;龙泉村生态林果种植基地26.7公顷;瓦房沟村河套林果种植基地23.3公顷。新发展猕猴桃立体种植园1个,种植反季节香菇20万袋、猕猴桃1万株。以元门村黄牛育肥场和臧坪村獭兔养殖场为主导,采取"公司+农户+基地"的模式,辐射带动全乡21个行政村大力发展以肉牛和獭兔生产为主的畜牧养殖业,实现产、供、销一条龙服务,全年可出栏肉牛500头,獭兔2000只。完成长岭头、薛庄、红石岗、臧坪等村生态能源林体系建设工程173.3公顷;完成褚庄大桥至祥龙谷景区道路绿化10千米;完成褚庄东河至水田桥湿地公园建设3.3公顷;完成龙泉村补植补造工程46.7公顷;按时间节点完成岗李、晁庄、陡沟3个行政村的林权制度改革工作。

【旅游】 "依托区位优势,打造生态旅游强乡"是杨庄乡经济发展思路。2010年,杨庄乡广招各界投资商,不断加大对灯台架景区和祥龙谷景区的投资开发建设力度,完善景区各项配套设施,在提高景区的档次和品位上下工夫,把景区打造成为杨庄乡乃至全市的精品旅游景点。配合市龙凤湖开发管委会对石漫滩水库南岸进行开发建设。9月，成立旅游开发服务公司，初步形成以灯台架景区和祥龙谷景区为主，集旅游、休闲、度假、娱乐为一体的旅游发展新路子，具有杨庄乡特色的大旅游发展框架基本形成。

【民生工程】 2010年，杨庄乡大力实施农村基础设施建设优先战略，加大对农田水利、交通等基础设施建设的投入，全面改善农业农村生产生活条件。按照市委、市政府中心社区建设的总体工作要求，按时完成吴庄村、褚庄村征求群众意见、信访评估等前期工作，目前总体规划正在进行。配合上级有关部门完成水磨湾水库除险加固、河道治理及袁门水库除险加固扫尾工程。投资200多万元，完成长岭头、红石岗等村小流域治理333.3公顷；开挖和修补坑塘7座，新增建红石岗、雷庄等村干桥4座，新修龙泉、五座尧等村无塔供水井4眼及配套设施，新打灌溉机井15眼，护堤1200米，修建桥涵167座。按照上级要求，成立乡农村公路养护管理站，健全管养体制，对全乡所有道路划分责任到人，形成"有路必养、养必到位、有路必管、管必有效"的农村公路养护管理新局面。全年投资75万元完成通村公路4.2千米，完成路肩培护11.2千米。按时完成座尧、臧坪、操占3个村整村扶贫开发推进工作，争取上级财政扶贫资金124万元，自筹资金3.7万元，新修道路8.43千米。全乡22个远程教育站点各项设备运转正常，给群众学习科技知识提供平台，拓宽培训方式，对提高农民的种养技术、促进农民增收发挥了重要作用。

【平安建设】 落实信访稳定工作"日排查、周汇报"的工作机制，在重大建设项目中建立信访评估机制，认真做好重大节日期间及"两会"期间的信访稳定，维护全乡社会大局的稳定和谐。全年完成上级交办案件7件，信访积案3件，办结率100%，满意率85%以上；化解各类矛盾纠纷25件，满意率100%；消除信访稳定后进村矛盾纠纷15件。坚持做好矛盾纠纷日排查报表工作，定期排查治安乱点区域，开展严打整治、打击"两抢一盗"和整治"黄赌毒"专项活动，做好特殊人群帮教工作。投资1万余元为各中小学校配置警用叉子，建立健全学校保卫制度，对校园周边环境进行专项整治，确保校园安全无事故。按照市政法委的要求，11月成立乡巡防专职队伍，投资10余元购置警用摩托车5辆，服装20套，配备警用器材，印发《致全乡广大人民群众的一封信》7000余份，达到每户一份，群众安全感指数明显提高。全乡普法工作有序开展，干部群众法制观念、法律意识不断提高。落实安全生产责任制，层层签订安全生产目标管理责任书，建立统一规范的治理台账，建立健全安全生产的检查、督促和巡查制度，扎实开展安全生产工作。8月，在无证经营石油专项检查中，对辖区内3家无证经营加油站坚决予以取缔。

【社会事业】 广泛宣传征兵工作的形势和新要求，掀起高学历青年参军入伍的热潮，向部队输送优秀青年7人，其中大专学历2人，超额完成任务。2010年，农村新型合作医疗参合19601人，参合率104%；城镇居民参合1980人，参合率98%以上。扩大低保范围，办理农村低保户1121户1239人，发放低保金921060元；城市低保323户385人，发放低保金713340元；优抚对象48人，发放优抚款26300元。落实村务公开工作，村务公开率、及时率100%。实现城镇新增就业人员1208人，安置再就业人员

256人,其中“4050”人员108人;新增劳务输出1680人,累计输出1.1万人次;审核发放创业小额扶持贷款75万元,实现新办创业实体16个,带动1600人就业。落实秸秆焚烧责任制,提倡秸秆还田,秸秆综合利用,新购秸秆打捆机5台,秸秆还田率70%以上,无焚烧秸秆现象发生。成立保洁服务队和城管执法队,实行周二、周五定期打扫辖区卫生工作长效机制,美化、净化环境卫生,生活垃圾做到日产日清,对辖区内小摊小贩实行统一规范管理,杜绝乱摆乱放现象发生。完成全国第六次人口普查的各项工作。建立水库监管站一座,组建专职队伍,配备车辆及各类配套设施,加强对水库的监管巡逻。自监管站成立以来,制止偷捕、偷钓活动上千起,收缴鱼鹰船3艘、渔网5000多米、渔竿200多把、地笼300多个,阻止往石漫滩水库倒垃圾50多起。石漫滩水库手划船集中治理活动中,收缴销毁手划船140只,清理300多只。

【党的建设】 2010年,杨庄乡以深入开展“基层组织创新暨先进典型培育年”活动为契机,以“四个一”(一声问候、一份汇报、一次党课、一条意见)活动为载体,开展创先争优活动,加强党的基层组织建设,把党的基层组织建设作为贯彻“三个代表”重要思想的组织者、推动者和实践者。自“四个一”活动开展以来,共发出《致全体党员的公开信》、工作汇报各2714封,收到党员思想汇报1646份,收到意见、建议872条。

【获得荣誉】 2010年,杨庄乡被省委《党的生活》杂志社评为“第十九届党刊阅读知识竞赛”组织三等奖;获平顶山市安全生产工作先进集体、平顶山市党员干部现代远程教育工作示范基地等荣誉称号;舞钢市级荣誉23项。

杨庄乡各行政村党支部书记、主任一览

单　位	书　记	主　任
长岭头	吴耀宇	王建松
薛庄村	刘成才	柳惠民
袁门村	李明臣	李明臣
红石岗	罗建民	曹留义
臧坪村	臧广庄	臧春涛
叶楼村	冯万法	刘　卿
晁庄村	务贵营	李青山
毛庄村	朱培成	刘学刚
陡沟村	杨瑞贞	杨瑞贞
龙泉村	李中和	常卫民
操占村	操全奎	操廷浩
建新村	李振伟	李振伟
水田村	吴随建	
岗李村	张建廷	张建廷
吴庄村	姚国晓	王金河
柏庄村	王玉兰	黄青芬
部林村	冯书安	冯书耀
五座尧村	李海勤	余凤胃
瓦房沟	刘爱臣	肖保周
雷庄村	高玉威	陈留庆

(杨庄乡)

附　录

舞钢市2010年国民经济和社会发展统计公报

（2011年4月）

2010年是"十一五"规划的最后一年，也是舞钢市经济社会发展面临很大困难的一年，面对复杂形势和严峻挑战，市委、市政府以科学发展观统领经济社会发展全局，坚定信心谋发展，超前谋划抓机遇，凝心聚力抓落实，开拓创新激活力，全力以赴保增长，始终坚持把推动全市经济社会全面协调发展作为中心任务，努力促进全市经济社会又好又快发展。

一、综合

初步核算，2010年全市生产总值实现1097165万元，按可比价格计算，比上年增长4.1%。其中，第一产业增加值83770万元，增长4.1%；第二产业增加值742904万元，增长2.8%；第三产业增加值270491万元，增长8.5%。一、二、三产业比重为7.6∶67.7∶24.7。

经济和社会发展中存在的主要问题是：经济结构单一、产业结构调整有待深化，三次产业协调发展有待加强；支持加快发展的产业基础不稳固，先进制造业和高新技术产业较弱；现代服务业发展有待加快。

二、农业

农业生产平稳发展。2010年，全市农林牧渔业增加值为83770万元，比上年增长4.1%。

全年粮食总产量144051吨，比上年增长0.54%。其中，夏粮产量77490吨，增长0.41%；秋粮产量66561吨，增长0.69%。主要经济作物中，油料7185吨，降低2.6%；烟叶613吨，增长2.5%；棉花535吨，降低41.3%；蔬菜97660吨，降低3.45%。

畜牧业实现稳步发展。全年肉类总产量37525吨，比上年增长4.3%。其中，猪肉产量29254吨，增长44.3%；禽肉产量5776吨，降低44.9%；禽蛋产量2288吨，增长4.9%。大牲畜年末存栏3.36万头，降低7.6%；生猪年末存栏29.7万头，增长32.2%。

农业生产条件进一步改善。年末农业机械总动力25.62万千瓦，小型拖拉机1.226万台；全年化肥施用量（折纯）1.79万吨；农村用电量3723.8万千瓦时。

三、工业

工业经济恢复性增长。全年全部工业增加值完成712320万元，增长2.5%。其中，规模以上工业完成增加值630202万元，增长2.4%。规模以上工业实现主营业务收入2149368万元，增长11.6%；实现利税总额

118692万元,增长19.8%;实现利润总额61809万元,增长48.3%。

四、固定资产投资

固定资产投资快速增长,重点项目进展顺利。2010年以来,全市加大了招商引资力度和城乡建设的步伐,工业企业技改、扩建项目增加。其中,舞钢银龙集团鑫海纺织有限公司21万锭精纺建设项目,计划总投资约8.3亿元;舞钢市龙山纺织科技有限公司10万锭高档精密纺项目,计划总投资约3.2亿元;河北钢铁集团舞钢冶金有限公司铁前配套项目,计划总投资14亿元。这些大项目有力地拉动了全市固定资产投资的增长,为全市经济的可持续发展积蓄了后劲。全年全社会固定资产投资完成717851万元,同比增长29%,其中城镇以上完成投资605819万元,同比增长30.1%。

五、国内贸易

消费品市场稳定增长。全年社会消费品零售总额226386万元,比上年增长19.1%。其中,城镇184007万元,增长20.1%;农村42379万元,增长13.6%。从分行业看,批发和零售业零售额145581万元,增长19.3%;住宿和餐饮业零售额80805万元,增长18.8%。

六、交通、邮政通信

交通基础设施加快推进。建成高速公路引线和县乡公路、通村公路48千米。全年货运周转量88770万吨/千米,增长22.3%;客运周转量24909万人/千米,增长8.6%。邮政通信业平稳发展。全年完成邮政、通信业务总量43690万元。年末,全市固定电话用户54783户。其中,城市固定电话用户32481户,农村固定电话用户22302户,全市城乡固定电话普及率17.2部/百人,ADSL宽带用户17395户。

七、财政、金融

财政收支矛盾突出。据财政部门统计,全年全市地方财政收入完成98327万元,同比降低0.8%,其中,一般预算收入70021万元,同比降低5.5%;全年地方财政支出136541万元,同比增长1.9%。其中一般预算支出103619万元,同比降低8.4%。地方财政一般预算收入小于支出33598万元。

金融运行平稳。年末全市金融机构各项存款余额771737万元,同比增长11.6%。其中,储蓄存款余额535220万元,同比增长12.1%;金融机构各项贷款余额500621万元,同比增长29.8%。

八、教育、卫生

教育条件明显改善,落实“两免一补”资金1565万元,惠及学生7万人次。资助高中贫困生800人次。筹资1990万元,建成瑞祥移民学校、枣林中学学生宿舍楼、二高临时餐厅等11项教育工程。筹资1100万元,开展职教攻坚,职业教育服务经济社会发展水平不断提高。

卫生医疗基础设施进一步完善,卫生服务扎实推进。加大城乡卫生网络和卫生设施建设,完善了全民医保制度,新农合参合率达到99%,发放医疗补助2500万元,受益群众31万人次。加强食品安全监管,食品安全监测预警体系建设初见成效。2010年末,拥有正规医院16所,卫生技术人员1253人。其中,执业医师580人,护师和护士426人。拥有床位1144张。

九、环境保护

环境保护工作进一步提高。全年完成环境污染治理项目6个,总投资7927万元。大气中二氧化硫年日平均浓度0.017毫克/立方米,二氧化氮年日平均浓度0.023毫克/立方米;大气可吸入颗粒物年日平均浓度0.084毫克/立方米;空气污染指数为67,级别为Ⅱ级,质量状况良；区域环境噪声 50.5 分贝，道路交通噪声平均值 68.2 分贝。市区主要河流和石漫滩水库符合国家《地面水环境质量标准》Ⅲ类水标准。

十、人口、人民生活和社会保障

城乡居民收支水平继续提高。全年城镇居民人均可支配收入 14129.6 元，增长10.7%；城镇居民人均消费性支出 10295.7 元，增长12.2%；农民人均纯收入 5963.9 元，增长17.4%；农民人均生活消费支出 2761.63 元，增长 13.1%。全年居民消费价格指数 102.5%。

社会保障工作扎实推进。以创业带动就业，努力稳定和扩大就业。发放小额担保贷款 2150 万元，城镇新增就业 5700 人。城镇登记失业率控制在 4% 以内。全年培训农村劳动力 3670 人、转移劳动力 3600 人。廉租住房补贴 524 户、1244 人受益。提高离退休人员养老金待遇，人均月增资 120 元。城乡社会救助体系逐步健全。城市低保标准每人每月由 180 元提高到 195 元，五保集中供养标准每人每年提高到 2200 元，集中供养率达 45%；探索建立了临时救助制度，救助对象 348 人。“人人享有社会保障”目标基本实现。

附：

2010 年主要农产品产量

产品名称	计量单位	绝对数
粮食	吨	144051
其中：夏粮	吨	77490
秋粮	吨	66561
大豆	吨	4376
棉花	吨	535
油料	吨	7185
其中：油菜子	吨	4000
花生	吨	2409
芝麻	吨	776
烟叶	吨	613
蔬菜	吨	97660

续表

产品名称	计量单位	绝对数
瓜类	吨	29458
肉类	吨	37525
其中：猪肉	吨	29254

2010 年主要工业产品产量

产品名称	计量单位	绝对数
钢材	吨	2364361
其中：特厚钢板	吨	1123233
厚钢板	吨	779263
铁矿石成品矿	吨	1402749
生铁	吨	949496
软饮料	吨	6643
水泥	吨	276627
棉纱	吨	76965
配混合饲料	吨	2000
机制纸及纸板	吨	63119

注：1. 本公报各项数据为初步统计数；

2. 生产总值及产业增加值绝对数按现价计算，增长速度按可比价计算。

舞钢市2010年环境状况公报

(2011年4月)

一、环境质量状况

(一)水环境质量

地面水环境质量:2010年,舞钢市所辖主要河流,19项污染因子全部符合国家《地面水环境质量标准》Ⅲ类标准。

水库:舞钢市监控的是石漫滩水库,其水质符合国家《地面水环境质量标准》规定的Ⅲ类水标准。

城市饮用水源地:舞钢市的饮用水源地主要是枣林地下水源地和田岗水库地表水源地,枣林地下水源地水质符合国家《地下水质量标准》规定的Ⅲ类水标准;田岗水库地表水源地水质符合国家《地表水环境质量标准》规定的Ⅲ类水标准。

(二)城市噪声状况

2010年,全市功能区噪声监测结果显示,区域环境噪声平均值为50.5分贝(A),符合功能区要求。

道路交通噪声监测结果显示,全市的交通干线噪声平均值为68.4分贝(A),符合交通噪声标准。

(三)大气环境质量状况

全市大气二氧化硫年日平均值为0.017毫克/立方米;二氧化氮年日平均值为0.024毫克/立方米;可吸入颗粒物年日平均值为0.084毫克/立方米。二氧化硫的污染指数为17,二氧化氮的污染指数为15,可吸入颗粒物的污染指数为67,可吸入颗粒物为舞钢市空气中的首要污染物。舞钢市的空气污染指数为67,空气级别Ⅱ级,空气质量良。

二、工业“三废”排放与治理情况

(一)废水

2010年,舞钢市重点企业有9家,工业废水排放量1391万吨,比上年同期减少0.44%,排放达标量1391万吨。外排工业废水中化学需氧量排放量1618吨;氨氮排放量62.91吨;氰化物排放量0吨;挥发酚排放量0吨;石油类排放量4.75吨。

(二)废气

2010年,舞钢市工业废气中二氧化硫排放量6968吨,比上年同期减少5.06%;烟尘排放量2127吨,比上年同期增加4.06%;粉尘排放量4741吨,比上年同期增加39.38%。

(三)固体废物

2010年,全市工业固体废物产生量为162.03万吨,比上年同期减少20.2%;工业固体废物处置利用率100%,与上年持平。

(四)污染源治理

2010年,全市用于工业污染源防治的资金共9982.3万元。其中,工业污染防治资金60万元,工业企业污染治理设施运行费用9414.3万元,污染防治、生态保护、环保能力建设资金508万元。

(五)环境管理

2010年,较好地巩固了“一控双达标”成果。全市9家重点企业全部达标,全市工业污染物(水、气)全部达标排放。主要出境河流滚河的水质优于地面水Ⅲ类标准,完成上级下达的污染物总量控制指标,实现境内主要河流水质变清的目标。

舞钢市人民政府令

第 1 号

2010 年 8 月 9 日 23 时 50 分左右，舞钢市杨庄乡五座窑村平岭自然村发生山体滑坡灾害。为保障人民群众生命财产安全，维护社会稳定，决定命令如下：

一、平岭自然村发生滑坡灾害的区域为警戒区域，禁止一切非灾害处理活动。

二、对警戒区域内的居民予以及时搬迁安置。

三、有关职能部门和负有特定职责的人员应在警戒区域内增设警示标志，并及时收集、报告有关信息。

四、启动舞钢市突发自然灾害应急预案，监测部门对警戒区域加强监测，做好预报和预警工作。

五、处置突发事件，必要时可以向单位和个人征用应急预案所需设备、设施、场地、交通工具和其他物资。

此令。

市　长　白立凡

2010 年 8 月 12 日

舞钢市城中村改造实施意见

（2010 年 9 月 2 日舞政办〔2010〕81 号文印发）

为依法、健康、有序地推进我市城中村改造，提高城中村人居环境质量和居民生活水平，优化城市土地资源配置和空间结构布局，根据有关法律、法规和政策，按照舞钢市城市总体规划、控制性详细规划、城市总体设计及《舞钢市进一步规范城中村改造的若干规定》（舞政〔2009〕38 号，以下简称《规定》），结合我市实际，提出如下实施意见：

一、总体要求

城中村改造的总体要求是：坚持七项原则，遵守十条禁令，达到三个满意。

七项原则：

（一）统一规划、连片开发。必须树立高起点、高标准、高品位和精心、精细、精品的理念，按照总规、控规和城市设计的要求，打破村、组、户或单位之间地域界线，科学划定开发单元，合理确定安置开发比，统筹规划，连片开发，配套建设，不留死角。对无法开发或无开发价值的边远零星住户，必须纳入整体开发范围，所腾出的土地可用作绿地及公共设施建设，或由市政府统一收购储备（补偿标准与集中区住房的补偿标准相同）。

（二）政府主导，市场运作。城中村改造必须在市政府的统一领导和市旧城改造指挥部的统一指挥下，依法有序进行。规划、建设、管理、安置、补偿、拆迁及各项政策的制定、落实、兑现，必须置于市政府的绝对领导和监督之下，由市旧城改造指挥部统一指挥组织实施。必须在政府主导下进行市场运作，以城中村改造带动配套房地产开发，以配套房地产开发为城中村改造注入资金。

（三）群众自愿，补偿统一。城中村改造必须进行信访评估，按照“四议两公开”工作法，取得 90% 以上群众的同意，执行统一的补偿安置标准。

(四)品牌优先,安置优先。着力引进实力强、信誉好的知名品牌房地产开发企业优先进入我市房地产市场参与城中村改造工作,必须优先进行安置房的规划建设,确保群众补偿安置房到位。

(五)因地制宜,一村一策。城中村情况差别大,在工作中既要坚持政策的统一性,具体工作中又要体现灵活性。在执行统一政策的前提下,结合具体情况,制订具体的工作方案,根据各个改造项目的安置开发比、工作难易程度落实优惠政策。

(六)公开公平,合理公正。城中村改造的总体规划、年度改造指导性计划、控制性详细规划和每个改造项目的修建性详细规划及城中村改造的政策都要公开,接受社会监督。落实优惠政策要公正、公平、合理。

(七)突出重点,分步实施。城中村改造要从实际出发,突出重点,分步实施,成熟一个,审批改造一个。

十条禁令:

(一)严禁违规审批,暗箱操作。不符合城市总体规划、控制性详细规划、城市总体设计、土地利用总体规划及其他审批条件,没有向社会公示的城中村改造项目一律不得审批。

(二)严禁任何单位和个人擅自改变规划设计条件,提高容积率。

(三)严禁任何单位和个人擅自与任何单位或村民、村组干部接触、商议、实施城中村征地、拆迁、补偿、安置或开发改造的任何事宜。

(四)严禁任何单位和个人擅自改变补偿安置标准,扰乱土地市场和房地产市场。

(五)严禁违背大多数群众意愿实施城中村改造。

(六)严禁补偿安置到位前进行拆迁建设和商品房销售。

(七)严禁劈山开地,占用林地。

(八)严禁在城中村改造范围内规划审批宅基地。

(九)严禁在已列为改造的城中村宅基地内新建单体个人住宅。

(十)严禁擅自减免开发企业应交税费及兑现优惠政策。

对违犯上述十项禁令者,主管部门要依法依纪严肃查处,追究责任。

三个满意:

统筹兼顾国家、集体、个人的利益,达到居民、开发企业、政府三满意。

二、目标责任

城中村改造的目标任务由市政府研究确定,优先改造那些群众要求迫切、急需改造的区域和影响城市形象的重点部位。每年11月底前,乡镇、街道办事处提出下一年条件成熟的城中村改造计划,经市旧城改造指挥部审核并报市政府批准后向社会公告,有关乡镇、街道办事处根据公告范围制定具体改造项目的改造方案,经市住房和城乡建设局初审,市旧城改造指挥部同意并报市政府批准后实施。通过努力,从根本上解决城市脏、乱、差问题,促进城乡一体化建设,改善城市环境,提高人民群众生活质量,逐步把城中村变成现代化城市社区,实现农村城市化、农民市民化、就业社会化、管理社区化。

市政府是全市城中村改造工作的领导机构。市旧城改造指挥部及其办公室是城中村改造的指挥协调机构,市住房和城乡建设局是城中村改造的牵头单位,有改造任务的街道办事处、乡镇政府是城中村改造的主体责任单位,有关单位和部门是城中村改造的配合协助单位。主要职责分工如下:

(一)市旧城改造工作指挥部,负责研究制定全市城中村改造工作的重大决策,安排部署全市城中村改造工作；审查全市城中村改造总体规划、控制性详细规划、年度工作计划及每个城中村的改造方案；研究解决城中村改造工作中遇到的重大疑难问题；研究决定其他重大事项。

（二）市旧城改造工作指挥部办公室，主要负责组织编制全市城中村改造总体规划、年度改造指导性计划、控制性详细规划和专项规划；制定城中村改造专项规划的技术规范；组织全市城中村改造的调查研究工作，按照一村一策的要求，初审每个村的改造方案；定期向指挥部报告全市城中村改造工作的进展情况；督促、指导城中村改造工作；处理指挥部的日常事务。

（三）市住房和城乡建设局，代行旧城改造指挥部办公室职责，同时主要负责城中村改造中的规划管理、建设管理、拆迁安置管理工作；做好城中村改造涉及的市政基础设施建设；对城中村违法建设进行查处，坚决制止乱搭乱建行为，依法办理城中村改造项目所涉及的行政许可事项。

（四）乡镇、街道办事处，主要负责本辖区内城中村基本情况的排查，一村一策，逐村编制改造方案（方案需明确被改造区块的基本情况、安置开发比、安置补偿拆迁办法、开发期限、效益分析及落实优惠政策的具体建议等）；做好城中村改造的招商引资工作，引进开发企业，制订、报批、实施改造方案；宣传落实城中村改造的政策，做好城中村改造过程中的群众工作，为城中村改造创良好的环境；做好辖区内违法建筑的排查、举报、制止及协助查处工作。

（五）市发改委，主要负责城中村改造的立项工作及重大项目的报批工作。

（六）市国土局，主要负责城中村改造用地的收购和出让工作；制订城中村改造年度用地储备、供应计划，依法做好城中村改造用地的报批和土地供应工作；依法对土地违法事件进行查处。

（七）市财政局，主要负责土地出让金的收缴入库；负责城中村改造投资计划的审核，在年度城市建设投资预算安排中，单独编列城中村改造财政性投资预算；负责对城中村改造涉及到国有、集体资产处置进行监管；对兑现优惠政策的资金进行审核、拨付及使用情况进行监管；参与土地出让方案和土地出让底价议定工作。

（八）市民政局，主要负责城中村改造中的撤村建居工作；制定全市城中村撤村建居实施意见；对全市城中村撤村建居工作进行具体指导；做好新建社区的道路命名及门牌定制工作。

（九）市公安局，主要负责城中村改造的户籍性质转变、户口簿换发、《常住人口登记表》更换、人口信息数据变更维护等工作；制定全市城中村改造户籍管理办法；依法维护城中村改造工作秩序，为城中村改造创造良好的环境。

（十）市农业局，主要负责城中村改造中村集体经济改制工作；制定全市城中村集体经济改制实施意见；加强对城中村集体经济改制工作的指导和监督。

（十一）市人力资源和社会保障局，主要负责城中村居民的就业和社会保障工作；制定全市失地农民就业和社会保障实施意见，建立失地农民养老、医疗等社会保障体系；抓好城中村居民的职业培训和职业介绍工作。

（十二）市环保局，主要负责指导城中村改造中环境评估和生态环境保护方案的编制工作。

（十三）市人防办，主要负责指导城中村改造过程中防空设施的规划建设工作。

（十四）市教育局，主要负责解决拆迁户子女的入学问题，指导新建社区的教育设施规划建设工作。

(十五)市信访局,主要负责指导有关单位做好城中村改造信访评估工作,做好因城中村改造引发群众越级上访的接待、调处工作。

(十六)市工商局,主要负责做好城中村改造涉及商户营业执照办理工作。

(十七)市地税局,主要负责城中村改造涉及区域符合减免税收条件的商户税收减免工作。

(十八)市商务局,主要负责指导城中村改造工作的招商引资及商业网点规划建设工作。

(十九)市卫生局,主要负责指导新建社区医疗机构的规划建设工作。

(二十)市体育局,主要负责指导新建、改建社区健身器材的规划、安装工作。

(二十一)市广电总台,主要负责有线电视的线路安装、改造工作,做好涉及城中村改造的新闻报道和工作信息发布工作。

(二十二)市林业局,主要负责组织、指导林地管理,依法打击违法毁林占地行为,严禁利用城中村改造占用林地、劈山开地。

(二十三)市园林局,主要负责审核新建社区绿化工程的规划设计工作,监督、指导绿化面积落实。

(二十四)市房产局,主要负责城中村改造涉及住户房产证的核销和新建住宅房产证的办理工作。

(二十五)市消防队,主要负责指导城中村拆迁改造和施工中的消防安全工作,依法及时办理消防手续。

(二十六)市供电分局,主要负责指导城中村改造中的用电安全,指导城中村改造中的线路改造工作。

(二十七)各新闻媒体,主要负责城中村改造过程进行宣传报道工作,无偿发布涉及城中村改造的各类信息。

(二十八)通信部门,主要负责做好通信设施的安装及通信线路的升级改造工作。

(二十九)燃气公司,主要负责做好新建社区燃气管道规划设计安装工作。

(三十)各专业银行,负责城中村改造项目的资金监管,落实国家对城中村改造所涉及项目的资金支持政策。

以上部门在各自的职责范围内,做好城中村改造的管理和服务工作,用足用好用活各项优惠政策,按法定程序从速从简办理城中村改造的各项审批手续,任何单位和个人不得设置障碍影响城中村改造工作。

三、规划管理

城中村改造必须按照《规定》要求,统一规划、统一设计、统一配套、统一管理。市住房和城乡建设局负责编制城中村改造规划、年度改造指导性计划和控制性详细规划,并报请市政府批准。乡镇、街道根据全市城中村改造的年度指导性计划和实际情况编制本辖区城中村改造的具体意见,指导、协调开发企业委托有资质的规划设计单位编制修建性详细规划。规划草案应当予以公告,按照“四议两公开”工作法征求群众意见,取得群众同意,由市住房和城乡建设局组织专家评审论证并提交市旧城改造工作指挥部和市城市规划管理委员会同意后批准实施。

城中村修建性详细规划必须服从舞钢市城市总体规划、控制性详细规划和城市设计的要求,同步规划建设道路、停车场、给排水、电力、通讯、燃气、供热、公厕、垃圾收集、社区居委会、社区警务室、商业网点、卫生医疗网点、学校、幼儿园及公共绿地、健身、娱乐活动场所等基础设施和配套公共设施。执行标准:社区办公、服务用房标准和建设办法依照《平顶山市关于认真做好城区开发改造中配套建设社区办公服务用房工作的通知》(平民〔2007〕25号）文件执行；社区商业网点设置按《舞钢市社区商业中心规划控制标准》执行；卫生医疗网点设置按《舞钢市城市社区卫生服务机构设置规划》（舞政〔2008〕5号）文件执行。

经批准实施的城中村改造总体规划、年度改造计划、控制性详细规划，应予以公布，民众有权查阅；经批准的修建性详细规划不得擅自变更。确需变更的，由开发单位向乡镇、街道提出书面申请，由乡镇、街道报请市住房和城乡建设局审查，并报旧城改造指挥部及市规划管理委员会批准后方可实施。

四、补偿安置

按照“先补偿安置、后拆迁开发”的原则，所有城中村改造项目必须对被拆迁人按照统一的补偿标准进行补偿安置到位后，经批准进行拆迁及配套商品房的开发建设。

按照统一标准，对城中村被拆迁居民采取货币补偿和产权调换补偿两种补偿方式，由被拆迁人任选其一：

（一）货币补偿：按照居民土地使用证（房产证）载明的土地性质、面积、被拆迁房屋的区位、用途、建筑面积等，以房地产市场评估价确定补偿标准，给予补偿；房屋外的其他附属物，按照平政〔2009〕14号文件规定及舞钢市有关规定标准对被拆迁人进行补偿。

（二）产权调换补偿：对于居民住宅用地，按法定面积168平方米为补偿单位，在安置小区以产权置换方式为土地使用权人安置一套120平方米（±5平方米）的住房，同时收回其住宅用地；对于家庭人口超过3人（不含3人）或子女已结婚，确需分户居住的被拆迁户，可按成本价在安置区购买一套90平方米（±5平方米）住房；对于地面附属物，按照平政〔2009〕14号文件规定及舞钢市有关规定标准对被拆迁人进行补偿。对于居民住宅用地以外的集体土地及农转非后剩余的国有土地，按照河南省区片地价对被征收土地的使用权人进行补偿；地面附属物的补偿，按照平政〔2009〕14号文件规定及舞钢市有关规定标准对被拆迁人进行补偿。

乡镇、街道办事处是落实补偿安置工作的责任主体，在制订城中村改造方案时，必须按照统一的补偿标准，制订科学合理的拆迁补偿安置方案，按照“四议两公开”工作法，取得90%以上村民的同意并对每个改造项目进行信访评估。拆迁前，必须依法签订拆迁补偿安置协议。拆迁补偿安置协议应载明：被拆迁人房屋的权属、位置、建筑面积、使用性质、结构形式、补偿方式、补偿安置标准、结算方式和安置房的权属、安置地点、面积、使用性质、结构、搬迁期限、过渡方式和过渡期限，同时载明违约责任和解决争议的方式。拆迁补偿安置方案经市政府批准后实施。

城中村改造涉及被拆迁人搬迁或临时安置的，其搬迁补助费和临时安置补助费标准应公示，并经村民会议讨论通过。临时安置补助费：按年计算，5000元/户。为鼓励被征地户积极搬迁，在规定的期限内搬迁腾空房屋经验收合格的，给予3000元～6000元/户奖励（含搬迁费）。

要采用市场运作的手段解决城中村改造资金不足的问题，建立开发企业资金进入和退出机制。开发企业对列入改造范围内的城中村有改造意向的，可向有关乡镇、街道办事处提出申请，由乡镇、街道办事处主导制订改造方案。改造方案经市旧城改造指挥部批准后，前期拆迁补偿费用可由开发企业预先以支付保证金的形式，提前把资金转入政府指定账户（解决前期拆迁补偿费用），拆迁补偿工作由村庄所在乡镇、街道办事处具体实施。待土地出让时，预先支付资金可冲抵土地出让金。如果开发企业未依法取得土地使用权，应由财政退归开发企业先期支出的费用，并支付中国人民银行公布的同期基准贷款利率的利息。

已列入城中村改造年度计划且近期拆迁的城中村,不得擅自拆除、新建、改建、扩建居民住宅。居民房屋破旧不能居住且没有开发企业资金介入的,可由政府采取预先收购的办法,对原住户进行购房补贴,住户向社会购房,待以后统一拆迁补偿时,原住户享受统一的拆迁补偿待遇,政府收回预先收购资金;对于住房满足不了居住需要的住户,政府采取租房补贴的方式解决,拆迁补偿时从补偿款中收回补贴资金。财政部门设立专户储备资金,每年列入年度专项资金预算,用于解决城中村改造中居民临时住房问题。

对短期内不能改造的城中村,居民房屋破旧无法居住的应依法申报,经批准后,可以允许住户自建简易住房(便于拆迁和补偿,严禁建设永久性住房)。

办理程序为:

1. 个人申请;

2. 乡镇、街道办事处对个人申请初查并与申请人签订协议,约定申请人遵守以后统一的拆迁补偿安置条件;

3. 市国土局核实居民所持土地使用证件;

4. 市房管局核实房屋所有权证;

5. 市住房和城乡建设局核准,提出初步意见,经市旧城改造指挥部同意并报请市政府批准后,审批临时建筑许可证;

6. 市财政局根据政府批准意见拨付购房补贴或租房补贴,由乡镇、街道具体实施。

五、拆迁管理、土地管理和建设管理

补偿安置到位后,要严格按照《规定》依法拆迁。不经批准,任何单位和个人不得擅自拆迁。

按照《规定》要求,加强城中村改造中的土地管理,原则上实行净地出让。要有效盘活、集约节约利用土地资源。

按照《规定》要求,加强城中村改造的建设管理。城中村改造小区建设主体工程应与道路、停车场、给排水、电力、通信、燃气、供热、公厕、垃圾收集、社区居委会、社区警务室、商业网点、卫生医疗网点、学校、幼儿园及公共绿地、健身、娱乐活动场所等基础设施和配套公共设施同步施工,同步验收。房屋竣工交房时,及时办理房屋产权证,保证居民的物权。

在业主、业主大会选聘物业服务企业之前,建设单位选聘物业服务企业的,应当签订书面的前期物业服务合同。前期物业服务合同可以约定期限;但是,期限未满、业主委员会与物业服务企业签订的物业服务合同生效的,前期物业服务合同终止。

城中村改造项目土地出让金、城市建设配套费的征收、管理和使用按有关法律、法规、政策执行。

六、优惠政策

城中村改造项目相关行政性收费、政府性基金、经营服务性收费的减、免、返等优惠政策仍按《规定》执行。

城中村改造项目的土地出让金、城市基础设施配套费统一征收、统一管理、统一使用。城中村改造范围内的土地出让金净收益地方留成部分和城市基础设施配套费(扣除规定的征收费用),主要用于城中村开发改造范围外部配套的城市道路、供水管网、污水管网、垃圾中转站、公共厕所建设支出,按市政基础设施建设管理,实行招投标和投资评审;也可用于城中村开发改造范围内部垃圾中转站、公厕、幼儿园、医疗服务中心、社区警务用房、社区办公用房建设。上述公用基础设施,必须与主体工程同时设计、同时施工、同时竣工,具体项目依照住房和城乡建设局批准的规划建设。其中:市政府用于城中村开发改造范围内部公用基础设施建设的投资,不超过该项目上缴的城市基础设施配套费的70%,不足部分由开发单位承担。城中村改造范围内部公用基础设施由开发单位负责建设。

城中村改造项目优惠政策的兑现,应由乡镇政府、街道办事处按照"一事一议"原则提出申请建议,由市住房和城乡建设局牵头审查后提出初步意见,经市旧城改造指挥部研究同意并报市政府批准后实施。兑现优惠政策用于城中村改造配套建设项目的费用支出程序为:由承建单位依照建设行政管理部门批准的设计规划编制预算,报城中村开发改造项目所在乡镇政府、街道办事处审查签署意见,送财政局进行投资评审,经市政府批准后,按照财政投资项目工程拨款程序拨付乡镇政府、街道办事处,由乡镇政府、街道办事处支付开发建设单位或施工单位。

建设行政管理部门、乡镇政府、街道办事处,应监督开发建设单位及时开工建设经批准的规划范围内的公用基础设施项目,保证与主体工程同时竣工。城中村开发改造项目规划范围内的公用基础设施不能同主体工程同时竣工的,建设行政管理部门不予竣工验收;所在乡镇政府、街道办事处依法收回已支付的建设资金。

原发布的城中村改造有关文件与本意见不一致的,以本意见为准。本意见自发布之日起生效,由市住房和城乡建设局负责解释。

舞钢市公开选拔副科级干部公告

为进一步深化干部人事制度改革,拓宽选人用人视野,多渠道多途径选拔任用优秀年轻干部,经中共舞钢市委研究决定公开选拔一批副科级干部。现公告如下:

一、公开选拔职位及数量

副科级干部20名。

经资格审查合格参加笔试人数与选拔职位的比例不低于10∶1(此比例计算含直接进入面试人员数量),若不足,按比例减少相应的选拔职位数量。

二、报名资格与条件

1. 年龄在35周岁以下(1975年4月以后出生);

2. 具有国家统招全日制本科学历,舞钢市市直行政事业单位、驻舞钢市国有企业的正式在职人员和舞钢市大学生村干部,三年以上工作经历;

3. 国家统招全日制研究生以上学历人员不受第二条规定限制,一年以上工作经历;

4. 身体健康;

5. 无违法违纪行为;

6. 具备《干部任用条例》规定的基本条件。

三、公开选拔程序

1. 宣传发动。在平顶山市和舞钢市相关媒体上向社会广泛宣传公开选拔的意义和目的,公布选拔条件、程序、范围及方法等情况。

2. 报名及资格审查

报名工作由舞钢市委组织部统一组织,报名者到舞钢市委组织部干部科报名(咨询电话:0375-8121357)。资格审查合格的,由市委组织部发放准考通知。

报名时间:2010年4月8日至17日。

报名时须填写报名登记表,并提供以下材料:(1)报名表(可从舞钢市政府网上下载);(2)报名时持本人有效身份证及其复印件;(3)学历、学位证件原件、学历鉴定证书及其复印件各1份;(4)本人近期同底二寸彩色证件照3张(背后加注姓名)。

外地考生报名,可以将报名表以电子邮件发送至wgswzzb@sina.com,身份证、学历、学位证书、学历鉴定证书复印件传真至0375－8122125,标注干部科收。其对应原件在报名截止之前到舞钢市委组织部干部科进行确认。

报名者须如实申报和填写本人有关情况,如发现弄虚作假者,取消本次公选资格。

3.笔试

笔试按《党政领导干部公开选拔和竞争上岗考试大纲》确定笔试内容,主要测试应试者胜任选拔职位应具备的基本理论、基本知识、基本方法,特别是运用有关理论、知识和方法分析解决领导工作中实际问题的能力。

4.面试

国家统招全日制研究生以上学历人员直接进入面试,本科毕业生依据笔试成绩,按拟选人数1∶5的比例由高分到低分确定面试入围人选。

面试主要考察在领导能力和个性特征等方面对选拔职位的适应程度。

5.组织考察

根据面试成绩,按拟选人数1∶3的比例由高分到低分确定考察对象。

由考核组对考察对象进行全面考察,考核内容实行量化分值。

6.决定任用

根据综合成绩(面试成绩按70%、考察成绩按30%计入个人综合成绩),按拟选人数由高分到低分确定拟提拔对象,舞钢市委组织部提出任用意见,提请舞钢市委常委会研究后公示。对通过公示的拟任人选按有关规定办理任用手续,试用期一年。

本次公开选拔工作,由纪检监察机关进行全程监督。

2010年4月8日

公开选拔副科级干部录用名单

赵巨博同志任舞钢市民政局副主任科员,下派到枣林镇政府任副镇长(挂职锻炼二年,不占职数)。

刘凌燕同志任舞钢市环保局副主任科员,下派到朱兰办事处任副主任(挂职锻炼二年,不占职数)。

刘冬慧同志任舞钢市教育局副主任科员,下派到铁山乡政府任副乡长(挂职锻炼二年,不占职数)。

胡正生同志任舞钢市人民法院副主任科员,下派到杨庄乡政府任副乡长(挂职锻炼二年,不占职数)。

王晓南同志任舞钢市人民政府办公室副主任科员,下派到垭口办事处任副主任(挂职锻炼二年,不占职数)。

张莹同志任舞钢市农业局副主任科员,下派到寺坡办事处任副主任(挂职锻炼二年,不占职数)。

张春鲜同志任舞钢市商务局副主任科员,下派到尹集镇政府任副镇长(挂职锻炼二年,不占职数)。

刘晓辉同志任舞钢市公安局副主任科员,下派到庙街乡政府任副乡长(挂职锻炼二年,不占职数)。

万珊伶同志任舞钢市工业和信息化局副主任科员,下派到八台镇政府任副镇长(挂职锻炼二年,不占职数)。

张文英同志任舞钢市文化广电局副主任科员,下派到院岭办事处任副主任(挂职锻炼二年,不占职数)。

赵彦伟同志任舞钢市粮食局副主任科员,下派到矿建办事处任副主任(挂职锻炼二年,不占职数)。

李稳山同志任舞钢市住房和城乡建设局副主任科员,下派到武功乡任副乡长(挂职锻炼二年,不占职数)。

李伟华同志任舞钢市水利局副主任科员,下派到尚店镇政府任副镇长(挂职锻炼二年,不占职数)。

关于严禁党员领导干部和国家工作人员工作日午间饮酒的暂行规定

第一条 为进一步加强党风廉政建设,严肃工作纪律,树立机关和党员干部的良好形象,保障机关工作人员身心健康和家庭幸福,根据《中共河南省纪委、中共河南省委组织部、河南省监察厅〈关于严禁机关工作人员影响公务和形象饮酒行为的暂行规定〉》等规定,结合我市实际,制定本规定。

第二条 严禁工作日午间饮酒(因工作需要或其他特殊情况必须饮酒的,须经市委、市政府主要领导批准,并在市纪委备案)。

第三条 年度内第一次发现违反本规定行为者,在媒体予以曝光,责令写出书面检查并诫勉谈话;第二次违反本规定行为者,有职务的一律免职,无职务的待岗处理,并通报全市;三次以上(含三次)违反本规定行为者,按照有关规定,给予党政纪处分。

第四条 年度内本单位发生两次违反本规定行为的,对单位进行通报批评,对分管领导实施诫勉谈话;年度内发生三次(含三次)以上违反本规定行为的,对单位通报批评,对单位分管领导和“一把手”实施诫勉谈话,取消单位当年一切评先资格;情节严重并造成恶劣影响的给予有关领导党政纪处分。

第五条 对拒不配合监督检查,态度恶劣的,视情节追究当事人的党政纪责任。

第六条 本规定适用于全市各级党的机关、人大机关、行政机关、政协机关、审判机关、检察机关、人民团体和具有公共事务管理职能的事业单位的工作人员。

不具有公共事务管理职能的事业单位的工作人员参照本规定执行。

第七条 各单位要切实加强领导,采取有效措施,确保本规定的贯彻落实。纪检监察部门和组织部门应认真履行职责,加强监督检查,发现问题,严肃处理。

第八条 本规定由市纪委、市委组织部、市监察局负责解释。

第九条 本规定自发布之日起施行。

中共舞钢市纪委
中共舞钢市委组织部
舞钢市监察局

2010年1月14日

舞钢市2010年普通高招录取榜(文科)

姓 名	考生号	院校代码	院校名称	批次
李文渊	10410410110425	6080	河南财经政法大学	2
李晓强	10410410110465	6277	漯河职业技术学院	5
刘晓璇	10410410110454	6002	郑州大学升达经贸管理学院	3
刘明喆	10410410110491	6065	信阳师范学院	2
韩莉莉	10410410110597	6050	安阳师范学院	2
张淑一	10410410110468	6289	河南工业贸易职业学院	5
陈红娜	10410410110435	6080	河南财经政法大学	2
杨俊彦	10410410110541	6002	郑州大学升达经贸管理学院	3
陈培伦	10410410110460	6309	郑州电子信息职业技术学院	5
刘 果	10410410110564	6268	河南质量工程职业学院	5
焦岗城	10410410110526	5995	郑州大学(对外合作办学)	4
吴雯倩	10410410110386	8057	天津电子信息职业技术学院	5
胡轩通	10410410110577	6255	开封大学(对外合作办学)	5
杨 静	10410410110545	6307	郑州经贸职业学院	5
邢世鹏	10410410110533	6304	周口科技职业学院	5
刘学立	10410410110489	6170	郑州师范学院	5
谢莹倩	10410410110645	6307	郑州经贸职业学院	5
周新星	10410410110630	6284	郑州旅游职业学院	5
杨书慧	10410410110367	8778	山东英才学院	5
杨瑞瑞	10410410110636	6268	河南质量工程职业学院	5
秦双玉	10410410110535	6268	河南质量工程职业学院	5
王艺臻	10410410110412	6504	中原工学院信息商务学院	3
王文佳	10410410110527	6307	郑州经贸职业学院	5
霍晓亮	10410410110452	6307	郑州经贸职业学院	5
益鹏远	10410410110550	8585	台州职业技术学院	5
赵龙彪	10410410110600	6080	河南财经政法大学	2
张 权	10410410110497	6508	信阳师范学院华锐学院	3

续表 1

姓　名	考生号	院校代码	院校名称	批次
芦世高	10410410110570	6507	安阳师范学院人文管理学院	3
夏铭均	10410410110457	6263	河南司法警官职业学院	5
李名吉	10410410110584	9791	武汉铁路职业技术学院	5
肖　夏	10410410110660	6306	郑州交通职业学院	5
邱岭军	10410410110693	6311	河南教育学院	4
刘启迪	10410410110706	7626	南昌理工学院	5
陈洁月	10410410110523	6282	河南农业职业学院	5
黄颖转	10410410110683	6283	河南交通职业技术学院	5
袁亚平	10410410110528	6273	鹤壁职业技术学院	5
孙萌萌	10410410110704	6130	黄河科技学院	3
张晓红	10410410110471	6313	平顶山教育学院	5
程丰鸽	10410410110601	8770	山东服装职业学院	5
袁嘉聪	10410410110410	6502	河南师范大学新联学院	5
郭京京	10410410110648	6235	焦作师范高等专科学校	4
刘恩慧	10410410110620	6291	新乡职业技术学院	5
魏翠玲	10410410110504	6317	河南卫生职工学院	4
王静静	10410410110449	6239	南阳医学高等专科学校	4
刘月霞	10410410110453	6040	许昌学院	2
武艳敏	10410410110592	6165	新乡学院	2
徐伟康	10410410110673	6135	安阳工学院	2
周一帆	10410410110629	6340	河南教育学院(对外合作办学)	5
曹鹏飞	10410410110588	6153	黄淮学院(对外合作办学)	5
王鹤鹏	10410410110676	6267	河南检察职业学院	5
刘　欢	10410410110595	6510	河南财经政法大学成功学院	3
马春歌	10410410110611	6265	郑州铁路职业技术学院	4
袁　帅	10410410110587	1370	西北农林科技大学	1
石福鹤	10410410110420	6235	焦作师范高等专科学校	4
范璐苹	10410410110416	6505	新乡医学院三全学院	3
陈卫杰	10410410110729	6125	平顶山学院	5

续表2

姓　名	考生号	院校代码	院校名称	批次
张亚男	10410410110585	6308	商丘科技职业学院	5
高瑞帆	10410410110678	6276	许昌职业技术学院	5
何芳舟	10410410110586	6080	河南财经政法大学	2
刘云云	10410410110583	6235	焦作师范高等专科学校	4
周丹丹	10410410110701	6295	郑州布瑞达理工职业学院	5
张丽萍	10410410110709	6272	濮阳职业技术学院	5
赵亚萍	10410410110440	6282	河南农业职业学院	5
王　孟	10410410110612	6307	郑州经贸职业学院	5
刘正磊	10410410110573	6308	商丘科技职业学院	5
张萧萧	10410410110467	6506	河南理工大学万方科技学院(有焦作和郑州两个校区)	5
杨旭光	10410410110501	6165	新乡学院	4
朱艳红	10410410110667	6277	漯河职业技术学院	5
方海川	10410410110479	6125	平顶山学院	5
苗素佳	10410410110492	6313	平顶山教育学院	5
付瑞瑞	10410410110705	6125	平顶山学院	4
张月娇	10410410110625	5640	徐州工程学院	4
张　赛	10410410110506	6276	许昌职业技术学院	5
王　芳	10410410110569	6065	信阳师范学院	2
王红霞	10410410110470	8778	山东英才学院	5
曹晓文	10410410110618	6214	河南机电高等专科学校	5
曹娟娟	10410410110668	6311	河南教育学院	4
高雅楠	10410410110568	6509	河南农业大学华豫学院	3
谭新爽	10410410110664	6235	焦作师范高等专科学校	4
李文净	10410410110499	6504	中原工学院信息商务学院	3
吴东洋	10410410110534	6216	河南财政税务高等专科学校	4
张　红	10410410110474	6261	河南职业技术学院	4
蔡丹丹	10410410110690	6125	平顶山学院	4
苏亚丽	10410410110447	3745	黑龙江科技学院	2
牛　青	10410410110433	1725	东北财经大学	2

续表3

姓　名	考生号	院校代码	院校名称	批次
付海燕	10410410110698	6113	郑州轻工业学院(对外合作办学)	4
冯永恒	10410410110399	4435	青岛农业大学	2
李　苗	10410410110505	6276	许昌职业技术学院	5
潘登科	10410410110622	6286	郑州工业安全职业学院	5
谷盈丽	10410410110521	6307	郑州经贸职业学院	5
田　敏	10410410110536	6252	开封大学	4
齐文飞	10410410110674	6221	郑州牧业工程高等专科学校	4
郭丹丹	10410410110658	6273	鹤壁职业技术学院	5
彭元元	10410410110613	6273	鹤壁职业技术学院	5
苗慧平	10410410110532	6283	河南交通职业技术学院	5
胡真真	10410410110379	6289	河南工业贸易职业学院	5
刘正涛	10410410110772	6263	河南司法警官职业学院	5
李文彬	10410410110537	6155	河南工程学院	4
陈冰冰	10410410110530	6267	河南检察职业学院	5
黄金来	10410410110665	6015	河南中医学院	2
吴宗媛	10410410110643	6272	濮阳职业技术学院	5
王林楠	10410410110571	6267	河南检察职业学院	5
王君明	10410410110442	5995	郑州大学(对外合作办学)	4
时梦云	10410410110663	4775	湖南商学院	2
梁东亮	10410410110488	6030	河南师范大学	2
邢晓亮	10410410110383	5995	郑州大学(对外合作办学)	4
刘　哲	10410410110456	9081	海南职业技术学院	5
张永吉	10410410110708	3895	南通大学	2
曹丽丽	10410410110710	6295	郑州布瑞达理工职业学院	5
宋亚丽	10410410110632	6278	商丘职业技术学院	5
藏晓南	10410410110662	6165	新乡学院	4
安宗卓	10410410110493	6012	河南农业大学(对外合作办学)	4
王哲学	10410410110574	6125	平顶山学院	5
杨方艳	10410410110385	6307	郑州经贸职业学院	5

续表4

姓　名	考生号	院校代码	院校名称	批次
曹小彤	10410410110462	6504	中原工学院信息商务学院	3
曹雅青	10410410110398	6889	重庆邮电大学移通学院	5
张　洁	10410410110428	6263	河南司法警官职业学院	N
冯新鹤	10410410110490	6098	华北水利水电学院	3
聂飞龙	10410410110378	6510	河南财经政法大学成功学院	3
王　珊	10410410110653	6288	信阳职业技术学院	5
郜晓丹	10410410110514	6277	漯河职业技术学院	5
陈　冰	10410410110496	6307	郑州经贸职业学院	5
孔璟璟	10410410110466	5995	郑州大学(对外合作办学)	4
黄旭光	10410410110599	6506	河南理工大学万方科技学院(有焦作和郑州两个校区)	5
吴红佳	10410410110483	6187	中原工学院(办学地点在郑州广播电视学校)	5
祝　申	10410410110503	6975	海南大学三亚学院	3
苗媛媛	10410410110424	6286	郑州工业安全职业学院	5
李彬源	10410410110615	6504	中原工学院信息商务学院	3
苗　青	10410410110631	6504	中原工学院信息商务学院	5
李倩倩	10410410110652	6221	郑州牧业工程高等专科学校	4
蒋莉莉	10410410110714	6035	洛阳师范学院	5
王文娟	10410410110589	6505	新乡医学院三全学院	3
郭指南	10410410110546	6610	北京工业大学耿丹学院	3
刘　丽	10410410110508	9057	广西机电职业技术学院	5
李素敏	10410410110580	6055	商丘师范学院	4
张聪亮	10410410110572	6308	商丘科技职业学院	5
王慧芳	10410410110395	6265	郑州铁路职业技术学院	4
谷　洋	10410410110381	6009	河南大学(对外合作办学)	2
卢　勇	10410410110538	6080	河南财经政法大学	5
柴文栋	10410410110614	8840	襄樊职业技术学院	5
焦茜楠	10410410110610	6505	新乡医学院三全学院	3
李鹏飞	10410410110485	4300	江西中医学院	2
姚艳歌	10410410110655	6214	河南机电高等专科学校	4

续表5

姓　名	考生号	院校代码	院校名称	批次
董晓哲	10410410110388	6506	河南理工大学万方科技学院(有焦作和郑州两个校区)	3
陈晓彬	10410410110531	6504	中原工学院信息商务学院	5
冷小红	10410410110605	5995	郑州大学(对外合作办学)	4
闫朴君	10410410110472	6803	东北农业大学成栋学院	3
付银银	10410410110547	6040	许昌学院	5
王亚萍	10410410110553	6125	平顶山学院	5
常小启	10410410110598	6282	河南农业职业学院	5
马永良	10410410110561	6502	河南师范大学新联学院	5
张　航	10410410110517	6132	黄河科技学院(对外合作办学)	5
赵　瑞	10410410110579	6504	中原工学院信息商务学院	3
陈一帆	10410410110604	6284	郑州旅游职业学院	5
姚超英	10410410110715	6125	平顶山学院	5
郭新芳	10410410110684	6155	河南工程学院	4
张慧娟	10410410110524	6050	安阳师范学院	2
邢婷婷	10410410110487	6281	河南经贸职业学院	4
苏林鸣	10410410110681	6009	河南大学(对外合作办学)	2
丁晓燕	10410410110575	6288	信阳职业技术学院	5
朱风娟	10410410110074	6300	长垣烹饪职业技术学院	5
屈首红	10410410110081	6308	商丘科技职业学院	5
周亚阳	10410410110084	6279	周口职业技术学院	5
黄艳丽	10410410110082	6278	商丘职业技术学院	5
赵耀强	10410410110085	8331	江西泰豪动漫职业学院	5
张苗苗	10410410110032	8331	江西泰豪动漫职业学院	5
何汇江	10410410110055	8331	江西泰豪动漫职业学院	5
贾运涛	10410410110009	6125	平顶山学院	5
罗春亮	10410410110057	6307	郑州经贸职业学院	5
张玉华	10410410110041	6322	许昌职业技术学院(软件类专业)	5
刘红娜	10410410110065	6180	郑州科技学院	5
王亚敏	10410410110068	6276	许昌职业技术学院	5

续表6

姓　名	考生号	院校代码	院校名称	批次
连露露	10410410110049	6308	商丘科技职业学院	5
石文玲	10410410110063	6322	许昌职业技术学院(软件类专业)	5
吕晓欢	10410410110046	6268	河南质量工程职业学院	5
李彩蝶	10410410110071	6276	许昌职业技术学院	5
张延平	10410410110076	8331	江西泰豪动漫职业学院	5
高　菲	10410410110083	8331	江西泰豪动漫职业学院	5
马晓亚	10410410110073	6298	郑州信息工程职业学院	5
李明明	10410410110060	6268	河南质量工程职业学院	5
郭攀峰	10410410110053	9848	湖南同德职业学院	5
石东亚	10410410110066	6309	郑州电子信息职业技术学院	5
李向彬	10410410110019	6279	周口职业技术学院	5
周欢欢	10410410110013	6279	周口职业技术学院	5
何彦飞	10410410110034	6309	郑州电子信息职业技术学院	5
陶雅梦	10410410110069	6284	郑州旅游职业学院	5
李亚丽	10410410110040	6287	永城职业学院	5
杜海涛	10410410110021	6279	周口职业技术学院	5
张　杰	10410410110025	6287	永城职业学院	5
田桂娜	10410410110047	6287	永城职业学院	5
崔会丽	10410410110048	6309	郑州电子信息职业技术学院	5
韩鹏飞	10410410110051	6304	周口科技职业学院	5
谢　姣	10410410110045	6308	商丘科技职业学院	5
喜庆举	10410410110014	6306	郑州交通职业学院	5
刘小利	10410410110033	6306	郑州交通职业学院	5
樊文卓	10410410110016	6287	永城职业学院	5
李冬亮	10410410110036	6309	郑州电子信息职业技术学院	5
张乐乐	10410410110017	6322	许昌职业技术学院(软件类专业)	5
陈雷珂	10410410110059	6279	周口职业技术学院	5
徐昆阳	10410410110029	6279	周口职业技术学院	5
张沁弛	10410410110056	6308	商丘科技职业学院	5

续表 7

姓　名	考生号	院校代码	院校名称	批次
张新亚	10410410110050	6279	周口职业技术学院	5
王曼彩	10410410110020	6287	永城职业学院	5
范雪娇	10410410110026	6287	永城职业学院	5
李守山	10410410110052	6279	周口职业技术学院	5
刘小燕	10410410110195	6308	商丘科技职业学院	5
李朝阳	10410410110160	6276	许昌职业技术学院	5
韦丹丹	10410410110176	6279	周口职业技术学院	5
陈梦辉	10410410110200	6273	鹤壁职业技术学院	5
郭姗姗	10410410110149	6268	河南质量工程职业学院	5
朱　艳	10410410110171	6285	郑州职业技术学院	5
张　宁	10410410110140	6221	郑州牧业工程高等专科学	5
何晓彦	10410410110216	6272	濮阳职业技术学院	5
赵东昂	10410410110168	6304	周口科技职业学院	5
杨彦丽	10410410110189	6270	郑州信息科技职业学院	5
杨亚洁	10410410110213	6125	平顶山学院	5
张陆定	10410410110209	6276	许昌职业技术学院	5
华伟兵	10410410110197	8331	江西泰豪动漫职业学院	5
张华楠	10410410110147	6276	许昌职业技术学院	5
任喜群	10410410110186	6305	郑州澍青医学高等专科学校	5
薛盼盼	10410410110218	6288	信阳职业技术学院	5
闫娜娜	10410410110196	6276	许昌职业技术学院	5
张慧苹	10410410110153	8384	黑龙江司法警官职业学院	5
张晓兵	10410410110163	8331	江西泰豪动漫职业学院	5
刘亚星	10410410110144	6283	河南交通职业技术学院	5
刘文娟	10410410110204	6313	平顶山教育学院	5
包艳敏	10410410110193	6276	许昌职业技术学院	4
彭　飞	10410410110205	6223	信阳农业高等专科学校	4
孙小改	10410410110219	6276	许昌职业技术学院	5
徐梦梦	10410410110185	6504	中原工学院信息商务学院	5

续表 8

姓　名	考生号	院校代码	院校名称	批次
王伟青	10410410110214	6292	安阳职业技术学院	5
伍彤阳	10410410110182	6307	郑州经贸职业学院	5
王亚歌	10410410110217	8720	江西城市职业学院	5
郭文璐	10410410110157	6319	第一拖拉机制造厂拖拉机学院	5
张双蕾	10410410110178	6313	平顶山教育学院	5
李萌萌	10410410110166	6308	商丘科技职业学院	5
邢欢欢	10410410110191	6282	河南农业职业学院	5
李晓明	10410410110179	6279	周口职业技术学院	5
张晓亚	10410410110173	6132	黄河科技学院(对外合作办学)	5
付永娟	10410410110192	6280	济源职业技术学院	5
彭文亮	10410410110180	6267	河南检察职业学院	5
李　新	10410410110175	6280	济源职业技术学院	5
胡亚彬	10410410110146	9541	江西科技职业学院	5
曹珍珍	10410410110143	6308	商丘科技职业学院	5
谢有路	10410410110202	6308	商丘科技职业学院	5
胡珊珊	10410410110183	6307	郑州经贸职业学院	5
殷梦纳	10410410110164	6287	永城职业学院	5
李红磊	10410410110170	6292	安阳职业技术学院	5
曹运华	10410410110155	6267	河南检察职业学院	5
赵小箔	10410410110177	6267	河南检察职业学院	5
杜培玲	10410410110154	6052	安阳师范学院(对外合作办学)	5
武梯云	10410410110174	6292	安阳职业技术学院	5
杨亚丽	10410410110288	6218	河南商业高等专科学校	5
周丹丹	10410410110279	6281	河南经贸职业学院	5
薛鹏英	10410410110299	6277	漯河职业技术学院	5
吴向华	10410410110249	6292	安阳职业技术学院	5
罗会杰	10410410110270	6287	永城职业学院	5
赵士军	10410410110259	6285	郑州职业技术学院	5
袁潇潇	10410410110247	8457	上海东海职业技术学院	5

续表 9

姓　名	考生号	院校代码	院校名称	批次
王宗阳	10410410110269	6276	许昌职业技术学院	5
丁艳红	10410410110246	6287	永城职业学院	5
马书丽	10410410110268	6279	周口职业技术学院	5
王景卫	10410410110267	6291	新乡职业技术学院	5
范梦雅	10410410110248	6279	周口职业技术学院	5
宋丹丹	10410410110253	6280	济源职业技术学院	5
王恩惠	10410410110260	6307	郑州经贸职业学院	5
李蒙蒙	10410410110261	6135	安阳工学院	5
臧云亚	10410410110308	6322	许昌职业技术学院(软件类专业)	5
阮伟征	10410410110263	6277	漯河职业技术学院	5
密晓丽	10410410110295	6221	郑州牧业工程高等专科学校	4
周琼亚	10410410110296	6282	河南农业职业学院	5
宋新新	10410410110266	6125	平顶山学院	5
贾璐璐	10410410110271	6280	济源职业技术学院	5
苗伟乐	10410410110274	6280	济源职业技术学院	5
朱阳阳	10410410110286	6279	周口职业技术学院	5
张超杰	10410410110285	6276	许昌职业技术学院	5
王文倩	10410410110290	6301	许昌陶瓷职业学院	5
张来鹏	10410410110265	6308	商丘科技职业学院	5
曹广源	10410410110245	8325	广西工程职业学院	5
吴　琼	10410410110250	6279	周口职业技术学院	5
邢忠明	10410410110256	8258	陕西电子科技职业学院	5
赵秋琴	10410410110326	6150	黄淮学院	5
杨　鸽	10410410110284	6309	郑州电子信息职业技术学院	5
乔艳丽	10410410110289	6186	郑州航空工业管理学院	5
姬　彬	10410410110319	6309	郑州电子信息职业技术学院	5
曹鹏鹏	10410410110315	6309	郑州电子信息职业技术学院	5
张会娜	10410410110355	6343	鹤壁职业技术学院(软件类专业)	5
杨欢欢	10410410110345	6273	鹤壁职业技术学院	5

续表10

姓 名	考生号	院校代码	院校名称	批次
王 丽	10410410110335	6277	漯河职业技术学院	5
李 恒	10410410110306	6287	永城职业学院	5
徐书明	10410410110320	6299	焦作工贸职业学院	5
张 珍	10410410110291	6293	驻马店职业技术学院	5
张雪平	10410410110348	6277	漯河职业技术学院	5
郭文乐	10410410110283	6279	周口职业技术学院	5
姬聪聪	10410410110300	6273	鹤壁职业技术学院	5
王喜超	10410410110358	6307	郑州经贸职业学院	5
樊晓燕	10410410110336	6307	郑州经贸职业学院	5
袁军丽	10410410110349	6277	漯河职业技术学院	5
王远远	10410410110362	6307	郑州经贸职业学院	5
闫明月	10410410110360	8770	山东服装职业学院	5
谢彦彦	10410410110313	6293	驻马店职业技术学院	5
苏会涛	10410410110305	6263	河南司法警官职业学院	5
陈胜旗	10410410110293	6280	济源职业技术学院	5
韩长岭	10410410110343	6280	济源职业技术学院	5
高新军	10410410110333	6293	驻马店职业技术学院	5
王洪娜	10410410110325	6280	济源职业技术学院	5
禹明杰	10410410110298	6279	周口职业技术学院	5
郭盈辉	10410410110292	6279	周口职业技术学院	5
梁广伟	10410410110287	6286	郑州工业安全职业学院	5
冯新帅	10410410110356	6262	河南工业职业技术学院	4
周彩丽	10410410110337	6275	三门峡职业技术学院	5
袁真真	10410410110314	6306	郑州交通职业学院	5
李璐璐	10410410110344	6186	郑州航空工业管理学院	5
杨 晓	10410410110126	6281	河南经贸职业学院	4
张亚枭	10410410110078	6216	河南财政税务高等专科学校	4
高 昂	10410410110100	6825	华侨大学厦门工学院	3
罗 阳	10410410110116	3020	西南民族大学	2

续表 11

姓　名	考生号	院校代码	院校名称	批次
李艳磊	10410410110098	7195	郧阳师范高等专科学校	4
邢凯莉	10410410110115	6281	河南经贸职业学院	4
郑晓芳	10410410110138	8649	淮北职业技术学院	5
范东方	10410410110039	6267	河南检察职业学院	5
卞燕云	10410410110122	6272	濮阳职业技术学院	5
丁玲玲	10410410110094	6281	河南经贸职业学院	5
李　雪	10410410110097	6506	河南理工大学万方科技学院(有焦作和郑州两个校区)	5
冯聪聪	10410410110162	6070	南阳师范学院	5
余净阳	10410410110077	6140	河南警察学院	4
韦晓柯	10410410110079	7622	西安欧亚学院	3
屈爽爽	10410410110131	7602	西安培华学院	3
邢　丽	10410410110111	6015	河南中医学院	2
王毬力	10410410110119	6165	新乡学院	2
卢新桃	10410410110113	6135	安阳工学院	4
王燕洁	10410410110110	6008	河南大学(郑州校区)	4
李孟珂	10410410110117	6017	河南中医学院与嵩山少林武术职业学院联合办学	3
闫乔娟	10410410110124	6288	信阳职业技术学院	5
范丽丽	10410410110072	6288	信阳职业技术学院	5
刘倩倩	10410410110088	6293	驻马店职业技术学院	5
杨付平	10410410110114	6317	河南卫生职工学院	4
谢晓翠	10410410110181	6281	河南经贸职业学院	5
韩晓芳	10410410110108	6223	信阳农业高等专科学校	4
石风一	10410410110105	6313	平顶山教育学院	5
许名洋	10410410110092	6317	河南卫生职工学院	4
王颂颂	10410410110118	6150	黄淮学院	4
袁小翠	10410410110125	6503	河南科技学院新科学院	3
范秀秀	10410410110129	6040	许昌学院	5
梁俊平	10410410110090	6189	郑州轻工业学院(办学地点在河南省民族中等专业学校)	5
梁莉莉	10410410110099	6278	商丘职业技术学院	4

续表12

姓　名	考生号	院校代码	院校名称	批次
苑媛媛	10410410110091	6235	焦作师范高等专科学校	4
安　茜	10410410110096	6070	南阳师范学院	3
尚　进	10410410110316	6268	河南质量工程职业学院	5
董奕杰	10410410110238	6509	河南农业大学华豫学院	5
张连玉	10410410110239	8857	武汉商业服务学院	5
马元青	10410410110340	6300	长垣烹饪职业技术学院	5
马欢欢	10410410110331	6276	许昌职业技术学院	5
候　锦	10410410110324	6268	河南质量工程职业学院	5
王颖哲	10410410110357	6313	平顶山教育学院	5
李梦霜	10410410110317	6307	郑州经贸职业学院	5
孙幸云	10410410110231	6125	平顶山学院	5
贺　磊	10410410110323	6292	安阳职业技术学院	5
王红冰	10410410110350	9848	湖南同德职业学院	5
刘怡含	10410410110139	6125	平顶山学院	5
孙兰兰	10410410110236	6275	三门峡职业技术学院	5
闫丽乐	10410410110223	6317	河南卫生职工学院	4
沈露露	10410410110297	6186	郑州航空工业管理学院	5
李　亚	10410410110134	6125	平顶山学院	5
张东东	10410410110232	6125	平顶山学院	5
张胜博	10410410110156	6223	信阳农业高等专科学校	4
黄嘉宝	10410410110103	6125	平顶山学院	5
周健楠	10410410110226	6283	河南交通职业技术学院	5
王　昉	10410410110243	6274	郑州职业技术学院(就读在郑州广播电视大学)	5
张志慧	10410410110008	6153	黄淮学院(对外合作办学)	5
王　阳	10410410110225	8857	武汉商业服务学院	5
胡振华	10410410110318	6338	平顶山工业职业技术学院(对外合作办学)	5
裴　芳	10410410110237	6253	开封大学(软件类专业)	5
刘亚琼	10410410110242	6268	河南质量工程职业学院	5
朱　磊	10410410110240	6267	河南检察职业学院	5

续表13

姓 名	考生号	院校代码	院校名称	批次
李惠谨	10410410110361	6268	河南质量工程职业学院	5
刘艳超	10410410110136	6125	平顶山学院	5
申沛坦	10410410110329	6125	平顶山学院	5
张 晶	10410410110376	6504	中原工学院信息商务学院	5
刘云鹏	10410410110001	6502	河南师范大学新联学院	3
梅亚丽	10410410110736	6502	河南师范大学新联学院	3
张会玲	10410410110691	6155	河南工程学院	4
杨超群	10410410110743	6132	黄河科技学院(对外合作办学)	3
宋广莉	10410410110450	6508	信阳师范学院华锐学院	3
周芳芳	10410410110747	6221	郑州牧业工程高等专科学校	4
周园园	10410410110482	6256	焦作大学	4
臧亚平	10410410110539	6506	河南理工大学万方科技学院(有焦作和郑州两个校区)	3
张南南	10410410110738	6510	河南财经政法大学成功学院	3
务军丽	10410410110739	6250	中州大学	4
徐聪聪	10410410110763	6003	郑州大学西亚斯国际学院	3
李高平	10410410110737	5995	郑州大学(对外合作办学)	4
杨朋媛	10410410110607	6510	河南财经政法大学成功学院	3
陈红梅	10410410110734	6250	中州大学	4
陈 琛	10410410110459	6271	平顶山工业职业技术学院	4
潘家豪	10410410110790	6261	河南职业技术学院	4
胡亚楠	10410410110748	6262	河南工业职业技术学院	4
张庆玲	10410410110745	6216	南财政税务高等专科学校	4
柴宏波	10410410110387	6283	河南交通职业技术学院	4
袁冰超	10410410110741	6218	河南商业高等专科学校	4
刘亚真	10410410110670	6250	中州大学	4
戚莉莉	10410410110767	6214	河南机电高等专科学校	4
李 倩	10410410110742	6292	安阳职业技术学院	5
赵伟伟	10410410110651	6288	信阳职业技术学院	4
张颖睿	10410410110682	6218	河南商业高等专科学校	4

续表 14

姓　名	考生号	院校代码	院校名称	批次
周俊飞	10410410110731	6217	河南财政税务高等专科学校(对外合作办学)	4
周鹏冲	10410410110785	8851	武汉航海职业技术学院	5
胡沛燕	10410410110753	6284	郑州旅游职业学院	5
刁东东	10410410110752	6238	商丘医学高等专科学校	4
刘艳艳	10410410110694	6288	信阳职业技术学院	5
柴文晓	10410410110609	6278	商丘职业技术学院	4
姚　瀚	10410410110773	9575	湖南网络工程职业学院	5
韩琼珠	10410410110793	6082	河南财经政法大学(对外合作办学)	4
李文华	10410410110512	6267	河南检察职业学院	5
胡二鹏	10410410110448	6281	河南经贸职业学院	5
程志巍	10410410110732	6269	河南建筑职业技术学院	5
王亚伟	10410410110766	6252	开封大学	4
张占东	10410410110765	6180	郑州科技学院	3
赵旭东	10410410110791	6250	中州大学	5
王　燕	10410410110744	8609	宁波大红鹰学院	3
李　军	10410410110802	5995	郑州大学(对外合作办学)	4
陈亚南	10410410110679	6285	郑州职业技术学院	5
柴会蝶	10410410110746	6060	周口师范学院	2
李燕科	10410410110686	4275	东华理工大学	2
赵启尤	10410410110408	6872	湖南文理学院芙蓉学院	3
康慧凯	10410410110391	6218	河南商业高等专科学校	4
温胜男	10410410110783	6150	黄淮学院	2
魏　伟	10410410110700	6150	黄淮学院	2
韦梦梦	10410410110799	6295	郑州布瑞达理工职业学院	5
白　璐	10410410110641	8770	山东服装职业学院	5
巴娅菲	10410410110640	6506	河南理工大学万方科技学院(有焦作和郑州两个校区)	5
付雯雯	10410410110795	6510	河南财经政法大学成功学院	3
张沛喆	10410410110728	6239	南阳医学高等专科学校	4
苗滋润	10410410110392	6509	河南农业大学华豫学院	5

续表15

姓　名	考生号	院校代码	院校名称	批次
杨　阳	10410410110720	6281	河南经贸职业学院	5
赵亚双	10410410110692	6223	信阳农业高等专科学校	5
曹军伟	10410410110370	6508	信阳师范学院华锐学院	3
范懿春	10410410110796	6502	河南师范大学新联学院	3
宋东方	10410410110441	6055	商丘师范学院	2
张秋婵	10410410110797	6510	河南财经政法大学成功学院	3
陈姗姗	10410410110594	6503	河南科技学院新科学院	3
张亚飞	10410410110740	6509	河南农业大学华豫学院	3
焦文良	10410410110730	6330	河南经贸职业学院（软件类专业）	5
蒋　楠	10410410110801	6501	河南大学民生学院	3
陈菲菲	10410410110800	6237	漯河医学高等专科学校	4
冯光彩	10410410110794	6035	洛阳师范学院	2
杨志慧	10410410110646	3345	唐山师范学院	2
刘超英	10410410110702	6002	郑州大学升达经贸管理学院	3
李雪玉	10410410110567	6125	平顶山学院	2
王　通	10410410110444	6030	河南师范大学	2
王燕奇	10410410110775	6502	河南师范大学新联学院	3
杜　聪	10410410110696	6070	南阳师范学院	2
袁自晓	10410410110628	6050	安阳师范学院	2
院珊珊	10410410110634	6175	郑州华信学院	3
张慧娟	10410410110780	5695	铜仁学院	2
张晗玉	10410410110697	6510	河南财经政法大学成功学院	3
王文蝶	10410410110779	6132	黄河科技学院（对外合作办学）	3
陈　鹏	10410410110768	6509	河南农业大学华豫学院	3
冯丹丹	10410410110725	5995	郑州大学（对外合作办学）	4
杨小改	10410410110719	6336	郑州铁路职业技术学院（对外合作办学）	4
赵洋洋	10410410110788	6509	河南农业大学华豫学院	3
方　静	10410410110669	6307	郑州经贸职业学院	5
李培军	10410410110749	6273	鹤壁职业技术学院	5

续表16

姓　名	考生号	院校代码	院校名称	批次
姬春阳	10410410110513	6256	焦作大学	4
刘亚飞	10410410110727	6268	河南质量工程职业学院	5
饶慧杰	10410410110754	6252	开封大学	4
赵登峰	10410410110685	6080	河南财经政法大学	2
金晨卓	10410410110656	6035	洛阳师范学院	2
郭新琦	10410410110606	6009	河南大学(对外合作办学)	2
张婉若	10410410110792	6030	河南师范大学	1
高珍珍	10410410110689	3495	沈阳大学	2
王朝弘	10410410110666	6098	华北水利水电学院	3
袁芳芳	10410410110516	6060	周口师范学	2
胡玉燕	10410410110781	6604	西南大学育才学院	3
刘会娟	10410410110672	6000	郑州大学	1
袁彬彬	10410410110639	6507	安阳师范学院人文管理学院	3
王　琼	10410410110722	3545	沈阳理工大学	2
陈方磊	10410410110369	4485	山东经济学院	2
宋晓娜	10410410110590	2750	海南大学	2
刘培蕾	10410410110776	6508	信阳师范学院华锐学院	3
李亚菲	10410410110591	5060	重庆工商大学	2
李广明	10410410110680	6175	郑州华信学院	3
张　珮	10410410110617	6070	南阳师范学院	2
张金萍	10410410110649	6050	安阳师范学院	2
侯俊芳	10410410110552	6065	信阳师范学院	2
李海瑜	10410410110429	6002	郑州大学升达经贸管理学院	3
张丛珊	10410410110805	6271	平顶山工业职业技术学院	4
吴培红	10410410110778	6050	安阳师范学院	2
任　旭	10410410110401	6009	河南大学(对外合作办学)	2
杨丽立	10410410110633	6256	焦作大学	4
王文义	10410410110407	6075	南阳理工学院	2
韦娇阳	10410410110726	6003	郑州大学西亚斯国际学院	3

续表 17

姓 名	考生号	院校代码	院校名称	批次
李素贞	10410410110784	6065	信阳师范学院	2
喻梦彩	10410410110724	6501	河南大学民生学院	3
鲁红霞	10410410110413	6505	新乡医学院三全学院	3
王　源	10410410110718	6281	南经贸职业学院	4
张佳宇	10410410110735	6080	河南财经政法大学	2
杨　柳	10410410110721	6330	河南经贸职业学院(软件类专业)	5
董文昊	10410410110637	5995	郑州大学(对外合作办学)	4
张文军	10410410110762	6140	河南警察学院	2
李　奇	10410410110642	6261	河南职业技术学院	4
张阳杨	10410410110777	6503	河南科技学院新科学院	3
郭冬冬	10410410110544	6150	黄淮学院	4
刘　喆	10410410110365	6337	平顶山工业职业技术学院(软件类专业)	5
李　培	10410410110366	6322	许昌职业技术学院(软件类专业)	5
苗　宁	10410410110301	6216	河南财政税务高等专科学校	4
张佳佳	10410410110276	6273	鹤壁职业技术学院	5
李雯静	10410410110227	6035	洛阳师范学院	2
张　蕊	10410410110409	6218	南商业高等专科学校	4
李东亮	10410410110128	6085	河南科技大学	5
牛婵媛	10410410110120	6288	信阳职业技术学院	5
李小真	10410410110372	8315	石家庄外事职业学院	5
王　茜	10410410110235	6078	南阳理工学院(对外合作办学)	3
马文琇	10410410110233	6035	洛阳师范学院	4
张素贞	10410410110375	6312	开封教育学院	5
张　磊	10410410110373	6003	郑州大学西亚斯国际学院	3
李苏利	10410410110371	6336	州铁路职业技术学院(对外合作办学)	4
贾东娜	10410410110229	6165	新乡学院	4
苗　露	10410410110003	6050	安阳师范学院	2
务顺华	10410410110804	6268	河南质量工程职业学院	5
王　雅	10410410110006	6288	信阳职业技术学院	5

续表18

姓　名	考生号	院校代码	院校名称	批次
张小艳	10410410110004	6223	信阳农业高等专科学校	4
马亚明	10410410110123	6507	安阳师范学院人文管理学院	3
郭庆森	10410410110771	6040	许昌学院	5
郭彦卓	10410410110755	6110	郑州轻工业学院	2
刘　亚	10410410110498	6509	河南农业大学华豫学院	3
刘小科	10410410110761	6307	郑州经贸职业学院	5
袁雪生	10410410110803	6250	中州大学	4
许亮亮	10410410110806	6238	商丘医学高等专科学校	4
杨田田	10410410119001	6130	黄河科技学院	J
王建森	10410410119039	6290	河南艺术职业学院	K
郑喜同	10410410119042	6309	郑州电子信息职业技术学院	5
殷小军	10410410119036	6501	河南大学民生学院	J
刘帆洋	10410410119216	6678	四川大学锦江学院	J
高　寒	10410410119038	6125	平顶山学院	I
刘琳琳	10410410119081	8838	武汉职业技术学院	K
陈文静	10410410119031	8834	黄冈职业技术学院	K
吴　潇	10410410119033	8016	北京科技经营管理学院	5
王　喆	10410410119061	6310	嵩山少林武术职业学院	5
姚嘉宇	10410410119037	6892	成都理工大学广播影视学院	I
洪露露	10410410119070	6281	河南经贸职业学院	K
毛婉婷	10410410119091	5995	郑州大学(对外合作办学)	K
林　广	10410410119106	6042	许昌学院(对外合作办学)	K
宋　培	10410410119025	6282	河南农业职业学院	K
曹亚珂	10410410119078	4165	淮北师范大学(原淮北煤炭师范学院)	I
杨希昌	10410410119116	6180	郑州科技学院	K
郭云青	10410410119019	6308	商丘科技职业学院	5
宋柯霖	10410410119108	9229	昆明艺术职业学院	K
韩　璐	10410410119010	6307	郑州经贸职业学院	5
康晓贺	10410410119022	6282	河南农业职业学院	5

续表 19

姓　名	考生号	院校代码	院校名称	批次
刘　源	10410410119013	6035	洛阳师范学院	I
姚　颖	10410410119067	6261	河南职业技术学院	K
郑巧月	10410410119092	6261	河南职业技术学院	K
李　丽	10410410119105	6112	郑州轻工业学院易斯顿美术学院	I
李巧玲	10410410119248	6307	郑州经贸职业学院	K
王　赞	10410410119342	8717	江西陶瓷工艺美术职业技术学院	K
韦　佳	10410410119048	6250	中州大学	5
杨　硕	10410410119084	6125	平顶山学院	5
张胜男	10410410119336	8717	江西陶瓷工艺美术职业技术学院	K
赵　艳	10410410119021	9601	北海艺术设计职业学院	K
魏京彤	10410410119103	6985	成都信息工程学院银杏酒店管理学院	K
陈双双	10410410119057	8717	江西陶瓷工艺美术职业技术学	K
曾晓光	10410410119290	8717	西陶瓷工艺美术职业技术学院	K
张彦奇	10410410119018	6280	济源职业技术学院	K
卞旭阳	10410410119034	6290	河南艺术职业学院	K
贺一凡	10410410119008	6276	许昌职业技术学院	5
李　真	10410410119007	6504	中原工学院信息商务学院	5
张　鑫	10410410119121	6506	河南理工大学万方科技学院(有焦作和郑州两个校区)	5
李志辉	10410410119076	4270	宜春学院	I
娄文超	10410410119032	9417	北京汇佳职业学院	5
王俊丽	10410410119024	6153	黄淮学院(对外合作办学)	5
王亚君	10410410119005	6157	河南工程学院(对外合作办学)	K
冯玉尊	10410410119083	4595	湖北师范学院	I
贺奕喆	10410410119029	9799	广东文艺职业学院	K
吴营营	10410410119082	8315	石家庄外事职业学院	5
赵露露	10410410119107	6274	郑州职业技术学院(就读在郑州广播电视大学)	5
刘　东	10410410119069	6127	平顶山学院(对外合作办学)	5
张盼盼	10410410119027	8717	江西陶瓷工艺美术职业技术学院	5
王晨光	10410410119283	6508	信阳师范学院华锐学院	J

续表20

姓　名	考生号	院校代码	院校名称	批次
高　博	10410410119179	6132	黄河科技学院(对外合作办学)	K
胡　冰	10410410119059	6221	郑州牧业工程高等专科学校	K
刘卓识	10410410119046	9743	科尔沁艺术职业学院	K
毛婉璐	10410410119023	6112	郑州轻工业学院易斯顿美术学院	K
沈桢昊	10410410119097	6125	平顶山学院	I
苏文培	10410410119212	1180	武汉大学	I
杨　明	10410410119153	6040	许昌学院	5
张铭贺	10410410119051	8717	江西陶瓷工艺美术职业技术学院	K
赵前程	10410410119040	6130	黄河科技学院	J
刘媛媛	10410410119277	6290	河南艺术职业学院	K
刘　柳	10410410119085	6125	平顶山学院	5
石艳慧	10410410119196	6310	嵩山少林武术职业学院	5
任千里	10410410119093	6290	河南艺术职业学院	K
程　航	10410410119220	8717	江西陶瓷工艺美术职业技术学院	K
孙资深	10410410119119	8048	北京经贸职业学院	5
李双双	10410410119043	6125	平顶山学院	5
陈夏力	10410410119004	6892	成都理工大学广播影视学院	K
马　鹤	10410410119044	7502	荆楚理工学院	K
李　涛	10410410119002	6308	商丘科技职业学院	5
魏　雪	10410410119050	8966	广东农工商职业技术学院	5
张　宁	10410410119016	6277	漯河职业技术学院	K
袁伟森	10410410119146	6892	成都理工大学广播影视学院	K
孙　靖	10410410119214	8834	黄冈职业技术学院	K
王晓亚	10410410119080	9344	新疆机电职业技术学院	5
李　梦	10410410119102	6135	沈阳工学院	I
邢文艳	10410410119112	3225	天津职业技术师范大学(原天津工程师范学院)	I
刘智慧	10410410119087	6003	郑州大学西亚斯国际学院	J
徐肇浛	10410410119056	6187	中原工学院(办学地点在郑州广播电视学校)	K
李　炎	10410410119354	6187	中原工学院(办学地点在郑州广播电视学校)	K

续表21

姓　名	考生号	院校代码	院校名称	批次
韦雪龙	10410410119175	8717	江西陶瓷工艺美术职业技术学院	K
张盼盼	10410410119159	6307	郑州经贸职业学院	K
袁　青	10410410119167	6293	驻马店职业技术学院	K
陈　娟	10410410119168	8331	江西泰豪动漫职业学院	5
王建桦	10410410119162	6307	郑州经贸职业学院	K
李焕欢	10410410119182	8720	江西城市职业学院	K
张家源	10410410119156	6307	郑州经贸职业学院	K
高山美	10410410119186	6309	郑州电子信息职业技术学院	K
白巧云	10410410119161	6223	信阳农业高等专科学校	K
刘彦霞	10410410119181	6309	郑州电子信息职业技术学院	K
王菲菲	10410410119164	6307	郑州经贸职业学院	K
包威威	10410410119173	6187	中原工学院(办学地点在郑州广播电视学校)	K
殷丽会	10410410119169	9859	海南工商职业学院	5
赵　靓	10410410119184	9859	海南工商职业学院	5
张莹莹	10410410119170	6309	郑州电子信息职业技术学院	5
王笑南	10410410119189	9247	西安航空职业技术学院	K
石丽丽	10410410119265	6309	郑州电子信息职业技术学院	5
韩聪聪	10410410119263	6307	郑州经贸职业学院	5
晁运转	10410410119256	6271	平顶山工业职业技术学院	K
刘海玲	10410410119238	6309	郑州电子信息职业技术学院	5
尹军丽	10410410119267	6309	郑州电子信息职业技术学院	5
高晓美	10410410119274	6279	周口职业技术学院	5
杨晓娜	10410410119245	6306	郑州交通职业学院	5
丁方珠	10410410119272	9725	厦门华天涉外职业技术学院	K
陈娓娓	10410410119273	8331	江西泰豪动漫职业学院	5
严明明	10410410119257	6273	鹤壁职业技术学院	K
李美佳	10410410119260	6256	焦作大学	K
贾针针	10410410119299	6307	郑州经贸职业学院	K
牛慧娜	10410410119322	6125	平顶山学院	5

续表 22

姓　名	考生号	院校代码	院校名称	批次
郭晓路	10410410119319	6276	许昌职业技术学院	K
韩晓彦	10410410119304	6221	郑州牧业工程高等专科学校	K
张彩红	10410410119313	6307	郑州经贸职业学院	K
王艳芳	10410410119316	6223	信阳农业高等专科学校	K
张楠楠	10410410119297	6267	河南检察职业学院	5
彭佳男	10410410119321	8331	江西泰豪动漫职业学院	K
刘会立	10410410119325	6276	许昌职业技术学院	K
赵素哲	10410410119247	6157	河南工程学院(对外合作办学)	K
刘晓博	10410410119312	8331	江西泰豪动漫职业学院	K
路万超	10410410119327	6285	郑州职业技术学院	5
高占军	10410410119243	8780	青岛飞洋职业技术学院	5
刘　阳	10410410119305	6307	郑州经贸职业学院	K
卢小许	10410410119303	6307	郑州经贸职业学院	K
赵璐璐	10410410119259	6307	郑州经贸职业学院	5
张正刚	10410410119330	6276	许昌职业技术学院	K
刘小静	10410410119307	8720	江西城市职业学院	5
李新杰	10410410119320	6506	河南理工大学万方科技学院(有焦作和郑州两个校区)	J
张萌阳	10410410119323	8331	江西泰豪动漫职业学院	5
范英琪	10410410119310	6509	河南农业大学华豫学院	J
王小伟	10410410119302	6308	商丘科技职业学院	K
张凯丽	10410410119329	9259	陕西服装艺术职业学院	5
颜　洁	10410410119177	9259	陕西服装艺术职业学院	K
宋俊甫	10410410119242	6216	河南财政税务高等专科学校	K
柴东阳	10410410119235	6307	郑州经贸职业学院	K
卢志超	10410410119240	8720	江西城市职业学院	K
汪小宁	10410410119239	8331	江西泰豪动漫职业学院	K
刘晓鹏	10410410119233	6270	郑州信息科技职业学院	K
王彦利	10410410119251	9779	山东旅游职业学院	K
鲁文静	10410410119190	6250	中州大学	K

续表23

姓 名	考生号	院校代码	院校名称	批次
郭鹏飞	10410410119171	6307	郑州经贸职业学院	K
李 明	10410410119165	6153	黄淮学院(对外合作办学)	5
高 杨	10410410119158	8331	江西泰豪动漫职业学院	K
邢佳佳	10410410119350	6256	焦作大学	K
吕晏宁	10410410119185	6130	黄河科技学院	J
邵 琼	10410410119236	9601	北海艺术设计职业学院	K
兰 丹	10410410119109	6504	中原工学院信息商务学院	K
李 航	10410410119115	6299	作工贸职业学院	K
李 卓	10410410119253	6308	商丘科技职业学院	5
靳 冉	10410410119191	5040	重庆交通大学	I
陈建业	10410410119160	6003	郑州大学西亚斯国际学院	J
王彦钠	10410410119227	6269	河南建筑职业技术学院	K
丰亚芳	10410410119111	6338	平顶山工业职业技术学院(对外合作办学)	5
梅李娅	10410410119114	6186	郑州航空工业管理学院	K
张玮莉	10410410119285	6040	许昌学院	I
郑洁琼	10410410119345	6218	河南商业高等专科学校	K
符桐源	10410410119293	1210	中南大学	I
周 天	10410410119301	6119	中原工学院(对外合作办学)	I
栗世佳	10410410119334	4735	湖南工业大学	I
陈 静	10410410119282	6217	河南财政税务高等专科学校(对外合作办学)	K
谢利亚	10410410119335	6309	郑州电子信息职业技术学院	K
贾景凯	10410410119343	6153	黄淮学院(对外合作办学)	5
党 琦	10410410119337	6290	河南艺术职业学院	K
姬莉莉	10410410119351	6223	信阳农业高等专科学校	K
刘书嘉	10410410119340	6272	濮阳职业技术学院	K
董文娟	10410410119225	6130	黄河科技学院	J
周 畅	10410410119195	6290	河南艺术职业学院	K
孙贺茹	10410410119294	5535	贺州学院	I
张留鑫	10410410119338	6251	中州大学(对外合作办学)	5

续表 24

姓　名	考生号	院校代码	院校名称	批次
司英婷	10410410119326	8718	江西艺术职业学院	K
李书静	10410410119194	6295	郑州布瑞达理工职业学院	K
张银辉	10410410119268	6595	四川音乐学院绵阳艺术学院	K
马　娇	10410410119291	6506	河南理工大学万方科技学院(有焦作和郑州两个校区)	J
王洁馨	10410410119207	6187	中原工学院(办学地点在郑州广播电视学校)	K
崔启东	10410410119295	8839	仙桃职业学院	K
郭　姮	10410410119224	9723	江南影视艺术职业学院	K
吕世威	10410410119252	8054	天津渤海职业技术学院	5
曹红梅	10410410119145	6223	信阳农业高等专科学校	K
徐新见	10410410119149	6262	河南工业职业技术学院	K
张培玉	10410410119138	6276	许昌职业技术学院	K
李　智	10410410119209	6276	许昌职业技术学院	K
侯金良	10410410119208	6276	许昌职业技术学院	K
孟　浩	10410410119140	6276	许昌职业技术学院	K
刘　畅	10410410119142	6309	郑州电子信息职业技术学院	K
袁献召	10410410119152	6309	郑州电子信息职业技术学院	K
毛秀梅	10410410119151	6235	焦作师范高等专科学校	K
丁亚楠	10410410119200	6309	郑州电子信息职业技术学院	K
范姗姗	10410410119147	6218	河南商业高等专科学校	K
朱成员	10410410119198	6268	河南质量工程职业学院	5
钱俊清	10410410119210	6286	郑州工业安全职业学院	5
薛自豪	10410410119148	6060	周口师范学院	I
赵慧丽	10410410119128	6085	河南科技大学	I
臧彦伟	10410410119127	6309	郑州电子信息职业技术学院	K
李帅男	10410410119135	6276	许昌职业技术学院	K
穆正大	10410410119130	6337	平顶山工业职业技术学院(软件类专业)	5
辛亚歌	10410410119144	6175	郑州华信学院	J
曹　帅	10410410119125	6256	焦作大学	K
陈　飞	10410410119143	6256	焦作大学	K

续表 25

姓　名	考生号	院校代码	院校名称	批次
高亚朋	10410410119126	6125	平顶山学院	I
鲁红卓	10410410119201	6280	济源职业技术学院	K
李　磊	10410410119104	3240	天津商业大学	I
石小芹	10410410119232	5650	湖南科技学院	I
张梦颖	10410410119226	7348	琼台师范高等专科学校	K
秦凤阁	10410410119088	6252	开封大学	K
罗鑫鑫	10410410119155	6060	周口师范学院	I
林　静	10410410119074	3410	太原师范学院	I
郭文娜	10410410119213	6509	河南农业大学华豫学院	J
王亚如	10410410119278	6504	中原工学院信息商务学院	J
田武帆	10410410119118	6040	许昌学院	I
张　静	10410410119280	6165	新乡学院	I
雷明亚	10410410119066	6110	郑州轻工业学院	4
齐　阳	10410410119054	6035	洛阳师范学院	I
刘凯元	10410410119068	6132	黄河科技学院(对外合作办学)	K
邢苏航	10410410119100	6125	平顶山学院	I
叶　林	10410410119055	2405	天津师范大学	I
王　洋	10410410119053	6035	洛阳师范学院	I
张贺杰	10410410119045	6060	周口师范学院	I
李梦琪	10410410119075	6235	焦作师范高等专科学校	5
张伟续	10410410119064	6125	平顶山学院	I
刘二奇	10410410119071	6132	黄河科技学院(对外合作办学)	K
王　柯	10410410119237	6281	河南经贸职业学院	5
刘　璨	10410410119123	9940	四川美术学院	I
刘义丹	10410410119098	6127	平顶山学院(对外合作办学)	K
关秋霞	10410410119211	6184	郑州轻工业学院	K
邵京京	10410410119006	8067	天津职业大学	K
杨乔萌	10410410119199	6135	安阳工学院	I
曹　爽	10410410119219	4165	淮北师范大学(原淮北煤炭师范学院)	I

续表26

姓　名	考生号	院校代码	院校名称	批次
张　珂	10410410119281	6504	中原工学院信息商务学院	K
刁伟萌	10410410119099	6985	成都信息工程学院银杏酒店管理学院	K
周红改	10410410119275	6214	河南机电高等专科学校	K
郭茂盛	10410410119154	9945	云南艺术学院	I
张凯丽	10410410119258	6035	洛阳师范学院	K
张晓静	10410410119254	6184	郑州轻工业学院	K
田鹏璐	10410410119269	6504	中原工学院信息商务学院	J
张凌虹	10410410119255	6055	商丘师范学院	I
高　飞	10410410119349	6113	郑州轻工业学院(对外合作办学)	J
刘艳艳	10410410119288	4595	湖北师范学院	I
彭海燕	10410410119230	6235	焦作师范高等专科学校	K
胡丽娜	10410410119346	3290	邢台学院	K
王静静	10410410119203	6504	中原工学院信息商务学院	J
邢文新	10410410119222	6509	河南农业大学华豫学院	5
王竑智	10410410119223	6140	河南警察学院	4
张亚楠	10410410119287	6235	焦作师范高等专科学校	K
周　倩	10410410119292	2525	天津工业大学	I
苏　伟	10410410119348	8254	陕西青年职业学院	K
杨志超	10410410119094	5520	伊犁师范学院	K
王　帅	10410410119096	6506	河南理工大学万方科技学院(有焦作和郑州两个校区)	J
周晓培	10410410119095	6150	黄淮学院	I
李朝君	10410410119228	6501	河南大学民生学院	J
陈　冉	10410410119187	6280	济源职业技术学院	5
朱玮娇	10410410119339	6042	许昌学院(对外合作办学)	K
杨　帆	10410410119344	6172	郑州师范学院(对外合作办学)	5
李　江	10410410118028	6261	河南职业技术学院	5
高　昂	10410410118029	6307	郑州经贸职业学院	5
于小辉	10410410118007	8716	江西司法警官职业学院	5
侯亚彬	10410410118001	6153	黄淮学院(对外合作办学)	5

续表 27

姓　名	考生号	院校代码	院校名称	批次
袁　渊	10410410118005	6307	郑州经贸职业学院	5
王光伟	10410410118032	9416	北京经济技术职业学院	5
王东港	10410410118036	7621	西安翻译学院	5
范永力	10410410118039	6278	商丘职业技术学院	5
王天增	10410410118023	6279	周口职业技术学院	5
乔秋实	10410410118020	6153	黄淮学院(对外合作办学)	5
牛泽华	10410410118008	6338	平顶山工业职业技术学院(对外合作办学)	5
范校伟	10410410118017	6338	平顶山工业职业技术学院(对外合作办学)	5
李森岩	10410410118037	6065	信阳师范学院	G
王　倩	10410410118010	6273	鹤壁职业技术学院	5
杨聪聪	10410410118014	6292	安阳职业技术学院	5
芮金锦	10410410118011	6301	许昌陶瓷职业学院	5
李洋怿	10410410118030	6004	郑州大学体育学院	G

舞钢市2010年普通高招录取榜(理科)

姓　名	考生号	院校代码	院校名称	批次
常松涛	10410410150826	1255	东北大学	1
王晨光	10410410150737	2510	西南科技大学	1
林亚红	10410410150468	2505	南京林业大学	1
张　晨	10410410150774	1405	东北师范大学	1
宋博艺	10410410150437	1790	上海大学	1
赵　惠	10410410150643	6030	河南师范大学	1
张彩云	10410410151126	6005	河南大学	1
杨鹏程	10410410151164	6000	郑州大学	1
张晓乐	10410410150331	6085	河南科技大学	1
张　静	10410410150465	6000	郑州大学	1
王赛楠	10410410150979	6000	郑州大学	1
蔡　莹	10410410150487	2560	温州医学院	1
李　扬	10410410150063	1360	华中农业大学	1
柏　松	10410410150061	1840	江苏大学	1
苏仁广	10410410150380	6005	河南大学	1
邢灿霞	10410410150480	6000	郑州大学	1
刘肖娜	10410410151128	6030	河南师范大学	1
马赛强	10410410150659	1515	西北工业大学	1
邢　阳	10410410150792	1790	上海大学	1
李梦雅	10410410150701	2035	重庆邮电大学	1
李云平	10410410150568	6000	郑州大学	1
董士辉	10410410151165	5300	西藏大学	1
王　宁	10410410151161	6000	郑州大学	1
闫新亚	10410410151152	6000	郑州大学	1
付广涛	10410410150427	2285	沈阳建筑大学	1
宋帅楠	10410410150418	1245	大连理工大学	1
李军成	10410410150473	6085	河南科技大学	1

续表1

姓　名	考生号	院校代码	院校名称	批次
王　栋	10410410150463	6000	郑州大学	1
张倩南	10410410150398	6030	河南师范大学	1
张　想	10410410150523	6000	郑州大学	1
闫明明	10410410150406	1258	东北大学秦皇岛分校	1
曹耀峰	10410410150763	6005	河南大学	1
王萌萌	10410410150342	1496	哈尔滨工业大学(威海)	1
王金炜	10410410150759	2330	西安工业大学	1
邢金栋	10410410150752	4290	江西理工大学	1
刘　璐	10410410151121	1190	厦门大学	1
宋晨龙	10410410150470	6000	郑州大学	1
张小龙	10410410150174	2125	青海大学	1
郭义航	10410410150137	1840	江苏大学	1
高新生	10410410150212	1790	上海大学	1
杨刘行	10410410150648	6110	郑州轻工业学院	2
杨世豪	10410410150888	6135	安阳工学院	2
周晓许	10410410150557	6060	周口师范学院	2
范星辰	10410410150993	6110	郑州轻工业学院	2
鲁军阳	10410410151114	2355	四川农业大学	2
任登科	10410410150749	6010	河南农业大学	2
杜辛锋	10410410151019	6105	河南工业大学	2
李俊杰	10410410150712	6113	郑州轻工业学院(对外合作办学)	2
张佩芬	10410410150626	6065	信阳师范学院	2
孟祥祯	10410410150002	6115	中原工学院	2
吴小静	10410410150758	6095	华北水利水电学院	2
赵　倩	10410410150092	6080	河南财经政法大学	2
袁越强	10410410150510	6125	平顶山学院	2
刘　洋	10410410150604	3705	哈尔滨理工大学	2
罗元昊	10410410150354	6010	河南农业大学	2
王亚萍	10410410150495	6070	南阳师范学院	2

续表2

姓　名	考生号	院校代码	院校名称	批次
黄文举	10410410150375	3555	沈阳化工大学	2
王聪哲	10410410150891	6100	河南理工大学	2
李龙飞	10410410150411	6110	郑州轻工业学院	2
李巧玲	10410410150642	6085	河南科技大学	2
杜鹏跃	10410410150438	6165	新乡学院	2
吴盼盼	10410410150530	6113	郑州轻工业学院(对外合作办学)	2
马芊乔	10410410150339	6155	河南工程学院	2
焦恒建	10410410150349	6120	河南城建学院	2
牛素亚	10410410150553	4825	仲恺农业工程学院	2
王鹏旭	10410410150594	6095	华北水利水电学院	2
张卓慧	10410410151031	6080	河南财经政法大学	2
马彦培	10410410150726	6010	河南农业大学	2
袁翠玲	10410410150904	6050	安阳师范学院	2
丁世敬	10410410150622	6110	郑州轻工业学院	2
王伟刚	10410410150735	6135	安阳工学院	2
赵聪聪	10410410151091	6010	河南农业大学	2
蒋兰君	10410410150675	6020	新乡医学院	2
叶菁硕	10410410150986	6155	河南工程学院	2
张志刚	10410410150720	6105	河南工业大学	2
李　林	10410410150921	6009	河南大学(对外合作办学)	2
曹斐博	10410410150475	6105	河南工业大学	2
杨文培	10410410150916	6095	华北水利水电学院	2
张锦涛	10410410150932	6115	中原工学院	2
赵元琪	10410410150794	6107	河南工业大学(对外合作办学)	2
王志伟	10410410150742	6160	洛阳理工学院	2
安冰冰	10410410150967	6025	河南科技学院	2
袁静雅	10410410150952	6009	河南大学(对外合作办学)	2
周　畅	10410410150609	6010	河南农业大学	2
王丹琳	10410410150428	5995	郑州大学(对外合作办学)	2

续表3

姓　名	考生号	院校代码	院校名称	批次
孙纪安	10410410150598	6095	华北水利水电学院	2
宋新芳	10410410150936	6085	河南科技大学	2
杜　博	10410410150831	6160	洛阳理工学院	2
叶春蕾	10410410151035	6025	河南科技学院	2
化帅奇	10410410151043	6115	中原工学院	2
周秋实	10410410150719	6107	河南工业大学(对外合作办学)	2
计会芳	10410410150035	6090	郑州航空工业管理学院	2
尚亚钊	10410410150073	6087	河南科技大学(对外合作办学)	2
孙　琪	10410410150026	5995	郑州大学(对外合作办学)	2
高　克	10410410150459	6105	河南工业大学	2
王晓燕	10410410151089	6035	洛阳师范学院	2
刘兆强	10410410151030	6080	河南财经政法大学	2
蔡来强	10410410150569	6165	新乡学院	2
张梦蝶	10410410150467	6080	河南财经政法大学	2
邢琼琼	10410410150989	6015	河南中医学院	2
李勇刚	10410410150477	6000	郑州大学	2
时鹏飞	10410410150880	6095	华北水利水电学院	2
王晓阳	10410410151016	6160	洛阳理工学院	2
吴红果	10410410150865	6030	河南师范大学	2
黄伟鹏	10410410150600	6075	南阳理工学院	2
张雅芳	10410410150684	6020	新乡医学院	2
张文静	10410410150798	6035	洛阳师范学院	2
李惠芬	10410410150927	6030	河南师范大学	2
荆亚杰	10410410150847	6075	南阳理工学院	2
曹文艳	10410410150766	6105	河南工业大学	2
罗秉轮	10410410150966	6065	信阳师范学院	2
彭彦飞	10410410150351	6095	华北水利水电学院	2
邵恒新	10410410150464	3390	太原科技大学	2
田红涛	10410410150605	6055	商丘师范学院	2

续表4

姓　名	考生号	院校代码	院校名称	批次
晁艳云	10410410150439	6015	河南中医学院	2
王瑞平	10410410150376	6160	洛阳理工学院	2
杨丽明	10410410150682	6095	华北水利水电学院	2
李广伟	10410410150610	4410	潍坊学院	2
杨鑫鑫	10410410150561	6155	河南工程学院	2
黄艳青	10410410150837	3895	南通大学	2
郭　鹏	10410410150404	6100	河南理工大学	2
崔东丹	10410410150997	6015	河南中医学院	2
靳海松	10410410151167	6119	中原工学院(对外合作办学)	2
王晓洁	10410410151007	6110	郑州轻工业学院	2
胡仁杰	10410410151059	6090	郑州航空工业管理学院	2
杨　旭	10410410150715	4545	襄樊学院	2
殷学岭	10410410150381	5415	兰州交通大学	2
李亚哲	10410410150867	6009	河南大学(对外合作办学)	2
李真真	10410410150953	4255	江西农业大学	2
罗　照	10410410150453	6100	河南理工大学	2
胡永静	10410410150445	4775	湖南商学院	2
王学敏	10410410150537	6015	河南中医学院	2
屈佳佳	10410410151122	6105	河南工业大学	2
李大壮	10410410151052	6155	河南工程学院	2
范艳慧	10410410150866	2355	四川农业大学	2
康永生	10410410150662	6165	新乡学院	2
李　刚	10410410151021	4830	广东医学院	2
田明恩	10410410151028	6105	河南工业大学	2
夏文帅	10410410150606	5085	攀枝花学院	2
杨文茂	10410410150414	3215	天津理工大学	2
赵俏珍	10410410151042	4495	山东工商学院	2
李晓红	10410410151163	3570	辽宁医学院	2
郭建辉	10410410150669	5145	西昌学院	2

续表5

姓　名	考生号	院校代码	院校名称	批次
杨鹏勇	10410410150696	6035	洛阳师范学院	2
晁艳慧	10410410150560	6025	河南科技学院	2
刘建鹏	10410410150572	6160	洛阳理工学院	2
杨腾飞	10410410150917	5400	兰州理工大学	2
李保金	10410410150461	3655	吉林化工学院	2
王艳艳	10410410150969	6070	南阳师范学院	2
王　赏	10410410150800	4295	赣南医学院	2
闫凯莉	10410410150653	6084	河南科技大学(农林专业)	2
张丽敏	10410410150877	6035	洛阳师范学院	2
刘彦丽	10410410151096	6084	河南科技大学(农林专业)	2
李亚菲	10410410150536	6090	郑州航空工业管理学院	2
石　杨	10410410150432	6095	华北水利水电学院	2
葛东生	10410410150509	6135	安阳工学院	2
李　兵	10410410150760	6085	河南科技大学	2
王胜林	10410410150770	6105	河南工业大学	2
曹世阳	10410410150804	6084	河南科技大学(农林专业)	2
李军毅	10410410150646	6160	洛阳理工学院	2
吴俊飞	10410410150999	6025	河南科技学院	2
何　平	10410410151045	6107	河南工业大学(对外合作办学)	2
刘亚楠	10410410150390	6160	洛阳理工学院	2
周培文	10410410151018	6115	中原工学院	2
李晓冰	10410410150485	6084	河南科技大学(农林专业)	2
杨光辉	10410410151147	6125	平顶山学院	2
聂东洋	10410410150761	6084	河南科技大学(农林专业)	2
李超祎	10410410151050	6070	南阳师范学院	2
梁夏维	10410410151024	6025	河南科技学院	2
王亚丽	10410410151053	6040	许昌学院	2
陈丽君	10410410150075	6090	郑州航空工业管理学院	2
赵启帆	10410410150162	6010	河南农业大学	2

续表 6

姓　名	考生号	院校代码	院校名称	批次
李月升	10410410150156	6115	中原工学院	2
蔡永乐	10410410150147	5530	河池学院	2
李洁莹	10410410150169	6025	河南科技学院	2
李　敏	10410410150172	6090	郑州航空工业管理学院	2
王　昕	10410410151170	6155	河南工程学院	2
黄文冲	10410410150222	6025	河南科技学院	2
张庆文	10410410150017	6155	河南工程学院	2
马　明	10410410159004	6070	南阳师范学院	2
安会枝	10410410150830	6060	周口师范学院	3
高　占	10410410150692	7623	西安外事学院	3
赵瑞田	10410410150592	6510	河南财经政法大学成功学院	3
夏旭东	10410410150399	7618	湖南涉外经济学院	3
杨伟高	10410410150652	6506	河南理工大学万方科技学院(有焦作和郑州两个校区)	3
张得胜	10410410150391	6504	中原工学院信息商务学院	3
祝松庆	10410410150623	6078	南阳理工学院(对外合作办学)	3
柴文洋	10410410150388	6180	郑州科技学院	3
胡晓蕾	10410410150965	6510	河南财经政法大学成功学院	3
卞俊阳	10410410150408	7621	西安翻译学院	3
关尚儒	10410410150366	6501	河南大学民生学院	3
郑菲菲	10410410150637	6504	中原工学院信息商务学院	3
李明明	10410410150765	6509	河南农业大学华豫学院	3
李亚培	10410410150613	6508	信阳师范学院华锐学院	3
叶露朝	10410410150425	6509	河南农业大学华豫学院	3
张留洋	10410410150876	6008	河南大学(郑州校区)	3
李东坡	10410410150925	6110	郑州轻工业学院	3
张胜豪	10410410150914	6505	新乡医学院三全学院	3
王晓峰	10410410150450	6504	中原工学院信息商务学院	3
王　鹏	10410410150633	6017	河南中医学院与嵩山少林武术职业学院联合办学	3
李世杰	10410410150848	8609	宁波大红鹰学院	3

续表 7

姓　名	考生号	院校代码	院校名称	批次
高会原	10410410150939	6754	天津外国语大学滨海外事学院	3
王文静	10410410150822	6003	郑州大学西亚斯国际学院	3
刘洪骏	10410410150589	6504	中原工学院信息商务学院	3
陈欣楠	10410410150942	6005	河南大学	3
赵文彩	10410410150403	6504	中原工学院信息商务学院	3
吕晓志	10410410150478	7626	南昌理工学院	3
李琳玉	10410410150632	6000	郑州大学	3
韩亚超	10410410150981	6175	郑州华信学院	3
钟雪飞	10410410150723	7636	海口经济学院	3
张东旭	10410410150454	6000	郑州大学	3
王安乐	10410410150335	6175	郑州华信学院	3
吕　翔	10410410150507	5994	郑州大学西亚斯国际学院	3
刘赛男	10410410150440	6033	河南师范大学与河南教育学院联合办学	3
曹亚男	10410410150785	6510	河南财经政法大学成功学院	3
薛　栋	10410410150434	6772	山西医科大学晋祠学院	3
张素芳	10410410150820	6504	原工学院信息商务学院	3
杨雪艳	10410410150796	6503	河南科技学院新科学院	3
周　鹏	10410410150575	6000	郑州大学	3
李广昌	10410410150738	6886	广西中医学院赛恩斯新医药学院	3
晁鹏敏	10410410150359	6504	中原工学院信息商务学院	3
安迎春	10410410150490	6077	南阳理工学院	3
李佩盈	10410410151130	5994	郑州大学西亚斯国际学院	3
张小艳	10410410150204	6504	中原工学院信息商务学院	3
温沛东	10410410150267	6115	中原工学院	3
郭盈君	10410410150034	6955	宁波大学科学技术学院	3
蔡　葳	10410410150062	6606	厦门大学嘉庚学院	3
韩世超	10410410150042	6078	南阳理工学院(对外合作办学)	3
李　锴	10410410150047	6505	新乡医学院三全学院	3
鲁光远	10410410150043	6506	河南理工大学万方科技学院(有焦作和郑州两个校区)	3

续表 8

姓 名	考生号	院校代码	院校名称	批次
任 君	10410410150049	6510	河南财经政法大学成功学院	3
于淑珍	10410410150041	6510	河南财经政法大学成功学院	3
魏亚群	10410410150060	5994	郑州大学西亚斯国际学院	3
杨晓康	10410410150051	8609	宁波大红鹰学院	3
胡冬雨	10410410150029	6100	河南理工大学	3
秦 豪	10410410150991	6503	河南科技学院新科学院	3
张胜男	10410410150725	6002	郑州大学升达经贸管理学院	3
蒋 昊	10410410150368	6507	安阳师范学院人文管理学院	3
张汉麟	10410410150954	6506	河南理工大学万方科技学院(有焦作和郑州两个校区)	3
高贺阳	10410410150755	6130	黄河科技学院	3
温顺利	10410410150846	6502	河南师范大学新联学院	3
宋学志	10410410150801	7623	西安外事学院	3
刘俊民	10410410151157	6100	河南理工大学	3
吴云召	10410410150370	6180	郑州科技学院	3
朱召洋	10410410150421	6175	郑州华信学院	3
吴 错	10410410150424	6002	郑州大学升达经贸管理学院	3
王雨濛	10410410150410	6077	南阳理工学院	3
张世晓	10410410150928	6813	安徽财经大学商学院	3
梁 宵	10410410150346	6003	郑州大学西亚斯国际学院	3
张晓慧	10410410150984	6180	郑州科技学院	3
高靖敏	10410410150756	6005	河南大学	3
杨素珍	10410410150938	6510	河南财经政法大学成功学院	3
袁亚楠	10410410151065	6003	郑州大学西亚斯国际学院	3
吴丽莎	10410410150695	6508	信阳师范学院华锐学院	3
王明霞	10410410151033	6601	天津大学仁爱学院	3
尹馨可	10410410150358	6860	郧阳医学院药护学院	3
张 韵	10410410150905	6132	黄河科技学院(对外合作办学)	3
高文华	10410410150799	6504	中原工学院信息商务学院	3
陈建瑞	10410410150890	8778	山东英才学院	3

续表9

姓 名	考生号	院校代码	院校名称	批次
刘晓纳	10410410151002	6508	信阳师范学院华锐学院	3
余晓可	10410410151003	6508	信阳师范学院华锐学院	3
陈素娟	10410410150516	6003	郑州大学西亚斯国际学院	3
董莹莹	10410410150436	6505	新乡医学院三全学院	3
金 玉	10410410150423	6886	广西中医学院赛恩斯新医药学院	3
姬晓阳	10410410150579	6130	黄河科技学院	3
陈 帅	10410410150556	6130	黄河科技学院	3
董克辉	10410410151010	6510	河南财经政法大学成功学院	3
化文超	10410410150940	6130	黄河科技学院	3
王英俊	10410410150829	6509	河南农业大学华豫学院	3
梁栋奇	10410410150956	6000	郑州大学	3
李 阳	10410410150864	6506	河南理工大学万方科技学院(有焦作和郑州两个校区)	3
李 涛	10410410150929	6180	郑州科技学院	3
翟学思	10410410150460	6506	河南理工大学万方科技学院(有焦作和郑州两个校区)	3
李鹏举	10410410150753	6077	南阳理工学院	3
张 萌	10410410150534	6100	河南理工大学	3
张 森	10410410150728	6000	郑州大学	3
张文彬	10410410150775	6130	黄河科技学院	3
黄潇媛	10410410150762	6098	华北水利水电学院	3
王菲菲	10410410150570	6797	吉林建筑工程学院城建学院	3
程原飞	10410410150741	6506	河南理工大学万方科技学院(有焦作和郑州两个校区)	3
马震吉	10410410150484	6886	广西中医学院赛恩斯新医药学院	3
李剑乐	10410410150665	6130	黄河科技学院	3
汤 龙	10410410150747	6882	广西工学院鹿山学院	3
刘春童	10410410151149	6506	河南理工大学万方科技学院(有焦作和郑州两个校区)	3
张诗哲	10410410151153	6509	河南农业大学华豫学院	3
张文博	10410410151102	6504	中原工学院信息商务学院	3
张金超	10410410151077	6175	郑州华信学院	3
范 满	10410410150689	6506	河南理工大学万方科技学院(有焦作和郑州两个校区)	3

续表 10

姓　名	考生号	院校代码	院校名称	批次
胡鹏冰	10410410150768	6510	河南财经政法大学成功学院	3
杨　蒙	10410410150797	6506	河南理工大学万方科技学院(有焦作和郑州两个校区)	3
曹亚兰	10410410151112	6503	河南科技学院新科学院	3
丁　闪	10410410150595	6501	河南大学民生学院	3
潘一琳	10410410150458	6130	黄河科技学院	3
梁艳彩	10410410150982	6636	河北师范大学汇华学院	3
李　有	10410410150151	6000	郑州大学	3
赵倩倩	10410410150152	6508	信阳师范学院华锐学院	3
郭俊甫	10410410150221	6510	河南财经政法大学成功学院	3
孟小俊	10410410150173	6503	河南科技学院新科学院	3
李易恒	10410410150155	6509	河南农业大学华豫学院	3
谢笑含	10410410150153	6505	新乡医学院三全学院	3
陈贵杰	10410410150332	6503	河南科技学院新科学院	3
程玺羽	10410410150145	6975	海南大学三亚学院	3
许爱伦	10410410150171	6601	天津大学仁爱学院	3
李志君	10410410150143	6078	南阳理工学院(对外合作办学)	3
杨　贺	10410410150142	6003	郑州大学西亚斯国际学院	3
李昊宸	10410410150148	6000	郑州大学	3
姜　源	10410410150139	6509	河南农业大学华豫学院	3
吴舒燕	10410410150016	6509	河南农业大学华豫学院	3
禄　航	10410410150013	6509	河南农业大学华豫学院	3
李　斯	10410410150021	6682	福建师范大学协和学院	3
李亚南	10410410150505	6250	中州大学	4
刘　燚	10410410150973	6239	南阳医学高等专科学校	4
李远方	10410410150825	6262	河南工业职业技术学院	4
殷瑞平	10410410150833	7055	晋中师范高等专科学校	4
王新培	10410410151117	6223	信阳农业高等专科学校	4
刘喜鹏	10410410150373	6237	漯河医学高等专科学校	4
苗　占	10410410150334	6214	河南机电高等专科学校	4

续表 11

姓　名	考生号	院校代码	院校名称	批次
李文豪	10410410150413	5995	郑州大学(对外合作办学)	4
徐宏杰	10410410150744	6256	焦作大学	4
张梦娇	10410410150588	6239	南阳医学高等专科学校	4
贾永刚	10410410150893	6252	开封大学	4
杨俊生	10410410150608	6214	河南机电高等专科学校	4
姬克楠	10410410150405	7234	柳州医学高等专科学校	4
李伟祯	10410410150698	6271	平顶山工业职业技术学院	4
曹晓武	10410410150930	1695	辽宁工程技术大学	4
陈　光	10410410150911	6262	河南工业职业技术学院	4
冯延意	10410410150950	6239	南阳医学高等专科学校	4
路盼娣	10410410150828	6239	南阳医学高等专科学校	4
王彦玲	10410410150340	6235	焦作师范高等专科学校	4
许鹏飞	10410410150001	6239	南阳医学高等专科学校	4
张　航	10410410151104	6262	河南工业职业技术学院	4
周辽源	10410410150422	6258	黄河水利职业技术学院	4
胡英豪	10410410150841	7243	重庆医药高等专科学校	4
王佳佳	10410410150582	6265	郑州铁路职业技术学院	4
杨　冰	10410410150559	6262	河南工业职业技术学院	4
刘宏杰	10410410150384	6214	河南机电高等专科学校	4
周超凡	10410410150854	6155	河南工程学院	4
李晶晶	10410410150232	6150	黄淮学院	4
陈素真	10410410150624	6262	河南工业职业技术学院	4
张　蕾	10410410150544	6239	南阳医学高等专科学校	4
张亚东	10410410150443	6092	郑州航空工业管理学院(对外合作办学)	4
范义高	10410410150566	6165	新乡学院	4
王进伟	10410410150581	1710	沈阳农业大学	4
程晓会	10410410151100	6214	河南机电高等专科学校	4
刘慧超	10410410150786	6265	郑州铁路职业技术学院	4
尹耀伟	10410410151109	6262	河南工业职业技术学院	4

续表 12

姓　名	考生号	院校代码	院校名称	批次
田继元	10410410151116	6283	河南交通职业技术学院	4
李章静	10410410151080	5995	郑州大学(对外合作办学)	4
王亚菲	10410410150367	6115	中原工学院	4
郭彦培	10410410151046	6223	信阳农业高等专科学校	4
曹恒帅	10410410151038	7084	辽宁警官高等专科学校	4
张小珂	10410410150983	6336	郑州铁路职业技术学院(对外合作办学)	4
王自豪	10410410150644	6155	河南工程学院	4
白素萍	10410410150496	6170	郑州师范学院	4
赵　方	10410410151011	6336	郑州铁路职业技术学院(对外合作办学)	4
张露露	10410410150710	6107	河南工业大学(对外合作办学)	4
余潜潜	10410410150992	6221	郑州牧业工程高等专科学校	4
殷兴慧	10410410150875	6317	河南卫生职工学院	4
叶思远	10410410150748	6214	河南机电高等专科学校	4
王俊辉	10410410150394	4445	菏泽学院	4
任红亚	10410410150964	6262	河南工业职业技术学院	4
梅益铭	10410410150097	6001	郑州大学(软件类高职业高专)	4
刘香丽	10410410150937	6140	河南警察学院	4
李政伟	10410410150497	6336	郑州铁路职业技术学院(对外合作办学)	4
郭腾飞	10410410151140	6262	河南工业职业技术学院	4
周　一	10410410150693	6009	河南大学(对外合作办学)	4
李志远	10410410150974	6165	新乡学院	4
陈力奎	10410410151012	6155	河南工程学院	4
孟铃阳	10410410150601	6119	中原工学院(对外合作办学)	4
魏亚勇	10410410150631	6258	河水利职业技术学院	4
梁　行	10410410150667	6217	河南财政税务高等专科学校(对外合作办学)	4
杨红叶	10410410150352	6262	河南工业职业技术学院	4
夏晓康	10410410150492	7451	邢台职业技术学院	4
赵倚红	10410410151085	6317	河南卫生职工学院	4
郭文龙	10410410150810	6001	郑州大学(软件类高职业高专)	4

续表 13

姓　名	考生号	院校代码	院校名称	批次
李延辉	10410410150215	6265	郑州铁路职业技术学院	4
孟慧玲	10410410150217	6311	河南教育学院	4
刘晓亮	10410410150208	6262	河南工业职业技术学院	4
王亚芳	10410410150209	6311	河南教育学院	4
李静雯	10410410150199	6258	黄河水利职业技术学院	4
周宏帅	10410410150050	6223	信阳农业高等专科学校	4
赵阿曼	10410410150040	6238	商丘医学高等专科学校	4
陈振巍	10410410150074	6271	平顶山工业职业技术学院	4
韩　军	10410410150023	6262	河南工业职业技术学院	4
刘洋洋	10410410150038	6155	河南工程学院	4
许向果	10410410150083	6252	开封大学	4
王梦夏	10410410150028	6115	中原工学院	4
孙　琳	10410410150058	6082	河南财经政法大学(对外合作办学)	4
胡玉路	10410410150086	6262	河南工业职业技术学院	4
张　塞	10410410150228	5995	郑州大学(对外合作办学)	4
郝诗茵	10410410150133	6221	郑州牧业工程高等专科学校	4
王自龙	10410410150076	6262	河南工业职业技术学院	4
刘会珍	10410410150100	6262	河南工业职业技术学院	4
马琼莉	10410410150176	6012	河南农业大学(对外合作办学)	4
苏会云	10410410150185	6223	信阳农业高等专科学校	4
赵景璐	10410410150118	6221	郑州牧业工程高等专科学校	4
赵孚睿	10410410150012	6281	河南经贸职业学院	4
王　赛	10410410150374	6218	河南商业高等专科学校	4
吴　迪	10410410150946	6075	南阳理工学院	4
冯　建	10110410150733	6001	郑州大学(软件类高职业高专)	4
张士阳	10410410150565	6115	中原工学院	4
高亚娟	10410410151075	6218	河南商业高等专科学校	4
李雪阳	10410410150396	6261	河南职业技术学院	4
姬永生	10410410151064	6252	开封大学	4

续表 14

姓　名	考生号	院校代码	院校名称	批次
贾真真	10410410151162	6075	南阳理工学院	4
宋志永	10410410150736	6155	河南工程学院	4
张培根	10410410150514	6214	河南机电高等专科学校	4
高　莹	10410410151076	6160	洛阳理工学院	4
吴　俊	10410410150994	6281	河南经贸职业学院	4
袁丽娜	10410410150987	6112	郑州轻工业学院易斯顿美术学院	4
陈晓红	10410410150839	6140	河南警察学院	4
张玉玲	10410410150680	6237	漯河医学高等专科学校	4
张亚丽	10410410151001	6237	漯河医学高等专科学校	4
杨芳芳	10410410151074	6250	中州大学	4
马亚鹏	10410410151103	6155	河南工程学院	4
郭文旭	10410410150562	6237	漯河医学高等专科学校	4
许少伟	10410410150645	6001	郑州大学(软件类高职业高专)	4
马胜骁	10410410150782	6115	中原工学院	4
尹广云	10410410150676	6258	黄河水利职业技术学院	4
陈聪聪	10410410150634	6278	商丘职业技术学院	4
朱志峰	10410410150814	5085	攀枝花学院	4
李东洋	10410410150535	6262	河南工业职业技术学院	4
王军亚	10410410151071	6160	洛阳理工学院	4
李灵宁	10410410151013	6155	河南工程学院	4
刘铁锐	10410410150389	6336	郑州铁路职业技术学院(对外合作办学)	4
蔡世统	10410410150416	6214	河南机电高等专科学校	4
曹进伟	10410410151079	6214	河南机电高等专科学校	4
彭阳阳	10410410150870	6218	河南商业高等专科学校	4
郭　建	10410410150573	6278	商丘职业技术学院	4
张宏斌	10410410150862	6265	郑州铁路职业技术学院	4
何明超	10410410150513	6160	洛阳理工学院	4
王世龙	10410410150447	6135	安阳工学院	4
张红涛	10410410150972	6250	中州大学	4

续表 15

姓　名	考生号	院校代码	院校名称	批次
刘军歌	10410410151051	6221	郑州牧业工程高等专科学校	4
刘忠伟	10410410150784	6250	中州大学	4
冯建房	10410410151005	6213	郑州电力高等专科学校	4
马佳俊	10410410151107	6262	河南工业职业技术学院	4
雷宗昌	10410410151049	6283	河南交通职业技术学院	4
曹鑫慧	10410410150471	6258	黄河水利职业技术学院	4
张家僖	10410410150546	6262	河南工业职业技术学院	4
王巧润	10410410150382	5995	郑州大学(对外合作办学)	4
郭军阳	10410410150750	6252	开封大学	4
袁　平	10410410151150	6271	平顶山工业职业技术学院	4
申科伟	10410410151057	6271	平顶山工业职业技术学院	4
夏伟春	10410410150599	6237	漯河医学高等专科学校	4
白晓云	10410410151078	6170	郑州师范学院	4
付培松	10410410150577	6214	河南机电高等专科学校	4
胡要男	10410410151063	6256	焦作大学	4
冯圆鑫	10410410151020	6276	许昌职业技术学院	4
刘孟珂	10410410150871	6155	河南工程学院	4
鲁帅杰	10410410151025	6265	郑州铁路职业技术学院	4
余迎超	10410410150985	6252	开封大学	4
李东锋	10410410150745	6258	黄河水利职业技术学院	4
曹诗梦	10410410150769	6216	河南财政税务高等专科学校	4
李晓静	10410410151058	6008	河南大学(郑州校区)	4
张耀武	10410410151015	7273	兴义民族师范学院	4
黄志勋	10410410150780	6218	河南商业高等专科学校	4
杨晓航	10410410151136	6341	郑州电力高等专科学校(对外合作办学)	4
李小磊	10410410151155	6214	河南机电高等专科学校	4
张　阳	10410410150197	6265	郑州铁路职业技术学院	4
任小康	10410410150190	6283	河南交通职业技术学院	4
金小博	10410410150157	6336	郑州铁路职业技术学院(对外合作办学)	4

续表16

姓　名	考生号	院校代码	院校名称	批次
陈萌萌	10410410150161	6216	河南财政税务高等专科学校	4
袁东昂	10410410150141	6165	新乡学院	4
蔡晓鹏	10410410150158	6107	河南工业大学(对外合作办学)	4
张玉利	10410410150150	6107	河南工业大学(对外合作办学)	4
杨校铮	10410410150164	6235	焦作师范高等专科学校	4
陈玲玲	10410410150170	6239	南阳医学高等专科学校	4
杨亚慧	10410410150154	6135	安阳工学院	4
陈宇昕	10410410150163	6237	漯河医学高等专科学校	4
禄　取	10410410150220	6262	河南工业职业技术学院	4
陈丽丽	10410410150146	6262	河南工业职业技术学院	4
张　可	10410410150149	6262	河南工业职业技术学院	4
赵浩强	10410410150010	6311	河南教育学院	4
钱贺平	10410410150007	6262	河南工业职业技术学院	4
杨之光	10410410150024	8685	福建江夏学院	4
李宇婧	10410410150802	5995	郑州大学(对外合作办学)	4
王有印	10410410159060	6008	河南大学(郑州校区)	4
王　悦	10410410159068	6009	河南大学(对外合作办学)	4
韦平平	10410410150550	8378	黑龙江农业职业技术学院	5
李庆南	10410410150827	6285	郑州职业技术学院	5
侯永贞	10410410150538	8842	武汉软件工程职业学院	5
汪势彬	10410410150721	6105	河南工业大学	5
李云争	10410410150853	6273	鹤壁职业技术学院	5
韦文昌	10410410150887	6269	河南建筑职业技术学院	5
高　倩	10410410150879	6289	河南工业贸易职业学院	5
孙凯强	10410410150529	8840	襄樊职业技术学院	5
武忠洋	10410410150868	6310	嵩山少林武术职业学院	5
李红蕾	10410410150739	6319	第一拖拉机制造厂拖拉机学院	5
张文燕	10410410150638	6307	郑州经贸职业学院	5
贾世卫	10410410150731	6010	河南农业大学	5

续表 17

姓　名	考生号	院校代码	院校名称	批次
张　翱	10410410150787	6283	河南交通职业技术学院	5
曹自红	10410410150502	6506	河南理工大学万方科技学院(有焦作和郑州两个校区)	5
夏克含	10410410150704	9540	江西服装职业技术学院	5
张治南	10410410150517	6299	焦作工贸职业学院	5
姬世涛	10410410150836	6307	郑州经贸职业学院	5
李伟峰	10410410150578	6266	河南化工职业学院	5
郭松军	10410410151072	6289	河南工业贸易职业学院	5
李涛洋	10410410150400	6278	商丘职业技术学院	5
王晶晶	10410410150912	6273	鹤壁职业技术学院	5
刘亚风	10410410150004	6282	河南农业职业学院	5
邢胜楠	10410410150003	6289	河南工业贸易职业学院	5
杨　洋	10410410150417	6313	平顶山教育学院	5
赵晓龙	10410410150393	8067	天津职业大学	5
徐亚楠	10410410150789	6275	三门峡职业技术学院	5
柴龙辉	10410410150548	6295	郑州布瑞达理工职业学院	5
董世馨	10410410150489	6310	嵩山少林武术职业学院	5
冯耀辉	10410410150778	6275	三门峡职业技术学院	5
刘贵生	10410410150383	8386	鸡西大学	5
彭明阳	10410410150532	6165	新乡学院	5
王晓立	10410410150337	6304	周口科技职业学院	5
温二强	10410410150515	6268	河南质量工程职业学院	5
武丽兵	10410410150951	6269	河南建筑职业技术学院	5
谢新满	10410410150356	6309	郑州电子信息职业技术学院	5
杨　梦	10410410150364	6269	河南建筑职业技术学院	5
殷中阳	10410410150860	6337	平顶山工业职业技术学院(软件类专业)	5
付人鹤	10410410150771	6267	河南检察职业学院	5
胡鹤洋	10410410150947	6505	新乡医学院三全学院	5
李志刚	10410410151055	6307	郑州经贸职业学院	5
丁昕航	10410410151101	6268	河南质量工程职业学院	5

续表 18

姓　名	考生号	院校代码	院校名称	批次
胡骞丹	10410410151047	6276	许昌职业技术学院	5
李台思	10410410150878	6295	郑州布瑞达理工职业学院	5
马坤鹏	10410410150525	6268	河南质量工程职业学院	5
牛晓坡	10410410150955	6268	河南质量工程职业学院	5
吴永婵	10410410150350	8778	山东英才学院	5
苗帅帮	10410410150005	6299	焦作工贸职业学院	5
谷　阳	10410410150226	6160	洛阳理工学院	5
贾郴艺	10410410151032	6309	郑州电子信息职业技术学院	5
张勇刚	10410410150908	6295	郑州布瑞达理工职业学院	5
胡光照	10410410150834	6282	河南农业职业学院	5
田宜晟	10410410150455	6282	河南农业职业学院	5
沈国梁	10410410151142	6295	郑州布瑞达理工职业学院	5
宋晓乐	10410410150580	6283	河南交通职业技术学院	5
刘亚博	10410410150449	6269	河南建筑职业技术学院	5
张　文	10410410151068	6509	河南农业大学华豫学院	5
杨晓琳	10410410150355	6015	河南中医学院	5
李昭谦	10410410150567	9804	广州工程技术职业学院	5
郑美丹	10410410150706	6307	郑州经贸职业学院	5
杨莉娜	10410410150943	6269	河南建筑职业技术学院	5
魏　凯	10410410150420	6272	濮阳职业技术学院	5
郭志强	10410410150554	6263	河南司法警官职业学院	5
李　亚	10410410150697	6295	郑州布瑞达理工职业学院	5
杨肖肖	10410410150415	6276	许昌职业技术学院	5
聂俊阳	10410410150658	6100	河南理工大学	5
刘帅南	10410410150234	6306	郑州交通职业学院	5
王亚南	10410410150372	9344	新疆机电职业技术学院	5
姬星磊	10410410150563	6272	濮阳职业技术学院	5
关孝萍	10410410150722	6270	郑州信息科技职业学院	5
李　宁	10410410150225	6280	济源职业技术学院	5

续表19

姓　名	考生号	院校代码	院校名称	批次
王小艳	10410410151118	6132	黄河科技学院(对外合作办学)	5
张小青	10410410150446	6338	平顶山工业职业技术学院(对外合作办学)	5
刘　璐	10410410150685	6125	平顶山学院	5
杨富根	10410410150811	9886	广东理工职业学院	5
宋建荣	10410410150900	6268	河南质量工程职业学院	5
张鹏飞	10410410150892	6293	驻马店职业技术学院	5
刘逸众	10410410151036	6282	河南农业职业学院	5
陆　慧	10410410150451	6180	郑州科技学院	5
刘雅静	10410410150907	6003	郑州大学西亚斯国际学院	5
于文龙	10410410150702	6299	焦作工贸职业学院	5
张俊卿	10410410150963	6268	河南质量工程职业学院	5
华亚丽	10410410150571	6330	河南经贸职业学院(软件类专业)	5
曹露培	10410410150518	6309	郑州电子信息职业技术学院	5
刘江闯	10410410151148	6031	河南师范大学(对外合作办学)	5
薄亚旭	10410410150603	6286	郑州工业安全职业学院	5
邢　征	10410410150806	6509	河南农业大学华豫学院	5
张志强	10410410150788	6266	河南化工职业学院	5
陈　馨	10410410150681	6003	郑州大学西亚斯国际学院	5
杜　宝	10410410151124	6286	郑州工业安全职业学院	5
吴运涛	10410410151135	6307	郑州经贸职业学院	5
刘腾飞	10410410150915	6285	郑州职业技术学院	5
化召鹏	10410410150238	6285	郑州职业技术学院	5
李春辉	10410410151106	6283	河南交通职业技术学院	5
于隆基	10410410150549	6258	黄河水利职业技术学院	5
刘梦园	10410410151056	8841	湖北职业技术学院	5
郭江涛	10410410151108	6275	三门峡职业技术学院	5
张铁军	10410410150363	6304	周口科技职业学院	5
杨晓俊	10410410150650	6287	永城职业学院	5
刘明真	10410410151054	6279	周口职业技术学院	5

续表 20

姓　名	考生号	院校代码	院校名称	批次
杨俊杰	10410410150583	6287	永城职业学院	5
贺一行	10410410150419	6105	河南工业大学	5
郭东艳	10410410150944	6295	郑州布瑞达理工职业学院	5
马中亚	10410410150838	6266	河南化工职业学院	5
叶旭丹	10410410150903	6284	郑州旅游职业学院	5
曹翠翠	10410410150533	6288	信阳职业技术学院	5
王　鹏	10410410150960	8584	温州职业技术学院	5
郭献顺	10410410150832	6282	河南农业职业学院	5
李瑞景	10410410151006	6263	河南司法警官职业学院	5
刘婷婷	10410410150856	8778	山东英才学院	5
赵俊娟	10410410150962	6188	河南科技大学(办学地点在河南省林业学校)	5
周太骑	10410410151026	7622	西安欧亚学院	5
周颀盛	10410410150673	6506	河南理工大学万方科技学院(有焦作和郑州两个校区)	5
张金金	10410410150635	6003	郑州大学西亚斯国际学院	5
盛亚飞	10410410151009	6305	郑州澍青医学高等专科学校	5
臧成浩	10410410150855	8841	湖北职业技术学院	5
李彩云	10410410151111	6277	漯河职业技术学院	5
李玲玲	10410410150895	6288	信阳职业技术学院	5
张　杏	10410410151095	6280	济源职业技术学院	5
余稳江	10410410150612	6309	郑州电子信息职业技术学院	5
刘东杰	10410410151129	6276	许昌职业技术学院	5
杨　阳	10410410150482	6272	濮阳职业技术学院	5
刘昕隆	10410410150660	6268	河南质量工程职业学院	5
李路阳	10410410150630	6269	河南建筑职业技术学院	5
王晓亮	10410410150629	6269	河南建筑职业技术学院	5
吕琳琳	10410410150543	6273	鹤壁职业技术学院	5
王　旭	10410410150977	6263	河南司法警官职业学院	5
葛　慧	10410410150948	6506	河南理工大学万方科技学院(有焦作和郑州两个校区)	5
陈登科	10410410150823	6289	河南工业贸易职业学院	5

续表21

姓　名	考生号	院校代码	院校名称	批次
赵晓杰	10410410150716	6343	鹤壁职业技术学院(软件类专业)	5
赵豪阔	10410410150619	6306	郑州交通职业学院	5
张新娇	10410410150520	6506	河南理工大学万方科技学院(有焦作和郑州两个校区)	5
张　琪	10410410150670	6295	郑州布瑞达理工职业学院	5
张鹏举	10410410151081	6272	濮阳职业技术学院	5
张慧举	10410410150922	6258	黄河水利职业技术学院	5
徐留召	10410410150889	9886	广东理工职业学院	5
邢永利	10410410150816	6105	河南工业大学	5
喜超南	10410410150894	6295	郑州布瑞达理工职业学院	5
王洋鑫	10410410150647	6132	黄河科技学院(对外合作办学)	5
王素云	10410410150961	8778	山东英才学院	5
宋培红	10410410151062	8064	天津国土资源和房屋职业学院	5
宁贝贝	10410410150654	6273	鹤壁职业技术学院	5
刘永强	10410410150668	6282	河南农业职业学院	5
柯文远	10410410150512	6307	郑州经贸职业学院	5
董朝辉	10410410151004	8603	厦门安防科技职业学院	5
曹恒山	10410410150387	6303	郑州电力职业技术学院	5
曹亚南	10410410150884	6313	平顶山教育学院	5
曹天柱	10410410150385	6221	郑州牧业工程高等专科学校	5
赵亚南	10410410150338	6275	三门峡职业技术学院	5
张文乐	10410410150353	6306	郑州交通职业学院	5
胡哲硕	10410410150328	6269	河南建筑职业技术学院	5
张　凡	10410410150483	6307	郑州经贸职业学院	5
傅帅伟	10410410150614	6509	河南农业大学华豫学院	5
张　塞	10410410150934	6316	开封文化艺术职业学院	5
王贝贝	10410410150971	6273	鹤壁职业技术学院	5
华彦晓	10410410150397	6280	济源职业技术学院	5
路　炜	10410410150407	6188	河南科技大学(办学地点在河南省林业学校)	5
夏佳佳	10410410150807	6283	河南交通职业技术学院	5

续表22

姓　名	考生号	院校代码	院校名称	批次
李鹏远	10410410150504	8163	长治职业技术学院	5
张培栋	10410410150527	6295	郑州布瑞达理工职业学院	5
赵超男	10410410150511	6509	河南农业大学华豫学院	5
杜洪波	10410410150444	6120	河南城建学院	5
张培基	10410410150656	6266	河南化工职业学院	5
孙世超	10410410150941	6306	郑州交通职业学院	5
姬晓炎	10410410150545	6275	三门峡职业技术学院	5
魏亚琼	10410410150488	6330	河南经贸职业学院(软件类专业)	5
田淑亚	10410410150863	6289	河南工业贸易职业学院	5
李　博	10410410150957	6289	河南工业贸易职业学院	5
田博文	10410410150597	6286	郑州工业安全职业学院	5
梁鹏遥	10410410150902	6277	漯河职业技术学院	5
杨　帅	10410410150341	6289	河南工业贸易职业学院	5
郭少辉	10410410150883	6309	郑州电子信息职业技术学院	5
李红杰	10410410150426	6287	永城职业学院	5
苗俊英	10410410150361	8720	江西城市职业学院	5
何　漫	10410410150931	6505	新乡医学院三全学院	5
冯世超	10410410151119	6306	郑州交通职业学院	5
王　闯	10410410151133	6100	河南理工大学	5
张　坦	10410410151131	6295	郑州布瑞达理工职业学院	5
袁世显	10410410151168	6273	鹤壁职业技术学院	5
吕　波	10410410151166	6277	漯河职业技术学院	5
吴丹阳	10410410150218	6276	许昌职业技术学院	5
苏运召	10410410150205	6269	河南建筑职业技术学院	5
张艳阳	10410410150196	6276	许昌职业技术学院	5
孟姗姗	10410410150211	6298	郑州信息工程职业学院	5
张陆禄	10410410150214	6268	河南质量工程职业学院	5
喜洋洋	10410410150210	6268	河南质量工程职业学院	5
李东升	10410410150194	6307	郑州经贸职业学院	5

续表23

姓　名	考生号	院校代码	院校名称	批次
常庆贺	10410410150195	6285	郑州职业技术学院	5
张　伟	10410410150303	6505	新乡医学院三全学院	5
刘明扬	10410410150313	6308	商丘科技职业学院	5
张延浩	10410410150307	6268	河南质量工程职业学院	5
戚孟东	10410410150315	6309	郑州电子信息职业技术学院	5
谢　帅	10410410150311	6306	郑州交通职业学院	5
张现勇	10410410150272	6306	郑州交通职业学院	5
韩月姣	10410410150295	6313	平顶山教育学院	5
魏小草	10410410150316	6308	商丘科技职业学院	5
徐亦同	10410410150310	6280	济源职业技术学院	5
曹俊辉	10410410150326	6280	济源职业技术学院	5
鲁延新	10410410150325	6276	许昌职业技术学院	5
李东敬	10410410150302	6306	郑州交通职业学院	5
张　芳	10410410150321	6337	平顶山工业职业技术学院(软件类专业)	5
吕合英	10410410150318	6277	漯河职业技术学院	5
梅　镇	10410410150296	6292	安阳职业技术学院	5
白少哲	10410410150268	8720	江西城市职业学院	5
马盼盼	10410410150320	6277	漯河职业技术学院	5
王文哲	10410410150324	6292	安阳职业技术学院	5
苗书柳	10410410150312	6269	河南建筑职业技术学院	5
马亚飞	10410410150319	6280	济源职业技术学院	5
刘东卫	10410410150327	6292	安阳职业技术学院	5
李　冬	10410410150317	6269	河南建筑职业技术学院	5
杨凯睿	10410410150250	6283	河南交通职业技术学院	5
焦志涛	10410410150314	6292	安阳职业技术学院	5
张　鹏	10410410150284	6319	第一拖拉机制造厂拖拉机学院	5
郑海亮	10410410150219	6307	郑州经贸职业学院	5
董晓蒙	10410410150203	6287	永城职业学院	5
杨恒昌	10410410150241	6292	安阳职业技术学院	5

续表 24

姓 名	考生号	院校代码	院校名称	批次
张晓焱	10410410150200	6268	河南质量工程职业学院	5
吴松贺	10410410150213	6276	许昌职业技术学院	5
周慧霞	10410410150216	6293	驻马店职业技术学院	5
马添顺	10410410150207	6280	济源职业技术学院	5
张鹏飞	10410410150251	6276	许昌职业技术学院	5
齐春英	10410410150282	6279	周口职业技术学院	5
李立博	10410410150262	8062	天津轻工职业技术学院	5
董若愚	10410410150259	6280	济源职业技术学院	5
操会琴	10410410150298	6276	许昌职业技术学院	5
唐瑞丽	10410410150249	6090	郑州航空工业管理学院	5
李燕南	10410410150275	6272	濮阳职业技术学院	5
杜亚军	10410410150253	6272	濮阳职业技术学院	5
孟春阳	10410410150252	8720	江西城市职业学院	5
周晓平	10410410150301	6268	河南质量工程职业学院	5
鲁凌萧	10410410150270	6282	河南农业职业学院	5
彭兵伟	10410410150283	6279	周口职业技术学院	5
王乔通	10410410150277	6263	河南司法警官职业学院	5
王宗邵	10410410150260	8061	天津交通职业学院	5
李军召	10410410150292	6308	商丘科技职业学院	5
刘 崇	10410410150271	6276	许昌职业技术学院	5
王旭阳	10410410150297	6283	河南交通职业技术学院	5
张 凯	10410410150255	6283	河南交通职业技术学院	5
莫明华	10410410150269	6280	济源职业技术学院	5
张 擎	10410410150323	6276	许昌职业技术学院	5
张文超	10410410150246	6090	郑州航空工业管理学院	5
王小坡	10410410150279	6279	周口职业技术学院	5
赵成文	10410410150258	6309	郑州电子信息职业技术学院	5
吕云鹏	10410410150257	6300	长垣烹饪职业技术学院	5
王金帅	10410410150306	6307	郑州经贸职业学院	5

续表25

姓　名	考生号	院校代码	院校名称	批次
刘华清	10410410150264	9675	重庆三峡职业学院	5
徐晓哲	10410410150305	6268	河南质量工程职业学院	5
杨晓宁	10410410150274	6301	许昌陶瓷职业学院	5
孙二娟	10410410150244	6276	许昌职业技术学院	5
谢慧颖	10410410150064	6188	河南科技大学(办学地点在河南省林业学校)	5
刘清涛	10410410150044	8778	山东英才学院	5
石广军	10410410150066	6285	郑州职业技术学院	5
熊启文	10410410150031	6504	中原工学院信息商务学院	5
乔广帅	10410410151115	6273	鹤壁职业技术学院	5
李　姣	10410410150070	8778	山东英才学院	5
刘　聪	10410410150039	6288	信阳职业技术学院	5
吴梦倩	10410410150037	6307	郑州经贸职业学院	5
曹原也	10410410150027	6268	河南质量工程职业学院	5
张婉贞	10410410150165	9809	海南经贸职业技术学院	5
孙　铮	10410410150088	6263	河南司法警官职业学院	5
张晓慧	10410410150126	6273	鹤壁职业技术学院	5
李林炎	10410410150140	6308	商丘科技职业学院	5
郭晓丽	10410410150233	6272	濮阳职业技术学院	5
刘红丽	10410410150130	6308	商丘科技职业学院	5
王　舍	10410410150186	6277	漯河职业技术学院	5
黄晓莉	10410410150184	6275	三门峡职业技术学院	5
白茹雪	10410410150127	6286	郑州工业安全职业学院	5
丰文毫	10410410150191	6286	郑州工业安全职业学院	5
赵松强	10410410150108	6306	郑州交通职业学院	5
曹良缘	10410410150144	8373	哈尔滨职业技术学院	5
刘冬宇	10410410150071	6280	济源职业技术学院	5
蔡会圆	10410410150085	6307	郑州经贸职业学院	5
郭帅鹏	10410410150105	6010	河南农业大学	5
吕晓林	10410410150093	6308	商丘科技职业学院	5

续表 26

姓 名	考生号	院校代码	院校名称	批次
贾璐阳	10410410150090	6120	河南城建学院	5
陈欢欢	10410410150122	6305	郑州澍青医学高等专科学校	5
吴小克	10410410150080	6289	河南工业贸易职业学院	5
黄恒露	10410410150087	9504	安徽冶金科技职业学院	5
李小赛	10410410150120	6313	平顶山教育学院	5
牛业檀	10410410150178	6095	华北水利水电学院	5
刘真真	10410410150084	6221	郑州牧业工程高等专科学校	5
王亚楠	10410410150237	6268	河南质量工程职业学院	5
李 洋	10410410150103	7627	西安思源学院	5
付 星	10410410150183	9715	阿克苏职业技术学院	5
付喜龙	10410410150182	6309	郑州电子信息职业技术学院	5
鲁红超	10410410150077	6268	河南质量工程职业学院	5
范晓明	10410410150112	6306	郑州交通职业学院	5
宋韬略	10410410150181	6268	河南质量工程职业学院	5
张学鹏	10410410150189	8976	广东轻工职业技术学院	5
陈 晨	10410410150116	9093	重庆工业职业技术学院	5
梁东雪	10410410150102	6308	商丘科技职业学院	5
陈帅军	10410410150111	6253	开封大学(软件类专业)	5
李梦姣	10410410150187	6132	黄河科技学院(对外合作办学)	5
高 灿	10410410150124	6505	新乡医学院三全学院	5
娄洋洋	10410410150123	6025	河南科技学院	5
苗文奇	10410410150135	6268	河南质量工程职业学院	5
马 悦	10410410150115	6253	开封大学(软件类专业)	5
曹默涵	10410410150442	6309	郑州电子信息职业技术学院	5
田亚强	10410410150095	6267	河南检察职业学院	5
黄晨曦	10410410150114	6177	郑州华信学院(对外合作办学)	5
曹占坡	10410410150098	6309	郑州电子信息职业技术学院	5
韩 旭	10410410150236	6268	河南质量工程职业学院	5
李艳华	10410410150121	6275	三门峡职业技术学院	5

续表27

姓　名	考生号	院校代码	院校名称	批次
董文立	10410410150223	8094	天津冶金职业技术学院	5
张科伟	10410410150096	6309	郑州电子信息职业技术学院	5
张金龙	10410410150180	6256	焦作大学	5
刘永生	10410410150968	6279	周口职业技术学院	5
李晓征	10410410150808	6192	华北水利水电学院(办学地点在河南省郑州水利学校)	5
安俊丽	10410410151127	8662	淮南联合大学	5
王世杰	10410410151160	6250	中州大学	5
张　湛	10410410151132	6269	河南建筑职业技术学院	5
李世昌	10410410150958	6292	安阳职业技术学院	5
李军丽	10410410150677	6283	河南交通职业技术学院	5
李琎哲	10410410151105	6175	郑州华信学院	5
张新亚	10410410150528	6283	河南交通职业技术学院	5
李　磊	10410410150587	6293	驻马店职业技术学院	5
闫洪波	10410410150790	6280	济源职业技术学院	5
刘钦源	10410410150412	6251	中州大学(对外合作办学)	5
张炳印	10410410150360	6309	郑州电子信息职业技术学院	5
韦名扬	10410410150585	6284	郑州旅游职业学院	5
武二营	10410410150791	6175	郑州华信学院	5
李鹏博	10410410150767	6180	郑州科技学院	5
陈飞意	10410410150918	6085	河南科技大学	5
李沅昊	10410410150700	6175	郑州华信学院	5
郭开隆	10410410150661	6102	河南理工大学(对外合作办学)	5
安亚平	10410410150872	6253	开封大学(软件类专业)	5
彭森茂	10410410150657	8061	天津交通职业学院	5
亢鹏杰	10410410150666	6191	河南理工大学(办学地点在河南工程技术学校)	5
高延举	10410410151014	6191	河南理工大学(办学地点在河南工程技术学校)	5
许景涵	10410410150628	6280	济源职业技术学院	5
刘海龙	10410410150713	6253	开封大学(软件类专业)	5
臧金伟	10410410150959	6295	郑州布瑞达理工职业学院	5

续表28

姓 名	考生号	院校代码	院校名称	批次
王俊杰	10410410151041	8219	潍坊工商职业学院	5
陈光辉	10410410150873	6299	焦作工贸职业学院	5
刘世豪	10410410150524	6214	河南机电高等专科学校	5
刘 哲	10410410150926	6224	河南机电高等专科学校与河南机电职业学院(筹)联办	5
李文博	10410410150576	6268	河南质量工程职业学院	5
王殿阁	10410410151073	6175	郑州华信学院	5
蔡 魏	10410410150945	6306	郑州交通职业学院	5
田星亢	10410410150809	6268	河南质量工程职业学院	5
张闪闪	10410410151044	6120	河南城建学院	5
贺 康	10410410150783	6268	河南质量工程职业学院	5
贾俊博	10410410150493	6289	河南工业贸易职业学院	5
张梦龙	10410410150072	6338	平顶山工业职业技术学院(对外合作办学)	5
曾宪政	10410410150188	6258	黄河水利职业技术学院	5
邢卫军	10410410150193	6322	许昌职业技术学院(软件类专业)	5
李 潭	10410410150192	6120	河南城建学院	5
李慧英	10410410150308	6130	黄河科技学院	5
余梁伟	10410410150265	6276	许昌职业技术学院	5
范璐鹏	10410410150138	6125	平顶山学院	5
温松培	10410410150160	6272	濮阳职业技术学院	5
化志刚	10410410150166	6184	郑州轻工业学院	5
曹国辉	10410410150159	8840	襄樊职业技术学院	5
杨 真	10410410150099	6279	周口职业技术学院	5
韩洋洋	10410410150011	6003	郑州大学西亚斯国际学院	5
杨亚蒙	10410410151146	8325	广西工程职业学院	5
孟凡飞	10410410150008	6292	安阳职业技术学院	5
赵旭升	10410410150030	6269	河南建筑职业技术学院	5
夏 鑫	10410410150094	6338	平顶山工业职业技术学院(对外合作办学)	5
谢飞洋	10410410150006	6262	河南工业职业技术学院	5
王通帅	10410410150294	6090	郑州航空工业管理学院	5

续表 29

姓　名	考生号	院校代码	院校名称	批次
吴　洋	10410410151123	9334	宁夏建设职业技术学院	5
张　伟	10410410151138	6132	黄河科技学院(对外合作办学)	5
张　华	10410410159016	6301	许昌陶瓷职业学院	5
唐永乐	10410410159011	6285	郑州职业技术学院	5
方施淳	10410410159001	6069	信阳师范学院(对外合作办学)	5
刘小龙	10410410159009	8239	渤海船舶职业学院	5
李筱娣	10410410159014	6282	河南农业职业学院	5
彭灵莉	10410410159029	6273	鹤壁职业技术学院	5
柯　近	10410410159026	6505	新乡医学院三全学院	5
宋晓亚	10410410159028	6282	河南农业职业学院	5
洪　斌	10410410159015	6153	黄淮学院(对外合作办学)	5
乔　磊	10410410159007	6085	河南科技大学	5
陈青青	10410410159040	6125	平顶山学院	5
丁亚辉	10410410159072	8453	上海新侨职业技术学院	5
刘新歌	10410410159044	6003	郑州大学西亚斯国际学院	5
袁　勇	10410410159052	6306	郑州交通职业学院	5
柴哲伟	10410410159048	6125	平顶山学院	5
刘　健	10410410158023	6306	郑州交通职业学院	5
朱康瑞	10410410158027	6304	周口科技职业学院	5
张　森	10410410158005	9866	西安汽车科技职业学院	5
袁广军	10410410158031	6309	郑州电子信息职业技术学院	5
王清波	10410410158029	6100	河南理工大学	5
杨兴舢	10410410158030	6120	河南城建学院	5
张启祥	10410410158014	6340	河南教育学院(对外合作办学)	5
赵伟通	10410410158016	6125	平顶山学院	5
臧晓阳	10410410158018	6308	商丘科技职业学院	5
李　扬	10410410150975	0390	陆军航空兵学院	A
王培阳	10410410150033	5335	西安理工大学	A
王卫东	10410410150068	6085	河南科技大学	A

续表 30

姓　名	考生号	院校代码	院校名称	批次
王栋宇	10410410150344	8847	湖北交通职业技术学院	F
陈恒亚	10410410158000	6130	黄河科技学院	G
刘昱君	10410410158015	6035	洛阳师范学院	G
韦雯淇	10410410158008	6060	周口师范学院	G
郭新宇	10410410158012	3340	廊坊师范学院	G
冯　超	10410410158022	6030	河南师范大学	G
王俊鹏	10410410158021	6150	黄淮学院	G
李培勇	10410410158026	6506	河南理工大学万方科技学院(有焦作和郑州两个校区)	H
柴帅军	10410410158010	6055	商丘师范学院	H
刘　轲	10410410158020	8839	仙桃职业学院	H
张晓乐	10410410158024	6235	焦作师范高等专科学校	H
白若冰	10410410159063	3550	沈阳航空航天大学(原沈阳航空工业学院)	I
李艺萱	10410410159005	6030	河南师范大学	I
冯婷婷	10410410159037	6125	平顶山学院	I
王鹏飞	10410410159032	6125	平顶山学院	I
黄亚南	10410410159069	6035	洛阳师范学院	I
赵芫芫	10410410159042	6119	中原工学院(对外合作办学)	I
赵云姗	10410410159066	9941	四川音乐学院	I
马雪骅	10410410159061	6125	平顶山学院	I
苗田田	10410410159056	6892	成都理工大学广播影视学院	I
喻韵霖	10410410159031	6165	新乡学院	I
高祥轩	10410410159064	6892	成都理工大学广播影视学院	I
徐永涛	10410410159041	2100	西安建筑科技大学	I
刘津玮	10410410159054	4725	湖南工程学院	I
李　可	10410410159013	6180	郑州科技学院	J
付静雅	10410410159025	6130	黄河科技学院	J
梁雯思	10410410159030	6504	中原工学院信息商务学院	J
童娇娇	10410410159070	6130	黄河科技学院	J
赵　洁	10410410159058	6979	华中师范大学武汉传媒学院	J

续表31

姓　名	考生号	院校代码	院校名称	批次
郑爽爽	10410410159057	6501	河南大学民生学院	J
梁　栋	10410410159047	6595	四川音乐学院绵阳艺术学院	J
李鹏斐	10410410159035	6290	河南艺术职业学院	K
华朝阳	10410410159021	6250	中州大学	K
谭雅倩	10410410159020	1470	中国传媒大学	K
郭莉潇	10410410159003	8649	淮北职业技术学院	K
李　娇	10410410159062	8121	廊坊东方职业技术学院	K
郭跃龙	10410410159018	8246	辽宁广告职业学院	K
范会娜	10410410159059	9229	昆明艺术职业学院	K
朱亚楠	10410410159033	6270	郑州信息科技职业学院	K
刘艳珂	10410410159023	6278	商丘职业技术学院	K
吕宗哲	10410410159034	6165	新乡学院	K
王　芳	10410410159006	6265	郑州铁路职业技术学院	K
支　远	10410410159022	9601	北海艺术设计职业学院	K
张　烁	10410410159053	6290	河南艺术职业学院	K
王　珂	10410410159055	6153	黄淮学院(对外合作办学)	K
李炜昊	10410410159065	6187	中原工学院(办学地点在郑州广播电视学校)	K

索 引

说明:

一、本索引采取主题分析索引的方法,按汉语拼音字母(同音字按声调)顺序排列。

二、主题词后的阿拉伯数字表示内容所在页码,a 表示左栏,b 表示右栏。

d

f

g

h

t

w

y

z

图书在版编目(CIP)数据

舞钢市年鉴.2011 / 舞钢市人民政府主办;舞钢市地方史志办公室编.—郑州:中州古籍出版社,2012.2
ISBN 978-7-5348-3791-3

Ⅰ.①舞… Ⅱ.①舞… ②舞… Ⅲ.①舞钢市—2011—年鉴 Ⅳ.①Z526.14

中国版本图书馆CIP数据核字(2012)第017927号

责任编辑: 王小方
责任校对: 李 敏
出版社: 中州古籍出版社
(地址:郑州市经五路66号 邮政编码:450002)
发行单位: 新华书店
承印单位: 河南省瑞光印务股份有限公司
开本: 889mm×1194mm 1/16 **印张:** 29
字数: 650千字 **印数:** 1—800册
版次: 2012年2月第1版 **印次:** 2012年2月第1次印刷

定价: 300.00元